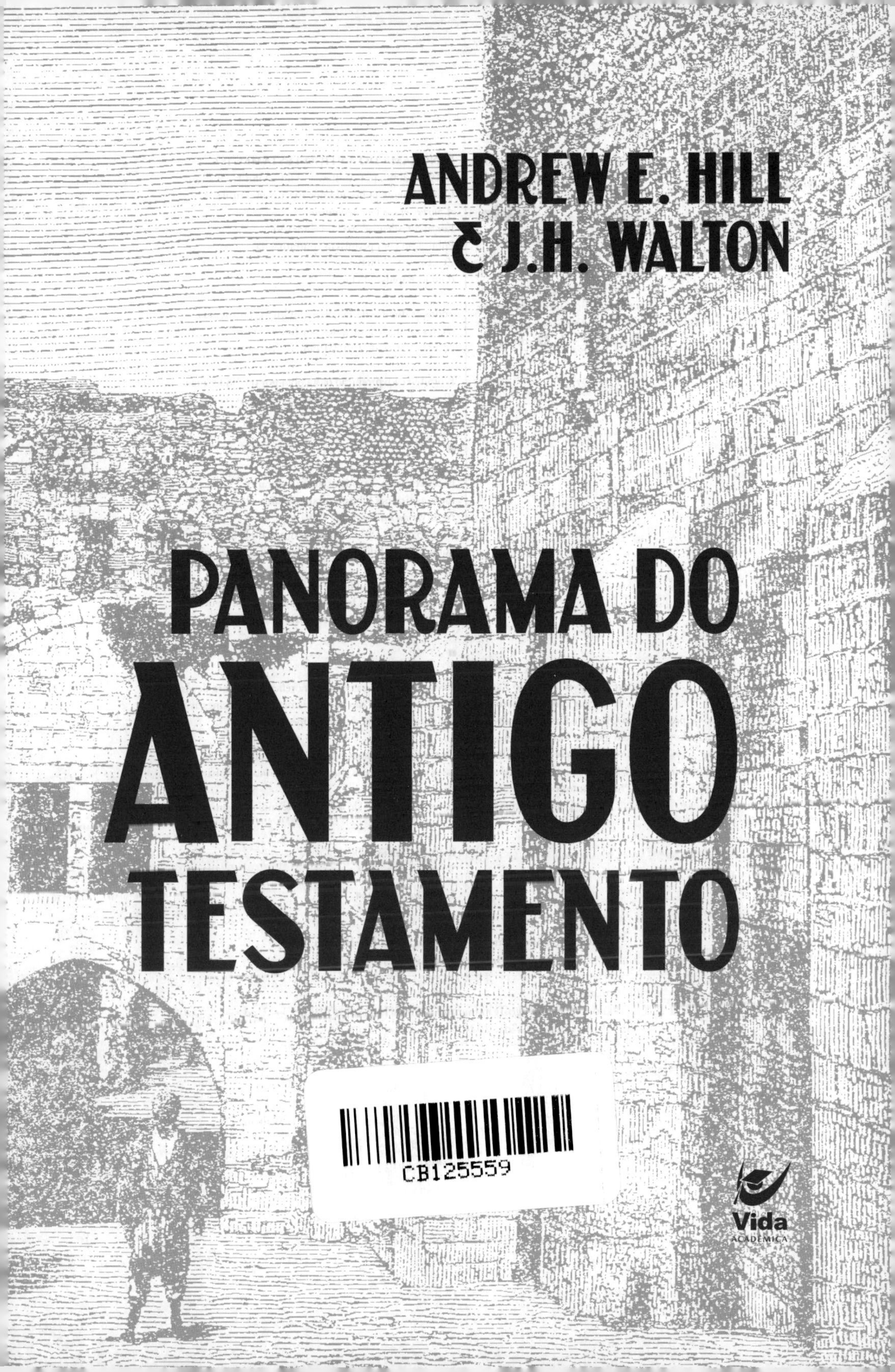

ANDREW E. HILL
& J.H. WALTON

PANORAMA DO ANTIGO TESTAMENTO

Vida
ACADÊMICA

"*Panorama do Antigo Testamento*, de Hill e Walton, vem como um marco significativo no desenvolvimento dos estudos do Antigo Testamento e provavelmente se tornará, pelas suas características, o livro-texto de muitas escolas teológicas no Brasil".

Mauro Meister, *professor de Teologia e Exegese do Antigo Testamento e coordenador da área de Exegese no Centro Presbiteriano de Pós-graduação Andrew Jumper (SP).*

"Os professores de Introdução e Teologia do Antigo Testamento serão beneficiados com este livro de teologia aplicada no desenvolvimento da disciplina. Destaco os temas de Levítico com um propósito teológico diretamente voltado à adoração e à santidade, bem como o paralelo estabelecido entre sacrifício ritual e sacrifícios espirituais".

João Marques Pedrosa, *coordenador teológico do Seminário Bíblico Pentecostal Presbiteriano e professor de Antigo Testamento no Instituto Betel de Ensino Superior (SP).*

"Este livro vem integrar o cenário da Educação Teológica no Brasil. Excelente tanto para o professor quanto para o aluno. A obra é clara, didática e rica em informações atualizadas, o que nos permite ver a importância do estudo do Antigo Testamento como espelho para o Novo Testamento".

Katia Regina M. M. Gabani, *bacharel em Teologia pelo Seminário Batista Nacional e coordenadora pedagógica no Seminário Teológico Evangélico Betel Brasileiro (SP).*

"Esta obra é uma das mais completas sobre o assunto. A introdução aos livros segue a ordem do texto bíblico e traz informações atualizadas, desde a alta crítica do Antigo Testamento até temas essenciais, além de dados sobre costumes de época e enfoques teológicos. Recomendo sua leitura a todos os professores de Teologia, pastores e aos que amam as Escrituras Sagradas".

Maurício Jacob Slipack, *teólogo e pós-graduado pela Universidade Estadual de Maringá. Professor na Faculdade Batista do Grande ABC e na Faculdade Batista de Guarulhos (SP).*

"Assim que começar a analisar cada um dos livros das Escrituras hebraicas, o leitor terá a sensação de 'navegar' pelo Antigo Oriente. Os autores tratam o texto bíblico com o respeito que a Palavra de Deus merece. A perspectiva dos autores indica uma posição amadurecida de quem conhece o assunto".

Sandoval de Oliveira, *professor de Antigo Testamento nos seminários O Brasil para Cristo, Teológico do Betel Brasileiro, Teológico Batista Nacional e no Instituto Betel de Ensino Superior (SP).*

"A obra reúne valor acadêmico e devocional e beneficiará alunos e professores de instituições de ensino teológico bem como leigos em busca de maior conhecimento. Os autores trazem um caráter de reflexão, não meramente compilatório; a esse objetivo aliam-se, no fim de cada capítulo, perguntas para estudo e debate".

Daniel Piva, *pastor presbiteriano e professor de Hebraico e Antigo Testamento no Seminário Presbiteriano José Manoel da Conceição, em São Paulo (SP).*

"Em *Panorama do Antigo Testamento*, Hill e Walton associam erudição à aplicação prática, apresentando o cenário, os protagonistas e o propósito da história da salvação de maneira objetiva e proveitosa, cativando o estudante da Bíblia, o professor de seminário e o pesquisador".

Edilson Botelho Nogueira, *mestre em Teologia do Antigo Testamento pelo Centro Presbiteriano de Pós-graduação Andrew Jumper e membro da equipe pastoral da Igreja Missionária Evangélica Maranata (RJ).*

"Hill e Walton aliam-se à corrente tradicional de leitura do Antigo Testamento. Esta obra traz uma abordagem característica dos ambientes acadêmicos mais confessionais e, nesse sentido, é exemplar. O conceito de 'autoridade das Escrituras' é aplicado metodologicamente às narrativas, permitindo ao leitor aprofundar seu conhecimento a respeito do texto bíblico. É um clássico".

Osvaldo Luiz Ribeiro, *mestre em Teologia pelo Seminário Teológico Batista do Sul do Brasil (RJ), onde atua como professor de Antigo Testamento e Hermenêutica. É doutorando em Teologia Bíblica pela PUC-RJ.*

Editora Vida
Rua Conde de Sarzedas, 246 — Liberdade
CEP 01512-070 — São Paulo, SP
Tel.: 0 xx 11 2618 7000
atendimento@editoravida.com.br
www.editoravida.com.br
@editora_vida /editoravida

PANORAMA DO ANTIGO TESTAMENTO

Originalmente publicado nos EUA com o título
A Survey of the Old Testament

Publicação com permissão contratual da
Zondervan Publishing House
(Grand Rapids, Michigan, EUA)

■

Exceto em caso de indicação em contrário,
todas as citações bíblicas foram extraídas de
Nova Versão Internacional (NVI)

Todas as citações bíblicas e de terceiros foram adaptadas segundo o Acordo Ortográfico da Língua Portuguesa, assinado em 1990, em vigor desde janeiro de 2009.

■

Editora-chefe: Sarah Lucchini
Editor responsável: Maurício Zágari
Tradução: Lailah de Noronha
Revisão de provas: Paulo Oliveira e Rosalice Gualberto
Coordenadora de projeto gráfico: Claudia Fatel Lino
Projeto gráfico: Willians Rentz
Diagramação: Madalena Araujo, Marcelo Alves e Philipe Santos e Willians Rentz
Capa: Vinícius Lira

As opiniões expressas nesta obra refletem o ponto de vista de seus autores e não são necessariamente equivalentes às da Editora Vida ou de sua equipe editorial.

Os nomes das pessoas citadas na obra foram alterados nos casos em que poderia surgir alguma situação embaraçosa.

Todos os grifos são do autor, exceto indicação em contrário.

1. edição: maio 2006
5. reimp.: mar. 2014

2. edição: out. 2024

Dados Internacionais de Catalogação na Publicação (CIP)
(Câmara Brasileira do Livro, SP, Brasil)

Hiil, Andrew
Panorama do Antigo Testamento / Andrew Hiil, John Walton. — 2. ed. — São Paulo : Editora Vida, 2024.

Título original: *A survey of the Old Testament.*
ISBN 978-65-5584-589-1

1. Antigo Testamento 2. Bíblia - Estudos 3. Teologia cristã I. Walton, John. II. Título.

24-229593 CDD-221.6

Índice para catálogo sistemático:

1. Antigo Testamento : Bíblia : Teologia 221.6

Aline Graziele Benitez - Bibliotecária - CRB-1/3129

Em memória de meu avô,
Elmer A. Hill
(1893-1980)

A meus pais,
Harvey e Eleanore Walton,
pela fé e motivação contínuas

Sumário

TERCEIRA PARTE: OS LIVROS POÉTICOS

QUARTA PARTE: OS PROFETAS

QUINTA PARTE: EPÍLOGO

Agradecimentos

A publicação da segunda edição deste livro (em inglês) proporciona a mim mais uma oportunidade de reconhecer o papel importante de algumas pessoas que contribuíram para o sucesso do projeto. Devo gratidão aos meus ex-professores, cujos exemplos fortaleceram minha fé bíblica e inspiraram meu êxito acadêmico, em especial Richard D. Patterson e o falecido Carl B. Hoch.

John e eu somos muito agradecidos aos colegas que utilizaram o *Panorama do Antigo Testamento* e se tornaram responsáveis por 18 reimpressões da primeira edição.

Tentamos atender às muitas sugestões recebidas com o passar dos anos para tornar a segunda edição mais útil aos alunos dedicados à literatura, à história e à teologia do Antigo Testamento. Agradecemos pelos conselhos e cremos tê-los ouvido a contento.

Sou grato especialmente a Stanley Gundry e Jack Kuhatschek, da Zondervan Publishing House, por possibilitar a publicação desta segunda edição. Jim Ruark e a equipe editorial da Zondervan também são merecedores de elogios pelo aperfeiçoamento do livro.

Ao meu coautor, colega e amigo, John Walton, a quem peço desculpas por ter um sobrenome com inicial precedente ao "W". Sem dúvida, considero nossa cooperação na segunda edição tão motivadora quanto o trabalho inicial na primeira. Continuo a beneficiar-me pessoal e profissionalmente da parceria que temos.

Finalmente, agradeço à minha esposa, Teri, e aos nossos três *Jotas* – Jennifer, Jesse e Jordan – agora adultos. Como sempre, são minha prioridade e fonte de inspiração depois das Escrituras. Que o bom Espírito de Deus continue a nos conduzir por terreno plano (Salmos 143.10).

Andrew E. Hill

Há muitas pessoas às quais devo agradecer por um projeto como este. A equipe da Zondervan, principalmente Jack Kuhatschek e Jim Ruark, impactou de maneira positiva a forma e qualidade do livro com seu trabalho editorial sensível e perspicaz.

O departamento audiovisual do Moody Bible Institute ajudou na criação e produção de alguns gráficos.

Minha família foi paciente ao longo do processo de elaboração desta obra. Sou muito grato à minha esposa, Kim, que leu boa parte do manuscrito, e aos nossos três *Jotas* – Jonathan, Joshua e Jill. Agradeço em especial ao meu pai, Harvey Walton, e ao meu filho Jon, pela leitura meticulosa da primeira edição e pelas muitas sugestões úteis para aperfeiçoá-la.

Finalmente, lembro que este livro é um texto didático que não se teria concretizado sem a colaboração e a resposta incentivadora dos meus alunos ao longo dos anos. Muitas ideias diferenciadas deste livro foram produzidas no "laboratório" da sala de aula. Portanto, sou grato aos muitos estudantes que me desafiaram, fizeram perguntas difíceis, compartilharam pensamentos e ideias e me motivaram a aprimorar minha comunicação.

John H. Walton

Os autores e organizadores reconhecem com gratidão os fornecedores dos gráficos e mapas desta edição. As fontes dos gráficos são identificadas nas páginas em que aparecem. Os mapas foram criados por Jane Haradine, de Grand Rapids, Michigan. As cronologias foram providenciadas pela Carta Jerusalém e publicadas originariamente no *Zondervan NIV Atlas of the Bible* (1989), de Carl G. Rasmussen. Elas foram adaptadas para esta edição por Laura Blost e Rob Monacelli. A composição foi realizada por Nancy Wilson e a revisão por Laura Weller. A supervisão editorial foi de Jim Ruark.

Mapas

Abreviações

AB	*Anchor Bible Commentary Series*
ANET	*Ancient Near Eastern Texts. 3. ed. Org. J. B. Pritchard. Princeton, 1969.*
ARA	*Versão Almeida Revista e Atualizada*
ARC	*Versão Almeida Revista e Corrigida*
BA	*Biblical Archaeologist*
BAR	*Biblical Archaeological Review*
BASOR	*Bulletin of the American Schools of Oriental Research*
BibSac	*Bibliotheca Sacra*
CAH[3]	*Cambridge Ancient History Series. 3. ed. 12 v. Org. I. E. Edwards et al. Cambridge, 1981*
CBC	*Cambridge Bible Commentary*
CBQ	*Catholic Biblical Quarterly*
DSB–OT	*Daily Study Bible — Old Testament*
EBC	*Expositor's Bible Commentary. Org. F. E. Gaebelein*
ETSMS	*Evangelical Theological Society Monograph Series*
EvBC	*Everyman's Bible Commentary*
FOTL	*Forms of Old Testament Literature Series*
HER	*Hermeneia Commentary Series*
HSM	*Harvard Semitic Monograph Series*
HTR	*Harvard Theological Review*
IB	*Interpreter's Bible*
IBT	*Interpreting Biblical Texts Series*
ICC	*International Critical Commentary*
IDB	*Interpreter's Dictionary of the Bible II*
ISBE	*International Standard Bible Encyclopedia, ed. rev. por G. W. Bromiley*
ITC	*International Theological Commentary*
JANES	*Journal of the Ancient Near East Society*
JBL	*Journal of Biblical Literature*

JBLMS	*Journal of Biblical Literature Monograph Series*
JETS	*Journal of the Evangelical Theological Society*
JSOT	*Journal for the Study of the Old Testament*
JSOTSS	*Journal for the Study of the Old Testament Supplement Series*
JBL	*Texto Massorético*
NAC	*New American Commentary*
NCBC	*New Century Bible Commentary*
NIBC	*New International Biblical Commentary*
NICOT	*New International Commentary on the Old Testament*
NVI	*Nova Versão Internacional*
NIVAC	*NIV Application Commentary*
OTL	*Old Testament Library Commentary Series*
RB	*Révue Biblique*
RefTR	*Reformed Theological Review*
SBL	*Society of Biblical Literature*
SBLDS	*Society of Biblical Literature Dissertation Series*
SBLMS	*Society of Biblical Literature Monograph Series*
SBT	*Studies in Biblical Theology*
TB	*Tyndale Bulletin*
TIC	*Text and Interpretation Commentary Series*
TDOT	*Theological Dictionary of the Old Testament*
TOTC	*Tyndale Old Testament Commentary*
VT	*Vetus Testamentum*
WBC	*Word Biblical Commentary*
WCC	*Word Communicator's Commentary*
WEC	*Wycliffe Exegetical Commentary*

Prefácio à edição brasileira

Escrever uma introdução ao Antigo Testamento é uma tarefa de grande porte. Não só porque envolve pesquisar e descrever 39 diferentes livros conforme o cânon cristão (divisão adotada nesta obra, ainda que alguns livros sejam tratados em conjunto), mas também porque abrange as demais questões que antecedem o panorama bíblico do AT; dentre elas, destaca-se a definição da perspectiva pela qual toda a descrição dos livros será feita. Hill e Walton fazem este trabalho de forma esplêndida.

Alguns pontos chamam atenção nesta obra e a destacam de outras do mesmo teor, tanto na língua inglesa quanto nas traduzidas para o português. Um dos pontos de destaque é que os autores são muito claros ao afirmar sua perspectiva teológica. Isso é raro em trabalhos introdutórios ao AT. Muitas obras desse tipo deixam o leitor na dúvida quanto aos pressupostos adotados para a abordagem do texto bíblico. Os autores afirmam: "A autoridade da Palavra divina é o ingrediente essencial do nosso estudo. Comprometemo-nos com ela e, portanto, cremos na veracidade do conteúdo da Palavra. Deus revelou-se nas Escrituras, e o ato da inspiração divina garante a autoridade e integridade dessa revelação" (Prefácio dos autores). A adoção desse pressuposto evita que os autores caiam em longas e minuciosas discussões críticas que, quase invariavelmente, pouco acrescentam à leitura esclarecida do texto. Por outro lado, eles não ignoram as discussões históricas, literárias, críticas e técnicas quando necessário. Percebe-se que elas são apresentadas no trabalho com o intuito de cooperar na leitura do texto bíblico. Creio que neste ponto se encontra o grande equilíbrio do livro e um grande benefício para o aluno. É impressionante como os autores fornecem ao leitor uma ideia prévia de como o panorama do livro se desenvolverá. Muitas obras de introdução tendem a limitar-se a um resumo do conteúdo dos livros do AT. Na obra de Hill e Walton, encontramos a preocupação clara de relacionar a mensagem dos livros ao contexto maior da aliança de Deus com seu povo no desenrolar da história da autorrevelação. Segundo os autores, a aliança é reconhecida como o principal fio condutor e ferramenta para a autorrevelação divina.

Outro aspecto importante é que o livro foi escrito por professores da área com a intenção de servir de livro-texto, o que confere à obra uma dinâmica testada em sala de aula capaz de ajudar os professores da área no desenvolvimento da matéria. As referências bibliográficas e perguntas para discussão no fim de cada capítulo servem para abrir novos horizontes aos iniciantes e ajudam o estudante a conferir o resultado do estudo. A bibliografia sugerida é suficientemente ampla para que os horizontes no estudo da introdução sejam alargados e novas e mais profundas áreas sejam abordadas. O fato de ser uma bibliografia anotada guia o leitor com maior segurança para se aprofundar nas áreas em que se encontra menos preparado. Trata-se de um recurso que ainda não encontramos em muitas obras do campo teológico no Brasil.

Por se tratar de uma introdução, o que se procura em uma obra como esta é que o texto seja suficientemente abrangente para expor ao estudante o debate acadêmico na área, mas, ao mesmo tempo, que ofereça uma leitura interessante e traga vida ao texto do AT. E isso os autores conseguem fazer com maestria.

Qualquer obra deste porte certamente não agradará a todos os professores ou alunos. Todavia, suas vantagens são grandes. Os cinco primeiros capítulos traçam a perspectiva pela qual o panorama é desenvolvido, incluindo um capítulo sobre geografia bíblica e sua importância para a interpretação. No começo de cada subdivisão maior (Pentateuco, Históricos, Poéticos e Proféticos), os autores inserem um capítulo introdutório no qual apresentam ao leitor esses tipos de literatura bíblica. A quinta parte do livro prepara o estudante para a leitura do Novo Testamento e faz uma análise teológica equilibrada sobre o ensino do AT.

Além de conter um glossário básico de termos técnicos, algo muito apropriado para uma introdução, o livro possui um bom índice remissivo e dois apêndices que vêm remediar o que poderia ser uma fraqueza: a análise um pouco mais aprofundada sobre a composição do Pentateuco e a descrição das metodologias críticas e seu uso. Em ambos os apêndices, os autores foram bem-sucedidos ao expressar seu ponto de vista e esclarecer ao leitor o que está em jogo com relação aos dois temas.

Creio que *o Panorama do Antigo Testamento*, de Hill e Walton, é um marco significativo no desenvolvimento dos estudos do AT e provavelmente se tornará, por suas características, o livro-texto de muitas escolas teológicas no Brasil.

Mauro Meister

Professor de Antigo Testamento e Coordenador da área de Teologia Exegética no Centro Presbiteriano de Pós-graduação Andrew Jumper

Prefácio dos autores

Por que estudar o Antigo Testamento? Essa pergunta ecoa pelos séculos da história da Igreja, desde que a nova aliança de Jesus Cristo tornou obsoleta a antiga aliança (Hebreus 8.13). O apóstolo Paulo enfrentou a pergunta e respondeu que o AT foi escrito para *instrução* e *incentivo* da igreja cristã (Romanos 15.4; 1Coríntios 10.10).

Consideramos o estudo do AT um empreendimento realmente animador e desejamos ajudá-lo a desfrutar do entusiasmo da descoberta e do benefício decorrentes da instrução divina. Em Amós 3.8, o profeta anuncia: "O SENHOR, o Soberano, falou, quem não profetizará?". Exposto à revelação de Deus, Amós sentiu-se impelido a responder. Embora nenhum de nós tenha o privilégio de Amós — servir de porta-voz divino —, nossa resposta à revelação de Deus sobre si mesmo não deve ser menos entusiástica. A compreensão adequada da natureza do AT ajuda-nos a obter esse novo entusiasmo e a esclarecer dúvidas. Ao abordar o AT como autorrevelação divina, procuramos dar vida à Palavra. Para isso, não poderíamos nos contentar com a "anatomia" literária — a história da erudição e o resumo do conteúdo —, por mais importante que seja. Tentamos ir além e aprender sobre o que torna esses livros mais que boa literatura.

É comum livros semelhantes a este apresentarem páginas repletas de resumos do que a Bíblia diz. Infelizmente, isso leva muitas pessoas a lerem o panorama em vez de a própria Bíblia. Este livro deve ser lido *com* a Bíblia, não no lugar dela. Ressaltamos o que as Escrituras desejam transmitir. Por que o AT diz o que diz? Por que inclui o que inclui? Como genealogias e leis, por exemplo, fazem parte da autorrevelação de Deus? À medida que começarmos a lidar com essas perguntas, conseguiremos, com mais facilidade, estudar passagens anteriormente obscuras, difíceis ou negligenciadas do AT e descobrir seu significado e valor.

Comumente nos surpreenderemos com as descobertas. Também ficaremos animados ao encontrarmos, às vezes, o inesperado nas Escrituras

— isto é, quando elas nos convencem da verdade de algo que muda nossos conceitos e nos leva por caminhos então desconhecidos. Se reconhecermos a autoridade da Bíblia, devemos estar dispostos a nos submeter a ela, sendo flexíveis com relação às nossas opiniões. A Palavra de Deus é a palavra final. A autoridade da Palavra divina é o ingrediente essencial do nosso estudo.

Comprometemo-nos com ela e, portanto, cremos na veracidade do conteúdo da Palavra. Deus revelou-se nas Escrituras, e o ato da inspiração divina garante a autoridade e integridade dessa revelação. Essas convicções nos definem como evangélicos, herdeiros de grande legado de interpretação bíblica por pessoas também comprometidas com a autoridade da Bíblia. Nisso somos abençoados e temos grande consideração por nossos predecessores. Contudo, não devemos confundir o objeto de nossa lealdade. Nosso compromisso final é com a Palavra de Deus, não com as interpretações tradicionais dos desbravadores do caminho que seguimos. Devemos estar sempre prontos a reavaliar nossas interpretações para garantir nossa obediência à Palavra em vez de submissão à tradição.

Nossa meta é a objetividade e fidelidade com a evidência bíblica. Às vezes, isso nos levou a uma posição mais flexível, em certas questões, do que nossa tradição indicaria. No processo de tentar apresentar algumas das direções e dos critérios que têm ampliado os horizontes da interpretação recentemente, procuramos ser cautelosos e discretos. Um panorama não pode oferecer a documentação nem sondar as evidências que normalmente acompanhariam tal debate. Além disso, evitamos a terminologia polêmica e as controvérsias. Desejamos simplesmente ajudar as pessoas a entenderem a mensagem e relevância do AT e, assim, experimentarem a alegria de conhecer a Deus.

A estrutura e forma deste livro devem complementar *A survey of the New Testament* [Panorama do Novo Testamento], de Robert H. Gundry, publicado em edição revisada pela Zondervan Publishing House em 1994. Seguindo os passos de Gundry, tentamos reunir os dados mais significativos dos contextos históricos e literários do AT, introdução crítica ou técnica, comentários bíblicos e teologia do AT. O texto oferece apresentação "sintetizada" de toda a Bíblia hebraica na ordem canônica cristã. Cada livro do AT é analisado conforme o seguinte padrão básico:

– Composição do livro;
– Contexto;
– Esboço do livro;
– Propósito e mensagem;
– Estrutura e organização;
– Temas principais;
– Perguntas para estudo e debate;
– Leituras complementares.

Cada capítulo enfatiza a forma pela qual a estrutura literária de determinado livro contribui para o progresso da mensagem e do propósito do autor bíblico. A análise dos principais temas teológicos contidos em cada livro dá perspectiva ao seu relacionamento com o AT como coleção completa de livros. Além disso, pelo fato de a antiga aliança se cumprir na nova, as relações teológicas pertinentes entre o AT e o NT recebem atenção quando abordam assuntos como a aliança, a presença de Deus e o Messias.

Este panorama também apresenta ao leitor grande variedade de assuntos em estudos do AT, incluindo hermenêutica (geral e especial), história (de Israel e do Antigo Oriente Médio), arqueologia, cânon, geografia, teologia (bíblica e sistemática) e metodologias básicas da alta crítica. Essas partes estão distribuídas pelo livro e nos apêndices.

Uma nova característica desta edição é o glossário. Os termos em **negrito** no texto podem ser encontrados no glossário.

Nosso desejo sincero é que este livro seja um instrumento útil e de fácil leitura, que apresente informações básicas, mas completas, do panorama do AT e desafie o leitor à pesquisa séria e apropriação da verdade de Deus revelada nas Escrituras. Acima de tudo, esperamos que este texto traga novo vigor e entusiasmo ao estudo do AT; e isso à medida que os leitores aprenderem a descobrir sua história por conta própria, a entender o AT e aplicá-lo à própria vida, recuperando-o como parte substancial da autorrevelação divina. Como declara o salmista, que nós, estudantes das grandes obras do Senhor no Antigo Testamento, realmente aprendamos a apreciá-las (Salmos 111.2)!

Como usar este livro

Os autores oferecem as seguintes sugestões aos professores que usarem este panorama:

1. O cronograma não precisa ser estruturado de acordo com a ordem dos capítulos do livro. Analisamos os livros bíblicos na ordem canônica, mas outras sequências (*e.g.*, cronológica) são possíveis. Além disso, há vários capítulos sobre tópicos distintos espalhados pelo livro. O professor deve avaliar quais são essenciais para dar início à matéria e dispor dos outros como lhe convier ou usá-los ainda como leitura complementar.

2. Uma característica positiva da matéria é a correspondência entre os objetivos educacionais do professor e os do autor do livro didático. Para os professores que desejarem correlacionar os objetivos da matéria com os do livro, sugerimos o seguinte:

   A. Articulem o propósito e a mensagem de cada livro do AT.
   B. Conheçam os principais acontecimentos e povos do AT.
   C. Transmitam a "visão panorâmica" do AT e relacionem as partes ao todo.
   D. Debatam os principais temas teológicos do AT.
   E. Expliquem a importância do AT ou de qualquer de suas partes ao cristão atual.
   F. Conheçam a importância fundamental do AT para a compreensão do NT.

3. Sugerimos que a Bíblia seja leitura obrigatória aliada à leitura deste livro, pois o panorama não é mera reafirmação do conteúdo dos livros bíblicos.

Andrew E. Hill e John H. Walton

Abordando o Antigo Testamento

Estudar o AT é uma tarefa monumental, mas a preparação adequada pode ajudar o aluno a colher bons frutos. O Deus soberano, que criou o Universo, que controla a História e realizará seu plano no tempo devido, decidiu manifestar-se. Por si só, isto é um ato de graça, e devemos nos sentir estimulados a ouvi-lo. No entanto, o ato de ouvir pode ser prejudicado por muitos fatores. Em primeiro lugar, a revelação de Deus não foi feita na língua portuguesa ou no âmbito da cultura ocidental. Consequentemente, precisamos esforçar-nos para receber a mensagem com clareza. Quanto mais o aluno conhece a cultura do Antigo Oriente Médio, especificamente a de Israel no período do AT, mais barreiras ele pode eliminar.

Outro fator de dificuldade é que, mesmo ao ouvirmos, somos seletivos em relação ao que ouvimos. Além disso, tentamos conformar a mensagem ao que desejamos ouvir. A solução é, pois, permitir que a Bíblia fale por si. Todos temos pressupostos acerca da Bíblia. Eles devem ser constantemente avaliados e refinados para não distorcer ensinamento nenhum. Os objetivos dos autores bíblicos não devem ser subordinados aos nossos, por mais dignos que sejam. Há muitas lições valiosas a serem aprendidas com o AT, mas nem todas são lições que o AT tenta ensinar. Se o aluno deseja colher ensinamentos fundamentados na autoria do texto, deve aprender a discernir o que o texto ensina em vez de lhe sobrepor as ideias. Quando o leitor permite que a Bíblia fale do próprio ponto de vista e com seus propósitos, ele pode estar mais aberto para aprender o que ela pretende ensinar.

AUTORREVELAÇÃO

Como autorrevelação divina, o objetivo do AT é que os leitores conheçam melhor a Deus. No entanto, a intenção não é que este processo seja meramente cognitivo. Além disso, conhecer a Deus também é algo obtido pela experiência de seus atributos. Ser capaz de listar os atributos de Deus é apenas o primeiro passo. O objetivo é que eles se tornem a estrutura de nossa cosmovisão. Com isso, queremos dizer que a visão de nós mesmos, da sociedade, do mundo, da História, nossa conduta, nossas decisões — tudo — devem estar entrelaçadas com um conceito correto e integrado sobre Deus. O objetivo do AT não é transformar vidas, embora conhecer a Deus deva transformar a vida do interessado. O objetivo do AT não é a adoção de um sistema de valores, embora isso certamente seja o resultado de conhecer a Deus de modo real. O AT não é um depósito de exemplos históricos, hinos empoeirados e discursos proféticos obscuros, mas o convite divino para ouvir sua história.

A história de Deus começa com a Criação. Todavia, a ênfase não está em como o mundo teve início, mas em como o plano começou. Tudo estava perfeito para a execução do plano divino. Nesse sentido, a Criação é simplesmente a introdução à história. A princípio, a soberania de Deus é assegurada pelo fato de que ele criou. Embora isso negue qualquer reivindicação de soberania por parte de outras divindades, a intenção não é gerar polêmica contra o politeísmo da época. Em vez de apresentar uma interpretação negativa que denuncia e refuta outras divindades, o AT usa a abordagem positiva da descrição do único Deus verdadeiro e de suas obras.

No princípio, observa-se que o AT lida com aspectos políticos e sociais da história somente de maneira secundária. O interesse principal da história é como Deus se revelou ao povo no passado. Reflexo disso pode ser encontrado nos nomes divinos que permeiam as páginas das Escrituras. Estes o descrevem como o Deus santo, Todo-poderoso, Altíssimo e Criador de todas as coisas. No entanto, ele também é o Deus que ouve, vê e provê. O contraste com a rebelião e a insensatez habitual da humanidade revela a paciência e a graça divinas.

Como a Criação desemboca na história, a história deságua na profecia. O plano de Deus foi inaugurado no princípio, colocado em prática no decorrer da história e continuará até que tudo se cumpra. Ao ver o plano divino em ação no passado (Pentateuco e livros históricos) e projetado no futuro (literatura profética), podemos começar a apreciar sua sabedoria insondável. Tão somente ele é digno de louvor e adoração (Salmos e literatura de sabedoria). O AT, portanto, deve ser considerado a apresentação dos atributos divinos em ação. Podemos saber quem e como Deus é ao ouvir o que fez e pretende fazer. Ao descobrirmos isso, as reações apropriadas são adoração, compromisso e serviço.

A ALIANÇA

No cerne da autorrevelação, delineando o plano de Deus, está a aliança. O próprio nome "ANTIGO TESTAMENTO" indica que a aliança é o conceito central dessa coleção de livros (testamento = aliança). É por intermédio da aliança que Deus se revela e se compromete com determinado tipo de ação. Sua lealdade à aliança muitas vezes o leva a atos de graça e misericórdia; sua justiça, contudo, também está embutida nela; e isso para assegurar a responsabilidade do povo.

Como a aliança é o instrumento usado por Deus para efetivar sua autorrevelação, o AT parece ser com frequência a história da aliança ou de aspectos dela — e em menor grau a história de Israel. Gênesis 12–50 é a história da instituição da aliança com Abraão. Êxodo e Deuteronômio contêm a história do estabelecimento da aliança mosaica no Sinai. Josué é o registro da fidelidade de Deus à aliança, ao passo que Juízes é o da infidelidade de Israel a ela. Os livros de Samuel e de Reis são a história da aliança na monarquia (a aliança com Davi). A aliança como plano de Deus é o foco, não o povo envolvido nela geração após geração.

Várias abordagens do AT diferem entre si pelo conceito de aliança e pela relação entre as alianças. Existem promessas distintas que regem de forma independente os períodos da História, ou há apenas uma ou duas alianças com cláusulas que oferecem expansão ou explicação? O testamento é único e incondicional, com alianças condicionais, ou é uma unidade condicional?

Essas são perguntas que, respondidas de formas diversas por estudiosos variados, definem as controvérsias teológicas sobre o AT, seu relacionamento com o NT e sua relevância para nós hoje. Suas respostas, porém, não alteram a descrição de Deus oferecida pela aliança. Apenas a forma da teologia está em jogo, não a natureza de Deus revelada no AT. Mesmo que alguém seja tentado a fazer uma distinção clara entre as alianças, sua unidade orgânica não deve ser menosprezada.

É tal característica que nos ajuda a considerar o plano de Deus uma entidade coerente e unificada. Nesse conceito, a aliança com Abraão fez de Israel o povo "revelador" de Deus ao mundo. A lei dada no Sinai é parte importante da revelação que a aliança deveria proporcionar. Ao mesmo tempo, Levítico, Deuteronômio e Josué contêm renovações da aliança que reforçam o pacto entre Deus e Israel. A aliança com Davi cumpre algumas promessas iniciais de Deus a Abraão (*e.g.*, reis descenderiam dele) e simultaneamente expande a aliança, incluindo a linhagem real. Os profetas falam de promessas futuras (v. Isaías 61.8; Jeremias 31.31-34; Ezequiel 16.60-63; 34.25-30; 37.19-28; Oseias 2.18-20), que, geralmente, estão relacionadas ao futuro cumprimento de aspectos não realizados das alianças anteriores por causa das falhas dos israelitas.

Cada aliança será discutida mais detalhadamente nas partes apropriadas deste panorama. No momento, é importante reconhecer a centralidade e unidade das alianças no AT em relação ao plano e à autorrevelação de Deus.

AUTORIDADE

Apesar de não ser inadequado estudar a Bíblia do ponto de vista literário e apreciá-la como literatura de primeira qualidade, não podemos parar aí. Para reconhecer a Bíblia como autorrevelação divina, ela deve ser considerada a representação, e não mera opinião, de pessoas tementes a Deus. Em outras palavras, se Deus não for considerado a fonte do AT, este não pode servir de *auto*rrevelação. Se Deus for a fonte do AT, pode-se afirmar que ele possui autoridade. Estudamos as Escrituras porque esperamos obter a palavra detentora de autoridade divina, não opiniões pessoais subjetivas, não importa quão valiosas ou verdadeiras sejam. Autoridade é o que torna o AT mais do que apenas boa literatura. Portanto, o NT refere-se ao AT por ser "inspirado" por Deus. A inspiração é a qualidade que designa Deus como fonte e certifica a obra resultante por ser plena de autoridade (2Timóteo 3.16). Logo, se buscarmos na Bíblia a revelação com autoridade divina, essa autoridade deve estar investida do que pretende comunicar, não do que o leitor deseja ouvir. Essa é outra forma pela qual a Bíblia é diferente de outras obras. Ao lermos um romance ou um poema, o poder da literatura pode ser medido por sua capacidade de evocar a reação do leitor e combiná-la com as ideias do autor, criando e recriando novos "sentidos" a cada leitura. Assim, um poema pode ter certo significado para um leitor e dar uma impressão bem diferente a outro. Embora essa dinâmica possa resultar do processo de aplicação à leitura do AT (v. a seguir), o fato de a Palavra escrita possuir autoridade, e a reação do leitor não, deve servir de advertência contra sua mescla. O resultado é que não podemos nos contentar em obter lições próprias com base nas Escrituras, ainda que elas sejam valiosas. Devemos, pelo contrário, lutar para descobrir o que o autor pretende comunicar, pois aí reside a autoridade.

Que implicações de autoridade o texto possui? A primeira é aceitar o que ele diz. Se Deus não houvesse feito a aliança com Abraão nem falado com Moisés no Sinai, se a conquista fosse apenas uma polêmica imaginária para Israel defender seu expansionismo territorial, se a aliança com Davi fosse apenas uma manobra dos descendentes do rei para oferecer justificação divina para sua dinastia, o texto não seria autorrevelação divina, apenas propaganda irrelevante. Se em algum sentido essa é a palavra de Deus, ela deve ser considerada verdadeira.

A segunda implicação é que devemos obedecer. Se a Bíblia é realmente autorrevelação com autoridade divina, não podemos desprezá-la. Deus espera não só adoração, mas obediência, justiça, lealdade, fidelidade, santidade, retidão e amor. Em resumo, Deus deseja que sejamos como ele é — esse é um dos motivos para sua autorrevelação.

COMO ESTUDAR O ANTIGO TESTAMENTO

Para obedecer ao AT, deve-se saber interpretá-lo. Grande parte de sua verdade espiritual é evidente mesmo por meio da leitura superficial do texto. O estudo aprofundado pode render resultados ainda maiores, mas é acompanhado de maior dificuldade. Vários princípios e metodologias orientadoras da exegese e da interpretação são apenas mencionados aqui, mas proveem uma introdução para o estudante.

Aspectos da interpretação bíblica

Um dos principais fundamentos da interpretação já foi citado: devemos permitir que a Bíblia fale por si só. É difícil consegui-lo, pois todo intérprete possui pressuposições, isto é, ideias preestabelecidas sobre o que a Bíblia é, o que ela diz e como todas as coisas se enquadram. Elas podem moldar a interpretação do texto e distorcê-la. As pressuposições geralmente são subconscientes. Quando não o são, às vezes, são consideradas inegociáveis. A interpretação adequada não exige que os leitores eliminem todas as pressuposições, mas insiste em que eles reconheçam sua existência, reavaliando constantemente sua validade e subordinando-as ao texto das Escrituras.

O objetivo desse princípio é impedir que os intérpretes manipulem o texto conforme seus interesses. Para o texto transmitir autoridade, ele deve desfrutar de certa autonomia.

Em círculos literários, ainda há muito debate a respeito da relação do foco da atenção do intérprete. Tradicionalmente, o autor, seu contexto e sua intenção (explícita ou deduzida) servem de padrão para a interpretação. Mais recentemente, a crítica literária concluiu que a impossibilidade de alcançar a identificação segura do que o autor queria dizer exige que o significado seja resultado do impacto do texto (entidade isolada e independente do autor) sobre cada leitor. Contudo, como dissemos, para a Bíblia ser considerada detentora de autoridade, ela não pode ser analisada como uma obra literária. Se o texto bíblico é considerado pleno de autoridade, a intenção do autor (humano e divino) deve ser o foco da atenção do intérprete. O resultado desse compromisso é que o intérprete não deve procurar significados ocultos ou simbolismos místicos. Outra conclusão é que a mensagem do autor não deve ser negligenciada para favorecer a adequação do texto ao propósito do hermeneuta (prática comum em estudos bíblicos e sermões).

Procedimentos de interpretação

Mas como determinar a intenção do autor? Em primeiro lugar, o gênero literário deve ser identificado. Na literatura atual, uma biografia não deve ser lida como suspense nem uma peça como poesia. O gênero literário influencia a abordagem e a interpretação da obra. Isso também se aplica ao AT. A profecia é um gênero diferente da literatura proverbial. O intérprete deve, inicialmente, identificar o gênero e aprender tudo o que pode sobre ele. Este último empreendimento é feito por meio de várias metodologias críticas (v. o *Apêndice A*).

Em segundo lugar, é importante descobrir o que for possível sobre o público para o qual a obra foi escrita, e ainda as circunstâncias da composição. Esses fatos podem afetar a interpretação de certas afirmações.

Em terceiro lugar, por meio da análise do contexto, devemos tentar identificar a intenção do autor ou editor. Esta pode ser explícita ou deduzida de observações relativas à seleção e à organização do material feitas por ele.

Como exegetas, se conhecermos bem o autor, o público, a situação e o gênero literário, estaremos aptos para nos colocarmos no lugar do ouvinte e entendermos as palavras e, especialmente, a mensagem do trecho interpretado. A interpretação exige que nos tornemos, na medida do possível, parte do público original. A mensagem a eles transmitida é a mesma para nós.

APLICAÇÃO DO ANTIGO TESTAMENTO

Quando pressuposições são avaliadas e selecionadas e metodologias coerentes são formuladas, o objetivo (o de interpretar o significado da passagem) está em vista, mas ainda não foi alcançado. A interpretação, sem a aplicação correta, é estéril. Quanto à aplicação, não perguntamos apenas: "O que podemos aprender?". A aplicação não pode ser apenas o aglomerado de impressões obtidas da leitura do texto. Ao lermos Josué 1, por exemplo, podemos dizer que aprendemos a ser mais corajosos, mas não é isso que procuramos na aplicação. Mais especificamente, perguntamos: "O que posso aprender com o que o texto ensina?"; e isso de forma que a aplicação possa estar ligada à interpretação. Se esta identifica o público como a nação de Israel, as promessas podem não ser aplicáveis a nós individualmente, embora ainda nos ensinem sobre elas. Se o AT é considerado a autorrevelação de Deus, esperaremos, na maioria dos casos, aprender primeiro algo sobre ele. Desse ponto em diante, descobriremos as implicações disso na maneira pela qual nos vemos, bem como os outros e o mundo. Assim, a mensagem deve penetrar nossos valores, conduta e cosmovisão e influenciar decisões e atitudes. Se nos alimentarmos apenas de textos-prova, personagens, tipos e "pensamentos diários", restringiremos nossa capacidade de conhecer a Deus, pois somente a interpretação adequada nos trará o benefício completo da autorrevelação divina. Se Deus realmente falou, é nossa incumbência, como sua criação, ficarmos a tal ponto absortos na Palavra que ela se torne parte de nós. As Escrituras podem nos condenar, desafiar e confrontar desde que cumpramos a responsabilidade de estudá-las de forma consciente.

Perguntas para estudo e debate

1. Cite algumas pressuposições comuns com relação ao AT ou a alguns livros específicos.
2. Cite alguns elementos importantes da cosmovisão "bíblica".
3. O que o AT revela sobre o plano de Deus que ainda é relevante?
4. Compare os conceitos de editor inspirado e autor inspirado (do AT).
5. Comente os diversos gêneros literários do AT em relação à afirmação de que o objetivo da interpretação bíblica é determinar o significado proposto pelo autor no texto.
6. Se a concentração em passagens curtas e isoladas do AT pode produzir interpretações distorcidas, que medidas são necessárias para proteger a exposição íntegra do texto?

Leituras complementares

ARMERDING, Carl E. **The Old Testament and Criticism**. Grand Rapids: Eerdmans, 1983.

BARTON, John. **Reading the Old Testament**. 2. ed. Philadelphia: Westminster/ John Knox, 1996.

CARSON, D. A., & WOODBRIDGE, John. **Hermeutics, Authority and Canon**. Grand Rapids: Zondervan, 1986.

CONYERS, A. J. **How to Read the Bible**. Downers Grove, IL: InterVarsity Press, 1986.

DORIANI, D. M. **Getting The Message**. Phillipsburg, NJ: Presbyterian and Reformed, 1996. Abordagem prática e simplificada das habilidades essenciais para a interpretação bíblica.

FEE, Gordon, & STUART, Douglas. **How to Read the Bible for All Its Worth**. 2. ed. Grand Rapids: Zondervan, 1993. Debate útil da leitura e interpretação de cada gênero literário da Bíblia. [Publicado em português com o título **Entendes o que lês?**: um guia para entender a Bíblia com o auxílio da exegese e da hermenêutica. São Paulo: Vida Nova, 1989.]

GOLDINGAY, John. **Approaches to Old Testament Interpretation**. Downers Grove, IL: InterVarsity Press, 1981.

____. **Theological Diversity and the Authority of the Old Testament**. Grand Rapids: Eerdmans, 1987.

GREIDANUS, Sidney. **The Modern Preacher and the Ancient Text**. Grand Rapids: Eerdmans, 1988. Abordagem excelente da incorporação dos resultados da exegese hermeneuticamente imparcial a bons sermões.

HAYES, John & HOLLADAY, Carl. **Biblical Exegesis**. Atlanta: John Knox, 1982.

LONGMAN, Tremper III. **Literary Aproaches to Biblical Interpretation**. Grand Rapids: Zondervan, 1987. [Publicado em português com o título **Lendo a Bíblia com o coração e a mente**: como ler de modo proveitoso, para compreender e aplicar a palavra de Deus em sua vida. São Paulo: Cultura Cristã, 2003.]

____. **Literary Approaches to Biblical Interpretation**. Grand Rapids: Zondervan, 1987.

____. **Making Sense of the Old Testament**. Grand Rapids: Baker, 1998.

MCQUILKIN, J. Roberston. **Understanding and Applying the Bible**. Chicago: Moody Press, 1983.

ROGERSON, John. **Beginning Old Testament Study**. Philadelphia: Westminster, 1982.

STUART, Douglas. **Old Testament Exegesis**. 2. ed. Philadelphia: Westminster, 1984.

Geografia do Antigo Testamento

A história da nação israelita desenvolveu-se em um contexto geográfico específico. Por essa razão, a Bíblia leva a sério a geografia e registra acontecimentos reais ocorridos no tempo e espaço. A Bíblia não é uma passagem secreta que leva a uma história fictícia como *As crônicas de Nárnia*. No entanto, não é simplesmente uma coleção de registros antigos. Também não possui a intenção de ser um jornal ou manual topográfico. Como a arqueologia, a geografia expande nosso conhecimento do ambiente das narrativas bíblicas e enriquece, dessa forma, nossa compreensão de certos textos do AT.

O mundo físico do AT era o Oriente Próximo Antigo, conhecido atualmente por Oriente Médio ou, às vezes, sudoeste da Ásia. As narrativas do AT abrangem a região da Mesopotâmia a leste, Ásia Menor ou Anatólia ao norte, a região siro-palestina e Egito a oeste e a península arábica ao sul. Os atuais Irã e Iraque ocupam a maior parte da antiga Mesopotâmia, enquanto a Ásia Menor hoje é denominada Turquia, e a Arábia Saudita controla a maior parte da península arábica. Quase 4/5 da história do AT ocorre na área siro-palestina na costa leste do Mediterrâneo. Esse território, nos dias de hoje, inclui Síria, Líbano, Jordânia e Israel.

O MUNDO DO ANTIGO TESTAMENTO

O Crescente Fértil

O mundo do AT é geralmente associado ao "Crescente Fértil". Essa área incluía o vale e o delta do rio Nilo, as planícies estreitas ao longo da costa mediterrânea siro-palestina e os vales dos rios Tigre e Eufrates. O índice pluviométrico e a irrigação adequada nessas planícies costeiras e nesses vales fluviais favoreciam a agricultura e o sedentarismo, gerando as primeiras civilizações do Antigo Oriente Médio. Essa primeira parte descreve as principais regiões geográficas adjacentes ao Crescente Fértil e os respectivos povos e culturas que influenciaram a história hebraica.

Mesopotâmia

O nome Mesopotâmia significa "[terra] entre rios", ou seja, o Tigre e o Eufrates. A faixa produtiva de terra ao longo desses rios estende-se por cerca de 960 km desde as regiões montanhosas na extremidade norte do Crescente Fértil até as vastas planícies **aluviais** do golfo Pérsico. Como no Egito, redes de canais irrigavam a área das cheias, tornando a baixa Mesopotâmia muito produtiva em termos agrícolas. Ao contrário do Egito, a Mesopotâmia não tinha barreiras naturais para proteger a região de influência e invasão externas. As culturas das cidades-estado da Suméria e da Acádia foram responsáveis pela difusão da civilização primitiva ao norte pelas bacias hidrográficas.

O norte da Mesopotâmia foi o lugar originário dos israelitas, pois os patriarcas hebreus viveram na região de Harã em Padã-Arã, entre o Tigre e o Eufrates. Abraão é tido como amorreu (Ezequiel 16.3), e certo tempo depois Jacó residiu temporariamente entre seus parentes amorreus em Padã-Arã (Gênesis 28.1-9). Também sabemos que Abraão migrou de Ur, na Mesopotâmia (ou "Ur do norte", alternativa sugerida recentemente), para Harã ao norte e, em seguida, para Canaã, seguindo a revelação e promessa de Javé.

A história israelita posterior foi muito influenciada pelos impérios mesopotâmicos, quando assírios, babilônios e persas controlaram a Palestina em determinados momentos de seu governo sobre o mundo do Antigo Oriente Médio. Assíria e Babilônia também foram responsáveis pela destruição do reino dividido dos hebreus e pela deportação de milhares deles para a Mesopotâmia. Mais tarde, sob o governo de Ciro e dos persas, os exilados hebreus obtiveram permissão para retornar à terra natal e reconstruir o templo de Javé.

Ásia Menor/Anatólia

A região da Ásia Menor, situada a noroeste do Crescente Fértil, é uma região montanhosa; terra diversificada com solo rico e clima mediterrâneo a oeste e sul, um planalto central árido e estéril e montanhas altas a leste, próximas à Armênia. A riqueza de minérios nas cadeias montanhosas centrais fornecia aos habitantes da Anatólia recursos disponíveis para o comércio com o restante do Antigo Oriente Médio para obter alimentos e artigos domésticos. A península também era a ligação terrestre entre a Ásia central e o sudeste europeu, o que significava que a área sofria constante invasão e influência estrangeiras.

Durante o segundo milênio a.C., a parte central da região foi o lar do Império Hitita, poderoso rival do Egito pelo controle da região siro-palestina. Os hititas eram um povo militar que contratava mercenários e exportava tecnologia militar a todo o Antigo Oriente Médio. O *tratado hitita*, pelo qual os reis hititas subjugavam inimigos conquistados, tornou-se importante contribuição literária para o mundo antigo. Essa forma de tratado era semelhante à usada pelos hebreus para estruturar a composição da aliança entre Javé e seu povo Israel tanto em Êxodo (19–24) quanto em Deuteronômio. Também há paralelos entre certas leis hititas e o AT, e alguns estudiosos até encontram influência hitita na forma e prática da composição literária da história em Israel.

Durante o primeiro milênio a.C., o povo de Urartu dominou o leste da Ásia Menor e guerreou contra os assírios pelo controle do norte da Mesopotâmia. Os lídios controlaram o oeste da Ásia Menor durante o período neobabilônico (ca. 685-546 a.C.).

Região siro-palestina

A região siro-palestina constitui a ligação terrestre entre os continentes da África e da Ásia. Essa faixa de 640 km de terra fértil ao longo da costa do Mediterrâneo era delimitada a oeste pelo grande mar, a leste pelo deserto da Arábia e pelo vale profundo do Jordão. A região siro-fenícia, ou parte norte dessa ligação terrestre, abrange essencialmente a Síria e o Líbano atuais. A Palestina, ou porção sul da faixa, inclui Israel e parte da Jordânia. Geralmente, o monte Hermom demarcava a fronteira entre as partes norte e sul da ligação terrestre. (As características físicas e geográficas da região siro-palestina são descritas posteriormente neste capítulo).

A costa da região siro-fenícia tinha a vantagem dos portos naturais. Isso originou amplo comércio marítimo centrado na região, especialmente entre os fenícios e seus principais portos: Tiro, Sidom e Biblos. Os fenícios ocupavam a costa norte da Palestina, de Aco a Ugarite, e negociaram por toda a costa mediterrânea durante quase dois milênios (v. Ezequiel 27). Davi e Salomão foram aliados desse povo; os fenícios ajudaram no projeto e construção do templo em Jerusalém, como também na edificação de um porto em Elate, no mar Vermelho (1Reis 7.13-22; 9.26-28). Durante o período da monarquia dividida, o rei Acabe (de Israel) casou com a princesa fenícia Jezabel. Isso resultou no aparecimento da religião de **Baal-Melcarte** na vida política e religiosa do Reino do Norte (1Reis 16.29-34).

Os arameus ocuparam as regiões interiores siro-fenícias durante o período do AT. Eram descendentes dos amorreus e horeus e instalaram-se no grande oásis de Damasco, em Arã ou Síria. Os arameus dividiam uma fronteira com Israel e eram alternadamente seus inimigos ou aliados, dependendo do poder e da presença ameaçadores da Assíria. Dois outros centros importantes de civilização localizavam-se na região siro-fenícia: as cidades-estado de Ebla (ca. 2500 a.C.), no interior do norte da Síria, e Ugarite (ca. 1500 a.C.), na costa do Líbano.

A região da Palestina, ou Canaã, era a terra prometida pela aliança aos hebreus. No entanto, a presença dos filisteus, na costa, e os diversos grupos cananeus, no interior, não permitiram que Israel possuísse a terra de Canaã sem conflito. A conquista incompleta de Canaã sob a liderança de Josué deixou os hebreus suscetíveis à influência sedutora do baalismo cananeu e à sua idolatria e imoralidade (Deuteronômio 7.1-5; Josué 13.1-7; Juízes 2.11-15). Os filisteus controlavam as planícies costeiras e permaneceram fortes inimigos de Israel durante os períodos das monarquias unificada e dividida, até o rei Uzias (767-740 a.C.) subjugá-los (2Crônicas 26.6-15). Os profetas hebreus continuaram a pronunciar juízo contra às cidades filisteias até os séculos VII e VI a.C. (*e.g.*, Jeremias 25.20; Sofonias 2.4-7; Zacarias 9.5-7).

Egito

O Egito situa-se a sudoeste da Palestina e é conhecido desde a Antiguidade como o "presente do Nilo". O rio Nilo era considerado deus pelos egípcios porque toda a vida dependia do fluxo do seu grande leito. Os últimos 1.200 km do rio dividiam a área conhecida por Egito na Antiguidade. Seu vale fluvial era cercado por desfiladeiros de calcário, a leste, e pelo deserto, a oeste. A faixa de terra arável na bacia hidrográfica media entre 40 km de extensão e quase 240 km de largura no delta. A terra do Egito recebe até 200 mm de precipitação anual, e grandes áreas recebem menos de 25 mm. A atividade agrícola baseava-se totalmente na irrigação do rico solo aluvial depositado ao longo da bacia em decorrência das cheias anuais.

O Egito Antigo era dividido em reino do alto Egito (ao longo da estreita faixa do vale do rio ao sul) e reino do baixo Egito (basicamente a área do delta ao norte). O padrão previsível das cheias do Nilo e as grandes barreiras naturais de montanhas e deserto nas fronteiras ocidental e oriental tornaram a civilização egípcia estática. Os historiadores muitas vezes se referem ao "isolamento esplêndido" do Egito. Isso possibilitou à civilização egípcia desenvolver uma economia agrícola confiável, uma estrutura governamental estável e uma sociedade organizada.

Os períodos históricos da Dinastia Antiga e do Império Antigo (ca. 3100-2100 a.C.) testemunharam a unificação do alto e do baixo Egito no tempo dos faraós. Esse período, conhecido por Arcaico, também foi a época da construção das grandes pirâmides sepulcrais da família real. O Império Médio (2133-1786 a.C.) e o Segundo Período Intermediário (1786-1570 a.C.) teriam incluído a passagem de Abraão pelo Egito (Gênesis 12.10-20), a migração de Jacó e sua família para lá (Gênesis 45.16–47.12) e, talvez, a opressão dos hebreus como escravos (Êxodo 1.1-14).

O Novo Império (1570-1085 a.C.) testemunhou o chamado de Moisés como libertador dos hebreus e o Êxodo do cativeiro egípcio (Êxodo 3–13). Até a Idade do Bronze Tardio (ca. 1200 a.C.) o Egito conquistou o controle da Palestina sob o governo de Ramessés II, graças, em parte, a um tratado com os hititas. A intervenção egípcia na Palestina continuou com Sisaque I, que acolheu Jeroboão como fugitivo político de Israel (1Reis 11.40). Tempos depois, contudo, ele invadiu Judá durante o reinado de Roboão (1Reis 14.25-26). Daí em diante, o Egito permaneceu aliado importante e necessário para ambos os reinos hebreus contra os poderes imperiais mesopotâmicos da Assíria e da Babilônia.

A história hebreia posterior também presenciou o contato considerável com os egípcios. Por exemplo, o rei Salomão se casou com a filha do faraó como parte de uma aliança política (1Reis 3.1-2). Mais tarde, o rei Josias, de Judá, foi morto pelo faraó Neco na batalha de Megido (2Reis 23.28-30).

A influência egípcia pode ser vista também na língua e literatura do AT. Por exemplo, o AT contém quase 50 palavras emprestadas diretamente da língua egípcia (como *abrek*, "ajoelhai", Gênesis 41.43, ARC). Também existem paralelos reconhecidos há muito tempo entre a literatura de sabedoria e a poesia romântica egípcias e hebraicas (v. cap. 16 e 17, "Literatura hebraica poética e de sabedoria" e "Jó").

A religião hebraica foi prejudicada pelo menos em duas ocasiões por conta da influência penetrante do culto egípcio a **Ápis**, isto é, no incidente de Arão e o bezerro de ouro, descrito em Êxodo 32, e na adoração ao bezerro por Jeroboão em Dã e Betel, narrada em 1Reis 12. A arte hebraica também foi influenciada pelos egípcios, pois os profetas pré-exílicos condenaram os israelitas por se afastarem de Deus, buscando alianças com o Egito (Oseias 7.11). Curiosamente, Isaías profetizou que o Egito se voltaria para Javé e que ele o chamaria de seu povo (Isaías 19.16-25).

A península arábica

A península arábica é um planalto enorme. A terra é, em grande parte, desértica, dunas de areia e campos de lava cercados por orlas marítimas relativamente férteis. A península é dividida em três regiões: 1) o noroeste, chamado Arábia de Petra, que inclui Petra, Edom, Moabe e a Transjordânia; 2) o deserto da Arábia ao norte e na região central; e 3) a faixa litorânea sul chamada Arábia Afortunada. O amplo deserto da península arábica formava uma grande barreira entre as civilizações da Mesopotâmia e do Egito. Por esse motivo, as viagens do oriente ao ocidente, no Antigo Oriente Médio, eram feitas na direção norte-sul ao longo dos rios Tigre e Eufrates até Harã e Damasco.

A região da Transjordânia, da Arábia de Petra, era reduto de várias nações e tribos seminômades que exerceram papel importante na história israelita. Moabitas e amonitas eram povos racialmente homogêneos que traçavam sua ascendência até o sobrinho de Abraão, Ló, e à sua relação incestuosa com duas filhas (Gênesis 19.30-38). Ambas eram nações monárquicas, organizadas e governadas por uma forma tribal de realeza.

As nações de Moabe e Amom negaram a passagem pelo sul da Transjordânia aos hebreus, os quais iam do Egito a Canaã (Deuteronômio 2.9-37). Por isso, nenhum amonita ou moabita podia entrar na assembleia

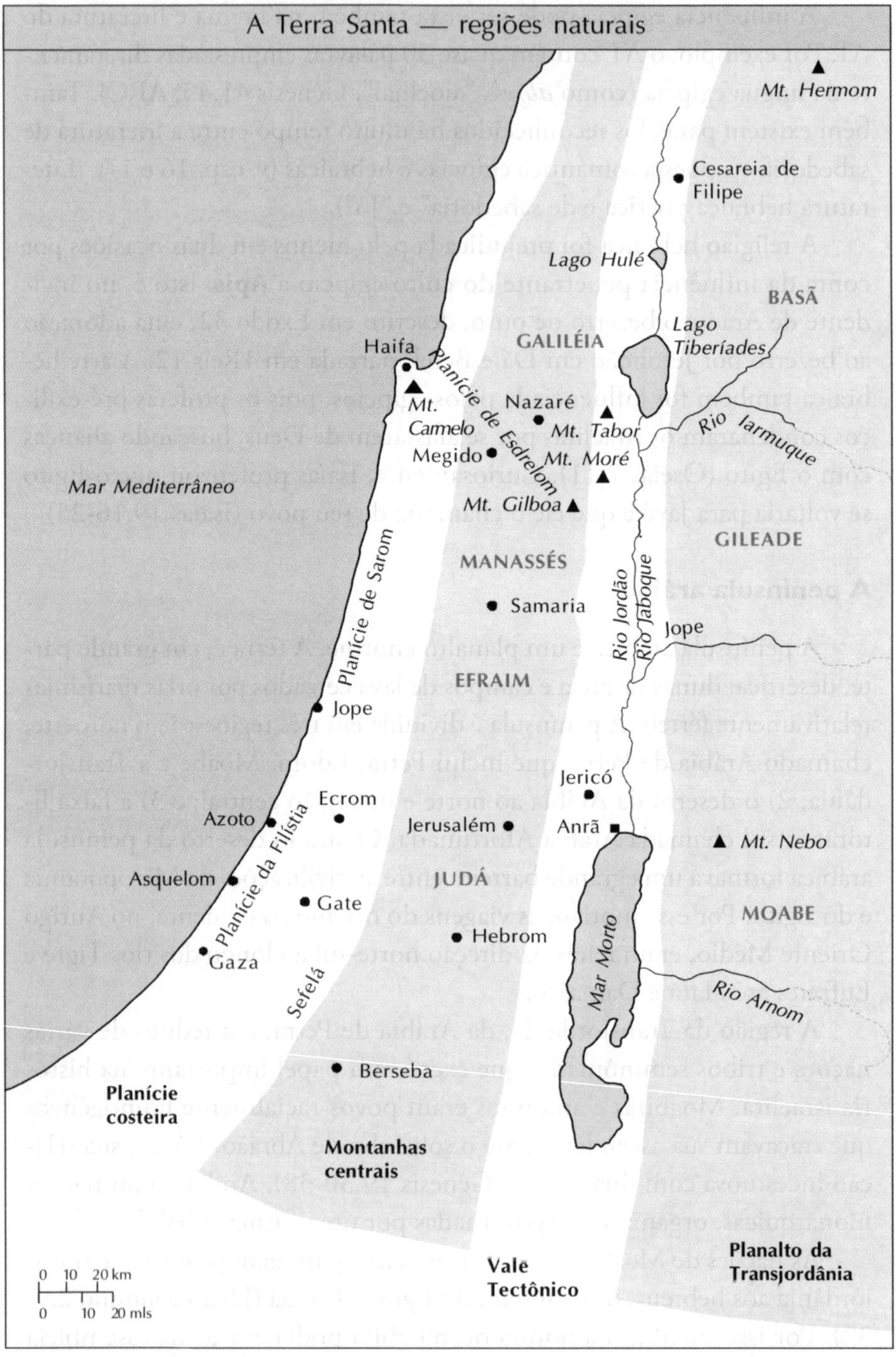
A Terra Santa — regiões naturais
Mt. Hermom
Cesareia de Filipe
Lago Hulé
BASÃ
Lago Tiberíades
GALILÉIA
Haifa
Planície de Esdrelom
Mt. Carmelo
Nazaré
Mt. Tabor
Rio Iarmuque
Megido
Mt. Moré
Mar Mediterrâneo
Mt. Gilboa
GILEADE
MANASSÉS
Planície de Sarom
Rio Jordão
Rio Jaboque
Samaria
Jope
EFRAIM
Jope
Jericó
Ecrom
Azoto
Jerusalém
Anrã
Mt. Nebo
Asquelom
Planície da Filístia
JUDÁ
Gate
MOABE
Hebrom
Gaza
Mar Morto
Sefelá
Rio Arnom
Berseba
Planície costeira
Montanhas centrais
Vale Tectônico
Planalto da Transjordânia
0 10 20 km
0 10 20 mls

do Senhor (Deuteronômio 23.3). Ambas foram inimigas de Israel durante o período dos Juízes até os reinos unido e dividido de Israel.

De acordo com 2Reis 24 e Jeremias 37, Moabe e Amom ajudaram os babilônios a saquear Jerusalém. Mais inoportunos para os hebreus eram os deuses de Amom (Milcom ou Moloque, 1Reis 11.7; 2Reis 23.10; Amós 5.23) e Moabe (Camos, 1Reis 11.7,33). A moabita mais conhecida deve ser Rute, que jurou fidelidade a Javé (Rute 1.16) e, por fim, se tornou parte da genealogia do rei Davi (Rute 4.13-22).

Os edomitas viviam ao sul de Moabe, desde o rio Zerede até o golfo da Arábia. Sua linhagem se origina do gêmeo mais velho de Jacó, Esaú (Gênesis 25.19-26). Foi uma nação rival do período do Êxodo até a queda de Jerusalém. Os profetas Isaías, Jeremias, Ezequiel, Joel, Amós e Obadias proclamaram **oráculos** de destruição contra Edom, "povo contra quem o Senhor está irado para sempre" (Malaquias 1.2-4). (Para obter mais informações sobre o lugar dos edomitas na história do AT, v. cap. 31, "Obadias").

Dois outros grupos de povos que vagavam pelo norte da península arábica são dignos de nota. O primeiro, os amalequitas — como os edomitas, descendentes de Esaú (Gênesis 36.12,16) —, lutou contra Israel no caminho entre Egito e Canaã (Êxodo 17.8-16) e fazia parte da coligação de opressores estrangeiros de Israel durante o período dos Juízes (*e.g.*, Juízes 6.3; 7.12). Números 24.20 e Deuteronômio 25.17-19 determinam a aniquilação total dos amalequitas pelo ataque não provocado à nação de Israel durante o êxodo. O segundo grupo, os midianitas seminômades, era descendente de Abraão. Vivia na região do norte da Arábia (Gênesis 25.1-2,18). Em Habacuque 3.7, cuxitas e midianitas parecem ser considerados idênticos. De alguma forma, pois, tais tribos devem sobrepor-se. José foi vendido aos egípcios por mercadores midianitas (Gênesis 37.25-26) e Moisés, ao se casar, entrou para o clã midianita de Jetro durante o exílio no Sinai (Êxodo 2.15-22). No período dos Juízes, os midianitas estavam entre os povos estrangeiros que oprimiram as tribos dos hebreus (Juízes 6.2; 7.2).

A PALESTINA

A região da Palestina recebeu este nome por causa dos filisteus (*pelishtim*) que se instalaram ao longo da costa do Mediterrâneo, de Jope a Gaza, por volta de 1300-1200 a.C. Segundo a Bíblia, o povo filisteu estava ligado

Figura A.1 — Características geológicas da Palestina

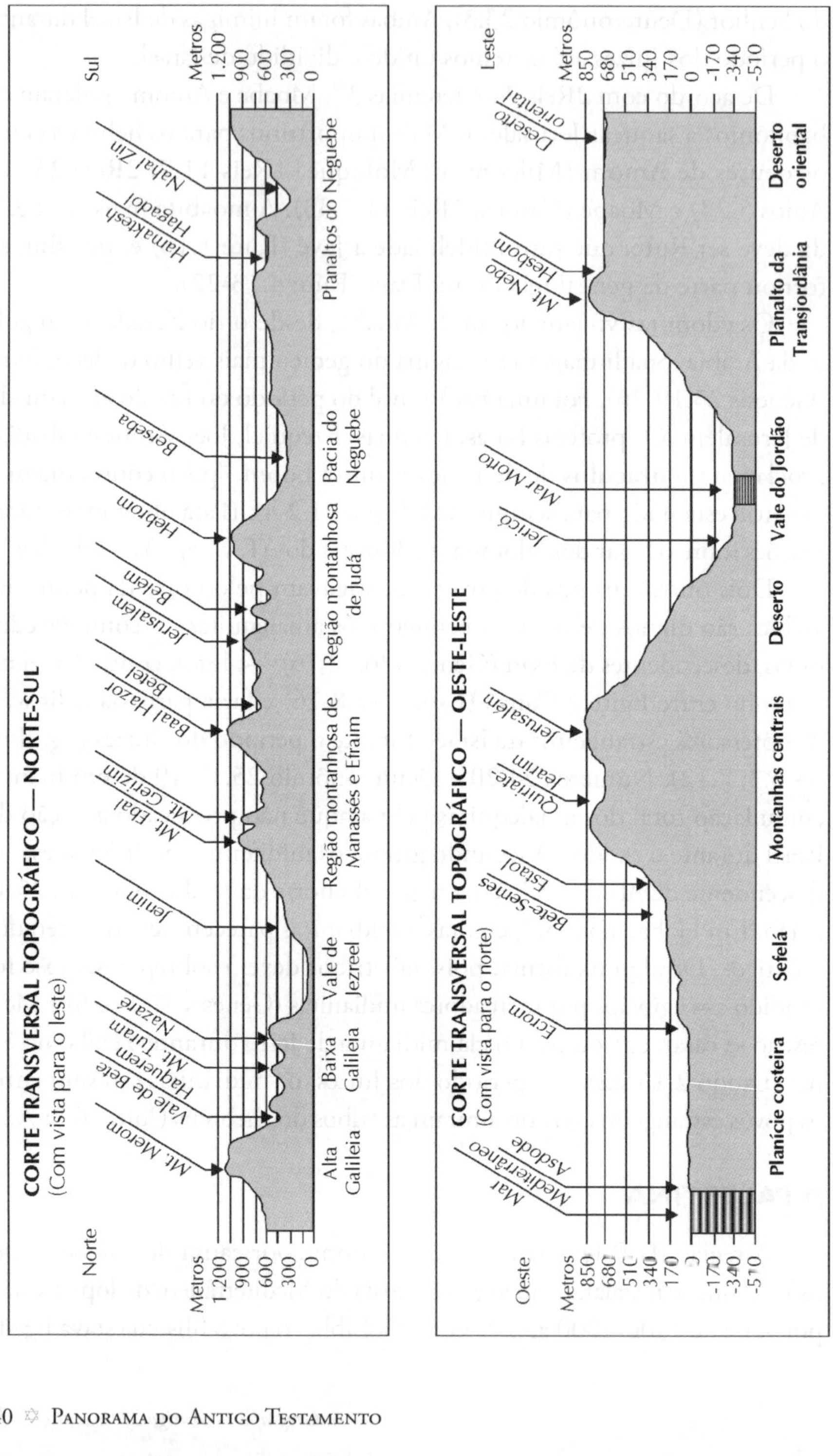

a Caftor, geralmente associado à ilha de Creta (Jeremias 47.4; Amós 9.7). Antes das migrações filisteias, a região chamava Canaã. Esse termo significava "terra da púrpura" e, provavelmente, originou-se da tintura produzida por moluscos muricídeos encontrados em abundância ao longo da costa.

A Palestina é geralmente considerada o centro geográfico e teológico do mundo antigo. Situava-se no cruzamento de rotas comerciais importantes da Antiguidade, a "terra entre" os continentes da África, Ásia e Europa. Também foi nessa área que o judaísmo, o cristianismo e o islamismo se originaram. A região tem aproximadamente 240 km de extensão de Dã a Berseba (norte-sul) e 160 km do rio Jordão ao Mediterrâneo (leste-oeste), área equivalente ao Estado de Sergipe. O clima é típico do Oriente Médio, com inverno, cujo clima varia de ameno a frio, e isso de acordo com a altitude. Normalmente, cai um pouco de neve nas maiores elevações. A estação chuvosa vai de outubro a abril, e os meses quentes e secos de verão vão de maio a agosto.

A terra divide-se claramente em quatro regiões longitudinais, ou norte-sul: a planície costeira, as colinas centrais, o vale do Jordão e o planalto da Transjordânia (v. Deuteronômio 1.6-8). As principais divisões geográficas latitudinais ou leste-oeste da Palestina estão relacionadas a características do terreno e limites políticos do reino israelita dividido. Essas divisões incluíam a região da Galileia ao norte, Samaria no centro-norte, Judá na porção centro-sul, o Neguebe (ou *estepe*) ao sul e a península do Sinai formando uma grande barreira natural entre a Palestina e o Egito.

A planície costeira

A planície costeira expande se gradualmente a distâncias de 16 a 19 km ao sul da Palestina. Essa faixa fértil de terra recebe anualmente mais de 760 mm de chuva do mar Mediterrâneo. Três planícies distintas são identificadas ao longo da costa: Acre (Aco), que se estende ao norte, do monte Carmelo (40 km de comprimento e 8 a 13 km de largura); Sarom, entre o monte Carmelo e a cidade portuária de Jope (8 a 16 km de largura); e a planície dos filisteus, no extremo sul de Jope a Gaza. A planície costeira nunca teve grande importância geográfica para os hebreus durante a história do AT. Os fenícios controlavam-na ao norte, os filisteus, a planície sul, e a planície de Sarom era composta por um solo improdutivo, charco e por uma floresta densa na Antiguidade.

Colinas centrais

A região montanhosa central era geograficamente a mais variada e, do ponto de vista histórico, a mais importante nos tempos do AT. A maioria das cidades israelitas ficava ali, e o território compreendia a maior parte da área controlada pelas monarquias hebreias unida e dividida. O terreno montanhoso forma a espinha dorsal da Palestina ocidental, que é comumente dividida em três partes principais: Galileia, Samaria (ou Efraim) e Judá. As elevações atingem de 915 a 1.000 m; a região tem bom índice pluviométrico e é adequada ao cultivo de grãos, vinhas, pomares e olivais.

Os principais pontos da Galileia incluem o monte Tabor (Juízes 4.6,12) e o vale de Jezreel. A cidade de Siquém, cercada pelos montes Ebal e Gerizim, dominava a Samaria (Josué 8.30-35). Jerusalém situava-se no cruzamento das rotas comerciais de Judá (2Samuel 5.6-12). A faixa entre a planície costeira ao sul e o planalto central chamava-se Sefelá. Esse amplo e fértil piemonte (ou planalto entre a costa e as montanhas) era uma área florestal, nos tempos do AT, ocupada pelos filisteus (v. Juízes 14 e 15; 1Samuel 17). Durante a época da monarquia judaica, Bete-Semes e Laquis foram fortalezas importantes ao longo da orla sudoeste de Judá (2Crônicas 25.17-28).

O vale do Jordão

O vale do rio Jordão é uma grande depressão geológica que começa na Síria, nas montanhas do Líbano, e corre para o sul até o golfo de Ácaba e o mar Vermelho. O vale do Jordão, que forma o limite oriental da Palestina, também faz parte dessa depressão recortada.

O rio Jordão origina-se nas encostas mais baixas do monte Hermom e é formado por três ribeiros de nascente. O Jordão flui ao sul de Hermom até o lago e pântano de Hulé e depois cai rapidamente 300 m, desaguando no mar da Galileia. Este lago de água doce fica a mais de 200 m abaixo do nível do mar e é cercado por colinas. O lago em si tem 20 km de largura e 11 km de comprimento. Em seguida, o rio flui sinuosamente ao sul até o grande mar Salgado ou Morto, mais de 400 m abaixo do nível do mar — o ponto mais baixo do planeta.

Na Antiguidade, a região ao redor do mar da Galileia era densamente povoada e intensamente cultivada por meio de irrigação. Mais ao sul, o vale do rio estreitava-se e ficava coberto de vegetação densa, hábitat de animais selvagens nos tempos do AT (Jeremias 49.19; 50.44; Zacarias 11.3). A extremidade sul do vale fluvial era, em grande parte, despovoada, exceto onde o rio Jaboque desaguava no Jordão e no oásis de Jericó. Ladeado por montes de argila escorregadia e mata fechada, o vale do Jordão ainda é uma barreira natural entre a Palestina e o planalto da Transjordânia.

O mar Morto não tem meio de vazão natural, e suas águas ricas em minerais possuem teor salino de 30%. Os desfiladeiros de calcário circundantes da margem ocidental do mar são repletos de cavernas que serviam de esconderijo para bandidos, foragidos políticos e seitas religiosas. Entre as cavernas dessa paisagem erodida foram encontrados os famosos manuscritos do mar Morto ou de Cunrã. Ao sul do mar, o vale de Arabá estende-se por cerca de 160 km até o golfo de Ácaba. Os habitantes dessa margem desabitada e árida minavam os depósitos de ferro e cobre encontrados nos montes ao redor do Arabá ou se dedicavam ao comércio de caravanas que atravessavam a região.

O planalto da Transjordânia

Em geral, o planalto da Transjordânia é uma extensa elevação de 600 a 2.000 m acima do nível do mar entre o rio Jordão e o norte do deserto da Arábia. A região possui alguns minérios e é adequada à agricultura e ao pastoreio. Quatro grandes **uádis**, ou rios, alimentam o Jordão desde o planalto: Jarmuque, Jaboque, Arnom e Zerede.

O planalto pode ser subdividido em três platôs principais: do monte Seir ao sul (do golfo de Elate ao rio Zerede), a área de Moabe e Gileade na Transjordânia central (do Zerede ao Jarmuque) e o planalto de Basã ao norte (do Jarmuque a Dã). A "estrada do rei" atravessava o planalto da Transjordânia de Bosra a Damasco.

O planalto de Seir é o mais acidentado dos três, com picos que atingem quase 2.000 m. Foi ali que os edomitas e, mais tarde, os nabateus construíram cidades entre os desfiladeiros. Moabe e Gileade contavam com solo fértil para cultivo e amplas áreas de pastagem para os rebanhos.

Remanescentes de florestas ainda podem ser encontrados em Gileade. O maior e mais fértil dos planaltos era a região de Basã. Ali a elevação vai de 1.000 a 1.600 m acima do nível do mar, permitindo índice pluviométrico adequado para a agricultura. O rico solo vulcânico da planície de Basã faz dela a melhor terra de pastagem da região do Levante ou Mediterrâneo oriental (Salmos 22.12; v. Amós 4.1).

A região da Transjordânia foi a primeira colonizada pelos hebreus na conquista da Palestina após o êxodo do Egito (Josué 13.24-31). Em toda a história do AT o planalto foi local de conflito militar. Hebreus, arameus, assírios, moabitas e amonitas disputaram o controle dos centros da rota comercial ao longo da estrada do rei e das terras produtivas de Gileade e Basã, recursos de grande valor no clima árido de grande parte do Oriente Médio.

ROTAS COMERCIAIS

Rotas terrestres

O profeta Ezequiel descreveu o comércio fenício no primeiro milênio a.C., confirmando a localização estratégica da região siro-palestina (Ezequiel 27.12-36). Como ligação terrestre entre África e Eurásia, a Palestina desempenhava papel importante no comércio internacional já no terceiro milênio a.C.

Havia duas grandes rotas internacionais que ligavam a Mesopotâmia e o Egito através da Palestina. Ambas eram rotas antigas, originárias da Idade do Bronze Antigo (3000-2100 a.C.). Uma se chamava "caminho do mar" (ou *Via Maris* no período romano). A rota começava em Cantir (Cantara), no delta leste do baixo Egito, atravessava o norte da península do Sinai, rumava ao norte pela costa do Neguebe e da Judeia e depois se desviava para o interior por Megido até a planície de Bete-Seã. Ali a estrada se dividia, uma artéria indo para o oeste pela margem do mar da Galileia até Dã e Damasco, e a outra, continuando rumo ao leste por Basã até Damasco. A essa altura, a rota seguia para o sudeste, ligando a Babilônia a Ur.

A segunda rota comercial importante chamava-se "estrada dos reis". Ela também ligava a Babilônia ao Egito, atravessando o Sinai por Cades-Barneia e continuando até o Neguebe por Edom. A estrada corria ao

Estradas e rotas de Canaã

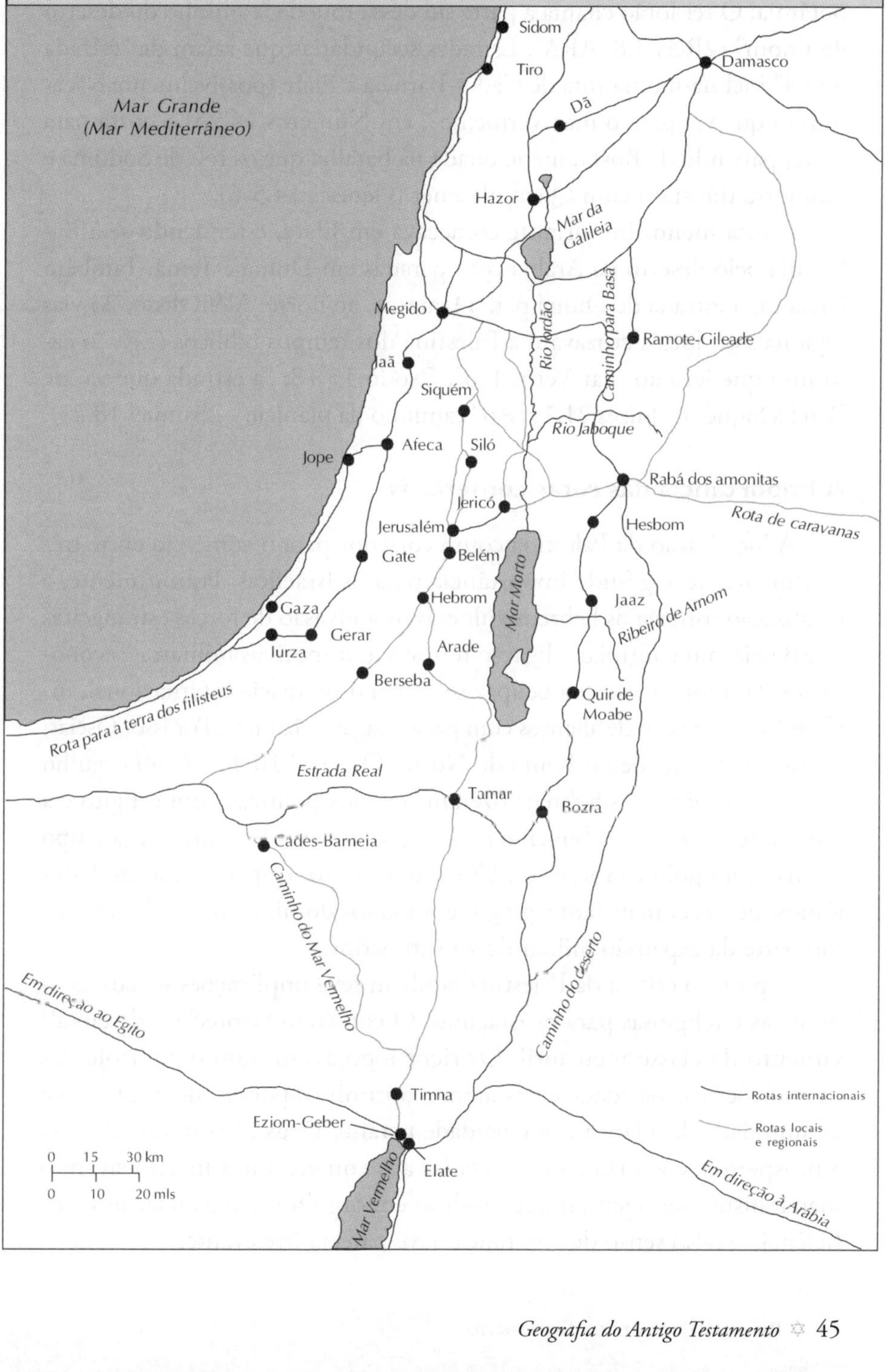

norte através de Moabe, Amom e Gileade até Damasco e dali até a Mesopotâmia. O rei Jorão chama a parte sul dessa rota de "caminho do deserto de Edom" (2Reis 3.8, ARA). Estradas secundárias que saíam da "estrada do rei" incluíam uma rota de Cades-Barneia a Elate (possivelmente o "caminho que vai para o mar Vermelho", em Números 14.25) e outra para Elate, partindo de Bosra, mencionada na batalha que os reis de Sodoma e Gomorra travaram com Quedorlaomer (Gênesis 14.5-6).

A rota menos importante começava em Elate, estendendo-se à Babilônia pelo deserto da Arábia com paradas em Dumá e Temá. Também havia uma estrada de Dumá para Damasco, ao norte. Além disso, 23 vias regionais ou locais cruzavam a Palestina dos tempos bíblicos (*e.g.*, "o caminho que leva ao mar Vermelho", Êxodo 13.18; "a estrada que vai de Betel a Siquém", Juízes 21.19; e o "caminho da planície", 2Samuel 18.23).

A importância das rotas comerciais

A localização da Palestina como corredor para o comércio entre três continentes teve grande importância para os israelitas. Politicamente, a localização tornava os hebreus vulneráveis à invasão de forças estrangeiras que desejavam controlar a ligação terrestre por motivos militares e econômicos. Isso forçou Israel a ocupar-se com a diplomacia internacional, incluindo a formação de alianças com países pagãos vizinhos. Por isso, Oseias, o profeta, repreendeu o Reino do Norte (Oseias 7.10-11). Com orgulho e autossuficiência, os hebreus fizeram tratados políticos com o Egito e a Assíria, recusando-se a buscar o auxílio do Senhor. Obviamente, esse tipo de manobra política foi inútil. Um após o outro, egípcios, assírios, babilônios, persas e, mais tarde, gregos e romanos dominaram a Palestina como parte da expansão militar de seus impérios.

A posição crítica da Palestina também teve implicações sociais, econômicas e religiosas para os israelitas. O comércio favorecia o desenvolvimento da classe mercantil. Os ricos logo assumiram o controle das instituições da sociedade e passaram a oprimir os pobres, deteriorando a comunidade da aliança (e a igualdade perante Deus). Economicamente, a prosperidade e a riqueza associadas aos comerciantes incentivavam o materialismo selvagem, o que resultou em orgulho, arrogância, autossuficiência e falso senso de segurança. Javé parecia irrelevante.

A natureza cosmopolita da região siro-palestina também possibilitou o casamento entre hebreus e estrangeiros, incentivando o sincretismo da religião hebraica com a adoração de Baal, Camos, Moloque, entre outros — em vez da separação, singularidade e santidade exigidas por Deus de seu povo eleito. No fim, o pluralismo religioso foi o causador da destruição dos reinos hebreus e o exílio na Assíria e na Babilônia (v. Oseias 4; Amós 3).

IMPORTÂNCIA TEOLÓGICA DA TERRA

A Palestina, ou terra de Canaã, também é um símbolo teológico significativo no AT. Esse território era o componente principal da promessa inicial de Deus a Abraão (Gênesis 12.1-3) e o objetivo ou destino das narrativas do Pentateuco. O êxodo do Egito foi o livramento divino com o propósito de levar os israelitas a "uma terra boa e vasta, onde há leite e mel com fartura" (Êxodo 3.8). Canaã era a meta da obediência à aliança de Javé e a recompensa pela manutenção das estipulações da aliança.

A tomada da Palestina por parte dos hebreus significou o deslocamento dos cananeus. A conquista sob a liderança de Josué foi uma "guerra santa" contra eles. O AT considera o massacre um castigo divino, justo, por intermédio do Israel teocrático, por conta do pecado terrível de associar-se ao culto de fertilidade de Baal e Aserá. Os cananeus corromperam a terra, e ao livrá-la da presença cananeia, os próprios hebreus foram purificados (Levítico 18.24-30).

Por fazer parte da promessa da aliança de Deus, o território estava integralmente envolvido com o relacionamento entre os hebreus e Javé. A cerimônia no Ebal, descrita em Deuteronômio 27 e representada em Josué 8, formalizou o elo entre os hebreus, a lei de Javé e a terra prometida. Os três estavam intimamente ligados debaixo da soberania de Deus. Isso significava que a presença e a bênção divinas protegiam Israel quando este obedecia às exigências da aliança (Deuteronômio 28.1-14). Também implicava que qualquer violação à aliança por parte dos israelitas corrompia a terra e prejudicava a reivindicação de posse (Deuteronômio 28.15-68). A prática das "abominações" dos cananeus resultaria na perda da terra; esta os vomitaria como fizera aos habitantes de Canaã (Levítico 18.24-25). Infelizmente, tudo isso aconteceu devido à política e às práticas instituídas pelo rei Manassés (2Reis 21.10-15; 24.3). Na prática, a duração do exílio de Israel estava diretamente relacionada ao conceito do descanso sabático para a terra da aliança (2Crônicas 36.21; v. tb. cap. 4, "Levítico").

Os profetas e os poetas do AT lembraram Israel de que a posse da terra não garantia a presença nem a bênção de Deus (Jeremias 7.1-7). O mundo pertence ao Senhor (Salmos 24.1), e ele transcende a "terra", pois o mundo é o estrado dos seus pés (Isaías 66.1). Justamente por isso, o exílio não significava o abandono de Deus, como a visão das rodas por Ezequiel testifica (Ezequiel 1). O trono de Javé é móvel, e ele é capaz de ver e suprir as necessidades de Israel em qualquer lugar.

Neemias lamentou a falsidade da posse da Terra Prometida como escravos de poderes estrangeiros por causa do pecado e da infidelidade à aliança (Neemias 9.32-37). Ele sabia que o relacionamento adequado com a terra se baseava na relação correta com Deus de fidelidade à aliança.

Até a linguagem e as metáforas do AT foram influenciadas pela geografia da Terra Prometida. O salmo 23 está repleto de alusões à terra, e em outra passagem o salmista compara o justo à árvore plantada junto à água corrente (Salmos 1.3). A importância da água no clima árido do Oriente Médio influenciou a linguagem dos profetas e dos salmistas. A chuva e o orvalho geralmente representam a bênção e a vingança de Deus (*e.g.*, Joel 2.23; 3.18). Da mesma forma, até os epítetos de Deus como "rocha", "fortaleza" e "refúgio" provavelmente foram inspirados pelo terreno acidentado e pedregoso do deserto do Sinai e da Judeia (Deuteronômio 32.15). Mesmo a referência a Canaã como terra "onde há leite e mel com fartura" descrevia a riqueza do território para sustentar a atividade pastoril (i.e., o "leite" dos rebanhos) e agrícola (i.e., o "mel", ou néctar da colheita).

Perguntas para estudo e debate

1. Por que o conhecimento de geografia é importante para o estudo do AT?
2. De que forma a geografia do Antigo Oriente Médio influenciou a história de Israel?
3. Qual era a importância teológica da terra de Canaã para os hebreus?
4. Como a vida na Palestina diferia da escravidão no Egito para os hebreus?

Leituras complementares

AHARONI, Yohanan. **The Land of the Bible**: A Historical Geography. Rev. ed. Transl. A. F. Rainey. Philadelphia: Westminster, 1979. Excelente recurso abrangente e competente. [Tradução da obra original em hebraico.]

AHARONI, Yohanan & AVI-YONAH, Michael. **The Macmillan Bible Atlas**. New York: Macmillan, 1968. [Publicado em português com o título **Atlas bíblico**. Rio de Janeiro: CPAD, 1999.]

ANATI, E. **Palestine Before the Hebrews**. New York: Knopf, 1963.

AVI-YONAH, Michael. **The Holy Land**: A Historical Geography. Rev. ed. Grand Rapids: Baker, 1977.

BALY, Denis. **The Geography of the Bible**. Rev. ed. New York: Harper & Row, 1974. Obra clássica, padrão sobre o tema.

BEITZEL, Barry. **The Moody Atlas of Bible Lands**. Chicago: Moody Press, 1985.

BRUEGGEMANN, Walter. **The Land**: Place as Gift, Promise, and Challenge in Biblical Faith. Philadelphia: Fortress Press, 1977. Abordagem teológica da "terra" como parte da aliança de Javé com Israel e suas implicações para a igreja. [Publicado em português com o título **A terra na Bíblia**: dom, promessa e desafio. São Paulo: Edições Paulinas, 1986.]

FRANK, Harry Thomas. **Discovering the Biblical World**. Maplewood, NJ: Hammond, 1975.

LASOR, William Sanford. Palestine. **ISBE**. Rev. ed. Grand Rapids: Eerdmans, 1986. 3:632-49. Debates técnicos sobre geologia, geografia, clima, flora e fauna da Palestina.

MONSON, J. M. **The Land Between**. Jerusalem: Biblical Backgrounds, 1983. Texto programado para ser usado com o *Student Map Manual*, que apresenta a história e a geografia palestinas.

PRITCHARD, James B. (org.). **The Harper Atlas of the Bible**. New York: Harper & Row, 1987. O mais completo atlas da Bíblia.

RASMUSSEN, Carl G. **The NIV Atlas of the Bible**. Grand Rapids: Zondervan, 1989. Bem ilustrado, útil para o especialista e o leigo.

ROGERSON, J. & DAVIES, P. **The Old Testament World**. Englewood Cliffs, NJ: Prentice-Hall, 1989. Seções introdutórias úteis sobre geografia e ecologia do Israel antigo.

SAREL, Baruch. **Understanding the Old Testament**: An Introductory Atlas to the Hebrew Bible. Jerusalem: Carta, 1997.

SIMMONS, J. **The Geographical and Topographical Texts of the Old Testament**. Leiden: Brill, 1959.

STUDENT MAP MANUAL. Jerusalem: Pictorial Archive, 1979.

VAN DER WOUDE, A. S. (org.). **The World of the Old Testament**. Transl. S. Woudstra. Grand Rapids: Eerdmans, 1986. [Tradução da obra original em holandês.]

VON SODEN, Wolfram. **The Ancient Orient**: An Introduction to the Study of the Ancient Near East. Transl. D. G. Schley. Grand Rapids: Eerdmans, 1994. [Tradução da obra original em alemão.]

O Oriente Médio na Idade do Bronze Tardio

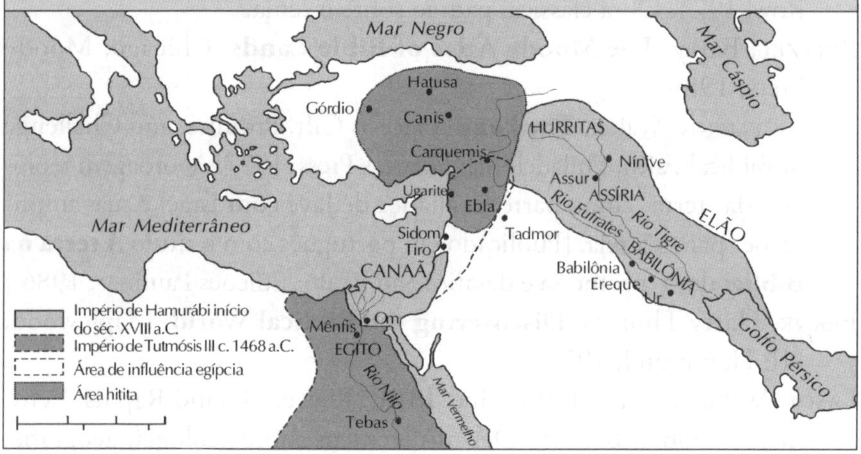

PRIMEIRA PARTE
O Pentateuco

I

Introdução ao Pentateuco

Temas principais

- ✓ Aliança abraâmica como tema teológico unificador
- ✓ Questões relacionadas à historicidade dos textos narrativos
- ✓ Diversidade de gêneros e características literárias distintivas

O termo Pentateuco é aplicado comumente aos cinco primeiros livros do AT: Gênesis, Êxodo, Levítico, Números e Deuteronômio. A expressão grega significa "cinco rolos" e, aparentemente, foi popularizada pelos judeus helenistas, de Alexandria, no primeiro século d.C. Os judeus de fala hebraica tradicionalmente referiam-se a esses cinco livros como "Torá" (ou "instrução em santidade"). Outras denominações do Pentateuco incluem o "livro da Lei", ressaltando as estipulações da aliança, e a "Lei de Moisés", salientando o mediador humano.

O Pentateuco foi a primeira coleção literária divinamente inspirada reconhecida por Escritura pela comunidade judaica. Como tal, é a parte mais importante do cânon hebraico, vindo sempre no início da divisão tripla do AT: Lei, Profetas e Escritos. Sua posição superior no **cânon** do AT em respeito à autoridade e santidade é evidenciada por sua posição e separação dos outros livros na *Septuaginta* (tradução grega do AT). A tradução cuidadosa do Pentateuco hebraico para o grego também confirma o grande respeito a essa coleção na comunidade judaica (ao contrário das divisões incompletas e traduzidas sem tanta preocupação com a literalidade dos Profetas e das Escrituras).

TEMA E CONTEÚDO GERAL

A divisão do Pentateuco em "cinco livros" é, na verdade, uma compartimentação secundária do que fora elaborado para ser unidade literária. A melhor maneira de considerar o Pentateuco é um livro de "cinco volumes". David J. A. Clines (1979) argumentou de forma convincente que o Pentateuco tem duas divisões básicas, Gênesis 1–11 e Gênesis 12–Deuteronômio 34. Em razão da queda do homem e do relacionamento rompido entre Deus e a humanidade, a primeira parte propõe a pergunta: "Como esse relacionamento pode ser restaurado?". A segunda dá a resposta, ou pelo menos parte dela, ao dilema humano descrito em Gênesis 1–11. A solução está fundamentada na ideia da aliança entre Deus e Abraão, em Gênesis 12.1-3. Essa passagem constitui o foco da segunda parte e, na verdade, resume os temas principais das narrativas do Pentateuco: a aliança de Javé, a posteridade de Abraão, a eleição e a graça divinas e ainda a concessão da "Terra Prometida".

A parte 1 explica a origem do mundo e da humanidade, a natureza e o propósito do ser humano, registra a entrada do pecado na criação perfeita de Deus e revela o caráter divino que julga o pecado humano (visto no relato do dilúvio) e trata com misericórdia a criação caída (como vemos na graça estendida a Noé e sua família).

A parte 2 explica como Israel, por intermédio de Abraão, tornou-se o povo eleito da aliança de Javé e instrumento de Deus para revelá-lo e restaurar o relacionamento suspenso e corrompido entre o Criador e a criação. Os relatos do Pentateuco são importantes para Israel, em razão da aliança singular com Javé, e para as nações do mundo, já que o destino da humanidade está ligado à aliança com Deus.

O tema teológico unificador do Pentateuco é a promessa de Javé feita a Abraão, em Gênesis 12.3. O que a humanidade não pôde fazer, apesar de seu orgulho e autossuficiência (sintetizados na torre de Babel), Deus iniciou mediante sua promessa da aliança. A estrutura literária do Pentateuco é mera expansão da promessa tríplice da aliança com Abraão, ilustrada na figura 1.1.

A LITERATURA DO PENTATEUCO

O Pentateuco, ou "livro da Lei", é uma rica coleção de gêneros ou tipos literários. Essa diversidade de tipos realça a natureza artística da obra e

Figura 1.1 – Plano literário do Pentateuco

Gênesis 1–11:	Criação, queda e julgamento
Gênesis 12–50:	Aliança, eleição de Abraão e conservação providencial de sua família.
Êxodo:	Livramento milagroso do povo de Javé da escravidão no Egito, relacionamento da aliança estendido a Israel como seu povo no Sinai e outorga da Lei como constituição teocrática para Israel.
Levítico:	Expansão da Lei da aliança com o propósito de santidade entre o povo de Javé, já que ele viveria em seu meio.
Números:	Provação e purificação do povo da aliança de Javé na peregrinação pelo deserto do Sinai.
Deuteronômio:	Renovação da aliança e segunda entrega da Lei como preparativo para a entrada na terra da promessa pela segunda geração do povo de Javé.

os temas teológicos principais e unificadores da antologia. Justamente por isso, essas formas literárias múltiplas e complexas foram diretamente responsáveis pelo debate contínuo sobre a composição e a data do Pentateuco.

Prosa narrativa

A maior parte da literatura da Lei é prosa narrativa. Ela é simples, mas direta e expressiva. O texto é, quase todo, um relato registrado na terceira pessoa a respeito da história israelita antiga entremeada de orações, declarações e outros tipos de discurso direto (*e.g.*, a intercessão de Abraão por Sodoma em Gênesis 18.22-33, o discurso de Javé a Moisés em Êxodo 3.7-12 e o diálogo entre o faraó e Moisés em Êxodo 10.1-21).

As narrativas combinam habilmente relatos históricos e interpretação teológica. Isso faz do Pentateuco mais que mero registro de acontecimentos em ordem cronológica; todavia, menos do que propaganda religiosa intencional para explicar ou justificar ações, fatos, instituições ou doutrinas. O melhor exemplo dessa combinação deve ser a interpretação providencial do sofrimento de José em benefício da família de Jacó (Gênesis 50.15-21).

A linguagem do Pentateuco é simples e bela, usando linguagem antropomórfica (i.e., a atribuição de características humanas a Deus) e referências frequentes à teofania (i.e., a manifestação visível e audível de Deus ao ser humano). As caracterizações detalhadas e as tramas repetidas nas histórias levaram alguns estudiosos a usar palavras como "mito" ou "saga", "folclore" e "lenda" para descrever partes das narrativas do Pentateuco (em especial, Gênesis). Tradicionalmente, os estudiosos evangélicos

Figura 1.2 – Gêneros da narrativa hebraica

1. Cômico: história com final feliz, geralmente caracterizada pelo enredo que evolui do problema para a solução (*e.g.*, a história de José, Gênesis 37–50).
2. Heroico: história formulada em torno da vida e das façanhas do protagonista, enfatizando especialmente as lutas e os triunfos do herói ou da heroína que representa um grupo (*e.g.*, história de Abraão e Sara, Gênesis 12–25).
3. Épico: história heroica em grande escala, demonstrando interesses nacionalistas e, em geral, contendo personagens e acontecimentos sobrenaturais (*e.g.*, o Êxodo do Egito, Êxodo 12–18).
4. Trágico: história que descreve a mudança de sorte, passando frequentemente da prosperidade para a catástrofe, com ênfase no resultado da escolha humana (*e.g.*, queda de Adão e Eva, Gênesis 3).

V. mais em L. Ryken, **How to Read the Bible as Literature**. Grand Rapids: Zondervan, 1984, p. 75-85.

Figura 1.3 – Estrutura narrativa do Pentateuco

Gênesis 1–11:	Prólogo primevo.
Gênesis 12–50:	Registros dos patriarcas e das matriarcas.
Êxodo 1.1–12.30:	Israel no Egito.
Êxodo 12.31–18.27:	Êxodo israelita, viagem ao monte Sinai.
Êxodo 19.1–Números 10.10:	Israel acampado no monte Sinai.
Números 10.11–12.16:	Jornada no deserto do monte Sinai até Cades-Barneia.
Números 13.1–19.22:	Israel acampado em Cades-Barneia.
Números 20.1–21.35:	Peregrinação desde Zim ao monte Hor e às planícies de Moabe.
Números 22–Deuteronômio 34:	Israel acampado em Moabe.

evitaram empregar esses rótulos para as narrativas da Lei para que os relatos não fossem considerados ficção. A incapacidade dos estudiosos atuais de definir esses gêneros literários também contribui para a relutância em usar tais palavras. Mais uma vez, a crença na historicidade do AT impede alguns estudiosos de incluir Gênesis (e o restante da Lei) nessas categorias mal definidas. O aspecto histórico das narrativas em prosa do Pentateuco será discutido posteriormente.

POESIA ANTIGA

O Pentateuco contém alguns dos exemplos mais antigos de poesia hebraica de todo o AT. A análise cuidadosa da ortografia, do significado das palavras e da organização das frases indicou o aspecto antigo de vários trechos poéticos, dos quais se destacam o cântico do mar composto por Moisés (Êxodo 15), os oráculos de Balaão (Números 23 e 24), a bênção de Jacó (Gênesis 49) e o cântico e a bênção de Moisés (Deuteronômio 32 e 33). A data da forma atual desses textos poéticos varia entre os séculos XIII e XI a.C., e isso de acordo com a análise técnica a seguir.[1]

Formas poéticas específicas no Pentateuco incluem:

- Orações (*e.g.*, a bênção de Arão, Números 6.22-27);
- Cânticos de louvor (*e.g.*, o cântico de Miriã, Êxodo 15.21; o cântico de Israel, Números 21.17-18);
- Hinos de vitória no estilo épico (*e.g.*, o triunfo de Javé sobre os egípcios no cântico do mar composto por Moisés, Êxodo 15);
- Bênçãos a membros da família dos patriarcas (*e.g.*, a bênção de Rebeca, Gênesis 24.60; a bênção, no leito de morte, de Jacó aos 12 filhos, Gênesis 49);
- Profecias (*e.g.*, o pronunciamento de Javé a Rebeca sobre os gêmeos, Gênesis 25.23; o oráculo de Balaão sobre Israel, Números 23 e 24);
- Promessas da aliança (*e.g.*, as promessas de Javé a Abraão, Gênesis 12.1-3; 15.1);
- Cânticos de escárnio (*e.g.*, o escárnio de Lameque, Gênesis 4.23).

---

[1] V. Freedman, David N., Divine Names and Titles in Early Hebrew Poetry, em **Magnalia Dei**: the Mighty Acts of God, F. M. Cross et alii (orgs.), (Garden City, NY: Doubleday, 1976), p. 55-107.

Revelação profética

A literatura profética no AT inclui previsões, ou revelações divinas, e exposições, ou interpretações, da revelação voltadas para a aliança de Deus com Israel. O Pentateuco contém exemplos de ambas.

A revelação profética na Lei ocorre em narrativas em prosa e em formas poéticas. Há, por exemplo, a revelação de Javé a Abraão com respeito à opressão e escravidão de seus descendentes (Gênesis 15.12-16) e a previsão escrita em prosa sobre o profeta que aparecerá em Israel (Deuteronômio 18.17-20; cumprida em Jesus de Nazaré segundo João 1.45). Casos de profecia poética no Pentateuco incluem a bênção patriarcal de Jacó, que liga a realeza à tribo de Judá (Gênesis 49.8-12), e as declarações líricas de Moisés sobre as tribos de Israel (Deuteronômio 33).

Os exemplos mais claros de interpretação profética da revelação divina de Javé são o discernimento de Moisés relativo à história da aliança de Israel e da orientação e preservação providencial do povo (no denominado prólogo histórico de Deuteronômio 1–4); além disso, deve ser incluída a exposição feita por Moisés das estipulações pelas quais Javé imporia obediência à aliança em Israel por meio de bênçãos e maldições. Em ambos os casos, a instrução aos israelitas é seguida por admoestações à sujeição à aliança (Deuteronômio 4.1-10; 29.9).

Lei

O conceito da lei não era restrito aos hebreus no Antigo Oriente Médio. Coleções de leis foram publicadas na Mesopotâmia já em 2000 a.C., cerca de cinco séculos (ou mais) antes da época de Moisés. Os documentos legais mais conhecidos são as leis sumérias de Ur-Nammu (Dinastia Ur III, 2964- 2046, ou talvez seu filho Shulgi, 2046-1999) e Lipit-Ishtar (rei de Isim, 1875-1864), e as antigas leis babilônicas de Eshnunna (séc. 19 a.C.) e Hamurábi (rei de Babilônia, 1792-1750). A influência da tradição legal do Antigo Oriente Médio na forma e função da lei hebraica é inegável e amplamente documentada.[2]

2 Além da abrangência deste debate, os paralelos entre as leis do Antigo Oriente Médio e do AT são discutidos minuciosamente em **Ancient Israelite Literature in Its Cultural Context**, p. 69-94; e H. J. Boecker, **Law and the Administration of Justice in the Old Testament and the Ancient Near East**, transl. J. Moiser (Minneapolis: Augsburg, 1980), p. 66-176.

Aliado a essa influência cultural contemporânea, o AT afirma a origem divina da lei hebraica por intermédio de Moisés como legislador de Javé. O Pentateuco geralmente é associado à Lei, como muitos dos títulos hebraicos dos cinco livros atestam. A palavra *lei* traduz a palavra hebraica *tôrâ*, e a lei do AT inclui mandamentos (*mitsvah*), estatutos (*chuqqah*) e ordenanças (*mishpat*). Há mais de seiscentas leis nos livros de Êxodo, Levítico, Números e Deuteronômio. O propósito da legislação bíblica era organizar e regular a vida moral, religiosa ou cerimonial e civil de Israel de acordo com a santidade necessária para manter o relacionamento de aliança com Javé.

O propósito da lei hebraica também teve implicações na forma literária da legislação do AT. Sua lei era uma aliança; uma lei contratual que envolvia duas partes distintas. Ela se assemelhava às alianças suseranas do mundo antigo, principalmente as dos hititas. Exemplos disso são o código da aliança (Êxodo 20–24) e o livro de Deuteronômio. As alianças de *suserania* eram outorgadas por senhores independentes e poderosos a *vassalos* dependentes e mais fracos, garantindo-lhes certos benefícios, entre os quais, proteção. Em troca, o vassalo era obrigado a cumprir condições específicas para atestar lealdade exclusiva ao suserano.

Em termos gerais, a lei do AT compreendia estipulações declaratórias e prescritivas da aliança à vida do povo hebreu (decerto em Deuteronômio 30.15-17). A maior parte do material legal do AT encontra-se em Êxodo 20 – Deuteronômio 33 e origina-se nas cerimônias de acordo e renovação da aliança nos montes Sinai e Nebo. Várias subcategorias importantes podem ser identificadas:

1. Leis casuísticas, geralmente escritas na fórmula condicional, referentes a alguma situação legal hipotética específica. Por exemplo: "Se um homem for surpreendido deitado com a mulher de outro, os dois terão que morrer, o homem e a mulher com quem se deitou. Eliminem o mal do meio de Israel" (Deuteronômio 22.22).
2. Leis apodíticas ou ordens afirmativas ou negativas diretas que estabelecem os limites da conduta adequada na sociedade hebreia. Por exemplo: "Não terás outros deuses além de mim" (Êxodo 20.3) ou "Honra teu pai e tua mãe, a fim de que tenhas vida longa na terra que o Senhor, teu Deus, te dá" (Êxodo 20.12).

3. Proibição ou ordem negativa referente a ofensas hipotéticas ou sem afirmação de castigo determinado. Por exemplo: "Não amaldiçoem o surdo nem ponham pedra de tropeço à frente do cego, mas temam o seu Deus. Eu sou o SENHOR" (Levítico 19.14).
4. Lei de morte, combinação da proibição que traz uma afirmação legal distinta sobre crimes específicos merecedores da pena de morte. Por exemplo: "Quem agredir o próprio pai ou a própria mãe terá que ser executado" (Êxodo 21.15).
5. A maldição, desenvolvimento da proibição e da lei de morte referente a crimes cometidos em segredo. A maldição foi criada para proteger a comunidade da aliança da impureza causada pela violação a alguma cláusula da aliança e para trazer julgamento divino ao criminoso. Por exemplo: "Maldito quem mudar o marco de divisa da propriedade do seu próximo" (Deuteronômio 27.17) ou "Maldito quem matar secretamente o seu próximo" (Deuteronômio 27.24).

O conteúdo da lei do Antigo Oriente Médio pode ser resumido em três títulos: lei civil, cerimonial e cúltica. As subdivisões da lei civil incluíam casamento e família, herança, propriedades, escravos, dívidas, impostos e salários. Subtítulos comuns da lei cerimonial eram assassinato, adultério e estupro, furto, desvio sexual, falso testemunho, agressão e imputabilidade. A lei referente ao culto organizava a legislação em quatro temas principais: sacrifícios, purificação, modo ou objeto de adoração e cerimônias.

O PENTATEUCO COMO HISTÓRIA

Contexto histórico

Os cinco livros da lei narram o período iniciado na criação até a morte de Moisés no monte Nebo, em Moabe, pouco antes da conquista israelita de Canaã. Obviamente, é impossível determinar a data da origem deste planeta e do sistema solar. Embora estimativas variem de dezenas de milhares a bilhões de anos, parece melhor considerar a criação como um "mistério sem data".

Grosso modo, as narrativas do Pentateuco, desde o chamado de Abraão (Gênesis 12) até a morte de Moisés (Deuteronômio 34), podem ser atribuídas às Idades do Bronze Médio e Tardio da história do Antigo Oriente Médio. Em uma série cronológica elementar, isso significa que o Período Patriarcal se estendeu de 2000 a 1600 a.C. aproximadamente, enquanto Moisés e o êxodo datam de 1500 a 1200 a.C. (dadas as opções de data mais antiga [séc. 15 a.C.] e recente [séc. 12 a.C.] para o êxodo israelita do Egito – v. o tópico "Cronologia do Pentateuco").

Os patriarcas surgiram da cultura mesopotâmica fundada pelos sumérios, mas modificada pelas dinastias semitas de Sargão de Acádia, que conquistaram e absorveram a civilização suméria decadente por volta de 2400 a.C. Os reinos posteriores da Suméria e Acádia foram, por sua vez, influenciados pela infiltração contínua dos amorreus do norte e oeste e dos elamitas do leste.

A Palestina na Idade do Bronze Médio era dominada por cidades-estado dispersas como a Mesopotâmia, embora com menor densidade demográfica e menos urbana. De acordo com a história egípcia de Sinue, a fama da fartura agrícola da Palestina era ampla. Cananeus, amorreus, jebuseus e horeus não semitas estavam entre os grupos étnicos mais importantes que ocuparam a região siro-palestina desse período. Mais tarde, egípcios e hititas influenciaram a disputa pelo controle dessa importante ligação terrestre (atestado pelas tabuinhas de Amarna e de Boghazköy).

Os egípcios foram o povo que mais se destacaram na formação do contexto histórico do Pentateuco. O contato esporádico de Abraão com o Egito resultou na migração e instalação de todo o clã de Jacó na região do delta do Nilo. Em decorrência disso, os hebreus residiram no país durante vários séculos, multiplicando-se e formando uma "grande nação" ao mesmo tempo que se aculturavam completamente à civilização egípcia. Alguns fatos indicam como se deu tal influência: pouco depois do êxodo, os hebreus recaíram na adoração de uma divindade provavelmente egípcia (Êxodo 32.1-10); durante a peregrinação, o povo desejou voltar ao Egito (Números 11.4-6); o Pentateuco em si contém cerca de 45 empréstimos linguísticos egípcios. Ironicamente, a narrativa de Êxodo coloca Moisés e Javé em oposição ao faraó e aos deuses do Egito e destaca Moisés, ex-cortesão egípcio, como a personagem central. (Para obter mais detalhes sobre a história egípcia, v. "Resumo histórico do período do Antigo Testamento", p. 161).

Cronologia do Pentateuco

Embora a maior parte da história do Pentateuco seja atribuída às Idades do Bronze Médio e Tardio do Antigo Oriente Médio, ainda não se chegou a uma cronologia exata para os patriarcas hebreus. Alguns teólogos colocam as personagens em uma estrutura cronológica fixa, determinando o ano exato de cada acontecimento. Por exemplo, o nascimento de Abraão recebe a data de 2166 a.C., o início da viagem a Canaã, de 2091, o sacrifício no monte Moriá, de 2056, e a morte do patriarca, de 1991 a.C. Outros encaixam os patriarcas em uma série cronológica relativa, distribuindo-os nos quatro séculos entre 2000 e 1600 a.C. Dadas as informações bíblicas escassas e até ambíguas em relação à história e cronologia do Pentateuco, é preferível traçar uma linha relativa de tempo para o Período Patriarcal.

Entretanto, mesmo uma série cronológica relativa para a história hebraica antiga tem problemas, como o gráfico na figura 1.4 mostra.

O debate centraliza-se em duas questões principais: a interpretação dos números na Bíblia e o papel da arqueologia e do estudo comparativo histórico e literário concernente à cronologia da história bíblica. Os estudiosos dedicados à leitura literal das **fórmulas de datas** do AT afirmam a historicidade das narrativas de Gênesis e defendem que a data do êxodo do Egito é mais antiga. Os que interpretam as fórmulas de datas em sentido figurado ou simbólico geralmente defendem uma data recente para o êxodo, diferindo, contudo, na compreensão da historicidade das narrativas patriarcais. Estudiosos que tomam a posição cética com relação às narrativas do AT são considerados "reconstrucionistas" porque rejeitam a leitura do texto de forma literal no intuito de resgatar ou estabelecer a história "real" do AT mediante a aplicação de metodologias histórico-críticas ao texto bíblico.

Outro problema cronológico que surge das narrativas do Pentateuco é a verdadeira data da saída da escravidão no Egito. Os nomes dos faraós da opressão e da saída dos hebreus não são mencionados no texto bíblico, e em decorrência dessa ambiguidade, duas posições distintas surgiram do debate acadêmico. Uma interpreta as fórmulas de datas de Juízes 11.26 e 1Reis 6.1 literalmente e atribui o êxodo ao século XV a.C. (data mais antiga). A outra lê as mesmas fórmulas de data simbolicamente, dando prioridade aos dados arqueológicos e às evidências extrabíblicas e data o êxodo no século XIII a.C. (data recente). (v. mais detalhes no cap. 3).

Figura 1.4 — Comparação de sistemas cronológicos

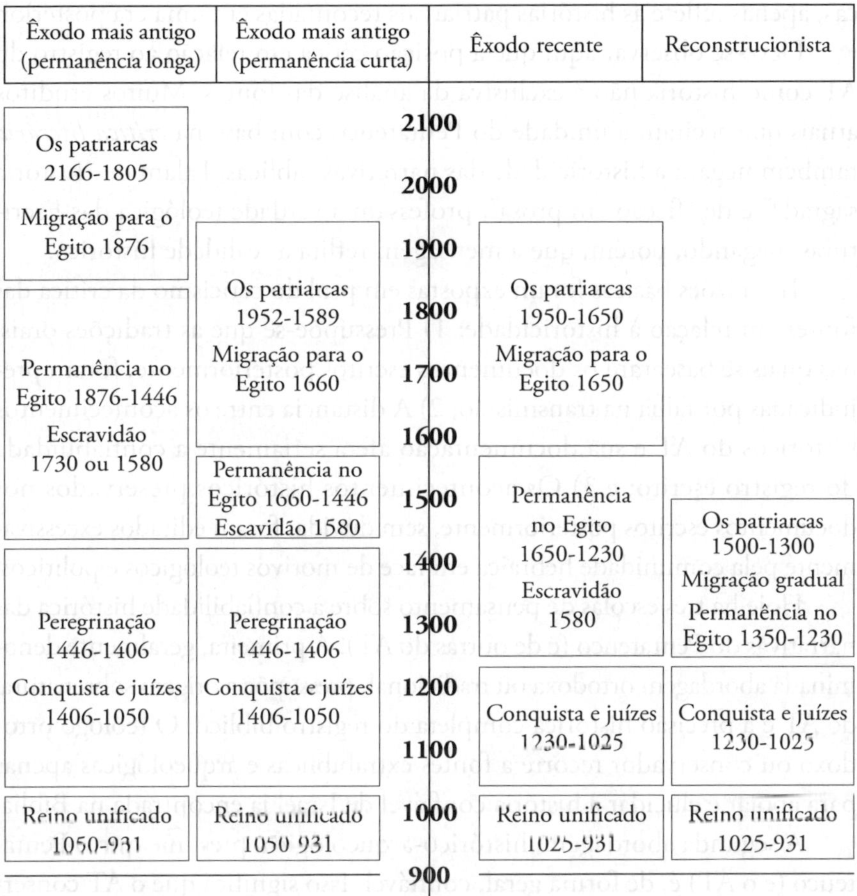

De Walton, John H., **O Antigo Testamento em quadros**. São Paulo: Vida, 2001, p. 99.

Confiabilidade histórica

A abordagem da análise das fontes surgida durante o século XIX não só afetou a maneira pela qual os estudiosos viam a composição literária do Pentateuco, mas também teve grandes implicações na historicidade das narrativas patriarcais. Julius Wellhausen, o maior defensor da "crítica das fontes", afirmou que o Pentateuco não comprova a historicidade dos patriarcas, apenas reflete as histórias patriarcais recontadas em uma era posterior.

Deve-se observar aqui que a posição cética em relação ao registro do AT como história não é exclusiva da análise das fontes. Muitos eruditos atuais que aceitam a unidade do Pentateuco com base na *crítica literária* também negam a historicidade das narrativas bíblicas. Falam de "história sagrada" e de "ficção em prosa", professam a verdade teológica das Escrituras, negando, porém, que a mensagem reflita a realidade histórica.

Três razões básicas foram expostas em prol do ceticismo da crítica das fontes em relação à historicidade: 1) Pressupõe-se que as tradições orais, nas quais se basearam os documentos escritos posteriormente, foram prejudicadas por falha na transmissão; 2) A distância entre os acontecimentos históricos do AT e sua documentação afeta seriamente a confiabilidade do registro escrito; e 3) Os acontecimentos históricos preservados nos documentos escritos posteriormente, sem dúvida, foram editados excessivamente pela comunidade hebraica em face de motivos teológicos e políticos.

Hoje há três escolas de pensamento sobre a confiabilidade histórica das narrativas do Pentateuco (e de outras do AT). A primeira, geralmente denominada abordagem ortodoxa ou tradicional, pressupõe a origem sobrenatural do AT e a precisão histórica completa do registro bíblico. O teólogo ortodoxo ou conservador recorre a fontes extrabíblicas e arqueológicas apenas para apoiar e elucidar a história confiável de Israel já encontrada na Bíblia.

A segunda abordagem, histórico-arqueológica, presume que o Pentateuco (e o AT) é, de forma geral, confiável. Isso significa que o AT conservou, em grande parte, as tradições históricas em vez de criá-las. Os dados arqueológicos são empregados como controles objetivos dos relatos da história bíblica em lugar das subjetivas hipóteses literárias e filosóficas. Os defensores dessa posição acreditam que a correlação adequada entre os dados arqueológicos e a tradição bíblica apoiam a historicidade das narrativas do AT ou permitem a reconstrução adequada da história israelita.

A terceira escola é a do reconstrucionismo histórico. Ela assume uma posição cética com relação às narrativas bíblicas por serem obra de historiadores do tipo pré-científicos e medievais. Geralmente, outras fontes antigas extrabíblicas são consideradas mais confiáveis do que as narrativas do AT por serem documentos mais antigos e, portanto, mais próximos dos acontecimentos relatados. Os proponentes dessa escola usam grande variedade de metodologias, incluindo crítica das fontes, literária, da forma e da "**história da tradição**", para reconstruir a história de Israel alegando que os relatos bíblicos em si não podem ser interpretados literalmente. Mais uma vez, é digno de nota que os eruditos ortodoxos também podem usar essas metodologias críticas pressupondo a origem sobrenatural e confiabilidade histórica do AT.[3]

A questão da confiabilidade histórica das narrativas do Pentateuco (e de outras do AT) depende, pois, das pressuposições referentes à natureza do texto bíblico. Os proponentes da confiabilidade histórica, em geral, creem na inspiração divina das narrativas bíblicas e defendem a exatidão da história de Israel. De modo inverso, os sustentadores da posição "reconstrucionista" da história do AT geralmente desconsideram a origem divina ou sobrenatural das narrativas bíblicas. Essa pressuposição explica sua visão crítica do AT como um documento humano, falho e pré-científico e explica a necessidade de reinterpretar ou recriar a história hebraica à luz de dados literários e arqueológicos extrabíblicos e de modelos contemporâneos sociopolíticos.

INTERPRETAÇÃO DO PENTATEUCO

O Antigo Testamento e a Igreja cristã

Desde a época do herege gnóstico Marcião (séc. II d.C.), a Igreja tem sido desafiada com o problema do papel do AT na Bíblia cristã. Marcião representa um extremo, isto é, o da rejeição total do AT e de seu "Deus inferior". Atualmente, o outro extremo pode ser encontrado entre grupos que reconhecem a natureza da autoridade absoluta das Escrituras do AT para a vida e para a Igreja. Mais recentemente, tal aplicação da autoridade do AT, especialmente a Lei, à vida do cristão tem testemunhado o ressurgimento do movimento "teonômico" ou teologia do domínio.[4]

---

[3] V. Armerding, Carl E., **The Old Testament and Criticism** (Grand Rapids: Eerdmans, 1983), p. 1-19.

[4] Bahnsen, Greg L, **Theonomy in Christian Ethics** (Nutley, NJ: Craig Press, 1979). Bahnsen argumenta que o caráter predominante da Lei do AT é moral; logo, seu conteúdo ainda é obrigatório. V. Barker, William S.; Godfrey, W. Robert, orgs., **Theonomy**: A Reformed Critique (Grand Rapids: Zondervan, 1990).

O problema de reconciliar "lei" e "graça" originou vários métodos de interpretação do AT durante a Idade Média. Como se acreditava que a revelação estava expressa e oculta no texto da Bíblia, várias abordagens hermenêuticas ou interpretativas foram usadas para entender adequadamente as Escrituras. Quatro métodos básicos surgiram: 1) o literal ou simples, que interpreta a Bíblia de forma literal; 2) o significado alegórico ou implícito, que revela significados ocultos para fé pessoal; 3) o moral ou didático, que direciona a conduta cristã; e 4) o anagógico, que se concentra na consumação da fé e na esperança suprema do cristão.

Desde a Reforma, as igrejas protestantes tentam solucionar a tensão entre a "lei" da antiga aliança e a "graça" da nova por meio de uma das duas abordagens básicas. A primeira intensifica a descontinuidade das duas alianças, em níveis variáveis, por meio da interpretação "dispensacionalista". Ela identifica sete eras independentes, ou dispensações, de revelação divina. Essa abordagem faz distinções nítidas entre Israel e a Igreja e, em essência, propõe suspensão messiânica da lei do AT. A segunda abordagem, a **teologia da aliança**, salienta a continuidade da "aliança das obras" e a "aliança da graça", ressaltando seu inter-relacionamento.[5]

John Goldingay oferece um resumo útil das posições contemporâneas com relação à continuidade e descontinuidade entre o AT e o NT. Ironicamente, suas categorias se assemelham muito às da interpretação bíblica da Idade Média. Na primeira posição, o AT, como "estilo de vida", equivale ao método moral interpretativo da Idade Média, que o considera um manual de ética pessoal. A segunda tem o AT como "testemunha de Cristo", destacando a interpretação alegórica e a tipológica como a abordagem do "significado oculto". A terceira leva em conta o AT como "história da salvação", chamando atenção ao Deus que age de forma redentora na história humana. Como a abordagem anagógica, esse método aponta para a vinda de Cristo como elo fundamental entre o AT e o NT. A categoria final de Goldingay, o AT como "Escritura", evidencia o desenvolvimento do cânon como voz de autoridade com respeito à crença e prática na comunidade religiosa.[6]

---

[5] V. Fuller, D. P., **Gospel and Law**: Contrast Or Continuum? (Grand Rapids: Eerdmans, 1980), p. 1-46.

[6] V. Goldingay, John., **Approaches to Old Testament Interpretation** (Downers Grove, IL: InterVarsity Press, 1981).

Segundo John Bright, somente a abordagem que leva o AT a sério como Escritura interpreta corretamente o texto e põe a antiga aliança onde lhe é devido na Bíblia cristã. De certa forma, as três outras abordagens (a do AT como estilo de vida, como testemunha de Cristo e como história da salvação) reduzem a antiga aliança a uma categoria secundária em comparação ao NT. Para John Bright, essa leitura do AT com "óculos do NT" rouba do primeiro sua autoridade para a igreja cristã. Como o AT pressupõe autoridade em virtude da posição canônica na comunidade cristã, ele também é essencial à Igreja no ensino explícito e na afirmação implícita. Tal prestígio canônico significa que o AT tem plena autoridade e não pode ser tratado de forma seletiva. Somente essa abordagem bíblica teológica preserva a autoridade divina de todo o AT para a comunidade da igreja do NT. Isso torna clara a afirmação de Paulo: "Pois tudo o que foi escrito no passado, foi escrito para nos ensinar" (Romanos 15.4; 1Coríntios 10.11).[7]

Interpretação neotestamentária da lei do AT

Jesus reconheceu que a lei era "legalismo" no sentido de que exigia obediência a ordens e estipulações detalhadas do AT instituídas por Javé para Israel (*e.g.*, dízimo, Mateus 23.23a). Mas a verdadeira natureza da lei, segundo Jesus, ia além da conduta externa prescrita pelo código legal. A lei do AT compreendia essencialmente justiça, misericórdia e fidelidade (Mateus 23.23b). Paulo considerava a lei santa, espiritual, justa e boa (Romanos 7.12-14).

Uma das funções da lei do AT era expor o pecado da humanidade tal como era — rebelião e desobediência perante Deus. Ao mesmo tempo que demonstrava que o pecado deixava todos sem desculpa perante o Deus santo, a lei expunha a necessidade humana de redenção divina. Seu objetivo era ensinar Israel e prepará-lo (e preparar o mundo) para a revelação de Jesus de Nazaré como Cristo (Gálatas 3.24). Finalmente, as exigências sacrificiais e éticas da lei do AT eram o **prenúncio** do evangelho do NT: justificação pela fé em Jesus Cristo.

---

7 V. **The Authority of the Old Testament**. Reimp. (Grand Rapids: Baker, 1975). Leiam-se, sobretudo, as p. 151-60, que contêm exemplos da autoridade do AT na sua teologia bíblica por princípio implícito mesmo nos textos suplantados pelos ensinamentos do NT.

De certa forma, a tradição legal divinamente revelada dos hebreus representa sequência entre a antiga aliança e a nova. Jesus cumpriu toda a lei em si mesmo e no ministério especial de **Messias** do Senhor (Mateus 5.17). Por meio do ensino, Jesus não só atestou a autoridade contínua da lei do AT, mas também esclareceu e ilustrou o que estava implícito com relação às intenções humanas. A lei bíblica era, na verdade, mais do que atos e rituais externos. Ela incorporava os pensamentos da mente e as motivações do coração (*e.g.*, ensinamento de Jesus sobre ira e adultério, Mateus 5.21-32). O fato de a lei ser tão "interna" quanto "externa" é visto no resumo dos mandamentos por Jesus: "Ame o Senhor, o seu Deus de todo o seu coração [...]. Ame o seu próximo como a si mesmo" (Mateus 22.37,39; v. Deuteronômio 30.1-10). Finalmente, esse amor a Deus que estimula obediência a seus mandamentos é marca do verdadeiro filho de Deus (1João 5.1-5).

A continuidade entre as alianças também é demonstrada pela interpretação da lei do AT à luz do NT. Três abordagens interpretativas específicas podem ser identificadas: 1) a tipológica (i.e., pessoas, acontecimentos e objetos do AT "prenunciam" as entidades correspondentes do NT), 2) a alegórica (i.e., o texto bíblico é interpretado no sentido figurado) e 3) a didática (i.e., o valor instrutivo do AT para os leitores atuais). Por exemplo, o livro de Hebreus descreve o relacionamento tipológico da lei levítica com o sacerdócio de Jesus Cristo (Hebreus 7–9). Paulo interpreta Deuteronômio 25.4 alegoricamente ao defender o privilégio apostólico de ganhar a vida pregando o Evangelho (1Coríntios 9.8-11). Em outra passagem, ele salienta o valor instrutivo das Escrituras do AT para a vida do cristão e da Igreja (Romanos 15.4; 1Coríntios 10.11).

Devemos, porém, reconhecer o contraste ou descontinuidade entre o AT e o NT. Suas percepções de Deus, da fé e até da lei não são idênticas.[8] Jesus cancelou especificamente as leis cerimoniais de alimento de Levítico 11 e Deuteronômio 14 no seu ensinamento de que todos os alimentos são "puros" (Marcos 7.14-23; v. visão de Pedro em Atos 10.9-23). De importância ainda maior, a legislação levítica relacionada ao ofício de sacerdote e à instituição de sacrifício animal é substituída pela pessoa e obra de Jesus

[8] Para obter uma avaliação resumida sobre as diferenças entre a fé do AT e a do NT, v. Goldingay, **Approaches to Old Testament Interpretation**, p. 29-37.

Cristo como sumo sacerdote superior e pela expiação feita "uma vez por todas" pelo pecado (Hebreus 7.15-28; 9.11-14).

No entanto, os princípios teológicos fundamentais da lei permaneceram intactos, com exceção da anulação funcional de aspectos da lei civil e cerimonial, nos ensinamentos do NT. Como revelação "inspirada por Deus" (2Timóteo 3.16), as Escrituras do AT possuem plena autoridade em si mesmas, tanto em seu ensinamento explícito quanto no conceito teológico implícito. Embora Jesus Cristo seja o Cordeiro da Páscoa, tornando todos os sacrifícios de animais obsoletos e desnecessários (1Coríntios 5.7), o NT ainda exorta todo cristão a apresentar-se como "sacrifício vivo" a Deus (Romanos 12.1-2). Da mesma forma, todos os cristãos são exortados a serem santos como Deus é santo (1Pedro 1.16), pois constituem sacerdócio real em Cristo Jesus (1Pedro 2.9).

Perguntas para estudo e debate

1. Qual é a importância das semelhanças e diferenças entre a literatura legal do Pentateuco hebraico e a do restante do Antigo Oriente Médio?
2. Descreva o desenvolvimento do conceito de aliança no Pentateuco.
3. Como os cinco livros do Pentateuco estavam literária e teologicamente ligados?
4. Defina teofania. Por que ela é importante nas narrativas do Pentateuco?
5. Qual é a semelhança entre a "religião" patriarcal e a "religião" mosaica no Pentateuco? Qual é a diferença?
6. Explique como Moisés é um "herói épico" (v. L. Ryken. **How to Read the Bible as Literature**. Grand Rapids: Zondervan, 1984, p. 78-81).
7. Como eram as mulheres descritas no Pentateuco? Assemelham-se ao restante do AT?

Leituras complementares

BRIGHT, John. **A History of Israel**. 3. ed. Philadelphia: Westminster, 1981. V. esp. as p. 69-110. Parte informativa que apoia a historicidade patriarcal. [Publicado em português com o título **História de Israel** (São Paulo: Paulus, 2004, 7. ed.).]

CARPENTER, E. E. Pentateuch. **ISBE**. Rev. ed. Grand Rapids: Eerdmans, 1986. v. 3, p. 740-54.

CLINES, D. J. A. The Theme of the Pentateuch. **JSOTSS** 10. Sheffield, England: JSOT Press, 1979. Monografia clássica que traça o tema da aliança unificando a literatura e a teologia das narrativas do Pentateuco.

DYRNESS, William A. **Themes in Old Testament Theology**. Downers Grove, IL: InterVarsity Press, 1979. Esp. p. 113-42.

FRETHEIM, Terence E. **The Pentateuch**. IBT. Nashville: Abingdon, 1996.

GAEBELEIN, Frank E. (org.). **Expositor's Bible Commentary.** Genesis–Numbers. Grand Rapids: Zondervan, 1990. v. 2. Análise completamente evangélica, incluindo bibliografias úteis.

HAMILTON, Victor. P. **Handbook on the Pentateuch.** Grand Rapids: Baker, 1982. Exposição prática do conteúdo do Pentateuco, excluindo debate de questões relacionadas ao estudo crítico do AT, mas incluindo longas bibliografias.

HARRISON, R. K. **Introduction to the Old Testament**. Grand Rapids: Eerdmans, 1969. V. esp. as p. 493-662. Já ultrapassado, mas ainda é o resumo evangélico mais abrangente dos estudos do AT, com parte completa do Pentateuco.

HAYES, John H. **An Introduction to Old Testament Study**. Nashville: Abingdon, 1979. V. esp. as p. 83-198. Panorama útil do estudo histórico-crítico do AT, mas com pouca atenção a interesses e respostas evangélicos.

____ & MILLER, J. Maxwell. **Israelite and Judean History**. Philadelphia: Westminster, 1977. V. esp. as p. 70-212.

HOERTH, Alfred J., MATTINGLY, Gerald L. & YAMAUCHI, Edwin M., orgs. **Peoples of Old Testament Times**. Grand Rapids: Baker, 1994.

KNIGHT, D. A. & TUCKER, G. M., orgs. **The Hebrew Bible and Its Modern Interpreters**. Philadelphia: Fortress Press, 1985.

LIVINGSTON, G. H. **The Pentateuch in Its Cultural Environment**. 2. ed. Grand Rapids: Baker, 1987. Introdução bem pesquisada da história e cultura do Israel antigo antes da conquista, com estudo comparativo da literatura religiosa não bíblica antiga.

MARTENS, E. A. *God's Design*: A Focus on Old Testament Theology. 2. ed. Grand Rapids: Baker, 1994.

MILLARD, Alan R. & WISEMAN, Donald J., orgs. **Essays on the Patriarchal Narratives**. Winona Lake, IN: Eisenbrauns, 1983. Reavaliação evangélica da confiabilidade histórica e do ensinamento teológico das narrativas patriarcais do AT à luz de novas descobertas.

PATRICK, D. **Old Testament Law**. Atlanta: John Knox, 1985.

PILCH, John. **Introducing the Cultural Context of the Old Testament**. New York: Paulist, 1991.

SAILHAMER, John J. **The Pentateuch as Narrative**. Grand Rapids: Zondervan, 1992.

SANDY, D. Brent & GIESE, Ronald L., orgs. **Cracking Old Testament Codes**. Nashville: Broadman and Holman, 1995. Guia prático para interpretação da literatura do AT, incluindo estudos de caso.

SCHULTZ, Samuel J. **The Gospel of Moses**. New York: Harper & Row, 1974.

WALTON, John H. **Ancient Israelite Literature in Its Cultural Context**. Grand Rapids: Zondervan, 1989. Panorama dos paralelos entre os diversos gêneros literários frequentes na Bíblia e a literatura do Antigo Oriente Médio.

WALTON, John H., MATTHEWS, Victor H. & CHAVALAS, Mark. **Bible Background Commentary**: Old Testament. Downers Grove, IL: InterVarsity Press, 2000. Contextos social e cultural do AT.

WOLF, Herbert M. **An Introduction to the Old Testament Pentateuch**. Chicago: Moody Press, 1991.

2

Gênesis

Conceitos básicos

✓ A criação vem de Deus e é boa
✓ Deus instituiu um programa de revelação chamado aliança
✓ A desobediência separou o povo de Deus

Gênesis é o livro do princípio e contém a base de boa parte da teologia do AT. É o primeiro livro do Pentateuco, também conhecido por Torá. É essencial compreender o conteúdo e a mensagem desse livro para estudar o restante da Bíblia. Ele não é um livro de ciências, embora os cientistas estejam corretos em investigar suas afirmações. Não é uma obra de biografias, apesar de aprendermos muito com a vida dos homens e mulheres descritos em suas páginas. Não é um compêndio de História, embora siga o caminho da História. É um livro de teologia, apesar de não ser organizado sistematicamente.

COMPOSIÇÃO

O livro de Gênesis não identifica seu autor, e nenhum outro livro bíblico afirma explicitamente sua autoria. Tradicionalmente, ele é atribuído a Moisés, e há bons motivos para isso. Os outros livros da Torá vinculam Moisés à sua composição, e a maior parte da literatura bíblica analisa a Torá como uma unidade. Portanto, é completamente aceitável que Moisés tenha se tornado autor do conjunto. Como já se comentou muitas vezes, quem melhor que ele para reunir o livro do Princípio?

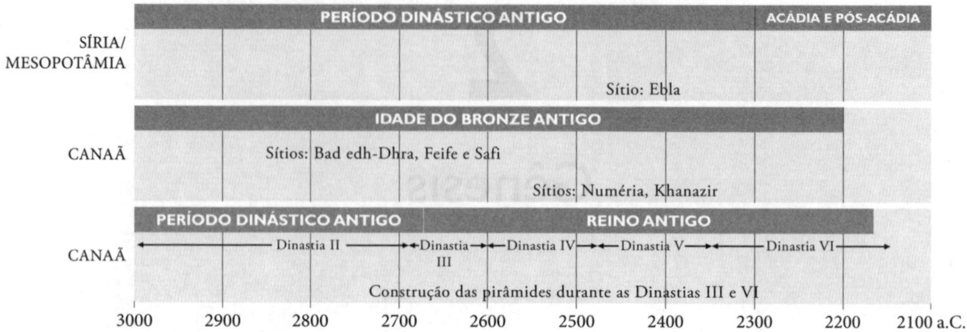

Contudo, colocando de lado a lógica e a tradição, é difícil apresentar muitas evidências que associem Moisés à composição do livro. Já mencionamos no capítulo sobre a composição do Pentateuco que a maioria dos estudiosos do século XIX tendia a dividir o livro em fontes que datavam, em grande parte, do fim do período pré-exílico e do início do pós-exílico. Desafios específicos a essa perspectiva crítica (chamada "crítica redacional") sobre a composição de Gênesis vieram da análise computadorizada, que contesta os critérios pelos quais as diversas fontes são isoladas,[1] seja de escolas críticas alternativas, seja da crítica de redação (que se interessa pela maneira na qual o livro foi composto).[2] De fato, as teorias relativas à autoria desse livro são ilimitadas.

Seja quem for que produziu Gênesis — Moisés (como somos inclinados a imaginar) ou alguém da época de Davi e Salomão, de Josias ou de Esdras —, o livro claramente possui uma característica composicional surpreendente: é organizado em 11 seções que começam por "Esta é a história de...", recurso conhecido por "fórmula *toledoth*". A primeira dessas fórmulas aparece em 2.4: "Esta é a história [*toledoth*] dos céus e da terra, no tempo em que foram criados". As outras dez estão ligadas a indivíduos (Adão, Noé, Sem, *et al.*). Isso sugere que o compilador as usou para indicar os documentos que serviram de fontes ou o autor as usou para organizar seu material. Como não há razão para duvidar que parte do material de Gênesis estava na forma escrita antes do tempo de Moisés, podemos acreditar que alguém como ele realizou, em grande parte, o trabalho de organizador divinamente inspirado em vez de trabalhar como autor.

---

1 Radday, Y. T.; Shore, H., **Genesis**: An Authorship Study (Rome: Biblical Institute Press, 1985).

2 Rendsburg, Gary, **The Redaction of Genesis**.

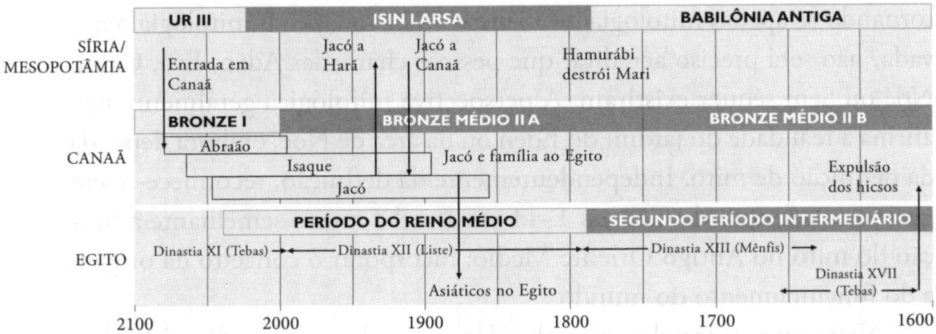

CONTEXTO

História do princípio (Gênesis 1–11)

O relato da história do princípio em Gênesis possui textos análogos na literatura do Antigo Oriente Médio, especialmente da Mesopotâmia. Escrito por volta de 2000 a.C., o épico de *Atrahasis* contém o registro da criação, da população crescente e do dilúvio com semelhanças em alguns detalhes de Gênesis 2–9. A história do dilúvio de *Atrahasis*, com algumas modificações, também é encontrada na décima primeira tabuinha do famoso Épico de Gilgamés. Outras informações sobre conceitos mesopotâmicos da criação foram achadas em diversos mitos sumérios antigos, como na obra intitulada Enuma Elish, relato hínico da ascensão do deus Marduque ao topo do **panteão** babilônico.

É comum, em alguns círculos acadêmicos, acreditar que Gênesis contenha versões adaptadas da mitologia babilônica. Como a Mesopotâmia assume lugar de honra como berço da cultura do Antigo Oriente Médio, e como a literatura babilônica é mais antiga do que as datas geralmente aceitas do livro de Gênesis, presume-se que as semelhanças provam a dependência bíblica do material babilônico. Isso foi absorvido por tais intérpretes em razão do fato de as raízes étnicas de Israel serem encontradas na Mesopotâmia pelo próprio relato da Bíblia (Abraão era natural daquela região).

Segundo essa teoria, os israelitas tomaram emprestados os conceitos mitológicos básicos do material babilônio, mas, com o passar dos séculos, adaptaram-nos à perspectiva monoteísta. O grande obstáculo dessa teoria é a implicação de que a história do princípio acaba, na verdade, tornando-se apenas mitologia. Se Gênesis 1–11 for apenas mitologia renovada, não será preciso acreditar que pessoas chamadas Adão, Eva, Caim, Noé ou Sem sequer existiram. A perspectiva mitológica geralmente não afirma a realidade do jardim do Éden ou da arca de Noé, embora dependa da definição de mito. Independentemente da definição, reconhece-se em geral que a função de Gênesis 1–11 em Israel é muito semelhante à função do mito no Antigo Oriente Médio: incorporar o conceito da origem e do funcionamento do mundo.

Nesse caso, como devemos abordar os estudos comparativos? Embora seja arriscado, não podemos nos dar ao luxo de ignorar as semelhanças entre a literatura bíblica e a do Antigo Oriente Médio e esperar que desapareçam. Pelo contrário, o material do Antigo Oriente Médio deve ser usado para nos ajudar a obter a perspectiva adequada da literatura israelita preservada nas páginas da Bíblia. As Escrituras afirmam as raízes mesopotâmicas dos israelitas, e o fato de Deus escolher autores humanos para escrevê-las deve nos levar a esperar semelhanças em outras obras do mesmo período. Todavia, não podemos parar por aí. Estudos comparativos exigem que examinemos semelhanças e diferenças.

Quando empreendemos esse tipo de análise com a história primeva, descobrimos que as diferenças superam as semelhanças. Estas podem ser explicadas com mais facilidade de outras maneiras além de recorrer a teorias de empréstimo literário. A história do dilúvio, por exemplo, encontrada na Mesopotâmia segue um enredo semelhante ao de Gênesis. Uma pessoa é advertida pela divindade a construir um barco para salvar-se do dilúvio iminente que destruirá a população. A arca é construída. A tempestade chega e, depois de as águas baixarem, a embarcação pousa no topo de uma montanha. Pássaros são soltos para determinar quando os passageiros da arca podem desembarcar com segurança. O relato termina com a oferta de sacrifício e a bênção concedida aos sobreviventes.

Mas as diferenças também devem ser consideradas. Destacam-se o tipo de embarcação, a duração do dilúvio, as pessoas salvas, o local de pouso da arca, o resultado para o herói e, em particular, o papel dos deuses. Muitos que fizeram ampla análise linguística e literária (*e.g.*, Alexander Heidel, Alan Ralph Millard, David Damrosch) concluíram que a dependência literária não pode ser comprovada. Aqui, como na maioria dos paralelos na história do princípio, acredita-se ser mais provável que tradições mesopotâmicas e bíblicas basearam-se na mesma fonte. Alguns levam em conta essa fonte comum à obra literária mais antiga, outros consideram o acontecimento em si. De qualquer forma, a literatura mesopotâmica apresenta o contexto para que se entendam algumas das questões da história primeva de Gênesis em contraste com a teologia do Antigo Oriente Médio.

As narrativas patriarcais (Gênesis 12–50)

Em geral, as narrativas patriarcais devem ser analisadas em contraste com o contexto dos períodos arqueológicos denominados Idade do Bronze Médio I (ca. 2000-1900 a.C.) e Idade do Bronze Médio IIA (ca. 1850-1750 a.C.). Nessa época, a Mesopotâmia fez a transição da renascença suméria altamente desenvolvida do Período Ur III para o domínio amorreu do Período Babilônico Antigo. No entanto, há poucas informações históricas para esclarecer o livro de Gênesis ou a vida dos patriarcas. A única passagem de Gênesis que oferece correlação com os acontecimentos da história mundial é o capítulo 14, que permanece enigmático.

Parece evidente, com base nos dados arqueológicos, que durante esses períodos havia a tendência geral na estrutura social da Palestina de transformar o caráter semissedentário em urbano com o aparecimento de cidades fortificadas no final da Idade do Bronze Médio II A (1900-1700 a.C.). A descrição bíblica da terra de população escassa das viagens de Abraão é apoiada pela análise arqueológica. Semelhantemente, o estilo de vida e a cultura geral dos patriarcas foram autenticadas por descobertas arqueológicas.

Embora vários estudiosos tenham contestado a historicidade dos patriarcas, nem o estilo literário, nem a natureza dos fatos detalhados nos registros, nem ainda o contexto cultural e geográfico dão motivo para duvidar de que essas narrativas conservam a realidade. Somente pressuposições que eliminam o envolvimento de Deus com a humanidade podem apoiar a argumentação de que estas são apenas lendas criadas para explicar a origem dos israelitas.

ESBOÇO DE GÊNESIS

I. Criação (1.1–2.3)

II. Antes dos patriarcas: a necessidade de um povo da aliança
  A. *Toledoth* dos céus e da terra (2.4–4.26)
  B. *Toledoth* de Adão (5.1–6.8)
  C. *Toledoth* de Noé (6.9–9.29)
  D. *Toledoth* de Sem, Cam e Jafé (10.1–11.9)
  E. *Toledoth* de Sem (11.10-26)

III. Os patriarcas na Palestina: a instituição do povo da aliança
  A. *Toledoth* de Terá (11.27–25.11)
  B. *Toledoth* de Ismael (25.12-18)
  C. *Toledoth* de Isaque (25.19–35.29)
  D. *Toledoth* de Esaú (36.1—36.43)

IV. Os patriarcas no Egito: início do povo da aliança
  A. *Toledoth* de Jacó (37.1–50.26)

PROPÓSITO E MENSAGEM

O propósito do livro de Gênesis é contar a maneira e o motivo de Javé escolher a família de Abraão e fazer aliança com ela. A aliança é a base da teologia e identidade israelitas; portanto, sua história é de suma importância. O livro continua a narrativa de como a aliança foi estabelecida, descrevendo os muitos obstáculos e ameaças surgidos contra ela. Finalmente, descobrimos como os israelitas partiram para o Egito, preparando o cenário para o êxodo.

A mensagem do livro tem vários aspectos. Em primeiro lugar, apresenta a introdução adequada ao Deus israelita, Javé. Ele é apresentado como o criador soberano do mundo feito especialmente para a habitação humana. Nisso já podemos identificar o contraste intencional com o desenvolvimento da teologia mesopotâmica. No pensamento mesopotâmico, a criação recebeu duas ênfases. Por um lado, a criação de forças e elementos cósmicos foi descrita, de forma geral, pelo nascimento da divindade que tinha jurisdição sobre essa área. Então, por exemplo, a criação do mar seria descrita como nascimento da deusa do mar. Caracteristicamente, não há um deus criador dirigindo o processo. A criação se realiza por intermédio da procriação divina.

Por outro lado, há uma ênfase clara na organização do cosmo, e não na sua criação. No hino a Marduque, chamado Enuma Elish, ele é elevado ao topo do panteão e, imediatamente, age para organizar o cosmo.

Ao contrário do pensamento mesopotâmico, Gênesis insiste que Javé é o Criador, não apenas o organizador (embora também seja responsável pela ordem do cosmo). Além disso, a procriação de deuses não é utilizada para explicar a origem dos elementos cósmicos. A criação procede da boca de Deus.

Outro aspecto da mensagem de Gênesis diz respeito ao papel das pessoas no mundo recém-criado; e, novamente, há contrastes com a perspectiva mesopotâmica. A mensagem fundamental de Gênesis é que os seres humanos foram criados à imagem de Deus. O mundo foi criado para eles e com eles em mente. Ao ser criado, o primeiro casal humano recebe dignidade e responsabilidade. Gênesis insiste que tudo isso era a intenção de Deus. Há forte contraste com a mitologia mesopotâmica, que considera a humanidade uma ideia posterior dos deuses. Em *Atrahasis*, por exemplo, as pessoas são criadas para assumir o trabalho do qual os deuses estavam cansados de fazer. Não existe o conceito de que toda a criação foi realizada com as pessoas em mente, e há pouca dignidade a se oferecer quando o serviço escravo era a única motivação.

Em meio a esse contraste com a teologia mesopotâmica, a intenção de Gênesis não é simplesmente o debate. O objetivo da narrativa de Gênesis é estabelecer o fato de que Javé estava seguindo soberanamente um plano histórico. O homem foi criado com todas as vantagens e colocado cuidadosamente por Deus em uma situação ideal. Isso é importante, pois nos leva ao próximo aspecto da mensagem do livro. Foram homem e mulher, não Deus, que abalaram o equilíbrio e causaram a triste condição de nossa existência atual.

O fracasso contínuo da humanidade levou Javé a enviar o dilúvio, espalhar o povo da planície de Sinear e, finalmente, agir por meio de um homem, Abraão, e sua família. A mensagem do livro é oferecer isso como explicação da escolha de Javé de agir por intermédio de um povo eleito. Esse é seu plano de autorrevelação. Além disso, demonstra-se que não foi por mérito da parte de Abraão que Deus o escolheu. Pelo contrário, foi um ato da soberania de Deus. Abraão merece o reconhecimento por obedecer e confiar que Javé cumpriria suas promessas.

A mensagem das narrativas patriarcais é que por meio de muitas situações difíceis os patriarcas e, em particular, o Senhor perseveraram para conseguir a instituição da família de Abraão. O texto não hesita em mostrar as deficiências de Abraão e de sua família, mas Deus é fiel e, de forma constante e providencial, obteve resultados positivos apesar das circunstâncias ruins (v. 50.20).

Essa é a mensagem teológica do livro. Também existem outros níveis nos quais Gênesis possui mensagens. Do ponto de vista geográfico, o livro demonstra que Abraão e sua família eram de origem mesopotâmica (não egípcia), mas passaram três gerações em Canaã antes de descer ao Egito. Isso é significativo para sua identidade étnica e teológica.

Finalmente, Gênesis também procura explicar a organização de Israel. A mensagem esclarece os relacionamentos entre as 12 tribos e relata a preeminência de umas e obscuridade de outras. As mensagens geográfica (viagens dos patriarcas), sociológica (origens étnicas e relacionamentos) e polêmica (argumentação contra a cosmovisão do Antigo Oriente Médio) devem ser consideradas temas que o compilador pretendia abordar. Contudo, devem ser julgadas secundárias em relação à teológica, na qual a aliança e Javé são fundamentais.

ESTRUTURA E ORGANIZAÇÃO

Criação (1.1–2.3)

O registro da criação é uma composição literária altamente estruturada. Usando a organização em fórmulas (*e.g.*, "assim foi" e "Deus viu que ficou bom"), ele apresenta Deus tomando o que era "sem forma e vazi[o]" e dando-lhe forma e conteúdo. Nos três primeiros dias, houve a formação, e nos três seguintes Deus preenche o que formou. O foco da composição é que todas as coisas formadas foram preenchidas para se adequar perfeitamente ao homem. Isso serve de introdução apropriada à pessoa de Deus, do homem e da mulher.

A história do princípio focaliza toda a humanidade como tema de debate. No tópico anterior, as pessoas foram analisadas tendo-se em vista o restante da criação de Deus. Este tópico começa com a comparação entre a alta posição humana determinada originariamente e a situação causada pela desobediência. O pecado original de Adão e Eva provocou a expulsão do jardim, a separação de Deus e, no fim, a morte. O assassinato de Abel, pelo irmão Caim, demonstrou que a nova ordem se aprofundara.

O passar do tempo indicado pelas genealogias só piorou a situação. Além das ofensas de Adão, Eva e Caim, a atitude de Lameque demonstrou o prazer orgulhoso com a violência. Na época de Noé, a violência tornara-se rotina. Com a seleção do material, o compilador pretende documentar, em termos mais descritivos, a desintegração moral ocorrida entre a queda e o dilúvio.

Esse acontecimento representou o castigo de Deus sobre o mundo, mas também sua graça. Noé e sua família foram poupados para recomeçar. Mais uma vez, certo contraste com o pensamento mesopotâmico é evidente. Neste, os deuses não pretendiam salvar ninguém. Ao contrário, foi o ato de traição de um deus que informou *Atrahasis* do desastre iminente. Além disso, enquanto em Gênesis a humanidade foi salva porque Noé e sua família foram poupados, *Atrahasis* salvou a civilização ao incluir entre seus passageiros artesãos de diversas especialidades. O contraste é que em Gênesis Deus não tinha a intenção de salvar a sociedade; de certa forma, a sociedade precisava ser destruída.

Após o dilúvio, a bênção foi renovada, mas a degeneração ocorreu rapidamente. O compilador continua a argumentar a favor do efeito insidioso da natureza corrompida do homem, vista até nos filhos de Noé. A reação consequente de Deus a isso ocorreu quando as pessoas passaram da intenção de serem iguais a ele à distorção mental para torná-lo semelhante a si mesmas. Cremos ser este o limiar passado quando o zigurate (a torre de Babel) foi construído na planície de Sinear (11.2). Por isso, Deus impôs limites à capacidade das pessoas de unir-se em rebelião. Ele realizou isso ao fazer que falassem línguas diferentes, ocasionando a dispersão geográfica. Ele não só restringiu a capacidade humana de agir conjuntamente, mas também preparou o cenário para a mudança da estratégia. Sua graça tornou-se evidente na determinação de se revelar à humanidade por meio de um homem e de sua família.

Os patriarcas na Palestina: narrativas patriarcais (11.27–37.1)

Embora a continuidade genealógica seja demonstrada de Noé a Abraão, não há tentativa de determinar a continuidade da fé. Abraão não é apresentado como homem justo, nem é considerado diferente do mundo. Outra passagem deixa claro que a família de Abraão não adorava Javé (v. Josué 24.2). Então, o Senhor realmente apareceu a Abraão "do nada". O primeiro contato é descrito nos versículos 1-3 do capítulo 12, quando Abraão recebeu a instrução de tomar a decisão drástica de se separar das raízes para que houvesse novo princípio. Javé ordenou que ele deixasse terra, família e herança (a casa do pai) e prometeu em troca terra, família e herança (bênção) próprias. Ele não fez uma aliança nessa ocasião, mas se dispôs a fazê-la uma vez cumpridas certas condições.

Os capítulos 12–22 apresentam a história variada da instituição da aliança entre Abraão e o Senhor. Depois de Abraão deixar sua terra, os 40 ou 50 anos seguintes foram de suspense contínuo em relação à realização das promessas de Deus a ele. A narrativa é composta de forma bem artística para manter o leitor incerto quanto ao resultado.

A abordagem principal do narrador é apresentar diversos elementos que colocam em risco as promessas da aliança. À medida que cada obstáculo é superado, outro passo é apresentado para chegar ao cumprimento das promessas. Os obstáculos apresentam formas variadas de herdeiros substitutos ou situações que ameaçam as personagens principais.[3]

A primeira ameaça surgiu quando Abraão e Sara foram ao Egito para escapar da fome na terra de Canaã. O perigo era que o faraó se apossasse de Sara para seu harém ou que o filho nascido dela não fosse de Abraão. A ameaça foi eliminada quando o casal foi mandado embora do Egito.

O primeiro obstáculo a superar com relação ao herdeiro foi a presença do sobrinho de Abraão, Ló. Como Abraão e Sara não tinham filhos, Ló era o herdeiro mais provável. Sua permanência com Abraão também poderia dar-lhe direito à terra. O empecilho foi removido no capítulo 13, quando Ló escolheu a planície próxima a Sodoma, o que o tirou da terra. Isso resultou na promessa a Abraão de que toda a terra passaria a pertencer-lhe, bem como à sua descendência (13.14-17).

Nesse trecho, foi incluído um apêndice à narrativa de Ló que relata como Abraão resgatou-o e a muitos outros do exército invasor. O motivo

[3] Helyer, L., The Separation of Abram and Lot: Its Significance in the Patriarchal Narratives, **JSOT** 26, 1983, p.77-88.

dessa inclusão pode ser demostrar que o patriarca não obteve riqueza da população cananeia (14.21-24), embora seja difícil ter certeza disso.

A narrativa continua no capítulo 15 com a apresentação do segundo herdeiro substituto, Eliézer, chefe da casa de Abraão. O Senhor, porém, mostrou que o herdeiro seria filho do próprio Abraão, e mais um obstáculo foi removido.

O fim do capítulo 15 relata a verdadeira confirmação da aliança entre Deus e Abraão. Mais uma vez, o patriarca recebeu a garantia da terra, mas também recebeu a informação de que esta só seria possuída por sua família 400 anos mais tarde.

No capítulo 16, o terceiro herdeiro substituto entrou em cena. Nesse episódio, Sara sugeriu que, como não pudera ter filhos, eles precisavam de outro plano. Abraão devia seguir a prática de tomar uma escrava da casa como esposa substituta para que a linhagem continuasse. Dessa forma, nasceu Ismael, filho legítimo de Abraão pelos costumes da época.

Treze anos se passaram, durante os quais, supomos, Abraão considerou Ismael seu herdeiro. Ao receber instruções para o sinal da circuncisão e a afirmação do Senhor de que ele se tornaria grande nação (cap. 17), Abraão ficou surpreso ao ouvir que o herdeiro prometido ainda não nascera e seria filho natural de Sara (v. 15-21). Essa mensagem foi confirmada (cap. 18) pela visita dos três homens à tenda de Abraão.

Agora o narrador cria suspense ao relatar dois fatos significativos ocorridos antes do nascimento de Isaque. O primeiro foi a destruição das cidades da planície, da qual Ló e suas filhas foram salvos. Isso levantou a possibilidade do retorno de Ló, mas a ameaça foi eliminada rapidamente quando ele decidiu viver nos montes.

A segunda ameaça foi muito mais séria. O capítulo 20 descreve o episódio no qual Sara estava prestes a ser levada para o harém de um rei estrangeiro, cena semelhante à registrada no capítulo 12. Dessa vez, o rei era Abimeleque, de Gerar. Essa ameaça foi muito alarmante, pois Isaque deveria nascer dentro de um ano. Se Sara fosse levada para o harém do rei, mesmo por pouco tempo, poderiam surgir dúvidas quanto à legitimidade de Isaque. De novo o problema foi evitado quando o Senhor alertou Abimeleque em um sonho informativo de que Sara era esposa de Abraão e devia ser devolvida a ele. Finalmente, Isaque, o filho tão esperado, nasceu (cap. 21), e o leitor tende a respirar aliviado porque tudo acabou bem.

Entretanto, o suspense ainda não terminou. Logo descobrimos que Ismael não seria eliminado da disputa com tanta facilidade. Contudo, até este último obstáculo à herança foi removido.

Todavia, como se espera do narrador habilidoso, quando tudo parece estar bem, surge o maior dos problemas.

No relato em que Deus pede a Abraão que vá e sacrifique o filho Isaque (cap. 22), percebemos que o narrador nos levou ao ponto culminante da narrativa. O Senhor prometera a Abraão que Isaque seria o filho mediante o qual as promessas da aliança seriam cumpridas. Assim a aliança corria grande risco mais uma vez. Todas as barreiras e ameaças anteriores decorreram de erro ou decisão humana. Esta vinha da divindade. Como o texto relata (v. 12), o objetivo do teste foi dar a Abraão a oportunidade de demonstrar seu temor a Deus. Sem dúvida, Abraão fora descrito como obediente e cheio de fé em toda a narrativa, mas é bem mais fácil obedecer quando se tem algo a ganhar. Nesse momento, Abraão poderia demonstrar ao Senhor que sua obediência era motivada pelo temor a ele, e não pelo que poderia ganhar com ela. Quando a ameaça foi eliminada, as promessas foram repetidas a Abraão (v. 16-18).

As seções restantes do *toledoth* de Terá continuam a oferecer acontecimentos relativos à instituição da aliança, embora não haja mais suspense. O capítulo 23, apesar de lembrar a morte de Sara, aparentemente, foi incluído porque relata a única ocasião em que Abraão comprou um terreno em Canaã. Como a aquisição da terra fazia parte da promessa, é importante narrá-la.

Para Abraão ser pai de uma grande família, era necessário não só um filho, mas também que ele se casasse e tivesse filhos. O obstáculo ao cumprimento da aliança (cap. 24) era conseguir uma esposa para Isaque sem que isso resultasse na assimilação dos hebreus pelo povo de Canaã nem exigisse o abandono do território. Isso se realizou quando Abraão enviou seu servo para encontrar noiva para Isaque entre seus parentes.

Finalmente, o registro da família de Terá termina com a identificação de outros filhos de Abraão (mais uma vez, estes eram possíveis herdeiros, e o texto mostra como tiveram parte na herança) e com a sua morte. No entanto, em meio a muitos obstáculos, a aliança foi estabelecida.

De acordo com o estilo do narrador, a linhagem que não fazia parte da aliança é apresentada antes de a história retornar à personagem principal.

Portanto, o registro de Ismael precede o de Isaque, e o de Esaú precede o de Jacó.

A maior parte do relato de Isaque diz respeito ao conflito entre Jacó e Esaú e sua resolução. A disputa constituía uma ameaça contra a aliança porque era séria o suficiente para levar ao assassinato e à extinção da família de Abraão (v. 27.45). Além disso, a saída de Jacó da terra por cerca de 20 anos também ameaçou a aliança com a possibilidade de a família de Abraão simplesmente retornar à Mesopotâmia. Do ponto de vista teológico, evidencia-se também que Jacó não era um homem de fé da estatura de Abraão. Isso leva o leitor a pressupor outra tentativa fracassada. Os conflitos estruturam o trecho. A aliança permanece como o foco principal.

Embora boa parte do registro de Isaque seja considerado continuação da história da luta da aliança, as narrativas formadoras do conflito entre Jacó e Esaú são de mais difícil compreensão. Os capítulos 26 e 34 parecem ter pouca relação direta com a aliança; da mesma forma, os capítulos 14 e 23 relatam incidentes que resultaram em acordos com os povos de Canaã. Eles possuem relevância pactual, pois dizem respeito à terra e à distinção étnica da família de Abraão.

Os patriarcas no Egito: a história de José (37.2–50.26)

A história de José é uma narrativa coerente, com exceção do capítulo 38. Como os capítulos intermediários, este aborda a ocasião em que a família de Abraão se relacionou com o povo cananeu. O episódio também pode ter o objetivo de contribuir para o perfil emergente de Judá — com grande importância para a história tribal posterior.

O papel de Judá, no capítulo 38, é análogo ao de Jacó no 37. Como seu pai (37.32-33), Judá foi enganado e solicitado a reconhecer uma prova de identidade (38.25-26). Dessa forma, as ações de Judá contra Jacó e José voltavam para assombrá-lo. O fim do capítulo 38 também mostra o filho mais novo forçando a saída quando tudo parecia perdido (v. 27-30) e conseguindo assim uma "brecha". Foi exatamente isso o que José fez quando sua história é retomada no capítulo 39.[4]

[4] V. esp. U. Cassuto, The Story of Tamar and Judah, **Biblical and Oriental Studies**, v. 1 (Jerusalem: Magnus, 1973), p. 29-40 (reimp. do artigo de 1929); e GOLDIN, Judah, The Youngest Son: Or, Where Does Genesis 38 Belong?" **JBL** 96, 1977, p. 27-44.

A meta principal da história de José parece ser o relato sobre como a família de Abraão foi parar no Egito. Neste caso, torna-se uma preparação para as narrativas do êxodo. Apesar de a aliança mal ser mencionada, o cuidado providencial de José e o controle divino da história ficam evidentes no desdobramento e na conclusão do enredo.

TEMAS PRINCIPAIS

Aliança e eleição

O livro de Gênesis deixa claro que o Senhor não escolheu Abraão e sua família por serem mais justos, fiéis ou santos do que outras famílias. Sua eleição foi um ato da graça divina. Além disso, embora a aliança só pudesse ser ratificada quando Abraão deixasse sua casa, nenhuma condição clara foi imposta à aliança em si. Na verdade, os benefícios da aliança poderiam ser perdidos por certos períodos, mas não há menção da possibilidade de seu cancelamento. A família do patriarca, por bem ou por mal, constituía o povo escolhido de Deus.

No cristianismo, quando falamos da Igreja como povo de Deus, referimo-nos aos que aceitaram a salvação pela fé, especificamente a fé em Jesus Cristo. Portanto, a Igreja poderia ser identificada com o povo de Deus no sentido soteriológico — isto é, relativo à salvação. Sem dúvida, muitos israelitas do AT podiam ser identificados com o povo de Deus por causa da fé em Javé. Mas sua eleição e aliança divinas tornam os israelitas o povo de Deus apenas no que diz respeito à revelação, ou seja, Deus os escolheu como instrumento revelador. Ele se mostrou ao mundo por intermédio de Israel — mediante a lei dada ao povo; mediante a história (que demonstra benevolência, graça, fidelidade e soberania divinas); por meio da composição da Bíblia; e, acima de tudo, mediante o nascimento, a vida, a morte e a ressurreição de Jesus Cristo. Logo, a aliança tornou-se o cerne da teologia israelita. Ela transmite as intenções de Deus de abençoar e honrar o povo como canal da revelação divina. Em todo o AT aprendemos mais sobre a natureza de Deus ao vê-lo agir de acordo com suas promessas relativas à aliança e ao compartilhamento dos benefícios de sua revelação a Israel e por meio dele.

Monoteísmo

De forma mais ampla, o monoteísmo é conceito da adoração de um Deus. Entretanto, há vários níveis de monoteísmo, variando da preferência por uma divindade à adoração de uma divindade, ou a crença na existência de apenas uma divindade. Mesmo os Dez Mandamentos insistem apenas no monoteísmo prático (adoração exclusiva de um Deus), não no monoteísmo filosófico (há somente um Deus). Esse fato leva-nos a perguntar se os patriarcas eram monoteístas. Os parentes de Abraão praticavam o paganismo politeísta comum na Mesopotâmia (Josué 24.2,14), e a Bíblia não atribui o monoteísmo a Abraão. Entretanto, embora não haja menção de Abraão condenando a adoração de outros deuses, não há indício de que qualquer outro deus tivesse lugar na sua adoração. Tal evidência leva-nos à conclusão de que Abraão era, no mínimo, um monoteísta prático.

Todavia, deve-se considerar também a pergunta: "Qual era o Deus adorado por Abraão?". Ainda que o nome pessoal "Javé" ocorra com frequência em Gênesis, surge um problema ao lermos os primeiros capítulos de Êxodo. Em Êxodo 6.2-3, Deus diz a Moisés: "Eu sou o SENHOR [Javé]. Apareci a Abraão, a Isaque e a Jacó como o Deus todo-poderoso [*El Shaddai*], mas pelo meu nome, o SENHOR [Javé] não me revelei a eles". Embora alguns estudiosos sugiram que Javé e Shaddai eram, a princípio, duas divindades independentes que depois se uniram, os textos bíblicos os aceitam unanimemente como nomes alternativos do mesmo Deus.

Segundo pesquisas recentes, é mais provável que os patriarcas tivessem identificado seu Deus por *El*, e tanto *Shaddai* quanto *Javé* tenham servido de epítetos para descrever certos aspectos da atividade de *El*. Nesse caso, Êxodo 6.3 seria a explicação de que *El Shaddai* era o nome ligado de forma mais adequada à interação de Deus com os patriarcas — e o que fez por eles. Eles não experimentaram, em primeira mão, o significado do epíteto Javé. Foi a geração de Moisés que conheceu (experimentou) Deus como Javé.

O livro de Gênesis ajuda-nos a perceber essa distinção entre Shaddai e Javé nas teofanias atribuídas a cada um (fig. 2.1). Teofania é a manifestação visível e/ou audível de Deus. Abraão e Jacó testemunharam uma "teofania de *Shaddai*" e uma "teofania de Javé". Para ambos, a teofania de Javé aconteceu em primeiro lugar, no princípio do acordo entre Deus e o patriarca. A ênfase da teofania de Javé era a terra a ser dada ao chefe (15.7-17; 28.13-15).

Figura 2.1 – Teofanias em Gênesis	
"Eu sou Javé"	"Eu sou El Shaddai"
Início do acordo	Início do cumprimento
Abraão	
Gênesis 15.7-17 1. Ocasião: Ratificação da aliança 2. Ênfase: Entrega da terra	Gênesis 17.1-8 1. Ocasião: Indicação da aceitação da aliança (circuncisão) 2. Aceitação da mudança de nome, promessa do nascimento de Isaque dentro de um ano 3. Ênfase: Muitos descendentes, povos, reis virão de você
Jacó	
Gênesis 28.13-15 1. Ocasião: Primeira promessa de bênçãos pactuais a Jacó 2. Ênfase: Retorno e posse da terra	Gênesis 35.10-12 1. Ocasião: Indicação de aceitação da aliança (destruição de deuses estrangeiros, coluna de pedra é levantada) 2. Aceitação do novo nome 3. Ênfase: Muitos descendentes, povos e reis virão de você

Em contraste a isso, as teofanias de *El Shaddai* surgiram quando os patriarcas aceitaram a participação na aliança. No caso particular de Abraão, o cumprimento real estava prestes a acontecer. A ênfase era no elemento principiado na vida dos chefes: os descendentes. Até no uso separado das teofanias, o nome *El Shaddai* está mais associado aos descendentes (28.3; 43.14; 48.3). Ambas as teofanias de *El Shaddai* apresentam a alteração do nome do patriarca, demonstrando que este se considerava aliado de *El Shaddai* (17.1-8; 35.11-12).

As conclusões a serem feitas com base na diferenciação são que o nome de Javé estava ligado às promessas divinas a longo prazo aos patriarcas — especificamente a terra, que até para Abraão estava distante. Logo, pode-se dizer que eles não "conheciam" Deus pelo nome Javé, já que as promessas às quais esse nome estava mais intimamente associado ainda não se haviam cumprido. Contudo, Javé enviara Moisés para conduzir os israelitas à Terra Prometida na aliança.

Logo, concluímos que Abraão era monoteísta prático e adorador de *El*, que se revelou a ele usando vários epítetos. Embora os patriarcas estivessem cientes do nome Javé, o mais adequado na perspectiva de Abraão era *El Shaddai*. Foi Javé, porém, que posteriormente se tornou o nome principal do Deus da aliança de Israel.

Pecado

Um dos temas centrais de Gênesis é a introdução do pecado no mundo e seu impacto sobre a história humana. Quando Adão e Eva foram criados, a imortalidade estava a seu alcance, pois a árvore da vida fora colocada no jardim para seu usufruto. Quando caíram em tentação, foram expulsos, e o acesso à árvore lhes foi negado. O desejo de serem iguais a Deus causou a desobediência, e ele incluía o desejo de independência, como os filhos anseiam ser independentes dos pais e tomar as próprias decisões.

O castigo foi adequado e lógico. A independência geralmente traz separação, e assim se deu no relacionamento de Adão e Eva com Deus. Como os filhos descobrem quando se tornam adultos, autonomia não é o mesmo que independência. A declaração de Gênesis 3.16-19 traça outro tipo de dependência. Esse foi o início de vários ciclos de pecado e castigo que constituem a história primeva. Para Adão e Eva e Caim e Abel, o pecado era de natureza individual. Nas ações de Lameque (4.23-24) e na conduta dos "filhos de Deus" (6.1-4), podemos identificar a expansão em direção às instituições da sociedade (família e governo). Na época de Noé, o pecado se infiltrara completamente na humanidade. A destruição pelo dilúvio não eliminou o pecado, pois ele progrediu mais uma vez de pecado individual (9.20-23) às ações organizadas de rebelião (11.1-9).

A eleição de Abraão não pôs fim ao pecado. As trapaças de Jacó são particularmente chocantes. Contudo, Deus adapta, novamente, o castigo ao crime. Jacó obteve a bênção para si ao se disfarçar de Esaú (cap. 27), mas tornou-se vítima de logro quando se casou com Lia, disfarçada de Raquel. Mais pungente foi a fraude dos filhos, que mostraram a túnica ensanguentada para convencer Jacó de que José estava morto. Quanto ao tema de pecado e castigo, vemos não somente a misericórdia de Deus bem como a sua justiça.

Origens

Embora, como observamos, o livro de Gênesis não seja um livro científico, ele apresenta informações sobre as origens e, portanto, atrai o interesse dos cientistas. Os que acreditam na Bíblia, muitas vezes, se encontram na posição desconfortável de tentar conciliar suas declarações sobre as origens com as afirmações das teorias científicas. Contudo, é importante determinar exatamente o que as Escrituras dizem sobre o princípio.

Deus criou. Essa é a afirmação fundamental de Gênesis. Mesmo que esse livro não relate a criação de todas as coisas (ele não descreve, por exemplo, a criação dos anjos), não há espaço para qualquer outro poder criador. É possível, dependendo da tradução de Gênesis 1.1, que a matéria-prima já existisse quando a narrativa do livro começa. Mas não se pode deduzir com isso que Deus não tenha sido seu Criador.

Como Deus criou? O texto destaca a palavra de Deus, mas, para alguns, isso não elimina a possibilidade de Deus impulsionar a sequência evolutiva. Os que rejeitam essa possibilidade argumentam que a função de Deus como criador deve ter o objetivo mínimo de evidenciar seu controle soberano. Eles acreditam que a natureza arbitrária dos processos incluídos na teoria da evolução constitui a ameaça. Entretanto, também é possível argumentar que o tempo é arbitrário e sujeito a mudanças, porém não é considerado ameaça ao controle soberano de Deus na criação. Pelo fato de a evolução ser definida em termos exclusivamente naturais, ela é inaceitável para a teologia de Gênesis, porque a criação, pela insistência das Escrituras, é sobrenatural.

Quando Deus criou o mundo? A estrutura de sete dias de Gênesis 1 tem sido motivo de controvérsia até entre intérpretes conservadores. Embora alguns a tenham usado como base para a defesa científica da terra "jovem", outros acreditam que a palavra "dia" era suficientemente flexível para incluir as longas eras propostas pelos geólogos. Ainda outros alegam que a estrutura de sete dias serve de recurso literário, não de guia cronológico. Todas essas posições podem reunir quantidade impressionante de provas capazes de desorientar quem tentar escolher uma delas.

A dificuldade surge, em parte, porque fazemos perguntas que as Escrituras nunca tiveram a intenção de abordar. O objetivo do texto não é saciar nossa curiosidade sobre questões científicas, mas revelar-nos a natureza divina. A ciência tenta explicar as origens sem Deus; as Escrituras insistem que o aspecto mais importante das origens é a criação divina. Essas duas filosofias realmente não podem coexistir. Tentativas de conciliar a perspectiva bíblica à científica são aceitáveis caso não comprometam as afirmações da Bíblia.

Perguntas para estudo e debate

1. Como os estudos comparativos contribuem para o entendimento do AT? Que perigos apresentam?
2. Qual seria o principal impacto da Queda na opinião dos israelitas?
3. Que abordagem devemos usar quando desafiados a conciliar o livro de Gênesis com a ciência moderna?
4. Por que Deus usou vários nomes em Gênesis e em outros livros do AT ao se revelar?
5. Comente e compare as expressões "povo revelador de Deus" e "povo soteriológico de Deus" (auxiliado pelo índice de assuntos).

Leituras complementares

BALDWIN, Joyce. **The Message of Genesis 12–50**. Downers Grove, IL: InterVarsity Press, 1986.

BLOCHER, Henri. **In the Beginning**. Downers Grove, IL: InterVarsity Press, 1984. Abordagem evangélica dos problemas filosóficos e exegéticos encontrados em Gênesis 1–3.

BRICHTO, H. C. **The Names of God**. New York: Oxford University Press, 1997. Demonstração da análise racional no uso de um nome ou outro pelo autor e argumentos a favor da unidade do livro.

DAMROSCH, David. **The Narrative Covenant**. San Francisco: Harper & Row, 1987. Análise do relacionamento entre a literatura bíblica e a do Antigo Oriente Médio em termos de transformação de gênero. Trecho muito interessante sobre Gilgamés e Gênesis.

FIELDS, Weston. **Unformed and Unfilled**. Nutley, NJ: Presbyterian and Reformed, 1976. Crítica bem-escrita da "teoria da lacuna" que inclui debates sobre a maioria dos termos de importância teológica de Gênesis 1—2.

Fokkelman, J. P. **Narrative Art in Genesis**. Amsterdam, Van Gorcum: Assen, 1975.

Garrett, Duane A. **Rethinking Genesis**. Grand Rapids: Baker, 1991.

Hamilton, Victor. **The Book of Genesis**. Grand Rapids: Eerdmans, 1990, 1995. 2 v.

Heidel, Alexander. **The Babylonian Genesis**. Chicago: University of Chicago Press, 1951. Tradução de Enuma Elish e análise de semelhanças e diferenças com o livro de Gênesis.

____. **The Gilgamesh Epic and Old Testament Parallels**. Chicago: University of Chicago Press, 1946. Tradução do Épico de Gilgamés e comparação detalhada com seções pertinentes de Gênesis.

Kikawada, Issac & Quinn, Arthur. **Before Abraham Was**. Nashville: Abingdon, 1985. Perspectiva da estrutura do livro de Gênesis que rejeita a divisão comum em fontes.

Lambert, Wilfred G. & Millard, Alan R. **Atrahasis**: the Babylonian Story of the Flood. Reimp. Winona Lake, IN: Eisenbrauns, 1999.

Mathews, Kenneth. **Genesis 1–11.26**. Nashville: Broadman and Holman, 1994.

Millard, Alan R. A New Babylonian 'Genesis Story'. **TB** 18, 1967, p. 3-18.

____ & Wiseman, Donald J. **Essays in the Patriarchal Narratives**. Winona Lake, IN: Eisenbrauns, 1983.

Miller, Patrick. **Genesis 1–11**: Studies in Structure and Theme. Sheffield, England: JSOT Press, 1978.

Ratzsch, Del. **The Battle of Beginnings**. Downers Grove, IL: InterVarsity Press, 1995. Avaliação equilibrada de algumas das abordagens à Bíblia e à ciência.

Rendsburg, G. **The Redaction of Genesis**. Winona Lake, IN: Eisenbrauns, 1986.

Ross, Allen. **Creation and Blessing**. Grand Rapids: Baker, 1988. Abordagem evangélica que faz uma análise literária do texto.

Sailhamer, John. **Genesis. EBC**. Grand Rapids: Zondervan, 1990. v. 2.

Sarna, Nahum. Genesis. **Jewish Publication Society Commentary**. Philadelphia: Jewish Publication Society, 1989.

Van Gemeren, Willem. **The Progress of Redemption**. Grand Rapids: Zondervan, 1988. Teologia bíblica que apresenta Gênesis no contexto teológico da Bíblia.

WALTON, John H. **Ancient Israelite Literature in Its Cultural Context**. Grand Rapids: Zondervan, 1989. Panorama das comparações entre Gênesis e textos do Antigo Oriente Médio.

____. **The Covenant**: God's Purpose, God's Plan. Grand Rapids: Zondervan, 1994. Análise da aliança e seu propósito.

____. Genesis. **NIVAC**. Grand Rapids: Zondervan, 2001.

____, MATTHEWS, Victor & CHAVALAS, Mark. **The IVP Bible Background Commentary**: Old Testament. Downers Grove, IL: InterVarsity Press, 2000.

WENHAM, Gordon J. Genesis 1–15. **WBC**. Waco, TX: Word, 1987. v. 1. Apresentação confiável da interpretação evangélica moderna de Gênesis.

____. Genesis 16–50. **WBC**. Waco, TX: Word, 1994. v. 2.

WESTERMANN, Claus. **Genesis 1–11**. Minneapolis: Augsburg, 1984. Tradução de comentário alemão inicialmente publicado em 1974, contém a apresentação mais completa da crítica do livro de Gênesis.

YOUNGBLOOD, Ronald. **The Genesis Debate**. Nashville: Thomas Nelson, 1986. Debate das questões de Gênesis 1–9 que refletem opiniões evangélicas divergentes.

3

Êxodo

Conceitos básicos

✓ A supremacia de Javé sobre divindades pagãs

✓ A lei mosaica como constituição religiosa e social para Israel

✓ O êxodo como acontecimento da redenção do Israel antigo

✓ A presença de Deus simbolizada pelo tabernáculo

O nome do segundo livro do Pentateuco, ou Lei de Moisés, provém do título do AT grego *Exodos*, que significa "saída" ou "partida" (19.1). O título é lógico porque a saída de Israel do Egito é o tema predominante do livro. Mas os hebreus deram outro título ao livro. Seguindo a prática do mundo antigo, o título hebraico, "São estes os nomes", é derivado das duas primeiras palavras do versículo inicial (1.1).

O livro de Êxodo dá sequência ao registro da história antiga dos hebreus no Egito após a migração de Jacó (v. 1.1-7) por meio da constituição de Israel como povo de Deus no Sinai (cap. 19–24).

Embora Moisés seja a personagem humana principal das narrativas de Êxodo, a verdadeira história é a obra redentora de Javé ao livrar Israel da escravidão no Egito e estabelecer um relacionamento singular de aliança com a nação. Esses atos de Deus indicam suas boas intenções de cumprir as promessas feitas havia muitas gerações a Abraão e aos outros patriarcas (v. 3.7-16). A saída de Israel do Egito é o ponto culminante da redenção do AT e aliada à cerimônia da aliança no Sinai constitui o auge da história da salvação no AT.

COMPOSIÇÃO DO LIVRO

De acordo com a tradição judaico-cristã, Moisés escreveu Êxodo sob a ordem de Deus em associação com a experiência de aliança de Israel com Javé no Sinai (v. 17.14; 24.4; 34.27). Alguns estudiosos afirmam que Moisés escreveu parte de Êxodo e que organizadores fizeram acréscimos posteriores (*e.g.*, a genealogia de 6.14-27). Ainda outros consideram Êxodo produto literário do sucessor de Moisés, Josué, ou do sacerdote Eleazar, com base na tradição oral recebida de Moisés e Arão. No fim, todas as posições reconhecem Moisés por fonte do documento escrito que registra a saída do Egito.

Os estudiosos que aceitam a autoria mosaica de todo o livro ou parte dele atribuem a obra ao século XV ou XIII a.C., dependendo da posição referente à data do êxodo.

Eruditos dedicados a alguma forma de autoria múltipla associada à **hipótese documentária** para a composição do Pentateuco dividem Êxodo em três fontes principais: os documentos J (ou javista), E (ou eloísta) e P (ou sacerdotal, do alemão *Priester*). Os capítulos 1–34 geralmente são considerados "emendas" de J, E e P, enquanto os capítulos 35–40 são considerados material sacerdotal (P). A análise tradicional das fontes atribui a "montagem" final das fontes literárias do Êxodo em texto ou livro completo a autores-organizadores sacerdotais anônimos do período exílico e pós-exílico (ca. 600-400 a.C.).

Segundo essa hipótese, as tradições orais nas quais o livro de Êxodo se baseou sofreram acréscimos e revisões consideráveis no decorrer de vários séculos (i.e., dos séculos IX ao V a.C.). Por essa razão, os críticos do AT suspeitam da integridade literária do livro e são céticos com relação à sua historicidade.

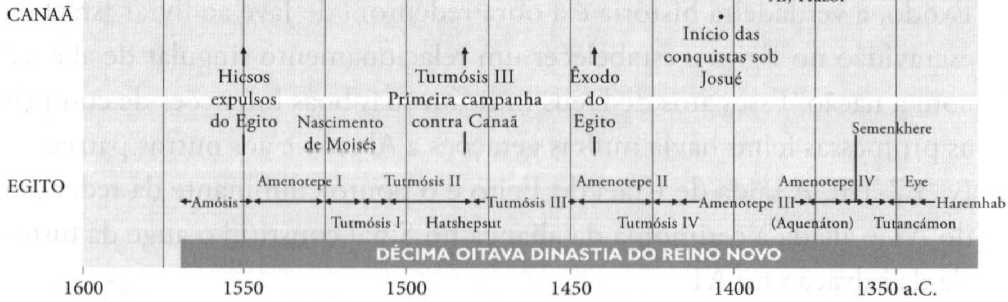

A análise do texto de Êxodo confirma a autoria mosaica de, no mínimo, quatro seções do livro. Essas quatro unidades literárias aparentemente foram escritas com os fatos que registram, entre eles, o "memorial" da guerra contra os amalequitas (17.8-16; leia sobretudo v. 14), o código da aliança (19.1–24.18; v. 24.4; 34.27), o cântico do mar (15.1-21) e as estipulações adicionais da aliança (34.1-28; v. esp. v. 27).

As longas narrativas na terceira pessoa (incluindo a passagem que enaltece Moisés, 11.3) e as inserções entre parênteses para esclarecer informações ao público posterior (*e.g.*, 16.31-36) sugerem que alguém além de Moisés compilou o Êxodo na forma em que se encontra atualmente. Parece razoável supor que as quatro passagens consideradas obra de Moisés foram colecionadas e organizadas por uma personagem contemporânea, possivelmente seu pupilo Josué. O livro de Êxodo continua substancialmente a obra literária de Moisés. Qualquer atividade editorial posterior está limitada, em grande parte, à modernização da terminologia arcaica ou técnica e de nomes geográficos (*e.g.*, 15.23). Ainda não se sabe se o restante da narrativa e da legislação do livro foram compostos por Moisés ou se foram ditados para escribas (v. 25.1; 30.11,17). Êxodo e o restante do Pentateuco, provavelmente, foram organizados na forma de livro unificado de cinco volumes entre os dias de Josué e dos anciãos de Israel (Josué 24.31) e a era de Samuel (1Samuel 3.19-21).

CONTEXTO

Data do Êxodo

O livro registra acontecimentos desde o nascimento de Moisés até a conclusão da construção e dedicação do tabernáculo no Sinai no primeiro mês do segundo ano após a saída do Egito (v. 1.1; 2.1-14; 19.1; 40.17). Dessa forma, a história do livro em si abrange cerca de 85 anos.

O maior problema para os estudiosos foi determinar o século em que os fatos associados à saída do Egito realmente aconteceram. Uma das grandes dificuldades cronológicas do estudo do AT é determinar com precisão a data do êxodo, e isso ainda é tema de debate. Duas posições básicas surgiram desse debate: as denominadas posições da "data mais antiga" e da "data recente". A cronologia do êxodo torna-se mais complicada porque a migração da família de Jacó ao Egito, em razão da fome na Palestina, também não pode ser calculada com exatidão. Na tentativa de explicar os dados cronológicos e geográficos da Bíblia e de outras fontes, foram desenvolvidos quatro sistemas cronológicos (v. fig. 1.4).

Como apenas dois faraós do Egito reinaram por mais de 40 anos (a duração do exílio de Moisés no deserto durante a opressão dos hebreus), seus reinados tornaram-se foco de debate da datação do Êxodo. A posição da data mais antiga identifica Tutmósis III (1504-1450) como o faraó da opressão e Amenófis II (1450-1425) como o faraó do êxodo. Ambos reinaram durante a Dinastia XVIII do período da história egípcia, conhecido por era do Novo Império, e datam da Idade do Bronze Tardio da história do Antigo Oriente Médio.

A posição da data recente identifica Ramessés I (1320-1318) e Seti I (1318-1304) como faraós durante a opressão aos hebreus e Ramessés II (1304-1237) como faraó do êxodo. Todos foram reis da Dinastia XIX do Novo Império e datam do século da transição entre a Idade do Bronze e a Idade do Ferro Antigo no Antigo Oriente Médio.

Os argumentos das duas posições são resumidos nas figuras 3.1 e 3.1b.

Na controvérsia sobre a data do êxodo, o que está em questão a interpretação de dados bíblicos e extrabíblicos. Os proponentes da data mais antiga acentuam a interpretação literal dos números bíblicos registrados em Êxodo 12.40, Juízes 11.26 e 1Reis 6.1 e recorrem seletivamente à arqueologia (*e.g.*, ambos os campos citam as evidências arqueológicas de Jericó e Hazor para apoiar suas posições). Os defensores da data recente interpretam os números simbolicamente e dão prioridade à informação histórica extrabíblica e à evidência arqueológica. A abordagem adotada nesta obra pressupõe a validade histórica dos números bíblicos, reconhecendo, ao mesmo tempo, a natureza incerta da evidência reunida por ambos os campos ao recorrer seletivamente a dados extrabíblicos e arqueológicos.[1]

[1] *E.g.*, a posição da Data Recente considera o Arade de Números 21.1 o Tell Arad atual porque é estabelecimento da Idade do Ferro sem os níveis de ocupação das Idades do Bronze Média e Recente. Em comparação, proponentes da data mais antiga sugerem que Arade deve ser identificado com Tell El-Milh, cerca de 13 km a sudoeste de Tell Arad, já que apresenta fortificações da Idade do Bronze Médio.

Rota do êxodo

Nossa compreensão do Êxodo complica-se mais pelas considerações geográficas, como a rota precisa da viagem árdua pelo deserto e a localização incerta do monte. Três possibilidades foram apresentadas para a rota do êxodo seguida pelos hebreus: a teoria da rota do extremo norte do Sinai, a da rota central do Sinai e a teoria tradicional da rota sul do Sinai.

Figura 3.1a – Datação recuada do êxodo

Datas recuadas sugeridas:	*Data a.C.*	*Faraó*
	1446	Amenófis ll (1450-25)
	1440	Amenófis ll (1450-25)
	1437	Amenófis ll (1450-25)

Argumentos a favor da data recuada

1. 1Reis 6.1 indica que o êxodo ocorreu 480 anos antes do quarto ano do reinado de Salomão. Seu quarto ano recebe as datas diversas de 966/ 960/957 a.C., datando o êxodo de 1446/1440/1437.
2. De acordo com Juízes 11.26, Israel ocupara Canaã 300 anos antes da judicatura de Jefté, datada entre 1100 e 1050. lsso coloca a conquista de Josué entre 1400 e 1350. O acréscimo dos 40 anos de lsrael no deserto coloca o êxodo entre 1440 e 1390.
3. Moisés viveu no exílio em Midiã durante 40 anos (Atos 7.3, v. Êxodo 2.23) enquanto o faraó da opressão ainda estava vivo. Os únicos faraós que reinaram 40 anos ou mais foram Tutmósis lll (1504-1450) e Ramessés ll (1290-1224).
4. A estela de Merneptá (ca. 1220) indica que lsrael já era nação estabelecida nessa época.
5. As tabuinhas de Amarna (ca. 1400) falam de período de caos causado pelos "habiru", muito provavelmente os hebreus.
6. A data recuada admite a extensão de tempo atribuída ao período dos juízes (no mínimo 250 anos). A data recuada só possibilita 180 anos.
7. A estela do sonho de Tutmósis lV indica que ele não era o herdeiro legal do trono (i.e., o herdeiro legal teria morrido na décima praga).
8. Evidência arqueológica de Jericó, Hazor, etc. apoia a data do século XV para o êxodo.
9. Êxodo 12.40 coloca a entrada de Jacó no Egito durante o reinado de Sesóstris/ Senusert lll (1878-43) em vez de durante o período dos hicsos (1674-1567).

Adaptado de Hill, Andrew E., **Baker's Handbook of Bible Lists**. Grand Rapids: Baker, 1981, p. 70-71. Usado com permissão.

Figura 3.1b – Data recente do êxodo

Datas recentes sugeridas:	*Data a.C.*	*Faraó*
	1350	Tutancâmon (1361-52)
	1290	Ramessés II (1304-1237)
	1280	Ramessés II (1304-1237)
	1275	Ramessés II (1304-1237)
	1225	Ramessés II (1304-1237)

Argumentos a favor da data recente

1. Os 480 anos de 1Reis 6.1 é um número que simboliza 12 gerações. Como uma geração dura cerca de 25 anos, o número real deve ser 300 anos, datando o êxodo de cerca de 1266/1260 a.C.
2. Os 300 anos citados por Jefté são apenas um exagero, visto que ele não tinha acesso a registros históricos..
3. Os 40 anos que Moisés passou com os midianitas não é dado cronológico, mas número simbólico indicando longo período.
4. A estela de Merneptá (ca. 1220) indica que Israel estava na Palestina nessa época. O nome "Israel" não aparece em nenhum outro registro histórico ou documento anterior a 1220. Isso seria improvável se Israel tivesse começado a ocupação da terra 200 anos antes, em 1400.
5. Os "habiru" das tabuinhas de Amarna não podem ser considerados hebreus. Os "habiru" eram povo variado, cananeus nativos. São atestados dos séculos XVIII a XII a.C.
6. Com a sobreposição de mandatos dos juízes e o uso de números simbólicos (*e.g.*, 40 anos), o período dos juízes não precisa estender-se por mais de 150 anos.
7. O fato de Tutmósis IV não ser herdeiro legal do trono egípcio não prova que o herdeiro legal morreu na décima praga.
8. Evidência arqueológica de Laquis, Jericó, Betel, Hazor, Debir, etc. apoia a data do século XIII para o êxodo.
9. Os 430 anos de Êxodo 12.40 a partir da data recuada do êxodo colocam a entrada de Jacó no Egito durante o período dos hicsos (1730-1570). Esse período de domínio estrangeiro no país é o período mais provável para a entrada de Israel no Egito.
10. As civilizações de Edom, Amom e Moabe não existiam no século XV, logo, seria impossível Israel ter contato com elas se o êxodo ocorreu naquele século. Como Israel teve tal contato, o êxodo deve datar do século XIII.
11. O AT não menciona as invasões de Seti I ou Ramessés II à Palestina, provavelmente porque Israel ainda não estava na região.
12. Os israelitas estavam construindo Pitom e Ramessés (Êxodo 1.11), cidades da região do delta. Ramessés foi fundada por Seti I (1318-1304) e concluída por Ramessés II (1304-1237).
13. Tutmósis III não foi considerado grande construtor.

Adaptado de HILL, Andrew E., **Baker's Handbook of Bible Lists**. Grand Rapids: Baker, 1981, p. 71-72. Usado com permissão.

Argumentos para apoiar a teoria da rota norte incluem a identificação de Baal-Zefom com Ras Casrum a noroeste do Sinai. Além disso, a rota norte é coerente com o pedido de Moisés ao faraó para o povo viajar durante três dias para adorar Javé (Êxodo 3.18). A rota também corresponde à distância mais curta até Cades-Barneia, objetivo imediato dos hebreus. No entanto, a rota norte é a opção menos provável das três, por manter os israelitas próximos demais do território egípcio. Essa teoria também não leva em consideração os textos bíblicos indicativos de que o monte Sinai ficava a 11 dias de viagem de Cades (Deuteronômio 1.2) e que Deus afastou intencionalmente os hebreus das áreas ocupadas ao longo da costa (v. Êxodo 13.17).

A teoria da rota central situa o monte Sinai a noroeste da Arábia, além de Ácaba, em parte porque a narrativa de Êxodo sobre a experiência da aliança descreve um vulcão ativo (19.16-25) e porque a mesma região é ligada tradicionalmente à terra dos midianitas (v. Êxodo 3.1; 18.1). Hoje essa alternativa foi praticamente descartada pelos estudiosos em razão da força das refutações apresentadas em diferentes pesquisas. Em primeiro lugar, demonstrando-se que a teofania do Sinai é semelhante ao registro de outras manifestações divinas do Antigo Oriente Médio, que não pressupõe vulcão ativo, não há necessidade de situar o Sinai na Arábia, local mais próximo de atividade vulcânica. Em segundo lugar, é identificada a relação de Moisés com os quenitas e os midianitas, e acredita-se que os primeiros eram um clã midianita nômade cuja presença na região do Sinai é comprovada (v. Juízes 1.16; 4.11); não há, portanto, necessidade de colocar Moisés na Arábia.

A tradicional teoria da rota sul do Êxodo ainda acomoda todas as informações bíblicas e geográficas conhecidas de forma mais convincente. É provável que a travessia do "mar dos Juncos" aconteceu em algum lugar dos pântanos e lagos salgados entre o mar Mediterrâneo e o golfo de Suez. Os lagos Menzaleh, Balah e Timsah, como os grandes lagos amargos, foram sugeridos como candidatos ao mar dos Juncos do êxodo. Na rota, o avanço para o norte é mais bem explicado pelo "muro" do canal de Sur descoberto a leste do delta do Nilo. Sem dúvida, os escravos hebreus fugitivos teriam evitado essa fortaleza egípcia. Finalmente, Jebel Musa, ou o monte Horebe, no sul da península do Sinai, foi identificado com o monte Sinai, onde ocorreu a revelação de Moisés pela tradição cristã, que data do século IV d.C.

ESBOÇO DE ÊXODO

I. Israel no Egito
   A. Escravidão no Egito (1)
   B. Nascimento, juventude e chamado de Moisés (2–4)
   C. Opressão do faraó sobre Israel (5.1–6.13)
   D. Genealogias (6.14-27)
   E. Pragas e Páscoa (6.28–12.36)

II. Jornada do Egito ao Sinai
   A. Êxodo do Egito (12.37–14.31)
   B. Cântico de Moisés (15.1-21)
   C. Deserto de Sur (15.22-27)
   D. Deserto de Sim (16)
   E. Rocha em Refidim (17)
   F. Jetro e Moisés (18)

III. Aliança e lei no Sinai
   A. Preparativos para a aliança (9)
   B. O decálogo (20.1-17)
   C. Código da aliança (20.18–23.33)
   D. Ratificação da aliança (24)
   E. Tabernáculo (25–40)
      1. Normas (25–27)
      2. Sacerdotes (28 e 29)
      3. Utensílios (30)
      4. Artesãos (31.1-11)
      5. Sábado (31.12-18)
      6. Quebra da aliança da parte de Israel com o bezerro de ouro (32)
      7. Javé e Moisés (33)
      8. Renovação da aliança (34)
      9. Construção do tabernáculo (35–38)
      10. Vestes sacerdotais (39)
      11. Conclusão e dedicação do tabernáculo (40)

PROPÓSITO E MENSAGEM

A mensagem de Êxodo é resumida em duas passagens: a comissão de Moisés (6.2-9) e o prefácio da cerimônia da aliança no Sinai (19.1-6).

Os três componentes básicos da mensagem incluem: 1) O julgamento da nação opressora, o Egito; 2) O livramento de Israel da escravidão pelo "braço forte" de Javé; e 3) A instituição de Israel como posse especial de Deus entre os povos. Vários temas ou ênfases unificam as narrativas de Êxodo. Julgamento e salvação têm destaque nos capítulos 1–12, e a liderança paternal de Javé no deserto e a promessa de ocupação de Canaã em 13–18. A aliança e as leis teocráticas constituem Israel como povo de Javé em 19–24, e o livro termina com os preparativos para adoração do Santo de Israel (25–40).

O propósito histórico de Êxodo é a preservação dos registros explicativos da transformação dos israelitas em escravos no Egito, bem como seu livramento e presença no deserto do Sinai. A narrativa do êxodo liga as histórias patriarcais e a história posterior da nação teocrática ao tomar posse de Canaã (v. 6.4).

A intenção teológica básica do livro é a autorrevelação divina. Deus não só se lembrou das promessas da aliança feitas aos patriarcas hebreus, mas agora também se revela a Israel como Javé (6.2-3). Embora a revelação ocorra de várias maneiras, o resultado é que Israel será seu povo, e ele será o Deus da nação (6.7).

Já o propósito didático do livro inclui a instrução sobre a importância da manutenção do relacionamento de aliança com Javé e a importância da lei como instrumento para moldar e preservar a identidade de Israel como povo de Deus (23.20-23). Somente por meio da obediência às estipulações da aliança Israel poderia ser reino de sacerdotes e nação santa para Javé, cumprindo seu destino divino entre as nações (19.5-6).

ESTRUTURA E ORGANIZAÇÃO

O livro de Êxodo é facilmente dividido em três grandes blocos de material narrativo com base na sequência de pontos geográficos de Israel durante a viagem do Egito ao monte Sinai:

1. Israel no Egito (1.1–13.16)
2. Jornada de Israel no deserto (13.18–18.27)
3. Israel no Sinai (19.1–40.38)

O livramento divino dos hebreus da escravidão no Egito é narrado de modo temático no Êxodo, ligando a libertação do clã de Jacó por José

(Gênesis 46–50) e de Israel por Moisés à entrada da terra da promessa (Números e Deuteronômio). O Êxodo, livro sobre a redenção do povo da aliança, complementa Gênesis, o livro da inauguração da aliança, e apresenta Levítico, o livro da santidade para o povo da aliança.

A linguagem e o conteúdo de Êxodo também apresentam marcas deliberadas de transições indicativas de que as narrativas de Gênesis, Êxodo e Levítico devem ser lidas como um documento unificado. Por exemplo, a repetição em Êxodo 1 dos nomes dos filhos de Jacó que migraram ao Egito associa os relatos do livro à história da permanência de Jacó no país (Gênesis 46–50). Da mesma forma, a passagem final de Êxodo, que descreve a glória de Javé enchendo o tabernáculo (40.34-38), prevê a partida de Israel do Sinai liderado pela nuvem (Números 10.11-35). Finalmente, como nos livros de Levítico e Números, a **fórmula de oráculo divino** é encontrada várias vezes em Êxodo (i.e., "disse o SENHOR a Moisés", 19.21; 25.1; *et al.*), enquanto a expressão introdutória "Foi isto que o SENHOR ordenou" interliga as legislações de Êxodo e Levítico (*e.g.*, Êxodo 35.4; Levítico 8.5; 17.2).

A parte 1 conta a história do julgamento do Egito e da libertação de Israel do cativeiro. Em primeiro lugar, Moisés é apresentado como instrumento divino para assegurar a libertação dos hebreus e, depois, é incumbido e equipado para realizar a tarefa. Essa passagem destaca a longanimidade de Deus e a obediência às suas ordens. Javé também concede sinais a Moisés e aponta Arão como porta-voz. Afirma o sucesso da missão ao se revelar como Javé — recurso inesgotável para a tarefa de libertar os hebreus. No entanto, antes de Moisés livrar Israel do Egito, para ratificar a aliança com Deus no Sinai, ele devia obedecer às condições divinas estabelecidas anteriormente na própria família (v. 4.18-26).

O método divino para libertar Israel por meio de uma série de pragas devia levar o juízo divino à nação egípcia (12.12). A instituição da Páscoa foi um memorial doutrinário para as gerações israelitas futuras. Como lembrete do ato poderoso de Javé na história, ela devia inspirar nos hebreus reverência e adoração alegre (12.14-27).

A parte 2 explica como Javé transformou uma multidão de ex-escravos em "tesouro pessoal", seu povo da aliança, por intermédio da aliança no Sinai (19.1-6). Hoje é amplamente aceito o fato de que a aliança hebreia com Javé é semelhante ao tratado suserano hitita da Idade do

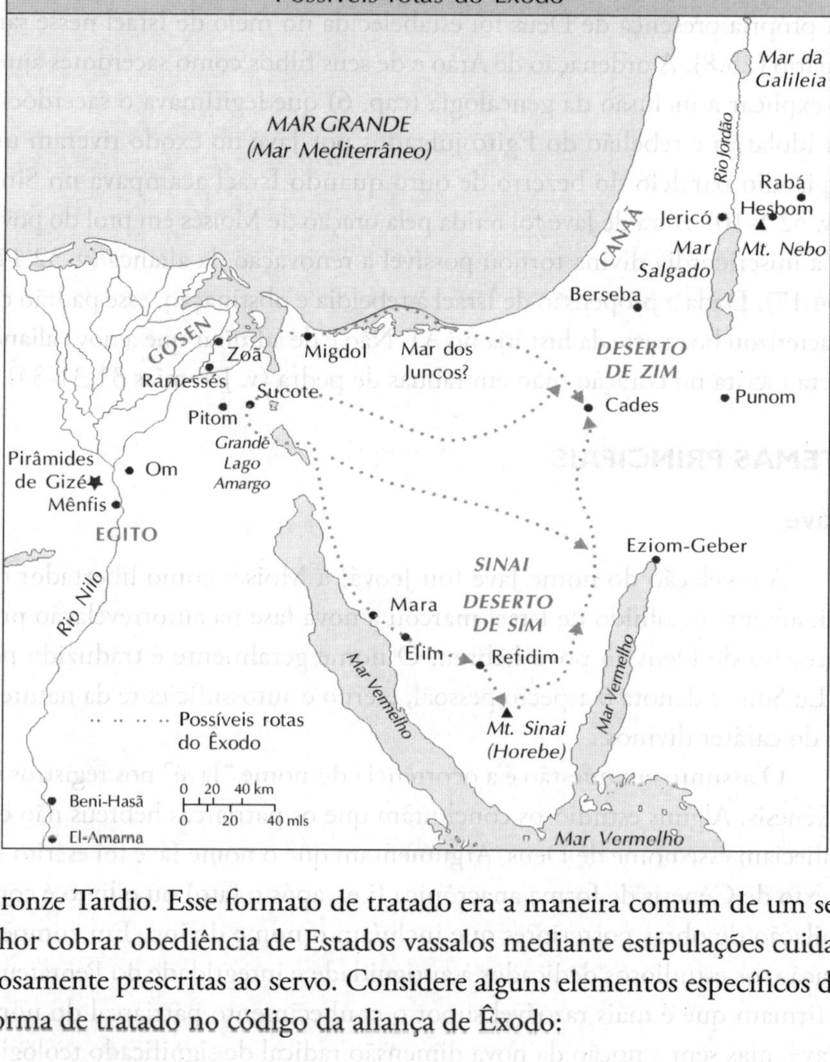

Possíveis rotas do Êxodo

Bronze Tardio. Esse formato de tratado era a maneira comum de um senhor cobrar obediência de Estados vassalos mediante estipulações cuidadosamente prescritas ao servo. Considere alguns elementos específicos da forma de tratado no código da aliança de Êxodo:

Prefácio: 20.2*a*
Prólogo histórico: 20.2*b*
Condições: 20.3-17 (= decálogo); 20.21—23.19
Depósito e leitura pública: 24.7
Lista de testemunhas: 24.1-11
Bênçãos e maldições: 23.20-33 (delineadas mais formalmente em Levítico 26)

A última parte dá detalhes do tabernáculo de Javé e seus utensílios. A própria presença de Deus foi estabelecida no meio de Israel nesse santuário (25.8). A ordenação de Arão e de seus filhos como sacerdotes ajuda a explicar a inclusão da genealogia (cap. 6) que legitimava o sacerdócio. A idolatria e rebelião do Egito julgados por Javé no êxodo tiveram um episódio paralelo do bezerro de ouro quando Israel acampava no Sinai (v. 32.1-10). A ira de Javé foi retida pela oração de Moisés em prol do povo, e a misericórdia divina tornou possível a renovação da aliança (v. 32.11–34.17). Dada a propensão de Israel à rebeldia e obstinação, esse padrão caracterizou boa parte da história no AT. Não é de admirar que a nova aliança será escrita no coração, não em tábuas de pedra (v. Jeremias 31.31-34).

TEMAS PRINCIPAIS

Javé

A revelação do nome Javé (ou Jeová) a Moisés como libertador divinamente escolhido de Israel marcou a nova fase na autorrevelação progressiva de Deus ao povo hebreu. O nome geralmente é traduzido por "Eu Sou" e denota o aspecto pessoal, eterno e autossuficiente da natureza e do caráter divinos.

O assunto em questão é a ocorrência do nome "Javé" nos registros de Gênesis. Alguns estudiosos concluíram que os patriarcas hebreus não conheciam esse nome de Deus. Argumentam que o nome Javé foi escrito no texto de Gênesis de forma anacrônica (i.e., após o fato) ou o livro é compilação de obras posteriores que incluíam o nome divino. Em compensação, os estudiosos dedicados à antiguidade e integridade do Pentateuco afirmam que é mais razoável supor o conhecimento patriarcal do nome Javé, mas sem a noção da nova dimensão radical de significado teológico para o nome originado na experiência da saída de Israel.

A revelação do nome divino Javé não foi a única maneira pela qual Deus se fez conhecer a Israel durante a experiência do êxodo (v. p. 86). Vários outros tipos de teofanias são relatados nas narrativas do Pentateuco. Por exemplo, Javé revelou sua natureza e pessoa, bem como sua vontade e propósitos a Israel de formas variadas.

Entre outros, citam-se os seguintes:

- O Anjo do Senhor (Êxodo 3.2; 14.19)
- Outros agentes angelicais (Êxodo 23.20; 33.2)
- Milagres (Êxodo 8.16-19)
- A sarça ardente (Êxodo 3.2)
- Fogo, fumaça, trovão e relâmpagos no Sinai (Êxodo 19.18-20)
- Visão e sonho (v. Números 12.6-8)
- Voz e comunicação direta (Êxodo 24.1)
- A nuvem de glória (Êxodo 16.10)
- A nuvem de orientação e a coluna de fogo (Êxodo 40.34-38)
- "Face a face" com Moisés (Êxodo 33.11; cf. v. 20-23)

Mais importante que a variedade de manifestações divinas aos hebreus era o conteúdo de revelações a Israel sobre o Deus da aliança, Javé. Ele era um Deus

- Que se lembrava das obrigações prévias da aliança (2.24)
- Juiz e salvador (12.27)
- Transcendente, mas imanente (19.10-15; 25.1-9)
- Que governa as nações para o benefício de seu povo eleito, Israel (15.4-6, 13-18)
- Singular e santo, superior e mais poderoso que os deuses das nações (15.11; 18.10-12)
- Gracioso e misericordioso, que se arrepende da ira e atende à oração e contrição (32.11-14)

As dez pragas

O texto de Êxodo declara que o confronto entre Moisés e o faraó é, na verdade, a luta cósmica entre o Deus verdadeiro, Javé, e os deuses falsos da religião egípcia (v. Êxodo 12.12; 15.11; 18.11). Javé colocou Moisés "por Deus" para que pudesse se opor ao faraó em pé de igualdade, já que o cargo de faraó era a expressão física do deus do sol Aton, ou Rá (v. Êxodo 7.1).

Embora muitos estudiosos da Bíblia tentem identificar divindades específicas como alvos de cada uma das dez pragas (v. fig. 3.2), parece melhor considerá-las coletivamente no julgamento contra o panteão egípcio. No entanto, as duas pragas finais parecem ser dirigidas ao principal deus egípcio e ao seu representante terreno, o faraó. Ao escurecer o sol no Egito e permitir a luz do dia em Gósem e ao interromper o ciclo faraônico de divindade com a praga da morte, Javé apresentou-se como Senhor dos egípcios.

A natureza "milagrosa" dos sinais e prodígios realizados por Javé contra o Egito continua a gerar debate entre os estudiosos da Bíblia, dada a preeminência das suposições antissobrenaturalistas do **pós-iluminismo**.

Figura 3.2 – As pragas e os deuses do Egito

NILO TRANSFORMADO EM SANGUE	Êxodo 7.14-25	Knum: guardião do Nilo, Hapi, espírito do Nilo, Osíris: o Nilo era seu sangue
RÃS	Êxodo 8.1-15	Hect: com forma de rã, deus da ressurreição
PIOLHOS	Êxodo 8.16-19	
MOSCAS	Êxodo 8.20-32	
MORTE DOS REBANHOS	Êxodo 9.1-7	Hathor: deusa-mão, com forma de vaca Apis: touro do deus Prtá, símbolo de fertilidade Mnevis: touro sagrado de Heliópolis
FERIDAS PURULENTAS	Êxodo 9.8-12	Imotepe: deus da medicina*
GRANIZO	Êxodo 9.13-35	Nut: deusa do céu, Ísis: deusa da vida, Set: protetor da colheita
GAFANHOTOS	Êxodo 10.1-20	Ísis: deusa da vida, Set: protetor da colheita
TREVAS	Êxodo 10.21-29	Rá, Aten, Atum, Hórus: todos deuses do sol
MORTE DOS PRIMOGÊNITOS	Êxodo 11-1–12.36	A divindade de Faraó: Osíris, o doador da vida

Estes são apenas alguns dos deuses contra os quais as pragas provavelmente se dirigiram. Não é uma lista conclusiva.
*Talvez tenha sido cedo demais para que essa divindade estivesse envolvida.

WALTON, John. O Antigo Testamento em quadros. São Paulo: Vida, 2001. p. 85.

As palavras "sinais" e "maravilhas" (Êxodo 7.3) expressam a ideia de **milagre** — demonstrando o poder de alguém. A palavra *milagre* pode ser interpretada como intensificação da lei ou fenômeno natural ou desafio à lei ou ao fenômeno natural.

Atualmente, as dez pragas são interpretadas como sequência de fenômenos naturais de causa e efeito associados ao ciclo regular das cheias do rio Nilo. Essa é a posição não só de acadêmicos defensores da pressuposição antissobrenaturalista, mas também de certas tradições predispostas à interpretação "literária" da narrativa de Êxodo.[2] Aqui o milagre é visto na cronologia providencial dos acontecimentos, na severidade dos desastres naturais e no fato de Moisés ter presciência de cada praga na sua sequência. Além disso, o caráter fenomenológico da narrativa das pragas é atribuído à cosmovisão "pré-científica" do autor hebreu. Segundo esse conceito, os hebreus antigos não entendiam o mundo natural como um sistema fechado e governado pelas leis da física, mas como um sistema completa e constantemente aberto no qual Javé tinha liberdade de intervir de acordo com seus propósitos divinos. Em geral, os proponentes da interpretação naturalista hoje consideram a narração da praga um embelezamento literário e uma tradição litúrgica.

Em compensação, defensores da narrativa das pragas como intervenção sobrenatural de Javé na criação logo observam os aspectos instantâneos da sequência das pragas causada pela ordem de Moisés e Arão (*e.g.*, Êxodo 8.16-17). A resposta dos magos (Êxodo 7.22; 8.18-19) também é difícil de entender se as pragas são mera "intensificação" da sequência natural de acontecimentos aos quais os egípcios já estavam acostumados. Por fim, o fato de os hebreus, em Gósem, ficarem livres das nove pragas e da morte dos primogênitos é inexplicável sem a atividade e o propósito sobrenaturais.

Como os magos egípcios realizaram milagres em resposta a Arão (7.8-13) e repetiram os efeitos das duas primeiras pragas (7.14–8.15)? Os adivinhos de faraó eram a classe sacerdotal poderosa e reverenciada na sociedade egípcia. Eram devotos do deus da Lua, Tote, que também era o deus da magia e da adivinhação. Segundo o ensinamento do Antigo e Novo Testamento, esse tipo de sistema religioso idólatra é energizado por poderes demoníacos

---

[2] *E.g.*, West, J. K., **Introduction to the Old Testament**, 2. ed. (New York: Macmillan, 1981), p. 161-4; e Lasor, William Sanford; Hubbard, David A.; Bush, Frederick W., **Introdução ao Antigo Testamento** (São Paulo: Vida Nova, 1999).

(cf. Deuteronômio 32.16-17; Salmos 106.36-37; Atos 16.16-18; 1Coríntios 10.20; 2Tessalonicenses 2.8-12).

Como podemos explicar o "endurecimento do coração do faraó"? Primeiro, Deus já estava ciente da teimosia do faraó (Êxodo 3.19-20). A série de sinais e maravilhas (i.e., as pragas) foi usada por Deus para confirmar a rebelião pecaminosa do faraó contra Javé na opressão dos israelitas e a negação de libertá-los para adorar a Deus (7.3-4). O faraó continuou a endurecer seu coração durante os dois milagres de Moisés e Arão e as cinco primeiras pragas (7.8–8.32). Até os magos admitiram as limitações de seus poderes perante Javé (8.19); porém, o faraó aumentou sua resistência à verdade de que Javé é Senhor (v. 7.5)

Lemos que, depois da sexta praga, o próprio Senhor endureceu o coração do faraó (Êxodo 9.8-12). Parece que ele não tinha mais a opção de se arrepender e obedecer à ordem de Javé. O curso do juízo divino contra o Egito tornou-se irrevogável. Deus entregou o faraó à pecaminosidade do próprio coração, confirmando-o em sua rebelião por meio de sinais e maravilhas (v. Romanos 1.24,26,28). Daí em diante, ele e os egípcios não tinham desculpa diante de Deus e mereciam a pena de morte (ou a praga da morte; v. Romanos 1.20,32).

É possível que o endurecimento do coração do faraó contra Deus seja equivalente à blasfêmia contra o Espírito Santo condenada por Jesus no NT (v. Marcos 3.28-30). Como os inimigos de Jesus atribuíram as obras milagrosas divinas a Satanás, o faraó, ao rejeitar os sinais e maravilhas de Deus, negou intencionalmente a atividade divina na história humana. De forma implícita, atribuiu as obras divinas a demônios ao não reconhecer Javé (Êxodo 5.2), exigindo sinais falsos dos magos (7.11) e ignorando o discernimento deles a respeito do "dedo de Deus" intervindo na história egípcia (8.19).

A Páscoa

O contexto histórico da Páscoa original (Êxodo 12) foi a última praga contra o faraó, os egípcios e seus deuses. A praga da morte forçou a fuga dos hebreus da opressão e da escravidão (v. 21-27). Gerações futuras recebem ordem de celebrar a Páscoa, em comemoração ao livramento dos hebreus realizado pela "mão poderosa" de Javé (v. 13.14) contra a do faraó.

A Festa dos Pães sem Fermento acompanhava o memorial da Páscoa para lembrar a grande pressa com que os israelitas partiram do Egito (12.11).

Mais tarde, o mandamento para a dedicação do primogênito ao Senhor com ofertas estatutárias foi criado como lembrete eterno da misericórdia de Javé ao proteger todos os primogênitos do "destruidor" nas casas israelitas que se valeram do sangue da Páscoa (Êxodo 12.23; 13.2; 22.29-30; Números 3.13,40-51).

Como celebração memorial, a Páscoa tinha implicações didáticas importantes para a família hebraica. A instrução verdadeira apresentava a forma de perguntas e respostas. O significado da Páscoa para os hebreus resumia-se na resposta formal do pai à pergunta do filho: "O que significa esta cerimônia?". O pai respondia: "É o sacrifício da Páscoa ao SENHOR, que passou sobre as casas dos israelitas no Egito e poupou nossas casas quando matou os egípcios" (v. 12.24-27).

Os autores do NT consideravam a Páscoa do AT tipologicamente precursora da morte sacrificial de Jesus como Cordeiro de Deus que tira o pecado do mundo (v. João 1.29; 1Coríntios 5.7). As analogias entre a Páscoa e a morte de Cristo são significativas em número e espécie (*e.g.*, v. Êxodo 12.46 e Números 9.12 com João 19.36).

A ceia do Senhor baseia-se no ritual da Páscoa tanto do ponto de vista de celebração memorial (v. Lucas 22.7-30) quanto na expiação realizada pelo Cordeiro pascal divino (v. Apocalipse 5.6-14).

Os Dez Mandamentos

Também conhecido por decálogo ou "dez palavras", os Dez Mandamentos estão registrados em Êxodo 20.1-17 e são repetidos em Deuteronômio 5.6-21. Ao contrário do restante da legislação divinamente revelada do Pentateuco, Moisés não é citado como mediador dessas prescrições. Ao contrário, o próprio Deus escreve os mandamentos em tábuas e fala de forma direta a todos os hebreus (20.1; 32.16). Surpreendentemente, Javé diz ter falado ao povo do Céu, não do monte Sinai, depois de entregar os Dez Mandamentos aos israelitas (20.22; v. Levítico 25.1) — talvez para denotar o caráter perfeito e eterno do decálogo.

Apenas dois dos estatutos estão na forma de imperativos positivos: o quarto, "Lembra-te do dia de sábado [...]", e o quinto, "Honra teu pai e tua mãe [...]" (Êxodo 20.8-12). Oito das dez leis são proibições (*i.e.*, apresentam a forma negativa). A construção gramatical específica empregada mostra que essas ordens deviam ter autoridade sobre as gerações atuais e sobre todas as futuras do povo hebreu. O tom ríspido do decálogo criado pela repetição da negação mais severa possível no hebraico serviu para ressaltar a natureza absoluta e o caráter permanente da lei divina.

Os Dez Mandamentos seguem o padrão do formato literário do tratado hitita entre suseranos e vassalos: prefácio, prólogo histórico e lista de condições básicas (v. "Estrutura e organização"). Os quatro primeiros estatutos definem o relacionamento do vassalo (Israel) com o suserano (Javé), enquanto as seis últimas ordens determinam os relacionamentos humanos na comunidade vassala (Israel). No fim, o decálogo foi uma extensão da graça de Deus a Israel já demonstrada na saída do Egito. Os Dez Mandamentos trouxeram senso de justiça à religião e à vida social dos israelitas. A obediência à aliança era apenas uma resposta de gratidão à graça de Deus, não um dever penoso pelo qual obtinham ou mereciam favor e redenção da parte de Deus.

(As variações do decálogo em Deuteronômio 5 são explicadas pelo procedimento de renovação da aliança, na qual as estipulações básicas foram modificadas ou adaptadas para comportar circunstâncias históricas e sociológicas inconstantes).

De acordo com George E. Mendenhall, o propósito da aliança é criar novos relacionamentos, enquanto o propósito da lei é regular relacionamentos existentes pela definição dos meios ou determinação das condições exigidas para preservar a associação. O propósito explícito do decálogo é afirmado em Êxodo 22.20: "[...] para que o temor de Deus esteja em vocês e os livre de pecar". Os Dez Mandamentos expressam o caráter moral eternamente perfeito de Javé, constituindo, dessa forma, os princípios básicos que regem (ou "determinam o modo") a vida de fé para os hebreus.[3]

Como lei, o decálogo está ligado à aliança, pois as regras resumem as condições da aliança exigidas para manter o pacto entre Javé e Israel. O decálogo, provavelmente, servia também de afirmação geral da lei criminal da sociedade israelita, descrevendo "crime sério" em relação à aliança

[3] V. **The Tenth Generation** (Baltimore: Johns Hopkins University Press, 1973), p. 198-214. V. esp. p. 200.

com Javé. Isso era essencial para o bem-estar da nação, porque uma ofensa contra o pacto divino prejudicava toda a comunidade da aliança.

No NT, Jesus resumiu as dimensões teológicas e sociais das estipulações do decálogo em dois mandamentos (Mateus 22.36-39; v. Deuteronômio 6.5) e salientou que a essência da lei do AT é justiça, misericórdia e fé (v. Mateus 23.23).

A presença de Deus

Resultado importante da aliança entre Javé e Israel foi a própria presença de Deus, que acompanhava os hebreus na jornada do Egito às planícies de Moabe pelo monte Sinai. Embora a presença misteriosa de Deus se tenha manifestado aos israelitas de formas alternativas — nuvem e coluna de fogo —, o impulso essencial da narrativa do Pentateuco é o Senhor "habit[ando] no meio deles" (Êxodo 25.8).

A estrutura do tabernáculo descrita em Êxodo 25–40 tinha o propósito de simbolizar a presença ativa do Senhor entre os hebreus (v. fig. 3.3). O tabernáculo também era chamado Tenda do Encontro, porque Deus fazia suas assembleias com Israel ali, e o sacerdócio santo representava o povo hebreu perante Javé (v. Levítico 1.1). Em parte, a presença divina associada ao tabernáculo restaurou a comunhão íntima entre Deus e homem e mulher no jardim antes da Queda (Gênesis 3.8).

Figura 3.3 — Planta do tabernáculo

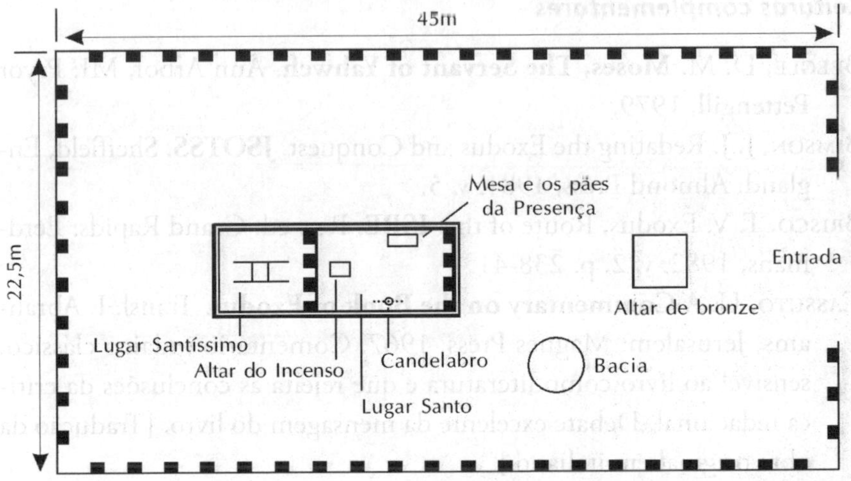

O NT renova o tema da presença de Deus em meio à humanidade com a declaração encontrada no Evangelho de João de que "a Palavra tornou-se carne e viveu [ou 'montou tabernáculo'] entre nós" (1.14; v. Isaías 7.14). Talvez esse retorno da "presença divina" a Israel tenha cumprido a profecia de Ageu sobre a glória posterior do templo ser ainda maior que a glória do primeiro (i.e., de Salomão) (Ageu 2.9; v. Lucas 2).

Perguntas para estudo e debate

1. Qual é a importância do nome Javé para nossa compreensão do livro de Êxodo?
2. Como podemos explicar o endurecimento do coração do faraó por Javé? O que isso revela sobre a maneira como Deus lida com as nações?
3. Como Deus é descrito no cântico de Moisés e Miriã em Êxodo 15? Como isso se compara à sua descrição em outras partes do livro?
4. Qual é o relacionamento entre a aliança e a lei?
5. A interpretação da mensagem é afetada pela posição referente à rota e data da saída do Egito? Explique.
6. Qual era a natureza e o propósito do tabernáculo para a vida religiosa e social dos hebreus?
7. Descreva Moisés com base nos relatos de Êxodo.

Leituras complementares

BEEGLE, D. M. **Moses, The Servant of Yahweh**. Ann Arbor, MI: Pryor Pettengill, 1979.

BIMSON, J. J. Redating the Exodus and Conquest. **JSOTSS**. Sheffield, England: Almond Press, 1981. v. 5.

BRISCO, T. V. Exodus, Route of the. **ISBE**. Rev. ed. Grand Rapids: Eerdmans, 1982. v. 2, p. 238-41.

CASSUTO, U. **A Commentary on the Book of Exodus**. Transl. I. Abrahams, Jerusalem: Magnes Press, 1967. Comentário judaico clássico, sensível ao livro como literatura e que rejeita as conclusões da crítica redacional. Debate excelente da mensagem do livro. [Tradução da obra original em italiano.]

Childs, B. S. The Book of Exodus. **OTL**. Philadelphia: Westminster, 1974. Estudo detalhado e técnico do lugar de Êxodo no cânon do AT, com debate teológico instigante.

Clements, R. E. Exodus. **CBC**. Cambridge: Cambridge University Press, 1972.

Cole, R. A. Exodus: An Introduction and Commentary. **TOTC**. London: Tyndale, 1973. Breve, mas bem pesquisado e de boa leitura. Perspectiva completamente evangélica. Seções introdutórias úteis sobre o contexto histórico e a teologia de Êxodo. [Publicado em português com o título **Êxodo**: introdução e comentário. São Paulo: Vida Nova/Mundo Cristão, 1980 (impressão 1990).]

Davis, J. J. **Moses and the Gods of Egypt**. Grand Rapids: Baker, 1971.

Durham, J. I. Exodus. **WBC**. Waco, TX: Word, 1987. v. 3. Bibliografia ampla, mas avaliação decepcionante da historicidade das narrativas de Êxodo. Dedicado cegamente à análise das fontes.

Ellison, H. L. Exodus. **DSB-OT**. Philadelphia: Westminster, 1982. Aplicação atual criteriosa da mensagem do livro a cristãos do ponto de vista individual e da unidade do corpo.

Fretheim, Terence E. **Exodus.** Interpretation. Louisville: John Knox, 1991.

Gowan, Donald E. **Theology in Exodus**: Biblical Theology in the Form of A Commentary. Louisville: Westminster/John Knox, 1994.

Hyatt, J. P. Exodus. **NCBC**. London, Marshall: Morgan & Scott, 1971.

Hoffmeier, James K. **Israel in Egypt**: the Evidence for the Authenticity of the Exodus Tradition. New York: Oxford University Press, 1997. Análise da evidência histórica e arqueológica para apoiar o registro bíblico relativo a Israel no Egito.

____. Moses. **ISBE**. Rev. Ed. Grand Rapids: Eerdmans, 1983. v. 3, p. 415-25.

Kaiser, Walter C. "Exodus". **EBC**. Grand Rapids, Zondervan, 1990. v. 2, p. 287-497.

____. **Toward Old Testament Ethics**. Grand Rapids: Zondervan, 1983. Leiam-se sobretudo p. 81-111. Exposição lúcida da legislação do decálogo e do código da aliança.

Longman, Tremper & Reid, Daniel G. **God is a Warrior**. Grand Rapids: Zondervan, 1995. Descreve o desenvolvimento do tema do "guerreiro divino" no Antigo e Novo Testamento.

Miller, P. D. **The Divine Warrior in Early Israel**. Cambridge: Harvard University Press, 1973.

Sarna, Nahum M. Exodus. **JPS Torah Commentary**. Philadelphia: Jewish Publication Society, 1991.

Schoville, Keith N. Exodus and Leviticus. **BBC**. Nashville, Abingdon, 1994. v. 2.

Shea, W. H. Exodus, Date of the. **ISBE**. Rev. ed. Grand Rapids, Eerdmans, 1982. v. 2, p. 230-238.

Wright, C. J. H. **God's People in God's Land**. Grand Rapids: Eerdmans, 1990. Exegese e interpretação da lei do AT aplicada à família, terra e propriedade, com aplicação criteriosa à ética social cristã.

____. Ten Commandments. **ISBE**. Rev. ed. Grand Rapids: Eerdmans, 1988. V. 4, p. 786-90.

4

Levítico

Conceitos básicos

- ✓ A santidade de Deus
- ✓ O princípio da mediação no serviço dos sacerdotes
- ✓ A pureza do povo da aliança
- ✓ A remissão do tempo por meio do calendário litúrgico
- ✓ O princípio de substituição no rito do sacrifício

Levítico, o terceiro livro do Pentateuco, é um manual de regras, deveres sacerdotais e instruções que prescreve a "vida santa" ao povo israelita. O título hebraico do livro, "E chamou", foi extraído do primeiro versículo do texto: "E chamou o SENHOR a Moisés" (ARC). O nome "Levítico" é derivado do título grego *Leuitikon*, dado na *Septuaginta*, que significa "pertinente aos levitas".

COMPOSIÇÃO DO LIVRO

O autor humano de Levítico não é mencionado no livro. Contudo, a expressão "o SENHOR disse a Moisés" aparece mais de 25 vezes no texto (pelo menos uma vez por capítulo, exceto 2, 3, 9, 10 e 26). Estudiosos judeus ortodoxos e cristãos tradicionalmente atribuem o livro a Moisés, o legislador de Israel. Embora nenhum mandamento divino seja dado com relação ao registro da legislação revelada a Moisés, acredita-se, por analogia ao livro de Êxodo, que Moisés escreveu as palavras ouvidas do Senhor (v. Êxodo 17.14; 24.4; 34.27).

Os que sustentam a postura tradicional mosaica ou de um autor apresentam duas opções para a data da composição de Levítico: 1) a data mais antiga para a saída israelita do Egito atribui a obra à primeira metade da Idade do Bronze Tardio (ca. 1400 a.C.), enquanto 2) a data recente do êxodo hebreu coloca a composição do livro na Idade do Ferro Antigo (ca. 1200 a.C.).

Os estudiosos da Bíblia que defendem alguma forma de autoria múltipla ou hipótese documentária para a composição do Pentateuco atribuem todo o livro de Levítico à fonte sacerdotal (P). Essa linha distingue-se pelos interesses inconfundivelmente sacerdotais e litúrgicos da ordem levítica como rituais, leis de pureza e genealogias. De acordo com essa teoria, o documento P foi composto por um ou mais sacerdotes levitas desconhecidos entre 550 e 450 a.C. Quando as contribuições sacerdotais foram acrescentadas a outros documentos ou linhas da tradição escrita (J, E e D) por volta de 400 a.C., o resultado foi o Pentateuco completo que conhecemos.

Entre a visão tradicional mosaica e a abordagem documentária, há uma terceira perspectiva sobre a autoria de Levítico, a qual sustenta que a fonte P é pré-exílica, embora não proveniente de Moisés. Argumentos que defendem essa opção baseiam-se nas semelhanças entre os ensinamentos de Levítico e os livros de Juízes e Samuel no que diz respeito a santidade pessoal, guerra e sacrifício de sangue (*e.g.*, Levítico 17.10-16 e 1Sm 14.33-34), entre outros, e nas citações de Levítico nos livros do AT que são claramente pré-exílicos ou originários do exílio (*e.g.*, Deuteronômio 26.14; Ezequiel 18.13; 20.9).

Quando toda a evidência disponível é levada em consideração, não há razões convincentes para negar a antiguidade e autenticidade do livro de Levítico. Moisés é citado de forma explícita e frequente como o receptor dos mandamentos de Javé, e, em todo o livro, o contexto é o deserto. Os vários textos legais mesopotâmicos análogos a Levítico apoiam uma data mais antiga para o livro (pelo menos até a época da monarquia unida). O amplo apelo de Ezequiel a respeito da legislação de Levítico demonstra que a obra, no mínimo, antecede o exílio babilônico. Na prática, o estudo minucioso de Levítico revela que boa parte da legislação não se adapta ao contexto civil e cerimonial da comunidade hebraica pós-exílica. Finalmente, a análise linguística da denominada fonte P apresenta uma descontinuidade considerável com outros textos hebraicos bíblicos de épocas posteriores identificáveis.[1]

Ainda não se sabe ao certo se o próprio Moisés compilou o material de Levítico ou se ele ditou a revelação aos escribas. No entanto, é provável que o conteúdo e a disposição do material legal tenham sido padronizados já no início da aliança hebraica. Isso era necessário, pois constituía um manual de procedimento e função sacerdotal.

CONTEXTO

Cronologia

O livro de Levítico origina-se na revelação de Javé dada a Moisés na "Tenda do Encontro" (1.1) e no monte Sinai (25.1) durante a estada de 11 meses de Israel no Sinai após o êxodo (v. Êxodo 19.1; 40.17; Números 10.11). (Para o contexto histórico de Levítico, v. cap. anterior).

Considerando-se uma data mais antiga para o êxodo hebreu (i.e., séc. 15 a.C.), Moisés ou seu escriba teria registrado a legislação de Levítico durante a primeira metade do período conhecido por Idade do Bronze Tardio (1550-1200 a.C.). Na cronologia do Antigo Oriente Médio, isso corresponde à Dinastia XVIII do Novo Império no Egito, com Tutmósis III (1504-1450) como faraó da opressão e Amenófis II (1450-1425) o possível faraó do êxodo.

Considerando-se uma data recente para o êxodo (i.e., séc. 13 a.C.), Moisés transcreveu ou ditou a legislação de Levítico durante a transição da Idade do Bronze Tardio à Idade do Ferro Antigo (1200-900). Isso corresponde à Dinastia XIX do Novo Império, sendo Ramessés II (1304-1237) o possível faraó do êxodo.

Contexto cultural

Os hebreus não eram os únicos no Antigo Oriente Médio a praticar a purificação ritual e o sacrifício animal. Classes sacerdotais altamente

[1] *E.g.*, Polzin, R., Late Biblical Hebrew: Toward an Historical Typology of Biblical Hebrew Prose, **HSM 12** (Missoula, MO: Scholars Press, 1976). V. Radday, Y. T. *et al.*, Genesis, Wellhausen and the Computer, **Zeitschrift für die alttestamentlische Wissenschaft** 94, 1982, p. 467-81. Este estudo aponta semelhanças consideráveis entre as chamadas fontes J e P nas seções de Gênesis e sugere que diferenças de estilo nos textos bíblicos são determinadas mais pela diferença de gêneros literários do que pela suposição de autoria múltipla e desenvolvimento evolutivo das fontes escritas.

estruturadas, responsáveis por santuários ou templos, são conhecidas em quase todas as tradições religiosas relatadas no AT, concomitantes à fé hebraica no AT. A purificação e a unção cerimonial, ou ritos de purificação antes da adoração ou culto perante os deuses, eram comuns nas religiões mesopotâmica e egípcia. Sacrifícios animais e humanos também eram comuns na religião do Antigo Oriente Médio.

Religiões cananeias incluíam "ofertas de comunhão" e "holocaustos" ou "sacrifício total" semelhantes às práticas dos hebreus.

Apesar das semelhanças no ofício sacerdotal e na forma de ritual, a religião hebraica permaneceu distinta de outras religiões do Antigo Oriente Médio de várias maneiras. As diferenças incluem:

- A ideia de revelação divina direta e teofania;
- O conceito monoteísta rigoroso;
- A compreensão da origem e do impacto do pecado humano;
- A natureza altamente ética e moral da religião hebraica em contraste com o culto cananeu da fertilidade;
- O caráter santo e justo de Javé comparado à conduta extravagante das divindades pagãs;
- A proibição de sacrifício humano.[2]

ESBOÇO DE LEVÍTICO

I. Entrar na presença do Deus Santo
  A. Leis sobre sacrifício (1–7)
    1. Holocausto (1.1-17)
    2. Oferta de cereal (2)
    3. Oferta de comunhão (3)
    4. Oferta pelo pecado (4.1–5.13)
    5. Oferta pela culpa (5.14–6.7)
    6. Instruções para os sacerdotes 6.8–7.38
  B. Leis sobre a consagração dos sacerdotes (8–10)

[2] Para obter mais informações sobre as semelhanças e as diferenças entre a religião e a literatura religiosa israelita e do Antigo Oriente Médio, v. Livingston, G. H., **The Pentateuch in Its Cultural Environment** (Grand Rapids: Baker, 1974); Ringgren, **Religions of the Ancient Near East**, p. 124-76; J. Finegan, **Myth and Mystery** (Grand Rapids: Baker, 1989), p. 119-54.

1. Unção de Arão e seus filhos (8)
2. Sacrifício de Arão (9)
3. Morte de Nadabe e Abiú (10)

II. Viver na presença do Deus Santo
A. Leis sobre pureza e impureza (11–15)
1. Comida (11)
2. Parto (12)
3. Lepra e doenças de pele (13 e 14)
4. Fluxos (15)

B. Leis sobre santidade (16–25)
1. O Dia da Expiação (16)
2. Proibição de comer e beber sangue (17)
3. Leis sobre sexualidade (18)
4. Leis civis e cerimoniais (19)
5. Leis e castigos diversos (20)
6. Leis para sacerdotes (21 e 22)
7. Festas e calendário (23–25)

III. Bênçãos e maldições da aliança (26)

IV. Apêndice: Leis sobre votos e doações (27)

PROPÓSITO E MENSAGEM

O ensinamento central do livro é resumido na ordem: "[...] consagrem-se e sejam santos, porque eu sou santo [...]" (Levítico 11.44-45). A primeira parte de Levítico esboça os procedimentos para adoração de Javé (cap. 1–10), e a segunda prescreve como o povo da aliança deve colocar a ideia de santidade em prática no dia a dia (cap. 11–27).

Levítico é basicamente um manual de santidade criado para instruir a comunidade hebraica a respeito da adoração e da vida santa para desfrutar da presença e da bênção de Deus (v. Levítico 26.1-13). As leis e instruções deviam transformar os antigos escravos hebreus em "um reino de sacerdotes e uma nação santa" (Êxodo 19.6).

ESTRUTURA E ORGANIZAÇÃO

Levítico é um complemento natural da narrativa encontrada em Êxodo 25–40. O relato de Êxodo é concluído com a assembleia e a dedicação do tabernáculo, e Levítico inicia com Deus dirigindo-se a Moisés na "Tenda do Encontro" e prescrevendo a adoração e o serviço a serem realizados. O uso da conjunção simples "e" em Levítico 1.1 (não traduzida na NVI) indica que os dois livros devem ser lidos como registro contínuo. Finalmente, a distribuição da frase introdutória do oráculo divino "o SENHOR disse a Moisés" (*e.g.*, Êxodo 31.1; 33.1; 34.1; 39.1; 40.1; Levítico 11.1; 4.1; 6.1) e a expressão conclusiva: "Moisés fez tudo conforme o SENHOR lhe havia ordenado", apoiam o inter-relacionamento de Êxodo e Levítico (*e.g.*, Êxodo 40.16; Levítico 8.13; 16.34).

As leis de Levítico têm afinidade com o bloco maior do material legal do Pentateuco. Em primeiro lugar, como Êxodo e Deuteronômio, a legislação de Levítico é colocada na estrutura de narrativa histórica (*e.g.*, cap. 8–10; 24). Em segundo lugar, a fórmula de oráculo divino é repetida coerentemente em todo o livro (no qual a expressão dá início a 20 dos 27 capítulos) e no Pentateuco. Em terceiro lugar, a repetição de palavras-chave e as frases de início e fim são usadas para demarcar unidades literárias ou unidades relacionadas de legislação. (v. Êxodo, a expressão "Esta é a regulamentação" ou "estes são os que" identifica os capítulos 6–17 como unidade literária [6–8; 7.1; 11.1; 17.2], e a expressão recorrente "Eu sou o SENHOR, o Deus de vocês" é refrão nos capítulos 18–26.) A fórmula de legislação para atender às necessidades da comunidade hebraica continua em Levítico (*e.g.*, 24.10-23; v. Êxodo 18.13-27; Números 15.16).

A apresentação da legislação em Levítico é logicamente ordenada com a construção e a dedicação do tabernáculo em Êxodo 40.1-33. A "Tenda do Encontro" para Javé pressupõe algum tipo de atividade religiosa e pessoal autorizada para sua condução. Levítico documenta a natureza e o propósito da liturgia hebraica para o tabernáculo, incluindo os diversos sacrifícios (cap. 1–7) e as exigências para o sacerdócio encarregado da adoração.

O restante do livro contém leis regularizadoras da vida do povo hebreu para refletirem a santidade de Deus como seu povo no cotidiano (v. Êxodo 19.6). Os capítulos 11–16 abordam diversas impurezas que impediam a adoração e os relacionamentos adequados, enquanto os capítulos 17–25 constituem diretrizes práticas para uma vida santa a fim de que as atividades religiosas e "seculares" andassem juntas.

Os dois últimos capítulos do livro (26–27) reforçam o contexto pactual da legislação levítica. O propósito básico do livro é descrito no capítulo 26, incluindo a declamação de bênçãos e maldições da aliança. Esse capítulo também associa a legislação à realização da aliança no Sinai para que Israel fosse seu povo e Javé fosse Deus dele (26.45-46). O capítulo final se assemelha a um apêndice, porque o relacionamento da aliança é, na verdade, "um voto" feito a Javé (v. a semelhança nas últimas fórmulas em 26.46 e 27.34). As leis que envolvem votos e doações explicam ao povo a natureza solene e sagrada de seus votos perante Deus.

TEMAS PRINCIPAIS

Santidade

O ensinamento central de Levítico é resumido na ordem: "consagrem-se e sejam santos, porque eu sou santo" (Levítico 11.44-45). A primeira parte do livro apresenta os procedimentos para a entrada na presença do Santo de Israel com adoração (cap. 1–10). A segunda prescreve como os aliados de Deus colocam em prática a ideia da santidade de Javé (cap. 11–27). O propósito básico de Levítico, portanto, era instruir a comunidade hebraica sobre a "adoração santa" e a "vida santa", para que o povo da aliança pudesse desfrutar da bênção da presença divina (v. 26.1-13).

A palavra *santidade* no AT transmite a ideia de "separação" do mundo para o serviço e/ou a adoração a Javé, o Deus completamente separado da criação. A santidade legislativa de Levítico só poderia ser eficaz se Israel implementasse o ideal do "santo" no dia a dia. É que estava em questão o discernimento entre o santo e o comum e entre o puro e o impuro (10.10-11).

Aplicar esses conceitos aos campos físico, moral e espiritual era uma tarefa básica para a cosmovisão do Antigo Oriente Médio. As distinções permitiam que as pessoas organizassem seu relacionamento com o mundo natural de tal forma que realmente poderiam "ser santas" tal como o Criador é santo.

Com base na lei levítica, tudo na vida era sagrado ou comum para os hebreus. O comum era subdividido em categorias de puro e impuro. O puro tornava-se sagrado por meio da santificação ou impuro mediante a contaminação. O sagrado poderia ser profanado e tornar-se comum ou até impuro.

Figura 4.1 – O ciclo de santificação

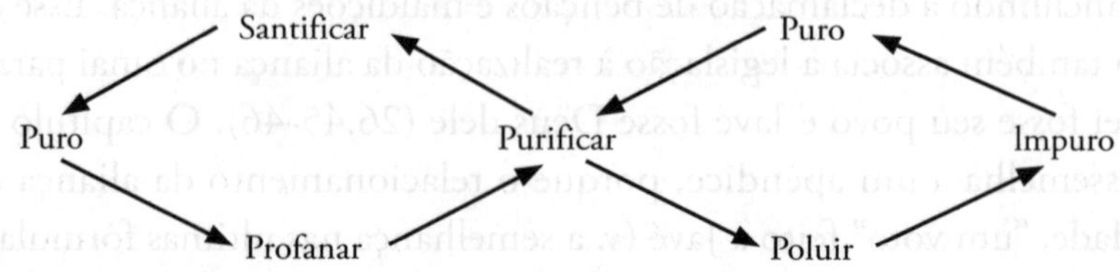

O impuro poderia ser purificado e depois consagrado ou santificado para se tornar sagrado. O relacionamento desses conceitos é ilustrado na figura 4.1.[3]

Objetos ou pessoas comuns (i.e., puros) dedicados a Deus tornavam-se sagrados por meio dos esforços mútuos da atividade humana na santificação (ou consagração) e do Senhor como santificador (v. Levítico 21.8). A impureza poderia ser causada por doença, contaminação, infecção ou pecado; ela só poderia ser purificada pela lavagem ritual e pelo sacrifício, daí a importância das instruções relativas aos sacrifícios no livro de Levítico. A presença do Deus santo estava no acampamento de Israel e, mais especificamente, dentro do tabernáculo; portanto, era obrigatório impedir que algo impuro entrasse em contato com o sagrado (7.20-21; 22.3; v. Números 5.2-3). A falha na prevenção da contaminação resultava em morte (Números 19.13,20; Números 15.32-36; Josué 7). O apóstolo Paulo interpretou a expiação na era da nova aliança da mesma forma. Todos os seres humanos são impuros por causa do pecado herdado após a queda de Adão (Romanos 5.6-14). A obra redentora de Jesus Cristo lava (eleva à pureza) e santifica o pecador arrependido (1Coríntios 6.9-11). A exortação à santidade prática (*e.g.*, Mateus 5.48; 1Pe 1.16) pode ser realizada apenas à medida que o cristão se submete ao Espírito de Deus em obediência aos ensinamentos da justiça encontrados nas Escrituras (Romanos 6.15-23; 8.12-17).

Sacrifício

O sacrifício ritual era apenas um dos meios pelos quais os hebreus podiam ter acesso a Deus, Javé, o Santo de Israel (além da oração, Jeremias 29.12;

3 V. Wenham, Gordon J., **The Book of Leviticus**, p. 18-29.

do arrependimento e da contrição, Isaías 66.2 *et al.*). A ideia de sacrifício não era exclusiva dos hebreus no mundo antigo, uma vez que ofertas de animais, cereais e bebidas a divindades eram comuns nos cultos religiosos da Mesopotâmia e da região siro-palestina. Embora as semelhanças entre os sacrifícios dos israelitas e do Antigo Oriente Médio atestem a necessidade universal da humanidade de aplacar os deuses, o sistema sacrificial hebreu era diferente por ser divinamente revelado e dirigido ao propósito de santidade pessoal e comunitária (fig. 4.2).

Cinco tipos básicos de sacrifícios ou ofertas foram instituídos como parte da adoração formal em comunidade e da celebração pessoal na expressão religiosa hebraica: 1) oferta de cereal, 2) oferta de comunhão, 3) holocausto, 4) oferta pelo pecado e 5) oferta pela culpa (v. fig. 4.2). Tais sacrifícios, descritos em Levítico, dividiam-se em duas categorias: 1) Realizados espontaneamente a Deus em louvor e ação de graça por bênçãos recebidas ou favores concedidos (*e.g.*, a oferta de cereal e os três tipos de ofertas de comunhão, Levítico 2.1-16; 3.1-17) e 2) Exigidos por Javé em razão do pecado na comunidade (*e.g.*, holocaustos, ofertas pelo pecado e pela culpa, Levítico 1.3-17; 4.1–5.13; 5.14–6.7). Os primeiros eram demonstrações de gratidão pela bondade de Deus, enquanto os outros eram necessários para purificar o santo lugar da profanação ocasionada pelo pecado. Esses sacrifícios purificadores levavam à reconciliação com Javé e restauravam o pecador penitente à comunhão com outras pessoas e com Deus.

De acordo com Levítico 17.11, o princípio da vida é representado no sangue. Logo, o sangue sobre o altar era necessário para a purificação simbólica da presença de Deus (v. Hebreus 9.21-22). A palavra "expiação" usada aqui representa o grupo de palavras relacionadas à raiz hebraica *kpr*. Nas formas verbais, refere-se à purificação de objetos santos dos efeitos do pecado. Portanto, o altar seria purificado a favor do ofertante cujo pecado ou impureza o manchara ritualmente. O propósito era preservar a santidade da presença de Deus no meio do povo. O ritual, como agente purificador, embora tivesse efeito paliativo, tinha valor preventivo. Essa descontaminação do santuário torna o ofertante puro e abre o caminho para a reconciliação com Deus. O mesmo termo é aplicado ao ritual do grande dia da expiação de Levítico 16, conhecido, atualmente, por Yom Kippur.

Figura 4.2 – Sistema sacrificial

Nome	*Porção queimada*	*Demais porções*	*Animais*	*Ocasião ou motivo*	*Referência*
Holocausto	Tudo	Nenhuma	Macho sem defeito,, animal segundo as posses	Propiciação pelo pecado em geral, demonstra dedicação	Levítico 1
Oferta de cereal ou tributos	Porção simbólica	Comidas pelo sacerdote	Bolos asmos ou cereais com sal	Gratidão geral pelos primeiros frutos	Levítico 2
Oferta de comunhão a. gratidão b. cumprimento de voto c. voluntária	Gordura	Partilhadas em uma refeição de comunhão pelo sacerdote e pelo ofertante	Macho ou fêmea sem defeito segundo as posses, voluntária: pequenos defeitos permitidos	Comunhão a. por bênção inesperada b. por cumprir um voto sob essa condição c. por ação de graça em geral	Levítico 3; 22.18-30
Oferta pelo pecado	Gordura	Comidas pelo sacerdote	Sacerdote ou congregação: novilho; rei: bode; indivíduo: cabra	Aplica-se à situação em que era necessária uma purificação	Levítico 4
Oferta pela culpa	Gordura	Comidas pelo sacerdote	Carneiro sem defeito	Aplica-se à situação em que houve a profanação de algo santo ou quando há culpa objetiva	Levítico 5–6.7

De WALTON, John, **O Antigo Testamento em quadros**. São Paulo: Vida, 2001, p. 22.

Tanto o AT quanto o NT deixam claro que os sacrifícios de animais não tinham como propósito salvar pessoas dos pecados ou levá-las ao Céu. Em vez disso, preservavam a santidade da presença de Deus e o relacionamento saudável entre o povo e ele. O fiel, sob a antiga aliança, era considerado justo com base na fé em Javé e na fidelidade à aliança e suas estipulações (*e.g.*, Gênesis 15.6; Habacuque 2.4). A ação externa do sacrifício ritual era simbólica e representava a atitude interna e a inclinação do espírito. Salmistas, sábios e profetas reiteraram a verdade de que Deus não deseja sacrifícios, mas o arrependimento que leva à obediência (v. 1Samuel 15.22-23; Salmos 51.16-17; Provérbios 21.3; Isaías 1.12-17; Jeremias 7.21-23; Oseias 6.6; Amós 5.21-24; Miqueias 6.6-8).

Em sua bondade, Deus concede perdão àquele que manifestar "um coração quebrantado e contrito" (2Samuel 12.13; Salmos 51.1,16-17). A remoção eficaz da culpa e o perdão do pecado eram realizados por meio da confissão e da petição ao Senhor misericordioso (Êxodo 32.11-13,30-35; Isaías 6.5-7). No fim, o propósito do sacrifício realizado pelos hebreus era adorar a Deus e manter a presença divina em seu meio. Os rituais serviam para ensinar aos israelitas os princípios da santidade divina, da pecaminosidade humana, da morte expiatória como resposta à transgressão humana e a necessidade de arrependimento. Eram instrumento de purificação e relacionamento renovado dentro da comunidade e com Javé.

Os rituais serviram de ilustração e base para a compreensão da obra redentora de Jesus de Nazaré como Messias. João Batista reconheceu em Jesus o Cordeiro de Deus que tira o pecado do mundo (João 1.29-34). O próprio Jesus via seu papel como o bom pastor que entrega a vida pelas ovelhas (João 10.1-21). Em outras passagens do NT, os autores interpretaram a crucificação de Jesus Cristo como sacrifício "oferecido uma vez por todas" pelos pecados da humanidade (*e.g.*, Romanos 5.6-11; Hebreus 10.10,12). O autor aos Hebreus até mesmo associou a cerimônia do Dia da Expiação à morte de Jesus Cristo, que se tornou sacrifício de resgate por meio da oferta de seu corpo (Hebreus 9–10; v. Levítico 16).

Por fim, os autores do NT consideraram a nova aliança equivalente ao sacrifício ritual nos "sacrifícios espirituais" oferecidos pelos cristãos a Deus por intermédio de Cristo Jesus (1Pedro 2.5). Os sacrifícios incluem:

- Ofertas generosas com alegria (Filipenses 4.18)
- Adoração, em especial louvor e ação de graças (Hebreus 13.15-16; Salmos 50.13-14)
- Oração (Apocalipse 5.8; 8.3-4)
- Evangelização (Romanos 15.16-17; Isaías 66.20)
- Culto sacrificial a Cristo — até a morte (Romanos 12.1-2; Filipenses 2.17; 2Timóteo 4.6; Apocalipse 6.9)

Surpreendentemente, todos os sacrifícios levíticos de expiação destinavam-se a violações da aliança "sem intenção". Não havia sacrifício específico para a transgressão ou a rebelião premeditada ou maliciosa.

Descanso do sábado e ano sabático

As prescrições levíticas para santidade na vida dos hebreus estendiam-se ao calendário. As grandes festas religiosas eram ordenadas segundo o calendário agrícola da Palestina para que os israelitas reconhecessem Javé como provedor (Levítico 23.4-44). A ordem de guardar um dia da semana para Deus como descanso do sábado introduz o calendário religioso (Levítico 23.1-3).

O mandamento do sábado lembrava Israel que Javé era o Criador (v. Êxodo 20.8-11). Também trazia um senso de "intemporalidade" à adoração de Javé e de "santidade" à noção humana de tempo. Guardar um dia santo para Deus significava descanso para os seres humanos e animais; mais importante, porém, santificava o esforço humano para que, nos outros seis dias da semana, eles pudessem "comer, beber e encontrar prazer em seu trabalho" como dádiva de Deus (v. Eclesiastes 2.24-26; 5.18-20).

O sábado era sinal da aliança entre Javé e Israel apontando o relacionamento especial do povo com Deus e testificando que a santidade de Israel se baseava no Santo, não na lei ou no ritual (Êxodo 31.12-17; Levítico 26.2). Na época de Jesus, os benefícios práticos e humanitários do sábado estavam obscurecidos, se não perdidos, pelo legalismo da religião judaica (v. Mateus 12.1-4; Marcos 7.1-13).

O calendário religioso também concedia um "sábado" de descanso para a terra da promessa. Após seis anos de plantio, cultivo e colheita, a

Figura 4.3 – Datas comemorativas judaicas

Dias especiais	Nomes hebraicos	Dia	Referência	Leitura (*Megilot*)	Comemoração
Páscoa (Festa dos Pães Asmos)	*Pesach*	14 de nisã	Êxodo 12 (Levítico 23.4-8)	Cântico dos Cânticos	O povo de Israel é liberto do Egito
Pentecostes	*Shavuoth*	6 de sivã	Deuteronômio 16.9-12 (Levítico 23.9-14)	Rute	Festa da Colheita
9 de abe	*Tishah be'ab*	9 de abe	Não há referência direta	Lamentações	Destruição do templo: 585 a.C. e 70 d.C.
Dia da Expiação	*Yom Kippur*	10 de tisri	Levítico 16 (23.26-32)		Sacrifícios pelos pecados da nação
Festa das Cabanas	*Sukkoth*	15-21 de tisri	Neemias 8 (Levítico 23.33-36)	Eclesiastes	Peregrinação pelo deserto
Dedicação	*Chanukah*	25 de quisleu	João 10.22		Restauração do templo em 164 a.C.
Sorte	*Purim*	13-14 de adar	Ester 9	Ester	Fracassa o plano de Hamã contra os judeus

De WALTON, John, **O Antigo Testamento em quadros**. São Paulo: Vida, 2001, p. 20.

terra devia descansar no sétimo ano (Levítico 25.1-7). Na prática, os pobres e excluídos eram os beneficiários do ano sabático, pois podiam colher o fruto da terra não cultivada (Êxodo 23.11). As leis de Deuteronômio expandiram o programa sabático e incluíram o cancelamento de dívidas, a assistência generosa aos pobres e a libertação de escravos hebreus (Deuteronômio 15.2-18). O ciclo sabático culminava no jubileu ou ano de emancipação (Levítico 25.8-24). Após sete ciclos de anos sabáticos, a terra era "santificada" no quinquagésimo ano. Além das sanções do ano sabático, as propriedades eram revertidas às famílias dos donos originais.

Os mandamentos do sábado e do ano sabático foram determinados para promover a igualdade socioeconômica e imprimir princípios comunitários importantes na sociedade hebraica, incluindo 1) a ação de graças pela provisão recebida e fé no sustento contínuo da parte de Deus durante o ano de interrupção do cultivo, 2) o perdão com a remissão de dívidas, 3) o respeito às pessoas criadas à imagem de Deus na libertação dos escravos e 4) a prática da generosidade e a noção de administração com a redistribuição da terra da aliança.[4]

De acordo com o profeta Jeremias, a negligência das leis sabáticas e a consequente rejeição das instruções inerentes aos mandamentos causaram a queda de Jerusalém e o exílio dos hebreus na Babilônia (Jeremias 25.8-14; 2Crônicas 36.17-21). Quando o ciclo sabático foi interrompido, a comunidade naturalmente rejeitou a ordem legal que sustentava os princípios sabáticos. Deus não teve escolha senão exilar seu povo até a "terra desfrut[ar] os seus descansos sabáticos" (2Crônicas 36.21; v. Levítico 18.28).

Perguntas para estudo e debate

1. O que a legislação de Levítico revela sobre Javé?
2. Quais eram as diferenças entre os sacrifícios dos hebreus e as ofertas pagãs às suas divindades? Quais eram as semelhanças? O conceito de sacrifício é uma "barganha" com Deus? Explique.
3. O código legal de Levítico motiva a obediência pelas obras da lei ou pela graça divina? Explique.

---

[4] V. Yoder, John H., **The Politics of Jesus** (Grand Rapids: Eerdmans, 1972), p. 64-77.

4. Como as leis levíticas se comparam em severidade a outros códigos legais do Antigo Oriente Médio? Qual era o propósito das penalidades rigorosas à violação da lei para a comunidade israelita?
5. Por que Deus tentou organizar a vida dos hebreus com um calendário cerimonial ou litúrgico? Comente o valor de calendário litúrgico para a Igreja na atualidade.

Leituras complementares

BECKWITH, Roger & SELMAN, Martin, orgs. **Sacrifice in the Bible**. Grand Rapids: Baker, 1995.

BUDD, Philip J. Leviticus. **NCBC**. Grand Rapids, Eerdmans, 1996.

CARPENTER, E. E. Sacrifices and Offerings in the Old Testament. **ISBE**. Rev. ed. Grand Rapids: Eerdmans, 1988. v. 4, p. 260-73.

DAWN, Marva J. **Keeping the Sabbath Wholly**. Grand Rapids: Eerdmans, 1989. Princípios sabáticos para a Igreja.

DE VAUX, Roland. **Ancient Israel**: Its Life and Institutions. Vol. 2. Transl. J. McHugh. New York: McGraw-Hill, 1961. [Tradução da obra original em francês, publicada em português com o título *Instituições de Israel no Antigo Testamento* (São Paulo: Vida Nova, 2003).]

GAMMIE, John. **Holiness in Israel**. Minneapolis: Augsburg Fortress Press, 1989.

HAMILTON, Victor P. **HandBook on thc Pcntatcuch**. Grand Rapids: Baker, 1982, p. 245-311.

HARRIS, R. Laird. Leviticus. **EBC**. Grand Rapids: Zondervan, 1990. v. 2, p. 501-654.

HARRISON, R. K. Leviticus: An Introduction and Commentary. **TOTC**. Downers Grove, IL: InterVarsity Press, 1980. Comentário um tanto breve, mas de boa leitura com seções introdutórias úteis. Perspectiva completamente evangélica, com atenção à aplicação atual.

HARTLEY, John E. Leviticus. **WBC**. Waco, TX: Word, 1992. v. 4. Estudos úteis de palavras hebraicas.

HILL, Andrew E. **Enter His Courtswith Praise!** Grand Rapids: Baker, 1996. Adoração do AT para a igreja do NT.

KAISER, Walter C. Leviticus. **IB**. Rev. ed. Nashville: Abingdon, 1994. v. 1.

LEVINE, Baruch A. Leviticus. **JPS Torah Commentary**. Philadelphia: Jewish Publication Society, 1989.

MILGROM, Jacob. Leviticus 1–16. **AB**. New York: Doubleday, 1991. v. 3. Abordagem ampla das fontes judaicas da lei levítica.

NOTH, M. Leviticus: A Commentary. **OTL**. Transl. J. E. Anderson. Philadelphia: Westminster, 1965. [Tradução da obra original em alemão.]

PORTER, J. R. Leviticus. **CBC**. Cambridge: Cambridge University Press, 1976.

RINGGREN, H. **Religions of the Ancient Near East**. Transl. J. Sturdy. Philadelphia: Westminster, 1973. [Tradução da obra original em alemão.]

SCHOVILLE, Keith N. **Exodus and Leviticus**. Nashville: Abingdon, 1994.

SNAITH, N. H. (org.). Leviticus and Numbers. **NCBC**. London: Nelson, 1967.

WENHAM, Gordon J. The Book of Leviticus. **NICOT**. Grand Rapids: Eerdmans, 1979. Melhor comentário em inglês sobre o assunto. Exposição clara com apreciação pelos contextos do Antigo Oriente Médio do sacrifício e ritual do AT. Debate completo dos relacionamentos do AT com o NT e do significado teológico do livro.

5

Números

Conceitos básicos

✓ Fidelidade de Deus às promessas da aliança
✓ Deus transmite sua verdade por meio da cultura
✓ Provação divina das motivações humanas
✓ A soberania de Deus sobre as nações

O livro de Números é o quarto do Pentateuco e dá continuidade à história do Êxodo israelita do Egito, da aliança feita no monte Sinai e da jornada rumo a Canaã. O livro destaca a provação no deserto e a rebelião do povo da aliança durante o período de formação do relacionamento dos hebreus com Javé.

O título hebraico do livro, "no deserto", é obtido do primeiro versículo. O nome é adequado, porque Números registra fatos importantes associados ao período da "peregrinação no deserto" antes da morte de Moisés e da ocupação de Canaã por Israel. O título "Números" é tradução do nome do livro no AT grego, *Arithmoi*, que reflete os dois recenseamentos dos hebreus descritos nos capítulos 1 e 26.

COMPOSIÇÃO DO LIVRO

Tradicionalmente, estudiosos judeus e cristãos atribuem a composição de Números a Moisés, o legislador hebreu. No entanto, o livro em si contém apenas uma referência a Moisés como autor do material, e isso se limita ao itinerário dos israelitas na árdua viagem pelo deserto do Egito a Moabe (Números 33.2). Em outras passagens, o texto explicita que os sacerdotes também registravam e preservavam as instruções e regras divinas, em especial as pertinentes aos deveres com relação ao tabernáculo (v. 5.23).

Como em Levítico, a expressão introdutória "O SENHOR falou a Moisés" aparece em todos os capítulos do livro. Até que surjam evidências mais concretas do contrário, pode-se presumir, por analogia ao livro de Êxodo, que grande parte do texto de Números é obra literária de Moisés, proveniente do século XV ou XIII a.C. (dependendo da data do êxodo).

Contudo, as referências a Moisés nas narrativas de terceira pessoa (*e.g.*, Números 12.3; 15.22-23) e as inserções editoriais esporádicas para informar o público posterior (*e.g.*, 13.11,22; 27.14; 31.53) sugerem que o livro adquiriu a forma final algum tempo após sua morte. Parece correto supor que os trechos amplos da história e legislação de Números se derivam de Moisés durante os 38 anos de peregrinação que o livro relata (v. Números 33.38; Deuteronômio 1.3). Não se sabe se ele transcreveu as palavras do próprio Deus ou se as ditou para um escriba. Contudo, Números e o restante do Pentateuco foram organizados na forma de livro de cinco volumes entre os dias de Josué e os anciãos de Israel (Josué 24.31) e a era de Samuel (v. 1Samuel 3.19-21).

Os estudiosos que defendem alguma forma da hipótese documentária para a composição do Pentateuco consideram o livro a miscelânea de quatro (ou mais) fontes literárias (v. Apêndice B, p. 643-53). De modo geral, Números 1–10 é atribuído ao bloco de material sacerdotal (P) que se estende de Êxodo 35 a Números 10. Os capítulos 11–36 de Números são considerados uma combinação das fontes javista (J) e eloísta (E) e duas tradições sacerdotais P diferentes (com trechos de 11–14, 16 e 20–25 atribuídas a J e E, e passagens de 13–17, 20 e todo o trecho de 25–36 atribuídos a P). De acordo com essa análise das fontes, Números sofreu expansão, revisão e alteração até o livro adquirir a forma final nas mãos de organizadores pertencentes à classe sacerdotal no século V a.C.

Cada vez mais, as evidências contra a data recente para a fonte sacerdotal vêm estimulando a aceitação progressiva da antiguidade de muitas tradições preservadas em Números. Gordon J. Wenham argumentou que a grande intimidade de Deuteronômio com Números sugere que todo o livro de Números antecede Deuteronômio. Esse fato leva Wenham a concluir que se J, E e P são fontes legítimas do Pentateuco, elas não podem mais ser atribuídas a períodos tão diferentes da história.[1]

---

[1] **Numbers**: An Introduction and Commentary, p. 23. [Publicado em português com o título **Números**: introdução e comentário, São Paulo: Vida Nova, 1985].

Peregrinações pelo deserto

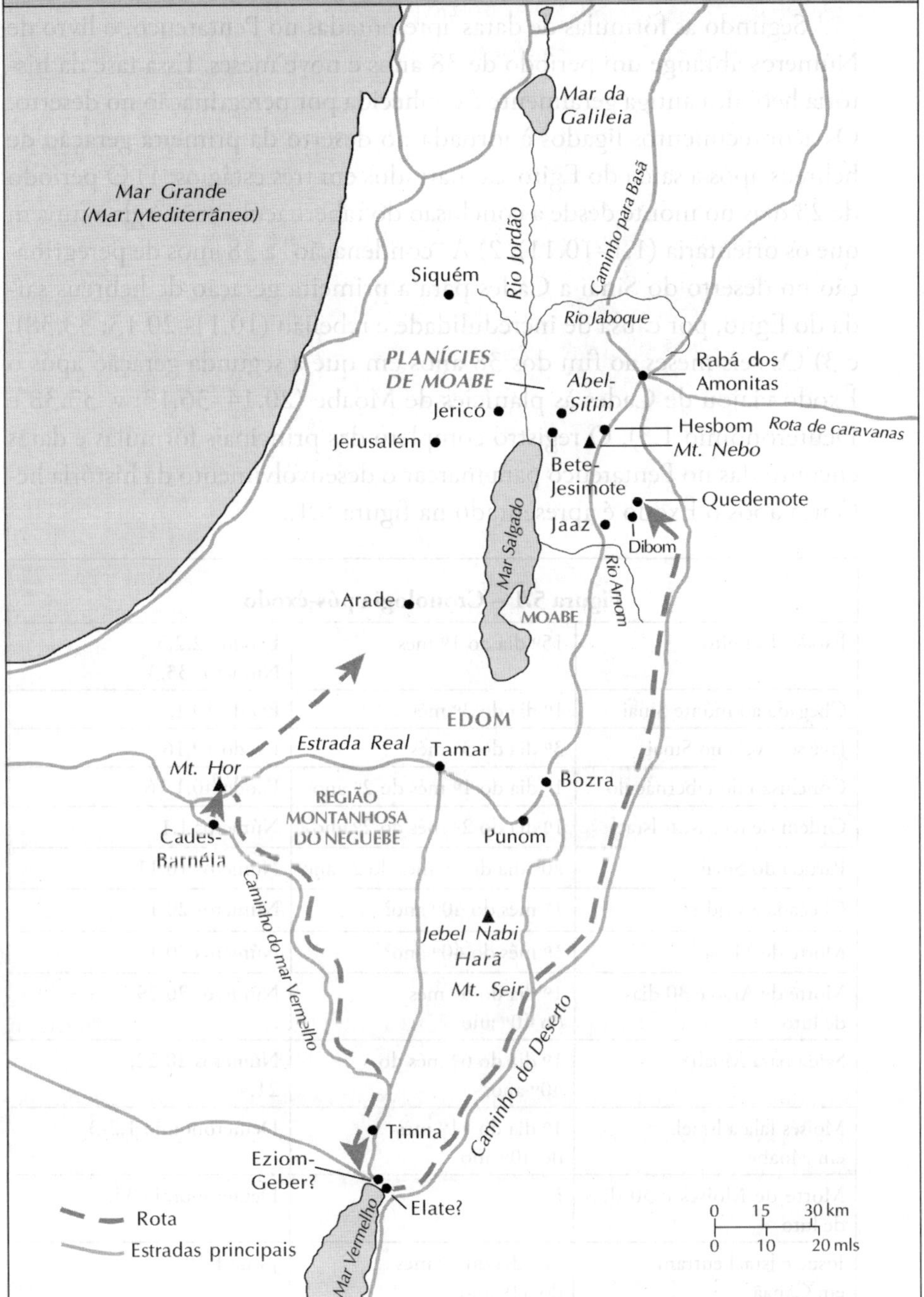

CONTEXTO

Segundo as fórmulas de datas apresentadas no Pentateuco, o livro de Números abrange um período de 38 anos e nove meses. Essa fase da história hebraica antiga geralmente é conhecida por peregrinação no deserto. Os acontecimentos ligados à jornada no deserto da primeira geração de hebreus após a saída do Egito são narrados em três estágios: 1) O período de 23 dias no monte desde a conclusão do tabernáculo até surgir a nuvem que os orientaria (1.1–10.11), 2) A "condenação" a 38 anos de peregrinação no deserto do Sinai a Cades para a primeira geração de hebreus saída do Egito, por causa de incredulidade e rebelião (10.11–20.13; 33.38), e 3) Os seis meses ao fim dos 38 anos em que a segunda geração após o Êxodo viajou de Cades às planícies de Moabe (20.14–36.13; v. 33.38 e Deuteronômio 1.3). O registro completo das principais fórmulas e datas encontradas no Pentateuco para marcar o desenvolvimento da história hebraica após o Êxodo é apresentado na figura 5.1.

Figura 5.1 – Cronologia pós-êxodo		
Êxodo do Egito	15º dia do 1º mês	Êxodo 12.2,5 Números 33.3
Chegada ao monte Sinai	1º dia do 3º mês	Êxodo 19.1
Javé se revela no Sinai	3º dia do 3º mês	Êxodo 19.16
Conclusão do tabernáculo	1º dia do 1º mês do 2º ano	Êxodo 40.1,16
Ordem de recensear Israel	1º dia do 2º mês do 2º ano	Números 1.1
Partida do Sinai	20º dia do 2º mês do 2º ano	Números 10.11
Chegada a Cades	1º mês do 40º ano?	Números 20.1
Morte de Miriã	1º mês do 40º ano?	Números 20.1
Morte de Arão e 30 dias de luto	1º dia do 5º mês do 40º ano	Números 20.29
Saída para Moabe	1º dia do 6º mês do 40º ano?	Números 20.22; 21.4
Moisés fala a Israel em Moabe	1º dia do 11º mês do 40º ano	Deuteronômio 1.2-3
Morte de Moisés e 30 dias de luto	?	Deuteronômio 34.8
Josué e Israel entram em Canaã	10º dia do 1º mês do 41º ano	Josué 1.19

A datação precisa desses "anos" após a saída do Egito é desconhecida. A datação relativa dos fatos depende da posição com relação à data do êxodo. A data mais antiga situa os acontecimentos de Números por volta de 1400 a.C., enquanto a data recente posiciona a narrativa em torno de 1200 a.C. (v. cap. 1, esp. fig. 1.4).

A narrativa de Números contém diversas referências a regiões e cidades antigas em torno da Palestina. O registro bíblico também indica que reinos organizados estavam estabelecidos com firmeza nessas áreas de fronteira. Por exemplo, a oposição inicial aos hebreus durante suas peregrinações no deserto veio de cananeus e edomitas no Neguebe e dos moabitas, amonitas e midianitas na Transjordânia (v. Números 21 e 31).

Os críticos têm desafiado a historicidade das narrativas que relatam encontros dos hebreus com nações e povos estrangeiros por falta de evidências arqueológicas. O retrato arqueológico da Transjordânia é incompleto, e o desentendimento sobre a identificação de locais e o apelo seletivo aos dados arqueológicos disponíveis dificultam a questão. No entanto, a experiência demonstra não haver motivos para duvidar da historicidade do texto bíblico, pois descobertas arqueológicas subsequentes tendem a confirmar as Escrituras (como no caso da *Crônica de Nabonido* e o livro de Daniel).[2]

ESBOÇO DE NÚMEROS

I. Preparações para a saída do Sinai
   A. Recenseamento e organização das tribos (1–4)
   B. Legislação especial (5 e 6)
   C. Ofertas tribais para o tabernáculo (7)
   D. Purificação dos levitas (8)
   E. Páscoa (9.1-14)
   F. A nuvem de orientação e as trombetas de prata (9.15-10.10)

II. Do Sinai a Cades
   A. Disposição das tribos em marcha (10.11-36)
   B. Murmuração e agitação (11.1-15)
   C. Provisão divina de alimento (11.16-35)

[2] V. o debate de Wenham sobre a recente pesquisa arqueológica relacionada a locais associados a Números 21, 31 e 32 em **Numbers**, p.154-63, 209-16.

D. Insubordinação de Arão e Miriã (12)
E. Os 12 espiões (13 e 14)
F. Leis suplementares (15)
G. Rebelião de Corá e outros (16 e 17)
H. Deveres de sacerdotes e levitas (18)
I. Purificação ritual para os impuros (19)
J. Morte de Miriã e pecado de Moisés (20.1-21)

III. De Cades às planícies de Moabe
A. Morte de Arão (20.22-29)
B. Derrota de Arade, Seom e Ogue (21)
C. Balaque e Balaão (22–24)
D. Idolatria e imoralidade de Israel em Baal-Peor (25)
E. Segundo recenseamento de Israel (26)
F. Caso de herança das filhas de Zelofeade, Parte 1 (27.1-11)
G. Seleção de Josué como sucessor de Moisés (27.12-23)
H. Legislação adicional sobre ofertas e votos (28–30)
I. Guerra contra Midiã (31)
J. As tribos da Transjordânia (32)
K. Itinerário da jornada de Israel do Egito a Canaã (33.1-49)
L. Distribuição das terras da Transjordânia (33.50–34.29)
M. Cidades dos levitas e cidades de refúgio (35)
N. Caso de herança das filhas de Zelofeade, Parte 2 (36)

PROPÓSITO E MENSAGEM

O livro de Números, em termos literários, é o diário dos primeiros dias do relacionamento da aliança entre Israel e Javé (v. Deuteronômio 8.1-10). Israel viveu, em primeira mão, as consequências trágicas da desobediência às estipulações da aliança (*e.g.*, Números 16.25-50; 25.1-18). A mensagem do livro é dupla: em primeiro lugar, destaca a paciência e a fidelidade de Deus perante a murmuração e rebelião contínua de Israel e, em segundo lugar, oferece uma revelação adicional sobre a natureza e o caráter de Javé, o Deus da aliança.

A santidade divina, austera, mantém-se inalterada, mas outros aspectos da pessoa de Deus são revelados durante o estágio de desenvolvimento do relacionamento de Israel com o Senhor. A experiência no deserto deu a Israel vislumbres de Javé como provedor paciente e fiel, interventor soberano e providencial que responde às orações com amor e como Deus zeloso e justo.

O livro de Números serve a um propósito histórico importante ao catalogar as experiências iniciais dos hebreus fora do Egito. O registro da viagem israelita do Sinai às planícies de Moabe dá continuidade às narrativas de Êxodo e Levítico e ajuda a esclarecer a presença dos hebreus na terra de Canaã. Números sempre prevê a ocupação da terra da promessa, fazendo elo entre a legislação do Sinai e a conquista da Palestina. (*e.g.*, o trecho 33.50–36.13 é dedicado à posse, distribuição, santidade e direitos de herança da terra de Canaã — v. 26.52-56; 33.51-53; 35.31-34; 36.9.)

Teologicamente, o propósito de Números era preservar os registros das fases iniciais da realização da aliança entre Deus e Israel. O livro destaca:

- A santidade de Deus
- A pecaminosidade humana
- A necessidade de obediência a Javé
- A tragédia da desobediência aos mandamentos divinos
- A fidelidade total de Deus à aliança com Israel

De forma pragmática, parte do propósito de Números era organizar os ex-escravos hebreus e transformá-los em uma comunidade unificada por Deus, preparada para cumprir as obrigações da aliança. A intenção de Números era converter o povo oprimido em reino de sacerdotes e nação santa por meio de legislação civil e cerimonial, instruções religiosas, recenseamentos administrativos, disposição de marcha e acampamento por tribos, mandamentos sacerdotais, a nuvem de orientação e leis relacionadas à distribuição e herança do território.

Finalmente, os exemplos trágicos da desobediência à aliança registrados em Números advertem de forma severa às futuras gerações da nação hebreia. Moisés entendeu o valor didático das ilustrações históricas para a obediência da aliança, o que explica seu lembrete final a Israel de ter cuidado de guardar as obras do Senhor durante a peregrinação no deserto (Deuteronômio 4.9; v. Salmos 78.40-55; 95.9-11). O NT reflete essa verdade, reconhecendo que o registro do AT foi escrito para advertir os hebreus e instruir a igreja de Jesus Cristo (v. Romanos 15.4; 1Coríntios 10.11).

ESTRUTURA E ORGANIZAÇÃO

O livro de Números desafia a divisão em unidades literárias lógicas, o que o torna o livro mais difícil do AT com fins de identificação de ordem e estrutura. Apesar disso, vários comentaristas do AT sugeriram que a complexidade da estrutura literária do livro confirma a integridade dos registros bíblicos e a honestidade dos escribas hebreus responsáveis por preservar o registro. Em vez de impor ao material uma estrutura artificial em prol do leitor, os escribas reproduziram fielmente a tradição escrita recebida.

No entanto, algumas observações gerais devem ser feitas com relação à estrutura do livro. Em linhas gerais, ele é organizado em sequência cronológica de acordo com fórmulas de datas contidas no texto. Isso pode ajudar a explicar a natureza aparentemente desarticulada da composição, pois partes foram apenas registradas e acrescentadas à história à medida que os acontecimentos se sucediam. Além disso, Números 1–10 faz parte de um bloco maior de material originado na viagem de Israel ao Sinai. Os temas principais dessa unidade literária extensa (Êxodo 19–Números 10) incluem a construção do tabernáculo, a formação da comunidade da aliança e a antecipação da posse de Canaã como terra da promessa.

O livro de Números divide-se em três períodos cronológicos de acontecimentos e revelação entremeados com relatos das jornadas dos israelitas. Este esquema pode ser esboçado da seguinte forma:

0.1–10.10	Israel acampado no Sinai
10.11–13.25	Jornada do Sinai a Cades (primeira geração pós-êxodo)
13.26–20.21	Israel acampado em Cades
20.22–21.35	Jornada de Cades a Moabe (segunda geração)
22.1–36.13	Israel acampado nas planícies de Moabe

As cinco seções reforçam a mensagem básica de Números: a fidelidade de Javé apesar da rebelião de Israel e as terríveis consequências da desobediência à aliança. Os recenseamentos das tribos e a legislação adicional servem para confirmar o cuidado providencial de Deus por Israel enquanto estava cativo no Egito e o cumprimento das promessas feitas a Abraão sobre “um grande povo” (Gênesis 12.2; 17.5-6). A viagem árdua do Sinai a Cades e os acontecimentos ligados a ela também ressaltam a fidelidade divina (*e.g.*, a provisão do maná e das codornas, Números 11.4-15) e a insensatez da rebelião contra Deus (*e.g.*, história de Corá, Números 16).

Ironicamente, o caráter humilde e fiel de Moisés torna-se **antítese** do orgulho, egoísmo, desobediência e rebelião de Arão, Miriã e outros. Entretanto, até Moisés falha com Deus em Meribá, ressaltando dessa forma a fidelidade imutável de Javé.[3]

As últimas seções de Números demonstram claramente a fidelidade de Javé e suas boas intenções de levar o povo à Terra Prometida com a derrota dos inimigos no caminho e a escolha de Josué como sucessor de Moisés. Até a bênção de Arão em 6.24-26 volta a Israel nos capítulos 22–24, quando Javé derruba as maldições do **vidente** pagão Balaão, fazendo que ele pronunciasse bênçãos a favor do povo de Deus.

Finalmente, o livro representa uma coleção de várias fontes e características literárias, incluindo os quatro poemas de Balaão (cap. 22–24) e o cântico de Hesbom (21.27-30) — ambas as composições de origem não hebraica; a citação de poesia do *Livro das guerras do Senhor* (21.14-18) — possivelmente um documento militar; as duas listas padronizadas dos recenseamentos das quais o livro recebeu o nome (cap. 1 e 26); o diário de viagem composto por Moisés (cap. 33); a narrativa histórica extensa com discurso direto e a intercalação de narrativas e material legal (que incluem leis apodíticas e casuísticas).

TEMAS PRINCIPAIS

Os números dos recenseamentos

A enumeração ou o censo da população (local ou nacional) era um procedimento administrativo comum no Antigo Oriente Médio. O recenseamento possuía três funções principais: 1) Apuração e recrutamento de homens para a guerra (v. Números 1.3), 2) Distribuição de tarefas na corveia — grupos de trabalho forçado — e no culto religioso (*e.g.*, Números 3.4)

---

[3] Deve-se lembrar que o pecado de Moisés foi além da simples desobediência à ordem divina de falar em vez de ferir a rocha. A ira e autopromoção de Moisés equivalem à insubordinação, pois ele e Arão usurpam o lugar preeminente de Javé perante Israel (Números 20.2-13; esp. v. 10). A severidade do castigo de Moisés (*i.e.*, a negação da entrada em Canaã) parece justificada dada a natureza da responsabilidade associada a quem exerce a liderança no AT e o julgamento divino coerente e rígido de rebelião em outros trechos de Números.

e 3) Estabelecimento de base para cobranças de impostos (v. recenseamento de Moisés para o imposto do santuário em Êxodo 30.11-16). Junto com as instruções para organizar as tribos na marcha e na formação de acampamento (cap. 2), o recenseamento tinha o efeito prático de contribuir para a transformação de ex-escravos no povo de Deus unificado.

A ordem do primeiro alistamento de Israel foi dada no segundo mês do segundo ano após o êxodo (Números 1.1). Esse recenseamento contou a primeira geração de israelitas do pós-êxodo, todos os homens de 25 anos ou mais. A ordem para o segundo alistamento de todos os homens israelitas em idade para lutar foi dada no quadragésimo ano após o êxodo e contou a segunda geração de israelitas (v. 20.1,22-29; 33.38). Os números dos recenseamentos são comparados na figura 5.2.

Figura 5.2 – Dados dos recenseamentos de Números 1 e 26

Tribo	*Referência*	*Número*	*Referência*	*Número*
Rúben	1.20-21	46.500	26.5-11	43.730
Simeão	1.22-23	59.300	26.12-14	22.200
Gade	1.24-25	45.650	26.15-18	40.500
Judá	1.26-27	74.600	26.19-22	76.500
lssacar	1.28-29	54.400	26.23-25	64.300
Zebulom	1.30-31	57.400	26.26,27	60.500
Efraim	1.32-33	40.500	26.35-37	32.500
Manassés	1.34-35	32.200	26:28-34	52.700
Benjamim	1.36-37	35.400	26.38-41	45.600
Dã	1.38-39	62.700	26.42,43	64.400
Aser	1.40-41	41.500	26.44-47	53.400
Naftali	1.42-43	53.400	26.48-50	45.400
Total		603.550		601.730
Média		50.296		50.144
Máximo		74.600		76.500
Mínimo		32.200		22.200

Maior crescimento: Manassés (20.500)
Maior baixa: Simeão (37.100)

LASOR, William Sanford; HUBBARD, David A.; BUSH, Frederick W. Old Testament Survey. Grand Rapids: Eerdmans, 1982. p. 167. Adaptado e usado com permissão.

Se os números devem ser interpretados literalmente – e os homens da era militar compreendem aproximadamente ¼ da população –, a projeção do total de israelitas varia entre 2 e 3 milhões de pessoas. Os proponentes da interpretação literal dos registros do recenseamento observam que essa posição corresponde ao temor sentido pelo faraó em relação aos hebreus (que se multiplicavam rapidamente) de dominação do Egito e às promessas feitas a Abraão sobre um grande povo (v. Êxodo 1.7-12; Gênesis 12.2; 17.5-6).

Todavia, os críticos argumentam que, dadas a incapacidade de o deserto do Sinai sustentar uma quantidade tão grande de pessoas e animais e a de Israel de subjugar e expulsar os cananeus, o crescimento populacional tão rápido seria improvável e, portanto, as cifras não podem ser interpretadas literalmente. Essas dificuldades, associadas à leitura literal dos registros do recenseamento de Números, deram origem a interpretações alternativas dessas e de outras contagens no Pentateuco.

Já se sugeriu, sem ampla aceitação, que o resultado dos recenseamentos são listas da era monárquica de Davi colocadas no lugar errado. Alguns estudiosos consideram os números parte do estilo de "prosa épica" do autor, com o objetivo de evidenciar a integridade cumulativa de Israel e a magnitude do livramento milagroso de Javé. Outros os descartam por considerá-los ficção literária ou exageros completamente corrompidos por séculos de revisão das fontes do Pentateuco.

A abordagem alternativa mais aceita afirma que a palavra hebraica para "mil" foi mal interpretada em razão da confusão causada pela falta de sinais vocálicos nos manuscritos hebraicos mais antigos. Isso significa que o mesmo grupo de consoantes poderia ser interpretado por "clã", "tribo", "unidade" (*e.g.*, Josué 6.15; Zacarias 9.7) ou até "chefe" ou "guerreiro armado" (*e.g.*, Gênesis 36.15). Logo, as listas dos recenseamentos de Números registram "unidades" militares de quantidade não especificada de guerreiros ou homens (armados) de guerra. Esse critério reduz o exército israelita a algo entre 18 e 100 mil homens, com a população total entre 72 e 400 mil pessoas.

Argumenta-se que os números reduzidos são mais coerentes com os dados históricos e arqueológicos disponíveis relativos aos padrões populacionais durante o período do êxodo. Essa abordagem também confirma as afirmações bíblicas sobre o tamanho de Israel comparado às nações vizinhas (v. Êxodo 23.29; Deuteronômio 7.1-7). Todavia, deve-se enfatizar que nenhuma das opções interpretativas dos registros dos recenseamentos do livro é à prova de problemas ou incoerências. Em geral, a posição quanto às Escrituras determina a perspectiva relativa a seus números, em um extremo que tende desde a interpretação literal ao ceticismo, com relação à sua historicidade e confiabilidade; entre os extremos, resta a posição moderada aberta a leituras alternativas.

A provação por Javé

A experiência ou prova é um tema repetido no Pentateuco e se torna importante no livro de Números. A narrativa de Gênesis registra a provação inicial da humanidade no jardim de Deus (2.15-17). Além disso, a presença do "tentador" no jardim associada à expressão do NT "anjos eleitos" sugere que até os exércitos celestiais foram sujeitos à provação ou a testes (v. 1Timóteo 5.21). Em outras passagens, Deus testou a fé de Abraão ao exigir o sacrifício de Isaque (Gênesis 22.1-14), e José foi divinamente motivado a testar a lealdade dos irmãos (Gênesis 44.1-17).

Moisés descreveu a permanência de Israel no deserto por 40 anos como "teste" de fé em Javé e de lealdade à aliança (Deuteronômio 8.1-2). O propósito da provação realizada por Javé era humilhar os israelitas para aprenderem a depender totalmente dele, ensinar-lhes obediência aos mandamentos e lhes mostrar a verdadeira condição de seu "coração". O comentário do NT sobre esse episódio da história israelita encontra-se no discurso de Estêvão perante o Sinédrio (Atos 7.39; v. Hebreus 3.16–4.4). Ele indicou que os hebreus fracassaram porque o coração deles jamais saiu do Egito.

Os relatos do AT sobre a vida de Abraão (Gênesis 22), Davi (Salmos 17.3; 26.2), Jó (23.10) e muitos outros sugerem que a provação divina é comum para testar os eleitos de Deus. O **cronista** e o profeta Jeremias viam Javé como o Deus que testa o coração e a mente (1Crônicas 29.17; Jeremias 11.20). Na verdade, Davi pediu sua provação porque sabia de seus benefícios para manter os fiéis de Deus no caminho eterno (Salmos 139.23). No fim, a provação divina diagnostica a raiz da motivação e atitude humana, impedindo que o nome santo de Javé seja profanado (Isaías 48.10-11). A provação expõe e condena a incredulidade e a rebelião, deixando os seres humanos indesculpáveis perante o Senhor.

Justamente por isso, os homens não devem colocá-lo à prova (Deuteronômio 6.16). O profeta Malaquias ajuda a esclarecer esta proibição nas instruções cuidadosas dadas ao Israel pós-exílico. Por um lado, ele recomenda colocar Deus à prova do ponto de vista da obediência e fé (3.10). Por outro lado, desaconselha colocá-lo à prova do ponto de vista da desobediência e incredulidade (3.15). A palavra encontrada em Malaquias 3.15 também aparece nos textos do AT descrevendo a provação de Deus por Israel durante a peregrinação no deserto (Êxodo 17.2; Salmos 66.10; 78.18,41; 95.9). Os que "testaram" a Deus por descrença e rebelião erraram em seu coração, não tiveram consideração pelos caminhos de Deus e foram adequadamente punidos (v. Salmos 95.9-11). Em comparação, a palavra para prova em Malaquias 3.10 é a mesma encontrada em Jó 23.10 e em Salmos 17.3; 26.2; 139.23. Ali ela denota a purificação e o fortalecimento da fé para os que colocam Deus à prova do ponto de vista da confiança e obediência aos mandamentos.

O NT concorda com a interpretação do AT da provação divina da humanidade. Até Jesus foi tentado em todas as áreas em que também somos para que pudesse ser o sumo sacerdote que se identifica conosco (Mateus 4.1-11; Hebreus 4.14-16). O uso de duas palavras diferentes para provação no livro de Tiago corresponde ao padrão de linguagem do AT e confirma seu ensinamento. Deus prova os seres humanos com a intenção de aprovar a fé e desenvolver o caráter santo (Tiago 1.2-4), mas não tenta indivíduos com o propósito de incitar o mal ou reprovar a fé (1.12-15). Essa é a obra de Satanás como inimigo dos justos. Finalmente, como o rei Davi, o apóstolo Paulo reconheceu os benefícios "redentores" da provação divina (Romanos 5.1-11).

A revelação de Deus na cultura humana

O livro de Números ilustra as diferentes maneiras pelas quais Javé se revela a Israel no contexto cultural do Antigo Oriente Médio. Por exemplo, a liberdade divina para agir fora das normas culturais da época é demonstrada pela legislação mosaica ao estabelecer "cidades de refúgio" para os culpados de homicídio involuntário ou acidental (Números 35.9-28; v. Deuteronômio 4.41-43; 19.1-13; Josué 20–21). O conceito de abrigo do "homicida involuntário" foi criado para limitar o costume do Antigo Oriente Médio de vingança de sangue, na qual o parente mais próximo da vítima era obrigado a vingar a morte do membro da família ao matar o assassino. A instituição das cidades de refúgio era singular no mundo antigo e elevou a vida social e moral hebraica a um nível superior ao das nações vizinhas.

A decisão inovadora de Moisés no caso da herança das filhas de Zelofeade constitui outro exemplo de Javé revolucionando o costume legal do Antigo Oriente Médio ao lidar com os hebreus como povo especial (Números 27.1-11; 36.1-13). Na lei mesopotâmica, as filhas geralmente não herdavam partes do patrimônio da família. Ao que tudo indica, isso também era prática comum entre os hebreus (v. Deuteronômio 21.15-17). Mas a legislação de Números eleva a posição das mulheres na sociedade hebraica, ao contrário dos povos vizinhos, e indica a intenção de Javé de cumprir suas promessas relativas à terra da aliança (Números 33.50–36.1; v. Gênesis 12.1; 17.8).

No entanto, Deus escolheu adaptar aspectos da sua revelação a convenções culturais do Antigo Oriente Médio. Alguns exemplos incluem a utilização da linguagem e de agentes humanos para transmitir verdade divina (*e.g.*, Números 33.2), a ordem do recenseamento (Números 1.2) e a legislação relativa aos votos dos nazireus (Números 6.1-21) — todos refletindo práticas comuns às civilizações do Antigo Oriente Médio. Ilustração interessante dessa conformidade cultural na revelação divina diz respeito às leis que protegiam o marido ciumento da mulher suspeita de adultério (Números 5.11-31). Na lei mesopotâmica, o acusado jurava perante os deuses (*e.g.*, o deus do rio, Id) e depois mergulhava (ou era jogado) no rio. Os deuses fariam a justiça prevalecer poupando-o (o que denota inocência) ou deixando-o afogar-se (o que denota culpa). Apesar de o procedimento do "teste de adultério" ser mais aceitável do que a prova mesopotâmica no rio, permanecia uma tradição legal da dominação masculina, pois o teste era feito só com mulheres. É claro que a intenção de Javé era estabelecer a santidade entre o povo de Israel e evitar a violação criminosa das cláusulas da aliança, quer sua revelação assumisse formas sociais e legais convencionais, quer as substituísse completamente. A análise da revelação divina no contexto da cultura humana revela dois princípios importantes: 1) Deus demonstra respeito e admiração pela cultura humana ao agir por intermédio dela e não passando por cima dela ou a excluindo e 2) Os objetivos superiores da obediência à aliança e da santidade pessoal e comunitária podem exigir abordagens supraculturais ao ministério relacional realizado em nome de Javé.

Sociedade e cultura no Antigo Testamento

Quem estuda o AT geralmente faz duas perguntas relacionadas com as convenções culturais associadas ao mundo bíblico. A primeira é: como a aliança de fé singular de Israel se relacionava e interagia com as práticas socioculturais do mundo mediterrânico antigo? A segunda é: como Deus se relacionava com os padrões socioculturais daquelas sociedades antigas?

Christopher Wright procedeu a uma avaliação bíblica da extensão das reações de Israel à cultura atual. A abordagem respeita a dignidade de seres humanos criados à imagem de Deus, reconhece a realidade (e as consequências) da Queda e dá precedência à importância da responsabilidade humana pelo impacto social das normas culturais. Suas amplas classificações podem ser divididas em três categorias:

1. Práticas abomináveis a Deus e consideradas socialmente proibidas em Israel, entre elas idolatria, perversão (*e.g.*, comportamento sexual anormal, atividades ocultas), destruição de pessoas (*e.g.*, sacrifício humano) e insensibilidade com os pobres.
2. Tolerância de certos costumes sociais sem ordem ou sanção divina explícita, abordados pela crítica teológica crescente indicando que tais costumes não atingiam os padrões divinos mais elevados e geralmente regulados por salvaguarda legal com a intenção de amenizar ou eliminar seus piores efeitos (*e.g.*, poligamia, divórcio, escravidão).
3. Aceitação e afirmação divina de padrões socioculturais comuns, em especial a importância da família e dos parentes, tradições relacionadas à hospitalidade, à ideia de justiça social, apreciação das artes e o valor de uma ética do trabalho acentuada.

WRIGHT, C. J. H. An Eye for an Eye: the Place of Old Testament Ethics Today. Downers Grove, IL: InterVarsity Press, 1983. p. 174-196. Para o debate completo, veja Society and Culture in the Old Testament.

Os oráculos de Balaão

A antiguidade das profecias de Balaão preservadas em Números 22–24 tem sido reconhecida há muito tempo. Elas formam uma contribuição importante para a poesia israelita antiga, compondo a chamada história inicial da Bíblia hebraica.[4]

[4] ALBRIGHT, V. William F., The Oracles of Balaam, **JBL** 63, 1944, p. 207-53; e FREEDMAN, David N., **Pottery, Poetry, and Prophecy**: Studies in Early Hebrew Poetry (Winona Lake, IN: Eisenbrauns, 1980), p. 77-178. A coleção de Freedman de poesia hebraica antiga que constitui a "história principal" inclui a bênção de Jacó (Gênesis 49), o cântico do Mar (Êxodo 15), os oráculos de Balaão (Números 23 e 24), a bênção de Moisés (Deuteronômio 33), o cântico de Débora (Juízes 5) e vários fragmentos poéticos (Êxodo 17.16; Números 6.24-26; 10.35-36; 12.6-8; 21.17-18,27-30; Deuteronômio 34.7; e Josué 10.12-13).

Sem dúvida, a poesia é mais conhecida por causa das desventuras do profeta pagão contratado pelo rei moabita, Balaque, para amaldiçoar Israel e, assim, ajudar Moabe a derrotá-lo na batalha (Números 22.1-6). A princípio, o Senhor ordena que Balaão não vá com Balaque; depois cede e deixa o vidente seguir Balaque até o acampamento israelita. Segue-se uma conversa com o Anjo do Senhor e a própria jumenta, aparentemente por causa da detecção divina das más intenções de Balaão (v. 22.32). Ironicamente, Balaão acaba abençoando o povo de Israel e amaldiçoando as nações de Moabe, Edom e Amaleque (24.15-24).

A inclusão dos oráculos de Balaão na narrativa destaca a mensagem básica da fidelidade de Javé para com Israel, lembrando-o de que é povo "abençoado" (22.12), sustentado e protegido pela presença do próprio Deus (23.21-22). A poesia também serve para motivar Israel na jornada à Terra Prometida ao demonstrar o controle soberano de Javé sobre as nações da região. Além disso, ela amplia a promessa da futura monarquia messiânica na profecia da estrela e do cetro (24.17; v. Gênesis 49.10).

Mais tarde, Balaão uniu-se aos midianitas e conseguiu indiretamente amaldiçoar Israel, incitando-o a participar de idolatria e imoralidade no culto a Baal em Peor (Números 25.1-3; v. 31.8-16). No NT, Balaão é citado como exemplo de falso profeta corrompido pela ganância e pelo desejo de lucro (Judas 11).

Uma inscrição fragmentária em aramaico encontrada em uma parede coberta de gesso em Deir'Allah, na Jordânia, narra outra história de um vidente chamado Balaão transmitindo a mensagem dos deuses a uma nação desobediente. Se esse for o Balaão de Números 22–24, o texto dá prova suficiente da fama do profeta como "vidente".[5]

Perguntas para estudo e debate

1. Como o livro de Números descreve Moisés? E como descreve Javé?
2. Por que o autor de Números dá tanto destaque a murmurações, incredulidade, rebelião e castigos do povo hebreu?

[5] Uma tradução e a discussão do texto, bem como suas implicações para o estudo do AT, foram publicadas em J. Hoftijzer & G. van der Kooij, **Aramaic Texts from Deir'Allah** (Leiden: Brill, 1976).

3. O que Números ensina sobre Javé e sua revelação com relação à cultura humana?
4. Como o propósito das cidades de refúgio descrito em Números 35.6-34 se relaciona à aliança divina com Israel?
5. O que as descrições das mulheres no livro de Números sugerem sobre o papel feminino na sociedade hebraica antiga?
6. Como devemos interpretar a ordem de Javé a Israel para se vingar dos midianitas (31.1-2)?
7. O que a interação de Javé com um profeta pagão como Balaão revela sobre sua intervenção na história?

Leituras complementares

ALLEN, Ronald B. Numbers. **EBC**. Grand Rapids: Zondervan, 1990. v. 2, p. 657-1008.

ASHLEY, Timothy R. Numbers. **NICOT**. Grand Rapids: Eerdmans, 1993. Explana a relevância teológica do livro.

BUDD, P. J. Numbers. **WBC**. Waco, TX: Word, 1984. v. 5. Bibliografias úteis.

DAVIES, E. W. Numbers. **NCBC**. Grand Rapids: Eerdmans, 1995.

HARRISON, R. K. Numbers. **WEC**. Chicago: Moody Press, 1990.

LEVINE, Baruch. Numbers. **AB**. New York: Doubleday, 1993. v. 4A.

MAARSINGH, B. Numbers: A Practical Commentary. **TIC**. Transl. J. Vriend. Grand Rapids: Eerdmans, 1987. [Tradução da obra original em holandês.]

MILGROM, J. Numbers. **JPS Torah Commentary**. Philadelphia: Jewish Publication Society, 1990.

NOTH, Martin. Numbers. **OTL**. Transl. J. D. Martin. Philadelphia: Westminster, 1968. [Tradução da obra original em alemão.]

OLSON, Dennis T. **Numbers**: Interpretation. Louisville: John Knox, 1996.

PILCH, John J. **Introducing the Cultural Context of the Old Testament**. New York: Paulist Press, 1991.

RIGGANS, W. Numbers. **DSB-OT**. Philadelphia: Westminster, 1983. Analogias úteis entre o ensinamento de Números e o ministério de Jesus Cristo.

Sturdy, J. Numbers. **CBC**. Cambridge: Cambridge University Press, 1976.
Wenham, G. J. Numbers: An Introduction and Commentary. **TOTC**. Downers Grove, IL: InterVarsity Press, 1981. Sem dúvida, o melhor comentário sobre o tema. De boa leitura, amplamente pesquisado, de posição evangélica sólida, exposição criteriosa e aplicação atual cuidadosa. [Publicado em português com o título **Números**: introdução e comentário (São Paulo: Vida Nova, 1985).]

6

Deuteronômio

Conceitos básicos

- ✓ A importância do local de adoração
- ✓ A organização das leis referentes aos Dez Mandamentos
- ✓ A ênfase no nome de Deus
- ✓ A importância de amar e obedecer ao Deus da aliança

Deuteronômio não apresenta a "segunda lei", como o nome sugere, mas faz resumo importante do período no deserto e da organização do material legal. Estruturado nas palavras de Moisés pouco antes de sua morte, o livro oferece aos israelitas uma perspectiva ampla dos acontecimentos da geração anterior, criando a oportunidade de renovação da aliança.

COMPOSIÇÃO DO LIVRO

A datação de Deuteronômio tem servido de base para duas teorias críticas famosas da atualidade: a hipótese documentária do Pentateuco (v. Apêndice B, p. 643-53) e a teoria da história deuteronomista (v. p. 185-7). Ambos os modelos datam Deuteronômio no fim do século VII a.C. e o consideram o documento fundamental das reformas do rei Josias em 622 a.C. (2Reis 23.1-3). Embora sua função na reforma de Josias seja indiscutível, cresce o número de quem sustenta a opinião de que Deuteronômio contenha muito material bem anterior ao século VII. Em decorrência disso, estudos sobre natureza, conteúdo e origem da forma mais antiga de

Deuteronômio são abundantes. Um motivo pelo qual os estudiosos não mantêm a associação de Moisés com o livro é que Deuteronômio ensina que a adoração deve ser centralizada no santuário (Deuteronômio 12). Alega-se que essa centralização não poderia ser ponto de debate antes da construção do templo em Jerusalém. Além disso, não há evidências históricas de verdadeira preocupação com a centralização até a época de Josias, ou talvez um pouco antes, no reinado de Ezequias. Esses estudiosos também argumentam que a advertência a respeito da monarquia (cap. 17) deve ter se originado após sua fundação.

Essas objeções têm a questão por certa, pois negam que Moisés antecipou os assuntos que deveriam ser abordados. Não vemos motivo para negar que o livro realmente é registro preciso das palavras de Moisés. Não é necessário que Moisés as tenha escrito pessoalmente, mas a natureza do livro e sua unidade sugerem sua composição bem próxima da época em que os discursos foram proferidos. Alguns trechos, como o capítulo 34, podem ser considerados anexos posteriores.

A unidade do livro fica evidente pelo fato de pressupor a estrutura de tratado de vassalagem do Antigo Oriente Médio. Mais de 50 tratados como este foram descobertos na região, variando de meados do terceiro milênio a meados do primeiro milênio a.C. Quase metade deles é de arquivos do Império Neo-Hitita, de meados do segundo milênio.

Pesquisas têm demonstrado que cada período tende a possuir um perfil característico para o estabelecimento dos termos do tratado. Argumenta-se que Deuteronômio segue a forma dos tratados de meados do segundo milênio em comparação aos de outros períodos, demonstrando assim que o livro pode ser datado com certeza na época de Moisés.[1] Outros tentaram provar que há mais semelhança com os Tratados Neoassírios de Esar-Hadom no século VII.[2]

Embora Deuteronômio se pareça mais com os Tratados Neo-Hititas do que qualquer outro tratado autêntico, há pequenas diferenças. Além disso, a falta de representação geográfica ampla nos tratados do primeiro milênio, infelizmente, dificulta a eliminação da possibilidade de a forma

---

1 V. Kitchen, Kenneth A., **Ancient Orient and Old Testament** (Downers Grove, IL: InterVarsity Press, 1966), p. 90-102.

2 Weinfeld, M., **Deuteronomy and the Deuteronomic School**, p. 59-157.

neo-hitita ter sido usada até o primeiro milênio em algumas regiões. Entretanto, o fato de Deuteronômio se assemelhar mais à forma hitita de tratado, sem dúvida, dá certa credibilidade à datação do livro no segundo milênio (fig. 6.1).

Figura 6.1 – Formato de tratado e alianças bíblicas

Ordem das seções dos tratados hititas (2.º milênio)	*Descrição*	*Êxodo – Levítico*	*Deuteronômio*	*Josué 24*
Apresentação do orador	Identificação do autor e do direito de publicar o tratado	20.1	1.1-5	v. 1-2
Prólogo histórico	Resumo do relacionamento anterior entre as partes	20.2	1.6–3.29	v. 2-13
Estipulações	Lista de obrigações	Decálogo 20.1-17 Código da aliança 20.22–23.19 Ritual 34.10-26 – Levítico 1–25	Cap. 4–26	v. 14-25
Afirmação relativa ao documento	Instruções de armazenamento e leitura pública	Êxodo 25.16?	27.2-3	v. 26
Testemunhas	Comumente a identificação dos deuses convocados para testemunhar o juramento	Nenhuma	Cap. 31 e 32	v. 22,27
Maldições e bênçãos	Como a divindade reagirá ao cumprimento ou à violação do tratado	Levítico 26.1-33	Cap. 28	v. 20

CONTEXTO

Os tratados de vassalagem do Antigo Oriente Médio proveem o contexto literário para a compreensão de Deuteronômio. O tratado padrão incluía:

1. Prefácio apresentando o locutor, geralmente o suserano, autor do tratado.
2. Prólogo histórico ressaltando a benevolência e autoridade do suserano.
3. Estipulações detalhando o que era esperado do vassalo.
4. Afirmação relativa à exibição, armazenamento ou termos de leitura periódica.
5. Lista de testemunhas, geralmente divindades.
6. Maldições ou bênçãos dos deuses de acordo com a execução das condições.

Em Deuteronômio, o Senhor é apresentado como suserano e autor da aliança. O prólogo histórico registra como Deus tirou os israelitas do Egito, revelou-se no Sinai e os levou à Terra Prometida ao patriarca Abraão. Estipulações variadas abrangem a maior parte do livro. A cláusula do documento mais provável em Deuteronômio é a ordem para que o povo, ao chegar à Terra Prometida, deveria levantar pedras e escrever nelas a lei (27.2-3; v. Josué 8.30-32). Os capítulos 31 e 32 apresentam o trecho das testemunhas. Moisés recebe ordem de compor um cântico que servirá de testemunho (31.19-22; v. 32.29-43 — o cântico inclui juramento ao Senhor), e tanto o livro da Lei como os céus e a terra também são convocados a serem testemunhas (31.26-28). Bênçãos e maldições são encontradas no capítulo 28.

Pode-se, portanto, concluir que Deuteronômio contém todas as seções que compõem os tratados do Antigo Oriente Médio, mas deve-se observar que há variações na ordem, pois o trecho das testemunhas segue-se às bênçãos e maldições. Tal comparação ajuda-nos a considerar Deuteronômio o documento oficial ratificador do relacionamento formal entre o Senhor e Israel; o primeiro como suserano, e o segundo como vassalo.

ESBOÇO DE DEUTERONÔMIO

I. Primeiro discurso de Moisés
   A. Prefácio (1.1-5)
   B. Prólogo histórico (1.6–3.29)
   C. Introdução às estipulações: exortação à obediência à Lei (4.1-43)

II. Segundo discurso de Moisés
   A. Introdução ao discurso (4.44–5.5)
   B. Estipulações (5.6-21)
      1. Decálogo (5.6-21)
      2. Reação do povo (5.22-33)
      3. Elaboração do decálogo (6.1–26.15)
         a. 1º mandamento (6–11)
         b. 2º mandamento (12)
         c. 3º mandamento (13.1–14.21)
         d. 4º mandamento (14.22–16.17)
         e. 5º mandamento (16.18–18.22)
         f. 6º mandamento (19–21)
         g. 7º mandamento (22.1–23.14)
         h. 8º mandamento (23.15–24.7)
         i. 9º mandamento (24.8-16)
         j. 10º mandamento (24.17–26.15)
      4. Exortação final (26.16-19)
   C. Cláusula do documento (27.1-10)
   D. Maldições e bênçãos (27.11–28.68)

III. Terceiro discurso de Moisés: instrução final (29 e 30)

IV. Últimas palavras de Moisés
   A. Assuntos diversos (31)
   B. Cântico de Moisés (32)
   C. Bênção de Moisés (33)
   D. Morte de Moisés, transição para Josué (34)

PROPÓSITO E MENSAGEM

Deuteronômio foi escrito para formalizar a aliança entre Israel e o Senhor no Sinai. Além disso, esclarece o pacto e convida o povo a viver em obediência às leis de Deus. É a constituição da aliança do Sinai, oferecendo à segunda geração do êxodo a oportunidade para renovar a aliança, preparando-a para entrar na terra. Quanto às promessas da aliança feitas aos patriarcas, Deuteronômio destaca a do território. Mais especificamente, o propósito do trecho de estipulações é abordar o espírito da lei. Isso é realizado pelo desenvolvimento da divisão legislativa para cada um dos Dez Mandamentos com o objetivo de discutir suas implicações, pontos altos e consequências mais amplas.

A mensagem do livro é a mensagem da lei e da aliança. Ela foi identificada, há muito tempo, pelos judeus por meio da famosa designação Shemá ("Ouça" — a primeira palavra hebraica do trecho) encontrada em 6.4-9; entretanto, é resumida outra vez em 10.12-13:

> E agora, ó Israel, que é que o Senhor, o seu Deus, lhe pede, senão que tema o Senhor, o seu Deus, que ande em todos os seus caminhos, que o ame e que sirva ao Senhor, o seu Deus, de todo o seu coração e de toda a sua alma, e que obedeça aos mandamentos e aos decretos do Senhor, que hoje lhe dou para o seu próprio bem?

ESTRUTURA E ORGANIZAÇÃO

Como vimos, Deuteronômio é organizado em grande parte como os tratados do Antigo Oriente Médio. As seções do tratado dividem-se entre três discursos proferidos por Moisés, como indicado no esboço. Os quatro capítulos seguintes aos discursos registram outras palavras de Moisés e completam a transição da sua liderança para Josué.

A lógica da organização do trecho de estipulações é importante para a compreensão da estrutura do livro. Com o passar dos séculos, os estudiosos têm lutado para identificar os princípios de organização do arranjo ou da lógica dos capítulos 6–26, mas, em geral, só se frustraram com suas tentativas. Em 1979, houve uma inovação com o artigo de Stephen Kaufman, sugerindo que os capítulos 12–26 poderiam ser divididos em relação aos Dez Mandamentos.[3] Subsequentemente, a correlação foi expandida para incluir os capítulos 6–11 e considerada não apenas a estrutura literária,

---

[3] Kaufman, S., **The Structure of the Deuteronomic Law**, p. 105-58.

mas a intenção da abordagem do espírito da lei.[4] Essa abordagem oferece a tão esperada explicação da escolha e organização do material legal.

Embora os mandamentos sejam discutidos na ordem de 1 a 10, o agrupamento do material legal sugere quatro tópicos gerais: autoridade, dignidade compromisso, direitos e privilégios. Os mandamentos 1–4 abordam essas quatro questões em referência ao relacionamento com Deus; os mandamentos 5–10 abordam as mesmas quatro questões em referência ao relacionamento entre os seres humanos.

Primeiro mandamento: autoridade divina (Deuteronômio 6–11)

"Não terás outros deuses além de mim."

Esses capítulos diferem dos capítulos 12–26, pois não consistem em leis individuais. Em vez disso, apresentam exemplos de como obedecer ao primeiro mandamento. O trecho incentiva amor e obediência a Deus e adverte sobre colocá-lo à prova. O fato de Deus ter elegido Israel e amá-lo demonstra que ele é digno do respeito e prestígio exigidos. Ele cumpriu suas promessas e continuará a fazê-lo. Além disso, há duas afirmações sobre a autoridade de Deus (6.4; 10.17) e várias advertências contra a adoração de outros deuses. A mensagem geral desses capítulos é que Deus deve ser prioridade máxima e autoridade final dos israelitas. Este é o cerne do primeiro mandamento.

Segundo mandamento: dignidade divina (Deuteronômio 12)

"Não farás para ti nenhum ídolo."

Esse trecho diz respeito à maneira pela qual Deus é tratado. A importância do santuário central nesse contexto é o objetivo de impedir que os israelitas simplesmente tomem os santuários cananeus e os transformem em santuários de Javé. Isso deixaria Israel muito vulnerável às influências da religião pagã, ao passo que o uso de um santuário central preservaria a uniformidade no ensinamento e na prática religiosa.

A maior preocupação está na maneira em que o aspecto ritual da adoração é realizado. O Senhor não deve ser tratado como os cananeus o fazem com seus deuses, nem adorado daquela forma (12.4,30-31). O ritual

4 WALTON, John, **Deuteronomy**: An Exposition of the Spirit of the Law, p. 213-25.

cananeu era manipulador e interesseiro. Em contraste, o ritual israelita devia reconhecer a natureza verdadeira e única do Senhor soberano e autônomo. Algo inferior poria em risco sua dignidade. O ritual nunca deveria ser adaptado aos padrões pagãos nem ser um fim em si mesmo. A adoração genuína deve dar a Deus o lugar devido, não ser manipuladora e interesseira. Logo, o segundo mandamento vai muito além da proibição do uso de ídolos.

Terceiro mandamento: compromisso com a divindade (Deuteronômio 13.1–14.21)

"Não tomarás em vão o nome do SENHOR, o teu Deus."

O compromisso com Deus deve ser refletido na conduta individual. O capítulo 13 apresenta um exemplo hipotético da ofensa mais básica e visível — a tentação de adorar outros deuses. Não importa se a ofensa é cometida por uma autoridade religiosa altamente respeitada, um velho amigo ou por muitas pessoas, a perversidade será eliminada. Deus não perdoa aos que não o levam a sério, e os israelitas também não deveriam fazê-lo. Embora o respeito a Deus exija a ação severa em casos ostensivos, também exige reação irrepreensível nas áreas mais sutis da conduta. Por isso, o capítulo 14 usa as leis alimentares como exemplo. A pessoa realmente dedicada demonstrava sua dedicação na dieta.

Quarto mandamento: direitos e privilégios da divindade (Deuteronômio 14.22–16.17)

"Lembra-te do dia de sábado, para santificá-lo."

Deus tem o direito de ser honrado por Israel em sinal de reconhecimento da sua obra na criação (Êxodo 20.11) e gratidão pelo livramento da escravidão no Egito (Deuteronômio 5.15). No entanto, este não é o limite da exigência divina em relação ao povo. Deus é a fonte dos bens e da liberdade dos israelitas; portanto, é esperado que eles lhe dediquem seus bens e ofereçam bens e liberdade a outras pessoas em seu nome. Toda a legislação desse trecho sugere maneiras de isso ser feito, ultrapassando a questão do sábado, que é apenas um exemplo da honra que é direito de Deus e privilégio do povo.

Quinto mandamento: autoridade humana (Deuteronômio 16.18–18.22)

"Honra teu pai e tua mãe."

Agora o texto analisa a área dos relacionamentos humanos. Quando Deuteronômio aborda a autoridade humana, vemos que não se preocupa muito com a maneira pela qual reagimos a ela, como se pode supor com base nesse mandamento. Em vez disso, procura estabelecer a importância da autoridade humana para garantir a preservação da aliança. A honra dos filhos aos pais está no cerne, pois é no lar que ocorre o ensino da aliança (6.6-9). Isso explica a junção da frase: "para que tenhas longa vida e tudo te vá bem na terra" (5.16).

Outras formas de autoridade desempenham papel na cadeia de instrução na sociedade, incluindo juízes, o rei, sacerdotes e profetas. O autor bíblico retrocede na linha de autoridade:

1. Deus transmite suas instruções por intermédio dos profetas.
2. Os sacerdotes instruem o povo a respeito da Palavra de Deus.
3. Os reis são responsáveis por estabelecer um sistema com base nas instruções divinas.
4. Os juízes colocam em prática o sistema estabelecido.

As autoridades humanas devem ser honradas, pois desempenham papéis importantes na transmissão das ordens divinas. Da mesma forma, é essencial que os oficiais não ponham a aliança em risco ao deixar de cumprir suas responsabilidades.

Sexto ao oitavo mandamento: dignidade humana (Deuteronômio 19–21; 22.1–23.14; 23.15–24.7)

"Não matarás."
"Não adulterarás."
"Não furtarás."

A dignidade humana é abordada em três frentes: a dignidade da existência, a dignidade derivada da homogeneidade do grupo e a dignidade do indivíduo. Um bom número de sobreposições é possível aqui e entre esse trecho e os seguintes. Distinguir as subdivisões torna-se mais teórico neste ponto, e várias opções são possíveis. No entanto, as ideias gerais são evidentes o bastante nos versículos centrais de cada parte.

Figura 6.2 – O decálogo e Deuteronômio

DIVINO	QUESTÕES PRINCIPAIS	HUMANO
1 Êxodo 20.2-3 Deuteronômio 5.6-7 Deus deve ser nossa maior prioridade e autoridade indiscutível. Devemos a ele exclusividade e obediência. Deuteronômio 6–11	Autoridade	5 Êxodo 20.12 Deuteronômio 5.16 A autoridade humana não deve desviar a autoridade de Deus. Deuteronômio 16.18–18.22
2 Êxodo 20.4-6 Deuteronômio 5.8-10 A adoração deve refletir uma visão correta de Deus. Não pode ser manipulada ou para benefício próprio. Não pode acomodar-se aos padrões do mundo. Deuteronômio 12	Dignidade	6 7 8 Êxodo 20.13-15 Deuteronômio 5.17-19 A dignidade do ser humano deve ser preservada — envolve sua vida, família e posição. Deuteronômio 19.1–21.23 Deuteronômio 22.1–23.14 Deuteronômio 23.15–24.7
3 Êxodo 20.7 Deuteronômio 5.11 Devemos levar a sério nosso compromisso com Deus, de modo que esteja acima de qualquer reprovação e evite tudo o que nos desvie do caminho. Deuteronômio 13.1–14.21	Compromisso	9 Êxodo 20.16 Deuteronômio 5.20 Devemos levar a sério nosso compromisso com o próximo. Deuteronômio 24.8–25.16
4 Êxodo 20.8-11 Deuteronômio 5.12-15 Deus tem direito sobre nossa gratidão demonstrada naquilo que dedicamos a ele e o direito de pedir compaixão em seu nome. Deuteronômio 14.22–16.17	Direitos e privilégios	10 Êxodo 20.17 Deuteronômio 5.21 Devemos entender os limites de nossos direitos e não violar os direitos dos outros. Deuteronômio 24.17–26.15

De WALTON, John, **O Antigo Testamento em quadros**. São Paulo: Vida, 2001, p. 24.

A dignidade da existência. Esse trecho lida em grande parte com casos nos quais a vida pode ser usufruída sem violar o sexto mandamento. O capítulo 19 comenta a pena de morte, sugerindo que a Bíblia não a considera violação do sexto mandamento. O capítulo 20 comenta regras para a guerra. Isso também oferece critérios para os dias modernos, pois a Bíblia aparentemente não considera a morte no contexto de guerra violação do mandamento.

A dignidade da homogeneidade em grupo. A dificuldade de relacionar todas as questões legais abordadas nesse trecho é refletida na imprecisão do título dado. Uma maneira de interpretar as diversas leis de 22.1-12 é analisá-las à luz do que se mistura e do que não se mistura. Dois tipos de semente (v. 9) ou dois tipos de fio (v. 11) não se misturam. O animal do vizinho não deve ficar longe de seu lugar (v. 1). O adultério também é visto assim: a pessoa não deve se intrometer no casamento de outra; a integridade da família é sagrada. Portanto, os versículos de 12 a 30 do capítulo 22 abordam categorias diferentes de adultério. O capítulo 23 analisa Israel e as situações que podem ameaçar a homogeneidade do grupo. Sua dignidade é ameaçada quando Israel é invadido por pessoas que não lhe pertencem.

A dignidade do indivíduo. Muitas vezes, pessoas roubadas expressam a sensação de terem sido violadas e sua privacidade invadida, sentindo-se vulneráveis. Deuteronômio deixa claro que tal fenômeno não se limita às circunstâncias nas quais bens materiais tenham sido furtados, mas também quando bens intangíveis estão envolvidos. Tirar a liberdade ou o amor-próprio de alguém valendo-se de maus-tratos é tão sério e ameaçador quanto roubar objetos. Até na discussão do sequestro (24.7) a ênfase é dada ao tratamento à vítima, mostrando mais uma vez que a dignidade individual é ameaçada. Assim, fica claro que a proibição do oitavo mandamento não deve ser limitada a pegar algo pertencente a outra pessoa, mas é visto no contexto maior de qualquer invasão de privacidade. Essas ações têm o efeito de desumanizar e ameaçar a dignidade do indivíduo.

Nono mandamento: compromisso com a humanidade (Deuteronômio 24.8-16)

"Não darás falso testemunho contra o teu próximo."

O compromisso básico com o próximo é tratá-lo com sinceridade. Isso envolve o que lhe dizemos e o que dizemos sobre ele. O resultado de levar compromissos a sério é o desenvolvimento da confiança mútua, e isso é o denominador comum nesse trecho.

Décimo mandamento: direitos e privilégios humanos (Deuteronômio 24.17–26.15)

"Não cobiçarás [...] coisa alguma que [...] pertença [ao próximo]."

Cobiçar é desejar algo pertencente a outro. A legislação relativa a este mandamento sugere que os direitos individuais devem ser protegidos. Eles incluem os direitos à justiça, alimentação básica e abrigo, ter filhos, tratamento justo e o direito ao salário digno. Além disso, destaca que os direitos desfrutados por nós não devem ser menosprezados.

Resumo

A importância de Deuteronômio é esclarecer o fato de que a lei não foi criada para ser uma lista mecânica de regras inflexíveis. Pelo contrário, ela introduz a questão da verdadeira religiosidade e moralidade. Apresenta a cosmovisão que abrange tanto as exigências de uma abordagem adequada em relação a Deus quanto a maneira de interagir e se relacionar com o próximo. É fácil ver por que Jesus aprovou o resumo da lei oferecido por alguém bastante versado nela: "'Ame o Senhor, o seu Deus, de todo o seu coração, e toda a sua alma, de todas as suas forças e de todo o seu entendimento', e 'Ame o seu próximo como a si mesmo'" (Lucas 10.27).

TEMAS PRINCIPAIS

A Lei

Estamos acostumados a fazer uma forte distinção entre Lei e graça. Isso intrigaria o israelita antigo, para o qual não havia demonstração maior da graça de Deus que a encontrada na transmissão da Lei. No Antigo Oriente Médio, os deuses não eram reconhecidos por sua coerência. Os adoradores eram obrigados a adivinhar o que agradaria ou desagradaria a seu deus, e isso podia mudar de um dia para o outro. Tal incerteza levava à confusão constante, e o indivíduo só poderia estimar sua condição favorável ou desfavorável pela avaliação da sorte na vida.

A Lei mudou tudo isso para os israelitas. Seu Deus decidiu revelar-se e dizer claramente o que esperava deles. Embora muitas leis da Bíblia sejam semelhantes às leis do Antigo Oriente Médio, há contrastes surpreendentes entre elas. No Antigo Oriente Médio, a lei era o instrumento da sociedade para reger a si mesma; em Israel, era revelação divina. No Antigo Oriente Médio, a violação da lei constituía ofensa contra a sociedade; em Israel, contra Deus. A lei, no Antigo Oriente Médio, acentuava a ordem na sociedade; a Lei, em Israel, salientava o bom comportamento diante de Deus.

O resultado dessa perspectiva é que no AT os israelitas não reclamam do peso da Lei. Ela era o grande exemplo do amor divino por eles, e se consideravam felizes por poderem saber o que ele exigia. A Lei era considerada um prazer, não um incômodo, liberdade da revelação, não grilhões restritivos. Não há lugar em que a perspectiva positiva do espírito da Lei seja tão evidente quanto no livro de Deuteronômio.

No NT, se Paulo apresentou qualquer desilusão com a Lei (*e.g.*, Gálatas 3), ela existiu apenas no sentido de que os judeus de sua época tentaram fazer dela veículo de salvação em vez de apenas instrumento da revelação divina. O fato de a Lei não ser exemplo da provisão graciosa da salvação não significa que ela não deva ser considerada um ato gracioso. Como o povo de Deus pode ser considerado em termos de salvação ou de revelação, a graça de Deus é evidente tanto na dádiva da salvação como na da revelação. As duas não podem ser confundidas.

O santuário central

A ideia de haver um santuário em Israel estava simbolicamente relacionada ao conceito do Deus único. No Antigo Oriente Médio, cada cidade tinha um deus protetor, o qual recebia um templo em sua honra. Portanto, era adequado que a nação de Israel adoradora de apenas um Deus tivesse somente um templo legítimo. Contudo, podiam-se encontrar vários templos para a mesma divindade no Antigo Oriente Médio. Mas a teologia da presença de Deus, especial e contínua, no templo de Jerusalém impossibilitava a construção de outro templo. A presença de Deus não podia ser representada por ídolos, como em outras religiões, e os rituais deviam ser realizados na sua presença. Logo, a centralização era importante não só por motivos teológicos como também para proteger a prática religiosa ortodoxa. A falha no cumprimento da centralização criou muitos problemas religiosos antes do exílio.

História como teologia

Em Israel, a História não é considerada mera sequência de acontecimentos avaliados em termos de causa e efeito; muito pelo contrário, era Deus em ação. A História é a prova da eleição de Israel — a prática dos detalhes representados na afirmação: "serei o seu Deus, e vocês serão o meu povo". A História não flui aleatoriamente. Não foi a coincidência ou o esforço humano que tirou Israel do Egito após 400 anos e o levou à terra anteriormente prometida a Abraão. A História é revelação e exige resposta; daí seu caráter essencial para a aliança.

O fato de Deus ter agido na História a seu favor serviu de convocação para os israelitas aceitarem o governo benevolente do Senhor. Deuteronômio 4 insiste que os israelitas deviam aprender as lições da História. A mesma exortação foi repetida no NT em referência à revelação na História de quem Deus é (Romanos 15.4; 1Coríntios 10.1-13). Apesar de a mão divina ser vista em toda a História e lições serem aprendidas no decorrer da história mundial, a trajetória de Israel é singular como veículo criado especialmente para a autorrevelação divina.

O princípio da retribuição

A conformação às expectativas de Deus é recompensada, e a violação de seus mandamentos acarreta castigo. É assim que Deus lida com as nações. Passou-se a considerar essa a maneira de Deus agir com indivíduos, conceito revelado no contexto da literatura poética e da sabedoria. As expectativas divinas em relação a Israel foram descritas na Lei e registradas como estipulações da aliança. As bênçãos da aliança seriam perdidas caso suas condições não fossem cumpridas, mas isso não significa a anulação da aliança. As maldições incorporadas à aliança tiveram destaque mais tarde com a acusação feita pelos profetas clássicos pré-exílicos.

Perguntas para estudo e debate

1. Qual é a importância de Deuteronômio apresentar a forma padronizada de um tratado? O que isso acrescenta à interpretação do livro?
2. De que maneira nossa compreensão do conceito teológico da Lei é realçada pela interpretação de Deuteronômio como exposição do decálogo?
3. Cite os pontos fortes e fracos da teoria de que Deuteronômio 6–26 expõe o espírito dos Dez Mandamentos.
4. A História ainda é revelação? Faça a sugestão de uma teologia atual da História.
5. Algumas pessoas acreditam que Deuteronômio contenha a teologia mais significativa do AT. Apresente argumentos a favor dessa posição.

Leituras complementares

BROWN, Raymond. **The Message of Deuteronomy**. Downers Grove, IL: InterVarsity Press, 1993.

CRAIGIE, Peter C. **The Book of Deuteronomy**. Grand Rapids: Eerdmans, 1976. O melhor comentário conservador, embora publicado antes do artigo original de Stephen Kaufman sobre Deuteronômio e o decálogo.

____. **The Problem of War in the Old Testament**. Grand Rapids: Eerdmans, 1978. Capítulo útil sobre a questão da "guerra santa" de Israel contra os cananeus.

DRIVER, S. R. **A Critical and Exegetical Commentary on Deuteronomy**. Edinburgh: T. & T. Clark, 1895. Apresentação clássica da interpretação crítica do livro.

KAUFMAN, Stephen A. The Structure of the Deuteronomic Law. **Maarav** 1, 2, 1978-79, p. 105-58.

KLINE, Meredith G. **The Treaty of the Great King**. Grand Rapids: Eerdmans, 1963. Exposição evangélica do formato de tratado de Deuteronômio e suas implicações.

MCCARTHY, Dennis J. **Treaty and Covenant**. Roma: Biblical Institute Press, 1978. O estudo mais completo dos aspectos formais dos tratados do Antigo Oriente Médio e da aliança bíblica.

Mendenhall, George E. **Law and Covenant in Israel and the Ancient Near East**. Pittsburgh: Biblical Colloquium, 1955. Primeira grande apresentação em inglês da comparação entre tratado e aliança.

Merrill, Eugene. **Deuteronomy**. Nashville: Broadman and Holman, 1994.

Nicholson, E. W. **Deuteronomy and Tradition**. Philadelphia: Fortress Press, 1967.

Thompson, John A. **Deuteronomy**. Downers Grove, IL: InterVarsity Press, 1974. Comentário evangélico breve, mas sólido. [Publicado em português com o título **Deuteronômio**: introdução e comentário. São Paulo: Vida Nova, 1982.]

Tigay, Jeffrey. **Deuteronomy**. Philadelphia: Jewish Publication Society, 1996.

Walton, John H. Deuteronomy: an Exposition of the Spirit of the Law. **Grace Theological Journal** 8, 1987, p. 213-25.

Weinfeld, Moshe. **Deuteronomy and Deuteronomic School**. New York: Oxford University Press, 1972.

____. **Deuteronomy 1–11**. Garden City, NY: Doubleday/Anchor Books, 1991.

Wright, Christopher. **Deuteronomy**. Peabody, MA: Hendrickson, 1996.

Resumo histórico do período do Antigo Testamento

CRONOLOGIA

Para resumir a história do período do AT, é preciso fazer alguns comentários sobre cronologia. Os leitores podem perguntar-se como é possível a atribuição de datas a todos os acontecimentos e personagens do período antigo da História se os registros oferecem, na melhor das hipóteses, expressões como "No terceiro ano do rei X". Há muitas fontes em Israel e no Antigo Oriente Médio que oferecem uma cronologia relativa (o terceiro ano de um rei é o primeiro ano de outro) e, desses dados, um conjunto substancial de pessoas e acontecimentos pode ser formado. Para estabelecer a cronologia absoluta (o rei começou seu reinado em 465 a.C.), um ponto fixo deve ser determinado ao qual o conjunto cronológico relativo pode ser atrelado.

Em relação ao Antigo Oriente Médio, esse ponto fixo é suprido pelas listas de epônimos assírios. As listas de epônimos registravam, em cada ano, determinado oficial honrado, cujo nome era dado ao ano. Na lista, o nome é registrado com um ou dois dos acontecimentos mais importantes do "seu" ano, geralmente campanhas militares. Por acaso, no ano de Ishdi-Sagale, governador de Guzana, a lista descreve a ocorrência de um eclipse solar. Os astrônomos podem calcular a ocorrência de eclipses solares e, portanto, o ano de Ishdi-Sagale pode ser identificado positivamente com 763 a.C. Essa é a âncora fundamental da cronologia incontestável do Antigo Oriente Médio. Por isso, pode-se determinar que as listas de epônimos abrangem os anos 893-666 a.C. Pelo fato de todos os reis assírios desse período estarem (previsivelmente) entre os honrados, 200 anos de datas da Assíria podem ser determinados. Esse é o período do Império Neoassírio; portanto, o sincronismo da maioria das nações do Antigo Oriente Médio é estabelecido com a Assíria naquela época. Dessa forma, a Assíria tornou-se a base cronológica do Antigo Oriente Médio.

No entanto, não podemos supor que todos os problemas cronológicos estejam solucionados. Muitas vezes há dados conflitantes com o esquema da cronologia relativa que levantam questionamentos com relação à datação absoluta. Em outras ocasiões, acontecimentos ou pessoas não estão relacionados no material textual com a grade de cronologia relativa — por exemplo, o fato de o registro do êxodo não apresentar o nome do faraó da época. Ainda outros problemas ocorrem quando fontes antigas não registram suficientemente a complexidade de determinada situação — *e.g.*, intervalos nas cronologias, corregências, dinastias ou reis no poder simultâneos a outras dinastias ou reis no mesmo país.

Finalmente, algumas fontes informam sobre períodos mais longos de tempo. Por exemplo, nos registros de Tiglate-Pileser I da Assíria afirma-se que o templo construído por Saamsi-Adade I deteriorou-se por mais de 641 anos; na oração de Salomão registrada em 1Reis 6.1, afirma-se que 480 anos haviam-se passado entre o êxodo e a dedicação do templo. Esses fatos podem apresentar problemas se não corresponderem à informação suprida pela grade de cronologia relativa.

O resultado é muita incerteza com relação à cronologia precisa. No caso dos reis de Israel e Judá, ela geralmente é de apenas um ou dois anos, embora as diversas teorias possam ter até 12 anos de diferença entre uma e outra. Quanto mais antiga a data, mas incerteza haverá. O sincronismo mais remoto do AT com indivíduos conhecidos com base em registros do Antigo Oriente Médio é a invasão de Sisaque I do Egito a Jerusalém no quinto ano de Roboão (925 a.C., 1Reis 14.25-26). Isso deixa o período dos juízes e, por consequência, o Período Patriarcal, envolto em um mistério cronológico e, logo, sujeito a especulação.

Alguns acreditam que a Bíblia tem a chave para desvendar os mistérios cronológicos. O texto que citamos em 1Reis 6.1 parece datar o êxodo em 1446 a.C., ao passo que Êxodo 12.40 indica que a permanência no Egito durou 430 anos. Com base nesses dados, Jacó e sua família desceram até o Egito em 1876 a.C., e as datas possíveis para os patriarcas produziriam tabela cronológica de volta a Abraão. Outros estudiosos, por sua vez, consideram esse sistema inaceitável porque, segundo eles, discorda da informação arqueológica descoberta no último século. Desse modo, os números de 1Reis e Êxodo, às vezes, são considerados aproximações ou interpretados simbolicamente, e a cronologia continua sujeita a controvérsia.

DA MESOPOTÂMIA AO PERÍODO PATRIARCAL (2900-2000 a.C.)

Os arquitetos dos fundamentos da cultura mesopotâmica foram os sumérios, que ocupavam o sul da Mesopotâmia já no quarto milênio a.C. A lista dos reis sumérios apresenta a descrição de diversas cidades-estado importantes em épocas alternadas ou simultâneas. O período sumério em si é chamado Período Dinástico Antigo e está dividido em três partes, de 2900 a meados do século XXIV a.C. Nesse período, a população semita crescente também habitava a região. Os sumérios foram responsáveis por muitas realizações culturais, incluindo a invenção da escrita, e contribuíram significativamente em vários campos do conhecimento, como matemática, arquitetura, literatura, educação, direito e medicina.

O Período Dinástico antigo testemunhou grandes avanços na urbanização, monarquia e religião. Até que eles foram subjugados por Sargão I, o qual estabeleceu a Dinastia Semita de Acade por volta de 2340. Sargão é considerado o primeiro imperador da História. Governou todo o sul da Mesopotâmia e chegou até o Elão, a leste e, a noroeste, até o Mediterrâneo em campanhas de natureza militar e econômica. O império durou quase 150 anos antes de ser, aparentemente, derrubado pelos gutianos (povo bárbaro dos montes Zagros a leste do Tigre), embora outros fatores, como, por exemplo, dissensões internas, possam ter contribuído para a queda.

Pouco se sabe sobre o século seguinte, pois 20 reis gutianos se sucederam. Pouco antes de 2100, a cidade de Ur assumiu o controle do sul da Mesopotâmia sob o governo de Ur-Nammu e, durante o século seguinte, houve a renascença suméria no denominado Período Ur III. (É difícil determinar os limites do controle territorial dos reis de Ur III, embora o território aparentemente não tenha sido tão extenso quanto o da Dinastia de Acade.) Sob a liderança do filho de Ur-Nammu, Shulgi, a região desfrutou de quase meio século de paz. Shulgi exerceu domínio absoluto por meio de governadores provinciais e se destacou em atletismo, música e literatura. Acredita-se que ele mesmo tenha composto um hino e tenha sido treinado na arte da escrita. Declínio e queda chegaram no fim do século XXI por meio da infiltração dos amorreus e da agressão crescente dos elamitas a leste, que acabaram subvertendo a cidade.

É nesse contexto da História que surgem os patriarcas do AT. Algumas pessoas descrevem Abraão deixando a sofisticada Ur, que era o centro do poderoso Período Ur III, para se estabelecer no território desconhecido de Canaã; mas isso envolve especulações cronológicas e geográficas. Pela cronologia mais antiga, Abraão provavelmente teria viajado de Ur para Harã durante o reinado de Ur-Nammu, mas muitos estudiosos preferem datar a vida de Abraão no Período de Isin-Larsa ou até o Período Babilônico Antigo. Do ponto de vista geográfico, é difícil ter certeza de que a Ur mencionada na Bíblia é a famosa cidade no sul da Mesopotâmia. Referências como "Ur dos caldeus" levaram algumas pessoas a identificá-la com uma cidade do norte, Ur, mencionada em fontes contemporâneas.[1] Tudo isso impossibilita a determinação do contexto preciso de Abraão.

O PERÍODO PATRIARCAL (2000-1600 a.C.)

O Período Ur III findou no sul da Mesopotâmia quando o último rei de Ur, Ibbi-Sin, perdeu o apoio consecutivo das cidades e, finalmente, foi derrubado pelos elamitas, que viviam logo a leste do Tigre. Nos dois séculos seguintes, o poder retornou às cidades-estado que controlavam áreas mais locais. Isin, Larsa, Esnuna, Lagash, Mári, Assur e Babilônia serviram de centros políticos. Graças, substancialmente, aos arquivos reais de Mári, o século XVIII foi completamente documentado. No início do século houve um equilíbrio frágil de poder entre quatro cidades: Larsa, governada por Rim-Sin, Mári, por Yahdun-Lim (e mais tarde, Zimri-Lim), Assur, por Saamsi-Adade I, e Babilônia por Hamurábi. Ao longo de uma geração de intrigas políticas e estratégias diplomáticas, Hamurábi finalmente emergiu e estabeleceu a preeminência da Dinastia I da Babilônia.

O Período Babilônico Antigo estende-se desde a queda da Dinastia de Ur III, por volta de 2000 a.C., até a queda da Dinastia I da Babilônia pouco depois de 1600 a.C. Os reis da Dinastia I da Babilônia foram os amorreus. Estes vinham à Mesopotâmia já no Período de Ur III, a princípio, combatidos como inimigos, depois assumindo gradualmente seu lugar na sociedade do Oriente Médio. Com Hamurábi, atingiram o auge do sucesso. Apesar dos feitos militares impressionantes, Hamurábi é mais

[1] V. Beitzel, Barry J. **The Moody Atlas of Bible Lands.** Chicago: Moody Press, 1985, p. 80.

conhecido atualmente por sua coleção de leis. Seu código foi a primeira grande coleção descoberta do Antigo Oriente Médio e ainda é a mais extensa, com cerca de 250 leis conservadas. Elas antecedem Moisés em pelo menos 300 anos. A Dinastia I da Babilônia estende-se por mais de um século além da época de Hamurábi, embora o declínio tenha começado pouco depois de sua morte, continuando até a culminação com o saque hitita da Babilônia em 1595 a.C. Essa foi mera incursão por parte dos hititas, mas deu o golpe final na dinastia dos amorreus, abrindo as portas do poder para outro grupo, os cassitas.

A Idade do Bronze Médio (2000-1550 a.C.)[2], quando Abraão entrou em Canaã, era dominada por cidades-estado espalhadas como na Mesopotâmia, embora com menor densidade populacional e urbanização menos abrangente. O período começou por volta da época da queda da Dinastia de Acádia na Mesopotâmia (ca. 2200) e se estendeu até cerca de 1500 a.C. (50 anos mais ou menos, dependendo da teoria seguida). Na Síria, havia centros de poder em Yamhad, Qatna, Alalakh e Mári; e os centros costeiros de Ugarite e Biblos aparentemente já prosperavam. Registros contemporâneos da Palestina são raros, embora a história egípcia de Sinuhe tenha a Palestina da Idade do Bronze Médio como pano de fundo e, dessa forma, ofereça informações gerais. Listas de cidades na Palestina também aparecem em textos egípcios de maldição. No entanto, a maioria é desconhecida, ainda que Jerusalém e Siquém sejam mencionadas. Com o avanço do período, houve mais e mais contato com o Egito e muitas viagens de caravana entre Egito e Palestina.

DO EGITO AO ÊXODO

Quase simultaneamente ao Período Dinástico Antigo na Mesopotâmia, o Reino Antigo se formava no Egito, moldando a nação permanentemente nos domínios político e cultural. Essa foi a era das grandes pirâmides. Na Dinastia VI, contemporânea à Dinastia de Acádia na Mesopotâmia, a desintegração tornou-se evidente. De meados do século XXII até

[2] Arqueólogos desenvolveram a terminologia "Idade do Bronze" e "Idade do Ferro" para servir de designação cronológica de acordo com o avanço tecnológico, especialmente para períodos em que a cronologia absoluta não pode ser estabelecida.

cerca de 2000 a.C., o Egito mergulhou em um período obscuro conhecido por Primeiro Período Intermediário, caracterizado pela desunião e, por vezes, anarquia. Finalmente, a ordem foi restaurada quando Mentuhotep reunificou esse país, e Amenemhet I fundou a Dinastia XII, dando início a um período de mais de dois séculos de desenvolvimento.

A Dinastia XII criou amplas relações comerciais com a região siro-palestina e é o período mais provável para os contatos iniciais entre o Egito e os patriarcas hebreus. Pelas estimativas mais conservadoras, Sesóstris III seria o faraó que elevou José ao alto posto administrativo. Outras tendem a datar a emigração dos israelitas para o Egito no Período dos Hicsos. Esses eram povos semitas que começaram a chegar ao Egito (principalmente na região do delta) já no Primeiro Período Intermediário. Quando a Dinastia XIII trouxe declínio gradual, os reinos de poder acabaram caindo nas mãos dos hicsos (ainda não se pode determinar se isso se deu por conquista, golpe ou consentimento), que, por sua vez, controlaram o Egito de meados do século XVIII a meados do século XVI. Foi nesse período que os israelitas começaram a prosperar e a se multiplicar na região do delta, aguardando o cumprimento das promessas da aliança.

Após quase dois séculos de domínio estrangeiro nas mãos dos hicsos, os egípcios começaram a retomar o controle da nação. Em uma explosão de nacionalismo, os hicsos foram expulsos da terra, e a Dinastia XVIII foi estabelecida sob o domínio do faraó egípcio Ahmose. Talvez na reação aos estrangeiros, os israelitas foram escravizados pelo regime recém-estabelecido. É importante observar que os egípcios não temiam o poder militar dos israelitas, mas sim a união destes com o inimigo e fuga (Êxodo 1.10). Os egípcios não queriam que os israelitas partissem, talvez por dependerem economicamente deles de alguma forma (v. Gênesis 47.6).

Nas Dinastias XVIII e XIX, o Egito atingiu o auge do poder político, embora com períodos de declínio. Tutmósis III, na primeira parte do século XV, estendeu o controle territorial egípcio além da Palestina até Cades, no Orontes, na Síria. Ao sul, o Egito subiu o Nilo e incluiu alta e baixa Núbia entre suas conquistas. O filho e sucessor de Tutmósis III, Amenotepe II, é identificado com o faraó do êxodo pelos que favorecem a data do século XV para esse acontecimento (v. cap. 3 para debate da datação do êxodo).

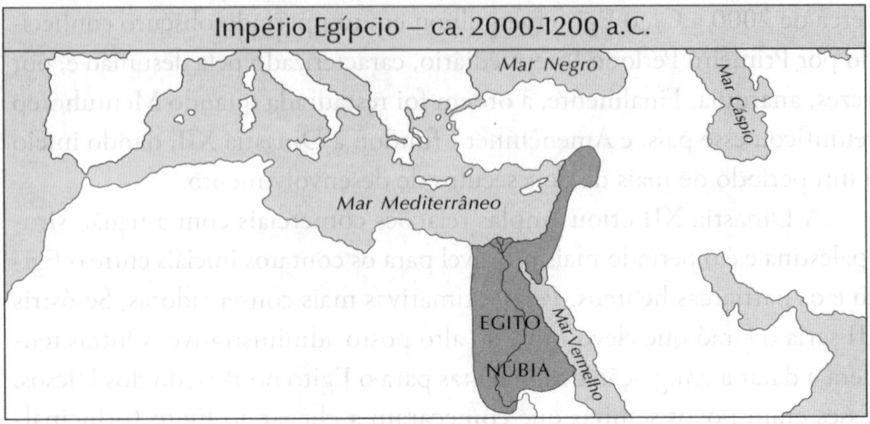

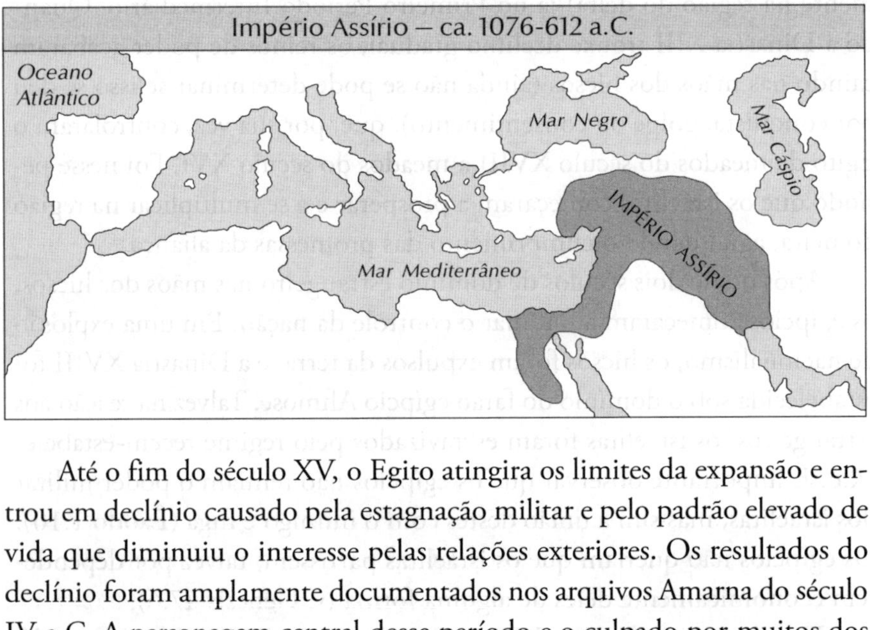

Até o fim do século XV, o Egito atingira os limites da expansão e entrou em declínio causado pela estagnação militar e pelo padrão elevado de vida que diminuiu o interesse pelas relações exteriores. Os resultados do declínio foram amplamente documentados nos arquivos Amarna do século IV a.C. A personagem central desse período e o culpado por muitos dos problemas egípcios foi o polêmico faraó Aquenaton. Na tentativa de reduzir o poder do sacerdócio de Amon-Rá, Aquenaton deixou a capital em Tebas, onde o culto de Amon-Rá se centrava, e construiu uma nova capital a 320 km ao norte, na atual Amarna (Aquetaton), dedicada ao deus Aton (deus do disco solar). Essa estratégia política foi apenas parte de tentativa bem maior de estabelecer a adoração quase monoteísta de Aton que englobou arte, literatura e outros aspectos da cultura egípcia por quase meio século.

Império Babilônico – ca. 612-539 a.C.

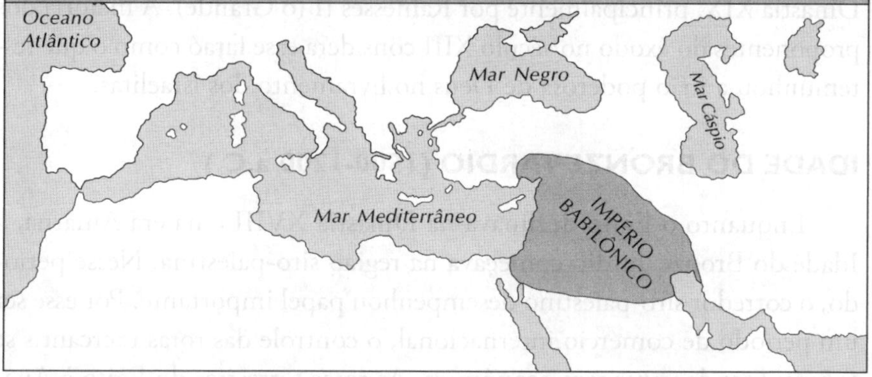

Império Persa – ca. 539-332 a.C.

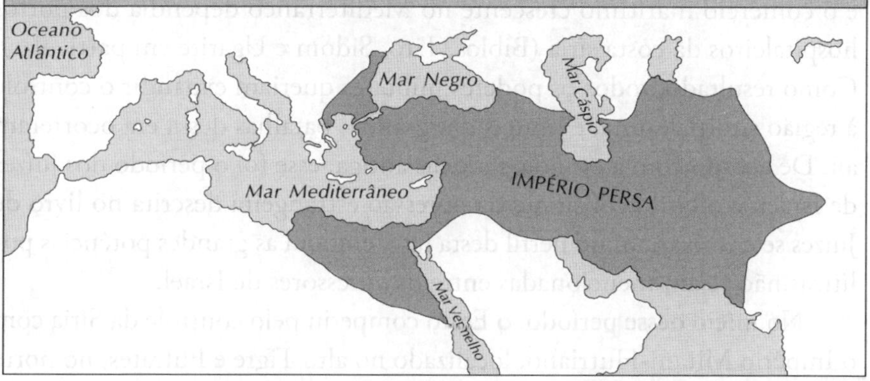

A correspondência dos arquivos de Amarna descreve o Egito que perdera o respeito internacional e não era mais capaz de manter a ordem entre as cidades-estado subordinadas da Palestina, quanto menos defender seus interesses dos hititas na Síria e honrar seu tratado com o império agonizante de Mitani no oeste da Mesopotâmia. Alguns proponentes da data do século XV para o êxodo argumentam que os israelitas fizeram uma invasão bem-sucedida a Canaã nessa época, tirando vantagem do descuido egípcio da área. Mas é pouco provável que o povo *habiru* que perturbava os reis da Palestina seja o povo "hebreu". Isso não elimina a possibilidade de os israelitas estarem entre os povos chamados *habiru* que levaram os reis de Canaã a pedir tropas auxiliares ao faraó, ainda que o uso do termo *habiru* (ou *hapiru*) mostre que não pode ser restrito à identificação com os israelitas.

Com o início do século XIII, a reputação egípcia foi restaurada pela Dinastia XIX, principalmente por Ramessés II (o Grande). A maioria dos proponentes do êxodo no século XIII considera esse faraó como o que testemunhou a mão poderosa de Deus no livramento dos israelitas.

IDADE DO BRONZE TARDIO (1500-1200 a.C.)

Enquanto o Egito declinava na Dinastia XVIII e na era Amarna, a Idade do Bronze Tardio começava na região siro-palestina. Nesse período, o corredor siro-palestino desempenhou papel importante. Por esse ser um período de comércio internacional, o controle das rotas mercantis se tornou grande vantagem econômica. As rotas terrestres do Egito à Anatólia (Ásia Menor) e Mesopotâmia passavam pela região siro-palestina, e o comércio marítimo crescente no Mediterrâneo dependia dos portos hospitaleiros da costa síria (Biblos, Tiro, Sidom e Ugarite em particular). Como resultado, todos os poderes militares queriam expandir o controle à região siro-palestina, e muitas das grandes batalhas dessa era ocorreram ali. De acordo com a cronologia mais antiga, esse foi o período dos juízes de Israel, e o fardo constante da opressão estrangeira descrita no livro de Juízes se encaixariam no perfil desta fase, embora as grandes potências políticas não sejam mencionadas entre os opressores de Israel.

No início desse período, o Egito competiu pelo controle da Síria com o Império Mitani-Hurriano, localizado no alto Tigre e Eufrates, no norte da Mesopotâmia, área denominada na Bíblia Arã Naaraim (Juízes 3.8-10, NVI, nota de rodapé). A influência do rei mitaniano Shaustatar impediu Tutmósis III do Egito de estender seu controle ao norte de Cades. No entanto, Mitani logo foi ofuscado pelo aparecimento dos hititas na Anatólia, que se tornariam a força política dominante no Oriente Médio nos 250 anos seguintes. Quando o Egito e Mitani atingiram fases de declínio no fim do século XV, deixaram de lado suas diferenças e se aliaram para proteger interesses mútuos na Síria dos hititas recém-chegados ao poder, mas sem sucesso.

O século XIV trouxe a expansão da influência hitita na Síria sob a liderança de Supiluliumas I, à custa dos egípcios estagnados e dos horeus, que se debatiam. Com o restabelecimento de um Estado assírio forte em 1362, Mitani foi pressionado do leste e do oeste, desintegrando-se por volta de 1350. É possível que os primeiros opressores de Israel no período dos juízes tivessem sido povos expulsos de Mitani (Juízes 3.7-11).[3] No entanto, os assírios não tentaram se expandir a oeste, preferindo exercer influência sobre Urartu ao norte e Babilônia ao sul. Enquanto isso, as cidades da Síria foram gradualmente dominadas pelos hititas.

O século XIII trouxe o ressurgimento do Egito quando a Dinastia XIX começou a reverter as políticas devastadoras que caracterizaram o Período de Amarna. A capital mudou-se para a região do delta no norte, e o controle sobre a Palestina foi exercido com mais vigor. Em meados desse século, Ramessés, o Grande, começou a desafiar o controle hitita da Síria. Registros egípcios e hititas preservam relatos da famosa batalha de Cades, em que Ramessés, embora surpreendido pelas forças hititas, conseguiu evitar a humilhação. A ocupação resultante do território sugere que os hititas retiveram o controle dos amorreus e de Cades e, possivelmente, fizeram conquistas ao sul. No fim, foi realizado um tratado entre Hatusilis III (hitita) e Ramessés II, talvez motivado pelo interesse renovado na Síria por parte do rei assírio Salmaneser I.

O cenário resultante da Idade do Bronze Tardio é o impasse entre as potências políticas com a Síria e, em menor escala, com Canaã, presa no meio. Se os israelitas estavam em Canaã nessa época, sofreram pouca influência dos acontecimentos internacionais. Canaã situava-se bem ao sul e era muito insignificante (comparada à Síria) para os poderes do norte se interessarem por ela. Os deslocamentos de tropas egípcias durante o século XIII teriam pouco efeito, pois os israelitas se instalaram, em grande parte, na região montanhosa longe das grandes rotas. Mas o equilíbrio do poder estava prestes a sofrer mudanças drásticas.

IDADE DO FERRO I (1200-1000 a.C.)

O início da Idade do Ferro trouxe a queda do Império Hitita, a destruição das principais cidades portuárias, incluindo Ugarite, Tiro e Sidom, bem como de cidades fortificadas no interior (como Megido e Asquelom), a calmaria no domínio assírio e o declínio substancial da influência egípcia.

[3] Cuchã-Risataim poderia representar a tentativa hebraica de interpretar o nome horeu Kuzzarishti. Embora esse nome não seja encontrado entre nomes horeus conhecidos, é composto de elementos frequentemente atestados em nomes horeus.

Boa parte dessa revolta política é atribuída à invasão pela coligação de tribos denominadas "povos do mar", que aparentemente vieram de navio da região do Egeu como parte de um enorme deslocamento populacional. Eles destruíram as cidades fortificadas, demoliram o Império Hitita e só foram repelidos pelos egípcios depois que enormes batalhas marítimas causaram muitas baixas. Uma dessas tribos, os filisteus, se instalou na costa sudoeste de Canaã. O nome Palestina é derivado deles.

Nesse período, houve o desenvolvimento tecnológico dos instrumentos e das armas de ferro, cujo conhecimento ajudou a estabelecer a supremacia filisteia sobre Israel (v. 1Samuel 13.19-23).

A situação resultante no Oriente Médio foi a quase eliminação das políticas internacionais. Sem grandes potências para exercer controle, lutas menores em áreas limitadas substituíram as enormes campanhas militares imperiais. A lacuna na área do poder permitiu o desenvolvimento da formação de império em pequena escala, como se vê no Israel do século X.

O IMPÉRIO DE DAVI E SALOMÃO (1000-900 a.C.)

A Idade do Ferro II estendeu-se de 1000 a 586 a.C., mas é preferível comentar esse período em seções mais curtas. No fim do período dos juízes, os filisteus haviam sido contidos pelas atividades de Sansão, embora controlassem Judá (Juízes 15.11). Durante a época de Samuel, eles devastaram a região montanhosa e destruíram Siló (1Samuel 4); no entanto, mais tarde foram expulsos (1Samuel 7). Saul teve sucesso em manter o equilíbrio durante a maior parte de seu reinado, mas, após a batalha do monte Gilboa (em que Saul foi morto), os filisteus ocuparam quase toda a região central de Canaã.

Quando Davi subiu ao trono, uma das suas primeiras tarefas foi reaver o controle do território israelita. Isso só foi realizado com a recém-conquistada base fortificada em Jerusalém. Depois de dominar os filisteus, o sucesso militar de Davi continuou com o domínio de grande parte da Palestina. Algumas nações foram anexadas, com governadores militares reinando no lugar dos reis nativos (*e.g.*, Amom); outras foram conquistadas, mas se tornaram estados vassalos (*e.g.*, Moabe); algumas pagaram tributo e se tornaram postos para tropas israelitas (*e.g.*, Arã-Damasco, Edom); ainda outras se subordinaram voluntariamente (*e.g.*, Hamate) aos israelitas.

Em decorrência das conquistas de Davi, Salomão herdou um império que se estendia do Eufrates, no norte, ao Egito, no sul. Até o Egito entrou em aliança matrimonial com ele (a filha do faraó pertencia ao harém de Salomão) pelo fato de ter construído uma frota e estendido o comércio aos limites do Mediterrâneo e ao sul por toda a extensão do mar Vermelho. Embora seu sucesso econômico fosse grande, a capacidade militar de Salomão não se igualava a do pai. Apesar de fortificar cidades estratégicas, há poucas conquistas militares registradas no nome de Salomão no AT (2Crônicas 8.3-6). Embora sua sabedoria fosse amplamente reconhecida e a prosperidade do reino fosse incomparável, o império entrou em declínio sob seu cuidado e estava à beira do colapso quando seu filho Roboão assumiu o trono. A negligência militar e os altos impostos cobrados do povo parecem ser as falhas políticas mais óbvias de Salomão, e os autores de Reis e Crônicas também apontam suas deficiências espirituais.

Agitação interna e rebeliões não suprimidas entre os vassalos deixaram Roboão com pouco mais do que a capital e o deserto ao sul. O reino deteriorou-se mais alguns anos depois quando Sisaque (conhecido por Sheshonq I nos registros egípcios), faraó do Egito, invadiu Judá, saqueando muitas cidades fortificadas e recebendo altas taxas para poupar Jerusalém.

A ASCENSÃO DOS ARAMEUS (950-800 a.C.)

Mesmo quando um dos oficiais de Salomão, Jeroboão, conquistou o controle do Reino do Norte, Israel, as rédeas do poder político na região caíram nas mãos dos Estados arameus da Síria. A princípio, os arameus viviam ao longo do alto Eufrates na Idade do Bronze Tardio. No encalço da invasão dos povos do mar, eles começaram a entrar na Síria. Depois de conquistar a independência de Israel no fim do reinado de Salomão, Damasco tornou-se centro de um novo Estado arameu unificado em meados do século IX. Durante boa parte desses 100 anos, Arã foi a maior potência política do oeste. Ela liderou nações da região oeste em coligações contra os assírios e Israel na maioria das vezes. Também houve várias batalhas entre os arameus e o Reino do Norte nas quais Arã teve vantagem. Com o fim do século, Hazael, rei de Arã, havia devastado e ocupado a maior parte de Israel.

A PRIMEIRA AMEAÇA ASSÍRIA E O RESSURGIMENTO DE ISRAEL (850-750 a.C.)

Quase ao mesmo tempo que ocorreu a ascensão dos arameus, houve o ressurgimento do imperialismo assírio. Isso começou no reinado de Assurbanipal II, que liderou várias campanhas anuais ao longo do alto Eufrates, aterrorizando os habitantes por meio da política de intimidação implacável. Isso se expandiu como estratégia militar mais lógica com seu sucessor, Salmaneser III, que se concentrou em obter o controle do alto Eufrates. Depois, em 853, Salmaneser voltou sua atenção à expansão ocidental e lançou a campanha em Arã. Ele foi recebido em Carcar, no Orontes, pela coligação das nações da região oeste acompanhadas por Ben-Hadade, de Arã, e Acabe, rei de Israel. Embora Salmaneser tenha alegado a vitória, as evidências sugerem que a coligação bloqueou com sucesso sua passagem a oeste.

Israel e Judá sofreram no século IX. No Reino do Norte, Jeroboão estava ocupado com a enorme tarefa de reorganizar-se para conseguir a autonomia completa de Jerusalém. Tentou se apresentar como reformador em vez de inovador, mas ao fazê-lo enfureceu as pessoas leais ao templo em Jerusalém e trouxe condenação ao reino traçada metodicamente nos livros de Reis. O filho de Jeroboão o sucedeu, mas foi assassinado apenas dois anos depois.

A dinastia seguinte foi estabelecida por Baasa, que eliminara a linhagem de Jeroboão. Foi nessa época que as tensões crescentes entre Israel e Judá levaram os arameus a Israel. Sua linhagem também não durou e foi substituída pela casa de Onri, politicamente bem-sucedida. Durante a descendência de Onri, a capital do Reino do Norte foi transferida para Samaria. Foi um período de relações pacíficas e até casamento com a linhagem davídica de Jerusalém. Acabe, filho de Onri, casou-se em aliança política com a princesa de Tiro, Jezabel. Embora tenha sido um acordo político benéfico, isso acabou se tornando desastroso para Israel, pois Jezabel impôs a adoração da sua divindade nativa, Baal-Melcarte, à população israelita. Essa violação evidente foi resistida vigorosamente pelo profeta Elias e, no fim, resultou em protesto público e reações conservadoras que derrubaram a linhagem de Onri.

A casa de Jeú executou uma purificação sangrenta e reverteu a política externa. Jeú pagou tributo a Salmaneser III e se tornou vassalo colaborador da Assíria. Com o declínio da influência assíria no oeste no fim do século, a dinastia de Jeú voltou a entrar em conflito com os arameus, ocupando o Estado arameu.

Judá desfrutou de mais estabilidade somente porque a mesma dinastia permaneceu no poder durante todo o século. A linhagem de Davi, no entanto, não conseguiu manter uma postura espiritual exemplar e permaneceu isolada da política internacional. Na primeira metade do século, Asa e o filho, Josafá, fizeram uma tentativa de reforma espiritual, mas boa parte disso se desfez com a aliança de Josafá com a casa de Acabe, pela qual ele importou o baalismo sob a influência de Jezabel. Subsequentemente, quando Jeú eliminou a casa de Onri no norte, Judá também perdeu um rei (neto de Josafá, Acazias), e a linhagem davídica quase foi eliminada. O menino Joás foi resgatado e restituído ao trono seis anos depois.

Judá não se envolveu nos conflitos com os arameus nem com os assírios. As rotas comerciais passavam por fora do país, coisa de pouco valor para os poderes estrangeiros.

O início do século XVIII testemunhou o declínio da Assíria e de Arã. A primeira estava ocupada com dificuldades internas e a pressão de Urartu. Jeroboão II, o rei mais bem sucedido da dinastia de Jeú, recuperou o território israelita dos arameus e tornou vassalos Hamate e Damasco. Enquanto isso, no sul, Azarias (Uzias) coletava impostos dos amonitas e obteve vitórias sobre filisteus e árabes. O controle territorial de Jeroboão II e Azarias juntos quase igualava o de Davi. Essa foi uma fase próspera para Israel e Judá, mas o sucesso militar levou à decadência e deterioração social e espiritual. Esse declínio preparou o terreno para o desenvolvimento da profecia clássica, pois apesar de Israel e Judá se acharem autônomos e sem problemas, uma grande crise estava por vir.

O IMPÉRIO NEOASSÍRIO (750-650 a.C.)

Depois do lapso de meio século, o Império Assírio retornou bem mais forte do que quando estava sob a liderança capaz de Tiglate-Pileser III em 745. Ele se tornaria o primeiro grande império da História e o primeiro de uma série de impérios que culminaram no Império Romano. A prioridade do rei assírio era consolidar o controle da Síria, que estava sob o domínio de Urartu, e reconquistar o controle das rotas comerciais. No decorrer dos primeiros oito a dez anos, o rei atingiu esse objetivo e estabeleceu forte presença militar na Síria. Como parte do processo, ele coletou tributos de Menaém, rei de Israel.

Todavia, enquanto Tiglate-Pileser buscava seu objetivo, Rezim, rei de Damasco, tinha seu próprio plano. Ele promovera um novato de Israel, Peca, ajudara a assegurar seu trono e, juntos, planejavam fazer o mesmo em Judá. Acaz, rei judeu, embora incentivado pelo profeta Isaías a confiar no Senhor para livrá-lo dessa ameaça, decidiu convocar Tiglate-Pileser para lidar com os conspiradores. O resultado foi a segunda campanha ocidental nos anos 734-732. Peca foi substituído no trono de Israel por Oseias, e todo o território, exceto as redondezas de Samaria, foram anexados como parte do Estado assírio. Rezim foi morto, e Damasco, destruída. No processo, Acaz tornou-se vassalo da Assíria.

Tiglate-Pileser foi sucedido por Salmaneser V, que reinou por apenas cinco anos aproximadamente. Pouco se sabe sobre ele, mas, durante seu reinado, Oseias, de Israel, rebelou-se contra a Assíria. A campanha de Salmaneser no ocidente deu início ao cerco de três anos de Samaria. Com a sua queda, os sobreviventes foram deportados, a cidade, destruída e o Reino do Norte, anexado completamente ao Império Assírio em 722.

Quando Sargão II subiu ao trono, o Império Assírio estava bem-estabelecido. O rei concentrou-se em Urartu e em Elão, apesar das três campanhas ocidentais. Embora Ezequias de Judá fosse antiassírio, houve pouca ação direta contra o país nessas campanhas. No entanto, isso mudaria quando o filho de Sargão, Senaqueribe, subiu ao trono em 704.

Durante o reinado de Sargão, a Babilônia declarou independência sob a liderança de Merodaque-Baladã. Durante 12 anos, Sargão não conseguia lidar com esse rebelde; finalmente, Merodaque-Baladã foi destronado, mas escapou. O babilônio astuto não descansara, e quando Senaqueribe ascendeu ao poder, Merodaque-Baladã subiu ao trono da Babilônia e contou com o apoio de rebeliões simultâneas contra a Assíria em todo o império, incluindo a de Ezequias de Judá. Contudo, Senaqueribe aprendera a lição com o pai e foi imediatamente à fonte do problema. Merodaque-Baladã tornou-se alvo de campanha estratégica que logo subjugou a Babilônia.

Depois de suprimir a revolta no sul, Senaqueribe empreendeu uma campanha contra a coligação do oeste em 701. Dirigiu-se ao sul, ao longo da costa fenícia, e coletou tributos de Sidom a Aco. Depois de tomar algumas cidades na planície costeira, continuou por território filisteu até Ecrom. Depois de afastar os outros aliados, ele estava pronto para atacar Judá, que foi impedida de receber auxílio. Em vão, Ezequias pagou tributo nessa ocasião. Depois, quando tudo parecia perdido, ele confiou no livramento do Senhor, e o exército assírio foi misteriosamente massacrado durante a noite. O registro de Senaqueribe não relata o resultado do cerco.

Ezequias foi sucedido pelo filho, Manassés, que adotou uma posição pró-Assíria. Seu longo reinado, que se estendeu pela primeira metade do século VII, coincidiu com o auge do poder e controle territorial assírio. O filho de Senaqueribe, Esar-Hadom, estendeu o império ao Egito e subjugou o norte; mas coube a Assurbanipal, filho de Esar-Hadom, conquistar Tebas em 663. Esse foi o apogeu do Império Assírio, mas as rachaduras da deterioração já se tornavam evidentes.

IMPÉRIOS EM TRANSIÇÃO (650-600 a.C.)

Assurbanipal herdou o império no auge, mas o declínio começou por volta de 650, quando Psamético gradualmente eliminou os assírios do Egito. Nessa época, também houve uma guerra civil na Babilônia, liderada pelo irmão de Assurbanipal com o apoio de elamitas e caldeus. Embora a tentativa tenha falhado, o rei assírio continuou se desgastando com rebeliões. Os últimos anos de seu reinado foram muito confusos e, aparentemente, seu filho subiu ao trono antes de sua morte. Pouco depois da morte do imperador, em 627, os babilônios conseguiram sua independência, e os dias de poder assírio acabaram.

Em Judá, a notícia do declínio da Assíria foi bem recebida por Josias, que subira ao trono quando tinha oito anos, apenas dois anos após a morte do avô, Manassés. A reforma empreendida por Josias em 628 e ampliada em 622 aconteceu durante a ausência assíria. Mas, ao mesmo tempo, o Egito fortalecia sua posição na Palestina. O Egito tentou simultaneamente manter relações amistosas com a Assíria e se beneficiar da incapacidade dela de manter o controle no oeste. Como resultado, por volta de 630, a principal rota comercial era controlada pelo Egito, com presença mais marcante na Palestina do que a Assíria.

O IMPÉRIO NEOBABILÔNICO (600-550 a.C.)

Quando os babilônios declararam independência dos assírios em 626, o caldeu Nabopolassar reivindicou o trono. Na década seguinte, ele manteve o controle da Babilônia, mas foi incapaz de estender o domínio ao território assírio. Todavia, constatava-se a diminuição da força assíria sobre o império, e Nabopolassar não era o único que tentava assumir os interesses assírios. No leste, Ciáxares, o medo, também atacava grandes fortalezas assírias. Em 614, uma delas, a cidade de Assur, caiu nas mãos dos medos e, fora das ruínas da cidade, o recém-chegado Nabopolassar e o vitorioso Ciáxares fizeram pacto contra os assírios agonizantes. Os exércitos unidos derrubaram a grande capital, Nínive, apenas dois anos mais tarde, em 612 a.C. O governo assírio cercado recuou a oeste e se juntou ao quartel-general em Harã.

Sinsar-Iskun morrera na queda de Nínive, então Asur-Ubalite assumiu o trono, destinado a se tornar o último rei da Assíria. Em 610, Harã se rendeu, e os assírios foram forçados a recuar mais 80 km a oeste até Carquemis, na margem ocidental do alto Eufrates, na atual Turquia. Ali, embora reforçados pelos egípcios sob o comando do faraó Neco, o Império Assírio terminou quando Nabucodonosor, príncipe da Babilônia e general dos exércitos, atacou Carquemis e dispersou o restante dos assírios, perseguindo-os ao sul até Hamate e reivindicando a Síria para o domínio babilônico. Naquele mesmo ano, Nabopolassar morreu e Nabucodonosor voltou às pressas à Babilônia, onde assumiu o trono do recém-formado Império Neobabilônico.

Nabucodonosor foi um dos reis mais bem sucedidos da História. Reinou de 605 a 562 e destacou-se em assuntos militares e empreendimentos domésticos; o mais notável deles foi o embelezamento da capital, Babilônia. O Império Assírio foi dividido entre os babilônios e seus aliados, os medos. Uma linha traçada a leste do Tigre (semelhante à fronteira entre Iraque e Irã atuais) dava as bacias do Tigre e do Eufrates aos babilônios, que também receberam todas as nações da região oeste que se estendiam ao norte até a região sudeste da Ásia Menor. Os medos controlaram as regiões orientais (atual Irã), Urartu (entre os mares Negro e Cáspio) e a região leste da Ásia Menor. Futuramente Nabucodonosor conseguiria estender seu domínio até o Egito (568).

A instituição do Império Neobabilônico teve grandes efeitos sobre Judá. Aparentemente, na esperança de contribuir para a queda da Assíria, Josias tentou impedir o avanço dos exércitos egípcios que se apressavam para socorrer Asur-Ubalite em Carquemis. Isso foi um erro fatal, pois Josias, que realizara uma reforma mais ampla do que seus antecessores, foi morto na tentativa frustrada. Três filhos e um neto o sucederam no trono. Jeoacaz, o mais velho, foi exilado no Egito depois de reinar por apenas três meses; isto aconteceu no retorno de Neco, da Síria, em 609. Jeoaquim, o segundo filho, foi colocado no trono no lugar do irmão. Quando Nabucodonosor derrotou a coligação assírio-egípcia e assumiu o controle da região siro-palestina, Jeoaquim tornou-se vassalo da Babilônia; isto durou até a rebelião em 598. Nessa ocasião, Nabucodonosor foi até o ocidente, Jeoaquim morrera, e o filho, Joaquim, estava no trono. Jerusalém foi sitiada e se rendeu em 16 de março de 597. Joaquim foi exilado na Babilônia com muitos judeus, entre eles o profeta Ezequiel. Nabucodonosor coroou Zedequias, o terceiro filho de Josias. Quase desde o início, Zedequias envolveu-se em conspirações contra os babilônios e, finalmente, com a promessa de apoio egípcio, rebelou-se em 589. O exército babilônico chegou em 588 e bloqueou Jerusalém para impedir a armazenagem de suprimentos enquanto outras cidades fortificadas eram derrotadas. Naquele verão, o cerco foi levantado, quando os babilônios foram desviados para encontrar o exército egípcio e, depois, restituído. No verão seguinte, julho de 587, as muralhas foram derrubadas, Jerusalém saqueada, o templo queimado e o povo deportado para a Babilônia.

O Império Neobabilônico não durou muito após a morte de Nabucodonosor. Ele foi sucedido por quatro reis relativamente desconhecidos e incompetentes, e pode-se dizer que a escrita estava na parede muito antes do fatídico banquete de Belsazar na véspera da queda da grande Babilônia. Na realidade, Ciro começou a agir para consolidar seu poder apenas cinco anos após a morte de Nabucodonosor.

O IMPÉRIO MEDO-PERSA (550-450 a.C.)

Quando o rei babilônio Nabonido violou o tratado com os medos e se aliou a Ciro e aos persas em 556, Ciro teve a oportunidade esperada para atacar os medos. Ele os derrotou em 550 e se tornou rei do novo Império Medo-Persa. Na década seguinte, derrotou os lídios, grande força política no oeste da Anatólia, e estendeu seu controle no oriente até o vale do Indo. Agora estava pronto para se voltar contra a Babilônia. Como diversos segmentos da população tinham bons motivos para reclamar da política de Nabonido,

Ciro foi bem recebido na capital (16 de outubro de 539 a.C.) como salvador sem ter de recorrer a um longo cerco.

Ciro estava ansioso por ser considerado o libertador em vez de um conquistador e lançou políticas para este fim. Elas incluíram a permissão para muitos dos povos deportados voltarem à pátria e reconstruírem seus templos. Os israelitas estavam entre eles. Contudo, a permissão presumia lealdade à coroa medo-persa e aceitação de sua soberania. Por isso, apesar de restaurado ao território, Israel ainda não tinha rei.

Cambises, filho de Ciro, anexou o Egito ao império em 526, mas morreu em um acidente na volta. (Segundo Heródoto, Cambises se machucou com a própria espada ao montar no cavalo e morreu da infecção resultante do ferimento.) Depois de algumas lutas, o trono foi assegurado por Dario, o Grande, que, por causa das dificuldades que envolveram a sucessão, agora enfrentava revoltas por todo o império. Mas até 519, ele suprimiu as rebeliões e sustentou o poder.

No início do século V, os persas entraram em contato com os atenienses em decorrência de algumas rebeliões contra Dario nas cidades ocidentais da Anatólia. Isso o levou a tentar invadir a Grécia, o que fracassou quando seu exército foi pressionado em direção ao mar na Batalha de Maratona (490). Quando Dario morreu, em 486, seu filho Xerxes repetiu a tentativa. Houve novo fracasso, e os persas foram derrotados em Termópilas e Salâmis, na Grécia, e continuaram a sofrer derrotas na retirada pela Anatólia.

Xerxes foi assassinado e sucedido pelo filho, Artaxerxes I, que patrocinou oficialmente a reconstrução das muralhas de Jerusalém a pedido do copeiro judeu Neemias. A guerra com os gregos se arrastou, mas o Império Persa continuou no poder por mais um século até a conquista relâmpago realizada pelo jovem guerreiro Alexandre, o Grande, em 331.

Perguntas para estudo e debate

1. Por que a cronologia é importante para o estudo do AT?
2. Qual foi o impacto da Idade do Bronze Tardio sobre a história social, cultural e religiosa dos hebreus?
3. Como o desenvolvimento tecnológico da Idade do Ferro influenciou a história dos hebreus?

4. Como podemos explicar o surgimento da monarquia israelita à condição de império nos reinados de Davi e Salomão?
5. Qual é a relação entre o movimento profético hebreu e o surgimento de nações imperiais na Mesopotâmia no primeiro milênio a.C.?
6. Quais são as diferenças entre a orientação política e militar persa e a orientação assíria e babilônica? O que isso significou para os hebreus?
7. Como a história do AT contribuiu para a "plenitude do tempo" (Gálatas 4.4) segundo o apóstolo Paulo?
8. Como a história do AT contribuiu para o conceito de Messias no período intertestamentário?

Leituras complementares

ACKROYD, Peter E. **Israel under Babylon and Persia**. London: Oxford University Press, 1970.

BOTTERO, Jean, CASSIN, Elena & VERCOUTTER, Jean. **The Near East**: the Early civilizations. New York: Delacorte, 1967.

BRIGHT, John. **A History of Israel**. 3. ed. Philadelphia: Westminster, 1981. Livro didático muito usado em faculdades e seminários, de boa leitura, atualizado e moderadamente reconstrucionista. [Publicado em português com o título **História de Israel** (São Paulo: Paulus, 2004, 7. ed.).]

The Cambridge Ancient History Series. 3. ed. v. 1-3. Referência padrão e abrangente sobre a história do Antigo Oriente Médio.

The Cambridge History of Iran. Cambridge: Cambridge University Press, 1983, 1985. 4 v. v. 2-3.

DAVIES, D. W. & FINKELSTEIN, Louis (orgs.). **The Cambridge History of Judaism**. Cambridge: Cambridge University Press, 1984. v. 1. Introdução: O Período Persa.

FINEGAN, Jack. **Myth and Mystery**: An Introduction to the Pagan Religions of the Biblical World. Grand Rapids: Baker, 1989.

HALLO, William. From Qarqar to Carchemish: Assyria and Israel in the Light of New Discoveries. In: **The Biblical Archaeologist Reader 2**. David N. Freedman & E. F. Campbell (orgs.), 1960; reimp., Missoula, MO: Scholars Press, 1975, p. 152-88.

____ & Simpson, William. **The Ancient Near East**. 2. ed. New York, Harcourt: Brace, 1998. Boa introdução básica à história do Antigo Oriente Médio.

Harrison, R. K. **Old Testament Times**. Grand Rapids: Eerdmans, 1970.

Hayes, John & Miller, J. Maxwell. **Israelite and Judaean History**. Philadelphia: Westminster, 1977. Investigação por vários autores atuais sobre diversos períodos da história israelita.

Kramer, Samuel N. **The Sumerians.** Chicago: University of Chicago Press, 1963.

Kuhrt, Amélie. **The Ancient Near East**. London: Routledge, 1995. 2 v.

Merrill, Eugene. **Kingdom of Priests**. Grand Rapids: Baker, 1987.

Miller, J. Maxwell & HAYES, John. **A History of Ancient Israel and Judah**. Philadelphia: Westminster, 1986. Provavelmente a apresentação mais completa da história israelita no contexto do Antigo Oriente Médio, mas os evangélicos consideram-na muito reconstrucionista.

Nemet-Nejat, Karen Rhea. **Daily Life in Ancient Mesopotamia**. Westport, CO: Greenwood, 1998.

Oates, Joan. **Babylon**. London: Thames & Hudson, 1979.

Pitard, Wayne. **Ancient Damascus**. Winona Lake, IN: Eisenbrauns, 1987.

Saggs, H. W. F. **The Greatness that Was Babylon**. New York: Mentor, 1962.

____. **The Might that Was Assyria**. London: Sidgwick & Jackson, 1984. Como o título precedente, ótima introdução ao assunto.

Sasson, Jack. **Civilizations of the Ancient Near East**. New York: Simon and Schuster, 1995.

Snell, Daniel C. **Life in the Ancient Near East**. New Haven, CO: Yale University Press, 1997.

Thiele, Edwin R. **The Mysterious Numbers of the Hebrew Kings**. Rev. ed. Grand Rapids: Zondervan, 1983.

Van Der Woude, A. S. **The World of the Bible**. Grand Rapids: Eerdmans, 1986. Ótima introdução à geografia, história, arqueologia e manuscritos.

Wiseman, Donald J. **Peoples of Old Testament Times**. Oxford: Clarendon, 1973.

Wood, Leon J. **A Survey of Israel's History.** Rev. ed. Grand Rapids: Zondervan, 1986.

Yamauchi, Edwin M. **Persia and the Bible**. Grand Rapids: Baker, 1989.

SEGUNDA PARTE

Os livros históricos

7

Introdução aos livros históricos

A ordem atual dos livros históricos do AT inclui Josué, Juízes, Rute, 1 e 2Samuel, 1 e 2Reis, 1 e 2Crônicas, Esdras, Neemias e Ester. Na organização hebraica, Josué, Juízes e os livros de Samuel e Reis constituem o grupo chamado "Profetas Anteriores". Classificá-los como proféticos sugere que esses livros são basicamente de natureza teológica em vez de terem um perfil cronista. Os profetas desempenharam papel importante na maioria dessas obras; mas, acima de tudo, elas transmitem o conceito profético da história na qual causa e efeito estão ligados às bênçãos e maldições da aliança.

Os demais livros — Rute, Crônicas, Esdras, Neemias e Ester — formam parte do cânon hebraico chamado "as Escrituras".

A HISTÓRIA DEUTERONOMISTA

Teoria

Na primeira metade do século XX, os críticos das fontes geralmente analisavam os livros de Josué–Reis da mesma forma que o Pentateuco, identificando fontes idênticas (*i.e.*, javista, eloísta, deuteronomista, sacerdotal; v. Apêndice B, p. 646-53, "hipótese documentária"). Ao mesmo tempo, um número crescente de estudiosos negava a presença das fontes do Pentateuco nos livros históricos antigos, sugerindo sua composição com base em pequenas unidades literárias, a princípio independentes, reunidas por um organizador ou por uma série de organizadores. Essa posição foi adotada e defendida com detalhes, em 1943, por Martin Noth, antigo professor de AT na Universidade de Bonn.

A teoria apresentada por Noth afirma que Deuteronômio–2Reis era uma obra unificada, escrita em grande parte no exílio. Noth a denominou "história deuteronomista" por acreditar na sua criação para demonstrar como a teologia deuteronomista se refletia na história de Israel. Essa teoria ainda apresenta a estrutura para a maioria das pesquisas atuais sobre os livros históricos.

Composição

Apesar da ampla aceitação do conceito da história deuteronomista (Deuteronômio–2Reis), surgiram várias teorias diferentes sobre a época e o modo da formação da obra. Hoje, a posição mais comum é que a compilação inicial desse trecho aconteceu já no tempo de Ezequias, no fim do século VIII, mas que a primeira edição foi, em grande parte, resultado da reforma da época de Josias no fim do século VII. Acredita-se que a edição subsequente foi compilada, certos trechos foram acrescentados durante o exílio, e a obra estava praticamente completa por volta de 550 a.C. Variações nas teorias da composição destacam, principalmente, as questões de data e do número de edições.

Características

A chamada história deuteronomista compartilha com o livro de Deuteronômio uma perspectiva comum a respeito da história e da teologia. A história de Israel é vista em termos da lealdade à aliança. A obediência à Lei e à fé no Senhor trazem bênçãos e prosperidade da aliança (Deuteronômio 28), ao passo que desobediência e apostasia acarretam maldições. A dependência de expressões recorrentes (*e.g.*, "os israelitas fizeram o que o Senhor reprova" em Juízes; "andando nos caminhos de Jeroboão" como acusação comum aos reis do Norte nos livros de Reis) e o uso retórico de discursos para recapitulação em momentos importantes (v. Deuteronômio 4; Josué 23; Juízes 2.11-23; 1Samuel 12; 2Samuel 7; 1Reis 8; 2Reis 17.7-23) estão entre as semelhanças de estilo.

Mensagem

A mensagem deuteronomista é realçada pela repetição. Fórmulas recorrentes identificam os principais interesses autorais. Por exemplo, o fracasso em abandonar o pecado de Jeroboão constitui a condenação de todos os reis do Reino do Norte — até Zinri, que reinou por apenas sete dias turbulentos, nem sequer teve a oportunidade de iniciar uma reforma nesse período. Para avaliar os reis da dinastia davídica em Judá, o padrão básico foi a comparação com Davi em fidelidade e o êxito na reforma voltada para a adoração centralizada em Jerusalém e no extermínio da apostasia. Eles são considerados, de forma geral, os temas da edição pré-exílica do livro atribuído ao período de Josias.

Acredita-se que a denominada edição exílica (ou seja, produzida durante o exílio babilônico) teve um maior interesse em desenvolver o tema do pecado e do castigo. Em busca da resposta à pergunta dos exilados — "O que causou tudo isso?" —, sugere-se que o problema tenha se originado no princípio e que o padrão continuou crescendo por toda a longa história da monarquia. A presença constante da palavra profética aos reis nesse período confirmou que o Senhor fez várias advertências e ofereceu ampla oportunidade de mudança. Sua paciência e fidelidade à aliança foram comprovadas. Portanto, pode-se ver que a mensagem desses livros estava intimamente ligada à aliança.

Embora seja comum ouvir sermões com base nos exemplos (bons ou maus) oferecidos por diversas pessoas descritas nessas páginas, deveria ser evidente que Deus é a figura principal. Não está em pauta a revelação de Josué, Sansão, Davi, Elias ou Josias, mas, sim, a de Deus.

CRÍTICA

Ainda que muitos critérios louváveis tenham resultado da abordagem deuteronomista ao longo dos anos, alguns aspectos precisam de reavaliação. Não há dúvida de que Josué–2Reis compartilham, fundamentalmente, a mesma perspectiva de Deuteronômio. Contudo, os vários estudiosos que consideram Deuteronômio uma compilação feita para promover a reforma de Josias acabam sendo forçados a datar a história deuteronomista dessa época em diante.

Em contrapartida, estudiosos com pressuposições mais tradicionais não se convenceram da data recente de Deuteronômio. Tendem a considerar o livro obra de Moisés, na sua maioria, conforme alegação do próprio livro. O resultado é um número bem menor de restrições com relação à data de compilação do material histórico. O texto bíblico não designa um só autor para esses livros históricos, por isso não somos compelidos a apoiar modelo de autoria exclusiva. Os livros de Reis mencionam fontes usadas no processo de composição, logo é provável ter ocorrido atividade editorial. Isso não implica o abandono da posição conservadora da inspiração, pois organizadores podem ser inspirados tanto quanto os autores.

Outra observação importante é esta: embora os livros incluídos na história deuteronomista compartilhem a mesma perspectiva, também é preciso reconhecer que cada um possui um estilo literário distinto. Os ciclos de Juízes diferem muito do resumo programático de Reis, apesar de ambos destacarem a paciência de Deus independentemente da fidelidade de Israel. Josué aborda o cumprimento da promessa da aliança referente à terra, enquanto Samuel analisa o estabelecimento da aliança da monarquia. O primeiro apresenta o estilo cronista usando relatos e listas, e o segundo é mais narrativo. Como resultado, cada obra deve ser considerada autônoma, do ponto de vista literário, ainda que haja técnicas editoriais comuns.

Para quem tende, como nós, a atribuir a Deuteronômio uma data mais antiga, faz sentido considerar Josué e Juízes produtos independentes do período da monarquia unida, Samuel, da monarquia dividida (mas, possivelmente, já da época de Salomão) e Reis concluído e unido aos outros por meio de edição leve durante o exílio. Não haveria protesto em se referir a esse produto final como a história deuteronomista.

CONCEITO DE HISTÓRIA EM ISRAEL NO ANTIGO ORIENTE MÉDIO

Quando historiadores estudam os registros de uma civilização, estão interessados em identificar que modelo de história é usado por esses documentos. Por exemplo, afirma-se que a civilização ocidental do presente adotou o modelo linear. Nesse caso, a História é considerada uma linha reta que vai do ponto A, no início, ao ponto Z, no fim, ao longo de uma série contínua de tempo. Causa e efeito são vistos em termos estritamente naturalistas em vez de sobrenaturais.

Em compensação, causa e efeito, no mundo do Antigo Oriente Médio, são analisados quase totalmente em termos sobrenaturais. Mesmo quando causa e efeito naturais eram evidentes ou óbvios, isso era insignificante comparado ao aspecto sobrenatural. O tempo parece ser menos importante, a julgar pela ausência de sistema de cronologia absoluta (em vez disso, as datas só eram identificadas pelo ano do reinado de um monarca). Sugeriu-se que em vez da visão linear da História, existia a visão cíclica, de acordo com o padrão do ciclo regular das estações. Com base nesse conceito, havia uma sequência fixa de várias fases pelas quais a História passa, retornando, enfim, ao ponto de origem.

A visão cíclica pode ser classificada conforme o modelo mais abrangente chamado "recorrência". Isso leva em consideração a abordagem da Bíblia e a do Antigo Oriente Médio em relação à História, dando maior ênfase a padrões recorrentes, e não ao foco mítico dos ciclos. Parte dessa perspectiva é conservada no ditado atual: "Quem não aprende com os erros da História está condenado a repeti-los".

No Antigo Oriente Médio, a chave para os padrões de recorrência histórica era procurada pelo uso de presságios. Acreditava-se que a ação da divindade afetava todo o mundo natural, além de influenciar a História. Em consequência disso, se a pessoa registrasse ocorrências incomuns na natureza na época de determinado acontecimento, seria possível usar esses dados para saber quando outro episódio semelhante se repetiria. Por exemplo, observações do alinhamento ou movimento de corpos celestes, a atividade de animais, o voo dos pássaros ou o aspecto das entranhas de animais sacrificados eram comparados regularmente com observações passadas do mesmo fenômeno para descobrir se indicavam boa ou má sorte. Se os agouros sugeriam catástrofes prestes a acontecer, tentava-se driblar o destino recitando os encantos apropriados. A História e a teologia surgiram porque a crença em causa e efeito sobrenaturais na História inspirou a atividade ritual.

O fato de se acreditar que a divindade desempenhava o papel principal nos acontecimentos históricos do Antigo Oriente Médio, aliado à sua natureza arbitrária e excêntrica, tornava necessário o sistema de presságio. Em contraste, o monoteísmo israelita simplificou bastante a questão. Eles não precisavam se preocupar com várias divindades que podiam influenciar a História impulsivamente. Além disso, adivinhação e encantos eram proibidos aos israelitas por lei; logo, dada a cosmovisão da recorrência, viram a necessidade de se conformar à aliança e manter a Lei (em vez de depender de certos rituais) para exercer controle sobre a História. Javé era definido por seus atributos, que eram constantes, e ele se comprometeu com obrigações específicas por meio das alianças.

Dessa forma, teologia e História se uniram em Israel, não por intermédio do ritual, mas da aliança. As ações da divindade não podiam ser previstas, alteradas ou manipuladas mediante ritos. Em vez disso, sempre que Israel fosse infiel ao pacto, o Senhor certamente o castigaria. Atividade e decisões humanas dividem-se em padrões específicos; de igual modo, a atividade divina de causa e efeito na História segue padrões correspondentes. Ambos os ciclos do livro de Juízes e os relatos de apostasia contínua nos livros de Reis demonstram o princípio de recorrência. Esse é o fundamento da teologia deuteronômica. Portanto, o conceito antigo da História pode ser considerado teológico se comparado à visão ocidental, que é absolutamente secular.

PROPÓSITO DO REGISTRO HISTÓRICO EM ISRAEL E NO ANTIGO ORIENTE MÉDIO

Como se pode esperar, o objetivo de registrar a História reflete o conceito histórico do indivíduo. Nas sociedades ocidentais, há várias razões pelas quais a História pode ser registrada. Nos livros didáticos, a História tem o propósito de transmitir acontecimentos ou talvez ensinar com base na experiência de outros. Jornalistas registram a História por amor à informação, mas, geralmente, tentam identificar e analisar elementos de causa e efeito. Os gêneros de *historiografia* são, normalmente, movidos pelo desejo de registrar o que aconteceu de verdade. A mídia impressa também pode ter outras motivações, como defender certos princípios ou promover determinadas opiniões. Meios ou gêneros históricos diversos podem ter propósitos diferentes, e é importante que os leitores conheçam seus propósitos.

No Antigo Oriente Médio, também existiam diversos gêneros de registro histórico. Pesquisas sugerem que a historiografia do Antigo Oriente Médio raramente queria apresentar a visão objetiva do que realmente aconteceu. Em geral, a propaganda era revestida de História com o fim de beneficiar os poderosos. Inscrições reais geralmente eram documentos interesseiros mediante os quais o rei podia se vangloriar de seus feitos, exagerando aspectos positivos, ignorando aspectos negativos e, ocasionalmente, orgulhando-se por realizações do antecessor. Quando o propósito é a autoexaltação e as recompensas são poder e prestígio, a exatidão se torna insignificante. Assim, os documentos historiográficos do Antigo Oriente Médio devem ser interpretados com muito cuidado para reconstruir o relato preciso dos acontecimentos.

Alguns intérpretes do passado alegaram que a historiografia de Israel também refletia interesses publicitários. Por exemplo, o fato de a dinastia davídica receber endosso divino por meio da aliança registrada em 2Samuel 7 levantou suspeita relativa a sua autenticidade. No entanto, deve-se admitir que o deuteronomista tem muito pouco a dizer de positivo sobre a dinastia davídica. A abordagem com respeito a Davi é de tal forma que as falhas ficam mais evidentes que as realizações. Nesse sentido, o livro de 2Samuel seria uma péssima publicidade.

Embora a historiografia do Antigo Oriente Médio enfatize, em geral, o rei e seus feitos militares e nacionais, fica claro que as narrativas históricas de Israel são motivadas por interesses teológicos. O propósito desse tipo de literatura é mostrar a maneira pela qual o Senhor age na História para cumprir suas promessas e alcançar seus objetivos. Podemos classificá-la como didática (instrutiva) no sentido de que é a revelação de quem Deus é pelo registro do que ele fez. Como a aliança declara a posição especial de Israel, essa ênfase poderia ser considerada de valor publicitário; mas o destaque contínuo ao fracasso e à infidelidade de Israel nega esse propósito para a literatura. Tanto a literatura didática quanto a publicitária são seletivas no que se refere ao registro de fatos e detalhes. A seleção do autor didático será motivada pelo desejo de enfatizar a lição em vista.

Geralmente, a divindade é considerada causa central dos acontecimentos históricos no Antigo Oriente Médio, mas a literatura historiográfica não serve especificamente para revelar Deus. Também não há obra historiográfica que trate de um período tão longo como a história deuteronomista. Ela revela o Deus de Israel, que tem um plano para a História e intervém para assegurar sua execução. Apesar de os vizinhos de Israel crerem que seus deuses, às vezes, intervinham, a intervenção, normalmente, tinha o objetivo de manter o *status quo*. O Deus de Israel, por sua vez, intervinha, certas vezes, para alcançar um fim inédito. Também interferia para punir o próprio povo quando necessário. Toda intervenção de Deus possuía um único objetivo: a execução de seu plano.

INTERPRETANDO A LITERATURA HISTÓRICA

A literatura histórica do AT deve ser interpretada levando-se em conta o fato de ela ser parte estratégica da autorrevelação de Deus. De acordo com comentários anteriores, a tendência atual é considerar a mensagem da literatura histórica o modelo apresentado pelas pessoas descritas em suas páginas. Pelo contrário, como autorrevelação divina, sua intenção é transmitir instrução e conhecimento sobre Deus. A mensagem é transmitida não só por meio de narrativas isoladas, mas mediante padrões e ciclos da história descrita geração após geração.

Alguns leitores tendem a procurar novos discernimentos e lições em cada relato. No entanto, em vez de buscar "ensinamentos com fundamento na vida de Asa" ou "ensinamentos com base na vida de Saul", o texto sempre indica padrões e temas que compõem a trama histórica formando a imagem do Deus soberano da aliança. A importância de cada episódio é a contribuição para formar a tela; isoladamente, ele tem pouco valor. A qualidade da cor não possui valor inerente, mas a função na trama ajuda a dar dimensão e nuança. Diante disso, devemos abordar as narrativas por meio do contexto e colocar Deus no centro. Esse retrato será revelado ao estudarmos cada livro bíblico.

Sugestões para a leitura de literatura histórica do Antigo Testamento

- Considere os livros pelo prisma teológico, não apenas histórico.
- Lembre-se de que o foco principal da literatura é Deus e sua aliança, não pessoas ou acontecimentos.
- Lembre-se de que causa e efeito históricos são analisados em termos do papel de Deus, não das ações das pessoas.

Perguntas para estudo e debate

1. Como podemos conciliar a visão sobrenatural da história do AT e a tendência atual de analisar causa e efeito naturais por trás de acontecimentos históricos?

2. Por que a adivinhação foi proibida em Israel?
3. Por que a História é parte importante da autorrevelação divina?
4. Se o relato histórico é seletivo, a verdade é comprometida? Explique. Cite as implicações da seletividade para a inerrância bíblica.

Leituras complementares

ALBREKTSON, Bertil. **History and the Gods**. Uppsala: Lund, 1967. Estudo estimulante que compara visões da História em Israel e no Antigo Oriente Médio.

ALTER, Robert. **The Art of Biblical Narrative**. New York: Basic Books, 1981.

CATE, Robert L. **An Introduction to the Historical Books of the Old Testament**. Nashville: Broadman and Holman, 1994.

FRETHEIM, Terence. **Deuteronomic History.** IBT. Nashville: Abingdon, 1983.

GESE, Hartmut. The Idea of History in the Ancient Near East and the Old Testament. **Journal for Theology and the Church**, 1965, p. 49-64.

HOWARD, David M. **An Introduction to the Old Testament Historical Books**. Chicago: Moody Press, 1993.

LONG, Burke O. **First Kings**: With An Introduction to Historical Literature. Grand Rapids: Eerdmans, 1984.

LONG, V. Philips. **The Art of Biblical History**. Grand Rapids: Zondervan, 1994. Reimp. em Moisés Silva (org. geral), **Foundations of Contemporary Interpretation**. Grand Rapids: Zondervan, 1996, p. 281-429.

NOTH, Martin. **The Deuteronomistic History**. Reimp. Sheffield, England: JSOT Press, 1981.

POLZIN, Robert. **Moses and the Deuteronomist**. San Francisco: Harper & Row, 1980.

____. **Samuel and the Deuteronomist**. San Francisco: Harper & Row, 1989.

TADMOR, Hayim & WEINFELD, Moshe. **History, Historiography and Interpretation**. Jerusalem: Magnes, 1984.

TROMPF, G. W. Notions of Historical Recurrence in Classical Hebrew Historiography. **VT Supplement** 30, 1979, p. 213-29.

VAN SETERS, John. **In Search of History**. New Haven: Yale University Press, 1983.

WALTON, John H. **Ancient Israelite Literature in Its Cultural Context**. Grand Rapids: Zondervan, 1989.
WEINFELD, Moshe. **Deuteronomy and the Deuteronomic School**. New York: Oxford University Press, 1972.

8

Josué

Conceitos básicos

- ✓ A fidelidade de Deus no cumprimento das promessas da aliança
- ✓ A importância da obediência
- ✓ A conquista e divisão da terra

Josué foi uma das pessoas mais destacadas no Antigo Testamento: auxiliar de Moisés (Êxodo 24.13; 32.17; 33.11), um dos 12 espiões (Números 14) e general bem-sucedido (Êxodo 17). Destemido e temente a Deus, serviu de instrumento divino para levar o povo de Israel à terra prometida. O livro recebe devidamente seu nome, mas, no fim, deve-se reconhecer que a obra não é sobre Josué — é sobre Deus.

COMPOSIÇÃO DO LIVRO

O estudo acadêmico do livro de Josué tem enfatizado duas questões distintas, mas relacionadas: composição e historicidade.

Composição

No início do século XX, era comum referências ao "Hexateuco", grupo que continha seis livros — o Pentateuco e o volume de Josué. Embora alguns ainda defendam essa abordagem, atualmente, é bem mais comum encontrar Josué incluído na obra chamada história deuteronomista.

A posição de que Josué fazia parte do "Hexateuco" se baseava na suposição de que as fontes do Pentateuco (v. cap. 1) podiam ser encontradas nele. Isso foi amplamente substituído pela teoria de que uma **Escola Deuteronomista** teria sido responsável pela composição do grupo histórico de livros de Josué a 2Reis.

Se ele for incluído na obra do historiador deuteronomista, a data da composição do livro será ditada pela teoria com relação à Escola Deuteronomista. Estudiosos que atribuem a fundação da escola ao livro de Deuteronômio, compilado no fim do século VII e aceito por Josias como base para sua reforma, devem, necessariamente, datar a maior parte da composição histórica do tempo de Josias em diante. Contudo, estudiosos que aceitam a data mais antiga de Deuteronômio podem considerar uma gama bem mais ampla de dados para a composição dos livros históricos.

Vários elementos no livro de Josué sugerem uma data mais antiga de composição. Entre os mais convincentes, Josué 16.10 diz que os cananeus não foram expulsos de Gezer e "até hoje vivem no meio do povo de Efraim". O Primeiro livro de Reis relata que o faraó conquistou Gezer e assassinou todos os cananeus que viviam ali (9.16), o que sugere que Josué foi escrito antes da época de Salomão. Outros exemplos incluem Josué 15.63, registro de que os jebuseus ainda habitavam em Jerusalém, e 13.6, destacando os sidônios em vez da cidade de Tiro, que se tornara dominante na época de Davi.

Para quem aceita a autoria mosaica de Deuteronômio, a composição do livro pode ter ocorrido em qualquer período após a vida de Josué. Por outro lado, uma vez que Josué 8.32 indica a atividade de escribas entre os israelitas naquela época, não há motivo para eliminar a possibilidade de esse registro haver sido feito por esse servo de Deus. Além disso, não há razão para exigir a recepção de sua forma final do próprio Josué. Ele não é identificado com o autor do livro. Outra possibilidade é o período de Samuel. A referência frequente a fenômenos observáveis "até hoje" pode sugerir que certo tempo tenha se passado entre os acontecimentos descritos e a composição do livro.

Historicidade

Alguns estudiosos tendem a considerar o livro de Josué um retrato irreal da conquista. Em vez da invasão, em grande escala registrada, que subjugou povos nativos em um período relativamente curto, afirmam que a conquista localizada e gradativa (supostamente descrita em Juízes 1) é mais provável. Concordam que Josué é composto de lendas etiológicas (histórias inventadas para explicar fenômenos ou situações observadas), teoria que apoiam indicando o comentário recorrente "até os dias de hoje" (4.9; 5.9; 7.26; 8.28-29; 9.27; 10.27; 13.13; 14.14; 15.63; 16.10).

Outros não veem motivos persuasivos para rejeitar o registro bíblico assim como ele é. Em primeiro lugar, não apontam qualquer contradição entre os registros da conquista em Josué e Juízes 1. Embora alguns versículos de Josué pareçam sugerir que toda a terra foi conquistada (*e.g.*, 11.23; 21.43-45), eles devem ser comparados com outras afirmações do livro que indicam claramente que ainda havia muito a ser feito (*e.g.*, 13.1-6; 17.12-13; 18.2-3; 23.4-5,13). Essa é a situação de Juízes 1. A condição anterior não a contradiz, mas apresenta a afirmação teológica de que Deus cumprira suas promessas ao colocar toda a terra sob controle israelita. As principais potências da região foram derrotadas por Josué; daí à revelia, o território que controlavam passou a pertencer a Israel. Entretanto, o domínio israelita não foi aceito nem imposto. Isso explica a aparente discrepância.

Em segundo lugar, ainda há muito debate sobre a natureza da chamada lenda etiológica. Dependendo da definição pessoal, é possível considerar alguns elementos de Josué etiológicos (*e.g.*, a menção do vale de Acor em 7.26). A questão mais importante é se a explicação dada para o acontecimento pode ser considerada histórica. Caso alguém insista que a classificação *etiológica* implique o caráter fictício ou lendário de certa explicação, ela deve ser descartada. Brevard S. Childs, por sua vez, demonstrou que tal visão limitada da categoria não é sustentável,[1] pois, mesmo que as narrativas devam ser consideradas etiológicas, não há razão para negar a base real do relato.

Contudo, ainda se deve questionar seriamente a classificação da narrativa na categorização de etiologia. O propósito da narrativa etiológica é explicar e atribuir causas a situações ou fenômenos. É esse o propósito do autor bíblico ao apresentar os relatos ao leitor? Mesmo admitindo a existência de informações etiológicas, considerá-las como propósito do autor é outro problema. Um propósito etiológico não explicaria a coesão teológica evidente na escolha e organização do material.

Outro desafio à autenticidade histórica do livro de Josué não procede da análise literária, e sim do registro arqueológico. Espera-se que a arqueologia tenha grande potencial para confirmar a destruição das cidades cananeias e o povoamento da terra pelos israelitas. Esses são acontecimentos que as escavações poderiam detectar e esclarecer. A natureza dos dados, todavia, causa controvérsias.

Teoricamente, é necessário encontrar o período em que cada cidade mencionada em Josué 1–12 demonstra evidências de ocupação e em que três delas — Jericó, Ai e Hazor — haja sinais de destruição.[2] Enquanto não surgem respostas definidas, alguns rejeitam o registro bíblico, outros rejeitam os resultados arqueológicos e ainda outros tentam conciliar os dois fazendo ajustes em qualquer um deles ou em ambos.

A data da conquista sugerida com mais naturalidade pelo texto das Escrituras, cerca de 1400 a.C., é, frequentemente, descartada pelos arqueólogos porque os níveis de destruição e ocupação das cidades relevantes não coincidem com esse período. Os que usavam o registro arqueológico para identificar a data mais adequada concluíram que o fim do século XIII apresentava correlações mais próximas ao relato bíblico. Com o surgimento de mais e mais problemas envolvendo essa data, muitos rejeitaram

---

[1] Brevard S. Childs, A Study of the Formula 'Until This Day', p. 279-92; e The Etiological Tale Re-Examined, p. 387-97.

[2] Jericó foi destruída no fim da Idade do Bronze Médio II, tradicionalmente, por volta de 1550 a.C., e só voltou a ser ocupada por volta de 1400. Houve destruição subsequente no século XIV. O local considerado tradicionalmente como Ai ficou desocupado entre 2400 e 1200 a.C. Hazor também revela um nível de destruição no fim da Idade do Bronze Médio II e outro no século XIII que, acredita-se, coincide com o incidente relatado em Juízes 4 e 5.

completamente a descrição bíblica da conquista a favor da teoria de que Israel obteve o controle de Canaã após um longo período de infiltração pacífica por grupos nômades independentes que acabaram se unindo e se tornaram "Israel". Como esse modelo depende de conceitos sociológicos cada vez mais suspeitos (especialmente com relação ao nomadismo e às organizações tribais), ele deu lugar àquele que descreve a "conquista" como rebelião campesina instigada por grupo egípcio, mas realizada principalmente por facções internas desiludidas). Esse modelo sofre de falta absoluta de apoio bíblico e representa o marxismo moderno sobreposto a culturas antigas com poucas evidências sociológicas.

Mais recentemente, John Bimson apresentou a teoria que procura lidar com a questão de forma inédita. Várias cidades mencionadas nas narrativas da conquista de Josué revelam evidências de destruição de seus muros no fim do período que os arqueólogos chamam Idade do Bronze Médio II. Segundo a tradição, essa era terminou por volta de 1550 a.C., e a destruição das cidades em Canaã foi atribuída ou aos hicsos ou aos egípcios que os expulsaram do Egito.

Bimson reuniu provas para sugerir que o fim da Idade do Bronze Médio II deve ser mudado para 1420 a.C. e que as destruições foram realizadas pelos israelitas sob a liderança de Josué. Jericó e Hazor tiveram grandes muros destruídos no fim da Idade do Bronze Médio II. Ai é mais problemática, pois há controvérsia quanto à sua localização correta. Especialistas estão explorando diversas alternativas ao local tradicional de Khirbet et-Tell, que não foi ocupado entre 2400 e 1200 a.C. e, portanto, não seria um bom candidato.[3]

CONTEXTO

Como já vimos, as datas do êxodo e da conquista são questões de debate contínuo e não serão solucionadas neste livro. Todavia, se os relatos de Josué aconteceram no fim do século XV ou por volta do XIII, eles terão ocorrido após a expulsão dos hicsos do Egito, em meados do século XVI, antes da invasão dos povos do mar por volta de 1200 a.C.

[3] Para obter um resumo dessa posição, v. Redating the Exodus, p. 40-52; para o debate completo, v. seu livro **Redating the Exodus and the Conquest**. Embora a posição de Bimson seja polêmica e deva sofrer ajustes, ela pode ser elogiada por tentar interpretar os dados arqueológicos com integridade, ao mesmo tempo em que respeita a autoridade do texto bíblico.

A expulsão dos hicsos levou a poderosa Dinastia XVIII ao trono egípcio. Até a metade do século XV, ela estava bem-estabelecida e no auge de sua força. Ao mesmo tempo (ca. 1460), o Império Neo-Hitita também se formou e, nos dois séculos seguintes, egípcios e hititas competiram pelo controle de estradas e portos mercantis da região siro-palestina. Durante a maior parte desse período, havia uma terceira potência no norte da Mesopotâmia. Até por volta de 1350, esse era o Império Mitani-Hurriano às margens do alto Eufrates. Quando os hititas destruíram a capital hurriana, o vácuo de poder foi preenchido pelos assírios, que dominaram o leste durante a maior parte do século XIII. O resultado dessa tríade de potências políticas rivais foi a ausência de vitória de qualquer (uma) das partes envolvidas, com alterações contínuas de liderança alicerçadas na habilidade dos respectivos reis e exércitos e a eficiência das estratégias diplomáticas.

Nessa trama internacional, estava em jogo o controle dos portos movimentados da costa síria — com Biblos, Ugarite e Sidom entre os mais prósperos — e as estradas mercantis, especialmente a Grande Estrada Tronco, que guiava caravanas e tropas do Egito, passava pelas principais cidades da Palestina, por Damasco, Hamate e Alepo e, finalmente, rumava a leste até o Eufrates, e pelo centro da Mesopotâmia, até os cassitas, que controlavam a Babilônia. Nesse período, Palestina e Síria estavam repletas de cidades-estado independentes ou confederadas, cada uma ansiosa para se beneficiar das oportunidades econômicas oferecidas por sua localização. Cartas encontradas na antiga capital egípcia de Tell el-Amarna, escritas por reis cananeus subordinados à corte egípcia no século XIV, concedem informações confiáveis sobre essa situação. O século XIV testemunhou o declínio no poder do Egito durante a Dinastia XVIII até o fim dos gloriosos dias da XIX. Os reis das cidades-estado, que escreveram as cartas, pediam auxílio militar dos egípcios dormentes. Com base nessas correspondências, fica patente que o controle egípcio da Palestina diminuíra e que os reis cananeus lutavam por poder político. A falta de controle egípcio causara dois problemas: 1) algumas cidades-estado se aproveitavam da sua ausência para ampliar o território e 2) grupos de povos deslocados ameaçavam expulsar moradores para se apropriarem da terra. As cartas de Amarna chamam esses povos de *habiru*.

Alguns estudiosos se perguntaram se os *habiru* representavam os hebreus, pois, supondo uma data mais antiga do êxodo, o momento seria correto. No entanto, pesquisas mais pormenorizadas revelaram que, embora os israelitas pudessem ser incluídos, o termo *habiru* refere-se a um grupo bem mais amplo de povos.

Com a ascensão da Dinastia XIX ao poder no Egito, aumentou a tensão entre egípcios e hititas. Na primeira metade do século XIII, houve um grande confronto entre os dois exércitos em Cades, no rio Orontes (na Síria). Em razão de não existirem vencedores, Ramessés II, do Egito, não pôde tirar o controle sobre Amurru e Cades dos hititas. Pela metade do século, a paz foi estabelecida entre as duas potências, e o Egito reteve o controle da Palestina e das cidades portuárias da Síria até Ugarite. Os hititas dominaram o Orontes e o interior da Síria.

Durante a conquista (independentemente da data), o Egito manteve o controle nominal da Palestina, mas quem governava era uma rede de cidades-estado. O principal interesse egípcio era assegurar as rotas comerciais e manter os fortes. Mesmo nos tempos de grande poder, ele provavelmente só intervinha na Palestina quando seus interesses eram ameaçados. Durante o período de declínio, o povo da Palestina era abandonado à própria sorte.

ESBOÇO DE JOSUÉ

I. Entrada no território
  A. Preparação para a entrada na terra (1 e 2)
  B. Travessia do Jordão (3 e 4)
  C. Circuncisão (5.1-12)

II. Narrativas da conquista
  A. O comandante do exército do Senhor (5.13-15)
  B. Jericó (6)
  C. Ai (7 e 8)
    1. Derrota em Ai (7.1-5)
    2. Ofensa de Acã (7.6-26)
    3. Vitória em Ai (8.1-29)
    4. Leitura da Lei em Ebal e Gerizim (8.30-35)

D. Coligação do sul (9 e 10)
   1. Tratado com Gibeom (9)
   2. Batalha de Gibeom (10)
E. Coligação do norte (11)
F. Lista das conquistas (12)

III. Descrição de divisão do território
   A. Acordo de reivindicações anteriores (13–17)
      1. Rúben, Gade e metade de Manassés na Transjordânia (13)
      2. Calebe (14)
      3. Judá (15)
      4. Manassés e Efraim (16 e 17)
   B. Restante das tribos (18 e 19)
   C. Designação das cidades de refúgio (20)
   D. Distribuição das cidades dos levitas (21)

IV. Questões referentes à aliança
   A. Possível violação à construção do altar (22)
   B. Exortações aos líderes tribais (23)
   C. Renovação da aliança em Siquém (24)

PROPÓSITO E MENSAGEM

Há duas concepções errôneas com relação ao livro de Josué. Uma é ele ser apenas a história de um homem destemido e temente a Deus; a outra é ser tão somente o registro militar da conquista. Ambas devem ser superadas para descobrir por que o livro foi escrito. Considerando a primeira, a falta de detalhes biográficos e a escassez de expressões de aprovação ou reprovação das ações de Josué sugerem que ele não é o foco do conteúdo, embora certamente desempenhe um papel importante nos acontecimentos do livro. Quanto à segunda, a pesquisa minuciosa revela que, na verdade, são apresentados poucos detalhes de estratégia e da conquista militar. Além disso, nem biografias nem histórias militares explicam a parte da divisão das terras nos capítulos 13–19. Qualquer identificação do propósito do autor deve incluir todas as seções do livro.

Descartadas as concepções errôneas, vemos que as estratégias militares descritas no texto são de Deus, e não de Josué. Em cada narrativa de batalha, dá-se o mínimo de informação para transmitir a ideia de que

1) Deus arquitetou a vitória e 2) suas instruções foram executadas para destruir as cidades derrotadas.

Em vários trechos, fica evidente a ênfase dos textos no papel de Deus. Os incidentes inseridos na figura 8.1 mostram não se tratar de uma história meramente militar. Pelo contrário, a mensagem teológica é transmitida apesar de registros militares serem utilizados como veículo.

Figura 8.1 – Propósito teológico do livro de Josué

Deus ordena a entrada dos israelitas na terra	1.1-9
Deus vai adiante deles para amedrontar os habitantes do território	2.9-11
Deus os faz atravessar o Jordão	3 e 4
A circuncisão é exigida para a nova consagração	5.1-12
O comandante do exército do Senhor	5.13-15
Estratégias dadas por Deus	6.2-5; 8.2
Vitórias dadas por Deus	6.16; 8.7; 10.42
Derrota quando as ordens de Deus são violadas	7.5-12

Com fundamento nessa inclinação ao papel de Deus, na inclusão de todas as partes do livro e nos comentários feitos pelo narrador, fica claro que o propósito da obra é demonstrar como Deus cumpriu sua promessa de levar os israelitas à terra mostrada a Abraão. É importante afirmar a fidelidade divina em realizar sua parte da aliança. Isso mostra as referências frequentes à entrega da terra ao povo e por que seu papel recebe tanta atenção. A mensagem é que Deus cumpre suas promessas por mais impossíveis que pareçam. Ele levava sua aliança com Abraão a sério e pretendia cumpri-la. Deus estava decidido a realizá-la e é capaz disso.

ESTRUTURA E ORGANIZAÇÃO

A primeira parte do livro (1–5) dá alguns detalhes relativos à entrada dos israelitas no território. Desde o princípio, o texto concentra-se na aliança, expressando a intenção divina de levá-los à terra prometida a Abraão (1.2-6) e exortando-os a obedecer à Lei (1.7-8). O texto deixa claro que Deus ordenou a entrada. A história dos espiões em Jericó é contada em detalhes, não por causa da estratégia militar que revela, mas pela informação obtida pelos espiões. Os habitantes da terra estavam amedrontados porque ouviram o que o Senhor fizera por Israel. A conclusão em 2.24 é que “o SENHOR entregou a terra toda em nossas mãos”.

O povo atravessou o Jordão com a ajuda milagrosa de Deus e construiu um altar para reconhecer esse fato. A narrativa inclui a consagração ao Senhor (3.5) e destaca a arca da aliança (*e.g.*, 3.8). Mais uma vez, a conclusão salienta a obra divina (4.23-24). A renovação do rito da circuncisão (cap. 5) também serve de renovação da aliança em preparo para o cumprimento das promessas divinas.

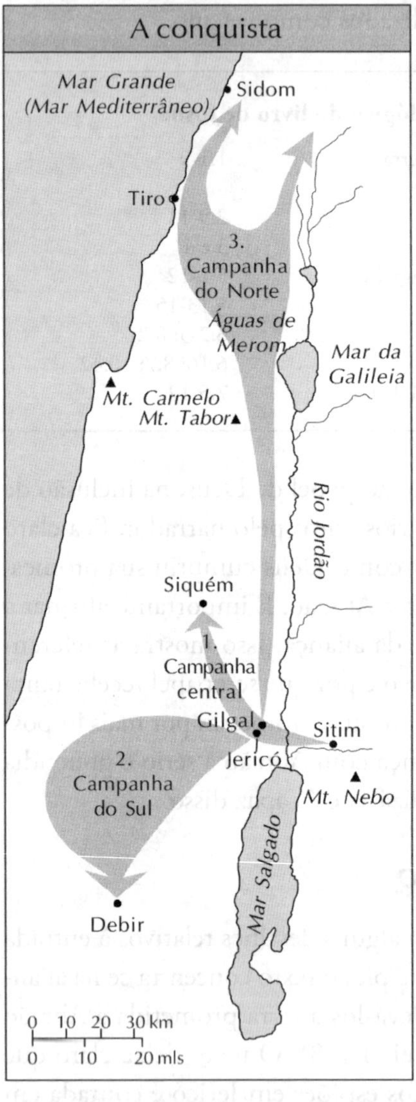

A segunda parte do livro é a mais conhecida entre os cristãos. Na importante introdução (5.13-15), Josué é confrontado por alguém que se denomina comandante do exército do Senhor. Esse fato tem algumas semelhanças com o episódio da sarça ardente na vida de Moisés. Contudo, sua maior importância é demonstrar novamente que o Senhor lutará e capacitará os israelitas a possuírem a terra. O exército do Senhor vencerá.

As narrativas da conquista em si começam pela famosa batalha de Jericó. A ênfase à consagração da destruição (6.17-21) e o fato de as instruções aos israelitas se assemelharem a um ritual mais que a um plano de batalha transmitem os aspectos da aliança em vez dos aspectos militares da conquista, embora registros militares tenham sido usados como fontes da narrativa.

O capítulo 7 oferece um dos relatos mais detalhados da conquista e diz respeito não à batalha, mas à aliança: a violação à consagração da destruição. A derrota em Ai (7.2-5) mostrou novamente que era o Senhor quem concedia vitória ou derrota. A descoberta do infrator, Acã, e o castigo devido do crime liberaram o caminho para a vitória subsequente (cap. 8). Esse acontecimento foi seguido da construção de um altar e da leitura da Lei nos montes Ebal e Gerizim para agradecer ao Senhor por oferecer ao seu povo uma posição privilegiada de estabelecimento no território.

O capítulo 9 serve, inicialmente, para mostrar o contexto do confronto descrito no capítulo 10 e, depois, para explicar por que uma ação que era claramente violação à aliança (fazer acordo com os habitantes da terra) foi tolerada pelo Senhor. Os fatos de os gibeonitas terem enganado Josué livrou os israelitas do castigo.

O registro da batalha de Gibeom, no capítulo 10, também serve para enfatizar a participação do Senhor na vitória. Deus interveio milagrosamente ao honrar o pedido de Josué com relação ao sol e à lua (10.12-15) e ao enviar granizo para abater o inimigo (10.10-11). (O autor menciona que o livro antigo de Jasar, que não fora preservado, confirma esses fatos.) A operação extermínio (10.16-43) demonstrou a fidelidade de Josué em seguir as ordens de Deus referentes à "consagração à destruição" (v. p. 206).

A coligação do norte foi o próximo exército a confrontar os israelitas. Mas, como não há menção de um milagre específico, a narrativa nada relata sobre a batalha. Ela apenas fala de quem estava envolvido e afirma que o Senhor entregou o inimigo nas mãos dos israelitas (11.8). O capítulo 12 conclui essa parte com a lista dos reis derrotados.

A terceira parte descreve em detalhes os limites do território designado para cada tribo e assim nos ajuda a identificar o propósito do livro de Josué. Se Deus estava capacitando Israel a possuir a terra, também comandaria sua disposição. Isso constituiu o cumprimento da sua promessa. A narrativa deixa isso explícito na conclusão: "Assim o SENHOR deu aos israelitas toda a terra [...] e se estabeleceram ali. O SENHOR lhes concedeu descanso de todos os lados [...]. [...] o SENHOR entregou todos eles em suas mãos. De todas as boas promessas do SENHOR à nação de Israel, nenhuma delas falhou; todas se cumpriram" (21.43-45). Esse é o propósito do livro de Josué.

Territórios tribais

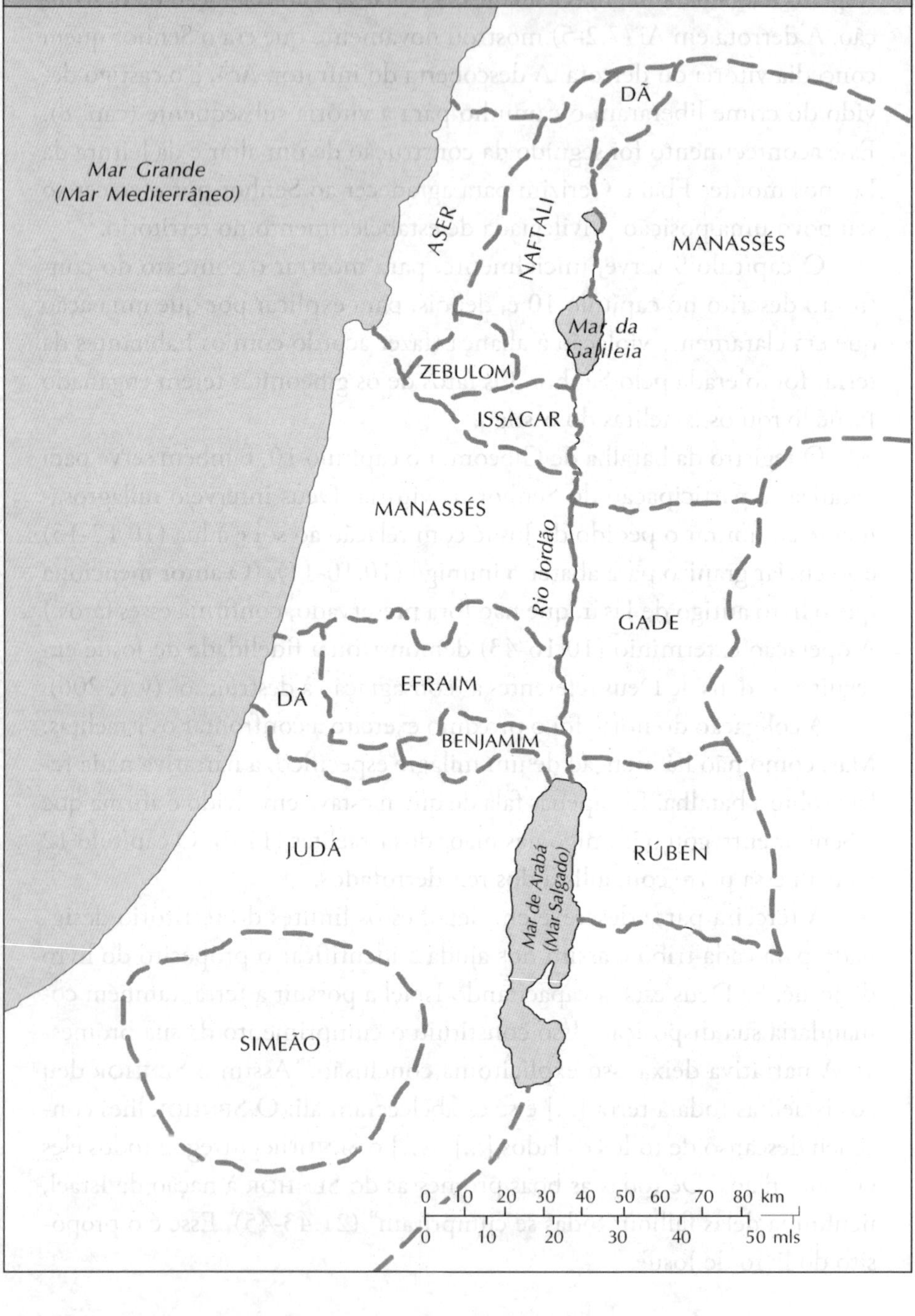

Os capítulos 22–24 dizem respeito à reação de Israel à ocupação e se concentram na aliança. O destaque é a renovação do pacto em Siquém incluindo a confirmação do que Deus fizera e do que os israelitas concordaram em fazer.

TEMAS PRINCIPAIS

A aliança e a terra

A terra é o aspecto mais importante na percepção própria de Israel como povo de Deus. Ele prometera a terra a Abraão, embora ela viesse a pertencer à sua família cerca de quatro séculos depois (Gênesis 15.13-21). A entrega do território nas mãos de Israel é o foco do livro de Josué. Na história e literatura israelitas, a terra será considerada eternamente prova da escolha divina da nação como povo da aliança e da concessão de seu favor. Quando as ofensas de Israel contra o Senhor mereciam juízo, a pior sentença que os profetas podiam proferir era a ameaça de expulsão da terra. Da mesma forma, a esperança de restauração e de um reino futuro estavam arraigadas na promessa de que o Senhor reuniria Israel de volta à terra.

O livro de Josué tem grande importância teológica, pois suas narrativas são a melhor forma de demonstrar que o Senhor estava cumprindo as promessas feitas a Abraão. Como Israel não saiu do Egito pela própria força, a terra não foi tomada pelo poder militar de Israel nem pelas estratégias de Josué.

Consagração à destruição

Tema valioso de Josué, é encontrado nas instruções relativas ao modo de tratar as cidades conquistadas na Palestina. A legislação referente à consagração à destruição — "vocês as destruirão totalmente [...] e não tenham piedade" — é encontrada em Deuteronômio 7.1-11 e 20.10-18 e instituída em Josué 6.17-19. O termo *consagração* é impróprio para transmitir o significado do conceito, mas é amplamente usado por falta de alternativas adequadas. O verbo foi definido recentemente desta maneira: "consagrar algo ou alguém como oferta permanente para o santuário; na guerra, consagrar a cidade e seus habitantes à destruição; efetuar a destruição;

aniquilar totalmente uma população na guerra; matar".[4] O conceito não é exclusivamente israelita, pois aparece também na inscrição do século IX de Messa, rei de Moabe.

Todavia, a pergunta frequente é: por que destruir? Por que Deus ordenou a aniquilação total dos ocupantes da terra? Ao longo dos séculos, eticistas e filósofos discutiram a questão e ofereceram várias explicações. As Escrituras sugerem que os cananeus causaram sua destruição pela própria perversidade (Deuteronômio 9.5). Isso é indicado não só pelas práticas terríveis (*e.g.*, ritos de fertilidade e sacrifício infantil), mas também pela resistência à ação do Senhor (v. Josué 9.1-4; 10.1-5; 11.1-5).[5]

O guerreiro divino

Desde a época de Samuel, o Senhor é chamado com frequência de "YHWH dos exércitos". Mas, anteriormente, no livro de Josué (10.14), ele é descrito combatendo pelos israelitas como guerreiro divino. No AT, esse tema está relacionado com Javé como Criador (Isaías 45.12-13) e descreveu seu papel tanto no êxodo (Êxodo 15; Deuteronômio 33.2-3) como no retorno do exílio encontrado na literatura profética (*e.g.*, Isaías 51.9-11; 52.7-12). Quando os israelitas partiram do Sinai com a arca à frente, a fórmula recitada por Moisés descrevia Javé como quem sai para a batalha (Números 10.35).

A importância dessa teologia é revelada em Provérbios 21.31: "Prepara-se o cavalo para o dia da batalha, mas o Senhor é que dá a vitória".

Intervenção soberana

Parece evidente que o elemento milagroso não pode ser removido do livro de Josué sem danificar severamente o propósito teológico. O livro insiste que o Senhor intervém de forma soberana na História para executar seu plano e cumprir sua promessa. Isso não é descrito como intervenção fortuita como a encontrada na teologia politeísta do Antigo Oriente Médio. Pelo contrário, faz parte do plano contínuo e coerente de Deus traçado pela literatura histórica, previsto pela literatura profética e culminando no nascimento, vida e morte de Jesus Cristo.

---

[4] **TDOT**, 5, p. 188.

[5] Observação de Lawson Stone.

O êxodo e a conquista representam a primeira grande demonstração da soberania de Deus na história de Israel. O que ele prometera a um emigrante desconhecido da Mesopotâmia que viajou para Canaã e criou uma família pequena, deixando a terra duas gerações mais tarde, cumpriu-se. Ainda que 400 anos tenham transcorrido, a terra de Canaã voltou a pertencer à família de Abraão.

Solidariedade corporativa

Em Josué 7, as consequências do pecado de Acã caíram sobre todo o Israel quando perdeu a batalha contra Ai (sofrendo 36 baixas); depois o castigo veio sobre a família de Acã, a qual foi apedrejada até a morte. Na mentalidade individualista da nossa sociedade, parece extremamente injusto que tantos sofram pela ofensa de uma pessoa. Parece até contrário aos preceitos da Lei (Deuteronômio 24.16), embora outras passagens advirtam quanto ao desprezo pela Lei (Êxodo 20.5-6).

O espírito de identidade nacional ou étnica era bem mais forte em Israel do que nas sociedades ocidentais de hoje, apesar de a identidade corporativa ainda sobreviver em áreas nas quais o trabalho de grupo é necessário e o "espírito de equipe" é valorizado (*e.g.*, pequenas empresas, exército e esporte organizado). Essa solidariedade era refletida de forma positiva nas leis do *levirato* (Deuteronômio 25.5-10) e resgate das terras (Levítico 25), que possibilitavam o auxílio da família a membros desamparados do clã. Contrariamente, todos sofreriam por causa de um membro.

Além do relato de Acã, vemos evidências dessa prática na destruição das famílias de Corá, Datã e Abirão (Números 16.27-33). Nesses casos, inocentes compartilharam o castigo do indivíduo, não por serem culpados, mas por partilharem sua identidade. A violação da destruição por Acã resultou na sua inclusão na destruição. Ao se colocar nessa posição, ele condenou a família, pois o objetivo da destruição era eliminar toda a linha de continuidade.

Perguntas para estudo e debate

1. Se o livro de Josué deve ser lido como teologia em vez de biografia ou história militar, como devemos abordar o livro no estudo e na exposição da Bíblia?

2. Qual é a influência da identidade corporativa na compreensão da ação de Deus na História?
3. Compare Josué e Moisés no sentido religioso, militar e político.
4. Qual é o propósito da história de Raabe no livro de Josué?

Leituras complementares

BARTLETT, John. **Jericho**. Grand Rapids: Eerdmans, 1983.

BIMSON, John J. **Redating the Exodus and the Conquest**. Sheffield, England: Almond Press, 1988. Apresentação técnica da sua teoria sobre a revisão da data do fim da Idade do Bronze Médio II e a correlação disso com a conquista sob a liderança de Josué.

____. Redating the Exodus. **BAR** 14, 1987, p. 40-52. Apresentação conhecida de sua teoria quanto à revisão da data da Idade do Bronze Médio II.

BOLING, Robert. **Joshua**. Garden City, NY: Doubleday, 1982. Boa abordagem histórica e arqueológica com observações úteis, mas não evangélicas nem exegéticas.

CHILDS, Brevard S. The Etiological Tale Re-examined, **VT** 24, 1974, p. 387-97.

____. A Study of the Formula 'Until This Day'. **JBL** 82, 1963, p. 279-92.

CRAIGIE, Peter C. **The Problem of War in the Old Testament**. Grand Rapids: Eerdmans, 1978. Estudo minucioso do conceito da guerra de perspectivas textuais e éticas.

HESS, Richard. **Joshua**. Downers Grove, IL: InterVarsity Press, 1996.

HOWARD, David. **Joshua**. Nashville: Broadman, 1999.

KAUFMANN, Yehezkel. **The Biblical Account of the Conquest of Palestine**. Jerusalem: Magnes, 1953.

KITCHEN, Kenneth A. **Ramses II**: Pharaoh Triumphant. London: Aris and Phillips, 1982. Excelente relato histórico com base em inscrições, porém de leitura agradável.

LONGMAN, Tremper III & REID, Daniel. **God is a Warrior**. Grand Rapids: Zondervan, 1995.

MILLER, J. Maxwell. Archaeology and the Israelite Conquest of Canaan: Some Methodological Considerations. **Palestine Exploration Quarterly** 109, 1977, p. 87-93.

Walton, John H. Joshua 10:12-15 and Mesopotamian Celestial Omen Texts. In: **Faith, Tradition and History**. A. R. Millard, J. K. Hoffmeier e D. W. Baker (Orgs). Winona Lake, IN: Eisenbrauns, 1994, p. 181-90.

Wiseman, Donald J. **Peoples of the Old Testament Times**. Oxford: Oxford University Press, 1973. Resumo da história de muitos dos vizinhos de Israel durante o período do AT.

Woudstra, Marten. **The Book of Joshua**. Grand Rapids: Eerdmans, 1981. Bom comentário de ponto de vista evangélico que enfatiza a teologia do livro.

Younger, Lawson. Ancient Conquest Accounts. **JSOTS** 98. Sheffield, England: JSOT Press, 1990.

9

Juízes

Conceitos básicos

- ✓ Os ciclos do período dos juízes
- ✓ Desobediência à aliança pelo povo, pelos sacerdotes e líderes tribais
- ✓ Justiça e graça de Deus
- ✓ O papel do Espírito do Senhor
- ✓ Provisão divina de libertadores

Quando Josué renovou a aliança com o povo em Siquém, os israelitas afirmaram que jamais trocariam o Senhor por outros deuses depois de tudo o que fizera por eles. Josué respondeu que eram incapazes de servir ao Senhor, seriam infiéis e trariam desastre sobre si (Josué 24.16-20). Durante vários séculos, confirmando a apreensão de Josué, o Senhor enviou líderes periodicamente para auxiliar Israel quando este parecia estar à beira da extinção. Esses líderes eram chamados "libertadores" ou "juízes" e dão nome ao livro.

COMPOSIÇÃO DO LIVRO

Não há indicação nas Escrituras da identidade do autor ou do compilador da obra. Segundo a tradição judaica, Samuel foi o autor, mas não há evidências suficientes para apoiar essa posição. A erudição atual geralmente inclui o livro na história deuteronomista, como já foi comentado (v. p. 185-6).

Atualmente, o consenso é que o livro inclui narrativas que podem ser quase contemporâneas aos acontecimentos e, mais tarde, inseridas em um contexto teológico-literário pelo compilador. Nesse caso, o cântico de Débora (Juízes 5) geralmente é datado do período pré-monárquico, ao passo que o refrão do narrador: "Naquela época não havia rei em Israel" (*e.g.*, 17.6; 18.1) indica que, no período em que se escrevia, a nação tinha um rei. Com essas indicações, entendemos que a composição do livro envolveu um processo que pode ter durado vários séculos. Isso não representa ameaça aos proponentes da posição tradicional da inspiração bíblica, pois outros livros das Escrituras foram claramente compilados ao longo de séculos por vários indivíduos (*e.g.*, Salmos).

CONTEXTO

Cronologia

A datação do período dos juízes depende, é claro, da posição quanto a do êxodo e da conquista. Levando em consideração a data do século XIII para o êxodo, o período dos juízes abrangeria grande parte dos séculos XII e XI a.C., correspondente à Idade do Ferro I dos arqueólogos. A data mais antiga do êxodo, o século XV, tornaria o período dos juízes duas vezes mais longo, estendendo-se do século XIV ao XI e incluindo a Idade do Ferro I e o período chamado Idade do Bronze Tardio II.

Existem algumas evidências internas para a datação do livro, mas não são conclusivas. A soma dos anos de cada opressão e dos anos de descanso mencionados no fim de cada ciclo é de 410 anos, mas esse número é muito alto e não corresponde nem mesmo ao período mais longo. Algumas discrepâncias foram explicadas pela suposição de que os números tenham sido arredondados, mas é igualmente provável que pelo menos algumas opressões sofridas e alguns dos juízes sejam locais, em vez de nacionais e, por isso, coincidentes (v. Juízes 10.7). Como resultado, não podemos datar o período dos juízes com precisão. No entanto, há indícios de que não pode ser limitado à Idade do Ferro I, pois Juízes 11.26 afirma incontestavelmente que, nos tempos de Jefté, Israel já estava na terra havia 300 anos. O período mais longo também parece relacionado à informação dada em 1Reis 6.1 — 480 anos se passaram entre o êxodo e a dedicação do templo por Salomão.

Contexto histórico

A Idade do Bronze Tardio II testemunhou impérios que lutavam em pé de igualdade assumindo o poder alternadamente uns sobre os outros. Enquanto egípcios e hititas disputavam o controle das rotas comerciais e dos portos lucrativos da região siro-palestina, o Império de Mitani e, mais tarde, os assírios representavam o terceiro centro político cuja lealdade podia passar a liderança de um para outro. Embora alguns dos reis mais poderosos e distintos da História tenham dominado nessa época (*e.g.*, Ramessés, o Grande), o livro de Juízes não os menciona. Como o território ocupado pelos israelitas se limitava à região montanhosa longe das principais rotas comerciais, os conflitos dos impérios, provavelmente, tiveram pouco impacto sobre eles. Todavia, o mais importante é que o narrador de Juízes parece mais interessado nas implicações teológicas da história, o que lhe permite considerar acontecimentos internacionais de destaque supérfluos para seu propósito.

Tudo isso mudou de modo dramático em uma série de fatos tradicionalmente atribuídos à invasão dos povos do mar contra o Antigo Oriente Médio desde o Mediterrâneo, no fim do século XIII a.C. O impasse terminou quando o Império Hitita caiu, os egípcios reincidiram em conflitos internos e o comércio que os impérios tentavam controlar pela expansão militar foi arruinado na destruição de diversos portos prósperos. O resultado foi um vácuo político no qual não havia ameaça de potências internacionais aos povos da Palestina. Isso abriu o caminho para a influência crescente dos filisteus (um dos grupos dos povos do mar que se estabeleceram na costa sul da Palestina) e a infiltração das tribos dos arameus vindas do nordeste, as quais se tornaram a força política dominante no período da monarquia israelita.

Contexto cultural

Quando os israelitas entraram em Canaã, encontraram, no lugar da nação unificada, várias cidades-estado com governos próprios. Ocasionalmente, as cidades-estado se aliavam, mas, em geral, associavam-se a grandes potências, especialmente ao Egito, que muitas vezes dominou a região. A coincidência de algumas das cidades com as encontradas nas cartas de

Amarna revela que elas nem sempre receberam auxílio egípcio quando esperavam ou precisavam e que enredavam umas às outras em conspirações contra os faraós. Todavia, as narrativas do livro de Josué mostram que, se necessário, elas podiam agir em conjunto contra um inimigo comum.

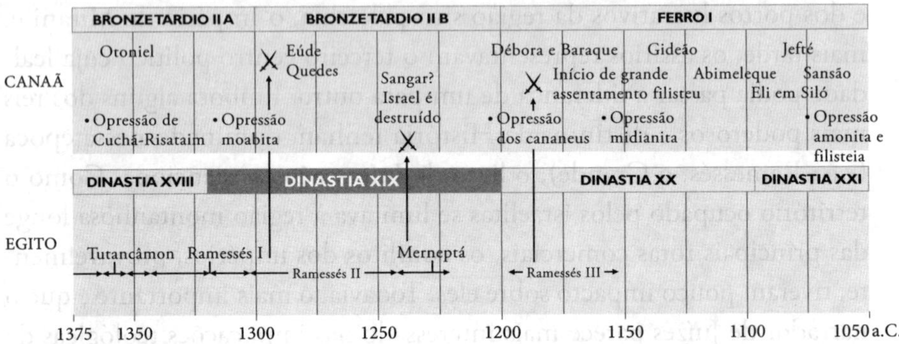

Em contraste, Israel era politicamente organizado numa estrutura tribal. Cada clã descendente de Jacó tinha líderes próprios. Sugeriu-se que a organização das 12 tribos unidas pelo santuário central se assemelhava às anfictionias gregas, tal como a centrada no santuário de Apolo em Delfos. Em uma anfictionia, diversos estados vizinhos ou tribos se uniam para defender um centro religioso comum. O santuário central era local não só de festas religiosas, mas também de conselhos tribais convocados para debater ações militares ou diplomáticas a serem realizadas de comum acordo. Os detalhes da teoria foram quase todos contestados a ponto de um paralelo sociológico entre as anfictionias e os israelitas ser quase totalmente rejeitado. A ideia de que as tribos de Israel deviam ser unidas pelo relacionamento distintivo com Javé permite comparação com anfictionia, mas, na realidade, qualquer união sustentada por Israel durante esse período provavelmente estava mais relacionada a laços étnicos do que à lealdade a um santuário central.

ESBOÇO DE JUÍZES

I. Contexto: Fracasso na expulsão dos cananeus (1.1–2.5)
II. Introdução: Ciclo de apostasia (2.6–3.6)
III. Ciclos: “Os israelitas fizeram o que o Senhor reprova”

A. Otoniel (3.7-11)
B. Eúde (3.12-31)
C. Débora (4 e 5)
D. Gideão (6–8)
1. Abimeleque (9)
2. Tolá e Jair (10.1-5)
E. Jefté (10.6–12.7)
1. Ibsã (12.8-10)
2. Elom (12.11-12)
3. Abdom (12.13-15)
F. Sansão (13–16)
IV. Depravação tribal: "Cada um fazia o que lhe parecia certo"
A. Danitas (17 e 18)
B. Benjamitas (19–21)

PROPÓSITO E MENSAGEM

O propósito do livro de Juízes é explorar teologicamente o que aconteceu durante os anos entre Josué e Davi. O Senhor dera a terra aos israelitas, e eles formalizaram seu compromisso de permanecerem fiéis a ele com a aliança em Siquém (Josué 24). Mas se seguiram séculos de declínio, terminando com a inauguração da monarquia por aliança (2Samuel 7). Como Deus agiu entre esses dois pactos, e por que os israelitas não desfrutaram das bênçãos da aliança?

A mensagem do livro é que o problema não foi causado pelo Senhor, mas pela desobediência insistente de Israel. O período dos juízes foi caracterizado por atos de depravação, tanto individuais quanto tribais. Isso é revelado por dois refrões que se repetem nas respectivas seções do livro. Cada ciclo nos capítulos 3–16 se inicia com o comentário: "os israelitas fizeram o que o SENHOR reprova" (2.11; 3.7,12; 4.1; 6.1; 10.6; 13.1), indicando a tendência à apostasia teológica. O segundo refrão serve de *inclusio*[1] ao aparecer no começo e no fim dos capítulos 17–21 (17.6; 21.25):

[1] *Inclusio* é um recurso literário que se baseia em um princípio concêntrico, ou seja, na criação de uma estrutura pelo agrupamento de materiais (palavras ou expressões) similares no início e no fim de uma divisão. [N. R.]

"Naquela época, não havia rei em Israel; cada um fazia o que lhe parecia certo". A primeira metade da frase é usada em outros dois lugares para apoiar a narrativa no meio (18.1; 19.1).

A segunda parte (cap. 17–21) não está tão voltada para a aliança quanto a primeira (cap. 2–16), embora as violações sejam abundantes. Em vez disso, ela revela que a injustiça era produto natural da apostasia do povo. Como o refrão parece culpar a ausência de um rei como originadora dessas condições, alguns a consideram uma apologia à monarquia. Ainda que isso nos pareça duvidoso, o refrão mostra que a liderança tribal foi incapaz de manter a obediência à aliança e ao governo de Deus.

Nesses refrões, pode-se ver contraste claro com Davi, que "fizera o que o Senhor aprova" (1Reis 15.5). Os livros de Reis, porém, mostram que a monarquia também não foi capaz de manter o povo fiel à aliança. Em todo esse tempo, apesar de a apostasia e injustiça trazerem castigo, a misericórdia do Senhor também foi evidente. Nos livros de Reis, ela é vista claramente nos profetas vocacionados para advertir o povo. Em Juízes, ela é evidente nos líderes comissionados para libertar a nação. A mensagem enfatizou a graça longânima de Javé diante da apostasia e injustiça desenfreada do povo. Deus respondeu à desobediência à Lei com fidelidade à aliança.

ESTRUTURA E ORGANIZAÇÃO

A primeira parte do livro demonstra a incapacidade de Israel de seguir as instruções do Senhor de limpar a terra dos cananeus. Como resultado, a terra não foi possuída nem controlada pelos israelitas, embora tenham recebido formalmente controle sobre ela por meio da conquista. Esse fracasso em eliminar os cananeus causou a apostasia de Israel que caracterizou o período dos juízes. O livro de Josué mostra que o Senhor não podia ser culpado de deixar o serviço pela metade. Juízes 1 também descarta essa possibilidade. O Senhor recusou-se a expulsar os habitantes por causa da desobediência do povo — argumento dado no discurso do "Anjo do Senhor" no fim da primeira parte (2.1-5).

A próxima parte (2.6–3.6) apresenta os ciclos constituintes da estrutura teológica do período. O uso de fórmulas em quase todos os ciclos demonstra que o padrão é típico. Primeiramente, o povo fez o que o

Senhor reprova — descrito em termos gerais indicando a adoração a deuses cananeus. A reação típica do Senhor era castigá-lo por meio de opressores estrangeiros. É digno de nota que os cananeus foram os opressores em apenas uma ocasião (cap. 4).

É certo que o povo acabava clamando ao Senhor por socorro. Contudo, nem na introdução dessa parte (cap. 2), nem nos ciclos em si (cap. 3–16) lemos que o povo se arrependeu. Eles pediram ajuda, mas com exceção de 10.10-16 não há indício de que arrependimento ou reforma tenha acompanhado o pedido. Mesmo assim, o Senhor levantava um libertador num ato de compaixão que garantia salvação enquanto vivesse, mas o ciclo recomeçava com sua morte.

Esse é o ciclo de apostasia apresentado no capítulo 2 e seguido de seis repetições completas nos capítulos 3–16. A maior intromissão disso é o capítulo 9, que relata a ocasião em que Abimeleque, um dos filhos de Gideão, tentou se tornar rei. Essa tentativa malsucedida serviu de advertência prévia aos israelitas de que a monarquia é tão boa quanto o rei assentado no trono. Os capítulos 17–21 demonstram que Israel, apesar desse ciclo de apostasia humana e livramento divino, foi incapaz de estabelecer uma ordem social justa. Não havia base coerente para ética e moralidade. O livro termina, pois, com uma cena deprimente. A monarquia era a opção lógica e moral. Contudo, a razão da necessidade de um rei, segundo Juízes, era ajudar o povo a fazer o que o Senhor aprova para que não viesse a opressão.

Simplesmente ter alguém para determinar quem lutaria pela nação (1Samuel 8.20) não era o que o narrador de Juízes tinha em mente.

TEMAS PRINCIPAIS

A natureza da liderança carismática

O cargo de juiz, nessa fase da história israelita, não é fácil de definir. Os juízes não eram eleitos nem herdavam sua função. Não eram designados por um oficial nem eram ungidos. São denominados líderes carismáticos porque assumiam um papel de liderança, espontaneamente, conforme a necessidade. Assim, pode-se afirmar que Deus os levantava para livrar Israel. Apesar do termo semelhante a "juiz" ser usado para descrever os líderes tribais nos textos de Mári e magistrados na literatura fenícia e púnica, a função do juiz em Israel é mais bem determinada pelo desenvolvimento desse perfil no livro de Juízes. As tarefas mais importantes realizadas pelos juízes foram de natureza militar: o juiz fazia justiça para os israelitas oprimidos por outros povos. Há poucas menções de atividades civis dos juízes, embora se acredite, em geral, que conflitos eram levados a eles para se obter resolução.

Há menos informação ainda sobre qualquer tipo de função espiritual. A situação de Débora não esclarece a questão, pois ela é denominada profetisa. Os juízes não tinham relação com o tabernáculo nem com a arca da aliança e não exortaram o povo a voltar a Javé. Apesar de o narrador dizer que o Senhor levantou juízes, existe pouca evidência de que tenham sido escolhidos com base na sua espiritualidade. Gideão, Jefté e Sansão reconheceram o Senhor em palavra e agiram em seu nome. Entretanto — como as demais pessoas de sua época —, possuíam um histórico manchado: Gideão foi culpado da adoração imprópria do manto sacerdotal que fez (8.27), Jefté sacrificou a filha (11.30-40) e Sansão se envolveu com mulheres filisteias, arruinando assim a capacidade de realizar sua tarefa (cap. 14–16).

Devemos concluir, portanto, que a intenção não era fazer dos juízes modelos de espiritualidade nem considerar sua conduta critério para a escolha divina. Na verdade, o texto não mostra essas implicações. Isso não quer dizer que eles não tenham agido pela fé; pelo contrário, a advertência é para não os colocar em um pedestal. Sem dúvida, certos juízes foram antiéticos (*e.g.*, 3.20; 15.4-5). A Bíblia não expressa aprovação, embora reconheça que o livramento ainda seria possível.

A tarefa do juiz era libertar — na verdade, ele consistia no instrumento divino de libertação. Em 2Reis 13.5, o mesmo termo, "libertador", é usado e provavelmente se refere a um rei estrangeiro. Com isso, pode-se concluir que, às vezes, a pessoa não estava ciente de atuar como libertador e não tinha necessariamente a intenção de sê-lo. A realização do livramento não implica aprovação dos meios. Sobre Sansão observa-se que o Senhor usou até suas más escolhas para realizar seus propósitos (14.4). Atuar como libertador era parte do papel maior de ser responsável por assegurar justiça para o povo. Essa era a função básica dos reis do mundo antigo e, aparentemente, na prática o cargo de juiz não era muito diferente do real.

A diferença principal estava na forma com que recebiam o cargo e no fato de não haver mecanismo político para apoiar tal cargo.

É bem provável que muitos juízes tenham exercido apenas jurisdição local, mas é difícil comprovar essa afirmação. Atualmente se faz distinção entre juízes "menores" e "maiores", embora essa divisão reflita a abordagem feita no livro mais que sua importância histórica ou a extensão da influência ou jurisdição. A designação "maior" é usada para os juízes diretamente ligados aos ciclos do livro (Otoniel, Eúde, Débora, Gideão, Jefté e Sansão). Esses também são os juízes aparentemente levantados por Deus para tarefas específicas. Eles tiveram experiências com profetas (Débora, profetisa, foi usada pelo Senhor para levantar Baraque), anjos (Gideão, os pais de Sansão) e com o Espírito do Senhor (Otoniel, Gideão, Jefté, Sansão). Tais experiências foram a prova do papel de Deus na orientação e capacitação de líderes carismáticos de Israel.

O Espírito do Senhor

O Espírito do Senhor tem papel de destaque no livro de Juízes. Sob seu poder, vários deles realizaram missões — demonstração de que o Senhor agiu e foi o responsável pelo livramento executado por eles. É possível construir diversas correlações entre o Espírito do Senhor no AT e no NT, mas também há pontos de descontinuidade que precisam ser reconhecidos.

Nosso entendimento atual da Trindade e da posição do Espírito Santo resulta da revelação progressiva e não deve ser imputado aos israelitas. É bem provável que o Espírito do Senhor fosse considerado pelos israelitas a extensão do poder e da autoridade de Javé, não uma entidade separada. Nesse sentido, o Espírito lhes parecia semelhante ao "poder do Senhor" (2Reis 3.15; Ezequiel 1.3; 3.14,22; *et al.*; cf. 1Reis 18.46). No entanto, essa descontinuidade se limita à percepção, não à realidade. Isto é, não devemos duvidar de que o Espírito do Senhor no AT fosse realmente a manifestação do Espírito Santo. Só não podemos presumir que os israelitas também pensassem assim.

Outro ponto de descontinuidade é a compreensão de que o Espírito do Senhor não habitava explicitamente nos santos do AT como aconteceu depois do Pentecostes. O texto fala da capacitação de indivíduos pelo Espírito. Capacitação não era o mesmo que batismo do Espírito Santo e não implicava regeneração espiritual. Ela continuou no NT, pois cremos que o Espírito Santo capacita as pessoas para a vida cristã e concede dons espirituais. Tanto no AT como no NT, o Espírito deu às pessoas capacidade ou autoridade para fazerem o que normalmente não poderiam. Consequentemente, o AT refere-se com frequência ao Espírito do Senhor capacitando e autorizando os profetas (*e.g.*, Números 11.25-29; 1Samuel 19.20; Ezequiel 3.24; 11.5). O Espírito também deu a Bezalel habilidades artísticas (Êxodo 31.3; 35.30-31), e a Davi e a Saul, autoridade para governar (1Samuel 16.13-14).

No entanto, nenhum dos casos oferece a definição adequada do papel do Espírito do Senhor com relação aos juízes. Na maioria das vezes, o Espírito é mencionado em relação a práticas militares dos juízes, das quais a experiência de Sansão constitui uma exceção à regra. O texto afirma de forma explícita que em três ocasiões o Espírito se apossou de Sansão (14.6,19; 15.14). Em todas elas e ainda na ocasião em que orou pedindo forças para derrubar o templo antes de morrer, Sansão matou. Esse parece ser o único denominador comum entre esses fatos, possivelmente sugerindo que, no grande plano de libertação divina, Sansão recebera autoridade para matar. Em contrapartida, com Gideão (6.34) e Jefté (11.29) e, mais tarde, com o rei Saul (1Samuel 11.6), o Espírito do Senhor é mencionado pouco antes de as tropas se reunirem. (Otoniel pode entrar nessa categoria [3.10], mas seu relato é curto demais para termos certeza.) Isso sugere que o Espírito concedia a tais pessoas a autoridade necessária para obter a cooperação de outras tribos. Como não havia autoridade humana central em Israel, ninguém tinha o direito, nem a autoridade, de convocar outra tribo para ir à batalha. Mas, na teocracia, convocar exércitos era prerrogativa do Senhor. Portanto, quando alguém reunia as tropas com sucesso, ficava evidente para todos que o Senhor capacitava o indivíduo.

Apostasia de Israel

Ao ler Josué, pode-se perguntar como os israelitas se tornaram tão corruptos. O Senhor preparou sua fuga do Egito por meio das pragas, dividiu o mar diante deles, deu-lhes a Lei no Sinai, sustentou-os no deserto e os levou à terra de Canaã, onde os estabeleceu. Como puderam desprezar tudo isso e adorar outros deuses?

Para entender a questão, devemos lembrar que o legado de Israel incluía apenas um monoteísmo muito experimental. Embora Javé fosse supostamente considerado seu patrono, não havia mandamento anterior ao Sinai de que o povo pudesse adorar só a ele. Os profetas nos informam que mesmo no deserto os israelitas adoraram outros deuses (Amós 5.25-26; Jeremias 7.25), e não temos motivo para supor que o monoteísmo fosse praticado nos 400 anos de Egito. Consequentemente, é claro que o Sinai apresentou a Israel um conceito novo: a adoração exclusiva de um Deus.

Em segundo lugar, devemos reconhecer a diferença entre o monoteísmo ordenado no Sinai e o politeísmo do Antigo Oriente Médio envolvendo muito mais que o número de deuses. O monoteísmo oferecia uma perspectiva totalmente nova da divindade. Nesse sistema, Deus é o poder supremo no Universo. Não é subordinado a nada e a ninguém. Não se manifesta em fenômenos naturais, embora controle toda a natureza. É moral e coerente e exige conduta moral e justa. É autônomo e, portanto, não pode ser manipulado por rituais de culto.

A questão é que os israelitas ainda estavam imersos nos antigos conceitos pagãos. A religião cananeia pode ser conhecida por meio das tabuinhas encontradas na cidade portuária de Ugarite da época dos juízes. Cada deus possuía sua área de influência e estava sujeito aos decretos da assembleia dos deuses maiores. Também havia um poder acima deles que podia ser apropriado por eles e, em menor grau, por homens e mulheres mediante a adivinhação. Os deuses eram contatados e se manifestavam por intermédio das forças da natureza. Eram excêntricos e imprevisíveis e de nenhuma forma propensos à conduta moral. Em geral, suas exigências eram de ordem ritual, e se acreditava que o templo e os sacrifícios satisfaziam suas necessidades. E como tinham necessidades e dependiam dos seres humanos para supri-las, podiam ser manipulados.

Esses dois conceitos da divindade — o monoteísmo israelita e o politeísmo cananeu — eram incompatíveis. O conceito monoteísta aceito em teoria no Sinai envolvia ajustes filosóficos sofisticados que a maior parte do povo jamais havia feito. Quando os israelitas chegaram à terra e se espalharam pelos respectivos territórios, a já estabelecida religião cananeia influenciou-os em seu conceito sobre Deus. Além de adorarem os deuses cananeus, tratavam o Senhor como uma divindade pagã, conforme os profetas indicaram muito tempo depois.

Se as primeiras gerações não conseguiram se manter teologicamente distintas, não é de admirar que o problema tenha durado por muito tempo, pois o sistema se estabelecera de forma que a Lei fosse transmitida no ambiente familiar (Deuteronômio 6.4-9). Embora seja evidente que Israel se lembrava da sua história no período dos juízes (6.13; 11.14-27), há poucos indícios de que o povo conhecia a Lei. O sacerdócio era o culpado dessa negligência (v. Êxodo; Juízes 17–21; 1Samuel 2–4), e seu fracasso deve ter apressado o declínio da influência sacerdotal.

Perguntas para estudo e debate

1. Como o livro de Juízes ilustra a necessidade de se fazer distinção entre o plano e a vontade de Deus? Como o plano divino pode ser executado por pessoas que não procuram fazer sua vontade? (Leve em consideração o livro de Habacuque e Gênesis 50.20 para responder a pergunta.)
2. O oráculo da lã de Gideão e o voto de Jefté tinham valor? Eles seriam métodos legítimos atualmente? Em caso afirmativo, em quais condições ou restrições?
3. Uma pessoa capacitada pelo Espírito do Senhor pode ir contra a vontade de Deus? Explique.
4. Que conclusões teológicas podemos tirar da continuidade e descontinuidade observadas entre as funções do Espírito no AT e no NT?

Leituras complementares

Block, Daniel. **Judges**. Nashville: Broadman, 1999.

Bolin, Robert. **Judges**. Garden City, NY: Doubleday, 1975. Informações arqueológicas e históricas úteis. Bom no sentido exegético, mas não é evangélico.

Burney, C. F. **Judges and Kings**. 1903; reimpressão, New York: Ktav, 1970. Embora desatualizado em muitos aspetos, ainda é fonte útil de observações textuais.

CUNDALL, Arthur & MORRIS, Leon. Judges and Ruth. **TOTC**. Downers Grove, IL: InterVarsity Press, 1968.

DE GEUS, C. H. J. **The Tribes of Israel**. Assen, Holanda: Van Gorcum, 1976. Refutação ao modelo de anfictionia de Martin Noth do período dos juízes.

DE VAUX, Roland. **The Early History of Israel**. Philadelphia: Westminster, 1978. Abordagem abrangente das reconstruções acadêmicas da literatura e história daquela era.

GOTTWALD, Norman. **The Tribes of Yahweh**. Maryknoll, NY: Orbis, 1979. Abordagem mais completa dos diversos modelos da conquista e defesa da teoria da revolta campesina. [Publicado em português com o título **As tribos de Iahweh**: uma sociologia da religião de Israel liberto (São Paulo: Paulus, 2004).]

GRAY, John. Joshua, Judges, Ruth. **NCBC**. Grand Rapids: Eerdmans, 1986.

KITCHEN, Kenneth A. **Pharaoh triumphant**: the life and times of Rameses II. London: Aris and Phillips, 1982. Reconstrução completa e agradável da vida e dos feitos de Ramessés, o Grande, com base em dados de inscrições.

SOGGIN, J. A. **Judges**. Philadelphia: Westminster, 1981. Voltado para análise literária e reconstrucionista com pouca exegese.

WEIPPERT, M. **The Settlement of the Israelite Tribes in Palestine**. Naperville, IL: Allenson, 1971. Resumo dos debates acadêmicos relativos à conquista e ao estabelecimento na terra prometida.

WILCOCK, Michael. **The Message of Judges**. Downers Grove, IL: InterVarsity Press, 1992.

WOOD, Leon J. **The Distressing Days of the Judges**. Grand Rapids: Zondervan, 1975. Bom resumo dos dados bíblicos apresentado do ponto de vista evangélico.

YADIN, Yigael. **The Art of Warfare in Biblical Lands**. London: Weidenfeld and Nicolson, 1963. Compêndio de informação sobre armas, equipamentos bélicos, defesas, fortificações e estratégias usadas nos diversos períodos da história do AT.

10

Rute

Conceitos básicos

- ✓ Fidelidade e lealdade de Deus estimulada pela fidelidade e lealdade entre as pessoas
- ✓ A luz da lealdade espalhada durante a apostasia do período dos juízes
- ✓ Demonstração da fé de Davi como legado de seus ancestrais
- ✓ Introdução do conceito do resgatador

A história comovente de Rute apresenta ao leitor do AT uma das heroínas silenciosas da fé. Como registro de incidente ocorrido no período dos juízes, oferece grande contraste com a imagem negativa da fé israelita da época. Em vez de israelitas abandonando a lealdade e a adoração a Javé à procura de outros deuses, a história descreve Rute agindo com base na lealdade, seguindo a Javé e condenando outros deuses.

COMPOSIÇÃO DO LIVRO

Não há menção do autor do livro, o qual continua anônimo. Apesar de situado após Juízes, a exemplo da *Septuaginta* e da *Vulgata*, a ordem judaica coloca o livro na terceira divisão do cânon, os Escritos. Por isso, não é considerado parte da história deuteronomista.

O primeiro versículo implica que o período dos juízes se passara, e a genealogia final sugere que o público conhecia Davi. Se a genealogia não é acréscimo posterior, o livro não foi escrito antes do período monárquico.

Outros fatores como linguagem e costumes (*e.g.*, levirato) foram usados por uns para apoiar a data pré-exílica e por outros para defender a data pós-exílica. Não há consenso sobre a questão, embora a data pré-exílica receba cada vez mais apoio e pareça-nos favorecida pelas evidências.

CONTEXTO

Contexto histórico

Por falta de provas, essa história não pode ser situada com certeza em parte específica do período dos juízes. Os moabitas oprimiram Israel no início desse período e foram expulsos por Eúde (Juízes 3). Assim, não podemos esperar que a história tenha ocorrido nessa ocasião. Se a genealogia da conclusão do livro está completa, os fatos estariam obviamente situados no fim do século XII a.C., por volta da época de Jefté.

Sabe-se pouco sobre o povo de Rute, os moabitas, no período dos juízes além da breve opressão no tempo de Eúde. Os moabitas eram parentes dos israelitas, descendentes do sobrinho de Abraão, Ló (Gênesis 19.37). Eles ocuparam o território do outro lado do mar Morto. Demonstraram hostilidade a Israel na época de Moisés (Números 21–25), mas foram solidários com Davi quando era fugitivo de Saul (1Samuel 22.3-4). Mais tarde, foram subjugados por Davi (2Samuel 8.2).

Contexto literário

Rico em diálogos, o livro de Rute tem todos os ornamentos de uma peça de teatro em quatro cenas. Isso contribuiu para que um número crescente de estudiosos o considerasse folclore. Suas qualidades literárias são há muito apreciadas, desde a prosa sucinta ao desenvolvimento habilidoso das personagens. Seu contexto pastoral, sua representação do povo comum e a ausência de um vilão o classificam como idílio, embora idílios geralmente sejam fictícios. Robert Hubbard apresentou argumentos para a classificação como "conto", o que não impediria a precisão histórica.[1]

[1] Robert L. Hubbard, **The Book of Ruth**, p. 47-48. Como nos contos em geral, o livro de Rute diverte e ensina.

ESBOÇO DE RUTE

I. Migração e tragédia da família de Elimeleque (1.1-5)
II. Noemi e Rute retornam para Belém (1.6-22)
III. Rute encontra Boaz (2)
IV. Plano de Noemi e seu sucesso (3)
V. Casamento de Rute e Boaz, e nascimento do filho (4.1-17)
VI. Genealogia de Perez (4.18-22)

PROPÓSITO E MENSAGEM

Como o livro termina em Davi, muitos o consideram uma mensagem relativa ao rei. A questão é: o que o livro quer transmitir sobre ele? É uma tentativa de explicar e desculpar sua ascendência estrangeira? Pretende mostrar a providência divina em ação para preservar a linhagem da qual era herdeiro? Outros, considerando secundária a ligação do livro com Davi, acreditam que o propósito é ou promover a conversão de povos estrangeiros, ou desmotivar o casamento de israelitas com eles. Ambas as ideias são difíceis de apoiar por causa da mudança da situação descrita na obra e por causa do seu tom suave.

Embora Davi não deva ser ignorado na determinação da intenção do autor, o verdadeiro propósito da narrativa pode substituir o foco que se restringe apenas a Davi. O período dos juízes, que apresenta o contexto, foi notório por sua apostasia, ignorância e ofensa no que diz respeito à aliança; a fé era rara. Como a fé sobreviveu em Israel? Sugerimos sua sobrevivência nas famílias de pessoas comuns como Elimeleque e Noemi. O retrato geral era sombrio, mas havia indivíduos fiéis. Essa questão é importante para o entendimento do leitor sobre Davi. À medida que as narrativas históricas passam do período dos juízes à monarquia, o leitor pode duvidar da fé pertencente a Davi. Como tal fé ainda existia após 400 anos de condições como aquelas descritas no livro de Juízes? A história de Rute, extraída da ascendência de Davi, explica a sobrevivência da fé.

A mensagem é que Deus preservou famílias fiéis e que de uma delas veio o rei Davi. Como Hubbard destacou, a preservação dessa família compartilha diversos temas com a preservação divina dos patriarcas[2] e mostra outro exemplo da lealdade divina à aliança e da fé que isso produz.

TEMAS PRINCIPAIS

O resgatador

O sistema do levirato é explicado na literatura israelita em Deuteronômio 25.5-10. De acordo com essa lei, se um homem morresse sem deixar filhos, o irmão era obrigado a gerar um filho com a viúva. Posteriormente, esse filho seria considerado herdeiro da casa do irmão falecido. Assim as famílias não teriam fim abrupto.

A interpretação do costume do levirato é condizente com direitos de resgate de terras e introduz o contexto legal para o livro de Rute. O termo hebraico *gō'ēl* (resgatador) é tirado da lei de resgate de terras (Levítico 25.25-31,47-55). Segundo essa lei, a terra vendida à pessoa podia ser comprada de volta pelo parente para manter a terra na família. Tanto a lei da terra quanto o levirato tinham o propósito de preservar família e terras – questões essenciais da aliança. Eram provisões sociais pelas quais as promessas divinas continuariam a se realizar mesmo para famílias em crise. O *gō'ēl* proporcionava o meio de readquirir bênçãos postas em risco e, assim, servia de metáfora adequada da graça de Deus. Javé agia constantemente como *gō'ēl* para Israel, e o NT logo aplicou esse conceito ao papel de Cristo.

Hesed

Frequentemente relacionado à lealdade à aliança, o termo hebraico *hesed* abrange todas as implicações da lealdade de Deus a seu pacto. Algumas versões da Bíblia traduzem o termo por "misericórdia", enquanto outras usam a palavra bondade. Esses substantivos descrevem as diferentes maneiras pelas quais Deus demonstra sua lealdade; tal variedade é refletida na decisão dos tradutores da Nova Versão Internacional de usar uma série de termos: bondade, amor, lealdade e outros.

Rute é um livro sobre *hesed* nos níveis humano e divino. A afirmação mais explícita disso se encontra na expressão inspiradora do compromisso

[2] Ibid., p. 40-42.

de Rute com Noemi (1.16-17). É essa qualidade que conquista o favor de Boaz (2.12). Ele também é louvado pela *hesed* demonstrada a Noemi (2.20, em que o assunto provavelmente é Boaz [v. NVI], e não Javé). O tema de *hesed* serve de premissa para o debate entre Boaz e Rute enquanto as negociações são feitas (3.9-13). A *hesed* do Senhor é apresentada em 1.8-9 como o fator que, finalmente, levará ao novo casamento bem-sucedido das noras de Noemi, de forma que ela é inevitavelmente reconhecida na provisão de um *gōʾēl* para Rute (v. 4.14).

Tudo isso demonstra que a *hesed* de um pelo outro está entre os veículos mais adequados que Deus pode utilizar para demonstrar a própria *hesed*. O que contrasta com o livro de Juízes, no qual a lealdade dentro dos limites da aliança é rara.

Perguntas para estudo e debate

1. Cite as diferentes maneiras em que a *hesed* é demonstrada no livro.
2. Que significado os israelitas atribuiriam ao fato de Rute ser de Moabe?
3. O que o princípio do levirato implicava com relação à cultura familiar do Israel antigo?
4. Por que o livro de Rute foi associado à festa de Pentecostes no judaísmo posterior?

Leituras complementares

Atkinson, David. **The Wings of Refuge**. Downers Grove, IL: InterVarsity Press, 1983.

Bush, Frederic. **Ruth/Esther**. Dallas: Word, 1996.

Campbell, Edward F. **Ruth**. Garden City, NY: Doubleday, 1975. Direto e útil, embora não seja evangélico.

Cundall, Arthur & Morris, Leon. Judges and Ruth. **TOTC**. Downers Grove, IL: InterVarsity Press, 1968.

Gray, John. Joshua, Judges, Ruth. **NCBC**. Grand Rapids: Eerdmans, 1986.

Hubbard, Robert L. **The Book of Ruth**. Grand Rapids: Eerdmans, 1988. O melhor dos comentários de Rute: evangélico, completo, criterioso e de leitura agradável.

Luter, A. Boyd & Davis, Barry C. **God Behind the Seen**. Grand Rapids: Baker, 1995.
Sasson, Jack M. **Ruth**. Baltimore: John Hopkins University Press, 1979. Abordagem sociológica que oferece muitas sugestões prolíferas e algumas radicais.

11

1 e 2Samuel

Conceitos básicos

- ✓ A instituição da monarquia
- ✓ A importância da soberania divina
- ✓ O processo de estabelecimento da aliança com a casa de Davi

Os livros de 1 e 2Samuel formam naturalmente uma unidade e, a princípio, constituíam um só volume. Juntos abrangem o período de transição dos juízes à instituição da monarquia, incluindo os reinados de Saul e Davi. Apesar de a *Septuaginta* juntar os livros de Samuel aos de Reis com o título "Reinos", o texto hebraico, tradicionalmente, denomina esses escritos "livros de Samuel", reconhecendo seu papel importante no estabelecimento da monarquia.

COMPOSIÇÃO DO LIVRO

Os acontecimentos do livro se deram na segunda metade do século XI e início do X a.C., mas é difícil determinar quando foram registrados. Não há motivos convincentes para situar as fontes usadas pelo compilador muito tempo após os fatos, e há boa razão para crer que tenham sido feitos registros contemporâneos (v. 2Samuel 20.24-25). Se os livros fossem parte de obra "deuteronomista" maior, o compilador teria escrito no fim do período da monarquia dividida.

CONTEXTO

As fontes desse período da História são escassas. Nem o Egito nem a Mesopotâmia estavam em condições de olhar para fora de suas fronteiras, deixando as nações menores da região siro-palestina combaterem entre si. Ameaças a Israel, vindas principalmente dos filisteus, exigiam maior cooperação entre as tribos que antes foram diretamente responsáveis pela decisão de mudar para a forma monárquica de governo. Saul obteve vitórias ocasionais contra os filisteus, mas foi morto na batalha do monte Gilboa, e eles assolaram a parte central da Palestina. Portanto, coube a Davi expulsá-los. Ele também obteve sucesso na expansão do controle israelita sobre a maior parte da região siro-palestina em uma série de conquistas e tratados.

ESBOÇO DE 1 E 2SAMUEL

I. As tradições de Siló (1Samuel 1.1–4.1a)
II. A narrativa da arca (1Samuel 4.1b–7.1)
III. A instituição da monarquia (1Samuel 7.2–12.25)
IV. O reinado de Saul (1Samuel 13–15)
V. Ascensão de Davi ao poder (1Samuel 16.1–2Samuel 5.10)
VI. Sucessos de Davi (2Samuel 5.11–9.13)
VII. Fracassos de Davi (2Samuel 10–24)
  A. Enfrentando a ação humana: a narrativa da sucessão (2Samuel 10–20)
  B. Enfrentando a ação divina: apêndice (2Samuel 21–24)

PROPÓSITO E MENSAGEM

Como vimos na introdução à literatura histórica, esses livros não têm um propósito estritamente histórico. Isto é, não são apenas história nem livros biográficos, embora certamente incluam dados biográficos. O objetivo principal é teológico. Assim como Gênesis apresenta a história do início da aliança de Abraão, Samuel aborda a história da instituição da aliança davídica (2Samuel 7). A ênfase dessas obras e, consequentemente, da própria aliança é o desenvolvimento do conceito adequado da autoridade divina.[1]

[1] W. J. Dumbrell, **The Content and Significance of the Books of Samuel**: Their Place and Purpose Within the Former Prophets, p. 50.

A mensagem possui vários aspectos. O ponto principal é o estabelecimento da aliança davídica por Deus. O povo podia escolher reis, como escolheu Saul, mas Deus escolhe dinastias. Embora o povo tenha escolhido o primeiro rei, e Deus não tenha aprovado nem sua motivação, nem seu conceito de soberania, a instituição da monarquia estava no plano divino para Israel (Deuteronômio 17.14-20).

Certamente outra preocupação do narrador era demonstrar ao leitor que Davi não usurpou o trono, mas evitou a duras penas agir contra a casa de Saul. Toma-se tal cuidado para deixar claro que Deus colocou Davi no trono; assim ele não seria considerado um traidor que teria planejado tomar o trono, assassinar o rei e seus herdeiros e, depois, explicar suas atrocidades alegando aprovação e orientação divinas. Isso, contudo, não encobre os defeitos de Davi. A narrativa descreve sua natureza humana e se recusa a esconder suas fraquezas ou os castigos vindos de Deus. A segunda metade de 2Samuel fala dos problemas na família e no reino de Davi, demonstrando que seus erros atingiram seus filhos a ponto de arriscar a aliança e deixar a continuação da história para os livros de Reis.

ESTRUTURA E ORGANIZAÇÃO

As tradições de Siló (1Samuel 1.1–4.12) apresentam-nos Samuel e informam que, desde o nascimento, ele era especial. Isso faz sentido, pois ele exerceria a grande função transicional entre o período dos juízes e a monarquia. Depois de relatar as circunstâncias de seu nascimento e a chegada ao templo, a narrativa analisa Samuel, Eli e seus filhos rebeldes. A profecia do fim da casa de Eli veio a Samuel e firmou sua reputação de homem de Deus. Além disso, ele usava o manto sacerdotal de linho do sacerdote. A condição deplorável do sacerdócio é exemplificada pela casa de Eli e demonstra a extensão da apostasia do período dos juízes.

Esse período terminou em exílio — imposto pelo Senhor e representado pela captura da arca da aliança pelos filisteus, que a tiraram da terra de Israel. Acreditava-se que a vitória de um exército sobre outro indicava a vitória dos deuses daquela nação sobre os da nação derrotada. A captura da arca levou naturalmente à conclusão de que o deus filisteu, Dagom, era mais poderoso que Javé, o deus israelita. Os acontecimentos dos capítulos 5 e 6 são relatados para afastar qualquer ideia semelhante. Com a demonstração divina de poder sobre o ídolo Dagom e a praga sobre o povo filisteu, ficou claro que o Senhor não fora subjugado, mas rejeitara e, logo, abandonara os israelitas. O tema do abandono divino é bem conhecido no Antigo Oriente Médio.

Esse exílio marcou a separação entre o período dos juízes e a monarquia. O relato do retorno da arca usa uma linguagem que lembra o êxodo.[2] É de interesse teológico que o alojamento temporário da arca tenha permanecido durante todo o reinado de Saul, e que só foi restaurada oficialmente à sua preeminência quando Davi a levou de volta a Jerusalém (2Samuel 6). Isso sugere que Samuel e Saul foram personagens transicionais.

A instituição da monarquia

A parte sobre a instituição da monarquia começa em 1Samuel 7. No início, Samuel atuava não só como profeta e sacerdote, mas também como juiz. Apesar de todo o poder político conferido a Samuel, ele não era um rei. Essa condição levou o povo a pedir que Samuel presidisse a mudança da forma de governo, ou seja, de juízes para reis. Ela não deveria sofrer alteração tão grande quanto o povo imaginava. Ambos os sistemas deveriam ser de natureza teocrática. Mesmo o rei humano deveria ser apenas um representante do Rei divino. O fato de o povo não ter entendido isso é refletido na análise do Senhor de que o povo rejeitou a sua pessoa, não a Samuel. Se o Senhor não fosse rei, o rei humano não atingiria as expectativas do povo. A menção da frustração de Samuel pode sugerir que ele se considerasse o candidato apto para a posição. Isso é apoiado pelas referências à sua idade e à desobediência dos filhos (8.4-5). Na verdade, a NVI confirma essa interpretação na tradução: "Não foi a você que rejeitaram; foi a mim que rejeitaram como rei" (8.7).

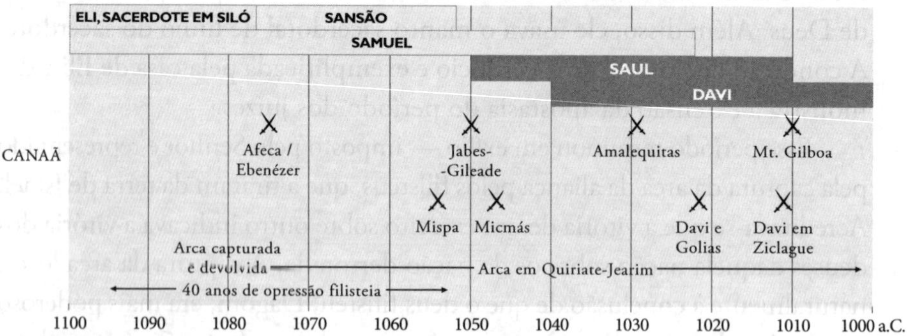

[2] Campbell, A. F. **The Ark Narrative.** Missoula, MO: Scholars Press, 1975, p. 203ss.

O capítulo 9 apresenta Saul e um recurso literário. O plano do texto relativo à monarquia unida (Saul, Davi e Salomão) é relatar a designação do rei, descrever seu potencial e sucesso e, finalmente, narrar seus fracassos e conquistas (fig. 11.1). A entronização de Saul inclui vários passos que mostram Samuel, o Senhor e o povo em funções distintas de sua designação. É digno de nota que a terminologia usada pelo Senhor ao descrever a função de Saul (9.16-17) e o incidente em Jabes-Gileade (cap. 11) parecem descrevê-lo mais como juiz do que como rei. Além disso, como muitos juízes, Saul parecia bem-intencionado, mas sem profundidade espiritual e conhecimento sólido do Senhor. Isso não é surpreendente, já que entrou em cena após 400 anos de apostasia generalizada, característica do período dos juízes. O juiz devia ser um libertador, e o povo também esperava isso do rei. A princípio, Saul conseguiu fazê-lo, atingindo seu potencial. Mas Deus esperava mais de um rei, e Saul não foi capaz de cumprir as expectativas.

Figura 11.1 – Ênfase narrativa na história da monarquia unida

	Saul	*Davi*	*Salomão*
Nomeação	1. Por Samuel 2. Processo público 3. Pelo Espírito	1. Por Samuel 2. Longo processo 3. Pelo povo	1. Por Davi 2. Por Zadoque e Natã
Sucessos e potencial	Vitória sobre os amonitas	1. Conquista de Jerusalém 2. Derrota dos filisteus 3. Retorno da arca 4. Aliança 5. Expansão do império	1. Sonho e pedido de sabedoria 2. Sabedoria e administração do império 3. Construção do templo
Fracassos	1. Oferta impaciente 2. Colocação do povo sob juramento inadequado 3. Desobediência às ordens na guerra com os amalequitas	1. Adultério com Bate-Seba e assassinato de Urias 2. Recenseamento	1. Aceitação das práticas religiosas das esposas estrangeiras 2. Trabalho forçado e impostos
Resultados das falhas	Más decisões, incompetência e inveja	1. Matança na família (Amom, Absalão e Adonias) 2. Rebelião no reino (Absalão e Seba)	1. Problemas militares 2. Divisão do reino

A conclusão desse trecho (cap. 12) indica que a insistência do povo em escolher um rei foi, na verdade, a rejeição intencional do governo do Senhor. O erro principal foi presumir que sofriam opressão por não possuírem um rei para liderá-los na batalha; entretanto, acabaram oprimidos por causa do pecado. A monarquia não curaria o problema; somente o agravaria. Portanto, o capítulo 12 também apresenta a importância contínua do ofício profético de dar uma orientação divina ao rei.

Pode-se questionar por que Deus apontou Saul se sabia de suas falhas. Mas tal pergunta é errada. Deus usou Saul para livrar Israel temporariamente — como usara Gideão, Sansão e outros juízes. Todos cometeram erros, e Deus realizou sua vontade a despeito das pessoas usadas. Saul tinha o potencial para prosperar, mas não se transformou em um homem que conhecia o Senhor. Sua falta de discernimento espiritual e bom senso ficam claros à medida que o texto relata seus fracassos.

A vindicação de Davi

Os capítulos 13–15 dizem respeito às falhas de Saul. É importante destacar que, embora os capítulos 19–28 pareçam conter informações bastante comprometedoras sobre Saul para convencer os leitores de que ele não era habilitado para o trono, há o cuidado em mostrar as falhas de Saul como independentes e anteriores ao seu relacionamento com Davi. A ideia é que Davi não causou o fracasso de Saul; foi ele quem se desqualificou antes mesmo de Davi entrar em cena.

É difícil analisar a ofensa de Saul de oferecer o sacrifício para a consagração dos soldados antes da batalha (cap. 13). Ele estava em uma posição incômoda. Samuel não viera oferecer o sacrifício de preparação para a batalha, e Saul não se atrevia a lutar sem ele — mas a oportunidade de ataque estava passando, e os soldados começavam a desertar. Qual seria o procedimento mais apropriado? Saul agiu conforme achava conveniente e realizou o sacrifício com relutância. Ao fazer isso, ele seguiu um modelo cananeu de monarquia, no qual o rei possuía prerrogativas sacerdotais. Quando Samuel chegou e soube o que Saul fizera, ficou furioso. Esse foi um dos exemplos da incapacidade de Saul de tomar decisões sábias. A sabedoria — dom natural de um rei verdadeiro — faltava a Saul; ele não a possuía nem a requisitou. Boas intenções não tornariam o rei bem-sucedido.

Os capítulos 14 e 15 continuam a expor como a falta de sabedoria de Saul veio à tona em uma série de más decisões. Sua capacidade de liderança se deteriorou gradativamente a ponto de ele se render com muita facilidade às exigências do povo (14.45; 15.15,24). Esse foi o legado que levou o Senhor a enviar Samuel para ungir o sucessor.

Apesar de a história da ascensão de Davi continuar revelando as fraquezas de Saul, a narrativa está centrada no próprio Davi e conta sua história. Da unção em 1Samuel 16 à entronização em 2Samuel 5, o texto está voltado para Davi. Como mencionamos anteriormente, a preocupação do narrador aqui era demonstrar que mesmo destinado pelo Senhor a governar Israel, Davi não usurpou o trono de Saul.

Há três pontos principais que sustentam a argumentação do narrador. O primeiro é a hostilidade de Saul. Nas narrativas, comprova-se que ele sempre iniciou o antagonismo crescente entre sua pessoa e Davi. Saul atirou-lhe uma lança, mandou homens prenderem-no à noite e o perseguiu pelo deserto da Judeia. O autor também demonstra tal postura com afirmações claras sobre a motivação de Saul em diversas situações em que Davi foi enviado contra os filisteus (1Samuel 18.17-25).

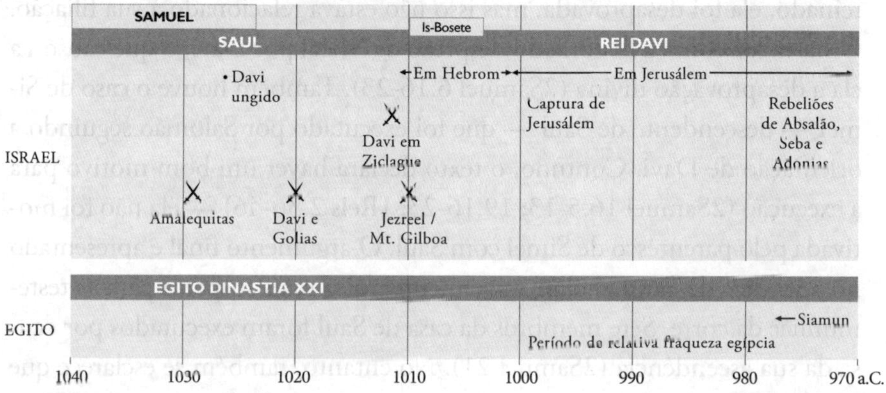

A segunda prova, e a mais contundente, é a ausência de agressão de Davi. Isso é revelado pela amizade e aliança com Jônatas, filho de Saul e herdeiro do trono (18.1-4; 19.1-7; 20.1-42). Semelhantemente, o casamento de Davi com Mical, filha de Saul, embora não se considerasse digno de fazer parte da família, mostra sua atitude benevolente com relação a eles (18.17-29). No entanto, as principais evidências na argumentação do narrador são as duas ocasiões em que Davi teve oportunidade de matar Saul — ele foi até incentivado a fazê-lo, mas se recusou (1Samuel 24 e 26).

Além disso, vários relatos procuram demonstrar que Davi não estava envolvido em ações tomadas contra Saul e sua casa.[3] Ele não estava na batalha em que Saul foi morto; então, não podia ser acusado de assassinato camuflado pelo combate (1Samuel 28 e 29). O autor não mede esforços para descrever as atividades de Davi com os filisteus e como ele foi dispensado de participar da batalha — tudo para vindicar Davi nessa questão.

Após a morte de Saul, o reino ficou com seu filho, Is-Bosete, mas Abner, ex-comandante de Saul, aparentemente estava no poder. Quando ele e Is-Bosete se desentenderam, Abner decidiu entregar o reino a Davi. Infelizmente, durante essa missão, Abner foi assassinado. O narrador teve a cautela de afirmar que havia inimizade entre Abner e Joabe (2Samuel 2), de forma que o leitor entenda que quando Joabe matou Abner, ele o fez por motivos pessoais, não por ordem de Davi (2Samuel 3.28-39). Da mesma maneira, o narrador queria demonstrar que Davi não matou nem mandou matar Is-Bosete (2Samuel 4).

Outro sinal de que o texto inocenta Davi da tragédia da casa de Saul é a abordagem a respeito da esposa, Mical. Durante a maior parte de seu reinado, ela foi desaprovada, mas isso não estava relacionado à sua filiação. O narrador conta a história do desprezo de Mical por Davi, o que causou a ela a desaprovação divina (2Samuel 6.16-23). Também houve o caso de Simei — descendente de Saul — que foi executado por Salomão seguindo a orientação de Davi. Contudo, o texto declara haver um bom motivo para a execução (2Samuel 16.5-13; 19.16-23; 1Reis 2.36-46) — ela não foi motivada pelo parentesco de Simei com Saul. O argumento final é apresentado no apêndice de Samuel e, provavelmente, foi o mais suspeito para as testemunhas da corte. Sete membros da casa de Saul foram executados por causa da sua ascendência (2Samuel 21). No entanto, também se esclarece que Davi não instigou a ação, e as circunstâncias são usadas para sugerir que isso aconteceu segundo a vontade do Senhor (v. 1,14).

Parte das provas mencionadas da inocência de Davi nos atos de agressão é a decisão severa tomada por ele contra os responsáveis. Ele executou o amalequita que afirmou ter matado Saul (2Samuel 1.1-16) como os assassinos

[3] Para obter comentários mais detalhados, v. P. Kyle McCarter, **The Apology of David**, p. 489-504.

de Is-Bosete (2Samuel 4). Ele até censurou e condenou Joabe pelo assassinato de Abner (2Samuel 3.28-39; 1Reis 2.28-34). Também se deve observar o **lamento** por Saul (2Samuel 1.17-27) e a preservação do filho de Jônatas, Mefibosete, de acordo com a aliança de Davi com Jônatas (2Samuel 9). Tudo isso foi usado pelo narrador para demonstrar a ausência de agressão de Davi com respeito à casa de Saul.

O terceiro ponto que apoia a argumentação do narrador é seu interesse em apresentar afirmações da inocência ou do destino de Davi. Elas foram feitas por Samuel quando Davi foi ungido (1Samuel 16.12-13) e quando Saul consultou a médium de En-Dor (1Samuel 28.16-18). A história de Nabal e Abigail, possivelmente, foi incluída com o intuito de registrar o testemunho de Abigail de que Davi representava a voz do povo (1Samuel 25.30). As declarações de Jônatas são mais significativas (1Samuel 19.4-5; 20.14-15; 22.16-18); também o são as do próprio Saul (1Samuel 20.31; 24.16-22; 26.21-25).

Alguns alegam que tudo isso representa mera campanha publicitária para legitimar a reivindicação do trono por Davi. Não deve restar dúvida de que o narrador apresentava evidências pelas quais pretendia legitimar essa reivindicação. Além disso, não se deve duvidar de que esse material tem valor publicitário. A questão mais séria, porém, é se informações falsas foram apresentadas para ocultar os fatos. Por um lado, nosso respeito pelas Escrituras proíbe essa opinião sobre o texto. Por outro, temos dificuldade em substanciar a existência de informações falsas nesse caso, pois Davi não recebe tratamento especial no texto. Incidentes envolvendo engano, insensatez e até massacre de civis permeiam as narrativas de 1Samuel 21–2Samuel 3. Logo, não há razão para suspeitar que o narrador tenha interpretado o texto para favorecer Davi. Pelo contrário, demonstrou que Davi foi legitimamente nomeado para o trono pelo Senhor, levando inexoravelmente ao estabelecimento da aliança davídica.

Os êxitos de Davi como rei são apresentados em 2Samuel 5–9. Entre eles estão suas conquistas e a instituição de Jerusalém como nova capital. Isso foi completado com a chegada da arca da aliança trazida do exílio e restaurada à função original. Não é coincidência que esses fatos tenham sido seguidos pela aliança davídica, representante da constituição para a nova era. Assim, no capítulo 6 Davi restabeleceu o trono de Javé (*i.e.*, a arca) e, no 7, Javé estabeleceu o trono de Davi.

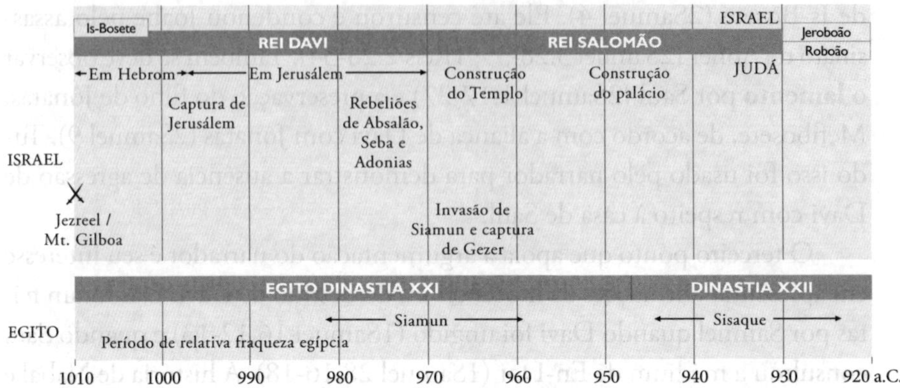

A aliança davídica era o cerne do propósito do narrador. Tudo na narrativa até esse ponto caminhava nessa direção. De agora em diante, tudo passa a ser compreendido à luz da aliança.

A narrativa da sucessão (2Samuel 10–20) focaliza a família de Davi. A base desse trecho é o adultério de Davi com Bate-Seba e a trama subsequente para causar a morte do seu marido, Urias. (Alguns alegam que a narrativa da sucessão começa no capítulo 9, e isso é possível. No entanto, cremos que a história da bondade de Davi para com Mefibosete é mais adequada à parte sobre a ascensão e as conquistas de Davi, já que concluiu sua obrigação em relação à casa de Saul por causa da aliança com Jônatas.) O capítulo 10 relata como os israelitas entraram em guerra com os amonitas. O 11 mostra os detalhes dos crimes, e o capítulo 12 descreve como Natã, o profeta, confronta Davi com seu pecado e registra o castigo. A causa que Natã apresentou a Davi tinha o objetivo de fazê-lo julgar a si mesmo. Embora a situação legal fosse diferente (adultério e assassinato *versus* roubo), a essência comum era que Davi e o homem rico da parábola agiram traiçoeiramente, sem compaixão (12.6). A condenação da casa de Davi tornou-se a ladainha de sua história familiar (12.10-12).

Não deve ser coincidência Davi haver decretado a restituição redobrada (12.6), e as narrativas seguintes registrarem a perda de quatro herdeiros do seu trono (o filho de Bate-Seba, 2Samuel 12; Amom, 2Samuel 13; Absalão, 2Samuel 18; e Adonias, 1Reis 2),[4] mas se pode ter certeza do legado de imoralidade sexual e violência que obscureceu a família de Davi.

---

4 Observação de H. C. Brichto.

De qualquer forma, o propósito do narrador era traçar os efeitos da sua conduta (sintetizados na questão de Bate-Seba) no comportamento dos filhos. Isso não reflete mero interesse didático de mostrar como os filhos tendem a seguir os passos do pai. Em vez disso, havia o interesse teológico de documentar como o pecado e a insensatez humana colocaram em perigo a aliança davídica e até ele próprio. Já vimos como o risco à aliança foi um tema das narrativas dos patriarcas em Gênesis. Aqui também a aliança em perigo destaca nitidamente a soberania e graça de Deus.

Então as narrativas de 2Samuel 13–20 mostram como o incesto de Amom levou ao seu assassinato nas mãos de Absalão e como ele destronou o pai, ainda que morresse na batalha seguinte contra as forças de Davi. Em ambos os casos, a imoralidade sexual e o assassinato se assemelharam aos crimes de Davi. Ainda que o capítulo 20 não envolva nenhum de seus filhos, ele é importante por mostrar que já havia uma tensão crescente que ameaçava destruir o reino. A mensagem é clara: o resultado da agitação na casa de Davi foi que a unidade do reino e, consequentemente, a aliança estavam em perigo. No entanto, o texto tem o cuidado de observar que mesmo com fracasso e risco, o Senhor ainda apoiava Davi e lhe era fiel, independentemente dos atos de outras pessoas contra ele. Isso fica bem claro no fato de os rebeldes, Absalão e Seba, haverem fracassado.

Apesar de a narrativa da sucessão começar de novo em 1Reis, o livro de 2Samuel termina com um apêndice que reflete sobre os acontecimentos da vida do rei Davi e poderiam ser considerados falhas por causa da notória ação de Deus contra ele. Os capítulos 13–20 se concentraram na ação humana contra Davi. Os capítulos 21 e 24, que delimitam a parte, relatam os casos de ação divina contra Davi — isto é, por meio de fome e praga. Essa circunstância é equilibrada pelas seções centrais, que descrevem algumas proezas de Davi, mas, acima de tudo, insistem que o Senhor o apoiou, deu-lhe vitória sobre os inimigos (cap. 22) e fez aliança com ele (23.1-7).

TEMAS PRINCIPAIS

A arca da aliança

A arca da aliança era o artefato religioso mais importante de Israel. Feita no Sinai sob a supervisão de Moisés, ela representava a presença de

Javé em meio ao povo. Ocupando o lugar no templo dado aos ídolos na maioria das religiões do Antigo Oriente Médio, a arca, por sua vez, era considerada apenas o escabelo do trono de Javé.

Um motivo pelo qual os ídolos foram proibidos na prática religiosa israelita é seu uso nos rituais pagãos para obrigar ou forçar a divindade a agir conforme o desejo dos adoradores. Infelizmente, por vezes, a arca esteve sujeita ao mesmo abuso. O maior exemplo disso, registrado em 1Samuel 4, ocorreu quando os filhos de Eli decidiram levá-la à batalha na tentativa de assegurar a vitória contra os filisteus. De acordo com a teoria, a divindade não se deixaria capturar. O Senhor, no entanto, não permitiria esse tipo de manipulação. Ele mesmo determinava as idas e vindas da arca. Ela não foi capturada; ao contrário, deixou Israel (1Samuel 4.21).

Semelhantemente, chegada a hora, a arca retornou à nação em uma carroça sem condutor (1Samuel 6.10-16). Houve, até mesmo, a tentativa fracassada de acomodá-la depois de um acidente (2Samuel 6.1-11), fazendo Davi se perguntar como a traria até si (v. 9). Tudo isso indicou a autonomia da arca — ela operava somente por ordem do Senhor.

Mediante a devastação causada na Filístia pela presença da arca (1Samuel 5), a destruição em Bete-Semes por sua profanação nas mãos dos filisteus (1Samuel 6.19-20) e o castigo de Uzá quando Davi tentava levá-la a Jerusalém (2Samuel 6), a arca se revela muito mais que uma relíquia. Não havia outro objeto que possuísse o dom da presença de Javé como ela. Por isso, podemos ver que sua instalação bem-sucedida em Jerusalém no início do reinado de Davi não foi mero ritual. Foi o sinal da aprovação divina da nova era e de Davi. A teologia da arca é confirmada em Salmos 78.54-72.[5]

Monarquia

Do ponto de vista bíblico, a monarquia de Israel era prerrogativa de Javé (Juízes 8.23; 1Samuel 8.7; 12.12). A função do rei era manter a justiça, no sentido nacional, na sociedade, e no sentido internacional, por meio de força militar ativa. No período dos juízes, o Senhor levantou e capacitou indivíduos para realizar esse propósito. O povo da época de Samuel considerava a monarquia um ofício mais durável que eliminaria a necessidade de esperar o Senhor suscitar um libertador.

[5] Seção bastante fundamentada em Campbell, **The Ark Narrative**, p.199-210.

Foi a perspectiva da monarquia que irou o Senhor. Não havia nada de errado em possuir a forma monárquica de governo. Devemos lembrar que desde a aliança com Abraão havia a promessa de que proviriam de sua linhagem (Gênesis 17.6). Do mesmo modo, a nomeação de um rei foi antecipada no livro de Deuteronômio (17.14-20). Portanto, o crime dos israelitas não foi pedir um rei, mas sua expectativa de que o rei humano tivesse sucesso nas áreas em que, segundo eles, o Senhor falhara.

Saul foi escolhido como quem "sairá à nossa frente para combater em nossas batalhas" (1Samuel 8.20). O fato de essa opinião estar errada é demonstrado em 1Samuel 17. Ali vemos que Saul não estava disposto a combater as batalhas dos israelitas; por isso, ele ofereceu uma recompensa a quem lutasse contra Golias.[6] Já o verdadeiro rei — Davi — entendeu realmente que o Senhor combatia suas batalhas (1Samuel 17.37,46). A monarquia adequada também devia funcionar como instrumento da teocracia, e não substituí-la. O rei devia ser considerado o representante terreno do reino teocrático.

A aliança davídica

Como tema central dos livros de Samuel e aspecto importante da teologia do AT em geral, a aliança feita com Davi merece um exame minucioso. Pelo menos três pontos exigem comentários: 1) O que o Senhor prometeu a Davi? 2) A aliança era condicional ou incondicional? 3) Que impacto ela teve sobre o restante da história israelita?

1. *O que o Senhor prometeu a Davi?* Primeiro, o Senhor prometeu tornar famoso o nome de Davi (2Samuel 7.9). Isso era semelhante à promessa feita a Abraão (Gênesis 12.2); logo se vê um paralelo entre os dois pactos. Em segundo lugar, o Senhor prometeu um lugar em que instalaria Israel (2Samuel 7.10), e mais uma vez vemos semelhanças com a promessa da terra a Abraão. A promessa adicional de tornar a terra um local seguro (2Samuel 7.10-11) lembra a promessa do Senhor de amaldiçoar aqueles que amaldiçoassem Abraão (Gênesis 12.3). Concluímos, portanto, que a primeira parte da aliança davídica apenas alinha Davi e Abraão e mostra a subordinação desta à aliança do patriarca.

6 Observação de Matt Condron.

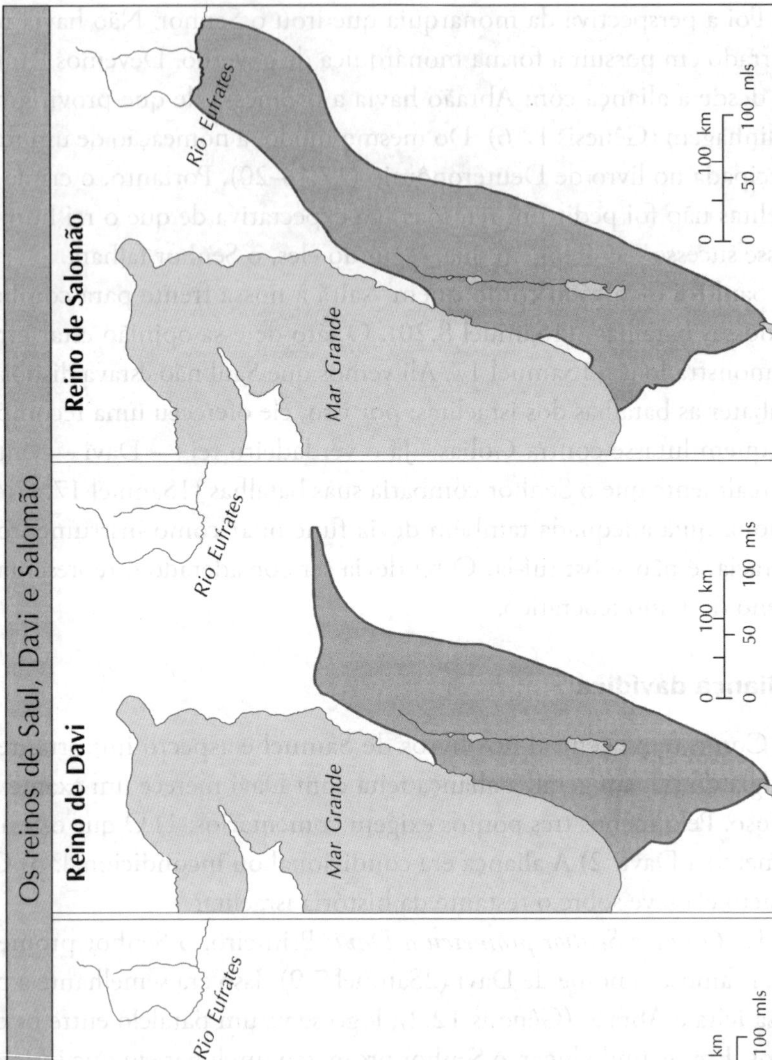
Os reinos de Saul, Davi e Salomão
Reino de Saul
Mar Grande
Rio Eufrates
0 50 100 mls
0 100 km
Reino de Davi
Mar Grande
Rio Eufrates
0 50 100 mls
0 100 km
Reino de Salomão
Mar Grande
Rio Eufrates
0 50 100 mls
0 100 km

O distanciamento da aliança abraâmica começa em 2Samuel 7.12. Esse versículo contém a promessa de que o descendente de Davi seria colocado no trono como seu sucessor. Embora semelhante à aliança de Abraão por falar de descendentes, isso era claramente novidade. O sucessor de Davi construiria o templo que o rei tanto desejava edificar (2Samuel 7.1-7). O Senhor teria uma relação paternal com ele evocadora de disciplina, não de rejeição (2Samuel 7.14). Além disso, esse sucessor também teria a oportunidade de estender os termos da aliança a seu sucessor e assim por diante.

A terminologia usada indica que a aliança deve ser considerada flexível em vez de eterna. As palavras traduzidas por "para sempre" (*'olām*), nos versículos 13 e 16, também são usadas com relação à aliança com Eli e sua casa em 1Samuel 2.30. (Para outras ocorrências importantes dessa expressão, v. 1Samuel 1.22; Deuteronômio 15.17; e Jeremias 17.4). É evidente, contudo, que a aliança podia ser encerrada pelo Senhor no caso de insubordinação. Na realidade, foi exatamente o que o Senhor fez.

Se considerada flexível, ela garantiria a Davi que seu filho o sucederia e não seria rejeitado (como Saul fora). Além disso, havia o potencial para continuação, mas não a garantia. O fato de Davi entender os termos é indicado em 2Samuel 7.29, quando ele pediu que o Senhor estendesse as bênçãos continuamente a toda a sua linhagem.

2. *A aliança era condicional ou incondicional?* Observa-se com frequência que não há imposição de condições à aliança de 2Samuel 7. Isso significa apenas que as promessas feitas a Davi eram incondicionais. No entanto, como vimos, a aliança estava sujeita a renovação periódica — deve haver critérios pelos quais decidir se ela seria renovada para a geração seguinte. De fato, tais condições ficaram bem explícitas quando a aliança foi discutida com Salomão. Em 1Reis 2.4, Davi contou a Salomão sobre ela; em 1Reis 6.12 e 9.4-5, o Senhor falou com Salomão a esse respeito; e, em 1Reis 8.25, ele demonstrou conhecimento da aliança na oração de dedicação do templo.

As condições são afirmadas claramente em todas estas passagens: "E se você andar segundo a minha vontade, com integridade de coração e com retidão, como fez o seu pai Davi, se fizer tudo o que eu lhe ordeno, obedecendo aos meus decretos e às minhas ordenanças, firmarei para sempre [*i.e.*, por tempo indeterminado] sobre Israel o seu trono, conforme prometi a Davi, seu pai, quando lhe disse: Nunca lhe faltará descendente para governar Israel" (1Reis 9.4-5). A Bíblia afirma claramente que Davi recebeu a promessa incondicional de que seu filho o sucederia e serviria todo o mandato; mas os termos, além disso, dependiam da conduta do filho. Existia o potencial para a continuidade ilimitada. Não havia, todavia, condições impostas a Davi porque ele já as cumprira.

3. *Que impacto a aliança teve sobre o restante da história de Israel?* Quando Salomão deixou de cumprir as condições da aliança, ela foi anulada? Essa questão é abordada em 1Reis 11.32-39. Os versículos 34 e 35 apontam para o fato de Salomão ter permanecido no trono por toda a vida como o cumprimento da promessa feita a Davi. O Senhor estava livre para tirar o reino dele e dá-lo a outro (v. tb. 11.12-13). Entretanto, como ato de graça, não de obrigação, o Senhor prometeu deixar uma tribo sob o controle da linhagem de Davi (11.36). O pacto, em 2Samuel 7, não exigia isso, mas aconteceu por amor a Davi. Novo acordo, semelhante ao de Davi, foi feito com Jeroboão (11.38), a promessa da "lâmpada" contínua e a ideia de que o controle limitado eram apenas temporários (11.39) sustentaram a esperança do prolongamento da linhagem de Davi pelos séculos (2Crônicas 21.7; v. Salmos 89).

A esperança de que um dia um rei davídico viria, satisfaria as condições e traria a restauração da aliança davídica total era a base da teologia messiânica vista nos profetas. Jeremias 33.14-22 deve ser a afirmação mais clara sobre isso, apresentando a renovação da aliança por intermédio de um rei davídico ideal. Em vez de o novo Davi, esse indivíduo pode ser considerado o novo Salomão, ramo nascido do tronco cortado (Isaías 11.1).

Essa importância da aliança davídica nos ajuda a entender a longa história desde a queda de Jerusalém até o presente. Durante todo esse tempo não houve rei no trono de Davi. O NT reconheceu Jesus como aquele que traria a renovação da aliança. Ao satisfazer essas condições, ele abriu o caminho para um reino verdadeiramente eterno.

Avaliação de Saul

Saul é considerado frequentemente um homem atormentado por inveja e paranoia, e é fácil ver o motivo dessa impressão ao ler as narrativas de 1Samuel 18–30. Mas ele nem sempre foi assim. Na parte anterior (de Samuel), Saul é descrito como um jovem tímido, sincero e agradável. Ele é apresentado como o tipo de indivíduo que as pessoas naturalmente escolheriam para ser rei. O que causou a mudança? Por que Saul fracassou?

Um fator identificado pela narrativa foi o Espírito do Senhor. O Espírito se apossou de Saul (1Samuel 10.10), capacitando-o para o cargo real. Depois o Senhor substituiu esse Espírito por um espírito maligno (1Samuel 16.14). Daí em diante, Saul perdeu a capacitação divina essencial para o reinado bem-sucedido. Saul não tomou boas decisões nem preservou a justiça.

Todavia, mesmo antes dessa fase, havia indícios de que nem tudo estava bem. O fracasso de Saul parecia alimentado por sua falta de sensibilidade espiritual. Ele era sincero, mas superficial. Isso ficou claro quando aparentemente menosprezou a identidade ou a função de Samuel (1Samuel 9.10-15), embora a casa dele ficasse a apenas oito quilômetros da sua. Além disso, Saul não foi capaz de reconhecer a ofensa terrível que cometera ao oferecer o sacrifício antes da batalha (13.8-12) e ao deixar de executar Agague (15.13-35). Até Jônatas, seu filho, condenou a falta de bom senso do pai (14.29).

O fato ocorrido no fim da vida de Saul — quando ele decidiu recorrer à médium para obter informação (1Samuel 28) — sugere que ele jamais entendeu realmente alguns princípios básicos da teologia israelita ortodoxa. É verdadeiro e digno de louvor que ele não tenha adorado outros deuses, mas, provavelmente, não percebeu como Javé era diferente deles. Como israelita do século XI a.C., o defeito de Saul é compreensível e não difere da população em geral nem dos juízes que serviram em Israel nos séculos anteriores. Mas eis a questão! O rei deveria ser diferente. Saul não adquiriu perspicácia teológica para ver e executar sua função com a visão correta nem para atuar nela com êxito.

Avaliação de Davi

Como Saul tendia a ser desprezado por leitores antigos e atuais da Bíblia, Davi é frequentemente colocado no pedestal de um gigante espiritual. Mais uma vez, porém, devemos ter cuidado antes de fazer uma avaliação que se fundamente em informações literárias. Ao contrário de Saul, não há dúvida do amor de Davi por Deus, da sensibilidade espiritual e do zelo teológico.

No entanto, Davi cometeu vários erros graves. Eles brotaram, não da ignorância do que é correto, mas de ser levado impulsivamente pela sensação do momento sem refletir sobre as consequências. Suas mentiras custaram vidas humanas (1Samuel 21), seu temperamento colocou em risco o destino real (1Samuel 25), sua duplicidade o levou a executar civis (1Samuel 27), sua cobiça o envolveu em conspiração de assassinato (2Samuel 11), sua negligência em disciplinar com firmeza contribuiu para o derramamento de sangue da própria família (2Samuel 13 e 14) e seu orgulho trouxe uma praga que devastou a nação (2Samuel 24). Não obstante tudo isso, Deus escolheu Davi e afirmou ter ele andado de acordo com sua lei. Davi foi leal ao Senhor e reconheceu seu pecado. A opinião equilibrada de Davi é prova de sua devoção, mas indica que, como qualquer um de nós, ele não estava imune à falta de bom senso.

Perguntas para estudo e debate

1. Qual é a importância teológica de considerar Samuel e Saul personagens transicionais?
2. Se Saul não era a escolha de Deus, como devemos interpretar 1Samuel 9 e 10?
3. De que maneira o governo monárquico funcionaria também como teocracia? Como seria a teologia da monarquia resultante?
4. Cite os pontos importantes de continuidade e descontinuidade entre as alianças de Abraão e de Davi.
5. Como o salmo 89 contribui para a compreensão da aliança davídica?

Leituras complementares

ALTER, Roberts. **The David Story**: A Translation with Commentary of 1 and 2Samuel. Scranton, PA: Norton, 1999.

ANDERSON, Arnold. 2Samuel. **WBC**. Waco, TX: Word, 1989. v. 11.

BALDWIN, Joyce G. 1 and 2Samuel. **TOTC**. Downers Grove, IL: InterVarsity Press, 1988. Abordagem evangélica breve, mas criteriosa. [Publicado em português com o título **I e II Samuel**: introdução e comentário (São Paulo: Vida Nova, 1997).]

BERGEN Robert. **1 and 2Samuel**. Nashville: Broadman and Holman, 1996. O melhor comentário evangélico.

BIRCH, B. **The Rise of the Israelite Monarchy**. Missoula, MO: Scholars Press, 1976.

CARLSON, R. A. **David**: The Chosen King. Uppsala: Almqvist & Wiksell, 1964.

DOTHAN, Trude. **The Philistines and Their Material Culture**. New Haven: Yale University Press, 1982.

DRIER, S. R. **Notes on the Hebrew Text and the Topography of the Books of Samuel**. Oxford: Clarendon, 1913.

DUMBRELL, W. J. The Content and Significance of the Books of Samuel: Their Place and Purpose within the Former Prophets. **JETS** 33, 1990, p. 49-62. Abordagem excelente do propósito e dos temas dos livros.

FOKKELMAN, J. P. **Narrative Art and Poetry in the Books of Samuel**. Assen, Netherlands: Van Gorcum, 1986. Análise extremamente detalhada do ponto de vista literário.

GORDON, Robert P. **I and II Samuel**: A Commentary. Grand Rapids: Zondervan, 1986. Abordagem evangélica altamente recomendada.

GUNN, David. **The Fate of King Saul**. Sheffield, England: JSOT Press, 1980.

____. The Story of David. **JSOT**. Sheffield, England: JSOT Press, 1982.

HERTZBERG, H. W. **1 and 2Samuel**. Philadelphia: Westminster, 1964.

ISHIDA, T. **Studies in the Period of David and Solomon**. Winona Lake, IN: Eisenbrauns, 1983.

KLEIN, Ralph W. 1Samuel. **WBC**. Waco, TX: Word, 1983. v. 10.

LONG, V. Philips. The Reign and Rejection of King Saul. Atlanta, **SBLDS** 118, 1989.

MCCARTER, P. Kyle. **1 Samuel**. Garden City, NY: Doubleday, 1980.

____. **2 Samuel**. Garden City, NY: Doubleday, 1984. O melhor e mais atualizado comentário desses livros.

____. The Apology of David. **JBL** 99, 1980, p. 489-504.

MILLER, Patrick & Roberts, J. J. M. **The Hand of the Lord**. Baltimore: Johns Hopkins University Press, 1977.

POLZIN, Robert. Samuel and the Deuteronomist. **Indiana Studies in Biblical Literature**. Bloomington: Indiana University Press, 1993.

WHYBRAY, R. N. **The Succession Narrative**. London, n.p., 1968.

12

1 e 2Reis

Conceitos básicos

✓ Monarquia — entre o bem e o mal
✓ Bênçãos (arrependimento e restauração) e maldições (julgamento e exílio) da aliança
✓ Voz profética como consciência real
✓ Adoração — javismo *versus* baalismo

Os livros de Reis concluem a história de Israel desde as origens no clã de Abraão, registradas em Gênesis, à queda de Jerusalém, que pôs fim à independência nacional hebraica. Os dois livros encontram-se na subdivisão da Bíblia hebraica designada "Profetas Anteriores" (Josué, Juízes, Samuel e Reis), composta dos registros que apresentam a interpretação teológica da história hebraica e enfatizam a relação da aliança com Javé e as bênçãos e maldições nacionais condicionadas pela obediência às estipulações da aliança. Os dois livros de Reis documentam a história da aliança de Israel desde a morte do rei Davi e a sucessão de Salomão até a destruição dos reinos de Israel e Judá.

A separação entre Reis e Samuel é artificial. Manuscritos gregos antigos do AT classificam Samuel e Reis como *Bassileiai* ("reinos") em quatro volumes: Samuel = Primeiro e Segundo Livro dos "Reinos", Reis = Terceiro e Quarto Livro dos "Reinos". A divisão do livro de Reis do AT hebraico em dois livros no AT grego foi apenas questão de conveniência em razão do tamanho do registro. As Bíblias atuais adotaram a divisão em quatro conforme a *Septuaginta* (AT grego), mas mantiveram os títulos hebraicos, Samuel e Reis.

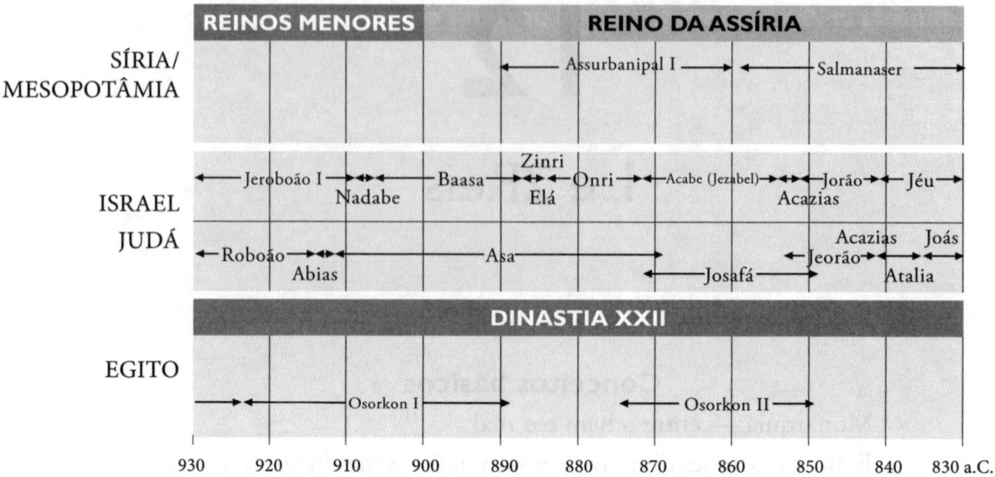

COMPOSIÇÃO DO LIVRO

Como a maioria dos livros históricos do AT, os autores dos registros dos Reis são desconhecidos. A tradição judaica preservada no *Talmude babilônico* (*Baba Bathra* 15a) atribui os livros ao profeta Jeremias. Essa associação pode estar fundamentada nas semelhanças entre Jeremias 52 e 2Reis 24 e 25. Também se notou que a história registrada nos livros de Reis dá lugar de destaque à vida dos profetas do AT e à precisão da palavra profética relativa às monarquias de Israel e Judá. No entanto, há pouca evidência concreta para identificar o autor com base no contexto, tema teológico e propósito da composição. Duas teorias distintas sobre a autoria e unidade da história de Reis prevalecem entre os estudiosos. A posição conservadora aceita a tradição judaica e considera o profeta Jeremias compilador dos livros. Os que descartam a tradição argumentam que os livros de Reis indicam um autor ou compilador testemunha ocular da queda de Jerusalém. Sugere-se que o autor tenha juntado com habilidade muitas fontes históricas em um documento para descrever a "desobediência à aliança" de ambos os reinos e o motivo divino do exílio no estrangeiro. A maioria dos proponentes dessa posição admite que os dois resumos históricos incorporados a 2Reis (25.22-26,27-30) foram acréscimos posteriores.

A posição alternativa geralmente considera 1 e 2Reis produto da denominada Escola Deuteronomista que supostamente começou por volta do fim do século VIII ou início do VII a.C., aliada à monarquia do sul. A atividade literária dos "editores deuteronomistas" era motivada por interesses teológicos específicos, isto é, a pureza da adoração no templo e a centralidade do culto no templo em Jerusalém, o cumprimento da revelação profética anterior relacionada à monarquia hebraica e a realidade das fórmulas de bênção e maldição do livro de Deuteronômio para a história dos reinos israelitas.

Segundo essa teoria, Reis foi composto em duas redações ou fases editoriais: a primeira, chamada composição pré-exílica, foi associada às reformas do rei Josias em Judá por volta de 600 a.C.; a segunda, a fase exílica, foi motivada pela libertação do rei Joaquim do cativeiro babilônio, datada de, aproximadamente, 550 a.C. A primeira fase talvez explique a clara inclinação pró-Judá na história de Reis.

Os oponentes dessa posição logo apontam a insuficiência de provas concretas em prol da hipótese da história deuteronomista. Não há consenso entre seus defensores quanto à origem e extensão da história. Os interesses teológicos básicos associados à Escola Deuteronomista são, na verdade, princípios básicos do ensinamento da teologia hebraica desde a época de Moisés. São muitas as variações dignas de nota entre Deuteronômio e Reis em questões de ênfase temática e estilo (*e.g.*, Deuteronômio é narrativa de exortação ou normativa enquanto Reis é narrativa histórica repetitiva e avaliadora). Mais problemática é a semelhança amplamente reconhecida entre a estrutura de Deuteronômio e o tratado de suserano hitita do segundo milênio a.C. Tudo isso causa dúvida quanto à existência da Escola Deuteronomista no tempo de Josias (v. cap. 12).[1]

O compilador desconhecido de Reis menciona três fontes específicas utilizadas para reunir a "história da aliança" das monarquias de Israel. Os "registros históricos de Salomão" (1Reis 11.41), os "registros históricos dos reis de Israel" (mencionados 17 vezes, *e.g.*, 1Reis 14.19) e os "registros históricos dos reis de Judá" (mencionados 15 vezes, *e.g.*, 1Reis 15.23) são todos citados como textos que o leitor poderia consultar para obter confirmação ou informações adicionais. Esses documentos, provavelmente, eram registros oficiais da corte feitos por escribas reais (v. 2Samuel 8.16; 20.24-25) e talvez se assemelhassem aos registros reais das civilizações mesopotâmicas da Assíria e Babilônia.

---

[1] Para ter acesso a um debate não técnico da História Deuteronomista padrão e a "Reforma Deuteronomista", v. B. W. Anderson, **Understanding the Old Testament**, 4. ed. (Englewood Cliffs, NJ: Prentice-Hall, 1986). Estudos recentes da antiguidade e unidade de Deuteronômio incluem R. Polzin, **Moses and the Deuteronomist** (New York: Harper & Row, 1980); **Samuel and the Deuteronomist** (New York: Harper & Row, 1989); e Gordon Wenham, The Date of Deuteronomy: Linch-pin of Old Testament Criticism, **Themelios** 10, 3, 1985, p. 15-20; e 11, 1, 1986, p. 15-18.

Os estudiosos propuseram a existência de outras fontes de Reis, embora nenhuma seja citada no texto:

1. A "narrativa da sucessão" ou "história da corte de Davi" (narrativa da monarquia unida composta de 2Samuel 9–20, com 1Reis 1 e 2 associados aos atuais livros de Samuel);
2. O suposto registro da "dinastia de Acabe" (possivelmente contido em 1Reis 16–2Reis 12);
3. O ciclo profético de Elias e Eliseu (contido em 1Reis 17–19,21; 2Reis 1–13);
4. A fonte de Isaías (já que Isaías 36.1–39.8 é quase idêntico a 2Reis 18.13– 20.19);
5. A fonte profética independente com biografias dos profetas do AT associados às monarquias israelitas (*e.g.*, Aías, 1Reis 11.29-33; 14.1-16; Micaías, 1Reis 22.13-28; e certos profetas anônimos, 1Reis 12; 13; 20.35-43).

Embora hipotéticas, as contribuições sugeridas correspondem ao contexto da história de Reis e têm recebido ampla aceitação entre estudiosos como possíveis fontes por trás da composição de Reis.

Dada a evidência disponível, a melhor opção é atribuir os livros de Reis a um compilador-autor anônimo do século VI a.C. Não se sabe se foi profeta, mas ele compreendia a natureza da aliança entre Israel e Javé e suas implicações para a história dos hebreus. O livro foi, provavelmente, composto na Palestina entre a queda de Jerusalém (587/586 a.C.) e o decreto do rei Ciro da Pérsia que permitiu o retorno dos judeus à pátria (539 a.C.). É possível que o livro tenha sido composto em duas fases. A maior parte da história da monarquia hebraica poderia ter sido concluída entre a queda de Jerusalém e a represália babilônica pelo assassinato do governador Gedalias (terceira deportação, em 582 ou 581 a.C., descrita no primeiro apêndice histórico, 2Reis 25.22-26; Jeremias 52.30). Talvez a edição final da obra tenha sido publicada pouco depois da libertação do rei Joaquim na Babilônia pelo sucessor de Nabucodonosor, Evil-Merodaque (*ca.* 562/561 a.C., relatada no segundo apêndice histórico, 2Reis 25.27-30). A data de 550 a.C. parece razoável para o registro completo de Reis.

CONTEXTO

Os livros de Reis representam a história seletiva de Israel dos últimos dias do rei Davi à conquista babilônica de Jerusalém. Cronologicamente, 1 e 2Reis documentam a história política de Israel durante a monarquia unida, começando por volta de 970 a.C., passando pelo exílio do Reino do Norte na Assíria (722 a.C.) e o exílio babilônico do Reino do Sul (587/586 a.C.).

Duas anotações históricas estão anexadas no fim de 2Reis. A primeira (25.22-26) relata a nomeação de Gedalias por Nabucodonosor para o governo de Judá e seu assassinato por um grupo de conspiradores judeus liderado por Ismael entre 596 e 582 a.C. A segunda (25.27-30) registra a libertação do rei Joaquim da prisão na Babilônia após a morte do rei Nabucodonosor (março de 562 ou 561 a.C.).

A história de Reis apresenta a visão geral da "era de ouro" israelita desde o império unido sob o reinado de Salomão, da divisão da monarquia no reinado de Roboão e dos altos e baixos da política e religião dos reinos de Israel e Judá até os respectivos colapsos. A interação israelita com os governos vizinhos também está incluída no registro de Reis (v. fig. 12.1).

Figura 12.1 – Povos estrangeiros mencionados nos livros de Reis

Egípcios	Faraó não identificado	1Reis 3.1
	Sisaque (945-924)	1Reis 11.40
	Sô ou Osorkon (726-715)	2Reis 17.4
	Neco (609-594)	2Reis 23.29-35
Arameus	Rezom (940-915)	1Reis 11.23-25; 15.18
	Tabrimom (915-900)	1Reis 15.18
	Ben-Hadade I (900-860)	1Reis 15.18,20
	Ben-Hadade II (860-841)	1Reis 20
	Hazael (841-806)	2Reis 8.15
	Ben-Hadade III (806-770)	2Reis 13.3
	Rezim (750-732)	2Reis 15.37
Fenícios	Etbaal (874-853)	1Reis 16.31
Edomitas	Hadade (?)	1Reis 11.14-22
Moabitas	Messa (853-841)	2Reis 3.4ss
Assírios	Tiglate-Pileser III (745-727)	2Reis 15.19-22

	Salmaneser V (727-722)	2Reis 17.3-6
	Sargão II (721-705)	Isaías 20.1; 2Reis 18.17
	Senaqueribe (704-681)	2Reis 18 e 19
Babilônios	Merodaque-Baladã II (703)	2Reis 20.12-13
	Nabucodonosor (604-562)	2Reis 24 e 25
	Evil-Merodaque (562-560)	2Reis 25.27-30

A arqueologia fez contribuições importantes para o *esclarecimento* e a confirmação do registro bíblico de 1 e 2Reis. Descobertas específicas incluem sítios arqueológicos associados aos períodos da monarquia unida e dividida (*e.g.*, Megido, Hazor, Gezer, Samaria, Berseba, Arade, Laquis e Dã). Vestígios de inscrições extrabíblicas da Assíria, Babilônia e da região siro-palestina complementaram o conhecimento da língua hebraica clássica, da cronologia hebraica e do Antigo Oriente Médio como também da história política, religião e ainda dos costumes e do cotidiano hebreu. Tudo isso é revelado no contexto da cultura do Antigo Oriente Médio — *e.g.*, a Pedra Moabita ou de Messa, o Obelisco Negro de Salmaneser III, o Prisma de Senaqueribe, os registros assírios, a Crônica da Babilônia e as cartas de Laquis.

Duas das maiores descobertas arqueológicas relacionadas ao registro de Reis são a famosa inscrição de Siloé, que celebra a conclusão do túnel de Ezequias (v. 2Reis 20.20; 2Crônicas 32.2-4), e as tabuinhas babilônicas de "ração carcerária" datadas de 595 e 570 a.C., que mencionam as porções diárias de alimento para o rei exilado de Judá, Joaquim, e sua corte (v. 2Reis 25.27).

CRONOLOGIA DOS LIVROS

Monarquia unida

Dinastia de Saul
- Saul (?-1011 a.C.)
- Is-Bosete (1011-1009 a.C.)

Dinastia de Davi
- Davi (1011-971 a.C.)
- Salomão (971-931 a.C.)

Fixar a data do início da monarquia em Israel é complicado pela perda de uma frase durante o processo de transmissão manuscrita em 1Samuel 13.1, que resume o reinado de Saul. Sua idade quando da ascensão ao trono e a duração de seu reinado se perderam no texto hebraico. A *Septuaginta* insere o número 30 e dá 32 anos de duração ao reinado. Outras versões bíblicas afirmam que a duração foi de 42 anos, com base no discurso de Paulo em Antioquia da Pisídia (v. Atos 13.21).

Figura 12.2a – Os reis de Israel (Reino do Norte)

	Hayes e Hooker	*Thiele*	*Bright*	*Cogan e Tadmor*
Jeroboão	927-906	931-910	922-901	928-907
Nadabe	905-904	910-909	901-900	907-906
Baasa	903-882 (880)	909-886	900-877	906-883
Elá	881-880	886-885	877-876	883-882
Zinri	7 dias	885	876	882
Onri	879-869	885-874	876-869	882-871
Acabe	868-854	874-853	869-850	873-852
Acazias	853-852	853-852	850-849	852-851
Jeorão (Jorão)	851-840	852-841	849-843/2	851-842
Jeú	839-822	841-814	843/2-815	842-814
Jeoacaz	821-805	814-798	815-802	814-800
Jeoás (Joás)	804-789	798-782	802-786	800-784
Jeroboão II	788-748	793-753	786-746	789-748
Zacarias	6 meses	753-752	746-745	748-747
Salum	1 mês	752	745	747
Menaém	746-737	752-742	745-737	747-737
Pecaías	736-735	742-740	737-736	737-735
Peca	734-731	752-732	736-732	735-732
Oseias	730-722	732-722	732-724	732-724

As cronologias das monarquias hebraicas (v. tb. Fig. 12.2b) também variam entre um e dez anos dependendo da fonte consultada. As fontes citadas são J. H. Hayes & P. K. Hooker, **A New Chronology for the Kings of Israel and Judah**. Atlanta: John Knox, 1988; E. R. Thiele, **The Mysterious Numbers of the Hebrew Kings**, ed. rev. Grand Rapids: Zondervan, 1983; J. Bright, **A History of Israel**, 3.ed. Philadelphia: Westminster, 1981; e M. Cogan & H. Tadmor, Second Kings, in *AB*, Garden City, NY: Doubleday, 1988. v. 11. Além desses, v. J. Finegan, **Handbook of Biblical Chronology**. Princeton: Princeton University Press, 1964; e W. R. Wifall, The Chronology of the Divided Monarchy of Israel, **Zeitschrift für die Alttestamentliche Wissenschaft** 80, 1968, p. 319-37.

Is-Bosete ou Is-Baal, quarto filho de Saul, tentou dar continuidade à dinastia do pai e guerreou contra Davi durante dois anos como rei de Israel (2Samuel 2.1-11; 4.1-12; 1Crônicas 8.33; 9.39).

Os 40 anos do reinado de Davi podem ser divididos em duas fases. A primeira, sua monarquia rival sobre Judá, foi centrada em Hebrom e durou sete anos e meio (2Samuel 2.11). A segunda começou depois do assassinato de Is-Bosete, quando Davi foi coroado sobre todo Israel e reinou em Jerusalém durante 33 anos (2Samuel 5.1-5).

O reinado de 40 anos de Salomão geralmente é considerado a "era de ouro" de Israel. Após sua morte, a monarquia dividiu-se em Israel e Judá (fig. 12.2a e 12.2b).

Figura 12.2b – Os reis de Judá (Reino do Sul)

	Hayes e Hooker	*Thiele*	*Bright*	*Cogan e Tadmor*
Roboão	926-910	931-913	922-915	928-911
Abias	909-907	913-911	915-913	911-908
Asa	906-878 (866)	911-870	913-873	908-867
Josafá	877-853	872-848	873-849	870-846
Jeorão	852-841	853-841	849-843	851-843
Acazias	840	841	843/2	843-842
Atalia	839-833	841-835	842-837	842-836
Joás (Jeoás)	832-803 (793)	835-796	837-800	836-798
Amazias	802-786 (774)	796-767	800-783	798-769
Azarias (Uzias)	785-760 (734)	792-740	783-742	785-733
Jotão	759-744	750-732	750-735	758-743
Acaz	743-728	735-716	735-715	743-727
Ezequias	727-699	716-687	715-687/6	727-698
Manassés	698-644	697-643	687/6-642	698-642
Amom	643-642	643-641	642-640	641-640
Josias	641-610	641-609	640-609	639-609
Jeoacaz	3 meses	609	609	609
Jeoaquim	608-598	609-598	609-598	608-598
Joaquim	3 meses	598-597	598/7	597
Zedequias	596-586	597-586	597-587	596-586

Reino dividido

O Reino do Norte (Israel) era menos estável politicamente que o Reino do Sul (Judá). Sua duração mais curta como nação independente (por volta de 209 anos) e a violência ligada à sucessão ao trono comprovam esse fato. O historiador de Reis considerou "maus" todos os 19 governantes de Israel (ou 20 se incluirmos Tibni, rival de Onri, 1Reis 16.21) porque perpetuaram o culto ao "bezerro de ouro" de Jeroboão. A média de duração do reinado de um monarca israelita era de apenas dez anos, e nove famílias diferentes reivindicaram o trono. Para chegar ao trono, o carisma era tão útil quanto a ascendência, mas não era garantia de preservação; sete reis foram assassinados, um cometeu suicídio, um foi ferido por Deus e outro foi deposto e levado à Assíria (v. fig. 12.3).

O Reino do Sul persistiu por mais um século e meio (durou cerca de 345 anos). Ao contrário de Israel, os reinados dos 19 reis de Judá e uma rainha tiveram média de duração de mais de 17 anos. A dinastia de Davi foi a única a reivindicar o trono do sul, realçando a estabilidade política. O reinado terrível da rainha Atalia foi a única interrupção da sucessão davídica. No entanto, em Judá também ocorreram intrigas políticas, pois cinco reis foram assassinados, dois foram feridos por Deus e três foram exilados. O historiador de Reis relatou que oito dos monarcas de Judá foram "bons" porque seguiram o exemplo de Davi e obedeceram a Javé (*i.e.*, Asa, Josafá, Joás [Jeoás], Amazias, Azarias [Uzias], Jotão, Ezequias e Josias (v. fig. 12.3).

Figura 12.3 – Números da monarquia dividida

Israel	*Judá*
20 reis	19 reis, 1 rainha
9 dinastias (ou famílias)	2 dinastias (ou famílias)
7 assassinatos	5 assassinatos
1 suicídio	2 "feridos por Deus"
1 "ferido por Deus"	3 exilados
Todos fizeram "o que o Senhor reprova", segundo o historiador de Reis	8 fizeram "o que o Senhor aprova", segundo o historiador de Reis

Os profetas e as profetisas de Javé serviam de "consciência" do rei durante o período monárquico. As vozes proféticas que influenciaram o trono, conforme registrado nos livros de Reis, estão em ordem cronológica na figura 12.4.

Figura 12.4 – A voz profética em Reis

Profetas	*Reis*	*Referência*
Natã	Davi, Salomão	1Reis 1
Aías	Salomão, Jeroboão e Abias	1Reis 11.26-40; 14.1-16
"Homem de Deus"	Jeroboão	1Reis 13.1-10,20-32
"Profeta mentiroso"	Jeroboão	1Reis 13.11-19
Jeú	Baasa, Elá	1Reis 16.1-4,12,13
Elias	Acabe, Acazias, Jorão	1Reis 16.29–19.21; 2Reis 1.1–2.12
Eliseu	Acazias, Jeorão, Jeú, Jeoacaz, Jeoás	2Reis 2.13–8.15; 13.14-21
Zedequias e outros "profetas mentirosos"	Josafá, Acabe	1Reis 22.5-12
Micaías	Josafá, Acabe	1Reis 22.13-28
Jonas	Jeroboão II	2Reis 14.25
Isaías	Ezequias	2Reis 19 e 20
Hulda	Josias	2Reis 22.14-20

ESBOÇO DE 1 E 2REIS

- I. Rei Salomão (1Reis)
  - A. Sucessão (1 e 2)
  - B. Sabedoria (3)
  - C. Reinado (4–11)
- II. Rei Roboão (12.1-22)
- III. Reis de Israel e Judá de 931 a 853 a.C.
  - A. Jeroboão I (12.22–14.20)
  - B. Roboão (14.21-33)
  - C. Abias (15.1-8)
  - D. Asa (15.9-24)

E. Nadabe (15.25-32)
F. Baasa (15.33–16.7)
G. Elá (16.8-14)
H. Zinri (16.15-20)
I. Onri (16.21-28)
J. Acabe (16.29-34)

IV. Ministérios proféticos de Elias e Eliseu
A. Elias e o *rei Acabe* (1Reis 17.1–22.40)
B. Rei Josafá (1Reis 22.41-50)
C. Rei Acazias (1Reis 22.51–2Reis 1.18)
D. Eliseu e o rei Jorão (2Reis 2.19–8.15)

V. Reinos de Israel e Judá de 852 a 722 a.C.
A. Jeorão (8.16-24)
B. Acazias (8.25-29)
C. Jeú (9 e 10)
D. Atalia e Joás (11 e 12)
E. Jeoacaz (13.1-9)
F. Jeoás (13.10-25)
G. Amazias (14.1-22)
H. Jeroboão II (14.23-29)
I. Azarias (15.1-7)
J. Zacarias (15.8-12)
K. Salum (15.13-16)
L. Menaém (15.17-22)
M. Pecaías (15.23-26)
N. Peca/campanha assíria contra Israel (15.27-31)
O. Jotão (15.32-38)
P. Acaz (16)
Q. Oseias (17.1-6)
R. Queda de Samaria (17.4-41)

VI. Reino de Judá de 729 a 587/586 a.C.
A. Ezequias/campanha assíria contra Judá (18–20)
B. Manassés (21.1-18)
C. Amom (21.19-26)
D. Josias (22.1–23.30)

E. Jeoacaz (23.31-35)
F. Jeoaquim/Primeira invasão babilônica (23.36–24.7)
G. Joaquim/Segunda invasão babilônica (24.8-17)

VII. Queda de Jerusalém (25.1-21)

VIII. Apêndice histórico A: Governador Gedalias (25.22-26)

IX. Apêndice histórico B: Joaquim no exílio

PROPÓSITO E MENSAGEM

Os livros de Reis relatam a história da monarquia unida e dividida em "desobediência à aliança". A narrativa concentra-se nas principais personagens responsáveis por cumprir a aliança em Israel — reis e profetas. A voz profética tem lugar de destaque na história da monarquia porque os mensageiros designados por Deus agiam como consciência real.

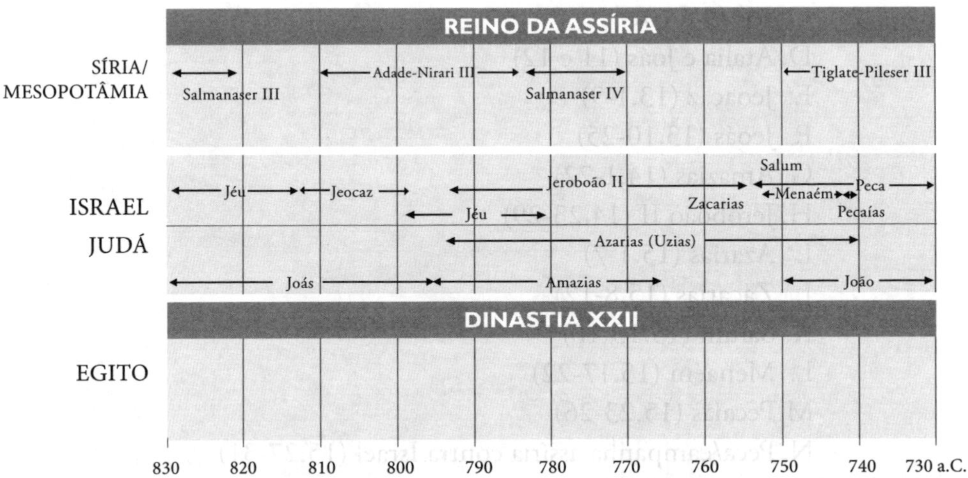

A história dos hebreus é contada por meio da vida dos reis de Israel e Judá por serem representantes da nação; além disso, o sucesso do rei e o destino do povo estavam interligados. Rebelião e desobediência, na forma de idolatria e injustiça social, por parte do rei, traziam retribuição divina sobre a nação de várias formas, incluindo opressão de nações vizinhas, queda de dinastias reais e, por último, exílio em terras distantes. De modo oposto, a bênção do favor de Javé na forma de paz, segurança, prosperidade e livramento dos inimigos permanecia sobre o povo quando o rei era

Os dois reinos — 930-722 a.C.

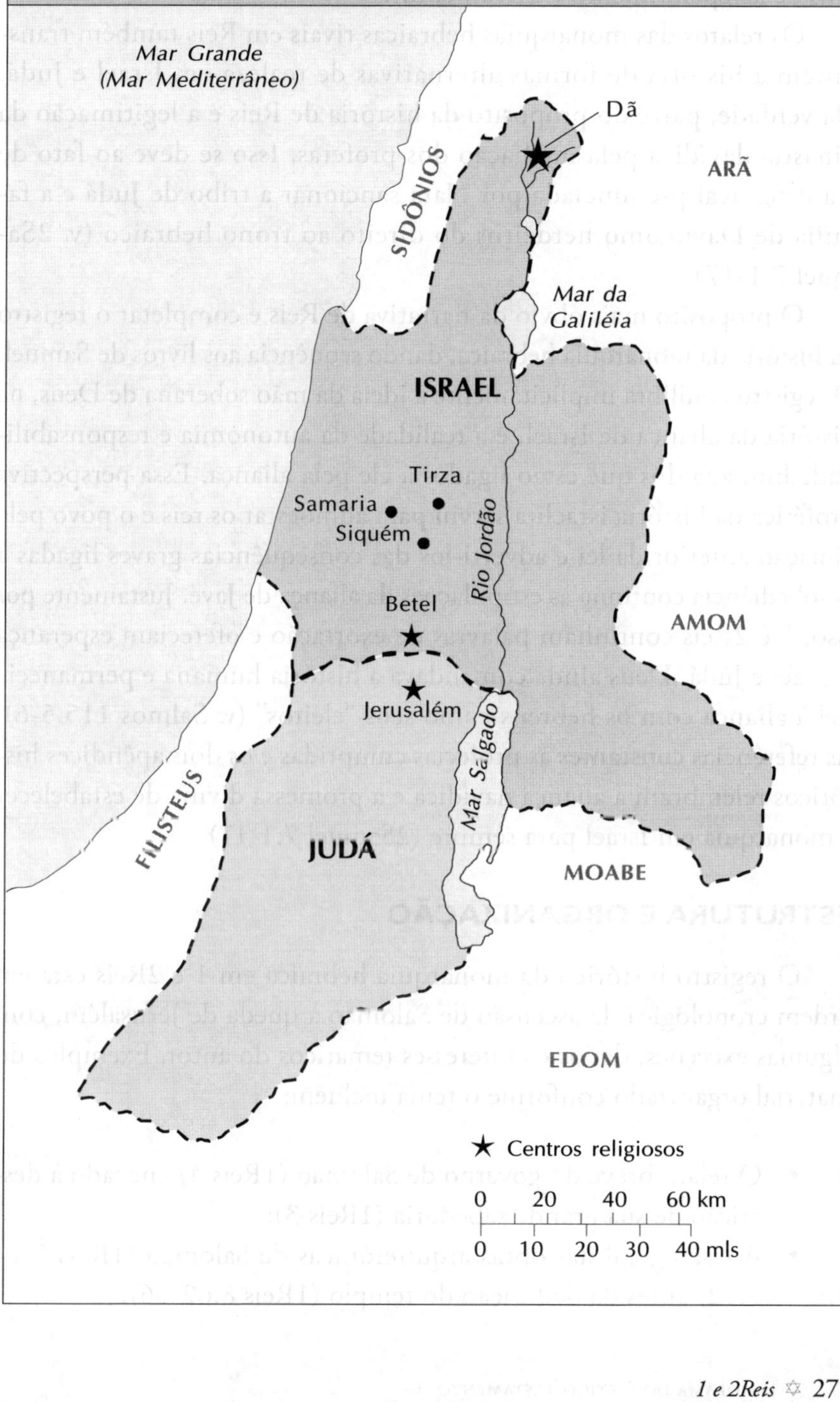

obediente à lei de Moisés (ou instituía reformas religiosas e sociais depois de arrependimento e avivamento).

Os relatos das monarquias hebraicas rivais em Reis também transmitem a história de formas alternativas de realeza em Israel e Judá. Na verdade, parte do propósito da história de Reis é a legitimação da dinastia davídica pela mediação dos profetas. Isso se deve ao fato de a aliança real prenunciada por Natã sancionar a tribo de Judá e a família de Davi como herdeiros do direito ao trono hebraico (v. 2Samuel 7.1-17).

O propósito mais óbvio da narrativa de Reis é completar o registro da história da monarquia hebraica, dando sequência aos livros de Samuel. O registro equilibra implicitamente a ideia da mão soberana de Deus, na história da aliança de Israel, e a realidade da autonomia e responsabilidade humana dos que estão ligados a ele pela aliança. Essa perspectiva profética da história israelita serviu para admoestar os reis e o povo pela violação anterior da lei e adverti-los das consequências graves ligadas à desobediência contínua às estipulações da aliança de Javé. Justamente por isso, 1 e 2Reis continham palavras de exortação e ofereciam esperança a Israel e Judá. Deus ainda comandava a história humana e permanecia fiel à aliança com os hebreus como seus "eleitos" (v. Salmos 115.5-6). As referências constantes às profecias cumpridas e os dois apêndices históricos relembram a aliança davídica e a promessa divina de estabelecer a monarquia em Israel para sempre (2Samuel 7.1-17).

ESTRUTURA E ORGANIZAÇÃO

O registro histórico da monarquia hebraica em 1 e 2Reis está em ordem cronológica da ascensão de Salomão à queda de Jerusalém, com algumas exceções, dados os interesses temáticos do autor. Exemplos do material organizado conforme o tema incluem:

- O relato breve do governo de Salomão (1Reis 4) anexado à descrição de sua grande sabedoria (1Reis 3);
- A visão geral das obras arquitetônicas de Salomão (1Reis 5.1–7.12) antes da dedicação do templo (1Reis 8.62-66);

- Certos acontecimentos relacionados aos reinados de Jeroboão I e Ezequias (v. 1Reis 13; 14.1-20; 2Reis 18.7–19.37; 20);
- A versão condensada dos ministérios proféticos de Elias e Eliseu.

As histórias da monarquia dividida são contadas simultaneamente pela intercalação dos reis concomitantes dos reinos do Norte e do Sul. Entre as exceções a esse padrão está o ciclo das narrativas de Elias e Eliseu, que interrompe a crônica das dinastias de Onri/Acabe e Jorão (v. p. 255-6).

Os relatos dos ministérios de Elias e Eliseu são importantes não só como biografias representantes do movimento profético não literário, mas também como tratados de fé que celebram personagens centrais do drama religioso com implicações cósmicas. Depois do casamento com a princesa fenícia Jezabel, o rei Acabe tornou o baalismo religião oficial do Reino do Norte (1Reis 21.25-26). Já as biografias de Elias e Eliseu representam monumentos da fé inabalável em Javé como Deus dos israelitas (v. 1Reis 18.16-18). Eles serviram de testemunho vivo da fidelidade de Deus a Israel e sua supremacia sobre o deus cananeu da tempestade, Baal. A figura 12.5 mostra como os ministérios de Elias e Eliseu refutaram a crença popular no caráter e poder de Baal.

A história de Reis é semelhante a outros registros antigos por ser um relato breve e repetitivo de grandes fatos políticos e militares do mandato de determinado rei. A fórmula característica que estrutura a monarquia de Judá inclui: 1) A apresentação do rei pelo nome, nome do pai e ascensão (geralmente sincronizada com o reinado de seu correspondente israelita); 2) Entre os detalhes biográficos descritos, a idade de ascensão do rei, duração do reinado, nome da rainha-mãe, Jerusalém como capital do rei e avaliação do caráter moral e da liderança espiritual; e 3) Identificação de fontes adicionais que documentam fatos acerca do reinado, afirmação sobre sua morte e sepultamento e declaração do sucessor. O resumo bibliográfico dos reis israelitas geralmente continha a mesma informação, exceto o nome da capital (na maioria dos casos, Samaria) e o nome da rainha-mãe (quase sempre omitido).

Na repetição seletiva dos reinados foram inseridos discursos proféticos (*e.g.*, 1Reis 18.20-29), discurso direto (*e.g.*, 2Reis 18.19-27), provérbios (*e.g.*, 1Reis 20.11; 2Reis 14.9) e poesias (*e.g.*, 1Reis 22.17; 2Reis 19.21-28).

TEMAS PRINCIPAIS

Avaliação do rei Salomão

O reinado de Salomão deu início à "era de ouro" da história dos hebreus. Como rei, foi "amado por Javé" (significado do nome Jedidias, v. 2Samuel 12.24-25), recebeu o dom divino da sabedoria (1Reis 3), trouxe paz, riqueza, prosperidade, glória e esplendor sem precedentes a Israel durante seu governo (1Reis 10.14-29), alcançou fama internacional como empreiteiro (1Reis 6.1–7.12) e sábio (1Reis 10.23) e se aprofundou no estudo das "artes e ciências" (1Reis 4.29-34).

Contudo, os últimos anos do seu reinado foram marcados pelo declínio político contínuo e pela deterioração religiosa e moral. Ironicamente, ele foi vítima das seduções das mulheres estrangeiras do harém real (1Reis 11.1-3). Consumido pela sensualidade e pelo materialismo, foi incapaz de evitar a "armadilha" da qual falou repetidas vezes aos outros (*e.g.*, Provérbios 5.1-14; 7.6-27).

O historiador de Reis atribui corretamente a divisão da monarquia de Israel à idolatria de Salomão (v. 1Reis 11.33, talvez prevista em 3.3). No entanto, o colapso do império foi apenas resultado de anos de má administração das questões de Estado por parte do rei.

Figura 12.5 — Baal (dos cananeus) versus Elias e Eliseu (de Javé)

Baal, o deus da tempestade, controla as chuvas.	Elias proclama a seca (1Reis 17.1)
Baal garante fertilidade agrícola e colheitas abundantes.	Israel sofre fome e seca, porém Elias e Eliseu fornecem trigo e óleo de forma milagrosa (2Reis 4.1-7,42-44).
Baal controla os relâmpagos e o fogo.	Elias ordena que fogo caia do céu em nome de Javé (1Reis18.38; 2Reis 1.10-12; 2.11).
Baal controla a vida e a morte.	Elias e Eliseu curam e ressuscitam mortos no nome de Javé (1Reis 17.7-24; 2Reis 4.8-37; 5.1-20).

De L. Bronner, **The Stories of Elijah and Elisha**. Leiden: Brill, 1968.

As políticas e os programas instituídos por Salomão que contribuíram para a divisão final do reino incluíam:

1. Aliança política com nações estrangeiras por meio de matrimônio (*e.g.*, 1Reis 3.1,2);
2. Tendências ao sincretismo religioso no esforço de agradar cananeus e hebreus na Palestina (*i.e.*, participação da religião hebraica associada a Javé e dos cultos cananeus a Baal e a outras divindades, 1Reis 11.1-8);
3. A reorganização geográfica de Israel em 12 distritos administrativos na tentativa de apagar antigas fronteiras e lealdades tribais (prática semelhante à divisão arbitrária de zonas eleitorais na política atual para obter vantagens, v. 1Reis 4.7-19);
4. A proliferação da burocracia estatal (1Reis 4.22-28);
5. Obras gigantescas que exigiam trabalho escravo de residentes hebreus e não hebreus de Israel (1Reis 9.15-22; v. 5.13-18 e 12.9-11);
6. Importação de ideologias políticas e religiosas pagãs a Jerusalém em decorrência do comércio internacional (v. 1Reis 9.26-28; 10.22-29);
7. A rebelião de estados satélites com o enfraquecimento do poder militar de Salomão (com a perda resultante do tributo estrangeiro como receita compensada pelo aumento dos impostos dos israelitas, 1Reis 11.9-25).

Não é de admirar que, ao surgir a divisão do reino com a ascensão de Roboão, os gritos das dez tribos separatistas tenha sido: "Cuide da sua própria casa, ó Davi!" (1Reis 12.16). As antigas lealdades tribais vieram à tona, e Israel tornou se casa dividida.

Profecia pré-clássica e clássica

O desenvolvimento da monarquia hebraica induziu a manifestação de movimentos proféticos não escritos (ou pré-clássicos) e escritos (ou clássicos) em Israel. No ciclo Elias-Eliseu, o historiador de Reis entrelaça livremente biografias que representam a personalidade e o ministério dos profetas ligados aos movimentos não escritos com a monarquia hebraica.

Embora um tanto artificiais, certas distinções gerais foram feitas entre os profetas pré-clássicos e clássicos. Os primeiros antecedem os últimos. Os registros dos profetas que não escreveram tendem a ser preservados em forma de história, incluindo relatos dos milagres que confirmavam a autoridade divina de sua mensagem. O ministério do profeta que não escrevia era essencialmente dirigido à família real, e a mensagem era de julgamento e destruição nacional pela violação à aliança.

Em compensação, a mensagem dos profetas clássicos ou que escreveram (*e.g.*, Oseias, Amós e Isaías) era, geralmente, preservada na forma de oráculo e enfatizada com ações simbólicas em vez de milagres. Os profetas levavam a mensagem aos líderes políticos e religiosos das monarquias bem como à população. Em alguns casos, seu ministério estendia-se a nações vizinhas (v. cap. 27).

Sucessão dinástica e liderança carismática

O tipo de monarquia associada a Judá é, normalmente, tido como **sucessão dinástica**. Nela, uma família reivindicava (ou no caso de Davi, era divinamente outorgada, v. 2Samuel 7) autoridade real perpétua. Com a morte do rei, o trono passava para o filho mais velho, estabelecendo uma sequência de reis da mesma família governando em sucessão dinástica por gerações. Muitas vezes, o rei idoso designava seu sucessor ou conseguia mandato de corregência para o sucessor com o objetivo de garantir transição suave de poder.

Em contraste, o Reino do Norte de Israel uniu o modelo monárquico de sucessão dinástica com o modelo de liderança carismática, típico da era dos juízes hebreus. Nesse caso, Deus suscitava líderes capazes e talentosos (homens ou mulheres) em Israel como resposta às crises políticas e religiosas (*e.g.*, Gideão em Juízes 6 e 7). O líder era capacitado pelo Espírito Santo — a unção é manifestada frequentemente por força física extraordinária, coragem e zelo espiritual. A liderança carismática não era passada de uma geração a outra. Antes, Deus nomeava libertadores de diversas tribos e famílias hebraicas com base nas capacidades inerentes, na fé pactual e nas circunstâncias históricas. Essa investidura aleatória e esporádica dos líderes carismáticos tinha, sem dúvida, o objetivo de inspirar nos hebreus a fé em Javé como soberano absoluto.

Deportação para a Assíria

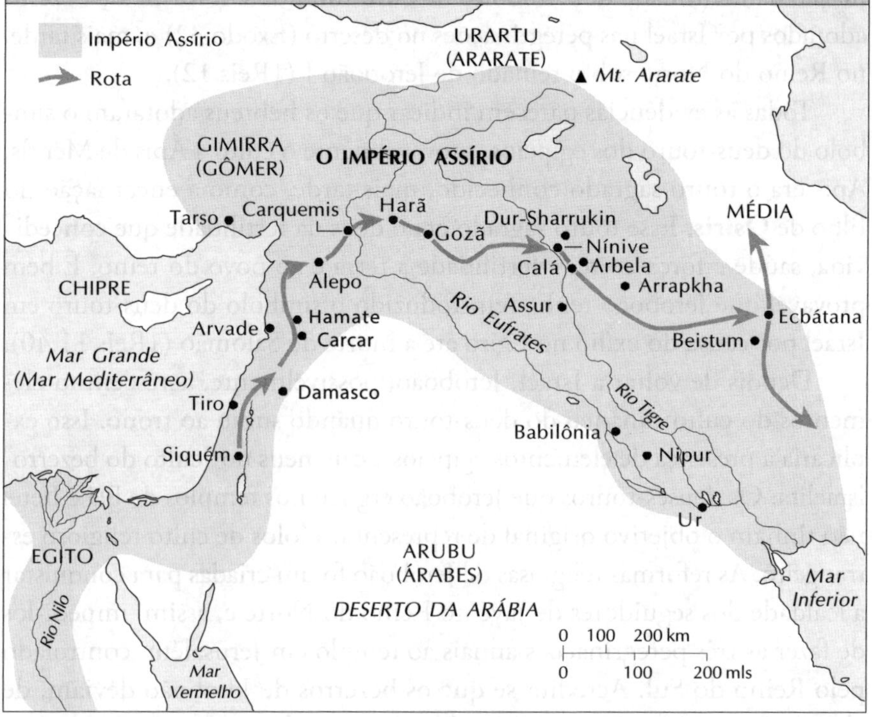

Ao contrário de Judá, a sucessão da dinastia em Israel era condicional. A reivindicação do trono pela família real dependia da obediência do rei aos estatutos de Deus, conforme a profecia de Aías a Jeroboão (1Reis 11.37-38). A falha em obedecer aos mandamentos de Javé trouxe o anúncio de um desastre sobre a casa real por intermédio do profeta de Deus (1Reis 14.10-11).

Essa maldição profética geralmente incluía a ordem ao rei sucessor de executar toda a família do predecessor (às vezes, resultando, posteriormente, em "golpe sangrento", v. 1Reis 16.3-4,11-12). Depois, o Senhor nomeava outro rei "do pó" para liderar o povo de Israel pela palavra de seu mensageiro (1Reis 16.2).

O culto ao bezerro de ouro

A palavra hebraica para "bezerro" é palavra flexível que denota qualquer animal macho ou fêmea da família dos bovinos. A *New English Bible* a traduz por "bezerro macho", e essa é provavelmente a melhor aproximação da identidade dos símbolos de ouro fundido em forma de bezerro adorados por Israel nas peregrinações no deserto (Êxodo 32) e, mais tarde, no Reino do Norte sob o reinado de Jeroboão I (1Reis 12).

Todas as evidências parecem indicar que os hebreus adotaram o símbolo do deus-touro dos egípcios, provavelmente o culto a Ápis de Mênfis. Ápis era o touro sagrado conhecido, mais tarde, como a encarnação do filho de **Osíris**. Esse touro sagrado era o deus da fertilidade que concedia vida, saúde e força ao rei e fertilidade à terra e ao povo do reino. É bem provável que Jeroboão tenha reintroduzido o símbolo do deus-touro em Israel por causa do exílio no Egito até a morte de Salomão (1Reis 11.40).

Depois de voltar a Israel, Jeroboão, possivelmente, acrescentou elementos do culto cananeu do deus-touro quando subiu ao trono. Isso explicaria a presença de elementos egípcios e cananeus no "culto do bezerro" israelita. Os deuses-touros que Jeroboão ergueu nos templos de Dã e Betel não tinham o objetivo original de representar ídolos de culto religioso estrangeiro. As reformas religiosas de Jeroboão foram criadas para conquistar a lealdade dos seguidores de Javé no Reino do Norte e, assim, impedi-los de fazer as três peregrinações anuais ao templo em Jerusalém, controlado pelo Reino do Sul. Acredita-se que os bezerros de Jeroboão deviam, de alguma forma, representar Javé, talvez como pedestais para seu trono ou tribunas para sua presença. Dessa forma, os touros, como a fortificação de Siquém e as cidades fronteiriças próximas a Judá, eram estratégia política usada por Jeroboão para consolidar seu poder e autoridade em Israel.

Independentemente das razões iniciais de Jeroboão, é evidente que os bezerros de ouro se tornaram símbolo de ideologia e prática religiosa bem diferentes do javismo. Aías chamou as imagens de "outros deuses" (1Reis 14.9) e, mais tarde, no tempo de Oseias, os deuses-touros foram repudiados pelo profeta por serem ídolos, não Deus (Oseias 8.4-5). Nessa época, o bezerro já era associado às divindades do culto cananeu da fertilidade. A adoração ao deus bezerro estava completamente interligada aos rituais do baalismo (Oseias 10.5; 11.1-2; 13.1-2). O aumento do uso de ídolos falsos para culto da fertilidade, a adoração dos astros e os sacrifícios humanos em Israel são descritos em 2Reis 17.15-17.

Essa violação à aliança não só pôs fim à dinastia de Jeroboão, mas conduziu à eliminação da nação de Israel por Javé em sua ira (2Reis 17.18).

Figura 12.6 – Conflitos militares de Israel					
Data aproximada (Thiele)	*Rei de Israel*	*Nação adversária*	*Rei adversário*	*Agressor*	*Vencedor*
925	Jeroboão	Síria	Rezom	Síria	Síria
925	Jeroboão	Filístia		Filístia	Filístia
925	Jeroboão	Moabe		Moabe	Moabe
912	Jeroboão	Judá	Abias	Judá	Judá
909	Nadabe	Filístia		Israel	Filístia
895	Baasa	Judá	Asa	Israel	Judá
890	Baasa	Síria	Ben-Hadade I	Síria	Síria
885	Zinri	Guerra civil	Onri	Onri	Onri
881	Onri	Guerra civil	Tibni	Onri	Onri
877	Onri	Moabe		Israel	Israel
853	Acabe	Síria	Ben-Hadade I	Síria	Israel
853	Acabe	Síria	Ben-Hadade I	Israel	Israel
853	Acabe	Assíria	Salmaneser III	Assíria	Israel
853	Acabe	Síria	Ben-Hadade I	Israel	Síria
850	Jorão	Moabe	Mesa	Moabe	Moabe
845	Jorão	Síria	Ben-Hadade I	Síria	Israel
845	Jorão	Síria	Ben-Hadade I	Síria	Israel
841	Jorão	Síria	Hazael	Israel	Síria
820	Jeú	Síria	Hazael	Síria	Síria
810	Jeoacaz	Síria	Hazael	Síria	Síria
798	Jeoás	Síria	Ben-Hadade II	Israel	Israel
795	Jeoás	Síria	Ben-Hadade II	Israel	Israel
793	Jeoás	Síria	Ben-Hadade II	Israel	Israel
790	Jeoás	Judá	Amazias	Judá	Israel
780	Jeroboão II	Síria	Ben-Hadade II	Israel	Israel
735	Peca	Judá	Acaz	Israel	Judá
733	Peca	Assíria	Tiglate-Pileser III	Assíria	Assíria
722	Oseias	Assíria	Salmaneser V	Assíria	Assíria

Conflitos militares de Israel *(continuação)*			
Local de batalha	*Território conquistado*	*Motivo da agressão*	*Referências*
	Síria	Revolução pela liberdade	
	Filístia	Revolução pela liberdade	
Monte Zemaraim	Moabe	Revolução pela liberdade	
Gibetom	Várias cidades	Recuperação de território	2Crônicas 13.2-20
	Nenhum	Recuperação de território perdido	1Reis 15.27
	Ramá	Controle da rota para o norte	1Reis 15.16,17
Ramá	Naftali	Em resposta ao pedido de Asa	1Reis 15.20; 2Crônicas 16.4-5
Várias cidades	Israel	Conquista do trono	1Reis 16.17,18
Tirza	Israel	Controle total do trono	1Reis 16.22
	Moabe	Conquista de Moabe	
Samaria	Nenhum	Conquista de Israel	1Reis 20.1-21
Afeca	Nenhum	Expulsão do país	1Reis 20.22-30
Carcar	Nenhum	Conquista de Israel	
Ramote-Gileade	Nenhum	Recuperação de cidade dominada	1Reis 22.29-37; 2Crônicas 13.28-31
	Moabe	Revolução pela liberdade	2Reis 3.4-27
Várias cidades	Nenhum	Controle de território	2Reis 6.8
Samaria	Nenhum	Conquista de Israel	2Reis 6.24–7.8
Ramote-Gileade	Nenhum	Recuperação de cidade dominada	2Reis 8.28-29
Várias cidades	Transjordânia	Controle de território	2Reis 10.32-33
Várias cidades	Várias cidades	Controle de território	2Reis 13.3-7,22
Várias cidades	Várias cidades	Recuperação de cidades	2Reis 13.25
Várias cidades	Várias cidades	Recuperação de cidades	2Reis 13.25
Várias cidades	Várias cidades	Recuperação de cidades	2Reis 13.25
Bete-Semes	Nenhum	Demonstração de força; vingança	2Reis 13.12; 14.11-13
Várias cidades	Controle da Síria	Conquista do território ao norte	2Reis 14.25-28
Jerusalém	Nenhum	Persuasão na aliança contra a Assíria	2Reis 15.37; 16.5-6
Várias cidades	Naftali	Domínio em resposta ao pedido de Acaz	2Reis 15.29
Samaria	Israel	Conquista de Israel	2Reis 17.4-6

De John Walton, **O Antigo Testamento em quadros**. São Paulo:Vida, 2001, p. 42-3.

Figura 12.7 – Conflitos militares de Judá					
Data aproximada (Thiele)	*Rei de Judá*	Nação *adversária*	*Rei adversário*	*Agressor*	*Vencedor*
925	Roboão	Egito	Sisaque I	Egito	Egito
912	Abias	Israel	Jeroboão	Judá	Judá
900	Asa	Etiópia (Egito)	Zera	Egito	Judá
895	Asa	Israel	Baasa	Israel	Judá
853	Josafá	Síria	Ben-Hadade I	Judá	Síria
853	Josafá	Edom,		Edom,	Judá
850	Josafá	Moabe,		Moabe,	Moabe
		Amom		Amom	
		Moabe		Moabe	
845	Jeorão	Edom		Edom	Edom
845	Jeorão	Libna		Libna	Libna
842	Jeorão	Filístia, Arábia		Filístia, Arábia	Filístia, Arábia
841	Acazias	Síria	Hazael	Judá	Síria
796	Joás	Síria	Hazael	Síria	Síria
794	Amazias	Edom		Judá	Judá
790	Amazias	Israel	Jeoás	Judá	Israel
785	Uzias	Filístia, Arábia		Judá	Judá
743	Uzias	Assíria	Tiglate-Pileser III	Assíria	Assíria
738	Jotão	Amom		Judá	Judá
735	Acaz	Israel, Síria	Peca, Rezim	Israel, Síria	Judá
735	Acaz	Edom		Edom	Edom
735	Acaz	Filístia		Filístia	Filístia
733	Acaz	Assíria	Tiglate-Pileser III	Assíria	Assíria
715	Ezequias	Filístia		Judá	Judá
701	Ezequias	Assíria	Senaqueribe	Assíria	Judá
650	Manassés	Assíria	Assurbanipal	Assíria	Assíria
609	Josias	Egito	Neco	Judá	Egito
607	Jeoaquim	Moabe, Síria		Moabe, Síria	Babilônia
605	Jeoaquim	Babilônia	Nabucodonosor	Babilônia	
597	Joaquim	Babilônia	Nabucodonosor	Babilônia	Babilônia
586	Zedequias	Babilônia	Nabucodonosor	Babilônia	Babilônia

De John Walton, **O Antigo Testamento em quadros**. São Paulo: Vida, 2001, p. 44-5.

Conflitos militares de Judá *(continuação)*			
Local de batalha	*Território conquistado*	*Motivo da agressão*	*Referências*
Várias cidades	Várias cidades	Conquista de Judá	1Reis 14.25-28; 2Crônicas 12.2-12
Mt. Zemaraim	Várias cidades	Recuperação de território	2Crônicas 13.2-20
Maressa	Nenhum	Conquista de Judá	2Crônicas 14.9-15
Ramá	Ramá	Controle da rota para o norte	1Reis 15.16-17
Ramote-Gileade	Nenhum	Reconquista da cidade dominada	1Reis 22.29-37; 2Crônicas 18.28-34
En-Gedi	Nenhum	Conquista de Judá	2Crônicas 20.1
	Moabe	Revolução pela liberdade de Israel	2Reis 3.4-27
	Edom	Revolução pela liberdade de Judá	2Reis 8.22; 2Crônicas 21.8-10
	Libna	Revolução pela liberdade de Judá	2Reis 8.22; 2Crônicas 21.10
Jerusalém	Nenhum	Saque	2Crônicas 21.16-17
Ramote-Gileade	Nenhum	Recuperação de cidade dominada	2Reis 8.28-29; 2Crônicas 22.5-6
Várias cidades	Várias cidades	Dominação de cidades de Judá	2Reis 12.18„ 2Crônicas 24.23-24
Vale do Sal	Edom	Conquista de Edom	2Reis 14.7; 2Crônicas 25.11-13
Bete-Semes	Nenhum	Demonstração de força; vingança contra os mercenários de Israel	2Reis 13.12; 14.11-13; 2Crônicas 25.17-24
Várias cidades	Várias cidades	Domínio de cidades	2Crônicas 26.6-7
	Nenhum em Judá	Conquista de territórios do norte	Não consta nas Escrituras
		Dominação de Amom	2Crônicas 27.5
Jerusalém	Nenhum	Persuasão na aliança contra a Assíria	2Reis 15.37; 16.5-6; 2Crônicas 28.5-6
	Edom	Saque	2Crônicas 28.17
Várias cidades	Várias cidades	Saque	2Crônicas 28.18
	Nenhum	Dominação de território	2Crônicas 28.20
Várias cidades	Várias cidades	Dominação da Filístia	2Reis 18.8
Jerusalém	Nenhum	Conquista de Judá	2Reis 18.13–19.27; 2Crônicas 32.1-23
	Nenhum	Dominação de Judá	2Crônicas 33.11
Megido	Controle de Judá	Impedir o Egito de ajudar a Assíria	2Reis 23.29; 2Crônicas 35.20-24
Várias cidades	Várias cidades	Espólio sob comando da Babilônia	2Reis 24.2 2Crônicas 36.6
Jerusalém	Nenhum	Dominação e captura	
	Judá	Dominação e captura	2Reis 24.10-12; 2Crônicas 36.10
Jerusalém		Conquista de Judá	2Reis 25; 2Crônicas 36.13-21

Perguntas para estudo e debate

1. Qual é a relação entre profecia e monarquia em 1 e 2Reis?
2. Qual é o significado político e religioso dos "golpes sangrentos" para o Reino do Norte?
3. Qual é o propósito dos relatos de Elias e Eliseu na história de Reis?
4. Em que aspectos o pedido de sabedoria de Salomão é exemplo de "ironia dramática" por parte do historiador de Reis?
5. À luz do artigo de G. E. Mendenhall, "The Monarchy" [A monarquia], comente o problema da mistura de política e religião na monarquia hebraica.
6. Em 1 e 2Reis, procure exemplos em que o historiador registrou a intervenção de Javé na história humana. Compare isso à natureza e frequência das intervenções divinas em Josué, Juízes e Samuel.
7. A narrativa de Salomão (1Reis 1–11) é o equivalente hebraico do "drama épico"? Explique (v. Leland Ryken, **How to Read the Bible as Literature**. Grand Rapids: Zondervan, 1984, p. 78-81).

Leituras complementares

ALBRIGHT, William F. **The Biblical Period from Abraham to Ezra**. New York: Harper & Row, 1963.

BRIGHT, J. **A History of Israel**. 3. ed. Philadelphia: Westminster, 1981. Livro excelente sobre a história de Israel desde os patriarcas até o período dos macabeus.

COGAN, Michael. Imperialism and Religion: Assyria, Judah and Israel in the Eighth and Seventh Centuries. **B.C.E.** Missoula, MO: Scholars Press, 1974.

____ (org.). **The Oxford History of the Biblical World**. New York: Oxford University Press, 1998.

COGAN, Michael & TADMOR, Hayim. Second Kings. **AB**. Garden City, NY: Doubleday, 1988. v. 11.

DE VAUX, R. **Ancient Israel**. New York: McGraw-Hill, 1961. Debates preciosos sobre as instituições civis do Israel antigo (*e.g.*, conceito israelita de estado, monarquia, oficiais reais e administração do reino).

De Vries, S. J. First Kings. **WBC**. Waco: TX, Word, 1985. v.12. Bibliografias extensas. Perspectiva de 1Reis como produto da Escola Deuteronomista.

Gray, J. First and Second Kings. 2. ed. **OTL**. Philadelphia: Westminster, 1970. Comentário indispensável pela abordagem do texto hebraico, do contexto histórico e das fontes cronista de Reis, embora sua história hebraica reconstrucionista nem sempre seja aceitável pelos evangélicos.

Hayes, J. H. & Miller, Maxwell. **Israelite and Judean History**. Philadelphia: Westminster, 1977.

Hobbs, T. R. Second Kings. **WBC**. Waco, TX: Word, 1985. v. 13. Bibliografias extensas. Perspectiva de 2Reis como "drama" de um só autor que interpretou a desobediência dos reinos Norte e Sul à aliança.

House, Paul R. First and Second Kings. **NAC**. Nashville: Broadman & Holman, 1995. v. 8.

Howard, David M. **An Introduction to the Old Testament Historical Books**. Chicago: Moody Press, 1993. Bibliografias extensas com debates excelentes sobre mensagem e temas teológicos de Reis.

Jones, G. H. First and Second Kings. **NCBC**. Grand Rapids: Eerdmans, 1984.

Long, Burke O. 1 Kings. **FOTL**. Grand Rapids: Eerdmans, 1984. V. 9. Análise da crítica da forma muito útil para identificação de gênero.

____. 2 Kings. **FOTL**. Grand Rapids: Eerdmans, 1991. v. 10. Veja acima.

Malamat, M. The Last Kings of Judah and the Fall of Jerusalem. **Israel Exploration Journal** 18, 1968, p. 137-56.

____. Origins of Statecraft in the Israelite Monarchy. **BA** 28, 1965, p. 34-65.

Matthews, Victor H & Benjamin, Don C. **Old Testament Parallel**: Laws and Stories from the Ancient Near East. 2. ed. New York: Paulist Press, 1997. Leiam-se sobretudo p. 155-90.

Mendenhall, G. E. The Monarchy. **Interpretation** 29, 1975, p. 155-70. Análise socioeconômica provocante da monarquia hebraica durante o reino unido, abordando os problemas de sincretismo político e religioso na sociedade israelita.

Merrill, E. H. **Kingdom of Priests**: A History of Old Testament Israel. Grand Rapids: Baker, 1987.

Newsome, J. D. (org.). **A Synoptic Harmony of Samuel, Kings and Chronicles**. Grand Rapids: Baker, 1986.

Patterson, R. D. & Austel, H. J. First and Second Kings. **EBC**. Grand Rapids: Zondervan, 1988. v. 4, p. 3-300. Comentário bastante descritivo com ênfase teológica, com informações históricas úteis em "Notas".

Payne, David F. **Kingdoms of the Lord**. Grand Rapids: Eerdmans, 1981.

Porten, B. The Structure and Theme of the Solomon Narrative. **Hebrew Union College Annual**, 1967, p. 93-128.

Provan, Iain W. First and Second Kings. **NIBC**. Peabody, MA: Hendrickson, 1995.

Rice, Gene. Nations under God: A Commentary on First Kings. **ITC**. Grand Rapids: Eerdmans, 1990.

Wiseman, Donald J. **Chronicles of the Chaldean Kings**. London: British Museum, 1956.

____. First and Second Kings. **TOTC**. Downers Grove, IL: InterVarsity Press, 1993.

____ (org.). **Peoples of Old Testament Times**. Oxford: Clarendon, 1973.

Wood, L. J. **Israel's United Monarchy**. Grand Rapids: Baker, 1979. Estudo detalhado da monarquia unida hebraica, incluindo debates elaborados do governo e da personalidade de Saul, Davi e Salomão.

Yamauchi, Edwin M. **Foes from the Northern Frontier**. Grand Rapids: Baker, 1982.

13

1 e 2Crônicas

Conceitos básicos

- ✓ Recordação do passado para dar esperança no presente
- ✓ A centralidade da adoração no templo
- ✓ Idealização dos reinados de Davi e Salomão
- ✓ Legitimação dos sacerdotes e levitas como líderes comunitários

Como os livros de Samuel e de Reis, 1 e 2Crônicas formavam originariamente um único volume. O texto foi dividido em dois livros quando o texto hebraico original foi traduzido para o grego. Crônicas vem após Esdras–Neemias na Bíblia hebraica, sugerindo que sua aceitação no cânon do AT se deu numa data posterior ou tenha sido considerado apêndice dos Escritos por complementar as histórias encontradas nos livros de Samuel e Reis. A versão atual segue o modelo do AT grego, colocando Crônicas após Reis e antes de Esdras–Neemias.

O título hebraico do livro é literalmente "as palavras dos dias" ou "os acontecimentos" das monarquias. Embora os títulos hebraicos sejam obtidos tipicamente do primeiro versículo, nesse livro, a frase-título encontra-se em 1Crônicas 27.24. Os livros são chamados "Os dados omitidos" na *Septuaginta*, isto é, dados desconsiderados pelas histórias de Samuel e Reis. O título "Crônicas" é uma forma abreviada da sugestão de Jerônimo de que a história fosse chamada "crônica de toda a história divina".

Como história literária, os livros de Crônicas complementam os registros de Samuel e Reis, repetindo a história de Israel desde os patriarcas (por meio de genealogia) até a derrota do Reino do Sul para a Babilônia. Como história teológica, os livros de Crônicas se concentram na legitimação da autoridade sacerdotal e levítica e nas contribuições da monarquia unida, em Judá, à vida religiosa de Israel.

COMPOSIÇÃO DO LIVRO

Crônicas é uma obra anônima. As semelhanças de estilo e linguagem com Esdras–Neemias levaram muitos estudiosos a concluir que um "cronista" foi responsável pelos quatro livros. Com base na tradição judaica que atribui Crônicas a Esdras, o escriba (*Talmude babilônico*: *Baba Bathra* 15a), William F. Albright defendeu a teoria de que Esdras e o cronista eram a mesma pessoa.[1] Houve época em que o consenso era: Esdras e Crônicas consistiam numa obra do mesmo autor; o fato de o cronista ser Esdras, o escriba, não foi, contudo, amplamente aceito.

Além disso, nas duas últimas décadas, pesquisadores têm questionado os elos literários entre Crônicas e Esdras–Neemias. Atualmente, a maior parte dos estudiosos do AT reconhece a unidade dos dois livros de Crônicas, mas os separa de Esdras e Neemias, citando diferenças temáticas, como ausência do messianismo davídico, traços de "segundo êxodo" e a ênfase "pan-israelita" destes últimos. No momento, parece melhor considerar os livros de Crônicas uma composição unificada de um "cronista" desconhecido. Dados os fortes interesses do autor no templo e nos sacerdotes e levitas, ele, provavelmente, era dos que trabalhavam ali. Resta esclarecer a relação exata entre a obra do cronista e os livros de Esdras–Neemias.

Os livros de Crônicas, com Esdras–Neemias, são os últimos do AT quanto à data de composição, a qual foi situada entre as reformas dos profetas Ageu e Zacarias (*ca.* 515 a.C.) e o Período Grego (com datas que variam de 300 a 160 a.C.). O último acontecimento datado em Crônicas é o registro do decreto de Ciro que permitiu o retorno dos judeus à Palestina após o exílio na Babilônia (*ca.* 538 a.C.; v. 2Crônicas 36.22-23). Entretanto, se a genealogia de Zorobabel, em 1Crônicas 3.17-21, estiver em ordem cronológica, tal evidência aproxima a data dos livros de Crônicas de 400 a.C., em vez de 500 a.C. As associações amplamente

[1] V. The Date and Personality of the Chronicler, **JBL** 40, 1921, p. 104-24.

reconhecidas entre Crônicas e Esdras–Neemias (quer Esdras seja considerado cronista, quer não) também sugerem uma data próxima a 400 a.C. (v. cap. 14).

Foi dada muita atenção às diversas fontes usadas pelo cronista para reunir a história de Israel. Além de recorrer amplamente a fontes canônicas como o Pentateuco e Samuel–Reis, ele também cita registros não canônicos e documentos oficiais. A variedade de fontes empregadas pelo cronista pode ser dividida nas seguintes categorias:

1. Registros genealógicos (1Crônicas 4.33; 5.17; 7.9,40; 9.1,22; 2Crônicas 12.15);
2. Cartas e documentos oficiais (1Crônicas 28.11-12; 2Crônicas 32.17-20; 36.22-23);
3. Poemas, orações, discursos e cânticos (*e.g.*, 1Crônicas 16.8-36; 1Crônicas 29.10-22; 2Crônicas 29.30; 35.25);
4. Outras histórias, incluindo os registros históricos dos reis de Israel e Judá (2Crônicas 27.7; 36.8), os registros históricos dos reis de Judá e de Israel (2Crônicas 16.11; 25.26; 28.26; 32.32), os registros históricos do rei Davi (1Crônicas 27.24), as anotações dos livros dos reis (2Crônicas 24.27) e a orientação escrita por Davi, rei de Israel, e por seu filho Salomão (2Crônicas 35.4);
5. Literatura profética, incluindo os registros históricos do vidente Samuel, do profeta Natã e do vidente Gade (1Crônicas 29.29), as profecias do silonita Aías e as visões do vidente Ido (2Crônicas 9.29) e os relatos do profeta Semaías, de Jeú e de Isaías (2Crônicas 12.15; 20.34; 32.32).

CONTEXTO

Contexto histórico

As genealogias de 1Crônicas rastreiam a herança de fé, do ponto de vista da aliança, desde Adão até Davi, com atenção especial nos patriarcas e nos 12 filhos de Jacó. A história relatada em Crônicas começa com a monarquia unida no fim do reinado de Saul e termina com o cativeiro de Judá na Babilônia (*ca.* 1020-586 a.C.). Os relatos do reinado de

Davi e Salomão destacam acontecimentos e personagens ligados à arca da aliança e à construção e dedicação do templo de Javé. A história do cronista sobre o reino dividido praticamente desconsidera o lado do norte. Os livros de Crônicas encerram com esta mesma ênfase no templo de Javé, expressa no edito de Ciro, rei da Pérsia, que permitiu o retorno dos exilados à Palestina para reconstruir o edifício (*ca.* 538 a.C.; v. 2Crônicas 36.22-23).

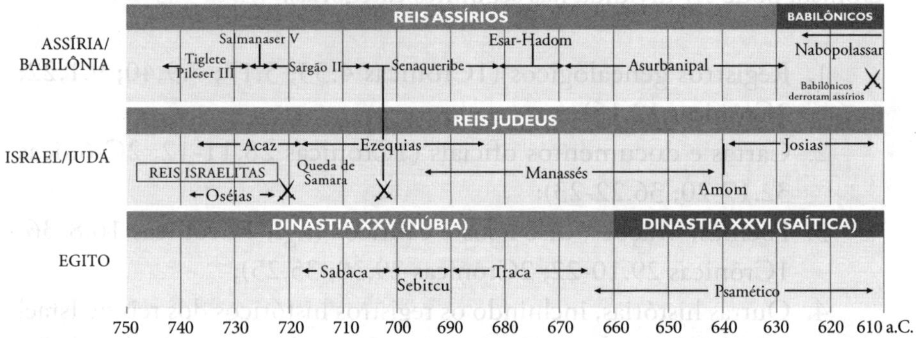

O pano de fundo da composição de Crônicas foi o período do pós-exílio hebreu. Datar os livros dos anos 500, 400 ou 300 a.C. não traz nenhuma influência, pois as condições na Jerusalém pós-exílica eram praticamente as mesmas. Judá permaneceu uma província atrasada e insignificante durante todo o período persa e ainda no período grego. A vida política e nacional dos hebreus era ofuscada pelos "superimpérios" pagãos da Pérsia e da Grécia, e a religião hebraica era desafiada pelo templo rival dos samaritanos, pela adoração de **Ahura Mazda** e pelas religiões gregas de mistério.

O desespero pelo fracasso visível de Zorobabel e outros em inaugurar o reino messiânico em Judá previsto por Ageu e Zacarias, associado à frustração das reformas religiosas aparentemente superficiais e breves realizadas por Esdras e Neemias, inspiraram a "teologia da esperança" do cronista, com base nos registros da história israelita. Algum dia, a angústia do presente daria lugar à restauração de Israel, de acordo com o ideal teocrático descrito em Crônicas. O segundo êxodo previsto por Zacarias foi prorrogado, não cancelado. O Reino de Deus, finalmente, invadiria a história humana, e Jerusalém se tornaria centro político e religioso das nações (v. Zacarias 8.1-8; 14.9-21).

Confiabilidade histórica

O cronista usou de liberdade considerável na seleção, organização e modificação da vasta quantidade de material em que se baseou para compor a história. Essa condição levou muitos estudiosos a depreciar a integridade e confiabilidade histórica do registro do cronista. Na verdade, a precisão do livro de Crônicas foi questionada mais que a de qualquer outro do AT, excetuando-se Gênesis.

Acusações específicas feitas contra a validade da história do cronista incluem a parcialidade demonstrada na omissão de material de Reis relacionado ao Reino do Norte, a omissão dos pecados de Davi e da apostasia de Salomão e a ênfase nas características e ações favoráveis dos reis hebreus, a tendência de modificar o material dos livros de Samuel e Reis em termos moralistas e teológicos (*e.g.*, cp. 2Samuel 24.1 e 1Crônicas 21.1), o acréscimo (ou a elaboração?) de material histórico não encontrado em Samuel–Reis (*e.g.*, 2Crônicas 33.18-20) e a tendência a aumentar (ou exagerar?) os números oferecidos nos relatos paralelos de Samuel–Reis (*e.g.*, cp. 2Samuel 23.8 e 1Crônicas 11.11).

Os estudiosos que defendem a confiabilidade dos livros de Crônicas como documento histórico respondem a essas alegações com diversos argumentos. Por exemplo, a omissão de material de Samuel–Reis não deve ser considerada fraude. O autor simplesmente pressupôs o conhecimento da história hebraica por parte do leitor. Isso permitiu que o compilador selecionasse cuidadosa e deliberadamente apenas os trechos que influenciaram diretamente a vida religiosa da comunidade israelita ou promoveram a teologia da esperança que Crônicas tinha o propósito de transmitir.

Da mesma forma, a postura cética relativa à precisão histórica dos "acréscimos" do cronista à história dos reis hebreus é injustificada, dado seu amplo recurso a outras fontes além da narrativa de Samuel–Reis. Muitas delas são identificadas nominalmente e podem até representar tradições mais antigas que as inspiradoras dos relatos de Samuel–Reis. O aspecto mais importante é que os dados arqueológicos e o material histórico extrabíblico confirmam o registro do cronista nos casos em que as fontes convergem ou se sobrepõem.[2]

Várias explicações foram oferecidas para o "exagero" dos números e das estatísticas tiradas da narrativa paralela de Samuel–Reis (fig. 13.1). Obviamente, algumas discrepâncias numéricas podem ser atribuídas a erros

---

[2] V. J. M. Myers, **First Chronicles**, p. 240; e S. Japhet, **The Historical Reliability of Chronicles**, p. 83-107.

Figura 13.1 – Números de Crônicas que não correspondem a paralelos do Antigo Testamento

Maior	*Menor*		*Passagem paralela*	*Avaliação de Crônicas*
(a)	1Crônicas 11.11	300 mortos por Jasobeão, não 800	2Samuel 23.8	Erro de copista
(b) 18.4		1.000 carros de guerra e 7.000 cavaleiros de Hadadezer, não 1.000 carros e 700 cavaleiros	8.4	Correta
(c) 19.18a		7.000 condutores de carros de guerra mortos, não 700	10.18a	Correta
(d)	19.18b	e 40.000 soldados de infantaria, não cavaleiros	10.18b	Correta
(e) 21.5a		1.100.000 soldados de lsrael, não 800.000	24.9a	Objetos diferentes
(f)	21.5b	470.000 soldados de Judá, não 500.000	24.9b	Mais precisa
(g)	21.12	Três anos de fome, não sete	24.13	Correta
(h) 21.25		Orná recebeu 600 siclos de ouro, não 50 de prata 3.600	24.24	Objetos diferentes
(i, j) 2Crônicas 2.2,18		para supervisionar a construção do templo, não 3.300	1Reis 5.16	Método diferente de contagem
(k) 2.10		20.000 batos de azeite para os lenhadores, não 20 coros (= 200 batos)	5.11	Objetos diferentes
(l) 3.15		Colunas do templo de 35 cúbitos, não 18	7.75	Erro de copista
(m) 4.5		Mar com capacidade para 3.000 batos, não 2.000	7.26	Erro de copista
(n)	8.10	250 oficiais para o templo, não 550	9.23	Método diferente de contagem
(o) 8.18	9.16 (Crônicas é igual)	450 talentos de ouro de Ofir, não 420	9.28	Correta ou erro de copista
(p)	9.25	300 becas de ouro por escudo, não 3 minas	10.17	Método diferente de contagem
(q)		4.000 estábulos, não 40.000	4.26	Correta
(r) 22.2	36.9	Acazias, rei aos 42 anos, não 22	2Reis 8.26	Correta
(s)		Joaquim, rei aos 8, não 18	2Reis 24.8	Erro de copista

Comparado a seus paralelos, os números de Crônicas são idênticos uma vez, maiores dez vezes e menores sete vezes. Total de diferenças: 19 (j repete i) dos 213 números paralelos.

De J. Barton Payne, 1, 2 Chronicles, **EBC**, Grand Rapids: Zondervan, 1988. v. 4, p. 561.

de escribas (*e.g.*, 2Reis 24.8; 2Crônicas 36.9). Alguns números foram arredondados. Sugeriu-se até que o cronista tenha levado em conta a inflação para calcular os números (já que escrevia cerca de 500 anos após a época de Davi). Finalmente, é possível que partes dos livros de Crônicas basearam-se em textos e manuscritos hebraicos mais antigos (e talvez mais confiáveis) que os registros de Samuel–Reis.

A modificação das narrativas históricas de Samuel–Reis é mais difícil de avaliar. Nesse caso, o conceito da revelação contínua e progressiva de Javé na história hebraica e o desenvolvimento consequente da teologia hebraica auxiliam nossa compreensão do uso das fontes antigas pelo cronista. Por exemplo, 2Samuel 24.1 afirma que o Senhor incitou Davi a fazer um recenseamento, ao passo que o relato equivalente em 1Crônicas 21.1 atribui a instigação a Satanás. Isso parece um exemplo inconfundível do desenvolvimento posterior da teologia hebraica relacionada à "ação de Satanás" no projeto soberano de Javé de testar motivação e castigar o pecado na humanidade (v. Jó 1 e 2 e a ampliação de Daniel na compreensão hebraica de ressurreição dos mortos em 12.2, com base em Isaías 26.19).

Outra categoria de relatos contraditórios de Samuel–Reis e Crônicas é solucionada por analogia à citação neotestamentária de passagens do AT. Como os autores do NT citaram e interpretaram textos do AT com propósitos teológicos específicos, os autores do AT, sob a inspiração do Espírito Santo, recorreram a documentos mais antigos à sua disposição. Esse tipo de citação interpretativa, às vezes, é classificada como "exposição inspirada". Aparentemente, Deus tem a liberdade de interpretar o próprio registro![3]

ESBOÇO DE 1 E 2CRÔNICAS

I. Prefácio genealógico
   A. Patriarcas (1Crônicas 1)
   B. Filhos de Israel (2 e 3)
   C. Famílias de Judá (4.1-23)

---

[3] V. S. Lewis Johnson, **The Old Testament in the New** (Grand Rapids: Zondervan, 1980), p. 39-51. Para ter acesso a um debate sobre leituras diferentes em Samuel–Reis e Crônicas, v. J. Barton Payne, Validity of Numbers in Chronicles, **Near East Archaeological Society Bulletin** 11, 1978, p. 5-58, e as seções pertinentes de seu comentário 1, 2Chroniles, p. 302-562. Se preferir uma abordagem mais abrangente que concilia tais variantes, v. Gleason L. Archer, **Enciclopédia de temas bíblicos** (São Paulo: Vida, 2001).

D. Simeão (4.24-43)
E. Rúben, Gade, Manassés (5)
F. Levi (6)
G. Issacar, Benjamim, Naftali, Efraim, Aser (7)
H. Saul (8)
I. Exilados que retornaram (9)

II. Monarquia unida
A. Reinado de Davi (1Crônicas 10–29)
1. Morte de Saul (10)
2. Ascensão de Davi (11 e 12)
3. Retorno da arca da aliança (13–17)
4. Conquistas de Davi (18–20)
5. Organização do reino de Davi (21–27)
6. Preparações de Davi para o templo (28.1–29.9)
7. Despedida e morte de Davi (29.10-30)
B. Reinado de Salomão (2Crônicas 1–9)
1. Realeza de Salomão (1)
2. Construção do templo (2.1–5.1)
3. Dedicação do templo (5.2–7.22)
4. Atividades de Salomão (8 e 9)

III. História de Judá
A. Roboão (10–12)
B. Abias (13.1–14.1)
C. Asa (14.2–16.14)
D. Josafá (17.1–21.1)
E. Jeorão (21)
F. Acazias (22.1-9)
G. Atalia e Joás (22.10–24.27)
H. Amazias (25)
I. Uzias (26)
J. Jotão (27)
K. Acaz (28)
L. Ezequias (29–32)
M. Manassés (33.1-20)
N. Amom (33.21-25)

O. Josias (34.1–36.1)
P. Jeoacaz (36.2-4)
Q. Jeoaquim (36.5-8)
R. Joaquim (36.9,10)
S. Zedequias (36.11-16)
IV. Exílio (36.17-23)

PROPÓSITO E MENSAGEM

A mensagem do cronista concentra-se na monarquia israelita unida e nos papéis fundamentais desempenhados por Davi e Salomão na instituição e manutenção do templo de Javé em Jerusalém. O cronista destacou a realeza de Davi para transmitir a importância do templo, enquanto o sucesso de Salomão estava diretamente ligado à adoração adequada de Javé. O novo êxodo e a restauração da comunidade hebraica previstos pelos profetas só poderia se realizar quando a Jerusalém pós-exílica imitasse o modelo antigo de fidelidade e obediência na adoração e no serviço ao Senhor dos Exércitos. Para a Jerusalém pós-exílica, a mensagem do cronista dizia respeito à escolha de Israel por Javé (implícita nas longas listas genealógicas no início do livro; 1Crônicas 1–9) e à atividade providencial de Javé na história de Israel (como nos relatos do reinado de Davi e de Salomão, *e.g.*, 1Crônicas 18–20). A repetição do passado de Israel tornou-se garantia da intervenção contínua de Deus para cumprir seus propósitos da aliança para com os hebreus, sua propriedade especial (*e.g.*, 1Crônicas 17.16-27).

A revisão histórica de Judá (o Reino do Sul) salientou outra mensagem importante para a Jerusalém pós-exílica, isto é, a retribuição divina (na forma de julgamento e exílio) unida às bênçãos e maldições estipuladas na aliança de Javé com Israel. O respeito pelas autoridades designadas por Deus e a obediência à aliança eram absolutamente essenciais para o sucesso da comunidade pós-exílica.

O cronista comunicou vários propósitos importantes em sua reavaliação da história israelita. Em primeiro lugar, a ênfase à realeza de Davi e de Salomão serviu para demonstrar a continuidade entre a história hebraica anterior e posterior ao exílio. Acima de tudo, o reino de Judá foi declarado herdeiro das promessas da aliança feitas por Javé ao "verdadeiro Israel". A inclusão da genealogia dos descendentes de Jacó lembrou Israel da antiga união tribal e chamou todo o povo a se reunir em aliança perante Javé. Israel poderia restabelecer os dias de glória do passado descritos pelo cronista somente pela fidelidade aos mandamentos de Javé.

A obsessão dele pelo reinado de Davi e de Salomão era mais que súplica pelo retorno aos "bons e velhos tempos" da história de Israel. Esses reinados serviam de modelo do Israel "ideal" sob o governo teocrático para a comunidade do presente. A centralidade do templo, a adoração adequada a Javé e o papel de autoridade dos sacerdotes e levitas no culto demonstravam a supremacia do Deus dos hebreus e a superioridade da religião hebraica diante do paganismo intruso.

Por último, a história do cronista oferecia esperança na Jerusalém pós-exílica, assegurando à comunidade do presente que o Senhor dos Exércitos, tendo agido no reinado de Davi e de Salomão, continuaria a intervir na história hebraica para tornar real a visão profética de Sião como centro político e religioso das nações (v. Zacarias 14.12-21).

ESTRUTURA E ORGANIZAÇÃO

O cronista era um teólogo, mestre religioso e historiador. O objetivo da história interpretativa e apologética de Israel que ele compunha era despertar a fé com base na aliança e a esperança em meio à comunidade pós-exílica transtornada. A macroestrutura de Crônicas destaca essa esperança, pois o primeiro livro começa com a construção do templo original (com a ajuda de gentios) e o segundo termina com o édito do rei gentio ordenando a construção do segundo templo (v. 2Crônicas 36.22-23). A versão ampliada do denominado **colofão** de 2Crônicas encontra-se em Esdras 1.1-3 e faz elo entre a história do cronista e os livros de Esdras–Neemias. A ligação das reformas de Esdras–Neemias com a "história do templo" reforça o ideal teocrático do cronista e a expectativa de um "novo êxodo".

Acredita-se que o material histórico de Crônicas tenha sido dividido em, no mínimo, duas fases distintas. A obra original que contém 1Crônicas 10–2Crônicas 34, provavelmente, foi compilada durante o ministério profético de Ageu e de Zacarias por volta de 500 a.C. Na segunda fase da história, foram acrescentados 1Crônicas 1–9 e 2Crônicas 35 e 36 em associação com as reformas de Esdras e Neemias (*ca.* 450-400 a.C.).

As genealogias de 1Crônicas 1–9 são o prefácio da revisão das monarquias de Davi e de Salomão (1Crônicas 10–2Crônicas 9). Infelizmente, a lista de nomes hebraicos obscuros (e de difícil pronúncia!) é mais reconhecida por antídoto para insônia do que por seu mérito literário. No entanto, essa parte faz contribuições importantes ao propósito geral do livro. As genealogias destacam a unidade de "todo o Israel" (tema necessário após a queda da monarquia dividida). O cronista dirige a atenção para Judá e Levi — as tribos da realeza e do sacerdócio de Israel. As linhagens cuidadosamente traçadas de Arão e Davi até Abraão lembram a aliança que Javé fez com o patriarca. A leitura das linhagens legitimava a liderança religiosa e política de Israel e comprovava a fidelidade de Deus ao engrandecer a nação descendente de Abraão (Gênesis 12.2; v. 17.2).

A parte que descreve o reinado de Saul e Davi apresenta um estudo de contrastes. Desobediência, fracassos e desprezo por causa da arca da aliança, por parte de Saul, servem de realce literário à fidelidade, às vitórias e ao cuidado com a arca de Deus (1Crônicas 10–29). De acordo com o interesse do cronista pelo "ideal teocrático", a ênfase é dada a Davi por ele ter levado a arca para Jerusalém, feito preparativos para a construção do templo e organizado o culto (cap. 13–17, 21–29).

A história de Judá, do Reino do Sul e do sucessor da aliança davídica encerram a narrativa do cronista (2Crônicas 10–36). Atenção especial é dada aos reis "bons" de Judá, exaltando aqueles cujas reformas afetaram diretamente o templo de Javé e a adoração dos hebreus. Na realidade, ainda que Davi seja considerado o "segundo Moisés" e Salomão o "segundo Josué", os reis Ezequias e Josias são idealizados como personagens semelhantes a Davi e Salomão porque purificaram o templo e restauraram a adoração adequada em Jerusalém. A parte final também destaca a importância da palavra profética para a manutenção do relacionamento com Javé e da realidade da retribuição divina à luz das bênçãos e maldições anexadas ao código da aliança (v. 2Crônicas 36.17-21).

A rebelião perante Deus e a desobediência à sua aliança prejudicaram não só a realeza hebraica como também o templo de Javé. O rei Nabucodonosor ensinou essa terrível e penosa lição a Judá quando pôs fim à monarquia davídica, deportou os hebreus para a Babilônia, para longe da terra prometida, e destruiu o templo do Senhor dos Exércitos — símbolo da presença e do governo teocrático de Javé entre os israelitas.

Entretanto, como a palavra do Senhor se cumpriu na derrota e no exílio, ela se cumpriu na promessa de retorno e restauração sob o reinado de Ciro (v. 2Crônicas 36.21-22).

TEMAS PRINCIPAIS

Adoração no Antigo Testamento

A adoração a Javé era parte do ideal teocrático do cronista para a Jerusalém pós-exílica. Os registros da adoração dos hebreus em Crônicas representam grande variedade de experiências religiosas e são úteis como resumo da adoração do AT em geral.

Deportação para a Babilônia

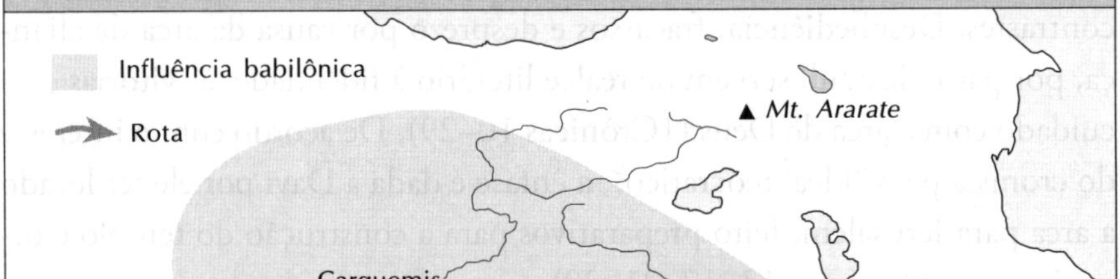

Embora o cronista enfatize a primeira instância, ele certamente conhecia a importância da adoração corporativa e individual (1Crônicas 15.29; 2Crônicas 31.20-21). O cronista também ofereceu exemplos de adoração organizada e liderada por sacerdotes de acordo com o calendário litúrgico (2Crônicas 35.1-19) e a resposta espontânea à bondade constante de Javé (1Crônicas 16.28-34; v. celebração de Ezequias de duas Páscoas em um ano! — 2Crônicas 30.13-22). O aspecto particular da adoração é mais implícito em Crônicas (*e.g.*, 1Crônicas 16.23-27), mas reuniões para adoração pública são abundantes nos dois livros (1Crônicas 16.36; 29.9; 2Crônicas 5.2-14; 6.3-11). Mais importante ainda é que o cronista reconheceu que a verdadeira adoração de Javé era motivada pelo temor do Senhor (2Crônicas 6.31,33) e amor a Deus de todo o coração (1Crônicas 28.9; 2Crônicas 19.9).

O fato de ele valorizar a adoração como atitude, condição do coração e da mente humana é demonstrado no debate que se segue (v. 1Crônicas 16.10-11; 28.9; 2Crônicas 15.12,15). Além disso, a adoração para os hebreus era uma experiência ativa perante Deus, não passiva. Reconhecer seu valor e prestar-lhe a reverência e o culto devidos incluíam os seguintes gestos, atos e movimentos: ofertas de líquido ou *libações*, sacrifícios e holocaustos, prostração, incenso, ação de graças e ofertas votivas, oração em diversas posições, jejum, purificação, dança, rasgamento das roupas (em arrependimento), banquetes e celebração das grandes festas religiosas (v. 2Crônicas 29.12-19,31-36; 32.13-27; 34.12; 34.22-28).

O significado da adoração como palavra era de grande importância para o cronista. Havia palavra de juramento, de louvor e ação de graças, de oração, cântico alegre, confissão e resposta litúrgica da congregação (v. 1Crônicas 15.29; 16.4,9,23,36,40; 17.16-27; 2Crônicas 15.15). A adoração como lugar, isto é, o templo, era decisiva no ideal teocrático do cronista (v. 2Crônicas 5.2–7.10). No entanto, ele também reconheceu que a verdadeira adoração do Senhor Deus não é limitada pelo tempo ou por um "lugar sagrado" (v. 2Crônicas 6.12-23).

Finalmente, é pertinente a menção das pessoas que dirigiam a adoração, pois o cronista dedica longos trechos do registro ao papel de sacerdotes e levitas na vida religiosa da nação. Os sacerdotes e os levitas eram equivalentes ao clero profissional de hoje por serem sustentados por ofertas e contribuições votivas do povo. Eram consagrados exclusivamente ao serviço de Deus por meio da instituição do santuário de Javé.

Os sacerdotes eram descendentes de Arão, o primeiro sacerdote de Israel, e responsáveis por orientar e representar os hebreus na adoração com sacrifícios e festas. Os demais levitas (*i.e.*, os outros membros masculinos da tribo de Levi) recebiam tarefas específicas relacionadas com a manutenção e serviços do santuário.

O cronista dá atenção especial ao papel dos sacerdotes e levitas por vários motivos. A construção do templo (o lar permanente para a arca da aliança) significou que os levitas não precisavam mais servir de carregadores do santuário (v. Números 4.1-49). Em Crônicas, os levitas foram agrupados, por decreto real, para serviços como cantores, músicos, guardas das portas, professores da Lei e juízes (v. 1Crônicas 24–26; 2Crônicas 17.7-9; 19.11).

Essa centralização da responsabilidade pela religião oficial no cargo do rei sancionou a autoridade sacerdotal e levítica e, quando a monarquia cessou em Israel, eles se tornaram herdeiros da administração divina. O cronista supunha que os sacerdotes e levitas introduziriam uma nova ordem e restabeleceriam a teocracia em Israel. Entretanto, Malaquias e outros censuraram o sacerdócio e os levitas por não cumprirem seu dever sagrado para com Deus (*e.g.*, Malaquias 1.6–2.9). De acordo com o NT e a perspectiva cristã da história hebraica, isso só serviu para salientar o sacerdócio de Jesus, a garantia de uma aliança superior (Hebreus 7.20-22).

Vocabulário do cronista

O uso repetido de determinadas expressões relacionadas à atitude e à intenção do coração de indivíduos e da nação indica que ele considerava a retribuição divina mais que mero conceito de causa e efeito ou "semear e colher".[4] Em primeiro lugar, a ênfase no "arrependimento", em Crônicas, revela que o compilador conhecia a misericórdia de Javé e sua capacidade graciosa de deixar a ira de lado diante do arrependimento genuíno do povo (*e.g.*, 2Crônicas 12.6-12; v. Êxodo 32.11-14). Relatos de arrependimentos passados ilustram a constante reação divina de perdão aos que voltam para ele (2Crônicas 15.4; 32.26). A bondade duradoura de Javé é demonstrada na disposição de receber cidadãos do antigo Reino do Norte que o buscam

[4] Geralmente o cronista usava a repetição de palavras-chave para associar de forma lógica uma variedade de fontes literárias. V. Andrew E. Hill, Patchwork Poetry Or Reasoned Verse: Connective Structure in 1Chronicles xvi, **VT** 33, 1983, p. 97-101.

(2Crônicas 30.6-9). Até o perverso rei Manassés experimentou a misericórdia de Javé (2Crônicas 33.12-14).

Outras expressões de uso corrente demonstram a consciência do cronista quanto à necessidade de equilibrar os fatores "internos" e "externos" da verdadeira religião, como: "reconhecer a Deus e servi-lo de todo o coração" (*e.g.*, 1Crônicas 28.9; 29.9,19; 2Crônicas 16.9), "contribuir fiel e generosamente" (*e.g.*, 1Crônicas 29.1-9,14,17; 2Crônicas 19.9) e "celebração e louvor com alegria e gratidão" (*e.g.*, 1Crônicas 16.4,7; 23.30; 29.13).

Tipologia

A **tipologia** formal é um aspecto da hermenêutica ou interpretação bíblica. É um método de exegese que estabelece a similaridade histórica entre fatos, pessoas ou objetos e ideias do AT e do NT por meio de prenúncio ou antítipo. De modo geral, o equivalente do AT é chamado "tipo"; o correlativo do NT que expressa a verdade do AT de forma superior é denominado "antítipo". Por exemplo, o autor da epístola aos Hebreus considera o sacerdócio de Melquisedeque, no AT (Gênesis 14.17-24; Salmos 110.4), um tipo do sacerdócio superior de Jesus Cristo (Hebreus 7.1-22). Da mesma forma, o tabernáculo e, posteriormente, o templo eram símbolos ou tipos da nova aliança que prenunciavam o sacrifício eterno de Cristo (Hebreus 9.6-14).

Ao descrever os preparativos e a construção do templo, o cronista descreve Davi como o "segundo" Moisés e Salomão como o "segundo" Josué. Especificamente, Davi foi proibido de completar o templo assim como Moisés perdeu o privilégio de entrar à frente dos hebreus na terra prometida (v. Números 20.2-11; 1Crônicas 22.8).

De igual modo, Salomão ilustra Josué, pois ambos foram escolhidos pessoalmente como sucessores e receberam aclamação pública, foram exaltados por Deus e levaram o povo à era de "descanso" e "bênção". Finalmente, Josué e Salomão receberam a mesma ordem ao assumir o cargo de liderança — serem "fortes e corajosos" (Deuteronômio 31.6; f. 1Crônicas 22.13) porque o Senhor estaria com eles (Deuteronômio 31.6,8,23; Josué 1.5,9; v. 1Crônicas 22.11,16) e nunca os deixaria nem os abandonaria (Deuteronômio 31.6,8; Josué 1.5,9; v. 1Crônicas 28.20).

Perguntas para estudo e debate

1. Por que o rei Davi é o rei "ideal" para o cronista?
2. Como o relato da história de Israel pelo cronista demonstra a bondade divina?
3. Cite as qualidades e os defeitos da tipologia como método de interpretação bíblica.
4. Como podemos explicar as *variantes* das passagens paralelas de Samuel–Reis e Crônicas? O que isso significa para a doutrina da inspiração divina?
5. Por que o cronista fez do templo o foco da sua história?
6. Qual é a relação entre reflexão sobre o passado e a adoração a Javé?
7. Que significado tem a repetição da história israelita pelo cronista para os cristãos como indivíduos e grupo atualmente?

Leituras complementares

ACKROYD, P. R. **Israel under Babylonia and Persia**. Oxford: Clarendon Press, 1970.

____. The Chronicler as Exegete. **JSOT** 2, 1977, p. 2-32.

____. History and Theology in the Writings of the Chronicler. **Concordia Theological Monthly** 38, 1967, p. 501-15.

ALLEN, Leslie C. 1, 2 Chronicles. **Communicator's Commentary** 10. Waco, TX: Word, 1987. Aplicação criteriosa da mensagem do cronista ao contexto atual.

BRAUN, R. 1 Chronicles. **WBC**. Waco, TX: Word, 1986. v. 14. Debate útil dos temas teológicos, com bibliografias extensas.

____. Chronicles, Ezra and Nehemiah: Theology and Literary History. In: Studies in the Historical Books of the Old Testament, J. A. Emerton (org.), **VT Supplement** 30. Leiden: Brill, 1979, p. 52-64.

BRIGHT, John. **A History of Israel**. 3. ed. Philadelphia: Westminster, 1981. [Publicado em português com o título **História de Israel** (São Paulo: Paulus, 2004, 7. ed.).]

COGGINS, R. J. The First and Second Books of Chronicles. **CBC**. Cambridge: Cambridge University Press, 1976.

DeVries, S. J. 1–2 Chronicles. **FOTL**. Grand Rapids: Eerdmans, 1989. v. 11. Análise útil de cada unidade literária em Crônicas por estrutura, gênero, contexto e intenção conforme a crítica da forma, mas minando a integridade histórica dos livros.

Dillard, R. B. 2 Chronicles. **WBC**. Waco, TX: Word, 1987. v. 15. Bibliografias extensas.

Dumbrell, W. J. The Purpose of the Books of Chronicles. **JSOT** 27, 1984, p. 257-66. Afirmação concisa dos propósitos teológicos e históricos em Crônicas.

Endres, John C., Millar, William R. & Burns, John B., orgs. **Chronicles and Its Synoptic Parallels in Samuel, Kings, and Related Biblical Texts**. Collegeville, MN: Liturgical Press, 1998.

Fishbane, M. **Biblical Interpretation in Ancient Israel**. Oxford: Clarendon, 1985, p. 385-407. Debate profundo da exegese histórica do cronista.

Freedman, David N. The Chronicler's Purpose. **CBQ** 23, 1961, p. 436-42.

Goldingay, John. The Chronicler as Theologian. **Biblical Theology Bulletin** 5, 1975, p. 99-121.

Japhet, S. I and II Chronicles. **OTL**. Louisville: Westminster/John Knox, 1993. Análise literária e histórica abrangente. Leitura obrigatória para o aluno dedicado.

____. The Historical Reliability of Chronicles. **JSOT** 33, 1985, p. 83-107.

Mcconville, J. G. I and II Chronicles. **DSB-OT**. Philadelphia: Westminster, 1984. Aplicação atual criteriosa da mensagem do cronista.

Myers, J. First Chronicles. **AB**. 2. ed. Garden City, NY: Doubleday, 1986. v. 12.

____. Second Chronicles. **AB**. 2. ed. Garden City, NY: Doubleday, 1986. v. 13.

Newsome, J. D. **A Synoptic Harmony of Samuel, Kings and Chronicles**. Grand Rapids: Baker, 1987.

____. Toward a New Understanding of the Chronicler and His Purposes. **JBL** 94, 1975, p. 204-17.

Payne, J. Barton. 1, 2 Chronicles. **EBC**. Grand Rapids: Zondervan, 1988. v. 4, p. 303-562. Comentários úteis das leituras variantes entre os paralelos de Samuel–Reis e Crônicas.

Selman, Martin J. 1, 2 Chronicles. **TOTC**. Downers Grove, IL: InterVarsity Press, 1994. v. 10a, 10b. Seções introdutórias instrutivas sobre o cronista como intérprete e sua mensagem.

Thompson, J. A. 1, 2 Chronicles. **NAC**. Nashville: Broadman and Holman, 1994. v. 9.

Wilcock, M. **The Message of Chronicles**. Downers Grove, IL: InterVarsity Press, 1987.

Williamson, H. G. M. I and II Chronicles. **NCB**. Grand Rapids: Eerdmans, 1982. Seção introdutória instrutiva sobre o cronista e suas fontes.

_____. **Israel and the Book of Chronicles**. Cambridge: Cambridge University Press, 1977.

Wilson, R. R. **Genealogy and History in the Biblical World**. New Haven: Yale University Press, 1977.

_____. Between 'Azel' and 'Azel': Interpreting the Biblical Genealogies. **BA** 42, 1979, p. 11-22.

14

Esdras e Neemias

Conceitos básicos

✓ A restauração física da cidade de Jerusalém
✓ Reforma religiosa e social decorrentes do arrependimento
✓ Javé como Deus que cumpre a aliança

Esdras e Neemias foram reformadores contemporâneos do período pós-exílico. Como seus antecessores, Ageu e Zacarias, eles tiveram ministérios complementares em Jerusalém de natureza física e espiritual. Esdras, sacerdote e escriba perito na lei de Moisés, é mais conhecido pela leitura da Torá para a comunidade pós-exílica e pelo reavivamento consequente inspirado por ela (v. Neemias 8.1-12). Neemias é lembrado pela habilidade administrativa demonstrada em organizar a comunidade da restauração para reparar e reconstruir grande parte do muro de Jerusalém destruído pelos babilônios em 587 a.C.

Ambos foram de Susã, na Pérsia, para Jerusalém durante o reinado de Artaxerxes I (464-424 a.C.) e eram membros respeitados da corte persa. Em virtude de sua linhagem levítica, acredita-se que Esdras fosse um tipo de secretário ou conselheiro de assuntos judaicos no gabinete real (v. Esdras 7.1- 6), ao passo que Neemias era copeiro do rei (Neemias 1.11; 2.1-2). O zelo e as orações a favor da situação difícil da comunidade de restauração em Jerusalém motivaram esses dois homens a viajar da Pérsia para a Palestina. Seus esforços para reformar a vida religiosa, social e econômica da cidade estavam arraigados no orgulho nacionalista da tradição dos ancestrais hebreus (*e.g.*, Neemias 2.3) e na preocupação genuína com a reputação do nome de Javé em meio à oposição pagã (v. Esdras 9.1-15; Neemias 1.4-11).

Esdras e Neemias formam um só volume no AT hebraico. Como os livros históricos de Samuel, Reis e Crônicas, foi dividido em dois na *Septuaginta*. Na verdade, Esdras e Neemias compreendem o segundo volume da obra em duas partes do cronista que apresenta a interpretação teológica da história hebraica. As duas porções de Crônicas constituem o primeiro volume da história. Os livros de Esdras e Neemias vêm depois de 1 e 2Crônicas nas versões bíblicas grega e latina. A ordem inversa no AT hebraico deve indicar a ordem de aceitação dos livros no cânon.

Dois livros **apócrifos** do AT são intitulados "Esdras". O apócrifo 2Esdras é uma obra apocalíptica do fim do primeiro século d.C. e não tem ligação com o Esdras histórico. O apócrifo 1Esdras data do século II a.C. e inclui material de 2Crônicas 35.1 até o fim do livro de Esdras; o trecho de Neemias 7.73–8.12 forma o apêndice do texto. Apesar de 1Esdras possuir algum valor para a análise comparativa dos textos bíblicos de Crônicas, Esdras e Neemias, o livro geralmente é considerado inferior histórica e teologicamente ao de Esdras do AT (*e.g.*, 1Esdras 5.70-73).

COMPOSIÇÃO DO LIVRO

Atualmente, a maioria dos estudiosos, independentemente da corrente teológica, atribui os livros conjuntos de Esdras–Neemias ao cronista pós-exílico. Supõe-se que o compilador dos livros de Crônicas também tenha organizado Esdras–Neemias porque 2Crônicas 36.22-23 constitui-se em um colofão ou inscrição final, levando-se em conta os versículos introdutórios de Esdras 1.1-2. A tradição judaica considerava Esdras, o escriba, o cronista da história narrada em 1 e 2Crônicas e Esdras–Neemias (de acordo com o *Talmude babilônico*: *Baba Bathra* 15a). Embora essa ideia ainda seja possível, a maioria dos intérpretes concebe o cronista um compilador anônimo das fontes históricas hebraicas.

A composição propriamente dita dos livros de Esdras–Neemias se deu em fases distintas e, provavelmente, foi concluída por volta de 400 a.C. A sequência de composição e compilação pode ser resumida da seguinte forma: 1) Esdras e Neemias esboçam memórias individuais (*ca.* 440-420 a.C.);

2) o cronista combina as memórias, entrelaçando intencionalmente as informações; 3) o cronista acrescenta a narrativa de Sesbazar/Zorobabel às memórias para formar o prólogo ou introdução das autobiografias de Esdras e Neemias.

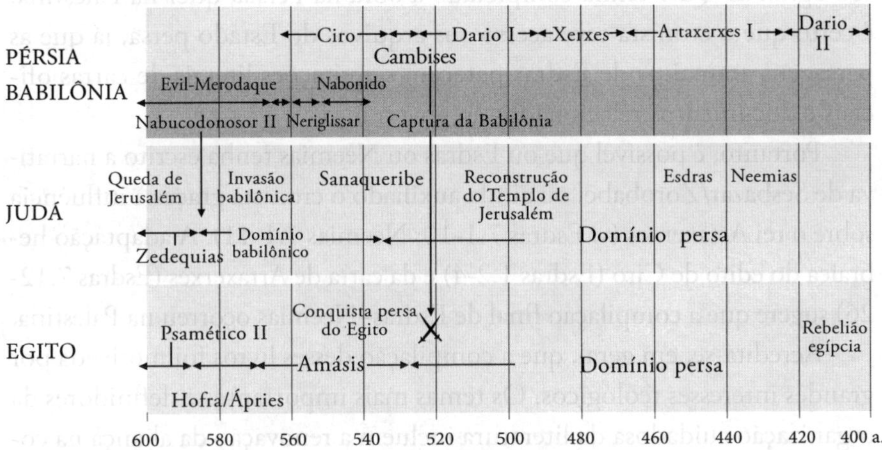

A mistura intencional das memórias de Esdras e Neemias levantou suspeitas entre certos eruditos quanto à integridade do compilador e da exatidão histórica das narrativas. Longe de ser confuso ou desonesto, ele documentou com grande habilidade técnica uma história muito pragmática do período da restauração hebraica, enfatizando temas religiosos específicos (incluindo obediência à lei, pureza da religião, separação de estrangeiros, etc.). A prática de transmitir a mensagem religiosa no contexto da narrativa é tendência comum na composição histórica do AT (v. cap. 18). O fenômeno também é típico dos textos históricos do Antigo Oriente Médio.[1]

Essa abordagem da composição de Esdras–Neemias não compromete, necessariamente, a doutrina ortodoxa da inspiração das Escrituras pelo Espírito Santo (1Timóteo 3.16). O cronista, sem dúvida, foi inspirado da mesma forma que Lucas ao compilar fontes cristãs primitivas sobre a vida e ensinamento de Jesus Cristo para o seu evangelho (v. Lucas 1.1-4).

[1] Cf. S. Mowinckel, Israelite Historiography, **Annual of the Swedish Theological Institute in Jerusalem** 2, 1963, p. 4-26; e J. J. Finkelstein, Mesopotamian Historiography, **Proceedings of the American Philosophical Society** 107, 1963, p. 461-72.

Esdras é um dos dois livros do AT que contêm grandes trechos escritos em aramaico em vez de hebraico (Esdras 4.8–6.18; 6.12-26; v. Daniel 2.4–7.28). No Período Persa, o aramaico era a língua do comércio internacional, o que dificulta a determinação do local da composição das autobiografias. Quer tenha completado a obra na Pérsia, quer na Palestina, é certo que o cronista teve acesso aos arquivos do Estado persa, já que as passagens aramaicas de Esdras parecem ser citações literais de cartas oficiais e documentos relacionados ao governo.

Portanto, é possível que ou Esdras ou Neemias tenha escrito a narrativa de Sesbazar/Zorobabel ou ainda auxiliado o cronista graças à influência sobre o rei Artaxerxes (v. Esdras 7.1-10; Neemias 1.1-11). A adaptação hebraica do edito de Ciro (Esdras 1.2-4) e da carta de Artaxerxes (Esdras 7.12-26) sugere que a compilação final de Esdras–Neemias ocorreu na Palestina.

Acredita-se, em geral, que a compilação desses livros foi motivada por grandes interesses teológicos. Os temas mais importantes e definidores da organização cuidadosa da literatura incluem a renovação da aliança na comunidade da restauração (*e.g.*, Neemias 8–10), a reconstrução e a dedicação do muro de Jerusalém como demonstração física do cumprimento divino das antigas promessas de restabelecer o remanescente de Israel (v. Sofonias 3.19-20; Ageu 2.1-9), a continuidade histórica e teológica entre o Israel anterior e posterior ao exílio (*e.g.*, instituição do templo, posse de oficiais como sacerdotes e servos do templo e importância da Torá de Moisés como guia para a vida religiosa e social) e a legitimação dos interesses religiosos, políticos, econômicos e sociais dos eleitos de Deus (v. Neemias 9.32-37).

CONTEXTO

A Jerusalém de Esdras e Neemias não era muito diferente da Jerusalém para a qual Ageu e Zacarias profetizaram 60 anos antes (*ca.* 520-518 a.C.; v. Esdras 5.1-2). O segundo templo era muito inferior ao prédio magnífico erguido por Salomão (v. Esdras 3.12). Em vez de inspirar a esperança da restauração na comunidade, ele servia apenas de monumento das expectativas messiânicas frustradas pela realidade do domínio medo-persa. De fato, a promessa de Javé de tornar Jerusalém emblema entre as nações fora praticamente esquecida enquanto Judá subsistia nos limites de um império pagão que, na época, controlava a maior parte do mundo (v. Ageu 2.20-23).

Na verdade, a própria existência da comunidade pós-exílica parecia ameaçada pela oposição de inimigos hostis que cercavam Jerusalém no governo de Zorobabel (ca. 520 a.C.; cf. Esdras 4.1-5; 5.1-7). A situação não mudara quando Esdras e Neemias chegaram em meados do século V a.C. A iniciativa de Neemias de restaurar os muros de Jerusalém foi realizada sob grande resistência da coligação de estrangeiros locais, dos quais se destacam Sambalate (governador samaritano que controlava a província de Judá), Tobias (chamado o "amonita", membro influente da aristocracia de Jerusalém por casamento), Gesém (oficial árabe) e os árabes, amonitas e cidadãos de Asdode (Neemias 4.1-9).

Os três retornos

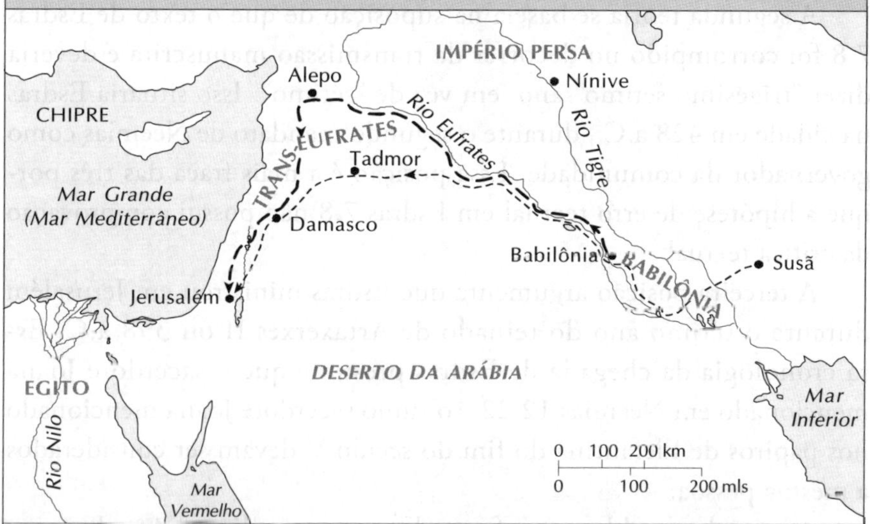

1	2	3
Zorobabel — 538 a.C. 49.697 regressam Templo terminado em 516 a.C.	**Esdras** — 458 a.C. 1.758 regressam Reformas	**Neemias** — 444 a.C. ? regressam Muros reconstruídos

O chamado anterior à reforma religiosa e social de Ageu e Zacarias aparentemente não teve grande impacto. Apenas uma geração mais tarde, o profeta Malaquias (*ca.* 500-475 a.C.) repreendeu o povo por deslealdade a Javé e os chamou ao arrependimento e à renovação da aliança. Agora, duas gerações após a pregação de Malaquias, Esdras e Neemias, enfrentavam apatia religiosa e decadência social semelhantes. Na realidade, as reformas instituídas por eles foram dirigidas contra muitas das mesmas violações censuradas pelos profetas pós-exílicos. Elas incluíam o desânimo espiritual e a adoração imprópria, a injustiça social, o divórcio, o casamento com mulheres estrangeiras, a negligência para com o dízimo, a devassidão e o abuso de autoridade por parte dos sacerdotes.

O período exato da chegada de Esdras a Jerusalém ainda é tema de debate entre os estudiosos, mas três hipóteses já foram levantadas. De acordo com a posição tradicional, Esdras chegou a Jerusalém no sétimo ano de Artaxerxes I, ou 458 a.C. (v. Esdras 7.8).

A segunda teoria se baseia na suposição de que o texto de Esdras 7.8 foi corrompido no decorrer da transmissão manuscrita e deveria dizer "trigésimo sétimo" ano, em vez de "sétimo". Isso situaria Esdras na cidade em 428 a.C., durante o segundo mandato de Neemias como governador da comunidade. Essa posição é a mais fraca das três porque a hipótese de erro textual em Esdras 7.8 não possui comprovação da crítica textual.

A terceira posição argumenta que Esdras ministrou em Jerusalém durante o sétimo ano do reinado de Artaxerxes II ou 398 a.C. Essa cronologia da chegada de Esdras presume que o sacerdote Joanã mencionado em Neemias 12.22 e o sumo sacerdote Joanã mencionado nos papiros de Elefantina do fim do século V devam ser considerados a mesma pessoa.

Apesar dos problemas enfrentados na reconciliação do relacionamento de Esdras e Neemias como correformadores em Jerusalém, a posição tradicional continua a dar a explicação mais satisfatória com base nas evidências. A data de 458 a.C. para a chegada de Esdras a Jerusalém é a preferida. A data da chegada de Neemias está fixada no vigésimo ano do reinado de Artaxerxes I, ou 445 a.C.

A cronologia do período pós-exílico posterior complementa a linha de tempo da página 268.

Xerxes, rei da Pérsia (485-465 a.C.)
Ester, rainha de Xerxes (1.1), ?
Artaxerxes I, rei da Pérsia (464-424 a.C.)
Retorno de Esdras (Esdras 7.7-8), 458 a.C.
Retorno de Neemias (Neemias 2.1-2), 445 a.C.
Neemias, governador de Judá por 12 anos (Neemias 13.6), 445-433 a.C.
Segundo mandato de Neemias (Ne 13.7), depois de 433 a.C. a?[2]
Dario II, rei da Pérsia (423-405 a.C.)
Artaxerxes II Mnemon, rei da Pérsia (404-359 a.C.)
Cronista compila 1–2Crônicas e Esdras–Neemias, ca. 400-380 a.C.

ESBOÇO DE ESDRAS–NEEMIAS

I. Narrativa de Sesbazar e Zorobabel (Esdras)
   A. Decreto de Ciro (1.1-4)
   B. Retorno sob o comando de Sesbazar (1.5-11)
   C. Retorno sob o comando de Zorobabel (2)
   D. Reconstrução do altar e do templo (3–6)
II. Memórias de Esdras: primeira parte (Esdras)
   A. Chegada de Esdras (7 e 8)
   B. Reformas religiosas e sociais de Esdras (9 e 10)
III. Memórias de Neemias: primeira parte (Neemias)
   A. Chegada de Neemias (1 e 2)
   B. Reconstrução do muro de Jerusalém apesar da oposição (3 e 4)
   C. Reforma econômica e social de Neemias (5.1–7.73a)
IV. Memórias de Esdras: segunda parte (Neemias)
   A. Leitura da lei (7.73b–8.12)
   B. Adoração e confissão (8.13–9.37)
   C. Renovação da aliança (9.38–10.39)
V. Memórias de Neemias: segunda parte (Neemias)
   A. Repovoamento de Jerusalém (11.1–12.26)
   B. Dedicação do muro de Jerusalém (12.27–13.3)
   C. Mais reformas sociais e religiosas de Neemias (13.4-31)

[2] O segundo mandato de Neemias, provavelmente, não passou de 407 a.C., já que os papiros de Elefantina (Egito) do quinto século a.C. mencionam um certo Bagoas como governador de Judá.

PROPÓSITO E MENSAGEM

Históricos

Esdras e Neemias descrevem parte significativa da história de Israel no período persa ou pós-exílico. O registro altamente estilizado documenta os principais fatos desde o edito de Ciro em 538 a.C. até o segundo mandato de Neemias no governo de Jerusalém (algum tempo depois de 433 a.C.). O registro da história da restauração está contido em três fontes literárias distintas, conforme explicamos anteriormente. O conteúdo básico pode ser resumido da seguinte forma: 1) o retorno dos judeus a Jerusalém após o exílio babilônico, incluindo a reconstrução do altar e do templo; 2) a chegada e o ministério de Esdras, incluindo a reforma religiosa da comunidade com base na lei de Moisés; e 3) a chegada e o ministério de Neemias, com a reconstrução dos muros de Jerusalém e a nova reforma social e econômica na comunidade.

O propósito dos livros é historiográfico, dada a necessidade de conservar o registro da volta a Jerusalém pelos hebreus exilados na Babilônia. Por isso, os registros destacaram a fidelidade de Javé, oferecendo esperança a Israel pela demonstração da ação divina entre reis e governos humanos. Teologicamente, a narrativa dos ministérios de Esdras e Neemias, na restauração física e espiritual de Jerusalém, confirmou as promessas de Javé de renovar o remanescente de Israel. Em termos pragmáticos, a história, provavelmente, surge da obrigação posta sobre Esdras e Neemias de documentar suas experiências com a finalidade de informar o rei da Pérsia. As ideias de renovação da aliança discutidas a seguir reforçam a compreensão do propósito básico dos dois livros.

Teológicos

A principal ideia teológica do material biográfico tanto de Esdras quanto de Neemias é a renovação da aliança na comunidade pós-exílica. O convite à renovação espiritual e à justiça social pelos dois reformadores tinha o propósito de corrigir os abusos e a conduta imprópria do remanescente e de dar esperança e ânimo ao povo. Era importante que a comunidade, desesperada pelo visível descaso de Deus, reconhecesse que a obediência às estipulações da aliança era o pré-requisito para a bênção e a restauração de Javé para com Israel, sua possessão especial. Apesar de Esdras e Neemias certamente haverem registrado suas memórias apenas para conservar um pequeno trecho da história para a posteridade, a grande notícia era a mensagem mais profunda do poder providencial sobre a atividade humana para o benefício final dos seus "eleitos" (*e.g.*, observe como "a boa mão de seu Deus" estava sobre Esdras [7.9] e Neemias [2.8] e a repetição de epítetos como "o Deus dos céus" [Esdras 7.11-28; Neemias 2.1-8]).

O tema da renovação da aliança também faz parte do programa teológico do cronista na organização das fontes históricas de Esdras e Neemias. Para ele, o retorno do exílio na Babilônia foi um novo êxodo para Israel. Ele considerava o relacionamento da aliança entre Javé e os hebreus um elo histórico e religioso importante entre os períodos anterior e posterior do exílio.

Embora a subserviência ao senhorio persa impedisse o restabelecimento de Israel como nação governada por um rei davídico, a renovação da aliança serviu para legitimar a comunidade pós-exílica como "herdeira" daquela tradição e o povo da restauração como "povo da aliança" de Deus. O destaque à pureza religiosa e à exclusividade social da comunidade ajudava a manter a identidade hebraica de "povo separado", já que o nacionalismo vibrante (associado à independência política do pré-exílio) era apenas uma lembrança.

Finalmente, o cronista reafirmou e expandiu a ideia da soberania de Deus sobre a história humana. A inclusão da narrativa de Sesbazar/ Zorobabel como introdução às memórias de Esdras e Neemias salientou o envolvimento de Deus na restauração de Israel ao revelar o papel divino de induzir os reis persas a permitir que o povo de Israel retornasse à sua terra e reconstruísse o templo. Duas verdades teológicas adicionais de grande importância para a comunidade da restauração estão implícitas na união cuidadosa das fontes históricas e biográficas: 1) o povo pode ter esperança no presente porque a obra de Deus a favor de Israel no passado serve de modelo da participação divina no futuro da comunidade, e 2) o ministério de Esdras e Neemias na reconstrução de Jerusalém comprovou a capacidade de Deus de continuar a levantar servos para realizar seus propósitos e cumprir suas promessas a Israel.

ESTRUTURA E ORGANIZAÇÃO

O livro de Esdras começa pela proclamação de Ciro referente à restauração de Jerusalém (1.1-4), e o livro de Neemias conclui com as reformas implementadas no seu segundo mandato como governador de Jerusalém, por ordens persas (13.6-30). Em termos gerais, os livros relatam a história pós-exílica desde, aproximadamente, 538 a.C. até depois de 433 a.C. — um período de cerca de 100 anos.

Os relatos sobrepostos dos ministérios de Esdras e Neemias, na Jerusalém pós-exílica, demonstram uma organização literária cuidadosa. O autor-organizador usou diversas fontes escritas de vários gêneros literários. Três grandes unidades podem ser distinguidas facilmente: 1) a narrativa de Sesbazar e Zorobabel (Esdras 1-6), 2) a autobiografia de Esdras (Esdras 7–10; Neemias 7.73–10.39) e 3) a autobiografia de Neemias (Neemias 1.1–7.73; 11.1–31.31).

O esboço da composição completa revela a alternação deliberada das unidades literárias pelo compilador:

Narrativa de Sesbazar/Zorobabel (Esdras 1–6)
Memórias de Esdras: primeira parte (Esdras 7–10)
Memórias de Neemias: primeira parte (Neemias 1.11–7.73a)
Memórias de Esdras: segunda parte (Neemias 7.73b–10.39)
Memórias de Neemias: segunda parte (Neemias 11–13)

Essas seções dos dois livros são organizadas de acordo com os propósitos teológicos do compilador, que estão relacionados com a confirmação de Javé no que diz respeito à aliança com Israel. Juntas, as unidades literárias descrevem a sequência de migrações dos hebreus de volta à Palestina e a reconstrução física e renovação espiritual de Jerusalém.

A variedade de gêneros literários, nessas unidades maiores, inclui:

- Material autobiográfico na primeira pessoa de Esdras e Neemias e narrativas na terceira pessoa (*e.g.*, Esdras 8.35-36);
- Documentos históricos e correspondência oficial (*e.g.*, o edito de Ciro em aramaico, Esdras 6.3-5; e a comunicação entre Tatenai e Dario, Esdras 5.7-17);

- Discursos e orações (*e.g.*, Neemias 9.5-37);
- Cânticos (*e.g.*, Esdras 3.11);
- Várias listas e recenseamentos de indivíduos e famílias que participaram do retorno a Jerusalém (*e.g.*, Esdras 2.2-70);
- Inventário dos utensílios do templo levados de volta a Jerusalém (Esdras 1.9-11).

A confiabilidade histórica de Esdras e Neemias tem sido confirmada por constantes descobertas arqueológicas. As evidências extrabíblicas reunidas em inscrições em papiro, selos oficiais e utensílios comemorativos comprovam o relato bíblico em vários aspectos, incluindo os nomes de personagens importantes da narrativa bíblica (*e.g.*, Sambalate, Neemias 2.10, e sacerdotes de Judá como Joiada e Joanã, Neemias 12.2; 13.28), a cronologia hebraica do pós-exílio (*e.g.*, Gesém, o árabe, é situado na primeira metade do século V a.C., Neemias 6.1-6) e o esclarecimento de fatos específicos da história pós-exílica (*e.g.*, a expulsão do filho de Joiada por Neemias, Neemias 13.28).[3]

É bastante difícil avaliar a natureza exata do relacionamento entre os ministérios e as reformas de Esdras e Neemias. Nenhum deles menciona o outro nas suas memórias e, além de uma referência em Neemias 8.9, não aparecem juntos como cooperadores. No entanto, isso não é razão suficiente para duvidar dos aspectos contemporâneos de seus ministérios. Ageu e Zacarias também não mencionam um ao outro, mas profetizaram em Jerusalém no mesmo período de dois anos. É provável que o compilador tenha justaposto as memórias de Esdras e Neemias para realçar o ministério complementar dos dois, com base no padrão anterior de Ageu e Zacarias.

TEMAS PRINCIPAIS

Javé como cumpridor da aliança

Os esforços de Esdras e Neemias de reconstruir e reformar Jerusalém foram inspirados, em grande parte, pela verdade teológica de Javé como

---

[3] V. Edwin M. Yamauchi, The Archaeologial Background of Ezra e The Archeological Background of Nehemiah, **Bibliotheca Sacra** 137, 1980, p. 195-211, p. 291-309.

cumpridor da aliança (v. Neemias 9.32). Sua fidelidade à própria palavra implicava "ainda [haver] esperança para Israel" (Esdras 10.2). Era a certeza desse ensinamento que também incentivou os profetas pós-exílicos a anunciar mensagens de confiança e estímulo à comunidade da restauração (v. Zacarias 1.3; Malaquias 1.2). Mais importante era a fé dos servos que confiavam em Deus para a realização de feitos que serviram de manifestações concretas da sua capacidade de cumprir a aliança (*e.g.*, a reconstrução do segundo templo e dos muros de Jerusalém).

A disposição de Javé de se voltar para os que se voltaram para ele garantia ao povo seu desejo de abençoá-lo e restaurá-lo (Ageu 2.4-9; Zacarias 1.16-17; Malaquias 3.6-7). Como Deus fiel à aliança, Javé ouviu e atendeu as petições de Israel e o declarou "seu povo" (Esdras 7.9-10,27-28). De fato, a própria presença do remanescente de Israel na Palestina era sinal gracioso da fidelidade de Deus à aliança (v. Salmos 111.4-5,9).

Reformas do período da restauração e as origens do farisaísmo

A reestruturação da sociedade hebraica sob a liderança de Esdras e Neemias teve implicações a curto e longo prazo. Duas preocupações principais moldaram a reforma da comunidade da restauração. A primeira foi a prevenção de outro exílio, já que a perda da terra da promessa era inconcebível. A segunda foi a preservação da identidade étnica do povo israelita sob o peso do jugo persa em uma província remota cercada de nações hostis.

Medidas específicas tomadas por Esdras e Neemias para assegurar a posse da terra incluíram a cerimônia de renovação da aliança (v. Neemias 9.38–10.27), a reabilitação do sacerdócio (*e.g.*, Esdras 10.18-44), o reinício do ritual do templo e da prática da guarda do sábado (Neemias 8.13-18; 13.15-22) e a introdução da lei de Moisés como regulamento da vida comunitária (Neemias 8.1-12). Tentativas de manter a pureza étnica da comunidade israelita incluíram reformas sociais e econômicas com base nos princípios da aliança (*e.g.*, Neemias 11.1-2), a nova ênfase à pureza cerimonial de toda a população de Jerusalém (v. Neemias 10.28-39) e o divórcio e a expulsão de estrangeiros da assembleia de Deus (Esdras 10.1-8; Neemias 9.1-5; 13.1-3).

A Jerusalém de Neemias

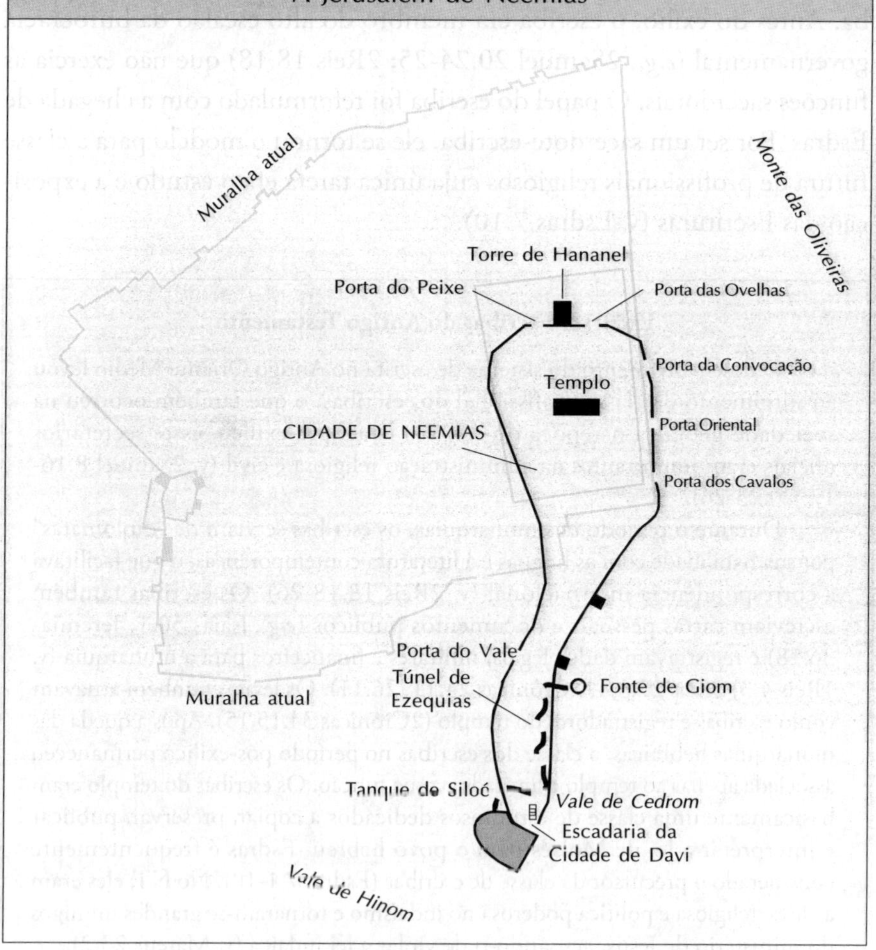

As consequências imediatas das reformas tiveram grande impacto sobre a natureza e estrutura da sociedade hebraica pós-exílica. A identidade de Israel como povo de Deus assumiu uma nova dimensão à medida que o templo e o sacerdote substituíram o Estado e o rei como instituições estabilizadoras da comunidade hebraica. A lei de Moisés tornou-se a constituição pela qual a sociedade foi reorganizada em "templo-estado" sacerdotal. A política religiosa, social e econômica passou a ser determinada pela Torá, dando nova ênfase à "exclusividade" e "separação" entre os hebreus e os gentios (com sua sociedade moralmente corrompida).

Mais significativa foi a metamorfose dos ofícios de sacerdote e escriba. Antes do exílio, o escriba era membro do alto escalão da burocracia governamental (*e.g.*, 2Samuel 20.24-25; 2Reis 18.18) que não exercia as funções sacerdotais. O papel do escriba foi reformulado com a chegada de Esdras. Por ser um sacerdote-escriba, ele se tornou o modelo para a classe futura de profissionais religiosos cuja única tarefa era o estudo e a exposição das Escrituras (v. Esdras 7.10).

Excurso: Escribas do Antigo Testamento

O desenvolvimento do sistema de escrita no Antigo Oriente Médio levou ao surgimento da classe profissional dos escribas, o que também ocorreu na sociedade hebraica na época do AT. No Israel pré-exílico, esses secretários oficiais eram importantes na administração religiosa e civil (v. 2Samuel 8.16-17; 20.23-26).

Durante o período das monarquias, os escribas serviam de "diplomatas" por sua habilidade com as línguas e a literatura contemporâneas, o que facilitava a correspondência internacional (v. 2Reis 18.18-26). Os escribas também escreviam cartas pessoais e documentos públicos (*e.g.*, Isaías 50.1; Jeremias 36.18) e registravam dados legais, militares e financeiros para a monarquia (v. 1Reis 4.3; 2Reis 22.3,4; 2Crônicas 24.11; 26.11). Os levitas também atuavam como escribas e registradores do templo (2Crônicas 34.13,15). Após a queda das monarquias hebraicas, a classe dos escribas no período pós-exílico permaneceu associada apenas ao templo e limitada na sua função. Os escribas do templo eram basicamente uma classe de estudiosos dedicados a copiar, preservar, publicar e interpretar a lei de Moisés para o povo hebreu. Esdras é frequentemente considerado o precursor da classe de escribas (Esdras 7.1-10). No NT, eles eram a classe religiosa e política poderosa no judaísmo e tornaram-se grandes inimigos do ministério de Jesus, acusando-o de violar a lei judaica (v. Mateus 23.2).

Os desdobramentos, em longo prazo, da reestruturação da sociedade hebraica manifestaram-se nas atitudes e nos ensinamentos do judaísmo posterior. Infelizmente, as consequências para a religião hebraica foram, em grande parte, negativas. Contudo, os resultados históricos e teológicos decorrentes do período pós-exílico, passando pelo período intertestamentário, contribuem muito para a compreensão dos contextos do NT, especialmente as disputas de Jesus com a elite religiosa do primeiro século d.C.

Por exemplo, o apelo zeloso, todavia mal-orientado, à lei mosaica para o governo da comunidade acabou gerando o legalismo farisaico que dava o dízimo das ervas com precisão implacável, mas desprezava a própria essência da Torá — fé, justiça e misericórdia (Mateus 23.23). Para assegurar a obediência da comunidade às estipulações da aliança relacionadas à pureza pessoal, o código mosaico foi "cercado" ou complementado por um muro legal chamado lei oral ou "tradição dos líderes religiosos" (v. Mateus 15.1-9). Gradativamente, o código suplementar substituiu o código primário de Moisés, levando Jesus a censurar a religião, que negligenciava a lei de Deus, apegando-se a tradições humanas (v. Marcos 7.1-9).

A ideia de exclusividade dos hebreus promovida por Esdras degenerou lentamente e se tornou uma preocupação doentia com a separação da vida "impura" dos gentios. Isso impediu a maioria dos judeus de perceber a comissão divina de ser luz para as nações (Isaías 42.6; Lucas 2.32) e sua insensibilidade à própria falência espiritual (Lucas 5.27-31; 10.25-37).

Por fim, o estudo e ensinamento da Lei e Moisés continuaram a se distanciar do sacerdócio, o qual, por sua vez, preocupava-se mais com questões políticas e econômicas em razão da influência do **helenismo** sobre a aristocracia predominante de Jerusalém. Todavia, na época do NT, uma classe profissional de escribas ou "mestres da lei" usurpara o papel sacerdotal de liderança espiritual do povo. Jesus os condenou por serem "guias cegos" e "sepulcros caiados" (Mateus 23.16,27). Não é de admirar que as multidões se maravilhassem com o ensinamento de Jesus — ele falava com autoridade (v. Marcos 1.22)!

Perguntas para estudo e debate

1. De que forma Esdras e Neemias eram reformadores complementares?
2. Qual é a importância da leitura da lei de Moisés por Esdras (Neemias 8) para a história israelita pós-exílica?
3. Em que sentido as migrações dos exilados da Babilônia à Palestina foram um "novo êxodo"?
4. Como a reação de Esdras e Neemias aos pecados dos hebreus condiz com o restante do ensinamento bíblico sobre a atitude do justo com relação ao pecado?

5. De que forma Neemias é um bom exemplo da realização da obra de Deus do ponto de vista administrativo?
6. Como devemos interpretar a separação dos hebreus de "todos os estrangeiros" em Neemias 9? Isso é uma forma de racismo?
7. Como devemos interpretar as reformas conjugais registradas em Esdras 9 e 10 e Neemias 13? Quais são as implicações éticas do divórcio em massa imposto por Esdras e Neemias? Como os relatos de separação obrigatória se comparam a outros ensinamentos das Escrituras sobre esse tema?

Leituras complementares

Ackroyd, P. R. **Exile and Restoration**. Philadelphia: Westminster, 1968.

____. **Israel under Babylon and Persia**. London: Oxford University Press, 1970. Obra excelente sobre o contexto histórico do pós-exílio pelo especialista reconhecido no assunto.

Berquist, Jon L. **Judaism in Persia's Shadow**. Minneapolis: Fortress Press, 1995.

Bickerman, E. **From Ezra to the Last of the Maccabees**. New York: Schocken, 1962.

Blenkinsopp, Joseph. Ezra–Nehemiah – A Commentary. **OTL**. Philadelphia: Westminster, 1988.

Breneman, Mervin. Ezra, Nehemiah, Esther. **NAC**. Nashville: Broadman & Holdman, 1993. Aplicação criteriosa da mensagem dos livros à atual situação.

Bright, John. **A History of Israel**. 3. ed. Philadelphia: Westminster, 1981. História padrão de Israel em inglês. [Publicado em português com o título **História de Israel** (São Paulo: Paulus, 2004, 7. ed.).]

Clines, D. A. Ezra, Nehemiah, Esther. **NCBC**. Grand Rapids: Eerdmans, 1984.

Cross, Frank M. A Reconstruction of the Judean Restoration. **JBL** 94, 1975, p. 4-18. Estudo cuidadoso dos problemas da cronologia pós-exílica que defende a posição tradicional da chegada de Esdras a Jerusalém em 458 a.C.

Davies, P. R. (org.). Second Temple Studies. **JSOTSS** 117. Sheffield, England: Sheffield Academic Press, 1991. v. 1.

Eskenazi, T. C. The Structure of Ezra-Nehemiah and the Integrity of the Book. **JBL** 107, 1988, p. 641-56.

____ (org.). Second Temple Studies. **JSOTSS** 175. Sheffield, England: Sheffield Academic Press, 1994. v. 2.

Fensham, F. C. The Books of Ezra and Nehemiah. **NICOT**. Grand Rapids: Eerdmans, 1982. Completo, conservador, bem-pesquisado e organizado. De boa leitura, com aplicação útil da mensagem dos livros à situação atual. Provavelmente, o melhor comentário evangélico disponível no momento.

Holmgren, F. C. Ezra & Nehemiah: Israel Alive Again. **ITC**. Grand Rapids: Eerdmans, 1987.

Kidner, Derek. Ezra and Nehemiah. **TOTC**. Downers Grove, IL: InterVarsity Press, 1979.

Myers, J. M. Ezra–Nehemiah. **AB**. New York: Doubleday, 1965. v. 14.

____. I and II Esdras. **AB**. New York: Doubleday, 1974. v. 42.

____. **The World of the Restoration**. Englewood Cliffs, NJ: Prentice-Hall, 1968.

Packer, J. I. **A Passion for Faithfulness**: Wisdom from the Book of Nehemiah. Wheaton, IL: Crossway Books, 1995.

Williamson, H. G. M. Ezra, Nehemiah. **WBC**. Waco, TX: Word, 1985. v. 16. Análise histórica e linguística detalhada, exegese cuidadosa, exposição e aplicação criteriosas. Poderia ser mais útil se não fosse o formato de difícil acesso.

Yamauchi, Edwin M. Ezra and Nehemiah. **EBC**. Grand Rapids: Zondervan, 1988, 4, p. 546-771. Debate informativo sobre as contribuições da história, língua e arqueologia persa à compreensão da vida, época e mensagem de Esdras e Neemias.

____. **Persia and the Bible**. Grand Rapids: Baker, 1990.

15

Ester

Conceitos básicos

- ✓ Deus também age quando está nos bastidores
- ✓ O plano de Deus para seu povo não pode ser frustrado
- ✓ As conspirações dos ímpios estão condenadas

Seria difícil encontrar uma trama mais interessante, dramática e cheia de suspense no mundo pré-helenista do que a narrada no livro de Ester. Apesar de a obra estar centrada em uma série de controvérsias tempestuosas, elas são colocadas em segundo plano diante do elenco variado: o magnífico rei Xerxes/Assuero, contrariado pela indomável rainha Vasti e, constantemente, manipulado por todos; o vilão diabólico, Hamã; e, acima de tudo, a bela, sábia e corajosa Ester no papel principal.

COMPOSIÇÃO DO LIVRO

Não há indicação de que a história devia ser representada como peça teatral, mas poderia ser facilmente adaptada para esse fim. A despeito das excelentes características literárias, a natureza vingativa de partes do enredo e, em especial, a ausência da menção de Deus causaram, de quando em quando, protestos à sua inclusão nas Escrituras. Além disso, embora fatos reais possam parecer mais espetaculares que os fictícios, os atuais intérpretes consideram a trama artificial demais para ser historicamente precisa. Isso motivou a pesquisa para chegar a um consenso com relação ao gênero do livro.

O livro não dá indício de autoria e, apesar das especulações de que Mardoqueu seria uma opção, há poucas evidências para promover quaisquer teorias. Assim, devemos considerar o autor anônimo. Seja quem for, ele possuía grande habilidade como narrador e tinha acesso aos registros da corte (v. 10.2). Demonstra amplo conhecimento das atividades da corte persa e parece ter informações que apenas Mardoqueu e Ester poderiam saber.

O contexto do livro é o Império Persa, do princípio até a metade do século V a.C. Ele deve, portanto, ter sido escrito depois dessa época. Mesmo não havendo manuscritos hebraicos do livro anteriores ao século XI d.C., a análise da língua hebraica utilizada no livro indica que ele pode ser datado de antes do século II a.C. É bem provável que a obra tenha sido composta no período entre o século IV e o fim do século V a.C.

Na tradução grega, o livro possui mais de 100 versículos adicionais. A versão mais longa já estava disponível na época de Jerônimo (séc. IV d.C.) e já possuía longa tradição. Na forma mais abrangente, a história incluía passagens como o sonho de Mardoqueu que revela a trama contra o rei, as cartas de Mardoqueu e Xerxes e as orações de Mardoqueu e Ester. Os acréscimos serviram para inserir Deus de forma mais clara no enredo, mas não podem alegar autenticidade.

CONTEXTO

No início do século V, os soberanos aquemênidas da Pérsia estavam suficientemente seguros no Oriente para tentar a expansão além do Mediterrâneo à custa dos gregos. Apesar do fracasso evidente da incursão, o Império Persa controlou o Oriente Médio por mais tempo que os Impérios Neoassírio e Neobabilônico juntos e governou um território muito maior do que seus predecessores.

Xerxes I é identificado com Assuero (ARA) e reinou de 486 a 465 a.C. Foi filho de Dario, o Grande, que anexara partes da Índia e do leste europeu ao seu império em expansão. No entanto, os confrontos entre Dario e os gregos não tiveram resultado favorável, como a derrota em Maratona (490 a.C.) deixou claro. Apesar do sucesso de Xerxes em abafar as rebeliões no Egito e na Babilônia, a humilhação dos persas nas mãos dos gregos continuou nas derrotas em Salamis e Micale e na perda embaraçosa de toda a frota persa em Eurimedon. A principal fonte desse período é Heródoto, o mais antigo historiador grego e contemporâneo de Xerxes e seu filho, Artaxerxes.

Embora os detalhes oferecidos em Ester lhe deem ar de autenticidade e sugiram um contexto histórico realista, muitos chegaram à conclusão de que a intenção do livro não é registrar os acontecimentos com exatidão. Isso levanta a questão do gênero literário: é histórico? É romance de época? É parábola ou alegoria? A crença na autoridade das Escrituras não elimina tal questão, pois não há nada de errado que uma história apresente os contornos de uma parábola se a intenção do autor era essa. Como intérpretes, seríamos negligentes em lhe dar tratamento factual se o autor não o pretendesse.

O que o livro afirma? A afirmação mais direta ocorre em 10.2, quando o leitor é encaminhado aos registros da corte do Império Persa para verificar pelo menos a grandeza de Mardoqueu. Isso não sugere que todos os fatos do livro possam ser confirmados pelos registros, mas indica que o autor se preocupava com a precisão dos dados, o que implica a intenção do relato de ser historicamente correto. Embora isso também seja corroborado pelos detalhes que permeiam o enredo, a ficção histórica destaca-se por fatos precisos.

A objeção mais séria às afirmações do livro é a ausência, nas fontes da época, das principais personagens, particularmente Vasti, Ester, Mardoqueu e Hamã. Heródoto inclui um comentário um pouco longo sobre as façanhas da rainha Amestris, de Xerxes, mas as diversas tentativas de identificá-la com Vasti ou Ester não foram amplamente aceitas. Ainda que problemático e talvez ameaçador à credibilidade da narrativa, esse fato não é suficiente para derrubar a insistência na autenticidade do próprio livro.

Todavia, defender a exatidão da obra não obriga o intérprete a insistir que sua intenção principal é a de registrar fatos históricos. O estilo e os atributos literários do livro não favorecem sua classificação apenas como crônica histórica. Pelo contrário, ele possui muitas características do conto atual — ação, suspense, ironia e reversão. No entanto, a mistura dos elementos literários com um contexto histórico e o propósito teológico sugere que o livro de Ester está em uma categoria à parte. Não há nada parecido na literatura antiga e, na Bíblia, somente a história de José assemelha-se a ele.

ESBOÇO DE ESTER

I. Ascensão de Ester (1 e 2)

II. Mardoqueu recusa prostrar-se
   - A. Ira de Hamã: Mardoqueu em perigo (3.1-6)
   - B. Decreto de Xerxes: Israel em perigo (3.7-15)

III. Plano de livramento: Ester em perigo (4 e 5)

IV. Primeiro banquete de Ester
   - A. Insônia de Xerxes: Mardoqueu é lembrado (6.1-5)
   - B. Humilhação de Hamã: Mardoqueu é honrado (6.6-13)

V. Segundo banquete de Ester
   - A. Ira de Xerxes: Hamã é exposto e condenado (7)
   - B. Decreto de Xerxes: Israel recebe o direito de se defender (8)

VI. Destruição dos inimigos de Israel (9.1-19)

VII. Comemoração do Purim (9.20-32)

VIII. Posição resultante de Mardoqueu (10.1-3)

PROPÓSITO E MENSAGEM

O livro de Ester possui bons argumentos a favor dos atos de Deus. A história de Israel estava repleta de relatos das grandes intervenções do Senhor a favor do seu povo. As dez pragas, o livramento do Egito, a divisão das águas do mar e a queda dos muros de Jericó eram exemplos clássicos da salvação milagrosa de Israel. Depois, o retorno dos exilados do cativeiro babilônico provou a capacidade divina contínua de realizar o impossível.

Mas Deus não parece tão visível no livro de Ester. No entanto, onde outros veem coincidências, Israel viu o Senhor agindo. A insônia de um rei pode resultar no mesmo livramento causado pela divisão das águas. Por isso, no decorrer dessa obra fica claro que os velhos temas de profecia e sabedoria ainda alimentavam a esperança dos israelitas, mesmo estando espalhados entre as nações. O tema profético da proteção divina a Israel e do julgamento de seus inimigos (*e.g.*, Zacarias 1.21) operava com o desenrolar da trama. Mais pungente é o tema de que Deus faria o justo prosperar e frustraria os planos dos perversos (v. Salmos 37.12-15).

A mensagem é clara: os métodos divinos podem variar, mas não seus propósitos. Suas atividades podem estar obscurecidas para os céticos pelo disfarce da coincidência, mas o povo de Deus reconhece sua mão soberana nos ciclos da História. Seu nome não é mencionado; sua influência é, contudo, indiscutível.

ESTRUTURA E ORGANIZAÇÃO

Há um consenso cada vez maior entre os que analisam Ester de que o enredo é formado e a mensagem é transmitida mediante a técnica de reversão. Isso ocorre quando a situação atual é invertida ou quando o enredo evolui na direção oposta ao que se esperava. Entre os exemplos mais notáveis desse fenômeno estão a ascensão de Mardoqueu, a queda de Hamã e a vitória dos israelitas sobre os inimigos em vez de derrota.

O efeito de reversão é intensificado pelo uso da ironia em toda a narrativa. A ironia ocorre quando o leitor possui informações que as personagens desconhecem. O exemplo mais impressionante disso é quando Hamã vai ao palácio pedir permissão para executar Mardoqueu, mas, antes, o rei pede sua opinião sobre a maneira de conceder a alguém grande honra. A ironia é intensificada quando Hamã supõe que o rei pretende honrá-lo e chega ao auge quando Hamã é forçado a conceder tal honra a Mardoqueu, a quem procurava matar.

Hamã é o alvo principal da ironia do texto. Ele acredita que está sendo exaltado com o convite para os banquetes de Ester quando, na verdade, cai em uma armadilha. Ele tenta destruir os judeus, mas acaba pedindo clemência a uma judia. Finalmente, é executado na própria forca. Tudo isso faz dele uma figura quase cômica, que a narrativa humilha vez após vez.

O significado da ironia é demonstrar que sempre há muito mais acontecendo do que se imagina, e mais possibilidades disponíveis que o pensamento e a suposição de qualquer indivíduo. O controle de Deus não pode ser calculado, sua solução não pode ser antecipada e seu plano não pode ser frustrado, pois ninguém dispõe de todas as informações necessárias. O uso eficaz da ironia e da reversão serve para deixar a mensagem clara em todo o enredo. O suspense criado pela crise em que Mardoqueu e os judeus são lançados é solucionada por uma sequência de fatos aparentemente circunstancial que só poderia ser controlada pelo Deus soberano.

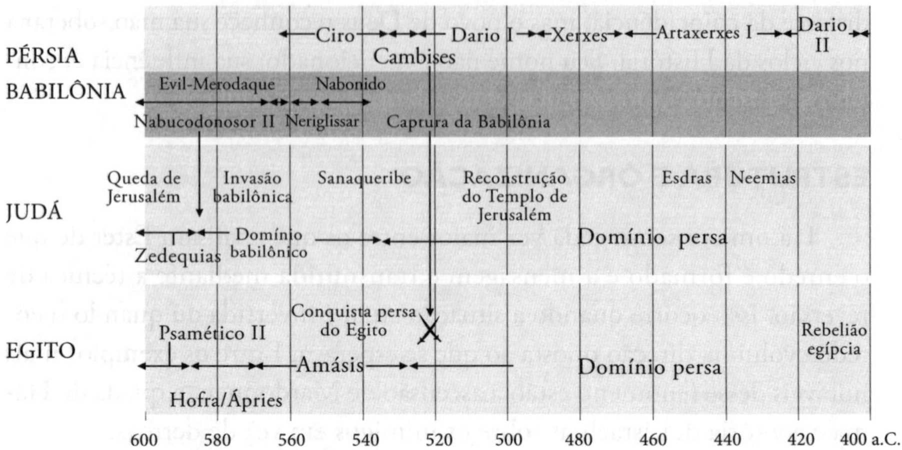

A sequência da trama fica evidente à medida que se lê a narrativa. Com o esboço, nota-se que os cinco primeiros capítulos preparam a situação, colocando Ester no palácio e estabelecendo a inimizade entre Mardoqueu e Hamã, que culmina na tentativa deste de exterminar os judeus. A grande virada acontece no capítulo 6, entre os dois banquetes, logo antes de Ester expor Hamã. Desse momento em diante, a previsão da esposa de Hamã se cumpre quando ele é executado e o plano de genocídio é revogado. Mardoqueu e Ester recebem posições de destaque e o favor do rei, e os judeus são salvos dos inimigos.

TEMAS PRINCIPAIS

Purim

O livro de Ester é lido anualmente na celebração judaica do Purim ("sortes"). A festa, realizada no fim de fevereiro/início de março, comemora o livramento descrito no livro, e a história estabelece a celebração da festa. Vários intérpretes concluíram que o livro foi escrito para explicar a celebração da festa. Outros consideram o capítulo 9 um acréscimo posterior à narrativa com o intuito de legitimar a festa não israelita. Nenhuma das explicações é necessária ou convincente. Se os acontecimentos registrados no livro são reais (como acreditamos), é lógico e compreensível que se estabeleceria uma festa para comemorar a ocasião. O nome "Purim" é adequado, pois o livramento de Deus não aconteceu pelo massacre do inimigo pelo Anjo do Senhor na calada da noite, mas por meios que os outros considerariam sorte. A teologia do Purim afirma que Deus age no segundo caso tanto quanto no primeiro (v. Provérbios 16.33).

O povo de Deus

Recordamos que, no capítulo sobre o livro de Gênesis, Deus escolheu Abraão e sua família para se tornarem povo de Deus, pois sua revelação se manifestaria por meio deles. Seriam o povo "revelador" de Deus. Ao chegar ao livro de Ester, o leitor terá passado por 1.500 anos da história da autorrevelação de Deus por intermédio de Israel, apesar de seu comportamento. Agora Ester deve sugerir a existência de uma mudança no período pós-exílico. A salvação de Israel registrada nessa obra não se deu de forma que testemunhe ao mundo o poder de Deus. Ao contrário, foi realizada para fortalecer a fé de quem cria no Deus soberano, enquanto os céticos a considerariam mera coincidência.

Certamente, o desejo de Deus sempre foi que o povo pelo qual se revelava tivesse um relacionamento sério com ele (*i.e.*, o povo revelador de Deus teria fé nele). Mas, no período pós-exílico, a condição espiritual da nação passou a ser prioritária, e a função reveladora ficou, na melhor das hipóteses, em segundo plano, e isso até o remanescente fiel emergir (v. Daniel 9.24). O livro de Ester ilustra tal transição. O comentário da esposa de Hamã demonstra que, em grande parte, o propósito revelador de Deus se realizou: "Visto que Mardoqueu, diante de quem começou a sua queda, é de origem judaica, você não terá condições de enfrentá-lo. Sem dúvida, você ficará arruinado!" (6.13). Essa foi a mesma mulher que anteriormente incentivara Hamã a construir a forca para Mardoqueu (5.14). Contudo, na mudança de atitude, ela reconheceu que os judeus eram um povo especialmente abençoado e protegido e, assim, testemunhou indiretamente a soberania do Deus de Israel.

Perguntas para estudo e debate

1. Se Deus fez a transição para métodos mais sutis de livramento, ainda é adequado falar da existência de um povo "revelador"?
2. Qual é a importância da historicidade para a mensagem e o propósito do livro de Ester?

3. Qual é a diferença entre o livro de Ester no AT e os acréscimos a Ester nos apócrifos?
4. O que o caráter de Ester contribui para nossa compreensão do papel feminino no AT?
5. De que maneira o recurso literário da "reversão" ajuda a unificar a obra?

Leituras complementares

BALDWIN, Joyce G. Esther. **TOTC**. Downers Grove, IL: InterVarsity Press, 1984. Abordagem evangélica excelente, mas breve. [Publicado em português com o título **Ester**: introdução e comentário (São Paulo: Vida Nova).]

BERG, Sandra Beth. **The Book of Esther**. Missoula, MO: Scholars Press, 1979. Dissertação de boa leitura e informativa.

BUSH, Frederick. **Ruth and Esther**. Waco, TX: Word, 1996.

CLINES, David J. A. **Ezra, Nehemiah, Esther**. Grand Rapids: Eerdmans, 1984. Comentário bem-feito, mas breve.

FOX, Michael. **Character and Ideology in the Book of Esther**. Columbia, SC: University of South Carolina Press, 1991.

____. The Structure of the Book of Esther. In: Alexander Rofé, Safer Isaac L. Seeligmann (org.). Jerusalem: Rubenstein, 1983, p. 291-301.

GORDIS, R. Religion, Wisdom and History in the Book of Esther: A New Solution to an Ancient Crux. **JBL** 100, 1981, p. 359-88.

HUEY, F. B. Esther. **EBC**. Grand Rapids: Zondervan, 1988. v. 4.

LUTER, A. Boyd & DAVIS, Barry C. **God Behind the Seen**. Grand Rapids: Baker, 1995.

MOORE, Carey. **Esther**. New York: Doubleday, 1971.

____. **Studies in the Book of Esther**. New York: Ktav, 1982. Coleção de dezenas de artigos muito importantes sobre o livro de Ester, com cerca de 100 páginas de introdução por Moore.

TALMON, S. Wisdom in the Book of Esther. **VT** 13, 1963, p. 419-55.

WRIGHT, J. Stafford. The Historicity of the Book of Esther. In: **New Perspectives on the Old Testament**. J. Barton Payne (org.), Waco, TX: Word, 1970. p. 37-47.

Arqueologia e o Antigo Testamento

O propósito da arqueologia é recuperar a cultura material dos povos da Antiguidade e, assim, tentar reconstruir sua história e seu estilo de vida. Para atingir esse objetivo, é necessário o trabalho conjunto de muitos especialistas, inicialmente para recuperar informações e objetos existentes no sítio arqueológico escolhido e, depois, para avaliar e interpretar seu significado. Muitos desses sítios de cidades antigas preservam camadas de resíduos de ocupações sucessivas ao longo da História. Cada camada cobre os resíduos da habitação anterior. A escavação é altamente meticulosa e monótona, e foram criados métodos para escavar uma camada por vez, revelando os resíduos de cada ocupação sucessiva.

Os objetos mais comuns encontrados na arqueologia do Oriente Médio são pedaços de cerâmica. Eles podem ser classificados por suas características e são úteis no desenvolvimento da cronologia do sítio arqueológico. Obras de arte como estátuas ou relevos são encontrados com uma frequência bem menor. Instrumentos e armas revelam a tecnologia e a habilidade do povo. A arquitetura também chama bastante atenção. Desde simples casas até palácios esplêndidos, a arquitetura pode proporcionar a arqueólogos e historiadores a chave para compreender o estilo de vida do povo.

Talvez as maiores contribuições à tarefa do arqueólogo sejam as descobertas que contêm registros escritos. Isso inclui todas as formas de escrita — desde inscrições em pedaços de cerâmica até grandes arquivos reais. Selos, moedas, inscrições funerárias, cartas, murais, asas de jarros — todo tipo de escrita ajuda o arqueólogo a realizar sua tarefa.

A arqueologia do Oriente Médio tem muito a contribuir com o estudo bíblico, pois a história e a cultura que pretende reconstruir se sobrepõem de maneira considerável ao contexto da Bíblia. Consequentemente, pesquisadores e intérpretes recorrem, em geral, à arqueologia para obter informações úteis para a melhor compreensão da Bíblia. Embora, no nível histórico, a arqueologia do Oriente Médio tenha sido desenvolvida em grande parte por pessoas interessadas em avanços na compreensão bíblica, esse não é o objetivo comum dos estudiosos hoje. Deve-se sempre lembrar que a arqueologia do Oriente Médio e o estudo da Bíblia são disciplinas correlatas, mas independentes.

O QUE A ARQUEOLOGIA PODE FAZER PELA BÍBLIA

A principal contribuição da arqueologia para o estudo da Bíblia é o esclarecimento que oferece sobre o cotidiano dos tempos bíblicos. Isso inclui: 1) a formação da estrutura histórica que utiliza dados apresentados pela Bíblia e a sua respectiva complementação com descobertas arqueológicas; 2) a reconstrução de situações políticas que possam suprir explicações de causa e efeito para alguns dos acontecimentos descritos na Bíblia; e 3) a recuperação de costumes e práticas que expliquem a conduta dos povos antigos. A última categoria é muito útil quando esclarece crenças e práticas religiosas do Antigo Oriente Médio.

O aspecto secundário do papel da arqueologia é a autenticação. Ela geralmente ajuda os que desejam confirmar a autenticidade de nomes, lugares e acontecimentos registrados na Bíblia. Deve-se, porém, reconhecer que, na maioria dos casos, a arqueologia é incapaz de fazer tal confirmação e, às vezes, pode até dificultar a tarefa do apologeta. A arqueologia é capaz de oferecer fatos (*e.g.*, Senaqueribe realmente foi rei na época de Ezequias e atacou Jerusalém), mas, frequentemente, o significado dos dados arqueológicos depende de interpretação pessoal, e, como a experiência já comprovou, interpretações podem mudar ou estar incorretas. Às vezes, isso é vantajoso para o apologista, outras vezes, não; mas esse fator deve ser levado em conta quando a arqueologia é usada para fins apologéticos.

A terceira área em que a arqueologia tem contribuído consideravelmente para a pesquisa bíblica é a linguística. Por meio da arqueologia, o campo da semítica comparativa (estudo do grupo de línguas afins classificadas como semíticas) cresceu e enriqueceu nossa compreensão do hebraico, oferecendo assim discernimento exegético que, de outra forma, seria impossível. Além disso, compreender as línguas do Antigo Oriente Médio é uma das melhores maneiras de se familiarizar com o contexto cultural do AT.

O QUE A ARQUEOLOGIA NÃO PODE FAZER PELA BÍBLIA

As limitações inerentes da arqueologia são avaliadas com mais clareza na obra de Edwin M. Yamauchi, que reúne as "frações" de informação com as quais o arqueólogo precisa lidar.

1. Apenas uma fração das evidências arqueológicas subsiste no solo.
2. Apenas uma fração dos possíveis sítios arqueológicos foi detectada.
3. Apenas uma fração dos sítios arqueológicos detectados foi escavada.
4. Apenas uma fração de cada sítio arqueológico é escavada.
5. Apenas uma fração do que foi escavado foi completamente examinada e publicada.
6. Apenas uma fração do que foi examinado e publicado contribui para a pesquisa bíblica.[1]

Com tais restrições, devemos concluir que a arqueologia tem o potencial de apresentar (ainda que jamais o faça) muitas informações. O silêncio da arqueologia torna, de forma geral, a tarefa do intérprete mais difícil que a informação revelada por ela.

Outra limitação importante é a incapacidade da arqueologia de comprovar o cerne das Escrituras: o papel soberano de Deus. Os autores da Bíblia não estavam tão interessados no modo como os muros de Jericó caíram, mas no fato de o Senhor os ter derrubado. Os arqueólogos podem encontrar os muros e até especular a causa científica de seu colapso, mas não podem discutir, confirmar ou negar o papel de Deus no acontecimento. Eles podem, supostamente, encontrar vestígios de Abraão, mas não podem provar que o Senhor fez uma aliança com ele e a cumpriu. A arqueologia oferece informações sobre a queda de Jerusalém e o retorno do exílio na Babilônia, mas nenhum dos dados pode provar que o Senhor controlava os acontecimentos.

Para os autores da Bíblia, a História é o instrumento teológico pelo qual Deus se revela. A arqueologia pode autenticar a História, mas não a teologia, e do ponto de vista bíblico, a História sem a teologia não tem sentido.

---

[1] **The Stones and the Scriptures**, p. 146-62.

O QUE A ARQUEOLOGIA FEZ PELA BÍBLIA

Poderíamos folhear a Bíblia e enumerar todas as descobertas arqueológicas relativas a determinado relato ou acontecimento, mas, em vez disso, este tópico oferece um resumo dos tipos de descobertas que contribuem para a pesquisa bíblica e menciona alguns exemplos importantes de cada tipo. A bibliografia final indica fontes mais completas.

Arquivos

Mais de uma dúzia de arquivos importantes (incluindo bibliotecas reais) foram descobertos no Antigo Oriente Médio, além de diversos arquivos menores, principalmente de cidades da Assíria e Babilônia. A maioria das descobertas foi de arquivos reais, mas alguns pessoais, como os de Nuzi, provaram ser muito úteis. Nenhum arquivo israelita foi desenterrado, embora algumas coleções de óstracos (pedaços de cerâmica quebrada com anotações) tenham sido encontradas, particularmente em Samaria e Laquis.

Uma grande proporção dos arquivos é composta de textos econômicos, abrangendo geralmente a documentação de diversas transações comerciais (*e.g.*, recibos). Embora eles contribuam para a pesquisa bíblica, um valor maior é atribuído a outras classes de literatura. Textos mitológicos, tratados, literatura de sabedoria, épicos, documentos historiográficos (*e.g.*, correspondência real) e até referências ocasionais à profecia foram revelados. Textos religiosos como presságios, encantos, hinos e orações incluem-se entre as tabuinhas e mostram um contexto para a comparação da crença dos hebreus. Os arquivos de registros escritos e literatura têm mais a oferecer aos estudiosos da Bíblia do que qualquer outro tipo de descoberta arqueológica.

Ebla. Os membros da equipe italiana de arqueologia que escavava em Tel-Mardikh, no norte da Síria, em meados de 1970, concluíram ter encontrado o sítio arqueológico de Ebla, cidade importante do terceiro milênio. Quando o palácio real foi localizado e escavado, os arqueólogos ficaram surpresos ao descobrir também os arquivos, que consistiam em milhares de tabuinhas de argila. Desse momento em diante, muitas afirmações infundadas, e atualmente desconsideradas, foram feitas sobre o conteúdo das tabuinhas, e até hoje parte da avaliação acadêmica básica ainda está em andamento.

A importância principal do arquivo de Ebla, conforme a análise até o momento, é histórica. A história da Síria, no terceiro milênio, era praticamente desconhecida antes da descoberta e agora está sendo traçada em decorrência da tradução e interpretação das tabuinhas. As implicações das descobertas em Ebla para o estudo do AT permanecem ambíguas e contestáveis.

Mári. A cidade de Mári ficava no alto Eufrates, a cerca de 480 km a noroeste da Babilônia, apenas 16 km da fronteira entre Iraque e a atual Síria. Mári era uma cidade importante no fim do terceiro milênio e nos primeiros 30 anos do segundo milênio. Os arquivos estavam guardados no palácio de Zimri-Lim, uma das mais belas edificações do tipo na Antiguidade. Cobrindo a área de 32 km^2, o palácio tinha mais de 260 quartos e pátios que abrigavam escolas, padarias, adegas e até banheiros com água encanada.

A maior contribuição dos dados de Mári são para o entendimento da situação política no século XVIII a.C., quando Hamurábi, da Dinastia I da Babilônia, ampliava seu império. Antes da descoberta de Mári, pouco fora comprovado além das inscrições do próprio Hamurábi sobre a situação política; agora se tem uma visão mais equilibrada. Outro dado interessante é a maior coleção de profecias que sobreviveram da literatura do Antigo Oriente Médio. Seu material comparativo permite que se estude a instituição israelita dos profetas, pois, nesses textos, podemos conhecer profetas de outros países e o tipo de profecias que declaravam.

Nuzi. O arquivo Nuzi é a mais importante biblioteca pessoal descoberta no Antigo Oriente Médio. Ela data da época do Império Mitani-Hurriano, entre 1500 e 1350 a.C. Como arquivo pessoal, apresenta grande número de documentos familiares, como contratos de casamento, acordos de adoção e transferência de terras. Consequentemente, os estudiosos que analisaram o arquivo viram o potencial para esclarecer as questões familiares espalhadas nas narrativas patriarcais de Gênesis (embora os patriarcas devam ter vivido meio milênio antes). Embora muitos dos paralelos inicialmente sugeridos tenham sido modificados ou rejeitados com o tempo, o arquivo ainda oferece um entendimento substancial sobre o estilo de vida familiar de meados do segundo milênio a.C. Então, por exemplo, quando Abraão e Sara decidem que a serva de Sara, Hagar, deveria ser usada para produzir um herdeiro (Gênesis 16.1-4), eles estavam apenas seguindo um costume atestado nos contratos de casamento dos arquivos de Nuzi.

Amarna. O arquivo de Amarna preserva quase 400 documentos de correspondência entre faraós e nações do Oriente Médio no século XIV a.C. As cartas documentam a complexidade política da época, incluindo a redução do domínio egípcio na região siro-palestina e a ascensão correspondente do Império Neo-Hitita. Muito comoventes são as cartas dos reis subordinados das cidades-estado cananeias que expressam súplica, bajulação, calúnia e protestos — primeiro humilhando-se perante o poderoso faraó e, depois, repreendendo-o como a uma criança incompetente.

Hattushash. Hattushash (atual Boghazköy, no norte da Ásia Menor) foi a capital do poderoso Império Hitita, a força dominante no Antigo Oriente Médio durante boa parte da Idade do Bronze Tardio (1500-1200 a.C.). Até a descoberta de Hattushash e seus arquivos na virada do século XX, os hititas eram praticamente um povo desconhecido, e sua influência política ignorada. A arqueologia, raramente, iguala o impacto de revelar um povo anteriormente "perdido" de tamanha importância quanto os hititas. Além de tornar a língua e a cultura hititas acessíveis aos estudiosos pela primeira vez, os arquivos proporcionaram ótimos exemplos de vários tipos de literatura. O maior impacto da descoberta sobre a pesquisa bíblica veio das dezenas de tratados que usavam um formato também reconhecido na estrutura do livro de Deuteronômio e em várias das alianças entre o Senhor e Israel.

Ugarite. Ugarite era um porto movimentado e cidade-estado no norte da Síria na Idade do Bronze Tardio. Antes de ser destruída na incursão dos povos do mar no fim do século XIII, essa cidade prosperou com o comércio marítimo intenso, transportando bens dos navios mediterrânicos por terra até o Eufrates e descendo dali até a Babilônia. Além dos avanços políticos e diplomáticos do período, os arquivos revelaram uma nova língua, o ugarítico, muito parecida com a língua cananeia e relacionada ao hebraico. Os textos mitológicos de Ugarite expandiram nosso conhecimento da religião dos cananeus em geral e, especificamente, do deus chamado Baal. O mais importante foi uma série de seis tabuinhas que continham histórias da vitória de Baal sobre o deus Yamm (representante do caos), a construção de um palácio para Baal e o conflito entre ele e Mot (morte), o que explica mitologicamente o ciclo das estações. A descrição de Baal, o relato de seus erros e a forma de ser analisado oferecem um maior discernimento sobre a adoração cananeia de Baal.

Biblioteca de Assurbanipal em Nínive. A primeira das grandes descobertas de arquivos, a biblioteca de Assurbanipal em Nínive talvez seja ainda o maior achado literário da história arqueológica. Foi esse arquivo que apresentou ao mundo atual os clássicos antigos, como o Épico de Gilgamés, com sua semelhança surpreendente ao relato bíblico do dilúvio, e Enuma Elish, que revela parte da teologia babilônica da criação. Entre outras descobertas bem-conhecidas estão o Épico de Adapa, o Hino a Shamash e duas composições de sabedoria que lidam com questões semelhantes às do livro de Jó ("Ludlul bel Nemeqi" e "A teodiceia babilônica"). A literatura apresentou o material necessário para a realização de estudos comparativos exaustivos entre a literatura israelita e mesopotâmica, realçando nossa compreensão da Bíblia, principalmente por elucidar suas diferenças.

Os manuscritos do mar Morto

Embora a descoberta inicial dos manuscritos bíblicos nas cavernas da região do mar Morto não tenha sido feita por arqueólogos, os manuscritos do mar Morto têm um lugar de honra entre as contribuições mais significativas da arqueologia para a pesquisa bíblica. A comunidade judaica que vivia na vila autossustentável de Cunrã, com alguns intervalos, desde o início do século II a.C. até a segunda revolta contra Roma no século II d.C., produziu manuscritos de muitos dos livros do AT e de outras obras literárias.

Quando os manuscritos foram encontrados, no fim de 1940, havia, entre eles, documentos do AT mil anos mais antigos que quaisquer outros disponíveis até então. Eles não só aumentaram a credibilidade dos manuscritos massoréticos, a base das traduções atuais, como também apresentaram informações importantes para se compreender a transmissão do texto do AT. Apesar de os manuscritos do mar Morto ainda serem a evidência mais antiga disponível para a maior parte do AT, uma descoberta importante, de 1979, apresentou o fragmento mais antigo do texto bíblico. Em um túmulo de família em Jerusalém da época de Jeremias, dois pequenos rolos prateados foram encontrados com a bênção de Números 6.24-26.

Monumentos e inscrições

Alguns dos monumentos e das inscrições descobertos pelos arqueólogos mencionam os reis de Israel ou Judá. Os exemplos citados neste tópico estão entre os artefatos mais significativos do gênero.

A inscrição de Messa. Quando o rei Messa, de Moabe, chegou ao fim do reinado, mandou fazer um monumento com todas as suas realizações. Chamada Pedra Moabita, a inscrição inclui o relato de como Moabe foi dominada por Israel durante o reinado de Onri, mas reconquistou a independência e recapturou parte do território de Israel durante o reinado de Acabe ou Acazias. Assim, a pedra contém parte da história que a Bíblia não menciona. Também oferece a única referência extrabíblica ao conceito de consagração à destruição, como Josué fez com Jericó (v. Josué 6.17-19). Portanto, é evidente que essa prática não era exclusiva de Israel.

A estela de Salmaneser III. O primeiro rei assírio a ter contato com os israelitas foi Salmaneser. Inscrições mencionam suas campanhas no ocidente contra coligações que incluíram os reis Acabe (na batalha de Carcar, em 853 a.C.) e Jeú. O Obelisco Negro que preserva os relatos das campanhas de Salmaneser do décimo oitavo ao trigésimo primeiro ano de reinado ilustra Jeú — ou talvez seu representante — prostrando-se diante dele com o tributo que indicava submissão à suserania assíria. Isso ocorreu em 841 a.C., primeiro ano de Jeú no trono, após a eliminação da linhagem de Acabe.

O prisma de Senaqueribe. Um acontecimento importante durante a monarquia dividida foi o cerco de Jerusalém por Senaqueribe nos dias de Isaías e Ezequias, e o livramento subsequente dos israelitas pelo Senhor. Teologicamente, a salvação demonstrou o poder do Senhor sobre o império mais forte e temido da face da Terra, e isso em resposta à fé proveniente do rei Ezequias. Politicamente, ela marcou o sucesso de Judá em evitar o destino do Reino do Norte; Judá não foi destruído e anexado à Assíria. A Bíblia relata os detalhes do confronto clássico em três passagens:

2Reis 18 e 19; 2Crônicas 32; e Isaías 36 e 37. O relato de Senaqueribe sobre as campanhas tornou-se conhecido pela descoberta de um cilindro hexagonal (ou prisma) com diversas inscrições. Senaqueribe descreveu seu sucesso contra 46 cidades de Judá e a deportação de mais de 200 mil israelitas. Ele também se envaideceu por aprisionar Ezequias em Jerusalém ao sujeitar o país ao cerco.

O prisma também não menciona a derrota de Senaqueribe nem registra o resultado do cerco a Jerusalém, mas descreve como ele obteve um tributo maior de Ezequias. Assim, ainda que a inscrição confirme os detalhes militares apresentados na Bíblia, não fornece a comprovação do papel atribuído ao Senhor ou a vitória alegada nas Escrituras. Também não nega a versão dos fatos registrados na Bíblia.

O cilindro de Ciro. Os programas de deportação feitos pela Assíria e Babilônia tinham o propósito de eliminar a identidade étnica dos povos conquistados e assimilá-los em uma identidade comum que incentivava a lealdade ao império e diminuiria as distinções étnicas e políticas. Essa era uma grande ameaça à aliança do Senhor com Israel como entidade étnica e política. Quando o Império Medo-Persa tomou o lugar dos babilônios, Ciro instituiu uma nova abordagem de política externa que se baseava na filosofia de que oferecer maior autonomia aos povos subjugados aumentaria a lealdade ao império, em vez de miná-la. Isto é, se a opressão diminuísse, a probabilidade de revolta diminuiria. Como resultado, muitas pessoas receberam permissão de voltar à terra natal e reconstruir comunidades e santuários.

O cilindro de Ciro, peça de argila com o decreto real que concede a diversos povos permissão para retornar, não menciona Judá especificamente, mas as Escrituras relatam que Judá desfrutou dessa benevolência.

Crônicas da corte

Os registros e as crônicas oficiais da corte relatam campanhas militares e assuntos internos de um reino. Apresentam não só informações sobre acontecimentos, mas também sua cronologia. As crônicas mais importantes para a pesquisa bíblica são as babilônicas, pois documentam a campanha de Nabucodonosor contra Judá, em 597 a.C., e a captura e o exílio do rei Joaquim.

Locais de culto

O AT endossa o templo de Jerusalém como único local de culto legítimo em Israel, porém testifica a existência de outros centros de adoração. Nenhum vestígio do templo foi encontrado, mas os arqueólogos identificaram vários outros locais em atividade nas Idades do Ferro I e II em Israel. Na maioria, eram santuários locais, mas grandes templos foram descobertos em Arade e Dã. Há evidências de que sacrifícios eram realizados em ambos os centros, mas, aparentemente, não possuíam imagens da divindade. O templo de Arade era considerado "casa de Javé", embora a posição do santuário de Dã neste sentido seja incerta.

Referências bíblicas

Além desses tipos específicos de descobertas, a arqueologia tem fornecido conhecimento valioso sobre pessoas, lugares e fatos mencionados na Bíblia.

Pessoas. A arqueologia nos informa sobre personagens bíblicas de várias maneiras. Em primeiro lugar, algumas pessoas mencionadas na literatura, tanto da Bíblia quanto das tabuinhas, foram consideradas personagens fictícias por muitos. Os arqueólogos ocasionalmente afastaram essas hipóteses com a descoberta de documentos que lhes dão crédito histórico. Dois exemplos notáveis são Belsazar, o rei mencionado em Daniel 5, como último rei da Babilônia, e Gilgamés, herói do épico que leva seu nome; agora ambos são reconhecidos por serem personagens históricas em vez de criações literárias. Mais recentemente, textos encontrados em Deir'Allah (na margem leste do Jordão) comprovaram a existência de um profeta chamado Balaão, hoje conhecida personagem descrita em Números 22–24.

Em segundo lugar, outras pessoas desempenharam papel importante na História, mas permaneceram obscuras para historiadores modernos até os arqueólogos removerem o véu do mistério. Algumas delas, como Senaqueribe, Nabucodonosor e Ciro, tiveram lugar de destaque no drama bíblico. Outras, como Ramessés II, não são mencionadas na Bíblia, porém tiveram grande influência em certos períodos da história israelita. A arqueologia reuniu a biografia e as realizações desses líderes e recuperou-as para os atuais historiadores, apresentando informações contextuais significativas para a compreensão do AT.

Em terceiro lugar, a arqueologia amplia nosso conhecimento das pessoas do AT ao acrescentar fatos e perspectivas não obtidos nas Escrituras. Um bom exemplo é a descrição arqueológica dos reis israelitas Onri e o filho Acabe. Onri é comentado brevemente em 1Reis 16.21-28, mas descobertas indicam que politicamente ele deve ter sido o rei mais influente de Israel no século IX. O filho Acabe, por sua vez, recebe destaque nas Escrituras por seu papel de antagonista do profeta Elias e por se deixar manipular pela esposa Jezabel, que pretendia converter Israel ao baalismo. A arqueologia equilibra o retrato com detalhes sugestivos. Apesar do fracasso espiritual e teológico de Acabe, ele desempenhou um papel influente e ativo na política internacional daquele período turbulento.

Lugares. Escavações arqueológicas nos informam também sobre lugares bíblicos — isto é, em grande parte, por meio de registros escritos. Às vezes, tais informações envolvem cidades como Jerusalém, Babilônia e Nínive, que têm destaque nos registros bíblicos. Outras cidades, como Ur e Hazor, têm papéis relativamente insignificantes nas Escrituras, mas eram centros importantes e foram escavados com grande proveito.

Acontecimentos. Alguns acontecimentos são importantes para a história mundial, mas não recebem a menor atenção na Bíblia. Isso certamente se deve ao fato de os autores das Escrituras terem interesses definidos dos quais raramente se desviavam. A famosa batalha de Carcar (853 a.C.), mencionada anteriormente, é o melhor exemplo disso. A inscrição monolítica de Salmaneser III registra esse importante confronto militar, no qual uma grande coligação de nações da região oeste, incluindo Acabe, do Reino do Norte, impediu o rei assírio de exercer sua influência no ocidente e tornar Israel um Estado vassalo.

Ainda outros acontecimentos mencionados breve ou detalhadamente no AT são esclarecidos pela arqueologia. As crônicas da queda de Samaria, em 722 a.C., e a rendição de Jerusalém, em 597 a.C., são elementos complementares desses marcos importantes. Algo de pouco interesse para os autores bíblicos, como a queda de Laquis para Senaqueribe, em 701 a.C., é apresentada em relevos que descrevem o fato nas paredes do palácio de Senaqueribe em Nínive. A destruição da cidade por Nabucodonosor, mais de um século depois, é o contexto das cartas de Laquis, algumas correspondências militares que descrevem a situação crítica às vésperas do colapso de Judá. Ambas as destruições são confirmadas por dados coletados de escavações contínuas no local.

O QUE A ARQUEOLOGIA NÃO FEZ PELA BÍBLIA

Apesar de toda a ajuda que a arqueologia prestou à pesquisa bíblica, ainda resta muito o que fazer. Há inúmeros dados que a arqueologia parece capaz de suprir, mas ela ainda não se manifestou. Já mencionamos que existem pouquíssimas evidências textuais do AT que revelam a época dos acontecimentos. É bem possível que um arquivo israelita contenha essas informações, mas ele ainda não foi encontrado.

Outra lacuna na informação arqueológica é que nenhum israelita é mencionado pelo nome na literatura antes do século IX a.C. Onri, rei de Israel, é a referência mais antiga que sobreviveu. Certamente esperamos que, no futuro, a arqueologia encontre referências escritas aos reis da monarquia unida. Também há personagens da história mais recente que ainda não apareceram em materiais extrabíblicos contemporâneos, incluindo Daniel, Ester e Neemias — os quais ocuparam cargos distintos em governos estrangeiros.

De período bem anterior, podemos citar José. O estrangeiro mais célebre que continua um mistério para os historiadores atuais é Dario, o Medo, mencionado no livro de Daniel.

Há alguns acontecimentos inseridos na Bíblia cujos dados arqueológicos só serviram para aumentar a controvérsia. Os mais eminentes são o êxodo do Egito e a conquista de Canaã. As escavações, em diversas cidades mencionadas no livro de Josué, revelaram reconstituições diferentes do ocorrido. Em alguns casos, os dados arqueológicos são interpretados principalmente para desacreditar os registros bíblicos. Em outros, o texto bíblico é considerado preciso; assim, os dados arqueológicos são analisados e interpretados com muito ceticismo. Entre esses dois extremos, há inúmeras teorias que tentam conciliar a Bíblia com a arqueologia ou vice-versa. Embora a arqueologia não tenha sido capaz de solucionar a controvérsia relativa aos acontecimentos, novas escavações mantêm as esperanças de solução.

Existem ainda possíveis resíduos de materiais que os arqueólogos também não descobriram. Por exemplo, nenhum vestígio do palácio ou do templo de Salomão foi desenterrado. Sem dúvida, um motivo é a dificuldade para realizar escavações em lugares habitados até hoje.

Para concluir, refletindo sobre o que a arqueologia foi capaz de realizar, lembramos que, embora ela seja capaz de apresentar muitas informações úteis para o estudo da Bíblia, ela também é capaz de gerar controvérsias. A erudição séria não pode ser subjetiva a ponto de depender demais da arqueologia quando ela apoia uma posição já favorecida; deve, contudo, rejeitá-la completamente quando oferece dados contraditórios. O uso adequado da arqueologia requer uma abordagem coerente das descobertas e do conhecimento dos métodos e das técnicas.

Perguntas para estudo e debate

1. Que postura deve ser tomada quando dados arqueológicos parecem contradizer os registros bíblicos?
2. Se um arquivo real israelita fosse descoberto, que tipo de documentos poderíamos encontrar? Que áreas da pesquisa bíblica seriam potencialmente influenciadas e como?
3. Que precauções devem ser tomadas no desenvolvimento de analogias entre o AT e o Antigo Oriente Médio?

Leituras complementares

AHARONI, Yohanan. **The Archaeology of the Land of Israel**. Philadelphia: Westminster, 1982. Obra clássica do eminente arqueólogo israelita que apresenta resíduos materiais e caracterizações dos períodos cronológicos sucessivos.

AVI-YONAH, Michael. **Encyclopedia of Archaeological Excavations in the Holy Land**. Englewood Cliffs, NJ: Prentice-Hall, 1975. A fonte de referência mais importante. Oferece relatórios resumidos da maioria das grandes escavações em Israel.

BIMSON, John J. **Redating the Exodus and the Conquest**. Sheffield, England: JSOT, 1978.

BLAIKLOCK, E. M. & HARRISON, R. K. **The New International Dictionary of Biblical Archaeology**. Grand Rapids: Zondervan, 1983.

Campbell, Edward F. & Freedman, David N., orgs. **The Biblical Archaeologist Reader 3**. New York: Doubleday, 1970.

Frank, Harry Thomas. **Bible, Archaeology and Faith**. Nashville: Abingdon, 1971.

Freedman, Davi N. (org.). **The Biblical Archaeologist Reader 2**. Missoula, MO: Scholars Press, 1975.

Harrison, R. K. **Major Cities of the Biblical World**. Nashville: Thomas Nelson, 1985.

Hoerth, Alfred J. Archaeology and the Christian Mind. In: **Interpreting the Word of God.** S. J. Schultz & M. A. Inch (orgs.), Chicago: Moody Press, 1976, p. 31-45.

____. **Archaeology of the Old Testament**. Grand Rapids: Baker, 1997.

Kenyon, Kathleen. **Archaeology in the Holy Land**. 4. ed. New York: Norton, 1979.

King, Philip J. **Amos, Hosea, Micah**: An Archaeological Commentary. Philadelphia: Westminster, 1988.

McRay, John. **Archaeology and the New Testament**. Grand Rapids: Baker, 1991.

Matthews, Victor H. **Manners and Customs in the Bible**. Peabody, MA: Hendrickson, 1988. Possivelmente um dos livros mais úteis sobre modos e costumes.

Mazar, Amihai. **The Archaeology of the Land of the Bible**. Garden City, NY: Doubleday, 1990.

Meyers, Eric. **The Oxford Encyclopedia of Archaeology in the Near East**. New York: Oxford University Press, 1996. 5 v.

Millard, Alan R. **The Bible B.C.**: What Can Archaeology Prove? Philipsburg, NJ: Presbyterian and Reformed, 1977. Apresentação concisa do papel da arqueologia por assiriologista evangélico renomado.

____. **Nelson's Illustrated Wonders and Discoveries of the Bible**. Nashville: Thomas Nelson, 1997. Com belas ilustrações, texto ponderado e de boa leitura.

Morrey, Roger. **Excavation in Palestine**. Grand Rapids: Eerdmans, 1981. Boa introdução à arqueologia de superfície.

Paul, Shalom & Dever, William. **Biblical Archaeology**. Jerusalem: Keter, 1973.

Pritchard, James B. (org.). **The Harper Atlas of the Bible**. New York: Harper & Row, 1987. Resumo arqueológico da História. Bem-ilustrado e atualizado.

Sasson, Jack. **Civilizations of the Ancient Near East**. New York: Scribner, 1995.

Schoville, Keith N. **Biblical Archaeology in Focus**. Grand Rapids: Baker, 1978. Ótimo livro didático de arqueólogo evangélico conceituado.

Shanks, Hershel (org.). **Recent Archaeology in the Land of Israel**. Washington, D.C.: Biblical Archaeology Society, 1984.

Thomas, D. Winton. **Archaeology and Old Testament Study**. Oxford: Clarendon, 1967.

Thompson, J. A. **The Bible and Archaeology**. Rev. ed. Grand Rapids: Eerdmans, 1972.

Walton, John H. **Ancient Israelite Literature in Its Cultural Context**. Grand Rapids: Zondervan, 1989. Resumo das analogias entre literatura bíblica e do Antigo Oriente Médio.

___, Matthews, Victor & Chavalas, Mark. **The IVP Bible Background Commentary**: Old Testament. Downers Grove, IL: InterVarsity Press, 2000.

Yamauchi, Edwin M. **The Stones and the Scriptures**. Philadelphia: Lippincott, 1972.

TERCEIRA PARTE
Os livros poéticos

16

Literatura hebraica poética e de sabedoria

INTRODUÇÃO

Os limites da literatura poética do AT não são fáceis de determinar, pois pouco se sabe sobre a natureza exata da poesia hebraica bíblica. Ao contrário de seus semelhantes clássicos e modernos, a poesia hebraica antiga não possui um esquema distinto de acentuação, métrica ou ritmo que a diferencie da prosa. Somente nos dois últimos séculos esse fato tem sido apreciado completamente pelos estudiosos.

A contribuição antiga mais significativa ao estudo da poesia hebraica foi feita pelo bispo Robert Lowth[1] em meados do século VIII. Ele observou o paralelismo ou a correspondência de ideias em frases, como característica fundamental que distingue a poesia hebraica da prosa. Seu delineamento dos diversos tipos de paralelismo ainda é a base do conhecimento da estrutura poética do AT.

Jacob Hoftijzer, em 1965, publicou um método analítico de identificação da poesia hebraica com base na distribuição do indicador para o objeto direto nos textos do AT. Francis I. Andersen e David N. Freedman aperfeiçoaram a abordagem de separar poesia hebraica de prosa por meio de método de contagem dos "elementos prosaicos" que leva em consideração indicadores adicionais do estilo narrativo na Bíblia hebraica.

Textos do AT que exibem densidades de partículas de prosa de 15% ou mais são considerados prosa, ao passo que aqueles que demonstram densidade de 5% ou menos são considerados poéticos. A literatura profética do AT que apresenta densidade entre 5 e 15% é classificada como **"prosa oracular"**, o que denota sua tendência poética.

---

[1] Clérigo anglicano (1710-1787) que se tornou famoso pela publicação da obra **De Sacra Poesi Hebraeorum** [Poesia sacra dos hebreus] em 1753. [N. R.]

O desenvolvimento mais recente no estudo da poesia do AT é a aplicação da terminologia e metodologia linguística atual ao texto hebraico.[2] Nesse caso, supõe-se que o hebraico bíblico não é singular como língua e, consequentemente, é mais bem analisado pelos mesmos procedimentos modernos que os linguistas usam com outros idiomas. Isso resultou em maior apreciação da poesia do AT como literatura e, em alguns casos, realçou nossa compreensão do significado dos textos bíblicos. Sem dúvida, as descrições tradicionais e os métodos analíticos aplicados à poesia hebraica continuarão a sofrer mudanças à medida que a linguística moderna e a pesquisa literária influenciarem os estudos bíblicos.

Hoje os estudiosos reconhecem que a poesia compreende cerca de um terço do AT hebraico. Ela varia de trechos breves (Gênesis 4.23-24; Números 21.18; 1Samuel 18.7) a composições inteiras como cânticos, hinos e oráculos (Gênesis 49.2-27; Êxodo 15.1-18; 1Samuel 2.1-10) no Pentateuco e nos livros históricos; de obras poéticas longas e adornadas de Jó e Salmos à prosa oracular expressiva e ousada de Isaías 40–66, Naum e Habacuque.

Salmos, Provérbios, Cântico dos Cânticos e Lamentações são completamente poéticos quanto à sua forma. A maior parte de Jó e trechos de Eclesiastes são poéticos, e as narrativas em prosa dos livros de Gênesis, Êxodo, Números, Deuteronômio, Juízes e 1 e 2Samuel contêm passagens poéticas substanciais. Os livros proféticos de Obadias, Miqueias, Naum, Habacuque e Sofonias são compostos totalmente de prosa oracular (com exceção dos **cabeçalhos** ou títulos). Esse também é o caso de longos trechos de Isaías, Jeremias, Ezequiel, Daniel, Oseias, Joel e Amós. No AT, apenas Levítico, Rute, Esdras, Neemias, Ester, Ageu e Malaquias apresentam nenhum ou pouco conteúdo poético.

Embora os livros de sabedoria do AT geralmente tenham a forma poética, eles são classificados como literatura de sabedoria por outras razões. Para os hebreus, "sabedoria" constituía "habilidade de viver" que combinava poderes de observação, capacidades do intelecto humano e aplicação de conhecimento e experiência ao cotidiano. A literatura de sabedoria pode ser de natureza didática, instrutiva ou argumentativa no sentido reflexivo

---

2 *e.g.*, Michael O'Connor, **Hebrew Verse Structure**.

ou especulativo. A sabedoria buscava ensinar princípios morais práticos de comportamento ou inspirar o leitor a investigar racionalmente os inúmeros problemas associados à existência humana – tudo do ponto de vista arraigado no "temor do Senhor".

A literatura de sabedoria do AT inclui os livros educativos de Provérbios e Cântico dos Cânticos, os livros especulativos de Jó e Eclesiastes bem como certos salmos de sabedoria (*e.g.*, 1, 37, 49, 112) e passagens dos livros proféticos que empregam terminologia ou temas de sabedoria (*e.g.*, Isaías 40.12-17,21-26; Amós 3.10; 5.4,6,14).

POESIA E SABEDORIA NO ANTIGO ORIENTE MÉDIO

Poesia no Antigo Oriente Médio

Israel herdou uma tradição literária longa e bem-desenvolvida no Antigo Oriente Médio. Apesar de a poesia hebraica remanescente mais antiga datar dos séculos XIII ou XII a.C., os rudimentos da poesia egípcia podem ser traçados até um hino de triunfo de um faraó, datado de cerca de 3200 a.C. Parelhas poéticas aparecem nos famosos textos da pirâmide da Dinastia V (ca. 2350 a.C.) e parelhas correspondentes aparecem já, em 2300 a.C., no hino de vitória de Pepi I:

> Este exército retornou em segurança,
> Depois de ferir a terra dos Habitantes [da Areia].
> Este exército retornou em segurança,
> Depois de esmagar a terra dos Habitantes da Areia.[3]

Há muito tempo, os estudiosos têm reconhecido as semelhanças entre o salmo 104 e o hino do sol de Aquenaton. É só comparar, por exemplo, o trecho do hino de Aton com Salmos 104.25-26 (fig. 16.1a). O mesmo ocorre com os cânticos de amor egípcios do Novo Império (ca. 1570-1085 a.C.) e Cântico dos Cânticos. Observe as afinidades entre o cântico 31 do Egito e Cântico dos Cânticos 4.1-7 (fig. 16.1b).

[3] **ANET** [Ancient Near Eastern Texts]. 3. ed. Princeton: Princeton University Press, 1969. p. 228.

Os mesmos tipos de tradições poéticas se desenvolveram simultaneamente na Mesopotâmia antiga. Parelhas já aparecem na inscrição mural de Gudea, príncipe de Lagash (ca. 1900-1800 a.C.). Reinos da Babilônia Antiga (ca. 1900-1600 a.C.) canonizaram a literatura suméria anterior, incluindo hinos e orações poéticas como a "Oração a qualquer Deus":

> Por ignorância comi o que era proibido por meu deus,
> Por ignorância pisei o que era protegido por minha deusa.

Esse período também testemunhou a composição de cânticos neossumérios, como o extenso "Hino a Shamash":

> Com sua ascendência os deuses da terra se reúnem;
> Com seu brilho espantoso a terra se maravilha.
> Todos os países (até) os de línguas diferentes,
> Tu conheces seus planos; tu observas seu curso.
> Toda a humanidade se regozija em ti;
> Ó Shamash, todo o mundo anseia por tua luz.[4]

Provavelmente, as mais notáveis obras poéticas da antiga Babilônia são o Épico de Gilgamés (que contém a história babilônica do dilúvio) e o Enuma Elish (épico babilônico da criação). Abaixo temos um trecho do Enuma Elish:

> Quando o céu no alto ainda não tinha nome,
> A terra abaixo ainda não tinha nome,
> O primordial Apsu, seu criador,
> (E) Mummu-Tiamat, que lhes deu à luz,
> Suas águas misturando-se como um só corpo;
> Nenhuma cabana de juncos fora entrelaçada, nenhum pântano aparecera,
> Quando nenhum deus fora criado,
> Sem nome, seus destinos indeterminados –
> Foi, então, que os deuses foram formados dentro deles.[5]

---

[4] Ibid., p. 388.

[5] Ibid., p. 60-61.

Figura 16.1a – Semelhanças em poesia: 1

Hino de Aton
Os navios rumam para o norte
e também para o sul,
Pois todos os caminhos se abrem
com tua manifestação
Portanto, os peixes no rio fogem
diante de tua face,
Teus raios estão no meio
do grande mar verde.[6]

Salmos 104.25-26
Eis o mar, imenso e vasto.
Nele vivem inúmeras criaturas,
seres vivos, pequenos e grandes.
Nele passam os navios, e também
o Leviatã, que formaste
para com ele brincar.

Figura 16.1b – Semelhanças em poesia: 2

Cântico de amor egípcio 31
Única, a amada sem igual;
mais perfeita que o mundo,
vê, ela é como a estrela subindo
no início de um ano auspicioso.
Ela, cuja excelência brilha,
cujo corpo reluz,
gloriosos seus olhos quando fita,
doces seus lábios quando fala,
ela não diz palavras em excesso.
Longo seu pescoço e reluzentes
seus mamilos.
De verdadeiro lápis-lazúli seus cabelos,
seus braços mais finos que o ouro,
seus dedos como flores de
lótus desabrochando.
Suas nádegas se curvam quando
sua cintura está amarrada,
suas pernas revelam sua perfeição;
seus passos são agradáveis quando ela
anda sobre a terra,
ela toma seu coração em seu abraço.
Quando se aproxima, todos podem ver
que não há outra como a Única.[7]

Cântico dos Cânticos 4.1-7
Como você é linda, minha querida!
Ah, como é linda!
Seus olhos, por trás do véu, são pombas.
Seu cabelo é como um rebanho de cabras
que vêm descendo do monte Gileade.
Seus dentes são como um rebanho
de ovelhas recém-tosquiadas
que vão subindo do lavadouro.
Cada uma tem o seu par;
não há nenhuma sem crias.
Seus lábios são como um fio vermelho;
sua boca é belíssima.
Suas faces, por trás do véu,
são como as metades de uma romã.
Seu pescoço é como a torre de Davi,
construída como arsenal.
Nela estão pendurados mil escudos,
todos eles escudos de heroicos guerreiros.
Seus dois seios são como filhotes de cervo,
como filhotes gêmeos de uma gazela
que repousam entre os lírios.
Enquanto não raia o dia
e as sombras não fogem,
irei à montanha da mirra
e à colina do incenso.
Você é toda linda, minha querida;
em você não há defeito algum.

---

6 De **ANET**. 3. ed. Princeton: Princeton University Press, 1969. p. 370.

7 De Simpson, W. K. (org.). **The Literature of Ancient Egypt**. Rev. ed. New Haven: Yale University Press, 1973. p. 315-16.

Embora as culturas egípcia e mesopotâmica tenham influenciado a siro-palestina, os paralelos entre o Oriente Médio e a poesia bíblica também são importantes e se encontram na literatura cananeia descoberta em Ras Shamra ou Ugarite. A poesia ugarítica escrita data de 1400 a 1200 a.C. aproximadamente, mas é provável que tenha sido precedida por, no mínimo, dois séculos de transmissão oral.

A poesia ugarítica é semelhante ao seu correspondente hebraico em vocabulário e estilo. Por exemplo, a identificação de centenas de pares de palavras paralelas (ou A/B) que também aparecem na poesia hebraica indica que os poetas do AT usaram uma tradição poética paralelística comum. Os épicos ugaríticos de Baal, Ahqat e Keret também contêm recursos poéticos como quiasmo, clímax numérico e paralelismo sinonímico e sintético. Observe o paralelismo e o quiasmo neste texto simples do épico de Baal:

> Digo-te, ó príncipe Baal,
> Declaro, ó cavalheiro das Nuvens. Agora teu inimigo, ó Baal,
> Agora teu inimigo destruirás, Agora eliminarás teu adversário.
> Tomarás teu reino eterno,
> Teu domínio perpétuo.[8]

Como o saltério hebraico, alguns textos ugaríticos incluem cabeçalhos, subtítulos, colofões e, ocasionalmente, anotações musicais. As semelhanças surpreendentes entre a poesia ugarítica e a hebraica indicam uma herança linguística e literária comum dos povos semitas ocidentais.

Sabedoria no Antigo Oriente Médio

A literatura bíblica de sabedoria, como a poesia hebraica, deve ser analisada no contexto internacional. A Bíblia elogia a tradição sapiencial de egípcios (*e.g.*, Êxodo 7.22; 1Reis 4.30), edomitas, árabes (*e.g.*, Jeremias 49.7; Obadias 8) e dos babilônios (*e.g.*, Isaías 47.10; Daniel 1.4).

A literatura egípcia de sabedoria remanescente consiste em dois tipos básicos ou gêneros: instruções e debates. As instruções ou os ensinamentos são, em grande parte, resultado da corte faraônica enquanto o rei

[8] Ibid., p. 130-1.

preparava seu filho para assumir a administração da monarquia. Os exemplos de sabedoria especulativa incluem sátira política e tratados ceticistas sobre as ironias da vida. A essência ou o princípio dominante da sabedoria egípcia era o conceito de *maat*, a incorporação da verdade, justiça e ordem.

Ambos os tipos de literatura egípcia de sabedoria contêm paralelos surpreendentes com a sabedoria hebraica do AT. Por exemplo, trechos dos "Ensinamentos de Amenemope", escritos por um sábio egípcio, cerca de 1200 a.C., apresenta semelhanças notáveis linguísticas e temáticas com os "Ditados dos sábios" de Provérbios (22.17–24.23). Observe as associações entre Amenemope,

> Guarde-se de roubar os pobres, de ser violento com os fracos. Não se associe ao homem impetuoso nem se aproxime dele para conversar.[9]

e Provérbios 22.22-23:

> Não explore os pobres por serem pobres,
> nem oprima os necessitados no tribunal [...].
> Não se associe com quem vive de mau humor,
> nem ande em companhia de quem facilmente se ira.

A literatura de debate da sabedoria egípcia inclui obras como "O debate sobre o suicídio", "O conto do camponês eloquente" e "O cântico do harpista". Essas obras são contemplativas, analíticas, até pessimistas em tom e humor, e lembram a sabedoria reunida pelo Pregador (ou *Qohelet*) em Eclesiastes. Os debates abordam assuntos como encontrar sentido e alegria na vida, injustiça social, o problema do mal e a realidade da dor e da morte de modo semelhante aos livros de Jó e Eclesiastes. Atente, por exemplo, para as semelhanças no tema do desfrutar a vida entre o "Cântico do harpista":

> Não deixe teu coração desanimar-se. Siga teu desejo e teu bem.
> Supre tuas necessidades na terra, conforme o comando do teu coração.
> Até que venha a ti aquele dia de luto.[10]

e Eclesiastes 8.15:

---

[9] Walton, John H. **Ancient Israelite Literature in Its Cultural Context**. Grand Rapids: Zondervan, 1989. p. 192; citando a tradução de John Ruffle, The Teaching of Amenemope and Its Connection with the Book of Proverbs, **TB** 28 (1977).

[10] **ANET**, p. 467.

> Por isso recomendo que se desfrute a vida, porque debaixo do sol não há nada melhor para o homem do que comer, beber e alegrar-se. Sejam esses os seus companheiros no seu duro trabalho durante todos os dias da vida que Deus lhe der debaixo do sol!

Embora a Bíblia registre uma significativa tradição sapiencial entre os edomitas, pouca evidência escrita resta para indicar a abrangência e o conteúdo da sabedoria de Edom. O livro de Jó provavelmente conserve reminiscências da influência da tradição edomita sapiencial sobre os hebreus, pois o nome Jó é a forma abreviada de Jobabe (rei edomita mencionado em Gênesis 36.34, que não deve ser identificado com Jó). Um dos amigos de Jó é de um clã edomita (Elifaz, o temanita, Jó 2.11) e a terra de Uz, aparentemente, situava-se em Edom ou nas proximidades (v. Lamentações 4.21).

Se "Massá" é nome próprio em Provérbios 30.1 e 31.1 (cf. nota de rodapé da NVI; traduzido por "oráculo" em outras versões), as palavras de Agur, filho de Jaque (30.1-33) e do rei Lemuel (31.1-9) podem refletir a influência da sabedoria árabe no desenvolvimento da tradição sapiencial hebraica. Massá já foi identificado com as tribos instaladas no noroeste da Arábia, perto de Temá (v. Gênesis 25.14; 1Crônicas 1.30).

A literatura de sabedoria mesopotâmica também apresenta instruções na forma de provérbios e fábulas bem como debates relacionados à *teodiceia* (*i.e.*, a justificação de atributos divinos como santidade e justiça diante da existência do mal). Certo texto, "Um homem e seu Deus", é chamado "Jó sumério". Observe a semelhança entre o lamento desta obra:

> Jamais mulher deu à luz criança sem pecado [...]
> não existe trabalhador sem pecado desde a Antiguidade.[11]

e Jó 15.14-16:

> Como o homem pode ser puro?
> Como pode ser justo quem nasce de mulher?
> Pois se nem nos seus santos Deus confia,

[11] Ibid., p. 590.

e se nem os céus são puros aos seus olhos,
quanto menos o homem, que é impuro e corrupto
e que bebe iniquidade como água.

Outro texto mesopotâmico, "A teodiceia babilônica", descreve amigos fazendo discursos para um homem atormentado e abandonado por seus deuses. Ainda outro, "Diálogo do pessimismo", reflete sobre a inutilidade e ironia da existência humana do ponto de vista da indulgência e abstinência, de forma semelhante às comparações do Pregador sobre excesso e ascetismo (Eclesiastes 7.14).

Ainda que muitas semelhanças entre a literatura de sabedoria do Antigo Oriente Médio e a sabedoria hebraica do AT não sejam mera coincidência, elas são o produto da natureza universal das tentativas de lidar com os problemas associados à existência humana na mesma proporção em que resultam de empréstimos culturais ou literários. A busca pelo sentido e propósito na vida, o mistério da vida e da morte, a realidade de sofrimento, dor, injustiça e o relacionamento do divino com o problema do mal são questões comuns na experiência humana — egípcia, babilônica ou hebraica. Além disso, a despeito das relações temáticas e literárias especiais demonstradas entre a sabedoria do Antigo Oriente Médio e a hebraica, uma diferença fundamental permanece. Ao contrário de outros povos antigos que prestavam culto a diversos deuses, a sabedoria israelita do AT reconhecia apenas um Deus, Javé (Provérbios 22.17-19). Portanto, os hebreus negavam o materialismo (a matéria era criação divina), o panteísmo (porque Javé, o Criador, estava acima da criação) e o dualismo (a criação de Deus era boa na sua origem). Ideologicamente, isso significava que os hebreus deviam ser leais apenas a Javé, e não havia espaço nem tempo para divindades falsas e sistemas religiosos rivais. Mas, na prática, os fatos (históricos) indicam que isso nem sempre ocorria.

CARÁTER LITERÁRIO DA POESIA HEBRAICA

As duas características peculiares da poesia hebraica (incluindo os livros poéticos de sabedoria) são estruturas de pensamento e sonora. A estrutura sonora é o padrão regular de sílabas enfatizadas ou não enfatizadas; também pode ser a repetição de sons por recursos como aliteração ou assonância.

Estrutura de pensamento ou sentido é o equilíbrio de ideias de forma estruturada ou sistemática. O veículo principal da transmissão da estrutura de pensamento na poesia bíblica é a característica chamada "paralelismo de termos constituintes". Forma difundida de pensamento nos círculos literários do Antigo Oriente Médio, o paralelismo foi desenvolvido com grande habilidade pelos poetas hebreus. Embora o paralelismo hebreu esteja além da categorização absoluta e rígida, ele pode ser compreendido por meio de exemplos bíblicos de Salmos.

Estrutura de pensamento

1. *Paralelismo semântico (com base no uso das palavras)*

   Uso de sinônimos

   24.2 pois foi ele quem fundiu-a sobre os mares
   e firmou-a sobre as águas.

   Uso de termos semelhantes

   1.5 Por isso os ímpios não resistirão no julgamento,
   nem os pecadores na comunidade dos justos.

   Uso de parelhas

   9.8 Ele mesmo julga o mundo com justiça;
   governa os povos com retidão.

   Uso de opostos

   37.16 Melhor é o pouco do justo
   do que a riqueza de muitos ímpios.

2. *Paralelismo progressivo (com base na sequência lógica)*

   Uso da relação de causa e efeito

   37.4 Deleite-se no Senhor,
   e ele atenderá aos desejos do seu coração.

   Uso de sequência

   37.29 os justos herdarão a terra
   e nela habitarão para sempre.

Uso de dedução

16.8 Sempre tenho o SENHOR diante de mim.
Com ele à minha direita, não serei abalado.

Uso de metáforas

18.31 Pois quem é Deus além do SENHOR?
E quem é rocha senão o nosso Deus?

Uso de explicação

5.10b Expulsa-os por causa dos seus muitos crimes,
pois se rebelaram contra ti.

3. *Paralelismo gramatical (com base na escolha de formas gramaticais)*

Uso de elementos retóricos paralelos

19.7-8 A lei do SENHOR é perfeita, e revigora a alma.
Os testemunhos do SENHOR são dignos de confiança, e tornam sábios os inexperientes.
Os preceitos do SENHOR são justos, e dão alegria ao coração.
Os mandamentos do SENHOR são límpidos, e trazem luz aos olhos.

Uso da ordem das palavras

1.2 Ao contrário, sua satisfação está na lei do SENHOR, e nessa lei medita dia e noite.

Uso de elipse

18.41 Gritaram por socorro, mas não houve quem os salvasse;
clamaram ao SENHOR, mas ele não respondeu.

Estrutura sonora

A segunda característica da poesia hebraica, a estrutura sonora, é demonstrada por várias técnicas usadas pelo poeta antigo.

1. *Poema acróstico*. Acróstico é o poema em que as letras iniciais dos versos consecutivos formam o alfabeto, uma palavra ou uma frase.

O AT contém 13 poemas acrósticos do alfabeto (Salmos 9, 10, 25, 34, 37, 111, 112, 119, 145; Provérbios 31.10-31; Lamentações 1–4) e, possivelmente, um acróstico incompleto do alfabeto (Naum 1.2-10). Mais que uma questão de estudo pessoal, o poema acróstico era instrumento mnemônico nas escolas de escribas da Antiguidade. Embora um tanto artificial, como recurso literário, transmitia ideias de ordem, progressão e plenitude da mensagem poética. Infelizmente, esse aspecto da poesia hebraica não pode ser completamente apreciado na tradução (mas os acrósticos são identificados nas margens ou nos rodapés de várias versões).

Exemplo de acróstico do alfabeto hebraico é dado na tradução para o português (fig. 16.2). O salmo 112 contém 22 linhas, uma para cada letra do alfabeto hebraico. As seis primeiras linhas dele foram traduzidas para formar o acróstico. Observe que a versão em português é um tanto forçada.

2. *Aliteração.* Característica comum da poesia do AT é a aliteração, consonância no início de palavras ou sílabas. Mais uma vez, a tradução é inadequada para representar a cadência do *s* (*sh*) e do *l* hebraicos em Salmos 122.6:

> Transliteração: *sha'ᵃlû shᵉlôm yᵉrûshālayim*
> Tradução: "Orem pela paz de Jerusalém".

3. *Assonância.* Assonância é a estrutura sonora que usa a correspondência de sons de vogais, geralmente no fim das palavras. Como a aliteração, a assonância pode servir de recurso literário para enfatizar uma ideia, um tema ou para estabelecer certo tom para o poema. Exemplo dessa característica encontra-se em Salmos 119.29, com as vogais da classe *e*, *segol* e *tsere*, e da classe *i*, *ḥiriq*.

> Transliteração: *dereḵ̌sheqer hāsēr mimmenî wᵉtôratᵉka ḥānnēnî*
> Tradução: Desvia-me dos caminhos enganosos; / por tua graça, ensina-me a tua lei.

4. *Paronomásia.* Os poetas hebreus e, especialmente, os profetas incorporaram a paronomásia, ou jogo de palavras, aos seus poemas e oráculos.

Consistia na repetição de palavras semelhantes no som, não necessariamente no sentido, para realçar o impacto da mensagem. O profeta Amós viu um cesto de frutas de verão (*qayiṭs*) e anunciou o fim (*qeṭs*) da nação de Israel (8.2). Em seu leito de morte, Jacó previu que Judá (*yᵉhûdâ*) seria louvado (*yôdûḵa*) por seus irmãos (Gênesis 49.8). E o profeta Isaías concluiu a "canção da vinha" com este toque de mestre (5.7b):

> Ele esperava justiça [*mishᵉpaṭ*],
> Mas houve derramamento de sangue [*miśpāḥ*];
> esperava retidão [*tsᵉ dāqâ*],
> mas ouviu gritos de aflição [*tsᵉ ʿāqâ*].

Figura 16.2 – Literatura acróstica

alef	(a)	Ah, a alegria daquele que teme ao Senhor,
beth	(b)	bom júbilo por causa da excelência de seus mandamentos!
gimel	(g)	Grande na terra será sua "semente";
daleth	(d)	ditosos serão os descendentes do justo.
heh	(h)	Honra e riqueza encontram-se em sua casa;
waw	(w)	vão-se os anos de sua justiça, e não encontram término, são eternos.

5. *Onomatopeia.* O uso de palavras que têm o som daquilo que descrevem era outro aspecto condicionado pela oralidade da poesia hebraica. Os poetas israelitas realçavam a vivacidade da descrição da realidade à sua volta recorrendo à riqueza de palavras onomatopaicas do vocabulário hebraico. Exemplos de onomatopeia no AT incluem a simples interjeição "ai" (*ʾôy*), como em Isaías 24.16, o "trovão" (*raʿam*) de Salmos 68.8 e o tropel dos cavalos (*dahᵃrôṯ dahᵃrôṯ*) em Juízes 5.22.

6. *Elipse.* Omissão de uma ou mais palavras que completariam determinada construção paralela é comum na poesia hebraica e tem sido considerada um dos critérios para distinguir poesia de prosa. Um exemplo é encontrado no salmo 115, em que a frase "os ídolos deles" no versículo 4 é subentendida nos versículos de 5 a 7.

7. *Inclusio.* A *inclusio* é forma especial de repetição comum na poesia hebraica. O recurso, às vezes, é chamado parênteses retórico, pois, ao repetir palavras e expressões-chave, o poeta retorna ao ponto de partida. Por exemplo, o salmo 118 começa (v. 1) e termina (v. 29) com as linhas:

> Deem graças ao SENHOR porque ele é bom; / o seu amor dura para sempre.

Estrutura da forma

1. *Métrica.* A métrica foi suposta na poesia hebraica com base na analogia com outros tipos de poesia. Estudos recentes desafiaram essa suposição (*e.g.*, James Kugel e Michael O'Connor). A natureza exata da métrica permanece um tema de debate porque as características formais constituintes da poesia hebraica ainda não estão bem definidas.

Os dois métodos comuns de determinar a métrica do hebraico são contar as sílabas enfatizadas ou acentuadas em pares de versos (ou dísticos) de poesia e contar o número total de sílabas nos dois versos. Por exemplo, o padrão normal é o verso com três acentos seguido do verso de dois acentos (3 + 2, a chamada *qināh*, ou métrica **nênia**, de Lamentações). Outros padrões comuns incluem parelhas de três acentos (3 + 3) e versos de dois e quatro acentos (2 + 2 e 4 + 4). Essas abordagens não descrevem a métrica, mas servem de guia à sua estrutura. O conceito de contar sílabas como reflexo da métrica da poesia hebraica ainda é tema de debate entre os estudiosos da Bíblia. Pesquisas recentes que associam a análise sintática e estatística à metodologia linguística moderna e poética comparativa são as mais promissoras para o esclarecimento das complexidades ligadas à compreensão da métrica na poesia hebraica.

2. *Estrofe.* Padrões estróficos, o agrupamento de versos em unidades maiores, não são facilmente percebidos na maior parte da poesia hebraica. Embora certos poemas acrósticos apresentem a estrutura de estrofe alfabética (*e.g.*, Salmos 119; Lamentações 1, 2, 4), a maioria das tentativas de isolar unidades maiores da poesia bíblica ainda não é convincente.

Ocasionalmente, poemas do AT contêm refrões ou versos repetidos que podem indicar a estrutura estrófica (*e.g.*, Salmos 42.5,11; 43.5; 107.8,15,21,31; ou 136); mas, geralmente, não há indicador de estrofe no poema. Logo, ainda que estruturas maiores de simetria sejam supostas na poesia hebraica, não há metodologia que demonstre os padrões estróficos com coerência e certeza.

SITUAÇÃO E GÊNERO

Como toda poesia, a da Bíblia é uma expressão de energia criativa humana filtrando e reagindo a todas as facetas da realidade que abrangem as experiências de vida por meio de linguagem simbólica (*e.g.*, nascimento, Gênesis 25.23; vida, Eclesiastes 3.1-9; morte, 2Samuel 1.17-27; vingança de sangue, Gênesis 4.23-24; guerra, Josué 10.12-13; e casamento, Gênesis 24.60). A poesia de Israel também foi influenciada pela fé intensa no Deus Javé, que agiu na História a favor de seu povo (v. Êxodo 15.1-18,21; Juízes 5.1-31) e pelo desejo inerente de celebrar o valor e significado da existência humana (v. Salmos 92, 112, 127, 127, 128; Eclesiastes 5.18-20). É por tais motivos que a poesia do AT transcende o contexto histórico do Israel antigo e acusa a própria estrutura da cultura atual (o que pode explicar o fato de Salmos ainda ser o livro mais estimado da Bíblia).

A poesia do AT também era musical, em muitos casos, escrita para ser entoada com acompanhamento instrumental (*e.g.*, Deuteronômio 31.30–32.44; Salmos 5, 6). A musicalidade da poesia hebraica enaltecia o talento artístico da forma literária, acrescentava uma dimensão litúrgica importante e auxiliava a transmissão oral da poesia. Apesar de as "partituras" da poesia do AT terem se perdido, vestígios de sua musicalidade permanecem, especialmente em Salmos. Esse hinário israelita mantém cabeçalhos que denotam o acompanhamento instrumental (*e.g.*, Salmos 54, 55, 67, 150), o compositor ou receptor (Salmos 70, 72, 73, 77, 81), o acontecimento inspirador da composição (Salmos 45, 70, 92, 100) e o tom ou arranjo musical em que o poema era tocado e cantado (Salmos 12, 22, 39, 57, 58, 80).

Uma tese geral relacionada aos tipos de poesia hebraica surgiu por consenso acadêmico. A poesia antiga era breve e limitada a uma situação ou a um acontecimento. A mescla de tipos e a maior extensão começaram durante a era da conquista, foram aceleradas pela monarquia unida e atingiram o ápice no exílio e logo depois dele.

Vários tipos ou gêneros básicos de poesia foram identificados: as antologias históricas são mais numerosas (*e.g.*, Números 21.14; Josué 10.13), canções de vitória (Êxodo 15.1-18; Juízes 5.1-31), maldições (Números 21.27-30), cânticos de escárnio (Isaías 14.1-27; 47.1-15), nênias e tributos fúnebres (2Samuel 1.17-27; Jeremias 9.17-22), canções de sabedoria (Salmos 1, 37), cânticos reais (Salmos 20, 21), hinos (Salmos 8, 29), canções de confiança (Salmos 11, 62), poemas de ação de graças (Salmos 18, 30, 65), lamentos (Salmos 27, 28) e poemas penitenciais (Salmos 32, 38), cânticos de litígio (Isaías 45.20,21; Miqueias 1.1-7), poemas de amor (Cantares 4.1-7), canções de casamento (Salmos 45) e poesia profética (Gênesis 49.1-27; Números 23.8-10,19-24).

O CONCEITO DE SABEDORIA

Termos e definições

O conceito de sabedoria provém da necessidade de lidar com a realidade humana da simples sobrevivência. O desejo de dominar a vida pelo poder da razão representa um dos fenômenos universais das sociedades antigas e modernas.

Outro aspecto universal da tradição da sabedoria humana é a ideia de que o conhecimento acumulado pela experiência e observação pode ser ensinado à geração seguinte. Por isso, boa parte da literatura publicada pelos sábios ou guardiões das tradições de sabedoria apresenta a forma de instruções criadas para "guiar" o indivíduo com segurança e sucesso pelo caminho da vida.

O conceito de "temor do Senhor" diferenciava a sabedoria hebraica no Antigo Oriente Médio. Para Israel, a sabedoria e o conhecimento divino eram inseparáveis porque Deus era a fonte e o dispensador do discernimento (v. Jó 12.13; Provérbios 2.5-6; Isaías 31.1-2). A "inclinação divina" da sabedoria hebraica significava que o conhecimento de Deus possuía implicações para a vida emocional e espiritual de Israel (expresso na poesia do AT) e para a vida corporal e empírica (refletido na sabedoria do AT).

A palavra para "sabedoria" originalmente denotava certo tipo de habilidade técnica, aptidão ou capacidade, como a necessária para trabalhar com madeira e metal, desenho e arquitetura, navegação marítima e até política.

A palavra mais comum para sabedoria, *ḥoḵmâ*, reflete esse aspecto prático do termo em vários contextos diferentes do AT. Por exemplo, Bezalel e Oliabe receberam "sabedoria" especial em desenho e artesanato para trabalhar na construção dos utensílios do tabernáculo (Êxodo 31.1-11). Posteriormente, o talento arquitetônico de Salomão demonstrado no planejamento e na construção do templo em Jerusalém foi atribuído a essa mesma habilidade, ou "sabedoria" (1Reis 5.9-18). Em outra ocasião, a palavra foi aplicada ao trabalho manual de artesãos (v. 1Reis 7.14; Isaías 44.9-17).

As conotações filosóficas e intelectuais desse termo, da mesma forma, são importantes. A palavra também significa "capacidade mental superior". Portanto, a tradução "inteligência" é adequada em Jó 38.36 e 39.17. Expressão semelhante é aplicada à genialidade intelectual e ao vasto entendimento de Salomão como autor de cânticos e provérbios (1Reis 4.29-34). O termo em si é moralmente neutro, de forma que "sabedoria" também pode incluir a conspiração de Jonadabe e Absalão (2Samuel 13) e a intriga de Joabe e das mulheres sábias de Abel e Tecoa em meio a circunstâncias difíceis (2Samuel 14; 20.16-22).

Quanto à sabedoria em si, essa palavra adquiriu um sentido derivado equivalente a "experiência" ou até "bom senso" (v. Jó 32.7; Provérbios 1.7). Em essência, a sabedoria mencionada nesses textos denota a aplicação prudente ou habilidosa dos poderes da razão humana às questões da vida. Outra terminologia empregada para sabedoria no AT inclui uma série de palavras inter-relacionadas, geralmente traduzidas da seguinte maneira: "entendimento, conhecimento" ou até "discernimento" (Provérbios 1.5; 3.5; 4.1), "critério, sensibilidade, inteligência, prudência, obtenção de sucesso" (Provérbios 12.8; 16.20; 19.14; 21.11), "capacidade" ou "habilidade" (Provérbios 10.23; 11.12) e ainda "sensatez, equilíbrio e bom siso" (Provérbios 3.21; Isaías 28.29).

Portanto, no AT, sabedoria é basicamente a própria arte de ser prudente, sensato e perspicaz para prosperar e ser bem-sucedido. É a capacidade de discernir e organizar. Quando a pessoa consegue distinguir a ordem no mundo, nas relações internacionais e nacionais, no comportamento humano e no próprio coração, a sabedoria é alcançada. Logo, ela resulta em conduta disciplinada e correta, no aprendizado da prática da justiça (Provérbios 3.1-5). Ela suga a experiência de anos acumulados e aproveita o conhecimento para obter segurança, vida longa, conduta adequada, caráter moral idôneo, felicidade, prosperidade material e integridade (v. Provérbios 1.33; 2.8-9; 3.1-2). Finalmente, a sabedoria torna-se na capacidade de levar a vida de maneira que conquiste o favor e a boa reputação dos homens e de Deus (Provérbios 3.4).

A forma da sabedoria

O sábio era uma personagem importante na sociedade israelita do início da monarquia. Ele é citado, com o sacerdote e o profeta, como uma das três fontes de orientação detentoras de autoridade na comunidade de Deus (v. Jeremias 18.18; Ezequiel 7.26). Aparentemente, os conselheiros reais faziam parte do grupo de oficiais que compunham o gabinete das cortes de Davi e Salomão (2Samuel 8.16-18; 20.23-26; 1Reis 4.1-6).

Assim, o ambiente de sabedoria como círculo profissional de sábios desempenhava papel significativo na corte real da monarquia unida e do rei Salomão (1Reis 4.32,33; Provérbios 25.1). A inclusão dos estudiosos sugere que a sabedoria de Provérbios era, na verdade, um livro didático da família real e da elite. Eles eram treinados no caminho da sabedoria para que, no futuro, fossem líderes sábios e produtivos da geração seguinte (v. a fórmula "meu filho" em Provérbios 1.8; 2.1; 3.1; 4.1; *et al.*).

Há, essencialmente, dois gêneros de literatura de sabedoria no AT. O tipo predominante é a sabedoria didática. O livro de Provérbios é o maior exemplo de instrução prática. A sabedoria didática consiste nos adágios de sábios ou provérbios populares que defendem todo tipo de hábitos, habilidades e virtudes prudenciais (*e.g.*, Provérbios 21.23; 22.3; 23.22). As lições utilitárias visavam ao desenvolvimento de caráter moral, sucesso e felicidade pessoais, segurança e bem-estar. De certa forma, a sabedoria didática era exposição prática e comentário ético da Lei de Moisés.

O segundo tipo de sabedoria do AT se encontra em Eclesiastes, ou *Qoheleth*, e até certo ponto em Jó. O gênero é chamado geralmente de sabedoria filosófica, especulativa ou até pessimista. Essa linha de sabedoria é crítica, reflexiva e interrogativa, pois sonda as questões mais profundas e controversas da humanidade. O ceticismo característico dessa literatura especulativa e filosófica retrata vividamente a futilidade e insensatez da busca pelo conhecimento sem Deus (Eclesiastes 1.1-18; 12.12-14).

A sabedoria hebraica é como uma montanha repleta de pedras preciosas que devem ser extraídas cuidadosamente, uma a uma, das formações sedimentares e rochosas. A unidade básica da sabedoria hebraica é o provérbio. Trata-se, simplesmente, de uma analogia com o fim de revelar a verdade básica sobre a vida. Por natureza, o provérbio é a expressão popular que descreve certas regularidades observadas no mundo externo ou na conduta humana. Há vários outros tipos ou padrões de linguagem proverbial, como demonstramos na figura 16.3.

Figura 16.3 – Formas de discurso proverbial

1. O provérbio: "Antes da sua queda o coração do homem se envaidece, mas a humildade antecede a honra" (Provérbios 18.12).
2. O dito popular: "O apetite do trabalhador o obriga a trabalhar; a sua fome o impulsiona" (Provérbios 16.26).
3. O paradoxo: "Quem está satisfeito despreza o mel, mas para quem tem fome até o amargo é doce" (Provérbios 27.7).
4. A analogia: "Como água fresca para a garganta sedenta é a boa notícia que chega de uma terra distante" (Provérbios 25.25).
5. O absurdo: "De que serve o dinheiro na mão do tolo, já que ele não quer obter sabedoria?" (Provérbios 17.16).
6. A classificação: "Por causa da preguiça, o telhado se enverga; por causa das mãos indolentes, a casa tem goteiras" (Eclesiastes 10.18).
7. O valor proporcional ou relativo: "É melhor ter verduras na refeição onde há amor do que um boi gordo acompanhado de ódio" (Provérbios 15.17).
8. Causa e efeito ou consequência: "De nada vale a riqueza no dia da ira divina, mas a retidão livra da morte" (Provérbios 11.4).

A literatura hebraica de sabedoria é o conjunto de várias formas de discurso.

1. Em Provérbios, a *parábola* geralmente é considerada um "discurso preventivo" (*e.g.*, a advertência contra o adultério em 6.20-35).
2. O *preceito* é a instrução que possui autoridade no que diz respeito à conduta e baseia-se em regras, valores e princípios religiosos da sociedade. Os aspectos éticos dessa forma literária ligam a sabedoria

hebraica aos códigos morais da lei hebraica (*e.g.*, "Quanto lhe for possível, não deixe de fazer o bem a quem dele precisa", Provérbios 3.27).

3. O *enigma* é a pergunta intrigante apresentada como problema que exige solução por meio de discernimento (*e.g.*, o enigma de Sansão: "Do que come saiu comida; /do que é forte saiu doçura", Juízes 14.14).
4. A *fábula* é o conto breve que contém verdade moral e usa pessoas, animais ou objetos como personagens (v. a fábula de Jotão sobre as árvores que escolhem o rei, Juízes 9.7-20).

Outras categorias e recursos literários usados pelos autores bíblicos de sabedoria incluem o *dizer sábio* (generalização do caminho da sabedoria com base no discernimento da experiência ou expressão folclórica do bom senso puro e simples – Provérbios 18.18; 20.19), o **provérbio numérico** (que apresenta a forma de progressão numérica culminante — Provérbios 6.16-19; 30.18-31), a *pergunta retórica* (Provérbios 5.16; 8.1), a *alegoria* (personificação da sabedoria em Provérbios 8 e 9 e o poema da "velhice" de Eclesiastes 12.1-8), a *sátira* e a *ironia* (Provérbios 11.22; Eclesiastes 5.13-17).

A prática da sabedoria

A Bíblia só reconhece dois "caminhos" na vida. Ou a pessoa segue o caminho dos justos ou o dos ímpios (Salmos 1). No NT, Jesus afirmou essa descrição básica do rumo da vida como escolha entre "o caminho estreito" e o "caminho amplo" (Mateus 7.13; 12.30). Em Provérbios, os que seguem o caminho estreito da justiça são considerados "sábios" (10.8,14), "justos" (10.16,20; 11.3,6); os que correm pelo caminho amplo são considerados "tolos" ou "insensatos" (10.1,8,14), "ímpios" (10.3,6-7) e "infiéis" (11.3). O importante aqui é o conceito de que "o caminho da sabedoria" não é apenas cognitivo e intelectual, mas, acima de tudo, revelador da conduta e do caráter. Mais que adágios incisivos e máximas perspicazes, a verdadeira sabedoria é um estilo de vida. A sabedoria bíblica é o código de ética fundamentado na tradição da lei de Moisés. Seu propósito é treinar atitude, caráter e comportamento no temor do Senhor para que o indivíduo siga o caminho da bondade e permaneça na vereda da justiça (Provérbios 2.20).

A antítese do sábio na literatura de sabedoria é o tolo. Diversos termos são usados para caricaturar o tolo na sabedoria do AT, incluindo o jovem ingênuo e sem instrução (*peṯî*, Provérbios 14.15), a pessoa estúpida em questões práticas e cínica em questões religiosas (*k*ᵉ*sîl*, Provérbios 1.1), o indivíduo cuja teimosia leva à insensatez (*ʾĕwîl*, Provérbios 1.7), os rudes e obtusos como bestas (*baʿar*, Provérbios 12.1), os brutos e ímpios (*nāḇāl*, Provérbios 17.7), o tagarela e zombador (*lēts*, Provérbios 1.22) e os loucos e irracionais (*hōlēl*, Provérbios 28.4). Todos esses insensatos são caracterizados por seu desdém à sabedoria e instrução, rejeição da disciplina e correção e ainda irreverência perante o Senhor Deus. O NT confirma o conceito do caminho da sabedoria como instrução divina que inspira a prática da santidade na conduta humana. Segundo o livro de Tiago, os sábios de verdade demonstram discernimento pelo "bom procedimento" e pelas obras feitas com "humildade que provém da sabedoria". Ao contrário da sabedoria terrena, a divina é pura, pacífica, amável, compreensiva, cheia de misericórdia e de bons frutos, imparcial e sincera (3.13-18).

A pessoa da sabedoria

Os antigos hebreus reconheciam que a sabedoria era mais que meros ensinos dos sábios ou o acúmulo de experiência ao longo da vida. O objetivo básico da sabedoria hebraica era o relacionamento adequado com Javé, o próprio Deus da Sabedoria (Jó 12.13; Isaías 31.1-2). O sábio Senhor revelou seu conhecimento na Criação e continua a demonstrar sabedoria no governo providencial das nações (*e.g.*, Salmos 104.24; Provérbios 3.19; Isaías 10.13). Como Deus de sabedoria, ele também concede esse dom à humanidade, aos que o buscam como a um tesouro escondido (Provérbios 2.4; 1Reis 3.28; Daniel 2.21).

A expressão "temor do Senhor" encontrada no AT transmite muito bem essa dimensão relacional da sabedoria hebraica (Salmos 111.10; Provérbios 1.7). O temor do Senhor era a fonte da sabedoria hebraica e denotava uma série de atitudes e ações relacionadas:

1. O desejo de obter sabedoria vindo de escolha fundada na vontade humana (Provérbios 1.29; 2.5).
2. Reverência ao Deus da criação e redenção, uma demonstração de adoração genuína e obediência espontânea a seus mandamentos (Provérbios 24.21).
3. Espanto diante da santidade de Deus e assombro diante do julgamento divino (Eclesiastes 12.13-14).
4. Fé e confiança no plano de Deus para a vida humana e a rejeição da autossuficiência (Salmos 115.11; Provérbios 3.5-6).
5. Ódio e evasiva do mal, recusando-se a invejar os ímpios (Provérbios 3.7; 9.13; 16.6; 23.17).
6. Em geral, a recompensa de prosperidade e vida longa aos prudentes (Provérbios 10.27; 14.27; 19.23).
7. Instrução disciplinada que incute sabedoria, humildade e honra (Provérbios 15.22; 22.4).

A personificação da sabedoria, no livro de Provérbios, também ilustra os aspectos pessoais do temor ao Senhor. A sabedoria é descrita como uma pedagoga itinerante em busca de alunos nas portas da cidade (Provérbios 8.1-12) e como arquiteto preexistente nas obras divinas de criação (Provérbios 8.22-31). Em ambos os casos, a ênfase é dada à experiência de relacionamento com a "pessoa da sabedoria".

O NT amplia o conceito da pessoa da sabedoria descrevendo Jesus Cristo como "arquiteto" da criação (Colossenses 1.15-17). Em outra passagem, o apóstolo Paulo indica que o andar cristão no caminho da sabedoria começa com o reconhecimento de que Deus é a fonte da vida em Jesus Cristo e que ele fez deste Jesus nossa sabedoria, justiça, santidade e redenção (1Coríntios 1.30).

CONTEÚDO DA SABEDORIA

Teodiceia

Os assuntos abordados na literatura de sabedoria do AT são tão numerosos e variados quanto a experiência humana. Existem, todavia, temas recorrentes nas obras de sabedoria especulativa e instrutiva.

Os debates filosóficos de Jó e Eclesiastes enfatizam questões relacionadas ao conceito de teodiceia (*i.e.*, a realidade da dor, do sofrimento e da morte no mundo em relação à santidade e justiça de Deus). Temas específicos abordados nos debates da sabedoria especulativa incluem sofrimento, pobreza e injustiça social (*e.g.*, Jó 21.7-26), o "absurdo" da vida (especialmente a prosperidade dos ímpios – Eclesiastes 8.14-15; 9.11-12), a realidade do mal e da morte (Eclesiastes 9.1-6), a vida após a morte (Eclesiastes 3.16-22) e o propósito desta vida (Eclesiastes 4.1-3).

O princípio da retribuição

O conceito de retribuição divina por méritos (ou deméritos) da conduta humana é um tema comum na literatura poética e de sabedoria do AT. O princípio da retribuição baseia-se nas bênçãos e maldições da aliança mosaica (Deuteronômio 28). As recompensas ou os castigos anexados à legislação do pacto de Javé com Israel estipulam que a obediência aos mandamentos de Deus trará a bênção divina, enquanto a desobediência aos estatutos do Senhor enviará as maldições de Javé aos hebreus. Esse ensinamento, fundamental à teologia do AT, será examinado de quatro perspectivas complementares nos capítulos seguintes (Jó, Salmos, Provérbios e Eclesiastes).

Instrução

A literatura didática de sabedoria é essencialmente um comentário social prático estruturado nas exigências éticas da Lei. Logo, as instruções e advertências dos adágios de Provérbios dirigidos à regulamentação do cotidiano abrangem uma variedade de tópicos, entre os quais relacionamentos familiares (23.22-25), retribuição e disciplina (3.12; 28.10), amizade (17.17), controle da língua (26.18-28), casamento e adultério (5.1-23), pobres e necessitados (14.21,31), a comparação entre o sábio e o insensato (18.1-16), o diligente e o preguiçoso (26.13-16), embriaguez (23.29-35), vida e morte (13.14), ira (29.22), soberania (20.28), etiqueta (25.2-7), dívidas (11.15), sabedoria (1.7) e o temor do Senhor (2.5-6).

Perguntas para estudo e debate

1. Como podemos explicar as semelhanças entre a literatura poética e de sabedoria dos hebreus e a do restante do Antigo Oriente Médio?
2. Qual é a relação entre a literatura de sabedoria do AT e a teologia da prosperidade atualmente adotada por algumas igrejas cristãs?
3. Compare, quanto ao estilo e tema, a sabedoria apócrifa de Eclesiástico e Sabedoria de Salomão com a sabedoria canônica do AT.
4. Qual é a relação entre a literatura de sabedoria e os ensinamentos éticos dos profetas?
5. Escolha um salmo e tente identificar exemplos dos diversos tipos de paralelismo que caracterizam a poesia hebraica.
6. Que papel a literatura de sabedoria deve ter na educação da igreja cristã contemporânea? Há espaço para o "sábio" na atual igreja?
7. Como o conhecimento da situação do poeta hebraico nos auxilia na interpretação da poesia bíblica?

Leituras complementares

ALTER, Robert. **The Art of Biblical Poetry**. New York: Basic Books, 1985.

ANDERSEN, F. I. & FREEDMAN, David N. Hosea. **AB**. Garden City, NY: Doubleday, 1980. v. 24.

BULLOCK, C. Hassell. **An Introduction to the Old Testament Poetic Books**. Rev. ed. Chicago: Moody Press, 1988.

CRENSHAW, J. L. **Old Testament Wisdom**: An Introduction. Rev. ed. Louisville: Westminster/John Knox, 1998. Introdução abrangente ao conceito de sabedoria e literatura de sabedoria na Bíblia e no Antigo Oriente Médio.

____ (org.). **Studies in Ancient Israelite Wisdom**. New York: Ktav, 1976.

FREEDMAN, David N. **Pottery, Poetry and Prophecy**. Winona Lake, IN: Eisenbrauns, 1982.

GAMMIE, John & PERDUE, Leo G. **The Sage in Israel and the Ancient Near East**. Winona Lake, IN: Eisenbrauns, 1990.

GORDIS, R. **Poets, Prophets, and Sages**. Bloomington: Indiana University Press, 1971.

GRAY, G. B. **The Forms of Hebrew Poetry**. Reimp. New York: Ktav, 1972.

HALLO, William H. (org.). **The Context of Scripture**: Canonical Compositions from the Biblical World. Leiden: Brill, 1997. v. 1.

HOFTIJZER, J. Remarks Concerning the Use of the Particle'*t* in Classical Hebrew. **Oudtestamentische Studien** 14, p. 1-99.

KIDNER, Derek. **The Wisdom of Proverbs, Job and Ecclesiastes**: An Introduction to Wisdom Literature. Downers Grove, IL: InterVarsity Press, 1985.

KNIGHT, D. A. & TUCKER, G. A., orgs. **The Hebrew Bible and Its Modern Interpreters**. Chico, CA: Scholars Press, 1985.

KUGEL, James. **The Idea of Biblical Poetry**: Parallelism and Its History. New Haven: Yale University Press, 1983. Argumentos contra as ideias de paralelismo e métrica na poesia hebraica e argumentos a favor da poesia hebraica como composição sintética (*i.e.*, a segunda parte do verso poético enfatiza a primeira).

LONGMAN, Tremper III. **How to Read the Psalms**. Downers Grove, IL: InterVarsity Press, 1988.

LOWTH, Robert. **Lectures on the Sacred Poetry of the Hebrews**. Reimp. Boston: Croker & Brewster, 1829.

MURPHY, R. E. **The Tree of Life**. Garden City, NY: Doubleday, 1990.

____. Wisdom Literature. **FOTL** v. 13. Grand Rapids: Eerdmans, 1982. Classificação e análise de unidades individuais da literatura bíblica da sabedoria conforme o gênero.

____. **Wisdom Literature and Psalms**. Nashville: Abingdon, 1983.

NOTH, Martin & THOMAS, D. W. (orgs.). Wisdom in Israel and in the Ancient Near East. VT, **Rowley Festschrift**, supplement 3, 1955.

O'CONNOR, Michael. **Hebrew Verse Structure**. Winona Lake, IN: Eisenbrauns, 1980. Tentativa de afastar o estudo da poesia hebraica da ênfase ao paralelismo e à métrica em favor da sintaxe por meio da aplicação de técnicas atuais de linguística.

PRITCHARD, J. B. (org.). **ANET**. 3. ed. Princeton: Princeton University Press, 1969.

RYKEN, Leland. **How to Read the Bible as Literature**. Grand Rapids: Zondervan, 1984.

SCOTT, R. B. Y. **The Way to Wisdom**. New York: Macmillan, 1971. Introdução conhecida à literatura canônica e extracanônica de sabedoria, incluindo contexto histórico, formas literárias e relevância contemporânea.

SIMPSON, W. K. (org.). **The Literature of Ancient Egypt**. Rev. ed. New Haven: Yale University Press, 1973.

VON RAD, Gerhard. **Wisdom in Israel**. Transl. J. D. Martin. Nashville: Abingdon, 1972.

WALTON, John H. **Ancient Israelite Literature in Its Cultural Context**. Grand Rapids: Zondervan, 1989. Resumo útil e debate dos paralelos entre literaturas do AT e Antigo Oriente Médio conforme o gênero. Ampla bibliografia.

17

Jó

Conceitos básicos

- ✓ Não é verdade que apenas os ímpios sofrem
- ✓ A sabedoria infinita de Deus é a chave para reconhecer sua justiça
- ✓ A justiça de Deus não pode ser reduzida a uma simples fórmula, como a do princípio da retribuição

O livro de Jó nos leva a considerar uma das principais perguntas filosóficas da existência humana. Trata-se de um livro bastante prático, pois as perguntas não mudaram muito nos últimos cinco mil anos de história. Ainda buscamos explicação para o sofrimento individual e coletivo e nos perguntamos que lógica pode ser usada para entender nossas experiências. Jó oferece uma perspectiva bíblica do sofrimento.

COMPOSIÇÃO DO LIVRO

Não há dúvida de que a forma de Jó que possuímos atualmente tem a estrutura unificada de uma composição literária. No entanto, muita especulação foi feita quanto ao processo envolvido na produção da obra. Os críticos literários logo consideraram determinados trechos acréscimos posteriores. Destacam-se os discursos de Eliú (cap. 32–37), a canção à sabedoria (cap. 28), o segundo discurso de Javé (40.6–41.34) e o prólogo e o epílogo em prosa, muitas vezes considerados empréstimos do "épico de Jó" anterior.

A parte mais contestada é a que contém os discursos de Eliú. Alguns estudiosos comentam que Eliú não é mencionado entre os amigos nem no prólogo nem no epílogo e alegam que ele não acrescenta nada ao debate. Essa última objeção será abordada no comentário sobre a estrutura do livro. Quanto à primeira, há bons motivos para Eliú ser omitido dos trechos narrativos do livro. No prólogo, ele não seria mencionado por sua falta de posição social. Ao se apresentar no capítulo 32, ele deixa claro que não era um dos sábios reconhecidos; era um aluno se atrevendo a repreender seus professores pela falta de discernimento. O fato de Eliú não ser mencionado no epílogo pode ser explicado por ele não ter cometido nenhuma ofensa na resposta a Jó. Os outros amigos aconselharam Jó a confessar pecados desconhecidos ou irreais para amenizar a divindade irada. Eliú não interpretou mal a Deus, portanto não foi obrigado a dar satisfação. Por isso, não há motivo para considerar os discursos de Eliú acréscimos secundários.

Se Jó for tido como literatura de sabedoria, é possível aceitar, como a maioria dos estudiosos, que o diálogo apresentado não seja a citação literal das palavras exatas das pessoas envolvidas. O respeito pela inspiração bíblica exige que a pessoa leve em consideração o gênero literário do livro para entender sua interpretação.

Como resultado, é possível que a composição do livro de Jó só tenha ocorrido séculos após suas experiências. Embora isso dê mais espaço para a possibilidade de acréscimo de seções à obra original, a evidência de que o processo realmente tenha ocorrido é vaga, e não há necessidade dela. A estrutura unificada defende a integridade das partes, e cremos que cada uma possui uma contribuição singular para o propósito total. Em outras palavras, o livro não cumpriria seu propósito se uma das seções fosse retirada.

O indivíduo chamado Jó não demonstra indícios de ser israelita. Os topônimos sugerem que ele era edomita. Consequentemente, não há menção nem da aliança nem da Lei, e Deus raramente é identificado com Javé (*El Shaddai* é mais frequente). Pelo fato de o livro ser uma obra de sabedoria, há pouca informação sobre a natureza histórica do conteúdo para nos ajudar a datar acontecimentos ou composição. Tradicionalmente, os acontecimentos do livro foram datados da era patriarcal porque o estilo de vida e a longevidade de Jó são quase semelhantes aos encontrados em Gênesis. Também se nota que a existência de bandos nômades de sabeus e caldeus (Jó 1.15,17) corresponde ao início do segundo milênio a.C. Não há grandes problemas com essa teoria, embora se deva admitir que as evidências sejam escassas.

Em contrapartida, é pouco provável que o livro tenha sido composto há tanto tempo. Ainda que alguns tenham tentado fazer ligações com o Período Persa, a ortografia do livro parece pré-exílica. Atualmente, muitos estudiosos defendem a data pertencente à monarquia dividida. É muito difícil estabelecer evidências nesse particular. De qualquer forma, a natureza atemporal da mensagem torna a datação do livro uma questão irrelevante.

CONTEXTO

Ainda que não seja possível nem pertinente determinar o contexto histórico, é necessário comentar o contexto literário de um livro como Jó. Ele possui diversos gêneros literários, incluindo diálogo (cap. 4–27), monólogo (*e.g.*, cap. 3), discurso (*e.g.*, cap. 29–41), narrativa (cap. 1 e 2) e hino (cap. 28). Eles são comuns à literatura de sabedoria, mas raramente são misturados de forma tão sofisticada e habilidosa como se vê nessa obra. A literatura de sabedoria do Antigo Oriente Médio apresenta algumas composições que abordam as mesmas questões filosóficas gerais. Uma obra suméria intitulada "Homem e seu Deus" (Período Ur III, cerca de 2000 a.C.) é o monólogo de uma pessoa que não entende por que está sofrendo. No fim, seu pecado é revelado, e ela conclui não haver sofrimento imerecido.

Em um monólogo acádico, Ludlul bel Nemeqi (Louvarei ao senhor da sabedoria), que data do fim do segundo milênio a.C., um homem que acredita agradar Marduque, principal deus dos babilônios, pergunta-se por que está sofrendo. No fim, seus pecados são perdoados; conclui-se, pois, que a solução é a inexistência do sofredor justo (fig. 17.1).

A terceira obra, "A teodiceia babilônica" (cerca de 1000 a.C.), apresenta a forma de diálogo entre o sofredor e seu amigo. Este oferece conselhos e explicações, mas o sofredor contesta todos. Chega-se, então, à conclusão de que a conduta dos deuses não pode ser analisada nem compreendida – tudo o que os ímpios fazem acontece porque os deuses os fizeram assim (fig. 17.2).

Figura 17.1 – Trecho da Sabedoria Mesopotâmica: 1

Minha cabeça elevada está prostrada ao chão,
O terror enfraqueceu meu coração vigoroso.
Um novato recusou meu peito largo.
Meus braços, antes fortes, estão ambos paralisados.
Eu, que andava como nobre, aprendi a passar despercebido.
Embora dignitário, tornei-me escravo.
Aos meus muitos parentes sou como eremita.
Minha família me trata como estrangeiro.
A sepultura espera quem falar bem de mim,
Enquanto o que me difama é promovido.
Meu zombador zomba com a ajuda de deus;
Não tenho ninguém a meu lado, nem encontrei auxiliador.
Que condições estranhas por toda a parte!
Quando olho para trás, há perseguição, angústia,
Como quem não ofereceu libações a seu deus,
Nem invocou sua deusa à mesa,
Quanto a mim, dei atenção à súplica e oração:
Para mim a oração era critério, o sacrifício minha regra.
O dia de reverenciar o deus era alegria ao coração;
O dia da procissão da deusa era lucro para mim.
A oração do rei – era minha alegria,
E a música que acompanhava se tornou prazer para mim.
Instruí minha mão a guardar os ritos do deus,
E levei o povo a valorizar o nome da deusa.
Louvei o rei como um deus,
E ensinei ao povo reverência pelo palácio.
Desejaria saber que estas coisas agradavam a deus!
O que é adequado para si é ofensa a deus.
Quem conhece a vontade dos deuses no céu?
Quem entende os planos do deus das profundezas?
Quem vivia ontem, hoje está morto.
Por um minuto, estava abatido, de repente, está exuberante.
Num momento, o povo está cantando em exaltação,
No outro, geme como lamentadores profissionais.
Meu deus não veio ao resgate tomando-me pela mão,
Nem minha deusa mostrou piedade por mim vindo ao meu lado.
Então o Senhor tomou-me,
O Senhor levantou-me,
O Senhor deu-me vida,
Os babilônios viram como Marduque restaura à vida,
E toda a terra glorificou sua grandeza:
Quem pensou que ele veria seu Sol?
Quem imaginou que andaria por sua rua?
Quem além de Marduque restaura o morto à vida?
Além de Sarpanitum, que deusa concede vida?

De Ludlul bel Nemeqi, em **Babylonian Wisdom Literature**, transl. W. G. Lambert. New York: Oxford University Press, 1960. I: 73-79,92-95,98; II: 10-13,23-42,112-30; IV: 2-4,29-36.1.

Figura 17.2 – Trecho da Sabedoria Mesopotâmica: 2

Sofredor III

23 Meu amigo, minha mente é um rio cuja fonte nunca acaba
24 O volume acumulado do mar, que nunca diminui.
25 Perguntarei a você; ouça o que digo.
26 Preste atenção por um momento; ouça minhas palavras.
27 Meu corpo está acabado; a fraqueza [me] entristece,
28 Meu sucesso desvaneceu, minha estabilidade sumiu,
29 Minha força está debilitada, minha prosperidade terminou,
30 Gemidos e tristeza obscureceram minhas feições.
31 O milho dos meus campos está longe de [me] satisfazer,
32 Meu vinho, a vida da humanidade, é muito pouco para saciar.
33 Pode uma vida de alegria ser garantida? Desejaria saber como!

Amigo VI

56 Ó palmeira, árvore de riqueza, meu precioso irmão,
57 Dotado de toda sabedoria, joia de [ouro,]
58 Você é estável como a terra, mas o plano dos deuses é remoto.
59 Veja o magnífico asno selvagem na [planície;]
60 A flecha seguirá o chifrador que pisoteou os campos.
61 Venha, considere o leão que você mencionou, o inimigo do gado.
62 Para o crime que o leão cometeu o abismo o aguarda.
63 Os novos-ricos opulentos que acumulam bens
64 Serão queimados na fogueira pelo rei antes do seu tempo.
65 Deseja partir como estes partiram?
66 Antes busque a recompensa duradoura do [seu] deus!

Sofredor II

67 Sua mente é vento norte, brisa agradável para os povos.
68 Amigo distinto, seu conselho é excelente.
69 Somente uma palavra coloco diante de você.
70 Os que negligenciam o deus seguem na prosperidade,
71 Enquanto os que oram à deusa empobrecem e perdem suas posses.
72 Na minha juventude, busquei a vontade de meu deus;
73 Com prostração e súplica segui minha deusa.
74 Mas carregava corveia sem lucro como jugo.
75 Meu deus decretou em vez de riqueza destituição.
76 O aleijado é meu superior, o lunático me sobrepuja.
77 O vadio foi promovido, mas eu fui humilhado.

Amigo XXIV

254 Ó sábio, ó erudito, que domina o conhecimento,
255 Na sua angústia você blasfema seu deus.
256 A mente divina, como o centro dos céus, é remoto;
257 Conhecê-la é difícil; os povos não a conhecem.
258 Entre todas as criaturas que Aruru formou

(Continuação na próxima página.)

259 As primícias são completamente...
260 No caso da vaca, o primeiro bezerro é pequeno,
261 O restante da prole tem o dobro do tamanho.
262 O primeiro filho é fraco.
263 Mas o segundo é chamado guerreiro heroico.
264 Embora o homem conheça a vontade de deus, os povos não a conhecem.

Sofredor XXVII
287 Você é gentil, meu amigo; veja minha tristeza.
288 Ajude-me; olhe para a minha angústia; conheça-a.
289 Eu, embora humilde, sábio e suplicante,
290 Não tive ajuda nem socorro por nenhum momento.
291 Andei pela praça da minha cidade discretamente,
292 Minha voz não se levantou, meu falar foi baixo.
293 Não levantei minha cabeça, mas olhei para o chão,
294 Não adorei mesmo quando escravo na companhia dos meus associados.
295 Que o deus que me lançou fora me dê auxílio,
296 Que a deusa que [me abandonou] demonstre misericórdia,
297 Pois o pastor Samas guia os povos como deus.

Apesar de a literatura da Mesopotâmia demonstrar semelhanças gerais em forma e conteúdo ao livro de Jó, este tem um nível bem mais elevado de sofisticação, tanto na forma literária quanto na profundidade e integridade filosófica.

Se o seu gênero for identificado com base na correlação com obras mesopotâmicas, pode-se argumentar contra os que consideram o livro uma peça teatral, ainda que possa ser adaptado para tal uso. Da mesma forma, como a literatura de sabedoria por definição faz uso frequente de situações hipotéticas e diálogo, não há motivo para enfatizar a historicidade da conversa. Também não há razão para duvidar de que a narrativa se baseia nas experiências de pessoas reais.

ESBOÇO DE JÓ

I. Prólogo (1 e 2)
II. Diálogos
    A. Primeiro lamento de Jó (3)
    B. Primeiro ciclo: Consolo

1. Elifaz (4 e 5)
2. Jó (6 e 7)
3. Bildade (8)
4. Jó (9 e 10)
5. Zofar (11)
6. Jó (12–14)

C. Segundo ciclo: O destino dos perversos
1. Elifaz (15)
2. Jó (16 e 17)
3. Bildade (18)
4. Jó (19)
5. Zofar (20)
6. Jó (21)

D. Terceiro ciclo: Acusações específicas
1. Elifaz (22)
2. Jó (23 e 24)
3. Bildade (25)
4. Jó (26 e 27)

III. Interlúdio: hino à sabedoria (28)

IV. Discursos

A. Primeiro discurso: Jó
1. Memórias (29)
2. Aflição (30)
3. Juramento (31)

B. Segundo discurso: Eliú
1. Introdução e teoria (32 e 33)
2. Veredicto de Jó (34)
3. Ofensa de Jó (35)
4. Conclusão (36 e 37)

C. Terceiro discurso: Deus
1. Primeira exposição (38 e 39)
2. Segunda exposição (40 e 41)

D. Conclusão de Jó (40.3-5; 42.1-6)

V. Epílogo (42.7-17)

PROPÓSITO E MENSAGEM

O propósito do livro de Jó é explorar a justiça do tratamento que Deus dá aos justos. Essa pesquisa pressupõe duas direções principais. Na primeira, o satã sugere em 1.9-11 que a política de bênção aos íntegros é contraproducente para o desenvolvimento da verdadeira integridade. A bênção induz as pessoas a serem justas por causa do que receberão em troca. Ele sugere que esse argumento pode ser comprovado pela eliminação das bênçãos de Jó. O satã alega que integridade apenas por amor à integridade inexiste e, na verdade, não pode existir no sistema que Deus opera. Sua política, não Jó, está sendo julgada. Em segundo lugar, Jó se pergunta como Deus pode permitir que o justo sofra. Mais uma vez, a política de Deus está sendo julgada.

Ao realizar esse propósito, o livro não toma atalhos. O narrador não mede esforços para demonstrar a reputação impecável de Jó. Por meio disso, as soluções fáceis do Antigo Oriente Médio são descartadas desde o início e rejeitadas na filosofia superficial dos amigos de Jó. No fim, não importa para o propósito do livro o fato de Deus ter inocentado Jó. O público estava ciente da inocência de Jó desde o início. O essencial para o desenvolvimento do objetivo do livro é que Jó justifica Deus ao manter sua integridade mesmo quando não é abençoado por isso.

A mensagem do livro com relação à preocupação do satã é que a prática da concessão da bênção divina ao homem íntegro não impede o desenvolvimento da verdadeira integridade. Quanto à situação de Jó, a mensagem é que Deus não é obrigado a garantir que o íntegro receba bênção e *somente* bênção. O mundo é bem mais complexo. Em ambos os casos, a justiça divina é inferida de sua sabedoria. Mesmo não obtendo informação suficiente para vindicar a justiça divina, temos o bastante para nos convencer de sua sabedoria benevolente. A autodefesa divina, se é que pode ser chamada assim, é feita pela demonstração de que sua sabedoria excede a todo o entendimento humano. Embora esse propósito e mensagem expliquem o livro quanto ao enredo, algumas pessoas questionam por que os israelitas tiveram interesse por essa obra literária, que parece ter uma origem externa à da sua sociedade. A resposta comum é que o livro de Jó pode ter interessado os israelitas exilados na Babilônia que tentavam reconciliar a situação com seu conceito a respeito de Deus.

Apesar de o livro, sem dúvida, conter debates e informações inestimáveis para os exilados (especialmente a noção de que a sabedoria divina é a base na qual sua justiça pode ser vindicada), o contexto de Jó parece muito diferente do Israel do século VI para se fazer uma correlação próxima. É mais natural que o livro insista na inocência absoluta de Jó e a vindique no fim. O mesmo não podia ser dito de Israel. Entretanto, a minoria íntegra de israelitas poderia ter se consolado com os ensinamentos do livro de Jó.

ESTRUTURA E ORGANIZAÇÃO

O prólogo de Jó possui várias funções. Em primeiro lugar, introduz as personagens e apresenta as condições em que o drama se desenrola. Isso é feito de tal forma que o leitor passa a conhecer certos detalhes que as próprias personagens desconhecem (por exemplo, Jó e seus amigos não sabem do debate entre o Senhor e o satã). O resultado é que o leitor sabe antecipadamente que os amigos estão errados a respeito de Jó.

Em segundo lugar, o prólogo apresenta uma das preocupações filosóficas do livro no desafio do satã a Deus. As duas cenas no prólogo levam à ruína da família e dos bens de Jó e depois ao colapso de sua saúde.

Estrutura

O lamento de Jó, no capítulo 3, apresenta os três ciclos de diálogos que ocupam os capítulos 4–27. No trecho dos diálogos, os amigos se tornam cada vez mais hostis, enquanto ele se isola e dirige suas declarações a Deus. É difícil encontrar algo de errado com a teologia dos amigos, mas seu papel de consoladores deixa muito a desejar. Os amigos afirmam a teologia tradicional: o justo prosperará e o ímpio sofrerá. Isso é denominado o "princípio da retribuição" e é afirmado em geral nos livros de Salmos e Provérbios. Os amigos também afirmam uma dedução: "Quem prospera deve ser justo e quem sofre deve ser ímpio". Embora essa ideia não seja apresentada como princípio pelas Escrituras, é evidente que os israelitas, em geral, acreditavam nisso. Tal dedução torna-se a base das acusações dos amigos contra Jó. Se o princípio da retribuição e seu corolário são verdadeiros e se Deus é justo, Jó deve ser culpado de crime terrível.

Com o desenrolar do trecho dos diálogos, Jó afirma tanto o princípio da retribuição quanto seu corolário. (De início, o cap. 21 parece ser uma exceção, mas Jó observa que se pode haver exceção ao princípio da retribuição na prosperidade ocasional do ímpio, também pode haver exceção no sofrimento do justo.) Mas como Jó insiste não ter feito nada para merecer o sofrimento, é forçado a desconfiar da justiça divina. A maior parte dos discursos de Jó é sustentada pela rejeição das conclusões e da sabedoria dos amigos, por um lado, e pelas exigências de Deus para a audiência pública, por outro. Jó deseja levar sua causa ao tribunal. Com sua queixa contra Deus, ele tenta posicionar-se como acusador e colocar Deus no banco dos réus. As práticas divinas devem ser explicadas. Na verdade, Jó não está ciente de que foi a exigência de explicação (pelo satã) que o colocou naquela situação difícil. Os comentários dos amigos de Jó servem para oferecer algumas das respostas filosóficas da época para o problema do sofrimento. São as mesmas já vistas no material mesopotâmico. A resposta mesopotâmica era desistir de compreender a vida. A confissão de crimes desconhecidos ou não cometidos era usada como meio de apaziguar a divindade irracional. É isso que os amigos de Jó queriam que ele fizesse. A última palavra de Jó nesses diálogos (27.1-6) mostra que é exatamente ao se recusar a reagir dessa maneira que ele manteve a integridade. Ainda que ele tivesse sérias dúvidas quanto à justiça divina, recusou-se a tratá-lo como se trataria uma das divindades pagãs irracionais (42.7). O fato de Jó não estar disposto a fazer uma falsa confissão para apaziguar a Deus e receber favor e bênção novamente é demonstração de que sua integridade é verdadeira e abnegada.

Excurso: Satanás

Há um motivo pelo qual nos referimos a "o satã" neste capítulo, em vez do nome próprio mais comum "Satanás". Nosso propósito é refletir o texto hebraico com mais precisão. No livro de Jó, "satã" não é nome pessoal, mas a descrição de uma função. A função descrita pela palavra hebraica *śāṭan* pode ser realizada por seres humanos (1Samuel 29.4; 2Samuel 19.17-24; 1Reis 5.16-20; 11.14-23; Salmos 109.6) ou por seres sobrenaturais (Números 22.22; 1Crônicas 21.1; Zacarias 3.1-2). Em cada caso, o ser age como adversário. O papel de adversidade não é necessariamente maligno, como se pode observar em Números 22, em que "o Anjo do Senhor" é designado desta forma.

Embora não exista razão para negar que o satã no livro de Jó seja realmente "Satanás", é preciso reconhecer que os israelitas do período do AT provavelmente não sabiam da existência do chefe dos demônios, o satã por excelência. A única passagem em que o substantivo aparece sem artigo definido ("o") é em 1Crônicas 21.1, um dos últimos livros do cânon do AT a ser escrito. Nesse contexto, pode ser nome próprio (Satanás) ou pode ser indefinido (um satã). Como o anjo do Senhor está em vista em Números 22, não podemos insistir que a função seja sempre realizada pelo mesmo indivíduo. No entanto, o livro de Jó é fonte importante para traçar o desenvolvimento de Satanás na história do pensamento teológico.

A primeira parte do livro respondeu ao desafio feito pelo satã. Sim, existe integridade abnegada, e Jó é o grande exemplo dela. Mas o problema dele continua: como pode um Deus justo permitir que o íntegro sofra? A inserção do "hino à sabedoria", no capítulo 28, no fim do trecho dos diálogos, sugere que a verdadeira sabedoria ainda não se tenha manifestado. A sabedoria tradicional dos sábios não foi suficiente para vencer o desafio da complexidade da situação de Jó. Esse hino mostra Deus como fundador da sabedoria e possuidor de tal sabedoria que faz a pequena sabedoria humana parecer ainda menor. A sabedoria humana, por mais insignificante, só pode vir por meio do temor do Senhor — confiar em sua sabedoria, e não no próprio entendimento. Isso leva ao trecho dos discursos e já indica o rumo da resolução.

O primeiro discurso contém a causa final apresentada por Jó. Ele recorda sua alta posição anterior (cap. 29), lamenta sua aflição atual (cap. 30) e, acima de tudo, jura inocência (cap. 31). O juramento tem a intenção de forçar Deus a agir. Se Jó é culpado de qualquer ofensa incluída no juramento, Deus terá de executar as maldições adequadas. O silêncio de Deus serviria de justificação.

O segundo discurso inclui a exposição de Eliú. Isso cumpre a função da narrativa de manter o leitor em suspense com relação à resposta de Deus ao juramento de Jó. Possui uma função filosófica e oferece uma resposta mais sofisticada ao problema de Jó do que a sugerida pelos outros amigos. Primeiro, Eliú insiste que Deus governa com justiça. Isso está de acordo com os outros conselheiros, mas contesta Jó, que expressou suas dúvidas. Em seguida, Eliú afirma o princípio da retribuição, mas rejeita o corolário. Na sua opinião, o sofrimento pode ser preventivo ou punitivo. Ou seja, Jó não precisa ter cometido crimes horríveis; seu sofrimento pode ser a maneira de Deus de afastá-lo do caminho errado. Consequentemente, o sofrimento também pode ser expressão da misericórdia divina.

A perspectiva de Eliú é difícil de contestar e parece ser confirmada, pelo menos em parte, nas afirmações de Deus sobre Jó (40.8). Não obstante, como lemos no prólogo, sabemos que Eliú não precisou o motivo do sofrimento de Jó.

Quando, finalmente, chegamos ao terceiro discurso — as exposições de Deus —, esperamos encontrar a solução para o problema do livro.

Podemos observar a reação de Deus de diversos aspectos. Em primeiro lugar, sua resposta desconsidera completamente a queixa de Jó e evita responder ao juramento de inocência. Em segundo lugar, embora Deus não identifique a ofensa cometida por Jó, ele também não indica a causa do sofrimento de Jó. Em vez disso, toda a exposição passa da consideração da justiça de Deus para a consideração de sua sabedoria. A linha das perguntas sem resposta demonstra que Jó não é páreo para Deus. Ele é responsável pela estrutura criada do mundo e por sua manutenção soberana.

Deus sugere que a ordem natural não foi estabelecida com o princípio da retribuição como fundamento operacional (38.26). Quando o princípio da retribuição opera, ele torna clara a intervenção soberana de Deus; mas a natureza não executa automaticamente o princípio da retribuição. Deus até desafia Jó a projetar um sistema com o princípio da retribuição embutido (40.10-14).

A resolução oferecida pelos discursos de Deus é que sua justiça deve ser inferida de sua sabedoria. As causas do sofrimento não podem ser coerentes ou precisamente deduzidas, e ninguém é sábio o suficiente para questionar a justiça divina. Nas suas respostas breves, Jó fica sem palavras a princípio (40.3-5) e finalmente se retrata (42.1-6). Elifaz o incentiva a se arrepender (*shûb*) do pecado (22.23), e Deus o leva a retirar (*naḥam*) o que dissera a seu respeito (42.6). Embora tenha mantido sua integridade e seja vindicado como homem justo, Jó causou uma ofensa. Seu orgulho e sua hipocrisia serviram de plataforma para questionar a justiça de Deus.

O epílogo põe os pingos nos is. O relato da prosperidade renovada de Jó não é gratuito. Apesar de o satã não aparecer no epílogo, a prosperidade derramada sobre Jó é resposta a ele: Deus continuará sua política de intervir para abençoar o justo. Os amigos de Jó são repreendidos, não por acusarem Jó, mas porque não falaram adequadamente a respeito de Deus (42.7-8).

Mesmo vindicado, Jó não recebe explicação do seu sofrimento. Isso não é problema para o livro, pois a questão não é o *motivo* de seu sofrimento, e sim a preocupação central da propriedade das ações e da conduta de Deus. Para o público não houve dúvida quanto à inocência de Jó nem o motivo do sofrimento. Ao manter sua integridade, Jó vindicou a prática divina de fazer prosperar o justo. Deus vindicou Jó diante dos amigos.

Sua justiça é vindicada, não pela identificação de causa "legítima" do sofrimento, mas pela demonstração de grande sabedoria.

TEMAS PRINCIPAIS

O princípio da retribuição: primeira parte

O princípio da retribuição oferece o quadro para o debate filosófico apresentado no livro de Jó. Como já vimos, o princípio é afirmado por meio de cláusulas: se a pessoa for íntegra, prosperará; se for perversa, sofrerá. O corolário foi deduzido do princípio com base na suposição de que o princípio é sempre verdadeiro. Logo, a conclusão é: se a pessoa prosperar, é íntegra; e se sofrer, é perversa. O princípio serve de explicação popular para mudanças na sorte de indivíduos e nações.

Embora o princípio fosse amplamente aceito pelos israelitas e seus vizinhos, é evidente com base nos Salmos (*e.g.*, 37) que a teoria e a prática nem sempre concordam. Em Israel, a lacuna entre teoria e prática criou um grande problema por causa do conceito hebraico de Deus. Como havia apenas um Deus soberano, o sofrimento não podia vir de outra fonte. Como esse único Deus era considerado absolutamente justo, o sofrimento deveria ter uma explicação lógica. Além disso, se Deus realmente fosse justo, o sofrimento deveria ser proporcional à perversidade, e a prosperidade à justiça.

No livro de Jó, todos supõem que o princípio da retribuição é verdadeiro. As questões centrais dizem respeito à relação do princípio com a justiça de Deus, questionando em particular o corolário. No fim, o livro afirma a intenção divina de operar pelo princípio da retribuição, mas implica que não podemos prever como nem quando entrará em operação. Como o princípio nem sempre é nitidamente verdadeiro, o corolário deve ser rejeitado. O princípio da retribuição deve ser aceito como uma explicação de como Deus é. Ele se agrada em fazer prosperar o justo e garante que os ímpios serão punidos. Isso é constantemente afirmado na teologia do AT com relação a indivíduos e nações. Contudo, o princípio não pode ser usado para exigir a ação divina ou entender como a pessoa realmente é. Não podemos explicar coerentemente a prosperidade ou adversidade individual. Ele não serve para abordar questões de causa. Muitas vezes, não podemos saber o que causa nosso sofrimento, mas podemos nos consolar com o fato de tudo estar nas mãos do Deus infinitamente sábio e soberano.

Sabedoria, justiça e soberania de Deus

Os atributos divinos de sabedoria, justiça e soberania são enfatizados no livro de Jó e na literatura de sabedoria em geral. Podemos apreciar muito mais esses temas se os compararmos com outras ênfases. Por exemplo, na ênfase à aliança, na teologia israelita, é comum ver lealdade (*ḥesed*), compaixão (*raḥûm*) e bondade (*ḥanûn*) mencionadas com preeminência (v. Êxodo 34.6; Joel 2.13; Jonas 4.2; Neemias 9.17; Salmos 86.15; 103.8; 145.8).

Contraste interessante de foco também pode ser percebido nas listas modernas de atributos divinos. Muitas vezes, elas enfatizam a onisciência (saber tudo) em lugar da sabedoria infinita. Tendem a focalizar a onipotência (poder sobre tudo), talvez, à custa da soberania (controle e manutenção). Os cristãos tendem a considerar a justiça algo que felizmente não receberam, pois todos pecaram e carecem da glória de Deus; portanto, o julgamento de Deus é temido. No entanto, o maior desejo de Jó era que Deus julgasse sua causa. C. S. Lewis esclareceu este último contraste ao comentar que o cristão vê o julgamento como causa criminal em que ele mesmo é o réu; busca misericórdia, não justiça. O israelita vê julgamento como causa civil em que ele é o queixoso; busca justiça no lugar de injustiça.[1]

Em tal situação, vemos as categorias mais amplas dos atributos divinos. A onisciência é apenas uma parte pequena e insignificante da sabedoria infinita de Deus. Onipotência também é apenas um aspecto da soberania. Da mesma forma, a misericórdia, às vezes, é o reflexo mais personalizado da justiça divina. As categorias mais amplas nos ajudam a focalizar quem Deus é em vez do que ele pode fazer por determinada pessoa.

Mediador

A questão de Jó ter sido auxiliado por um mediador (aludido por vários termos hebraicos) é levantada várias vezes no livro (5.1; 9.33;

---

1 **Reflections on the Psalms** (New York: Harcourt, 1958), p. 9-19.

16.18-22; 19.25-27; 33.23). Jó suplica pela intercessão de um mediador e parece convencido de que algum surgirá (19.25-27), embora a natureza exata de sua expectativa seja motivo de grande controvérsia. Alguns consideram as afirmações de Jó na crença da ressurreição do corpo, enquanto outros traduzem e interpretam o texto de forma que entenda a sua convicção de que ele será vindicado e restaurado após a morte.

Não obstante a posição de Jó quanto à hora da sua vindicação, o papel do mediador é claro. Ele é alguém (a maioria acredita que Jó espera pelo próprio Deus) que serviria de advogado de defesa no tribunal no sentido de garantir uma audiência e um veredicto justos. Além disso, alguns termos usados para descrever o mediador descrevem-no como um parente próximo (resgatador; v. cap. 10, "Rute") que surgiria no auge da crise para prestar socorro com uma solução digna.

É importante que, embora a questão do mediador domine o trecho dos diálogos, ela fica em segundo plano quando o livro chega à conclusão. No fim, o mediador não é necessário nem aparece. A afirmação de Jó de ter sido tratado injustamente dissipa-se diante dos desafios de Deus, e sua necessidade do redentor é eliminada por sua restauração.

Perguntas para estudo e debate

1. Como a informação tirada de Jó pode ser usada para consolar quem sofre?
2. O que o livro oferece como reação adequada ao sofrimento?
3. Deus opera por meio do princípio da retribuição atualmente? Explique.
4. Existe ligação entre o princípio da retribuição e o conceito farisaico da Lei? Explique.

Leituras complementares

Andersen, Francis I. Job. **TOTC**. Downers Grove, IL: InterVarsity Press, 1976. Excelente abordagem feita por linguista evangélico renomado. [Publicado em português com o título **Jó**: introdução e comentário (São Paulo: Vida Nova).]

Atkinson, David. **The Message of Job**. Downers Grove, IL: InterVarsity Press, 1991. Abordagem pastoral do sofrimento com base na experiência de Jó.

Blackwood, Andrew W., Jr. **Out of the Whirlwind**. Grand Rapids: Baker, 1959.

Clines, D. J. A. Job 1–20. **WBC**. Waco, TX: Word, 1989. v. 17.

____. Job 21–42. **WBC**. Waco, TX: Word, 1996. v. 18.

Gordis, Robert. **The Book of God and Man**. Chicago: University of Chicago Press, 1965. Abordagem temática com base no contexto judaico.

Hartley, John. **The Book of Job**. Grand Rapids: Eerdmans, 1988. Recente, familiarizado com as pesquisas eruditas, evangélico (mas nem sempre no sentido tradicional), instigante, completo e um dos melhores.

Pope, Marvin. **Job**. New York: Anchor, 1965. Boa análise com base no contexto do Antigo Oriente Médio em particular.

Tsevat, Matitiahu. The Meaning of the Book of Job. In: **The Meaning of the Book of Job and Other Biblical Studies**. New York: Ktav, 1980. Artigo original, publicado em 1966, sobre o livro de Jó e o princípio da retribuição.

Westermann, Claus. **The Structure of The Book of Job**. Philadelphia: Fortress Press, 1981. Estudo útil da crítica da forma. [Tradução da obra original em alemão].

18

Salmos

Conceitos básicos

✓ Reconhecimento do reino e da soberania de Deus
✓ Importância do louvor em todas as suas variações
✓ Conduta e destino dos justos e dos ímpios
✓ Papel da natureza e da criação
✓ Consolo e defesa de Deus em tempos de crise

O livro de Salmos é um dos mais estimados e usados do AT e, ao mesmo tempo, um dos mais problemáticos do cânon. Questões relativas à autoria, composição, teologia, interpretação, aplicação e função contribuem para a complexidade do livro. O fato de muitos cristãos, ao longo dos séculos, terem encontrado consolo em suas páginas em tempos de necessidade, sem jamais considerar essas questões, serve de testemunho do poder de Deus de ministrar por meio dos livros das Escrituras.

COMPOSIÇÃO DO LIVRO

Dois aspectos da composição devem ser considerados: a autoria de salmos individuais e a composição do saltério em geral. Como alguns dos salmos parecem datar de meados do segundo milênio a.C., enquanto outros são claramente pós-exílicos (*i.e.*, posteriores a 539 a.C.), sabemos que 1) a composição do todo só ocorreu após o exílio; e 2) o organizador (pessoa ou pessoas responsáveis por coletar e ordenar os salmos) deve ser diferenciado do autor (compositor dos salmos individuais). Usaremos os termos *autor* e *organizador* para distinguir essas funções.

Autoria

A principal fonte de informação para a autoria dos salmos vem dos títulos. Dos 150 salmos, apenas 34 não têm título. Dos 116 títulos, 100 indicam o autor (e frequentemente outras informações, como estilo musical ou instruções para execução), e desses 100, 73 são atribuídos a Davi. Outros autores identificados são Moisés (90), Salomão (72, 127), Asafe (50, 73–83), Hemã (88), Etã (89) e o grupo chamado Filhos de Coré ou coraítas (42, 44–49, 84, 85, 87). Questiona-se se as pessoas mencionadas nos títulos foram designadas autoras ou receptoras. Por exemplo, o salmo 72 parece ser uma bênção para Salomão (feita por Davi), e não um salmo escrito por Salomão.

Outros inquirem sobre a confiabilidade dos títulos. Devem ser considerados inspirados? Até os manuscritos mais antigos do AT contêm os títulos, embora não sejam parte da composição. Se forem acréscimos posteriores de um organizador, permanecem muito antigas e, portanto, têm direito à autenticidade. É difícil provar sua inspiração, mas intérpretes mais conservadores consideram-nos precisos.

Composição

Salmos está dividido em cinco livros:

Livro I: 1–41
Livro II: 42–72
Livro III: 73–89
Livro IV: 90–106
Livro V: 107–150

Essa divisão é mais antiga que os manuscritos mais antigos, mas até recentemente os intérpretes tinham poucas indicações do seu significado. Certo progresso foi feito ao se reconhecer que há coleções menores no conjunto, das quais se destacam:

Grupo davídico I: 3–41
Grupo dos filhos de Coré I: 42–49
Grupo davídico II: 51–65

Grupo de Asafe: 73–83

Grupos dos filhos de Coré II: 84–88 (exceto o 86)

Grupo de louvor congregacional I: 95–100

Grupo de Aleluia: 111–117

Cânticos de ascensão a Jerusalém: 120–134

Grupo davídico III: 138–145

Grupo de louvor congregacional II: 146–150

O organizador ordenou essas coleções menores em uma estrutura de cinco livros para produzir composição maior que denominamos Salmos. Que propósito levou o organizador a dispor os salmos individuais e as coleções?

Sugestão útil é que o propósito do organizador é discernível pelos salmos de "junção". Eles se localizam no fim de cada um dos quatro primeiros livros (*i.e.*, 4, 72, 89 e 106). A teoria especula que foram usados pelo editor para marcar transições de um livro para o outro, de forma que, ao examiná-los cuidadosamente, podemos distinguir o tópico principal de cada livro. Esses dados seriam complementados por outras evidências de organização, como o comentário em Salmos 72.20, que indica o fim das orações de Davi, embora muitos salmos davídicos apareçam posteriormente no saltério.

Acredita-se que a evidência mais significativa do trabalho e propósito do organizador está nos salmos 1 e 2, os quais muitos consideram a introdução do livro. O importante aqui é que, juntas, essas observações sugerem a organização definitiva e intencional dos salmos, oferecendo mensagem que transcende o que salmos individuais têm a oferecer. Da mesma forma que os autores da literatura histórica tomaram narrativas de diversas fontes e as organizaram em uma composição unificada com propósito teológico determinado, este deve ser o caso do organizador de Salmos. Nos mesmos moldes que certos livros históricos (especialmente Reis) foram compilados em estágios, provavelmente Salmos também tenha sido.

Evidências de que os cinco livros de Salmos não foram compilados de uma só vez são encontradas nos manuscritos de salmos encontrados entre os manuscritos do mar Morto. Estes datam dos últimos 150 anos a.C. Entre os cerca de 30 manuscritos disponíveis, os salmos dos livros I–III estão quase sempre na mesma ordem encontrada na Bíblia. A ordem dos salmos nos livros IV e V, no entanto, muitas vezes difere da ordem do AT. Isso parece sugerir que os livros I–III já haviam atingido a forma final no século II a.C., e os livros IV e V ainda estavam sendo organizados. Assim, é possível que a organização só tenha sido concluída pouco antes da época de Cristo.

Logo, Salmos é composto de poesias individuais escritas durante o período de mil anos por várias pessoas. Elas foram reunidas em momentos diferentes formando pequenas coleções, que por sua vez foram organizadas gradualmente em uma obra maior com propósitos teológicos definidos em mente.

CONTEXTO

É mais adequado falar do contexto literário de Salmos que do contexto histórico. O estudo dos hinos e orações mesopotâmicos e egípcios apresentou muitas informações que nos permitem entender melhor os salmos. Em um estudo comparativo como este, é necessário considerar semelhanças e distinções para obter um quadro equilibrado. Aspectos de forma e conteúdo podem contribuir para a análise (fig. 18.1).

Forma

Os salmos da Bíblia podem ser classificados em três categorias — louvor, lamento e sabedoria — com várias subcategorias. Em geral, cada salmo possui uma classificação — exceto o salmo 22, no qual os versículos 1-21 são lamento e 22-31 formam o louvor. Os salmos de louvor e lamento têm certas características que os tornam facilmente distinguíveis. Por exemplo, os salmos de lamento geralmente contêm vocativos no primeiro verso (*e.g.*, "Senhor", v. Salmos 3, 5-7); os salmos de louvor congregacional quase sempre começam com o imperativo (*e.g.*, "Cantem ao Senhor"; v. Salmos 96; 98).

Além disso, cada tipo de salmo segue um formato coerente. Salmos de lamento incluem regularmente elementos como queixa, petição, confissão de fé e voto de louvor.

Os salmos da Mesopotâmia não contêm composições distintas de lamento. Em vez disso, lamento e louvor são combinados em entidades únicas. Aqui podemos ver semelhança e distinção com Salmos. A diferença está na combinação babilônica de louvor e lamento; a semelhança é que israelitas e babilônios geralmente usam as mesmas formas de lamento quando se queixam da divindade e formas semelhantes de louvor quando a louvam.

Contudo, um tipo de louvor é comum na Bíblia, mas não se encontra na literatura mesopotâmica. Os salmos israelitas manifestam "louvor descritivo" e "louvor declarativo", porém apenas o primeiro aparece na Mesopotâmia. O louvor descritivo exalta a Deus por sua pessoa, concentra-se nos atributos de Deus. O louvor declarativo geralmente é de uma pessoa agradecendo a Deus por atender a uma oração sobre algo específico no passado.

Figura 18.1 – Trecho de salmo mesopotâmico

Oração ao deus-lua

Ó Sin, Ó Nannar, glorificado...,
Sin, único, que ilumina...,
Que fornece luz para o povo...,
Para guiar o povo de cabelo escuro corretamente...,
Brilhante é tua luz no céu...
Cintilante é tua tocha como fogo...
Tua claridade encheu a terra ampla.
O povo está radiante; ele se encoraja ao ver-te.
Ó Anu do céu cujos planos ninguém pode conceber,
Insuperável é tua luz como Shamash teu primogênito.
Curvados em tua presença estão os grandes deuses;
as decisões da terra estão diante de ti;
Quando os grandes deuses indagam tu lhes dás conselho.
Eles sentam [na] tua assembleia [e] debatem sob ti;
Ó Sin, o brilhante de Ekur, quando pedem tu dás o oráculo dos deuses.
Por causa do mal de um eclipse da lua que ocorreu
em determinado mês, em determinado dia,
Por causa do mal de presságios e sinais ruins e desfavoráveis
que apareceram no meu palácio e meu país,
Na sombra da lua, o tempo do teu oráculo, o mistério dos grandes deuses,
No trigésimo dia, teu festival, o dia do prazer da tua divindade,
Ó Namrasit, inigualável em poder, cujos planos ninguém pode conceber,
Estendi para ti oferta de incenso puro da noite; derramei para ti a mais doce libação.
Estou ajoelhado; permaneço [assim]; busco a ti.
Envia a mim votos de paz e justiça.
Faze meu deus e minha deusa, que há muitos dias se zangam comigo,
Em verdade e justiça serem benignos para comigo;
que minha estrada seja propícia; que meu caminho seja estreito.
Depois de me enviar Zaqar, o deus dos sonhos,
Que eu ouça durante a noite meus pecados se desfazerem;
que minha culpa seja derramada;
[E] que eu te sirva com dedicação para sempre.

De Sumero-Akkadian Hymns and Prayers in **ANET**, 3. ed. Princeton: Princeton University Press, 1969, p. 386.

Conteúdo

Ao ler os salmos e as orações dos babilônios, a pessoa familiarizada com a Bíblia certamente reconhece alguma semelhança nas questões de louvor e em situações que levam queixas a Deus. As petições também são similares. Todavia, muitas diferenças também são visíveis. O louvor descritivo é de outra natureza no material babilônico, em que há tendência de apenas alistar atributos e epítetos (títulos) de divindades. Há pouca semelhança com a abordagem imperativa israelita, na qual o hino exige que o adorador se una ao louvor a Deus.

Várias distinções também são observáveis nos salmos de lamento. O fato mais destacado é que a maioria dos lamentos da Mesopotâmia é usada em associação a rituais mágicos e encantamentos com a intenção de coagir a divindade a atender o pedido. Nos rituais, o adorador mesopotâmico aceita a ideia de que a divindade o considera culpado de ofensa; e isso mesmo que a pessoa não saiba de qual. Ele não pressupõe que a divindade seja coerente e justa; apenas busca apaziguá-la com a realização do ritual adequado.

O caso de Israel é bem diferente. Nos lamentos de Salmos, o adorador geralmente se considera inocente e, portanto, busca vindicação. Não há indícios de mágica, encantamento, apaziguamento ou manipulação. Quando o autor israelita realmente se considera culpado (*e.g.*, Salmos 51), a ofensa é de natureza ética ou moral, ao passo que a ofensa dos lamentos mesopotâmicos geralmente é relativa ao culto (*e.g.*, deixar de oferecer sacrifício adequado). Finalmente, muitas das semelhanças estão ligadas ao conteúdo geral ou estilo literário. As distinções são mais substanciais e, na maioria dos casos, estão relacionadas direta ou indiretamente a conceitos divergentes de Deus e da forma como adorá-lo. Isso mostra que do ponto de vista literário os salmos não se afastam muito do que se pode encontrar em todo o Antigo Oriente Médio. Sua singularidade se encontra na maneira em que refletem a distinção teológica de Israel.

ESBOÇO DE SALMOS

Este esboço fundamenta-se na teoria de que o propósito do organizador é o motivo da ordenação dos salmos. Deve-se lembrar que esta abordagem ainda é especulativa. A tabela da figura 18.2 ajuda a explicar o esboço.

Figura 18.2 – Composição lírica poética sobre a aliança davídica			
Introdução Salmos 1 e 2		Salmos 1. Vindicação final dos justos Salmos 2. Escolha e proteção divina de rei israelita	
Livro	*Junção*	*Tema*	*Conteúdo*
Livro 1	41	Conflito entre Davi e Saul	Muitos lamentos individuais; a maioria dos salmos menciona inimigos
Livro 2	72	Dinastia de Davi	Salmos principais: 45, 48, 51; 54–64; em geral, salmos de lamento e "inimigos"
Livro 3	89	Crise assíria do século VIII	Coleções de Asafe e dos filhos de Coré; salmo principal: 78
Livro 4	106	Introspecção sobre a destruição do templo e o exílio	Coleção de louvor: 95–100; salmos principais: 90, 103–105
Livro 5	145	Louvor/reflexão sobre o retorno do exílio e início de nova era	Coleção de aleluia: 111–117; cânticos de ascensão: 120–134; repetição davídica: 138–145; salmos principais: 107, 110, 119
Conclusão 146-150		Louvor culminante a Deus	

I. Introdução (1 e 2)
II. Conflito de Davi com Saul (3–41)
III. Reinado de Davi (42–72)
IV. Crise assíria (73–89)
V. Introspecção sobre a destruição do templo e o exílio (90–106)
VI. Louvor e reflexão sobre o retorno e a nova era (107–145)
VII. Louvor final (146–150)

PROPÓSITO E MENSAGEM

Como já identificamos dois níveis de composição — autor e organizador —, também devemos abordar dois níveis de propósito.

Autor

Pouco se sabe sobre o propósito no nível do autor. Cada autor possuía um propósito específico para compor. Os comentários mais antigos sugerem a situação histórica por trás de cada salmo, mas essa prática era altamente especulativa e não produziu resultados satisfatórios. É provável, contudo, que muitas composições tenham sido feitas para suprir necessidades litúrgicas. Mais recentemente, alguns estudiosos pretendem identificar festas ou rituais subjacentes a cada salmo. Infelizmente, só conhecemos os rituais específicos de outras obras do Antigo Oriente Médio. Para substanciar essa teoria, esses estudiosos devem supor que festas babilônicas (como a "festa de coroação"), desconhecidas em Israel, foram adotadas e celebradas regularmente e apresentavam um tipo de liturgia bem-desenvolvida. Evidências disso ainda são experimentais.

No fim, devemos estar dispostos a considerar toda a gama de situações possíveis. Alguns salmos foram motivados possivelmente por acontecimentos históricos específicos. (Por exemplo, 13 deles citam ocorrências históricas no título: 3, 7, 18, 34, 51, 52, 54, 56, 57, 59, 60, 63 e 142. Todos são davídicos e, com a exceção de um, encontram-se nos livros I ou II.) Outros devem ter sido escritos para ocasiões litúrgicas distintas. Mais alguns podem ter sido meditações pessoais. A questão é que não há propósito unificado ou mensagem identificada no nível do autor.

Organizador

Já sugerimos que os salmos 1 e 2 servem de introdução geral ao livro e que os salmos de "ligação" são úteis para discernirmos o propósito do organizador. Que conclusões podem ser tiradas deles quanto ao propósito e à mensagem do organizador?

O salmo 1 traça a distinção nítida entre a conduta do justo e a do ímpio. Também fala de seus respectivos destinos. Percebemos que ele apresenta com precisão um dos temas principais dos salmos: o interesse pela vindicação dos justos e o castigo dos ímpios.

O salmo 2 apresenta a ideia de que Deus escolheu o rei israelita e o defendeu das conspirações dos reinos. Apresenta-se aqui o aspecto nacional em contraste com o aspecto individual do salmo 1.

Esses dois níveis de mensagem (individual e nacional) unem-se em Davi. Ele representa o justo necessitado de vindicação divina. Também é o rei de Israel, por excelência, que representa não só Israel, mas também todos os reis sucessivos de sua linhagem. Seu amor a Deus levou o Senhor a escolhê-lo como rei e estabelecer a aliança do reino com ele.

Em seguida, os salmos de ligação nos ajudam a perceber como esses dois aspectos da mensagem do organizador serão abordados. No salmo 72, a junção entre os livros II e III, observamos a transição de Davi para Salomão. Esse salmo inclui elementos de reino da aliança e de governo justo. Voltando à conexão entre os livros I e II, podemos discernir a transição da monarquia de Saul, quando Davi foi caçado e perseguido, para a vindicação divina ao ascender ao trono após a morte de Saul. O salmo 89, junção entre os livros III e IV, apresenta a aliança quebrada e o povo confuso e sitiado. Isso lembra a monarquia pré-exílica talvez de Salomão até a queda de Jerusalém como foco do livro III, embora possa fazer referência mais específica à crise assíria do século VIII. A última conexão, o salmo 106, é a litania dos fracassos de Israel e a súplica para o reagrupamento do povo exilado, sugerindo claramente contexto do exílio para o livro IV.

A análise dos salmos 1 e 2 e dos salmos de junção levou à conclusão de que os cinco livros do saltério tinham o objetivo de traçar a história de Israel, especialmente em relação à aliança davídica, ou seja, a aliança do reino. Entrelaçada com essa consideração está o justo e sua reação. O termo "justo" provavelmente se refere a qualquer pessoa justa em Israel que procura entender o dilema nacional e lidar com os fracassos da nação. Como o justo vê as exigências de conduta quando a nação se desvia e as ações de Deus nem sempre são compreensíveis? Essas perguntas são apresentadas como reflexões poéticas que têm o propósito de transmitir a uniformidade da justiça e da fidelidade divinas à aliança e aos justos.

Davi é o grande exemplo do homem justo vindicado. Ele foi vindicado no conflito com Saul, com Absalão e, finalmente, em escala nacional e escatológica no desenvolvimento da aliança davídica. Isso nos mostra o aspecto de "sabedoria" da mensagem do organizador (o justo será vindicado) ao abordar o indivíduo e o aspecto "escatológico" (compromisso de Deus com o reino davídico) abordando a nação.

ESTRUTURA E ORGANIZAÇÃO

Da mesma forma que os livros de Reis e Crônicas contêm reflexão teológica sobre Deus por meio de narração da história, o livro de Salmos deve usar a ordem das composições litúrgicas para refletir sobre a natureza de Deus e a resposta individual. De várias formas, portanto, os salmos assemelham-se a composições lírico-poéticas para serem cantadas ou recitadas. A organização não se baseia nas circunstâncias ou datas de composição, mas em outros fatores. Por exemplo, os salmos 138–145 estão na denominada divisão pós-exílica; no entanto, são salmos de Davi. Por que o autor os colocou ali? É o tipo de pergunta que devemos responder.

Vimos que os salmos de junção e introdução parecem indicar o propósito geral. Entretanto, não se sabe se os salmos individualmente, ou mesmo as coleções, foram organizados com essa intenção. Sem dúvida, alguns salmos aparentemente foram dispostos com o propósito de cumprir o objetivo do organizador, como indicamos. Entre os mais persuasivos, estão:

45	Hino da coroação de Davi
48	Correlação com a conquista de Jerusalém por Davi
51	Arrependimento relacionado ao pecado com Bate-Seba
78	Reflexão sobre a queda de Samaria e o Reino do Norte
90	Antecipação por Moisés do exílio no início da divisão exílica
103	Debate crítico sobre o perdão divino dos pecados da nação
110	Retorno de soberania vitoriosa com foco teocrático e escatológico
119	Correlação com o estabelecimento da Lei como foco da comunidade pós-exílica

Esses salmos foram todos colocados onde se esperaria que aparecessem em uma apresentação semelhante à que descrevemos. Há muitos outros salmos individuais para os quais a lógica da disposição pode ser identificada, sugerindo que o trabalho do organizador envolveu essa ordenação.

Também há casos em que coleções inteiras parecem inseridas. Não esperamos que todos os salmos de Asafe estejam juntos na atual posição por mera coincidência. É mais lógico supor que o organizador usou o tom da coleção de Asafe ou algo que se destacava na coleção para decidir seu melhor lugar no conjunto poético desse hinário.

Os maiores exemplos desse tipo de disposição temática estão no livro V. A coleção Aleluia (111–117) segue adequadamente o salmo 110 com seus temas recorrentes de fidelidade divina, livramento e teocracia. Os "Cânticos de Ascensão" (120–134) foram compostos para as festas de peregrinação nas quais milhares de israelitas viajavam a Jerusalém. Nesse novo contexto, refletiriam sobre *o* retorno a Jerusalém após décadas de exílio. Os temas "livramento" e "confiança em Deus" também são bastante adequados. Finalmente, a última coleção davídica (138–145) serve para dar a Davi a "última palavra" antes do grande final. O último salmo do grupo, o 145, é bem apropriado a esse propósito.

Ainda há muito que fazer para identificar a lógica de cada salmo ou coleção, mas já temos, em linhas gerais, o suficiente para concluir a existência de uma intenção editorial e da identificação do seu propósito.

O livro I reúne, em grande parte, lamentos, e vários mencionam os inimigos do salmista. Quando o autor clama a Deus por vindicação e livramento, percebemos claramente a correlação desse livro com o período de Davi no deserto fugindo de Saul. Os salmos 3–13 seriam paralelos a 1Samuel 19–23, o início do conflito entre Davi e Saul. O salmo 18 descreve o livramento dos inimigos e pode se relacionar a 1Samuel 24, em que Davi poupa a vida de Saul e este interrompe a perseguição. Os salmos 23 e 24 parecem muito apropriados para 1Samuel 25, onde se registra a ação de Deus suprindo as necessidades de Davi por meio da sabedoria de Abigail. Paralelos da segunda vez em que Davi poupa Saul podem ser vistos nos salmos 27–30. Em geral, o tom dos salmos no primeiro livro corresponde a esse período da vida de Davi.

Já mencionamos alguns dos salmos individuais do livro II (45, 48, 51). Em geral, os salmos podem ser correlacionados a acontecimentos do reinado de Davi registrados em 2Samuel. Outra divisão principal de lamentos nos salmos 54–64 corresponderia à crise da rebelião de Absalão, quando Davi é deposto pelo próprio filho (leia esp. 55.12-14,21).

O livro III é de avaliação mais difícil por ser composto de duas coleções que, supostamente, foram inseridas segundo a coleção. O salmo 78 parece oferecer maior informação sobre sua orientação, uma possível ligação com a queda do Reino do Norte. Como o salmo de junção (89) apresenta uma crise e, ao que tudo indica, sua resolução, o livro pode limitar-se à crise assíria no fim do século VIII a.C., mas também pode se referir a todo o período de Salomão até a queda de Jerusalém.

O livro IV começa com um salmo de Moisés e termina com a recapitulação da história da rebelião, conduzindo à esperança e ao pedido de restauração. No meio da coleção, há uma pequena coleção de salmos de louvor (95–100) que apresenta de forma adequada as afirmações de esperança e fé mantidas no exílio. Entre os temas dessa pequena coleção, destacam-se o Senhor como Rei, um novo cântico, livramento, humilhação dos idólatras, Javé acima de todos os deuses, julgamento das nações e fidelidade constante a Deus. O salmo 102 é uma súplica apropriada para o Senhor ter piedade de Sião. O livro conclui com uma série (104–106) que compreende os atos de poder e misericórdia do Senhor, da criação e soberania, da eleição e aliança e até da rebelião e fracasso do povo.

Finalmente, o livro V começa pelo salmo 107, a gratidão dos israelitas a Deus por reuni-los. A função dos salmos 110 e 119 e das três coleções do livro já foi comentada. O salmo 145 apresenta a conclusão do livro V, ao passo que os salmos 146–150 servem de conclusão de todo o hinário.

TEMAS PRINCIPAIS

Dois dos temas principais do livro de Salmos são apresentados nos salmos 1 e 2: o princípio da retribuição e a soberania.

O princípio da retribuição: segunda parte

O princípio da retribuição pode ser resumido em duas afirmações de duas partes: 1) o justo prosperará e o ímpio sofrerá; e 2) os que prosperam são justos, enquanto os que sofrem são ímpios. A primeira afirmação é apoiada, de forma geral, em todo o livro de Salmos e nos demais livros da Bíblia (v. Salmos 1). No entanto, reconhece-se a existência de exceções (cp. o adágio "O crime não compensa"). A segunda afirmação, embora não receba apoio das Escrituras, era claramente aceita por muitos israelitas. Isso é óbvio pelos atos e pelas preocupações dos amigos de Jó, o relato de seu livro, e com base nas afirmações de vários dos salmos (*e.g.*, Salmos 37).

Para os israelitas, esse princípio era uma questão teológica: se Deus é justo, por que o justo sofre ou o ímpio prospera? Embora a pergunta cause confusão até hoje, a situação era bem pior para os antigos israelitas. O motivo é que hoje nos consolamos com o fato de que mesmo que o justo não prospere na Terra, ele tem a esperança do Céu. Também temos certeza de que os ímpios enfrentarão o juízo de Deus por toda a eternidade e não escaparão ilesos. Por causa dessas certezas, a justiça de Deus não é questionada com tanta seriedade, mesmo que continuemos a nos debater com a teologia quando tentamos enfrentar as circunstâncias.

Os antigos israelitas não tinham as vantagens dessas garantias. Deus ainda não revelara a eles o fato de que o julgamento dos justos e dos ímpios aconteceria após a morte, com cada grupo recebendo recompensas justas. Tudo o que os israelitas sabiam sobre a justiça de Deus era sua execução nesta vida (v. Salmos 27.13; 91.5-8). Isso fazia do princípio da retribuição uma questão muito mais séria para eles do que para nós.

Os salmos de lamento são os que mais refletem esta preocupação. O salmista se queixa ao Senhor porque seus inimigos obtiveram vantagem, embora ele seja o justo. Ele suplica para que Deus intervenha e humilhe seus inimigos e, dessa forma, defenda-o. O salmista não se considera absolutamente justo, mas é mais justo do que o inimigo; e sente não merecer o nível de perseguição que sofre.

O grau de perseguição ou sofrimento é importante, pois se Deus é justo, o ímpio sofrerá de acordo com sua iniquidade, e o justo deve prosperar de acordo com sua integridade. Não é justo que a pessoa muito perversa receba um castigo leve.

Essa observação pode nos ajudar a entender o que geralmente é considerado um dos problemas mais complicados do livro de Salmos. Vários salmos de lamento incluem maldições ou imprecações (pragas) sobre os inimigos do autor — certas vezes generalizadas (28.4), outras, mais específicas (137.9). Alguns salmos inteiros são dedicados a esse tipo de expressão (58, 109). Quando entendermos a necessidade de o princípio da retribuição ser executado proporcionalmente, veremos que essas súplicas pelo juízo divino são apenas o resultado do conceito de Deus e de seu modo de agir. Pessoas terrivelmente perversas deviam ser castigadas por Deus de forma drástica para que sua justiça se confirmasse. O pedido específico de punição rigorosa era a forma de o salmista declarar a iniquidade do inimigo, enfatizando a necessidade da execução da justiça divina por meio de uma sentença imparcial.

Como livro, Salmos confirma que os justos têm o direito de esperar que Deus lhes dê prosperidade por sua retidão e cause a destruição dos ímpios. Todavia, inexiste a declaração de que não haverá exceções à regra. Davi é considerado o exemplo do homem justo vindicado, e faz parte da natureza divina agir assim. Mas a vida nem sempre é tão simples, e as Escrituras não apresentam uma regra absoluta que funciona em todos os casos. Jó nos mostrou que as respostas às situações difíceis da vida nem sempre estão disponíveis. O livro de Salmos também nos ensina que é correto confiar na vontade soberana de Deus em qualquer circunstância.

Reino

Há nove salmos espalhados pelo saltério que dizem respeito especificamente ao rei: 2, 18, 21, 45, 72, 89, 110, 132, 144. Destes, quatro são atribuídos a Davi (18, 21, 110, 144) e três têm funções editoriais importantes (2, 72, 89). Às vezes, são considerados salmos messiânicos e, em termos do reino contínuo de Davi até o futuro rei davídico ideal (Messias), isso é correto. No entanto, na maioria dos casos não é adequado considerá-los pura e simplesmente messiânicos. Frequentemente, são mais genéricos e poderiam ser aplicados a qualquer monarca davídico.

O salmo 2 dá o tom ao afirmar a escolha e proteção do rei pelo Senhor. O salmo 18 louva a Deus por livrar o rei dos inimigos (v. 37-50). Muitos salmos desse grupo pedem livramento, vitória ou bênção para o rei ou falam da aliança estabelecida com a monarquia. Afirma-se que Deus prometeu um reinado vitorioso aos monarcas que confiam nele e que ele é totalmente capaz de cumprir essa promessa. Isso deve ser considerado referência ao futuro rei ideal, pois vários reis da linhagem de Davi confiaram no Senhor. Em comparação, o rei ideal vindouro seria perfeitamente justo e, portanto, desfrutaria de todas as bênçãos de Deus no seu reinado.

Natureza e criação

Vários salmos de louvor enfatizam a relação de Deus com a natureza. Este era um tema importante a ser abordado por várias razões. Israel era uma comunidade agrícola, a saber, o povo dependia do clima para se sustentar e até sobreviver. O favor ou a desaprovação de Deus era facilmente deduzido com base na safra. As bênçãos e maldições decorrentes da aliança estavam ligadas à produção da terra.

Outro motivo para esta ênfase é que boa parte da teologia popular da época dizia respeito ao mundo visível. Os deuses mais estimados pelos cananeus eram os da fertilidade e, na sua maioria, estavam ligados às forças da natureza. Por isso, era importante que o Deus dos israelitas fosse diferenciado dos deuses pagãos; ele não está preso à natureza nem corresponde às suas forças.

Excurso: Meditações sobre Salmos

O livro de Salmos usa louvores, queixas e exortações do povo de Deus para revelar o caráter do Senhor. Como leitores aos quais a autoridade da Palavra de Deus é importante, nossa tarefa é nos submetermos ao Deus aqui revelado. Os salmos de louvor exaltam os atributos e as ações do Senhor e nos compelem a nos prostrarmos diante dele. Os salmos de sabedoria exploram princípios teológicos para compreender os caminhos de Deus. Os salmos de lamento nos ajudam a ver o Senhor em meio às lutas emocionais do cristão em crise forçado a depender dele.

Os livros históricos nos ajudam a aprender mais sobre Deus pela narração das histórias. Os salmos nos dão perspectivas diferentes ao nos ajudar a ter contato com Deus por meio das experiências do cotidiano e das questões geradas por elas. Quando jornalistas querem obter informações sobre alguém, eles não se limitam à leitura da biografia. Eles entrevistam as pessoas que mais conheciam o indivíduo. O empregador não se limita a ler o currículo do candidato. Ele também verifica as referências. Essas analogias mostram a diferença na maneira em que a literatura histórica e os salmos nos revelam Deus. Sem dúvida, entrevistas ou referências são mais subjetivas que biografias ou currículos, mas o aspecto subjetivo pode ser tão importante quanto um manual para compreender o indivíduo.

Quando nos relacionamos com Deus diariamente, é esse aspecto subjetivo que gera perguntas difíceis. Muitas vezes, temos dificuldade em declarar os atributos de Deus, não por termos reservas filosóficas, mas porque nossa experiência nos leva a questioná-los. A verdadeira declaração de seus atributos ocorre quando os reconhecemos mesmo quando a vida não parece apoiá-los. Esse é o efeito, em longo prazo, que os salmos devem ter sobre nós. A declaração dos atributos de Deus é o objetivo da leitura e meditação diária. Esse processo nos prepara ou sustenta durante as dificuldades e perdas. Isso mantém o Senhor no centro e todas as coisas subordinadas a ele quando a vida está tranquila.

Mesmo na meditação dos salmos, devemos ter cuidado para interpretá-los corretamente. Não podemos deixar o conceito de Deus ou as expectativas a seu respeito serem distorcidos pela manipulação da informação fornecida a seu respeito para nosso proveito. O fato de Deus fazer prosperar ou livrar alguém em determinada situação é o testemunho do que Deus pode fazer, não a promessa de que sempre agirá assim. Cada salmo e todo o livro de Salmos contribuem para nossa compreensão acerca de Deus. Embora esse conceito misto sirva para satisfazer nossos pontos altos e baixos emocionais, ele ainda deve ser baseado no texto. Não podemos nos permitir um conceito distorcido de Deus resultante de manipulação inadequada do texto, pois, especialmente, em momentos de crise não devemos nos iludir com falsas esperanças que dependem de promessas mal-interpretadas.

Nos salmos que falam de Deus e da criação (8, 19, 29, 65, 104), várias verdades importantes são estabelecidas. Deus é o Criador e sustenta toda a Criação (104). Criação e natureza revelam a glória de Deus (19). A humanidade foi encarregada do mundo criado (8). As forças da natureza são instrumentos do poder e das bênçãos de Deus (29, 65). Logo, ele é exaltado sobre a natureza de maneira que não era possível nos sistemas politeístas do Antigo Oriente Médio.

Perguntas para estudo e debate

1. Como o leitor de Salmos pode encontrar equilíbrio entre a mensagem de cada salmo como composição individual e a mensagem de cada salmo como parte do todo? Um aspecto é mais importante do que o outro?
2. Qual é a importância dos tipos de salmo para a interpretação de Salmos?
3. Como o princípio da retribuição se aplica atualmente?
4. Imagine que você tenha sido multado por dirigir a 90 km/h em uma via de 80 km/h, e os outros motoristas estavam andando a 100 km/h. Reflita sobre sua reação comparada aos salmos de lamento.
5. Como podemos encontrar equilíbrio entre a interpretação contextual dos salmos reais e a interpretação messiânica? Como Lucas 20.41-44 afeta nossa interpretação?
6. Como nossa interpretação de forma, conteúdo, propósito e mensagem do livro afeta nossa meditação sobre os salmos?

Leituras complementares

Allen, Leslie. Psalms 101–150. **WBC**. Waco, TX: Word, 1983.

Anderson, A. A. Psalms. **NCB**. 2 vols. Grand Rapids: Eerdmans, 1972.

Anderson, B. W. **Out of the Depths**. Rev. ed. Louisville: Westminster/John Knox, 2000.

Craigie, Peter. Psalms 1–50. **WBC**. Waco, TX: Word, 1983. Melhor comentário evangélico sobre Salmos.

Hayes, John H. **Understanding the Psalms**. Valley Forge, PA: Judson, 1976.

Kidner, Derek. Psalms 1–72 and Psalms 73–150. **TOTC**. Downers Grove, IL: InterVarsity Press, 1973, 1975. v. 14a, b [Publicado em português com o título **Salmos 1-72 e Salmos 73-150**: introdução e comentário (São Paulo: Vida Nova, 1981).]

Kraus, Hans-J. **Psalms 1–59**. Minneapolis: Augsburg, 1988. Comentário mais útil de perspectiva não evangélica. [Tradução da obra original em alemão.]

____. **Psalms 60–150**. Minneapolis: Augsburg, 1989. [Tradução da obra original em alemão.]

____. **Theology of the Psalms**. Transl. Keith Crim. Minneapolis: Augsburg, 1986. [Tradução da obra original em alemão.]

Lewis, C. S. **Reflections on the Psalms**. New York: Harcourt, 1958.

Longman, Tremper III. **How to Read the Psalms**. Downers Grove, IL: InterVarsity Press, 1988. Excelente introdução ao livro.

Miller, Patrick. **Interpreting the Psalms**. Philadelphia: Fortress Press, 1986.

Van Gemeren, Wilhelm. Psalms. **EBC**. Grand Rapids: Zondervan, 1991. v. 5, p. 3-860.

Walton, John H. The Psalms*:* A Cantata about the Davidic Covenant. **JETS** 34, 1991, p. 21-31.

Westermann, Claus. **Praise and Lament in the Psalms**. 1965. Reimp. Atlanta: John Knox, 1981. Precursor da análise dos tipos de salmos. [Tradução da obra original em alemão.]

Wilson, Gerald. Evidence of Editorial Divisions in the Hebrew Psalter. **VT** 34, 1984, p. 337-52.

____. The Function of Untitled Psalms in the Hebrew Psalter. **Zeitschrift für die altestamentliche Wissenschaft** 97, 1985.

____. The Qumran Psalms Manuscripts and the Consecutive Arrangement of Psalms in the Hebrew Psalter. **CBQ** 45, 1983, p. 377-88.

____. The Use of Royal Psalms AT the 'Seams' of the Hebrew Psalter. **JSOT** 35, 1986, p. 85-94.

19

Provérbios

Conceitos básicos

- ✓ O temor do Senhor é o princípio da sabedoria
- ✓ Os provérbios ilustram princípios gerais, não promessas
- ✓ O caminho da sabedoria conduz à vida
- ✓ A sabedoria leva à compreensão do princípio da retribuição

O livro de Provérbios representa o legado literário dos sábios hebreus. Com os sacerdotes, profetas e reis, os sábios completavam as quatro classes básicas de liderança da sociedade israelita (v. Jeremias 18.18; Ezequiel 7.26-27).

Os "sábios" ou "conselheiros" eram ligados à corte real, como se deduz de Provérbios e Eclesiastes. Eram "compiladores" da literatura de sabedoria, tanto hebraica quanto estrangeira. Como mestres da tradição da sabedoria, seu objetivo era "considerar, estudar e organizar provérbios" e "ensinar sabedoria ao povo" (especialmente à geração seguinte de líderes hebreus, Eclesiastes 12.9). A palavra hebraica para "provérbio" tem grande variedade de significados, incluindo a ideia de comparação, código de conduta e descoberta da verdade oculta. Basicamente, o livro de Provérbios é uma coleção de comparações fundadas na observação e reflexão que visa a ensinar a "conduta adequada". Por isso, é sabedoria prática arraigada nas experiências de vida comuns na cultura humana. Essa qualidade explica o valor duradouro de Provérbios para públicos religiosos e seculares ao longo dos séculos.

COMPOSIÇÃO DO LIVRO

Provérbios apresenta um prefácio (1.1-7) e oito coleções de frases de sábios, das quais cinco incluem introduções breves ou cabeçalhos identificando o autor-compilador da sabedoria proverbial. As oito coleções são evidentes no esboço da página 367.

A inteligência, os interesses científicos, o conhecimento enciclopédico e as habilidades literárias do rei Salomão são atestadas no AT. De acordo com 1Reis 4.29-34, o conhecimento de Salomão ultrapassava o de todos os outros sábios das academias do Antigo Oriente Médio. Acredita-se que Salomão tenha estabelecido cerca de três mil provérbios (centenas deles preservados em Provérbios) e 1.005 cânticos (*e.g.*, Salmos 72, 127). Evidentemente, Salomão é o "patrono das artes" do Israel antigo. Além de popularizar a tradição da sabedoria dos hebreus, ele também foi exemplo de sabedoria e erudição, servindo de exemplo para gerações futuras.

Não há informações sobre Agur e Lemuel de Massá. É provável que fossem membros da tribo do norte da Arábia. Massá é um dos filhos de Ismael (Gênesis 25.14; 1Crônicas 1.30). Os registros do seu "conselho" também são exemplos da universalidade das tradições de sabedoria no mundo antigo, além de indicarem o aspecto internacional da sabedoria israelita. O sábio e o escriba buscavam palavras agradáveis e verdadeiras de instrução prática, independentemente da origem hebreia, edomita (*e.g.*, Jó) ou árabe (*e.g.*, Agur e Lemuel).

A referência à obra editorial dos escribas de Ezequias na compilação de pelo menos uma das coleções da sabedoria de Provérbios indica que o livro ainda não estava pronto no término do seu reinado sobre Judá (fim do século VIII; v. Provérbios 25.1). As coleções salomônicas de 10.1–22.16 e os capítulos 25–29 são considerados o material mais antigo do livro, que data do século X a.C. Os capítulos 1–9, provavelmente, reúnem adágios de Salomão e ensinamentos posteriores de sábios anônimos. A inserção de duas coleções de adágios anônimos (22.17–24.22 e 24.23-34) sugere que elas são do período entre o reinado de Salomão e a atividade dos escribas de Ezequias. Os apêndices (cap. 30 e 31) podem ter sido acrescentados até o período exílico. Isso significa que a literatura de sabedoria de Provérbios data dos séculos X a VI a.C., sendo o último o mais provável para a composição final do livro.[1]

CONTEXTO

Os acontecimentos da história hebraica praticamente não influenciam o livro de Provérbios. Isso serve para ressaltar a natureza e o valor universal da sabedoria prática. O mesmo pode ser dito a respeito da literatura de instrução dos egípcios e mesopotâmicos. A literatura de sabedoria estava fora da História no sentido de que seu propósito era instruir as pessoas nos princípios da boa conduta. A sabedoria instrutiva estava centrada em três instituições: a família ou o clã, a corte real e as escolas de escribas. A compilação e "canonização" da literatura instrutiva era, em grande parte, responsabilidade da corte real em Israel e em outras nações do Oriente Médio, já que a tradição da sabedoria era fundamental para o treinamento de jovens empregados no serviço governamental.

O contexto histórico para o desenvolvimento da tradição da sabedoria hebraica inclui a monarquia unida sob o reinado de Salomão e o Reino do Sul sob o de Ezequias. A associação dos sábios hebreus com a corte real seguia o padrão estabelecido nas rodas de sabedoria em todo o mundo antigo (v. 1Reis 4.30-31). A participação bem-sucedida de Israel na comunidade internacional como "luz" de Deus às nações dependia da liderança idônea e devotada. Os sábios eram encarregados de instruir os oficiais reais no caminho da sabedoria para que fossem bons administradores e líderes demonstrando caráter e conduta santos.

A influência da sabedoria também era importante para a realeza hebraica a fim de inspirar o senso de equilíbrio e perspectiva na estrutura econômica da sociedade hebraica, protegendo os direitos de pobres e necessitados (Provérbios 31.8-9). É possível que a instrução da literatura de sabedoria tenha sido usada para complementar as reformas

[1] De acordo com a análise literária comparativa de William F. Albright, Provérbios deve ser anterior aos ditos aramaicos de Ahiqar (ca. sétimo século a.C.). V. Caananite-Phoenician Sources of Hebrew Wisdom, *in* **Wisdom in Israel and the Ancient Near East**, escrito comemorativo para H. H. Rowley. Noth, Martin & Thomas, D. W. (orgs.), **VT Supplement** 3. Leiden, Brill, 1955, p. 1-15. A análise comparativa de Kenneth A. Kitchen também apoia uma data pré-exílica de Provérbios (pelo menos cap. 1–24); v. Proverbs and Wisdom Books of the Ancient Near East: The Factual History of a Literary Form, **TB** 28, 1972, p. 69-114.

religiosas dos reis de Judá que eram tementes a Deus (v. 2Reis 18.1-6; 2Crônicas 29–31).

A prática da sabedoria tinha benefícios recíprocos para a realeza e sociedade hebraicas. O poder do rei era assegurado pela instrução, imprimindo respeito pela autoridade paternal e real, e a qualidade de vida dos cidadãos hebreus melhorava porque o rei praticava os princípios de integridade e justiça (Provérbios 20.28; 24.21; 25.2-7).

ESBOÇO DE PROVÉRBIOS

I. Título e propósito (1.1-7)
II. Reflexões de um pai sobre o caminho da sabedoria
   A. Discursos sobre a sabedoria (1.8–4.27)
   B. Instruções sobre o casamento e a advertência contra o adultério (5–7)
   C. Sabedoria personificada (8 e 9)
III. Provérbios de Salomão (10.1–22.16)
IV. Adágios anônimos (22.17–24.22)
V. Mais adágios anônimos (24.23-34)
VI. Mais provérbios de Salomão (25–29)
VII. Apêndices
   A. Adágios de Agur (30)
   B. Adágios do rei Lemuel (31.1-9)
   C. Poema acróstico anônimo sobre a esposa ideal (31.10-31)

PROPÓSITO E MENSAGEM

A mensagem de Provérbios se alicerça na crença de que a sabedoria pode ser ensinada e passada de uma geração para outra (4.1-9). Pelo fato de o entendimento ser uma herança mais preciosa que joias, ouro e prata, é imperativo que os jovens ouçam, aceitem e obedeçam aos ensinamentos dos anciãos, sábios e especialmente de seus pais (1.8-9). O cerne da instrução de sabedoria do AT é desejar e decidir aprender e aplicar "o temor do Senhor" ao cotidiano (2.1-6). Isso significa abrir mão das trevas, do mal e da morte (2.11-15) e andar no caminho da integridade, justiça e vida (2.1-10). Esse é o caminho da sabedoria.

Os propósitos do livro de Provérbios são declarados no prólogo das coleções de sabedoria (1.2-7). Eles incluem:

- Compreender a sabedoria e instrução (1.2; v. 3.21-26)
- Receber o ensinamento sobre a sensatez, integridade, justiça e equidade (1.3; v. 2.9)
- Ajudar o simples a desenvolver prudência e o jovem a obter conhecimento e discrição (1.4; v. 2.20-23)
- Ampliar o aprendizado e adquirir habilidade no entendimento (1.5; v. 9.9)
- Entender provérbios, parábolas, adágios e enigmas (1.6; v. 4.10,20)
- Aprender o temor do Senhor (1.7; v. 2.5-6)

Os benefícios práticos do caminho da sabedoria são numerosos para os disciplinados o suficiente para trilhá-lo. Ele resulta na compreensão do temor do Senhor e na descoberta do conhecimento de Deus, promovendo assim a relação de aliança com o Senhor (2.5,17). Portanto, o temor do Senhor é a submissão reverente ao Deus da aliança. É o relacionamento adequado com Deus, relacionamento de obediência aos mandamentos da aliança que inspira e forma o correto pensar e a boa conduta.

A sabedoria, pois, promove o aprendizado da integridade, justiça, equidade e do caminho do bem (2.9). Ela protege o sábio do mal e o livra da ruína e da morte (2.12). Além disso, o caminho da sabedoria conduz à segurança, saúde, bem-estar, paz e longevidade, prosperidade e integridade (1.33; 2.7; 3.2,8). Finalmente, quem trilha o caminho da sabedoria alcança o favor e a boa reputação diante de Deus e dos homens (3.4).

Por analogia às tradições de sabedoria do Antigo Oriente Médio, Provérbios, possivelmente, era um "livro didático" e parte importante do currículo na educação do jovem hebreu. Essa prática continuou até os primeiros séculos da igreja cristã, quando partes de Provérbios e do livro apócrifo de Siraque (ou Eclesiástico) foram incluídas na catequese criada para treinar o jovem cristão em santidade.

ESTRUTURA E ORGANIZAÇÃO

Três divisões principais da literatura de Provérbios são facilmente identificadas: os discursos (1–9), as coleções de provérbios (10–29) e os apêndices de Massá (30 e 31). No entanto, como o livro é uma coleção de coleções compiladas ao longo de pelo menos três séculos, a organização sistemática é escassa. Aqui são sugeridas apenas observações gerais sobre os relacionamentos das diversas coleções.

O prólogo de sabedoria de 1.1-7 serve de introdução para todo o *corpus* literário. Ao estabelecer o contexto histórico geral para a instrução na sabedoria, esboça os propósitos e objetivos dos ensinamentos contidos nas coleções de adágios, fornece certos princípios interpretativos e apresenta o tema principal da literatura bíblica de sabedoria.

A série de discursos dos capítulos 1.8–9.18 é geralmente considerada posterior às coleções proverbiais de 10.1–29.27. Os discursos de instrução e exortação, advertência e repreensão nessa série desenvolvem o tema de sabedoria apresentado no prólogo. A verdadeira sabedoria provém de Deus, e quem deseja adquirir entendimento deve aprender a temer o Senhor. De forma implícita, o temor do Senhor se baseia nos mandamentos da aliança de Javé com Israel e é condicionado por eles (*e.g.*, 6.16-19). Esses discursos ilustram o temor do Senhor comparando a conduta do sábio e justo à do insensato e ímpio (*e.g.*, 4.10-19).

Referências claras à religião israelita são menos proeminentes nas coleções proverbiais de 10.1–29.27 do que nos discursos; contudo, não estão completamente ausentes (*e.g.*, a questão do sacrifício e da oração é levantada em 15.3,8-9). Essa parte reforça o ensino dos discursos ao descrever como o temor do Senhor molda a conduta do justo ou sábio. A instrução proverbial dos sábios constitui a exposição prática da lei moral da Torá para ajudar os interessados em aplicar princípios de sabedoria ao cotidiano.

Os apêndices (30 e 31) repetem temas discutidos anteriormente nas seções proverbiais, em especial o controle da língua e as tentações da sedução e da bebida. De maneira adequada, o poema acróstico de louvor à mulher virtuosa no fim do livro serve de "estudo de caso" e destaca os resultados esperados do caminho da sabedoria.

Os apêndices também afirmam a autoridade divina inerente à tradição da sabedoria hebraica (30.5-6), possivelmente defendendo a importância canônica de toda a coleção de sabedoria. Por fim, os acréscimos de Massá ao livro recapitulam a importância dos aspectos "horizontais" ou sociais do caminho da sabedoria promovidos nas seções proverbiais — preservando os direitos dos pobres e necessitados (31.8-9).

As várias coleções da literatura contida em Provérbios incorporam uma diversidade de formas de discurso de sabedoria, incluindo os provérbios de dois e quatro versos (com predominância dos antitéticos e comparativos em 10.1–22.16), o discurso prolongado a respeito da sabedoria (especialmente em 1.8–9.18), adágios numéricos (30.18-19,21-28) e o poema acróstico em ordem alfabética (31.10-31).

TEMAS PRINCIPAIS

O temor do Senhor

As Instruções egípcias de Amenemope dão crédito ao deus da magia e da sabedoria, Tote, ou a outros deuses do Egito como Aton e Khnum. Os provérbios e as fábulas dos babilônios rogam aos deuses Shamash, Anu ou outras divindades como Humma, Shaham e Nisaba. No entanto, a literatura de sabedoria do AT reconhece apenas um Deus, Javé (*e.g.*, Provérbios 22.17-19).

O livro de Provérbios equipara o temor do Senhor ao conhecimento de Deus (2.5-6). No AT, o conhecimento de Deus é associado à experiência de relacionamento da aliança com Javé (v. Oseias 6.1-3). Como só Deus possui sabedoria e concede entendimento à humanidade, apenas os que o conhecem pela experiência da lealdade à aliança encontrarão os tesouros escondidos da sabedoria.

O conceito de temor do Senhor liga o súdito humano ao rei divino de tal forma que a mina da sabedoria divina possa ser apropriada pelos santos (2.7-10). O temor do Senhor, em Provérbios, é a resposta dupla de atitude e vontade moldando o comportamento humano de acordo com os mandamentos de Deus (v. "A pessoa da sabedoria" no cap. 16).

Finalmente, a ideia de temor do Senhor impede a sabedoria proverbial de se degenerar em um sistema rígido e mecânico de relações de causa e efeito. Isso impede as pessoas de simplificar as complexidades da vida e dar respostas ensaiadas a perguntas difíceis. O temor do Senhor conserva a natureza inescrutável (incompreensível) de Deus e preserva o mistério profundo da vida. Essas qualidades nos ajudam a explicar a tensão entre as duas linhas da sabedoria hebraica — as instruções para a vida ideal e debates sobre questões desgastantes da vida real.

O princípio da retribuição: terceira parte

O princípio da retribuição demonstrado nas bênçãos e maldições das fórmulas de aliança do Pentateuco ressurge na literatura de sabedoria do AT. Na sabedoria proverbial, a expectativa de recompensa pela obediência nacional à lei de Deus é aplicada logicamente ao indivíduo hebreu temente a Deus.

Os benefícios tangíveis de andar no caminho da sabedoria são condicionados por duas suposições importantes dos sábios. Em primeiro lugar, a sabedoria proverbial pressupõe que a dimensão "vertical" do relacionamento pactual com Javé seja o padrão de vida constante. A prática da lealdade à aliança é pressuposta como parte do estilo de vida do devoto. Em segundo lugar, as "bênçãos" do caminho da sabedoria dependem da premissa de que a dimensão "horizontal" do relacionamento de aliança com Javé foi demonstrada pela prática do que é "justo, direito e certo" (Provérbios 2.9).

Acima de tudo, o paradigma "ideal" de obediência — lealdade ao caminho da sabedoria que rende naturalmente os "lucros" de prosperidade, paz, saúde e longevidade — é classificado pela realidade do pecado humano e a desonestidade do mundo pecaminoso. Assim o Pregador nos lembra de que a corrida nem sempre é ganha pelos velozes, nem a batalha pelos fortes, mas "tempos de desgraça [...] caem inesperadamente sobre eles" (Eclesiastes 9.11-12). Os truísmos de Provérbios não são promessas absolutas, mas princípios gerais que se baseiam na observação cuidadosa da experiência humana. O salmista reconheceu a falha inerente de atribuir bênçãos e maldições gerais da aliança a situações individuais (*e.g.*, Salmos 73). Aqui o autor questiona sua vida íntegra diante do visível bem-estar e sucesso dos ímpios. Somente após entrar no santuário do Senhor ele entende as incoerências da vida. Até a réplica de Jó ao "conselho" dos amigos zomba da interpretação rígida do princípio da retribuição, quando disse de forma irônica: "as tendas dos saqueadores não sofrem perturbação" (Jó 12.1-6).

Concluindo, atenção igual deve ser dada ao desenvolvimento do caráter como parte dos benefícios de andar no caminho da sabedoria. Mais que prosperidade material, os melhores frutos do conhecimento são as qualidades de caráter pessoal como discrição, prudência, bom senso, boa conduta, justiça e integridade. Na verdade, a palavra traduzida por "prosperidade" em Provérbios 13.21 (NVI) é mais bem traduzida por "bem-estar".[2] No fim, o caminho da sabedoria é seguir o caminho de justiça, pois apenas homens e mulheres íntegros permanecerão na terra (2.20-21).

A fala

O livro de Provérbios tem muito a dizer sobre o uso e abuso da "língua". De fato, três das abominações na advertência contra os sete pecados que Deus detesta estão diretamente relacionados ao falar. O ensinamento sobre o falar do homem em Provérbios pode ser resumido da maneira a seguir.[3]

Em primeiro lugar, as palavras têm grande poder, pois até morte e vida estão no poder da língua (18.21). Elas podem ser usadas para ferir ou curar o espírito (12.18; 15.4), moldar atitudes e conceitos (18.8; 29.5) e formar crenças e convicções (10.21; 11.9). Mas a boca do ímpio espalha discórdia como "fogo devorador" (16.27-28), ao contrário da boca do justo, que é como fonte ou árvore da vida que dá verdade e conhecimento (10.11; 15.2,4,7).

Em segundo lugar, às vezes, as palavras também são fúteis. A fala não substitui a ação conjunta (14.23) nem pode mudar os fatos, esconder motivações ocultas ou disfarçar o caráter interior (24.12; 26.23-28).

Por fim, Provérbios apresenta instruções sobre a fala ideal. As palavras dos sábios procedem de caráter justo e ponderação (12.17; 14.5). As palavras dos sábios são marcadas por honestidade (16.13), concisão (10.14), serenidade (15.1) e inteligência (15.23).

---

2 Em Provérbios 21.21, a NVI já traduziu a palavra por "justiça". [N. T.]

3 Este é um resumo do artigo excelente de Derek Kidner sobre o tema "Palavras". V. **The Proverbs**: An Introduction and Commentary, p. 46-49.

Sexualidade humana

A sabedoria de Provérbios exalta a virtude do casamento (monogâmico) e adverte contra a insensatez da licenciosidade. O discernimento dos sábios hebreus sobre as complexidades do relacionamento entre homem e mulher ainda são recursos válidos para abordar os problemas associados à sexualidade humana. As afirmações, admoestações e diretrizes bíblicas para este aspecto da vida humana incluem:

- O valor da instrução de sabedoria como antídoto para o pecado sexual (2.16);
- A pureza do casamento e a conveniência do amor erótico (heterossexual) dentro dos limites conjugais (5.15-23; 18.22);
- A necessidade de proteger e disciplinar os "olhos" e a "boca", pois são as principais entradas da tentação que leva à depravação (5.1-6; 7.21-23; v. Jó 31.1);
- Estar ciente da destruição do ciúme que brota do adultério (6.20-35);
- Estar ciente dos perigos gerados pelo "ócio" (7.6-9);
- A importância da família para o ensino e execução dos valores sexuais (7.1-5,24-27);
- Estar ciente da sutileza dos pecados sexuais (23.26-28);
- A facilidade em que os pecados sexuais são racionalizados, endurecendo, assim, o coração do justo para os princípios morais (7.14-20; 30.20);
- A necessidade de avaliar e escolher o cônjuge com base em padrões internos relacionados ao caráter, não a padrões externos relacionados à atração física (31.10-31; v. 1Pedro 3.1-6);
- A necessidade de os cônjuges evitarem discussões e manter as linhas de comunicação abertas (19.13; 27.15).

Em vários aspectos, as instruções de Provérbios sobre sexualidade humana e casamento constituem um comentário prático do relato de Gênesis sobre a criação do homem e da mulher e sua união em uma só carne (Gênesis 2.18-25).

Perguntas para estudo e debate

1. O que é "o temor do Senhor"? Como essa ideia se relaciona aos ensinamentos da lei de Moisés?
2. O que Provérbios 31.10-31 sugere sobre o papel de algumas mulheres no antigo Israel?
3. Como o conteúdo do livro de Tiago é semelhante à sabedoria de Provérbios?

Leituras complementares

ATKINSON, David. **The Message of Proverbs**. Downers Grove, IL: InterVarsity Press, 1996.

GARRETT, Duane, A. Proverbs, Eccleasiastes, Song of Songs. **NAC**. Nashville: Broadman, 1993. v. 14, p. 347-432. Inclui resumo útil das diversas abordagens interpretativas do livro.

KIDNER, Derek. The Proverbs: An Introduction and Commentary. **TOTC**. London: Tyndale, 1964. Introdução útil sobre os temas de Provérbios. [Publicado em português com o título **Provérbios**: introdução e comentário (São Paulo: Vida Nova, 1980).]

MCKANE, W. Proverbs: A New Approach. **OTL**. Philadelphia: Westminster, 1970. Estudo altamente especializado e técnico, um tanto cansativo; leitura pesada, mas gratificante.

MOUSER, W. E. **Walking in Wisdom**: Studying the Proverbs of Solomon. Downers Grove, IL: InterVarsity Press, 1983. Guia introdutório agradável às formas literárias de Provérbios, com ênfase na interpretação da sabedoria bíblica e sua aplicação atual.

MURPHY, Roland E. Proverbs. **WBC**. Nashville, Word, 1999. v. 22.

SCOTT, R. B. Y. Proverbs, Ecclesiastes. **AB**. Garden City, NY: Doubleday, 1965. v. 18. Boa introdução à literatura de sabedoria em geral.

THOMPSON, J. M. **The Form and Function of Proverbs in Israel**. Haia: Mouton, 1974.

WALTKE, Bruce K. The Book of Proverbs and Old Testament Theology. **BibSac** 136, 1979, p. 302-17.

WHYBRAY, R. N. Proverbs. **NCB**. Grand Rapids: Eerdmans, 1994.

____. Proverbs. **NCBC**. Grand Rapids: Eerdmans, 1994.

Whybray, R. N. Wisdom in Proverbs. **SBT**. Naperville, IL: Allenson, 1965. v. 45.

Williams, J. C. **Those Who Ponder Proverbs**: Aphoristic Thinking and Biblical Literature. Sheffield, England: Almond Press, 1981. Análise de literatura de sabedoria, no AT e no NT, à luz da teoria linguística contemporânea.

20

Eclesiastes

Conceitos básicos

✓ Não se deve esperar que a vida satisfaça
✓ As fases da vida devem ser aceitas
✓ Frustrações na vida são inevitáveis
✓ Desfrutar a vida só é possível por meio da cosmovisão centrada em Deus

Muitas vezes, as pessoas evitam o livro de Eclesiastes porque se sentem oprimidas pelo conceito de vida oferecido em suas páginas. Como Jó, ele se recusa a evitar as questões difíceis da vida e não aceita soluções fáceis. Os intérpretes do livro têm lutado com essas questões, levando alguns a questionar a ortodoxia do autor ou se o livro deveria fazer parte do cânon do AT.

COMPOSIÇÃO DO LIVRO

A sabedoria de Eclesiastes provém do indivíduo identificado por *Qoheleth*. Não se sabe ao certo se é nome próprio, pseudônimo ou título do cargo. A julgar pelo significado do verbo relacionado, a palavra deve significar "convocador" – daí as traduções comuns por "mestre" ou "pregador".

Tradicionalmente, *Qoheleth* foi identificado com Salomão por causa da informação oferecida nos dois primeiros versículos do livro. Argumenta-se não haver outro "filho de Davi, rei em Jerusalém". Deve-se, porém, admitir que a designação "filho de Davi" pode se referir a qualquer um da linhagem de Davi. Outro fator intrigante é o motivo de Salomão se valer de um pseudônimo. O estilo salomônico de seções como 2.1-11 não deixa dúvida de que o autor pretendia conduzir o leitor a pensar nas experiências de Salomão. Mas a afirmação em 1.16 e 2.9 de que ele ultrapassou todos os que governaram Jerusalém antes dele não seria significativa se seu pai fosse o único antecessor. Também se nota que a linguagem do livro difere em vários aspectos da encontrada em outras obras de Salomão. Para concluir, não é impossível que Salomão seja *Qoheleth*, mas as evidências opostas são suficientes para gerar dúvidas. Como as Escrituras não comentam o assunto, não podemos identificar *Qoheleth* com certeza.

Além da anonimidade de *Qoheleth*, apesar de sua sabedoria ser apresentada no livro, ele parece não ser o autor. A princípio, ele é apresentado na terceira pessoa, e mesmo quando a primeira pessoa é usada, está na forma de citação (7.27). Isso sugere que um autor anônimo estava apresentando a sabedoria de *Qoheleth*, famoso colecionador de sabedoria, para nossa reflexão. O livro termina com alguns dados biográficos sobre o mestre e o resumo de sua mensagem. O resultado é que mesmo que *Qoheleth* fosse Salomão, o autor poderia ter vivido posteriormente. Alguns datam o livro do século III ou IV a.C., alegando que a sua linguagem tem características do hebraico pós-bíblico e há influência perceptível da filosofia grega. Essa teoria, embora aceita por alguns estudiosos, analisa o livro como ficção real, gênero bem-conhecido na Mesopotâmia e no Egito. A presença de alguns empréstimos linguísticos persas e a identificação de certa influência aramaica foi usada para apoiar essa posição.

Figura 20.1 – Trecho dos Cânticos do harpista derivado do túmulo do rei Intef

Portanto, alegre-se em seu coração!
O esquecimento é lucro,
Siga seu coração enquanto viver!
Coloque mirra sobre sua cabeça,
Vista linho fino,
Unja-se com óleos dignos de um deus.
Acumule suas alegrias,
Não deixe seu coração se abater!
Siga seu coração e sua felicidade,
Faça suas coisas na terra conforme manda seu coração!

De **Ancient Egyptian Literature**, Transl. Miriam Lichtheim. Berkeley: University of California Press, 1976. v. 1, p. 196-7.

Mais comum entre intérpretes conservadores é a teoria de que a linguagem peculiar é dialética, portanto não é útil para datar o livro. Os que datam o livro da época de Salomão tendem a situá-lo por volta dos séculos VIII ou VII a.C., mas não se pode precisar isso. Felizmente, a natureza atemporal da sabedoria do livro dispensa a ligação a determinada época.

Desde meados do século II d.C., alguns questionaram a autoridade do livro e, portanto, sua canonicidade. Objeções iniciais da escola rabínica de Shammai e outros são citadas no *Talmude*, mas não foram suficientes para suscitar mais dúvidas.

CONTEXTO

Como vários outros livros poéticos, Eclesiastes contém gêneros literários diversos. Ele usa alegorias, adágios, metáforas, provérbios, entre outros. Além de identificações de gênero existem várias obras literárias do Antigo Oriente Médio que abordam situações em que a sabedoria convencional é considerada incoerente com a realidade. Certamente, este era o caso de Jó e de seus equivalentes do Antigo Oriente Médio. Embora a literatura não rejeite a sabedoria, ela apresenta suas limitações e insuficiência.

Na literatura mesopotâmica, um exemplo seria a obra conhecida por *Diálogo do pessimismo*. É uma peça um tanto satírica em que um homem sugere vários procedimentos atestados pelas observações sábias de seu escravo. Em cada caso, o homem muda de opinião e decide não seguir o procedimento sugerido. Tal decisão também é afirmada pelo escravo com uma observação sábia. A conclusão que se tira é que os provérbios podem ser usados para racionalizar qualquer procedimento.

Na literatura egípcia, há peça em que um homem com tendências suicidas comenta diversas frustrações da vida e sua incapacidade para encontrar satisfação. Nesse aspecto, ela é semelhante a Eclesiastes. Igualmente parecidos em conteúdo são os *Cânticos do harpista,* que incentivam a fruição da vida por não conhecermos o futuro (fig. 20.1). Contudo, tais obras parecem sugerir a vida de prazeres rejeitada por *Qoheleth* (2.1-2).

ESBOÇO DE ECLESIASTES

I. Introdução (1.1-11)

II. Satisfação: Problema e solução

A. Problema: Satisfação não pode ser encontrada

1. Na sabedoria (1.12-18)
2. Na fuga (2.1-11)
3. No legado (2.12-23)

B. Solução: Satisfação não pode ser procurada

1. Desfrutar a vida como dádiva de Deus (2.24-26)
2. Deus determinou as vicissitudes da vida (3.1-8)
3. Desejo de encontrar sentido deve nos levar a Deus (3.9-15)

III. Frustrações: Problema e solução

A. Problema: Frustrações são inevitáveis

1. A vida é injusta e depois vem a morte (3.16-22)
2. Frustração de ser vítima
   a. Vítima de opressão sem defensor (4.1-3)
   b. Vítima da própria cobiça (4.4-6)
   c. Vítima da solidão (4.7-12)
   d. Vítima da futilidade (4.13-16)
   e. Não buscar alívio com votos (5.1-7)
3. Frustração do suborno
   a. Vítima da injustiça política (5.8,9)
   b. Não buscar riqueza como alívio (5.10–6.9)
4. Sem perspectiva de mudança (6.10-12)

B. Solução: Frustrações não podem ser evitadas

1. Aprender com as dificuldades da vida (7.1-12)
2. Aceitar prosperidade e adversidade como provenientes de Deus (7.13-18)
3. Não esperar encontrar justiça ou sabedoria no mundo perdido (7.19-29)

IV. Normas para traçar plano de vida

A. Viver sob autoridade, mas não esperar que o governo resolva seus problemas (8.1-9)

B. Viver como se o princípio da retribuição fosse verdadeiro, mas não esperar seus resultados nesta vida (8.10-14)

C. Não esperar ter todas as respostas (8.15-17)
D. Este é um mundo perdido que só tem a morte a oferecer (9.1-6)
E. Desfrutar da vida que Deus concedeu (9.7-10)
F. Esperar o inesperado (9.11-12)
G. Sabedoria é melhor que força
1. Muita sabedoria pode ser desfeita por pouca insensatez (9.13–10.1)
2. Resultados e conduta da insensatez (10.2-20)
H. Ter cautela e preparo, mas não se deixar paralisar (11.1-6)
I. Desfrutar a vida, mas lembrar da responsabilidade (11.7-10)
J. Não esperar a velhice para ter perspectiva correta da vida (12.1-8)

V. Colofão (questões finais) (12.9-14)

PROPÓSITO E MENSAGEM

O esboço foi detalhado para transmitir o propósito e a mensagem do livro. O propósito de *Qoheleth* era o de argumentar que não há nada "sob o sol" capaz de dar sentido à vida. Mesmo atingindo certo nível de satisfação, a morte espera no fim. Frustração e adversidade são inevitáveis, e respostas aos enigmas da vida não são fáceis. Nesses termos, o livro confronta a incerteza da vida e mostra, talvez inconscientemente, a necessidade do conceito da ressurreição para extrair harmonia da discórdia da realidade.

A mensagem de Eclesiastes é que a vida a ser buscada é centrada em Deus. Os prazeres não satisfazem de forma duradoura, podem ser desfrutados como dons divinos. A vida oferece bons e maus momentos e não segue o padrão proposto pelo princípio da retribuição. Todavia, tudo procede de Deus (7.14). A adversidade pode não ser agradável, mas pode ajudar a desenvolver a fé.

Já deve estar claro que consideramos a mensagem do livro positiva e ortodoxa. Isso é motivo de controvérsia entre os intérpretes de Eclesiastes, pois alguns deles percebem em suas páginas apenas pessimismo ou cinismo. Um conceito judaico antigo, muito difundido atualmente, é que a teologia não ortodoxa é dada como exemplo de pensamento incorreto que só é corrigido no último capítulo. No entanto, ao analisarmos o colofão, o resumo dado nos versículos 13 e 14 é apenas reiteração do que *Qoheleth* disse em todo o livro.

ESTRUTURA E ORGANIZAÇÃO

Não devemos procurar princípios de organização como nos tratados filosóficos da civilização ocidental. A *inclusio* de 1.2 e 12.8 e o refrão — "Para o homem não existe nada melhor do que..." (v. 2.24-26; 3.12-13, 22;5.18-20; 8.15; 9.7-9) — indicam tratar-se de uma obra unificada, mas o autor procede à introdução de diversos tópicos pertinentes para o debate. É útil lembrar que o propósito da literatura de sabedoria é, de forma geral, a respeito de *como* pensar, e não sobre *o que* pensar.

Após a introdução ao problema em 1.1-11, a própria experiência de *Qoheleth* é usada para sugerir que nada "debaixo do sol" pode dar sentido à vida. Na vida "debaixo do sol", Deus está distante e não influencia. Depois de considerar as possíveis fontes de satisfação e as rejeitar, *Qoheleth* oferece outra perspectiva da vida. Em 2.28–3.15, ele sugere o procedimento moderado. Embora nada possa satisfazer, não é necessário adotar uma posição pessimista, cética ou fatalista com relação à vida. Desfrute a vida pelo que ela é: uma dádiva de Deus. Se ele estiver no centro da cosmovisão do indivíduo, as buscas da vida podem receber o lugar devido, não para dar sentido à vida, mas para proporcionar satisfação.

Usando pares de antíteses em 3.1-8, *Qoheleth* começa a explicar o motivo de Deus estar no centro de nossa cosmovisão. Não estamos no controle dos "tempos" da vida, e muitos deles podem ser difíceis. A estabilidade só pode ser encontrada na abordagem centrada em Deus. Ele nos impôs essas limitações, mas colocou "o anseio pela eternidade" para que a busquemos. Depois de apresentar sua cosmovisão básica, *Qoheleth* comenta na divisão seguinte a aplicação dessa cosmovisão às situações do cotidiano. Não é difícil aplicá-la quando a vida é tranquila, mas como funciona quando surgem adversidades? Essa é a preocupação de 3.16–7.29. *Qoheleth* considera diversas situações na vida que produzem adversidades. É interessante que ele se concentra nas frustrações rotineiras que todas as pessoas enfrentam com frequência. Se o livro de Jó fosse criticado, o cenário poderia ser considerado muito artificial. Não conhecemos ninguém tão bom quanto Jó, e provavelmente não conhecemos ninguém que tenha sofrido tanto quanto ele. Naquela obra, era importante, por causa da teoria, considerar a situação mais contraditória que se pudesse imaginar. Mas *Qoheleth* garante a possibilidade de nos identificarmos com os exemplos oferecidos por ele. O resultado é que frustrações e adversidades não podem ser evitadas. O que essa cosmovisão tem a oferecer?

A solução sugerida no capítulo 7 é que não devemos tentar evitar frustrações e adversidades. A cosmovisão centrada em Deus está disposta a aceitar a prosperidade e a adversidade como provenientes da mão divina. Aqui *Qoheleth* não lida com a causa (isto é, que Deus causa nossas frustrações), mas com a ideia de que a adversidade serve ao propósito útil de nos moldar como indivíduos e, em especial, como pessoas que têm fé. É exatamente esta a atitude de Jó diante dos problemas (Jó 1.21).

A solução de *Qoheleth* leva à última parte do livro, na qual o autor oferece diretrizes para traçar um plano de vida. Boa parte dos capítulos 8 e 9 aborda o ajuste das expectativas neste mundo. Isso é seguido pelas advertências do capítulo 10 sobre o poder e os efeitos do comportamento insensato. O capítulo 11 incentiva uma abordagem cautelosa da vida (mas não em excesso) e nos lembra de que somos responsáveis por nossa conduta e decisões. Finalmente, o capítulo 12 usa uma sequência de imagens e alegorias diversas para incentivar o leitor a agir agora. Como diz o velho ditado: "Nunca é tarde para aprender".

Após a *inclusio* do versículo 8 vem o que chamamos de colofão. Ele era usado na literatura do Antigo Oriente Médio para apresentar mais detalhes sobre o autor e condensar o ensino do manuscrito ou na tábua. Como mencionamos anteriormente, nada aqui reverte e nega a mensagem do livro ou corrige seu ensino.

TEMAS PRINCIPAIS

O princípio da retribuição: quarta parte

As seções principais de Eclesiastes que abordam o princípio da retribuição são 3.16-22 e 8.10-14, embora ele também esteja envolvido nas afirmações de 7.15-17 e 9.1-6. A conclusão de *Qoheleth* é a aceitação do princípio da retribuição em teoria, mas a negação de sua capacidade de prever o destino ou explicar a situação atual da pessoa. Nesse sentido, *Qoheleth* concorda com o livro de Jó. Ambos acreditam que o princípio da retribuição transmita algo sobre Deus, em vez de oferecer uma garantia na vida. O tempo e o acaso são os grandes fatores desta vida (9.11).

Embora o livro deixe claro que *Qoheleth* não obteve uma revelação do futuro juízo divino sobre justos e ímpios na vida após a morte, sua posição aparentemente contraditória quanto ao princípio da retribuição pode ser justificada pela revelação progressiva. O fato de Deus recompensar o justo e castigar o ímpio na eternidade é coerente com a crença de *Qoheleth* de que o princípio da retribuição é verdadeiro, mas não pode ser aplicado apenas a esta vida. Como no livro de Jó, constitui-se na negação do corolário de que os justos prosperam e os ímpios necessariamente sofrem.

Experiência *versus* revelação

A abordagem de *Qoheleth* é de praxe na apologética evidencialista, ou evidencialismo, até hoje. Se uma pessoa não estiver disposta a reconhecer que Deus tenha falado pela Bíblia, é inútil usá-la para apoiar essa causa. *Qoheleth* construiu sua argumentação sem nenhuma pressuposição a respeito da revelação. Não mencionou a Lei nem os Profetas e não disse nada sobre a posição de Israel no plano ou na aliança de Deus. Sua abordagem filosófica baseou-se na experiência e sabedoria. A ausência dos elementos israelitas básicos de teologia não sugere o desconhecimento ou a rejeição deles por *Qoheleth*, mas pode refletir a tentativa de atingir um público mais amplo.

Epicurismo *versus* devoção

Algumas pessoas se preocuparam com a filosofia de "desfrutar a vida" de *Qoheleth*. Talvez ela se pareça muito com a máxima: "Comamos e bebamos, porque amanhã morreremos". Além disso, ele disse pouco sobre a vida de devoção, fé ou boas obras. E quanto à disciplina, virtude e moralidade? Onde estão o arrependimento ou senso de pecado? Devemos reconhecer que o livro de Eclesiastes não tem o propósito de ser um compêndio de teologia sistemática. O propósito principal de *Qoheleth* é demonstrar que a vida "debaixo do sol" não traz satisfação e propor uma cosmovisão alternativa. A filosofia transmitida não é apenas "desfrutar a vida", mas "desfrutar a vida e temer a Deus". Isso não significa o abandono de tudo em busca de prazeres; é a integração responsável e otimista de vida e fé. O resultado é que poucos livros da Bíblia oferecem um desafio tão claro à cosmovisão ocidental. Desfrutar a vida não significa procurar satisfação pessoal, mas reconhecer que tudo procede da mão de Deus.

Perguntas para estudo e debate

1. O cristão deve buscar satisfação nesta vida? Explique seu conceito de "satisfação".
2. Cite os resultados práticos da análise da adversidade com ênfase no propósito, e não na causa.
3. Que conselho *Qoheleth* daria a Jó?
4. Compare a abordagem de *Qoheleth* a respeito da experiência com a abordagem apresentada por C. S. Lewis em *Cristinianismo puro e simples.*

Leituras complementares

Eaton, Michael. **Ecclesiastes**. Downers Grove, IL: InterVarsity Press, 1983. O mais útil entre os comentários evangélicos.

Fox, Michael. **A Time to Tear Down and a Time to Build Up**. Grand Rapids: Eerdmans, 1999.

Gordis, Robert. **Koheleth**: The Man and His World. New York: Harper & Row, Schocken, 1968.

Kaiser, Walter C. **Ecclesiastes**: Total Life. Chicago: Moody Press, 1979.

Loader, J. A. **Ecclesiastes**: A Practical Commentary. Grand Rapids: Eerdmans, 1986. Não é evangélico, mas apresenta compreensão incentivadora do livro.

Longman, Tremper. **Book of Ecclesiastes**. Grand Rapids: Eerdmans, 1998.

Ogden, Graham. **Qoheleth**. Sheffield, England: JSOT Press, 1987.

Seow, Chung-Leong. **Ecclesiastes**. Garden City, NY: Doubleday, 1997.

Whybray, R. N. Ecclesiastes. **NCBC**. Grand Rapids: Eerdmans, 1989.

21
Cântico dos Cânticos

Conceitos básicos

- ✓ A excelência do homem e da mulher criados à imagem de Deus
- ✓ A santidade da expressão sexual humana no contexto do casamento
- ✓ A dignidade do amor humano
- ✓ A virtude da castidade antes do casamento e da fidelidade após o casamento

O livro recebeu o título do primeiro versículo (1.1) e é conhecido por "Cântico (dos Cânticos)", "Cantares", "Cantares de Salomão" ou até "Melhor Cântico". O nome "Cânticos" é derivado da versão latina, *Vulgata*, que intitula o livro *Canticum Canticorum* (Cântico dos Cânticos).

O Cântico dos Cânticos foi colocado entre os livros de sabedoria e poesia na *Septuaginta* e na maioria das versões. Embora não seja considerado literatura de sabedoria no sentido restrito, o Cântico compartilha algumas afinidades com a sabedoria bíblica, pois está associado ao sábio rei Salomão (1Reis 4.29-34), diz respeito ao mistério do homem e da mulher e oferece instrução (pelo menos implicitamente) sobre a conduta sexual e conjugal. O Cântico foi incluído primeiro entre os cinco rolos de festas (*megilloth*) do cânon hebraico e, no judaísmo posterior, foi designado para ser lido na Páscoa; isso por ser interpretado como representação do amor divino por Israel.

COMPOSIÇÃO DO LIVRO

A erudição bíblica tradicional atribuiu o Cântico dos Cânticos ao rei Salomão e datou a poesia do fim do século X a.C., principalmente devido ao versículo que intitula o livro (1.1). Alguns autores judeus antigos atribuem a obra ao rei Ezequias, de Judá, que recebe lugar de destaque na preservação da literatura de sabedoria israelita (Provérbios 25.1; v. 2Crônicas 32.27-29). Os problemas de autoria e datação do Cântico estão intimamente relacionados. A natureza inacabada do título do livro complica a questão. O estilo do título ou cabeçalho pode ser interpretado "de/ para/ sobre Salomão" (v. as anotações em Salmos 3.1; 4.1; 5.1; *et al.*). Logo, o título pode implicar que ou Salomão escreveu a poesia ou que ela lhe foi dedicada ou ainda que representa canções a seu respeito como personagem principal da ação. Embora o nome Salomão apareça seis vezes em outras partes do livro (1.5; 3.7-8,11; 8.11-12), e outras passagens confirmem sua habilidade literária (1Reis 4.29-34), essas referências não fazem nenhuma afirmação sobre a autoria do livro. Ao contrário, apenas confirmam o papel de Salomão como personagem principal da história de amor.

Há outro fator digno de nota que influencia a opinião dos estudiosos sobre autoria e data do livro. O ponto de vista adotado pelo tradutor-comentarista determina em grande parte a maneira pela qual 1) o texto é esboçado, 2) interpreta a poesia com relação ao desenvolvimento do enredo e 3) identifica o número de personagens ativas na história. Isso, por sua vez, afeta o modo em que se organiza e avalia as diversas linhas de evidências associadas às questões de autoria e data.

Por exemplo, quem argumenta que a história de amor é o drama de duas personagens tende a se concentrar no vocabulário exótico, na grande quantidade de referências à flora e à fauna e à aparente unidade geográfica dos poemas, determinando dessa forma a data da era salomônica, ou até a autoria salomônica (v. 1Reis 4.32-34). Em compensação, quem considera a poesia um triângulo amoroso do qual o rei Salomão seria "o vilão" sugere o contexto no Reino do Norte durante o período inicial da monarquia dividida. O estudioso que usa a abordagem tipológica, ou mitológica, enfatizaria aspectos linguísticos (*e.g.*, aramaico, persa e influência grega) e o recurso de "ficção literária" na poesia, na qual Salomão representa "o amor maior", e concluiria que o livro deve ser datado do Período Persa.

Dadas as incertezas associadas à interpretação do título (1.1) e a natureza singular do vocabulário e estilo do livro, Cântico dos Cânticos deve ser considerado uma composição anônima. O peso das evidências literária, histórica e linguística parece indicar a *proveniência* do Reino do Norte e a data mais antiga pré-exílica para a composição do livro. As tentativas de mais precisão que esta são fracas e apresentam poucos benefícios para a compreensão geral da mensagem e do sentido dos cânticos de amor.

CONTEXTO HISTÓRICO

Com exceção das referências ambíguas ao rei Salomão (1.1,5; 3.7,9,11; 8.11-12), não há alusões ou paralelos históricos claros no Cântico. Além de citar de passagem o reino de Salomão (ca. 970-930 a.C.), pouco se sabe sobre o contexto histórico do livro. É bem provável que o poema de amor reflita acontecimentos reais ligados ao reinado de Salomão, possivelmente os resumidos pelos historiadores do AT em 1Reis 3–11 e 2Crônicas 1–9.

Salomão foi dominado pela sensualidade, característica semelhante à de seu pai Davi. Esse defeito foi comprovado pela extravagância de seu reinado e pelo tamanho de seu harém, além de posteriormente causar sua ruína (v. 1Reis 4.20-28; 10.14-29; 11.1-3). De forma irônica, o sábio que advertiu os jovens das armadilhas da mulher "estrangeira" acabou preso em suas ciladas (Provérbios 5.1-23; 7.1-7; v. 1Reis 11.4-13).

ESBOÇO DE CÂNTICO DOS CÂNTICOS

Um dos problemas associados à interpretação de Cântico dos Cânticos é identificar claramente quem fala no poema de amor. As tentativas de criar esboços do Cântico são tão numerosas e variadas quanto as abordagens interpretativas do conteúdo do livro. O esboço seguinte pressupõe que o poema de amor narre a história de três personagens principais (a jovem sulamita, seu pastor amado e o rei Salomão) em uma série de acontecimentos.[1] Os principais títulos ou seções do esboço são essencialmente adaptações

[1] Observe que, embora os autores deste panorama utilizem a NVI nas citações bíblicas, sua abordagem é diferente da apresentação do Cântico pela NVI como história de amor entre duas pessoas. [N. T.]

das divisões do livro conforme se encontram nas obras de Calvin Seerveld e C. Hassell Bullock.[2]

I. Cabeçalho (1.1)
II. A jovem sulamita no harém de Salomão (1.2–3.5)
 A. O rei e a jovem sulamita gracejam (1.2–2.2)
 B. A jovem procura seu amado ausente (2.3–3.5)
III. Salomão corteja a jovem sulamita (3.6–7.9)
 A. A primeira proposta de Salomão (3.6–5.8)
 B. A segunda proposta de Salomão (5.9–7.9)
IV. A jovem sulamita rejeita o rei Salomão (7.10–8.4)
V. A jovem sulamita e o pastor amado se reencontram (8.5–14)
 A. Os irmãos da jovem veem os apaixonados chegando (8.5a)
 B. A jovem fala ao seu pastor amado (8.5b-7)
 C. Os irmãos da jovem recordam o passado da irmã (8.8-9)
 D. A jovem se orgulha da sua castidade (8.10-12)
 E. O pastor convida a jovem a cantar (8.13)
 F. A jovem atende com cântico (8.14)

INTERPRETAÇÃO DO LIVRO

Nenhum livro do AT causou mais perplexidade aos intérpretes bíblicos do que Cântico dos Cânticos. Séculos de estudo cuidadoso de estudiosos de diversas tradições religiosas e convicções teológicas produziram pouco consenso interpretativo. Há três motivos principais para o impasse.

Em primeiro lugar, o tema, o assunto e a linguagem franca do Cântico têm confundido, surpreendido e perturbado leitores judeus e cristãos — a ponto de os rabinos e pais da Igreja questionarem durante gerações o valor do livro e seu lugar no AT.

Em segundo lugar, a natureza e estrutura da poesia amorosa não se prestam para a análise simples. Boa parte da linguagem do livro é incomum, até singular e obscura, dificultando a tradução e interpretação. Por definição, a poesia lírica é curta, concentrada no significado e sem

[2] Seerveld, **The Greatest Song**; Bullock, **An Introduction to the Old Testament Poetic Books**, p. 242-55.

transições suaves. Isso apresenta um dilema para os comentaristas que tentam dividir o livro em unidades lógicas menores. Isso também causa incerteza na hora de identificar o número de personagens da história e atribuir as unidades menores a pessoas específicas.

Figura 21.1 – Interpretação da poesia lírica

A descrição de Leland Ryken da poesia "lírica" é um manual útil para fazer compreender a natureza literária e a mensagem da poesia lírica de Cântico dos Cânticos.[3] Diversas características da poesia lírica estão presentes no Cântico, incluindo-se:

- O tema unificador que controla o poema ("O amor é tão forte quanto a morte", 8.6)
- Expressões pessoais e subjetivas de pensamento e sentimento (*e.g.*, "Levante-se, minha querida, minha bela, e venha comigo", 2.10)
- Ênfase à emoção (*e.g.*, "se encontrarem o meu amado... Digam- lhe que estou doente de amor", 5.8)
- Intensidade concentrada e ação comprimida (*e.g.*, "Eu estava quase dormindo, mas o meu coração estava acordado", 5.2)
- Mudanças abruptas de cenário entre personagens (v. esboço)

Em terceiro lugar, o livro é sociologicamente indistinto, já que seu palco é ambíguo, seus contextos e caracterizações são vagos e o texto parece presumir o ensinamento moral de livros anteriores do AT.

As diversas abordagens interpretativas ao Cântico surgidas ao longo dos anos de estudo e análise acadêmica são resumidas a seguir:

1. *Dramática.* A abordagem dramática interpreta o Cântico como uma peça teatral antiga. Essa teoria, visível na tradição da Igreja desde o século III d.C., baseia-se em grande parte na analogia à tragédia grega, desenvolvida no século VI a.C. A poesia é considerada um roteiro dramático para o entretenimento real. A peça, quer encenada, quer cantada, geralmente se divide em seis atos, cada um com duas cenas. Os discursos são atribuídos às personagens principais (duas ou três, caso o pastor não seja equiparado ao rei), das quais as "filhas de Jerusalém" (ou harém) são representadas pelo coro feminino.

[3] Leland, Ryken. **How to Read the Bible as Literature**. Grand Rapids: Zondervan, 1984. p. 109-14.

2. *Tipológica.* O modelo tipológico reconhece a historicidade do livro (quer celebre o casamento de Salomão com a filha do faraó, quer relate o cortejo do rei à sulamita), mas subordina a apresentação literal da história do AT à alusão do NT. O cumprimento tradicional do "tipo-antítipo" é interpretado como o relacionamento da aliança de Deus com Israel pelo intérprete judeu ou como o relacionamento de Cristo com a Igreja — como sua noiva — pelo intérprete cristão.
3. *Cúltica.* A abordagem cúltica ou mitológica considera o Cântico uma adaptação hebraica da liturgia do culto mesopotâmico da fertilidade. Seus proponentes argumentam que a palavra *amado* é, na verdade, uma referência ao deus Dode (pelo menos em 5.9). Dode era o equivalente siro-palestino de Tamuz no culto sumero-acádico de Tamuz-Ishtar. O rito anual era a encenação do antigo mito que relata a busca da deusa Ishtar por seu amante falecido (Tamuz) no mundo subterrâneo, finalmente restaurando-o à vida pela união sexual e depois assegurando a fertilidade da criação. Acredita-se que as associações mitológicas do Cântico foram esquecidas ou alteradas propositadamente para tornar o livro aceitável à fé israelita.
4. *Ciclo matrimonial.* A interpretação do livro como ciclo matrimonial supõe que o Cântico seja uma coleção de poemas nupciais semelhante ao *waṣf* das cerimônias de casamento árabes. A série de cânticos que exaltam a noiva e o noivo foi formalizada em um ciclo de recitações finalmente incorporadas à celebração do casamento.
5. *Didática.* A posição didática não nega os aspectos históricos do Cântico. No entanto, descarta as circunstâncias relativas ao livro a favor de propósitos morais e didáticos da literatura. Segundo essa abordagem, o livro apresenta a pureza e beleza do amor sexual, promove ideais de simplicidade, fidelidade e castidade e ensina as virtudes de afeição humana e a beleza e santidade do casamento.
6. *Alegórica.* O método alegórico é o mais antigo e permanece como a abordagem mais aceita entre as tradições judaica e cristã — embora o livro não afirme ser alegórico. A alegoria é definida como uma representação simbólica óbvia na literatura ou simplesmente uma metáfora ampliada. A alegoria diz uma coisa, mas transmite um significado mais profundo e oculto. A "alegorização" de

um texto ocorre quando o intérprete considera determinada passagem uma alegoria mesmo não sendo esta a intenção do autor. O método de alegorização aplicado ao Cântico rendeu interpretações semelhantes às da abordagem tipológica. A principal distinção é que a teoria tipológica aceita a base histórica para o contexto e a alegórica não.

7. *Literal.* O ponto de vista literal ou natural interpreta a poesia de amor tal como ela é — uma expressão sensual, até erótica, de emoções e paixão quando dois jovens apaixonados declaram seu desejo mútuo. A variação lítero-histórica procura equilibrar o senso natural das qualidades literárias do poema com a apreciação pelo contexto histórico que inspirou a composição. Um de nós pressupõe uma história de amor com três personagens principais (o rei Salomão, o pastor amado e a jovem sulamita) e combina a abordagem lítero-histórica com elementos de didática. Nessa interpretação, o livro seria considerado uma sátira do Reino do Norte sobre o reinado de Salomão e a exploração de mulheres praticada por ele (ironicamente seu fim) e ainda a celebração do caráter exemplar da sulamita, que rejeitou o cortejo do rei por causa da fidelidade ao amado plebeu. O outro adota a posição literal sem ligações históricas. Segundo essa linha interpretativa, o Cântico é uma poesia de amor sem enredo definido. Os poemas são unificados para ilustrar e advertir do poder da sensualidade.

ESTRUTURA E ORGANIZAÇÃO

Como Salmos, Provérbios e Lamentações, o Cântico dos Cânticos apresenta uma forma literária completamente poética. Como poesia lírica, o Cântico possui um estilo idílico e cenas pastorais que parecem estranhos aos leitores ocidentais que vivem em uma sociedade altamente tecnológica. Dessa forma, as analogias e metáforas inspiradas na experiência do pastor fazem comparações que, muitas vezes, achamos engraçadas ou até indelicadas — *e.g.*, "Seus dentes são como um rebanho de ovelhas recém-tosquiadas" (4.2) ou "Seu nariz é como a torre do Líbano" (7.4) —, sem contar sua difícil compreensão. As imagens vívidas, às vezes, até nos chocam e constrangem (*e.g.*, 7.8). Todavia, o Cântico segue as convenções literárias e o estilo de poesia de amor correntes no segundo milênio a.C. Por exemplo, as canções de amor egípcias do Novo Império (1570-1085 a.C.) contêm temas e linguagem figurada semelhantes (v. fig. 16.1b). O tema do jardim como símbolo erótico e versos que exaltam o arrebatamento e mistério do amor sexual humano são majestosos. Há analogias e metáforas em abundância, incluindo cânticos descritivos que comparam as características físicas dos apaixonados à flora e fauna exóticas. A canção do desejo convidando o casal ao amor, o compartilhamento de manjares e vinho para amenizar a dor da paixão e até a atenção dada às vestes, aos perfumes e óleos finos são comuns na literatura. Quando vista no contexto histórico, a estranheza do Cântico diminui e a apreciação de sua beleza singular e de sua abordagem sensível sobre o assunto aumenta[4] (v. fig. 16.1b).

Tentativas de discernir a estrutura do livro devem basear divisões textuais na análise do conteúdo, o que exige uma postura interpretativa de análise poética e significa a existência de tantos esboços do conteúdo quantos são os métodos interpretativos. Embora o livro contenha frases e versos repetidos —

> "Como você é linda, minha querida!" (1.15; 4.1,7)
> "O meu amado é meu" (2.16; 6.3)
> "Minha irmã, minha noiva" (4.9,12; 5.1)
> "Mulheres de Jerusalém, eu as faço jurar" (2.7; 3.5; 5.8; 8.4)

— somente a ordem às filhas de Jerusalém parece servir de refrão ou talvez indique seções poéticas distintas.

Os discursos sugerem a divisão do texto, mas o locutor permanece anônimo. O conteúdo do discurso pode auxiliar na identificação do locutor, contudo não é conclusiva. A linguagem polida e o estilo lírico dificultam a determinação dos limites exatos de cada discurso.

Esses esforços de atribuir os discursos a personagens específicas na história de amor são complicados por causa do número de personagens.

4 **The Song of Solomon**, p. 55-67. V. tb. W. K. Simpson (org.), **The Literature of Ancient Egypt**, 2. ed. (New Haven: Yale University Press, 1975), p. 296-326. Formas literárias específicas e características formais de poesia lírico-amorosa, como cânticos descritivos, autodescrição, cânticos de admiração, narrativas de busca e fórmulas de juramento, estão catalogadas em J. B. White, A Study of the Language of Love in the Song of Songs and Ancient Egyptian Poetry, **SBL Dissertation Series** 38 (Missoula, MO: Scholars Press, 1978), p. 91-159.

Nesse caso, é útil a sugestão criteriosa de Bullock de que o Cântico era uma balada lírica antiga, "cuja narrativa era conhecida pelo público original, mas se perdeu. Com essa interpretação, o esforço de reconstruir a narrativa ou suprir informações perdidas, por mais arriscado, deve ser empreendido".[5] Isso resulta na leitura do Cântico que considera a poesia uma composição unificada e reconstrói a narrativa segundo a história de amor de três personagens na sequência dos acontecimentos (v. esboço). A alternativa sugere que reconstruir o enredo é tão subjetivo que não se pode depender da reconstrução para sustentar a mensagem e, por isso, decide aceitar a poesia sem enredo.

PROPÓSITO E MENSAGEM

Do ponto de vista lítero-histórico, o sentido de Cântico dos Cânticos é praticamente o mesmo, quer reconheçamos duas ou três personagens. Em ambos os casos, o Cântico é considerado uma instrução sobre a celebração da natureza física dos seres humanos criados por Deus (Gênesis 1.27; 2.4-7,18-24). O livro exalta a bondade divina e a virtude do amor sexual entre o homem e a mulher unidos em matrimônio (Cântico dos Cânticos 2.3-7,16; 7.9-12; v. Provérbios 5.15-20; Eclesiastes 9.9; Malaquias 2.14-16). Na verdade, o argumento de que a poesia recapitula o relacionamento amoroso heterossexual pelas "lentes do Éden" — como um extenso comentário de Gênesis 1 e 2 — possui fundamentação substancial.[6]

O significado de Cântico dos Cânticos é um antídoto bem-vindo contra a perversão sexual e a decadência da instituição do casamento. O Cântico louva a perfeição do homem e da mulher e defende a dignidade das afeições humanas e da expressão sexual dentro dos limites divinamente decretados do relacionamento exclusivo entre um homem e uma mulher (Gênesis 2.23-24; v. Romanos 1.24-32). Realmente, "quem encontra uma esposa encontra algo excelente; recebeu uma bênção do Senhor" (Provérbios 18.22).

Apesar de essa união de homem e mulher perante Deus ser importante para a procriação da humanidade (Gênesis 1.28), o Cântico indica que a intimidade sexual compartilhada por marido e esposa é adequada

[5] **An Introduction to the Old Testament Poetic Books**, p. 238.

[6] Landy, V. F., The Song of Songs and the Garden of Eden. **JBL** 98, 4, 1979, p. 53-58.

para a alegria e o prazer mútuo e para o enriquecimento da relação (Cântico dos Cânticos 6.2-3; 7.10-13; 8.1-3; v. Provérbios 5.19; 1Coríntios 7.1-5).

Considerar o Cântico história de amor com três personagens introduz mais elementos didáticos ao propósito e à mensagem da poesia. O contraste entre dois tipos de afeição humana é estabelecido pela justaposição do relacionamento vulgar, sensual e polígamo de Salomão com as "mulheres de Jerusalém" ou o harém (que reunia mais de 140 mulheres; v. 6.8) e do amor simples, puro, sincero e erótico, mas fiel, da sulamita com seu pastor amado.

O primeiro incita o ciúme e explosões de fúria (8.6); traz a ira de Deus (v. 1Reis 11.1-9). O segundo é como um selo exposto com coragem e que garante lealdade em particular e fidelidade pública — o amor tão forte quanto a morte (8.6-7).

TEMAS PRINCIPAIS

O poeta declara a virtude da castidade nos jovens apaixonados (4.12; 6.3; 7.10-13; 8.10), o que difere claramente da tendência de autodestruição dos costumes sexuais de muitas sociedades na História. A Bíblia não aprova o relacionamento sexual pré-marital ou extraconjugal, quer heterossexual, quer homossexual (Êxodo 20.14; Levítico 18.22; 20.13; Mateus 5.27-28; Romanos 1.24-27; 1Coríntios 6.13,18; Efésios 5.3). As advertências das Escrituras são bem claras: Deus julgará todos os sexualmente imorais (1Coríntios 6.9,18-20; Hebreus 13.4). Estudos recentes que revelam os efeitos colaterais emocionais, psicológicos e físicos da licenciosidade confirmam a sabedoria do ensinamento bíblico.

As dimensões positivas do amor descrito no Cântico são tão importantes quanto as sugestões para moldar bons relacionamentos entre homens e mulheres. A jovem sulamita e o pastor amado são um modelo de amor genuíno que demonstra sua sinceridade e fidelidade pela força de caráter e pela chama da paixão. Sua forma de amor um pelo outro exprime integridade, lealdade e compromisso (4.12-16; 7.11-14; 8.10-12). Esse tipo de amor é "tão forte quanto a morte" (8.6), ou melhor, como escreveu Seerveld: "tão permanente quanto a morte".[7] Ele respeita e estimula

[7] **The Greatest Song**, p. 60.

o parceiro do pacto conjugal e não é infiel (Malaquias 2.14-15). O apóstolo Paulo incentivou esse tipo de amor abnegado, altruísta e direcionado por refletir o relacionamento de Cristo com sua Igreja (Efésios 5.21-33).

Finalmente, o Cântico afirma a bondade e integridade do amor físico dentro dos limites do casamento ordenado por Deus (Gênesis 1.26-28; 2.20-25; Mateus 19.1-12). O AT incentiva especialmente os casais a se alegrarem com o companheiro da juventude (Provérbios 5.18; Eclesiastes 9.9; Malaquias 2.14) e beber da própria cisterna (*i.e.*, satisfazer-se sexualmente com o próprio cônjuge — Provérbios 5.15; v. 5.19-20). A pureza do casamento e o caráter correto da intimidade física no casamento (apresentado como fidelidade erótica no Cântico) são verdades vitais para a Igreja de Deus no contexto da sociedade atolada em licenciosidade e divórcio fácil.[8]

Perguntas para estudo e debate

1. Por que judeus e cristãos preferem interpretações alegóricas de Cântico dos Cânticos?
2. Como o ensinamento do livro se compara à instrução no restante da Bíblia com relação à sexualidade e ao casamento?
3. Que papel os ensinamentos de Cântico dos Cânticos devem ter na instrução de jovens na Igreja atual?

Leituras complementares

Bullock, C. Hassell. **An Introduction to the Old Testament Poetic Books**. 2. ed. Chicago: Moody Press, 1988. p. 223-55.

Carr, G. Lloyd. The Song of Solomon. **TOTC**. Downers Grove, IL: InterVarsity Press, 1984.

____, Ryken, Leland e Longman, Tremper III (orgs.). **The Song of Songs**: A Complete Literary Guide to the Bible. Grand Rapids: Zondervan, 1993. p. 281-95. Inclui debate útil sobre o problema da estrutura literária de Cântico dos Cânticos.

[8] Sobre a pureza do casamento, a ideia de "intimidade com restrições" entre o casal antes do casamento e a consumação física do elo conjugal (como a sulamita e seu pastor amado no Cântico), v. Walter Trobisch, **I Married You** (New York: Harper & Row, 1971).

Dorsey, David A. Literary Structuring in the Song of Songs. **JSOT** 46, 1990, p. 81-96.

Fox, M. **The Song of Songs and the Ancient Egyptian Love Songs**. Madison: University of Wisconsin Press, 1985. Comparação detalhada e análise literária da canção de amor no AT e no Antigo Oriente Médio.

Fuerst, W. J. The Song of Songs. **CBC**. Cambridge: Cambridge University Press, 1975.

Garrett, Duane A. Proverbs, Ecclesiastes, Song of Songs. **NAC**. Nashville: Broadman, 1993, v. 14, p. 347-432. Inclui resumo útil das diversas abordagens interpretativas do livro.

Gledhill, Tom. **The Message of the Song of Songs**. Downers Grove, IL: InterVarsity Press, 1994.

Hill, Andrew E. The Song of Solomon. *In*: Elwell, Walter A. (org.). **The Evangelical Commentary on the Bible.** Grand Rapids: Baker, 1989. p. 452-66.

Hubbard, D. A. Ecclesiastes, Song of Solomon. **WCC**. Waco, TX: Word, 1993. v. 15b.

Keel, Othmar. **The Song of Songs**. Continental Commentaries. Minneapolis: Fortress Press, 1997.

Landy, Francis. The Song of Songs. *In*: Alter, Robert & Kermode, Frank (orgs.). **The Literary Guide to the Bible**. London: Grafton, 1987. p. 305-19.

Murphy, R. E. The Song of Songs. **HER**. Philadelphia: Fortress Press, 1990.

Olhsen, W. **Perspectives on Old Testament Literature**. New York, Hartcourt: Brace, 1978. p. 283-88. Ensaio conciso que apresenta interpretação de três personagens, com ênfase na mensagem e no ensinamento do livro.

Pope, M. Song of Songs. **AB**. New York: Doubleday, 1977. v. 7. Análise ponderada e técnica do ponto de vista mitológico, incluindo esboço abrangente da história da interpretação do livro e bibliografia completa.

Seerveld, Calvin. **The Greatest Song**. Amsterdam: Trinity Pennyasheet Press, 1967. Adaptação do livro com três personagens e crítica ao rei Salomão e organização para apresentação em forma de oratória.

Webb, Barry. The Song of Songs: A Love Poem and as Holy Scripture. **refTR** 49, 1990, p. 91-99.

Formação das Escrituras do Antigo Testamento

O AT foi composto durante o período de mil anos, que se estenderam de meados do segundo a meados do primeiro milênio a.C. Embora o NT considere Deus o autor do AT pela inspiração do Espírito Santo (2Timóteo 3.16), pelo menos 40 autores diferentes foram identificados. O texto do AT foi registrado originariamente em duas línguas: hebraico clássico ou bíblico e aramaico imperial (Gênesis 31.47; Jeremias 10.11; Esdras 4.8-6.18; 7.12-26 apenas). Entre os escribas antigos estão personalidades bíblicas bem conhecidas: Moisés, Davi e Salomão. Autores menos conhecidos incluem hebreias como Débora (v. Juízes 5.1) e Miriã (v. Êxodo 15.20-21) e gentios como Agur e Lemuel (v. Provérbios 30.1; 31.1). O AT contém cinco gêneros ou tipos literários — lei, narrativa histórica, poesia, sabedoria e profecia.

TEXTO E TRANSMISSÃO

Composição no Antigo Oriente Médio

Os sistemas de escrita humana mais antigos são anteriores a 3000 a.C. e foram encontrados no Egito Antigo e na Mesopotâmia. O estágio inicial no desenvolvimento da escrita foi o pictograma — no qual figuras representavam objetos equivalentes (fig. B.1). Mais tarde, os pictogramas evoluíram para ideogramas — nos quais os símbolos também passam a representar ideias. Com o tempo, pictogramas e ideogramas tornaram-se mais abstratos (um tipo de estenografia) e passaram a representar palavras (logogramas) e sílabas. O estágio final da escrita foi a mudança do sistema de escrita silábica para a escrita alfabética, na qual os caracteres representam uma letra do sistema de escrita alfabética.

O hebraico do AT é representado pela escrita alfabética. Trata-se de uma língua semítica do noroeste, diferente dos sistemas de escrita silábica da Assíria e Babilônia na Mesopotâmia (fig. B.2). Tanto o hebraico como o fenício, moabita, amonita, edomita e ugarítico eram dialetos derivados de sistema de linguagem alfabética protossemítica (v. Isaías 19.18, em que o profeta identifica o hebraico como dialeto cananeu).

Figura B.1 – Pictogramas de civilizações antigas
Sinais pictográficos

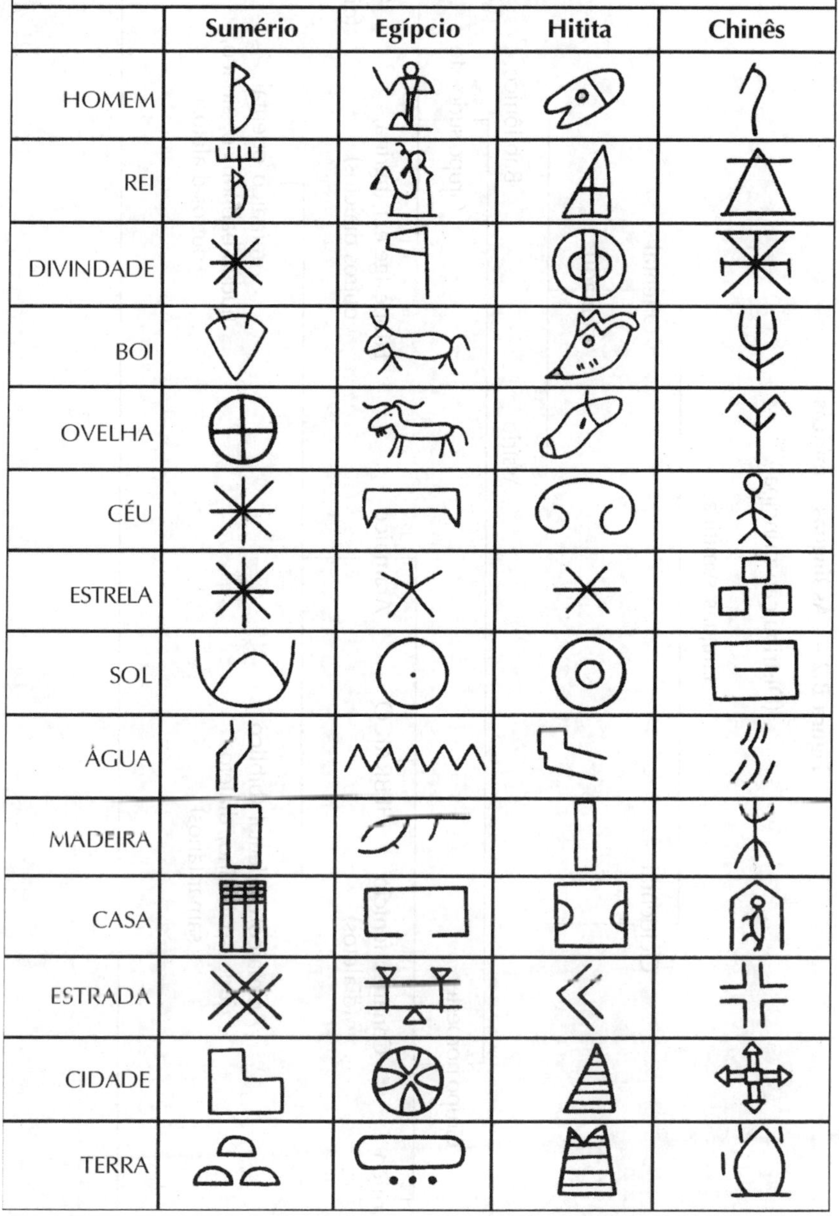

De Martha L. Carter & Keith N. Schoville (orgs.). **Sign, Symbol, Script**. Madison, Office of the Exhibit: University of Wisconsin, 1984, p. 3. Usado com permissão.

Figura B.2 — As línguas semíticas

(Distribuição principal)

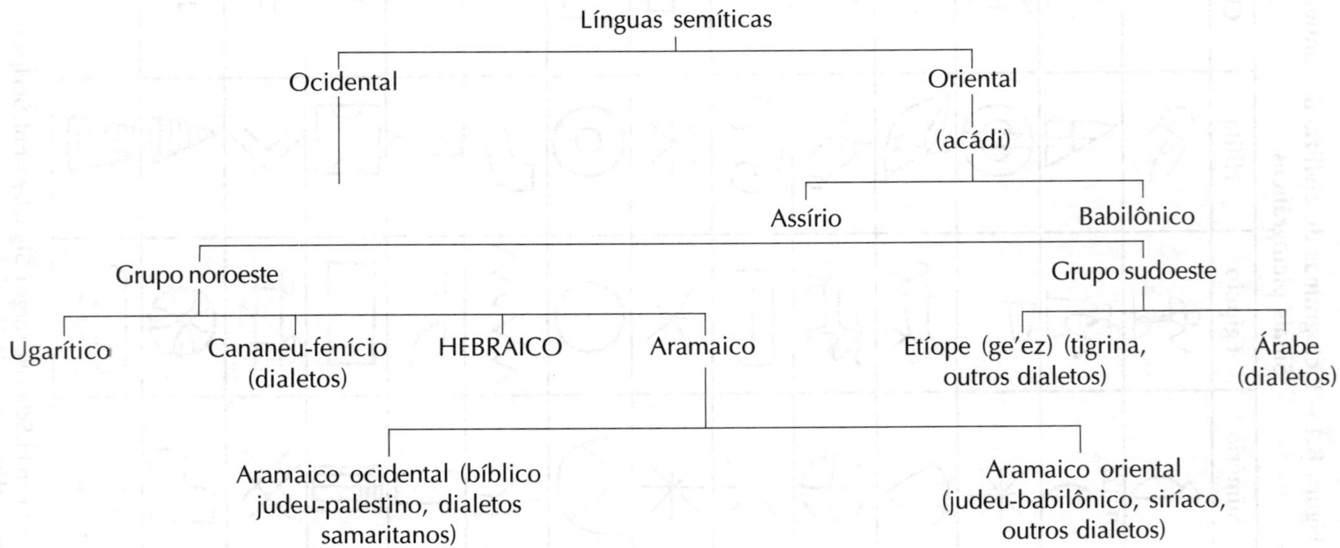

Materiais usados na escrita

Diversos materiais foram usados como superfície de escrita pelos povos do Antigo Oriente Médio. Inscrições monumentais foram conservadas em paredes de pedra e placas de pedra. Por exemplo, a famosa inscrição trilíngue do rei Dario da Pérsia, encontrada em Behistun, foi gravada na rocha de um penhasco. A Pedra de Roseta e a Pedra Moabita são exemplos bem-conhecidos de documentos gravados em rocha sólida. O AT indica que o decálogo foi gravado em "tábuas de pedra" (Êxodo 32.15-16) e que, mais tarde, Josué fez uma cópia da lei de Moisés em pedra (Josué 8.32).

Outros materiais de escrita antigos incluíam argila e tabuinhas de madeira (predominantes na Mesopotâmia, mas também conhecidas na região siro-palestina em Ebla e Ugarite, v. Isaías 30.8; Habacuque 2.2), manuscritos de papiro e rolos (usados do terceiro ao primeiro milênio a.C., v. Jó 8.11; Isaías 18.2) e pergaminho (pele curtida de animal). (O rolo de Jeremias queimado pelo rei Jeoaquim devia ser de papiro ou pergaminho, v. Jeremias 36.2.) Óstracos (fragmentos de cerâmica) eram usados com frequência como material abundante e barato em todo o Antigo Oriente Médio, embora não sejam mencionados no AT. Rolos de metal batido eram usados ocasionalmente para propósitos especiais. (Um rolo de cobre foi encontrado entre as obras deixadas nas cavernas ao longo do mar Morto pela comunidade de Cunrã; v. o capítulo "Arqueologia e o Antigo Testamento" [p. 331] sobre o debate a respeito dos manuscritos do mar Morto.)

O AT não menciona a tinta usada para escrever nos rolos, mas especifica o buril (Jó 19.24; Jeremias 17.1), a pena (Jeremias 8.8), a faca de escrivão para afiar as penas (Jeremias 36.23) e um estojo de escrevente (Jeremias 36.18)[1] como instrumentos utilizados no processo de escrita. A natureza do processo de cópia manual no mundo antigo valorizava a audição, a memorização e a leitura pública de documentos — daí a ênfase no "ouvir" a palavra do Senhor no AT. Difundir a palavra escrita também gerou a necessidade de servos como mensageiros corredores, arautos e escribas (v. 2Samuel 18.19-23; Daniel 3.4).

---

[1] A única referência a "estojo" encontra-se em Ezequiel 9.2, não Jeremias 36.18, como indicaram os autores. [N. T.].

Texto e versões do AT

Os manuscritos mais antigos do AT foram compostos apenas com as 22 consoantes do alfabeto hebraico. As escolas de escribas continuaram a transmissão dos textos consonantais até o período dos *massoretas* (ca. 500-900 d.C.). Os massoretas eram estudiosos e escribas judeus que aperfeiçoaram as divisões de palavras e acrescentaram pontos (sinais vocálicos), sinais de pontuação e divisões de versículos ao AT hebraico. Atualmente, o texto do AT é chamado Texto Massorético (TM), demonstrando a contribuição importante dos massoretas à conservação da Bíblia hebraica.

Além das anotações deixadas pelos massoretas nas margens das páginas, sugerindo leituras aperfeiçoadas ou corrigidas de palavras ou versículos específicos, incrementos posteriores na Bíblia hebraica incluíram a subdivisão dos livros do AT em capítulos. Incluídas pela primeira vez na *Bíblia latina* de Stephen Langdon (1150-1228), as divisões em capítulos foram aplicadas à Bíblia hebraica em 1518 (Edição Bomberg). Números foram atribuídos aos capítulos na Bíblia hebraica por Ário Montano (ca. 1571), já encontrados no AT em latim (ca. 1555).

O caráter histórico e político inconstante da nação israelita exigiu a tradução da Bíblia hebraica para outras línguas (fig. B.3). Várias dessas versões antigas estão disponíveis em forma manuscrita e são testemunhas importantes do texto do AT hebraico. A mais importante inclui o *Pentateuco samaritano* (a Bíblia dos samaritanos, que data do século IV ou V a.C.), os *targuns* aramaicos (paráfrases pré-cristãs do AT em aramaico, a língua franca do período babilônio e início do persa, v. Neemias 8.8), a *Septuaginta* (resultado do impacto do helenismo sobre o povo judeu, ca. 250 a.C.), a *Vulgata* de Jerônimo (382-405 d.C.) e a *Peshitta* siríaca (ca. 400 d.C.?).[2]

Crítica textual

A cópia e tradução do AT hebraico, no decorrer dos séculos, multiplicou o número de manuscritos disponíveis, de forma que há milhares de documentos de diversos períodos disponíveis em várias línguas. Naturalmente, o longo processo de cópia manual produziu erros de transmissão. Tais erros de visão, audição, escrita, memória e raciocínio são chamados de variantes ou leituras do texto.

---

2 Sobre o texto e a transmissão das Escrituras do AT, v. David Ewert, **A General Introduction to the Bible**. V. esp. p. 19-112; e Paul D. Wegner, **The Journey from Texts to Translations**. V. esp. p. 162-201.

Figura B.3 — Desenvolvimento textual do Antigo Testamento

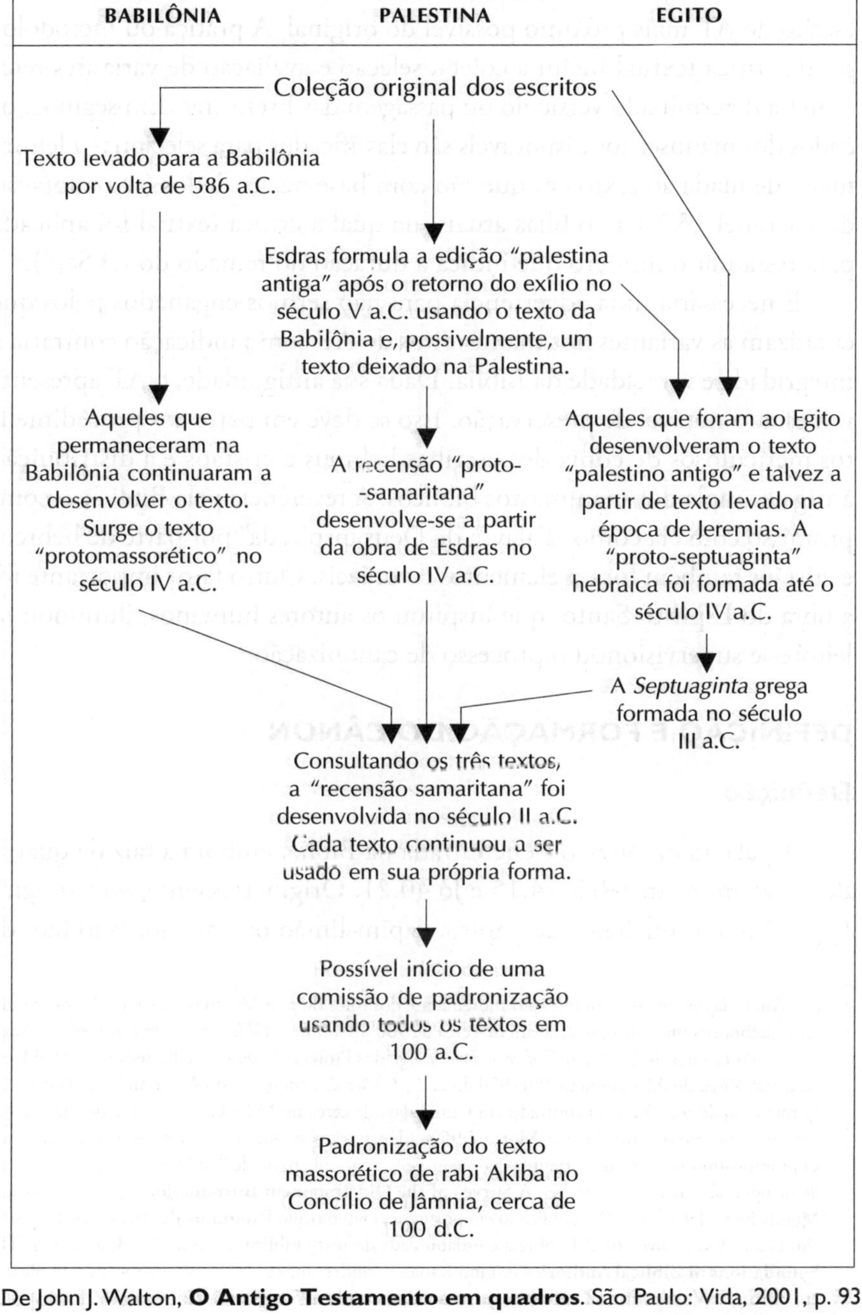

De John J. Walton, **O Antigo Testamento em quadros**. São Paulo: Vida, 2001, p. 93.

A **crítica textual** ou baixa crítica é a ciência da comparação de manuscritos. O objetivo da crítica textual é estabelecer ou restaurar o texto escrito do AT mais próximo possível do original. A prática ou metodologia da crítica textual inclui a coleta, seleção e avaliação de variantes referentes a determinado versículo ou passagem das Escrituras. Em seguida, os dados dos manuscritos disponíveis são classificados para selecionar a leitura mais adequada ao texto em questão com base nesses dados (v. a anotação de 1Samuel 13.1 nas Bíblias atuais, na qual a crítica textual foi aplicada para restaurar o número que indica a duração do reinado do rei Saul).

É necessária uma advertência para não sermos enganados pelos que enfatizam as variantes nos manuscritos do AT como indicação contrária à integridade e veracidade da Bíblia. Dada sua antiguidade, o AT apresenta um estado notável de preservação. Isso se deve em parte aos procedimentos meticulosos de cópia dos escribas hebreus e cristãos e à distribuição antiga e ampla dos manuscritos bíblicos. A reverência pela Bíblia e o compromisso com ela como "Palavra de Deus inspirada" por parte de hebreus e cristãos também foram elementos favoráveis. Outro fator importante foi a obra do Espírito Santo, que inspirou os autores humanos, iluminou os leitores e supervisionou o processo de canonização.[3]

DEFINIÇÃO E FORMAÇÃO DO CÂNON

Definição

A palavra *cânon* não é encontrada na Bíblia, embora a raiz da qual se deriva apareça em 1Reis 14.15 e Jó 40.21. Originariamente, *qāneh* significava "junco" ou "talo" de papiro, capim-limão ou cálamo. Pelo fato de

[3] *e.g.*: Antes da descoberta e publicação subsequente dos rolos do mar Morto (ou de Cunrã), os manuscritos hebraicos mais antigos datavam de cerca de 900 d.C. (*i.e.*, o *Códice do Cairo* dos Profetas Anteriores e Posteriores, 815 d.C.; o *Códice de Petersburgo* dos Profetas Anteriores e Posteriores, 916 d.C.; o *Códice de Alepo* do AT completo, 900-950 d.C.; e o *Códice de Leningrado* do AT completo, 1008 d.C.). O rolo completo de Isaías encontrado em Cunrã data de cerca de 150 a.C., e a análise do manuscrito demonstrou que o texto do mar Morto é 95% idêntico aos manuscritos massoréticos posteriores. O pouquíssimo número de variantes (5%) consiste em grande parte de "deslizes da pena e diferenças de ortografia" (Gleason L. Archer, **A Survey of the Old Testament Introduction**, rev. ed. [Chicago: Moody Press, 1974], p. 25). [Publicado em português com o título **Panorama do Antigo Testamento**. São Paulo: Vida Nova, 2012.] Sobre a confiabilidade do texto bíblico, v. James M. Boice (org.). **The Foundations of Biblical Authority** (Grand Rapids: Zondervan, 1978). V. esp. p. 85-102. [Publicado em português com o título **O alicerce da autoridade bíblica** (São Paulo: Vida Nova, 1989, 2. ed.].

os juncos serem usados como réguas ou instrumentos para fazer linhas retas, "cânon" passou a significar "medida" ou "haste de medição". O termo *cânon* foi empregado pela primeira vez como expressão teológica referente às Escrituras por Atanásio, bispo de Alexandria, na carta pascal às igrejas em que descreveu o conteúdo do cânon do NT (ca. 367 d.C.).

Aplicada às Escrituras hebraicas, a ideia de cânon tem conotações intrínsecas e extrínsecas. Em primeiro lugar, o cânon implica que cada livro do AT demonstrava qualidade inerente de inspiração divina. Esse autotestemunho associado à iluminação do Espírito Santo permitiu o reconhecimento desses livros como "Palavra de Deus". Em segundo lugar, o cânon referia-se à lista ou coleção de livros que contém as Escrituras hebraicas. Ele foi considerado totalmente detentor de autoridade em relação à fé e prática religiosa pela comunidade hebraica e se tornou medida ou padrão pelo qual os livros posteriores da história, tradição e instrução religiosa hebraica foram avaliados.

Formação do cânon

Nosso conhecimento do processo de formação resultante no cânon fixo ainda é obscuro. Infelizmente, não dispomos de documentos antigos dos escribas detalhando os diversos passos do procedimento que culminou na Bíblia hebraica. Dois comentários são relevantes. O processo foi longo e complicado e, provavelmente, deu-se em fases ao longo de vários séculos da história dos hebreus. O esboço genérico da formação do cânon a seguir organiza os dados disponíveis sobre o assunto:

Fase 1: "Pronunciamentos detentores de autoridade". Inicialmente, a revelação de Deus aos hebreus (e outros) era transmitida de forma oral na maioria dos casos. (v. as *fórmulas de mensageiro* como "Assim diz o Soberano, o Senhor", e "ouçam a palavra do Senhor" no AT, *e.g.*, Isaías 1.10; Ezequiel 5.5.). Esses pronunciamentos foram passados às gerações seguintes como "Palavra do Senhor" na forma de tradição oral recebida (v. Gênesis 48.1-7).

Fase 2: Documentos formais escritos. Em determinado ponto, palavras, adágios e discursos divinamente inspirados foram registrados e preservados para a comunidade hebraica na forma escrita. Em certas ocasiões, o pronunciamento e a escrita ou registro eram quase simultâneos (*e.g.*, o livro da Lei, em Êxodo 24.3 [v. Josué 1.8], e o oráculo de Jeremias para o rei

Jeoaquim em Jeremias 36). Em outros casos, a documentação da revelação divina acontecia certo tempo após o acontecimento ou a circunstância que inspirou a palavra do Senhor. Muitas vezes, esse acontecimento é narrado como parte do contexto da comunicação de Deus com Israel (*e.g.*, Êxodo 15.1; Josué 8.32; Juízes 5.1).

Fase 3: Coleção de documentos escritos. O processo de coleção provavelmente foi extenso e abrangente — isto é, extenso, em razão do milênio de história hebraica registrado no AT (*e.g.*, sabe-se que os salmos foram reunidos durante o período de mais de 500 anos!), e abrangente, dado o número de fontes antigas citadas no AT desconhecidas pelos estudiosos atuais (*e.g.*, o *Livro das guerras do Senhor*, Números 21.14; Livro de Jasar, Josué 10.13). Reunir os registros escritos da experiência hebraica com Javé em antologias e livros era, em parte, questão de conveniência para a comunidade, permitindo o acesso fácil e a conservação garantida dos documentos. Acima de tudo, representava o valor, a importância e a autoridade das obras reunidas para a vida religiosa da comunidade. Esses livros exigiam atenção especial do povo hebreu (*e.g.*, Deuteronômio 31.24).

Fase 4: Seleção de documentos escritos e fixação do cânon. Os detalhes do procedimento de seleção dos documentos são obscuros, mas podemos discernir os critérios básicos aplicados com o propósito de escolher e delinear o cânon. Basta dizer que o consenso entre líderes religiosos hebreus orientados pelo Espírito Santo de Deus durante o decorrer da história israelita resultou no cânon hebraico das Escrituras.

Os hebreus, aparentemente, haviam "fixado" ou estabelecido o cânon bem antes da época de Jesus Cristo. O prólogo do livro apócrifo *Sabedoria de Jesus Ben Siraque* ou *Eclesiástico* menciona a coleção tripla de "grande ensinamento", incluindo a Lei, os Profetas e outros livros de nossos pais (ca. 200 a.C.). O próprio Jesus recorreu ao cânon hebraico triplo que consistia na lei de Moisés, nos Profetas e Salmos (Lucas 24.44).

Ao que tudo indica, houve pelo menos quatro períodos principais na história do AT, durante os quais a seleção de documentos e a fixação do cânon teriam sido essenciais para a comunidade religiosa hebraica: 1) a experiência no Sinai após o êxodo, 2) a mudança da teocracia para a monarquia em Israel, 3) a queda de Jerusalém e o exílio na Babilônia e 4) as reformas de Esdras, o escriba, e Neemias, o governador, na Jerusalém pós-exílica.

Critérios de seleção canônica

Ao contrário do NT, com sua ênfase na autoria apostólica como base para a canonicidade, parece haver vários fatores ou critérios importantes para o processo de seleção para determinar o cânon do AT.

Em primeiro lugar, sobressaía a qualidade da inspiração divina inerente e sua autoridade patente aos líderes da comunidade religiosa hebraica por meio da iluminação do Espírito Santo (*e.g.*, manifestação direta do Espírito de Deus no caso de Moisés e os 70 profetas, em Números 11.16-30, e o cumprimento da palavra divina, como em Jeremias 28.9; 44.28).

Em seguida, a autoria foi o fator importante na avaliação dos livros. Em geral, os autores humanos dos livros incorporados ao cânon possuíam funções divinamente escolhidas de liderança como legisladores, juízes, profetas, sacerdotes e reis.

Em terceiro lugar, o conteúdo de cada livro foi examinado quanto à coerência interna dos ensinamentos e à unidade geral de tema e mensagem com a experiência de aliança registrada nos outros livros já considerados "Palavra do Senhor".

Por último, o uso de certos documentos e livros pela comunidade religiosa, sem dúvida, influenciou a seleção do cânon. Depois de lidos, estudados, copiados e obedecidos (pelos israelitas), essas obras foram consideradas canônicas.

Em resumo, supomos que o mesmo Espírito Santo, inspirador dos autores humanos, também supervisionou os líderes hebreus durante o processo de seleção do cânon.[4]

HISTÓRIA E ORDEM DO CÂNON DO AT

História do cânon

A interpretação das Escrituras hebraicas como "Antigo Testamento" ou "antiga aliança" é um conceito distintamente cristão originário da referência de Jeremias à "nova aliança" (31.31-36; v. Mateus 26.17-35) e a comparação feita entre a "primeira" aliança e a "superior" descrita em Hebreus (v. Hebreus 9.15-28). No judaísmo atual, as Escrituras hebraicas são chamadas *Tanakh*,

[4] Sobre a formação do cânon do AT, v. tb. David N. Freedman, Canon of the Old Testament, *in* **IDB: Supplementary Volume**, K. Crim (org.) (Nashville: Abingdon, 1976), p. 130-36.

acrônimo que reflete a divisão tripla do AT: *T* de *Torá* (Lei), *N* de *Nebiim* (Profetas) e *K* de *Ketubim* (Escritos).

Essa divisão tripla das Escrituras foi comprovada, como mencionamos, no século II a.C. no prólogo de Ben Siraque e, depois, por Jesus em Lucas 24.44. Mas isso também é confirmado no *Talmude babilônico* (*Baba Bathra* 14b-15a) e por uma série de autores judeus e cristãos dos quatro primeiros séculos da era cristã (*e.g.*, Filo, Josefo, Melito, Tertuliano, Orígenes, Eusébio, Jerônimo e Agostinho).

Os hebreus enumeraram 24 livros nas suas Sagradas Escrituras. Samuel, Reis, Crônicas e Esdras–Neemias não eram divididos, ao passo que os 12 Profetas Menores eram considerados o "Livro dos Doze". Logo, o cânon hebraico continha 15 livros a menos que o AT atual (com 39), embora ambos apresentem o mesmo material. Os nomes ou títulos dos livros das Escrituras hebraicas geralmente eram obtidos do primeiro versículo do texto, ao passo que os títulos atuais são derivações dos títulos das versões posteriores grega e latina.

Ordem do cânon

Aparentemente, os escribas massoretas não determinaram diretrizes para padronizar a ordem do cânon hebraico, uma vez que os manuscritos antigos do AT não apresentam uniformidade na ordem dos livros dos Profetas Posteriores e das Escrituras. O mesmo acontece com a *Septuaginta* e os primeiros textos gregos do AT. As atuais versões repetem a ordem do cânon da *Vulgata* de Jerônimo, excluindo os livros apócrifos (fig. B.4).

"Livros questionados"

Mais tarde, surgiram controvérsias por causa da inclusão de certos livros considerados canônicos pela comunidade religiosa hebraica. Entre os livros questionados, ou *antilegomena* (*i.e.*, "contestados"), estavam Ester, por não fazer referência ao nome de Deus; Provérbios, porque a natureza prática da sabedoria fazia o livro parecer mais "terreno" do que divino — não seria preciso "temer o Senhor" para se beneficiar dos seus ensinamentos; Eclesiastes, em razão das nuanças pessimistas e hedonistas; Cântico dos Cânticos, dado o estilo erótico da poesia amorosa; e Ezequiel, pela conduta e visões bizarras do profeta e ainda pelo ensinamento sobre o sacrifício que aparentemente contradizia a *Torá* de Moisés.

Figura B.4 – Cânon judaico e cristão do Antigo Testamento

TANAK	CATÓLICO ROMANO E ORTODOXO	PROTESTANTE
Torah 1. Bereshith (Gênesis) 2. Shemoth (Êxodo) 3. Vayiqra (Levítico) 4. Bemidbar (Números) 5. Debarim (Deuteronômio) **Nevi'im (Anteriores)** 6. Josué 7. Shofetim (Juízes) 8. Samuel 9. Melakim (Reis) 10. Isaías 11. Jeremias 12. Ezequiel 13. TereAsar (Os Doze) Oseias, Joel, Amós, Obadias, Jonas, Miqueias, Naum, Habacuque, Sofonias, Ageu, Zacarias e Malaquias **Kethu'bim** 14. Tehilim (Salmos) 15. Jó 16. Mishle (Provérbios) 17. Rute 18. Shir Hashirim (Cântico dos Cânticos) 19. Qoheleth (Eclesiastes) 20. Ekah (Lamentações) 21. Ester 22. Daniel 23. Esdras–Neemias 24. Dibre Hayamin (Crônicas)	**Pentateuco** 1. Gênesis 2. Êxodo 3. Levítico 4. Números 5. Deuteronômio **História** 6. Josué 7. Juízes 8. Rute 9,10. 1–2Samuel 11,12. 1–2Reis 13,14. 1–2Crônicas 15,16. Esdras e Neemias 17. Ester 18. Judite* 19. Ester, incluindo acréscimos a Ester* **Poesia e sabedoria** 20. Jó 21. Salmos 22. Provérbios 23. Eclesiastes 24. Cântico dos Cânticos 25. Sabedoria de Salomão* 26. Eclesiástico (Sabedoria de Ben Siraque)* **Profetas** 27. Isaías 28. Jeremias 29. Lamentações 30. Baruque, incluindo a Carta de Jeremias** 31. Ezequiel 32. Daniel, incluindo acréscimos*, Suzana*, Cântico de Azarias*, Bel e o Dragão* 33. Oseias 34. Joel 35. Amós 36. Obadias 37. Jonas 38. Miqueias 39. Naum 40. Habacuque 41. Sofonias 42. Ageu 43. Zacarias 44. Malaquias 45. 1 Macabeus 46. 2 Macabeus	**Pentateuco** 1. Gênesis 2. Êxodo 3. Levítico 4. Números 5. Deuteronômio **História** 6. Josué 7. Juízes 8. Rute 9,10. 1–2Samuel 11,12. 1–2Reis 13,14. 1–2Crônicas 15,16. Esdras e Neemias 17. Ester **Poesia e sabedoria** 18. Jó 19. Salmos 20. Provérbios 21. Eclesiastes 22. Cântico dos Cânticos **Profetas** 23. Isaías 24. Jeremias 25. Lamentações 26. Ezequiel 27. Daniel 28. Oseias 29. Joel 30. Amós 31. Obadias 32. Jonas 33. Miqueias 34. Naum 35. Habacuque 36. Sofonias 37. Ageu 38. Zacarias 39. Malaquias *Apócrifo no cânon protestante **Incluído apenas no cânon católico romano

De Walter A. Elwell, org., **Baker Encyclopedia of the Bible**. Grand Rapids: Baker, 1988, v. 1, p. 301-2.

Deve-se comentar que a condição canônica desses livros jamais foi questionada. Ao contrário, as dúvidas diziam respeito à interpretação de cada um deles e à abrangência de seu uso na comunidade religiosa. Por exemplo, acreditava-se que o conselho rabínico realizado em Jâmnia ou Yavne (por volta de 90 d.C.) fixou o número e a ordem do cânon hebraico. Reconheceu-se, no entanto, que o Concílio de Yavne não debateu nem solucionou a questão do cânon; em vez disso, debateu a interpretação de dois livros em particular, Cântico dos Cânticos e Eclesiastes.5 A conclusão do *Talmude* no século V ou VI d.C., praticamente, encerrou o debate sobre a condição dos "livros questionados" do cânon do AT.

Confirmação do cânon

Por fim, é importante entender que o cânon hebraico foi estabelecido ou fixado pela liderança religiosa da comunidade hebraica. Concílios rabínicos e eclesiásticos não determinaram o cânon, apenas confirmaram ou aprovaram a coleção de livros divinamente inspirados e detentores de autoridade já reconhecida por "Palavra do Senhor" na comunidade religiosa.

APÓCRIFOS DO AT

A palavra *apócrifo* significa "oculto". Na aplicação à coleção de obras judaicas datadas do período intertestamentário, ela possui duas conotações: 1) livros "escondidos" por sua natureza esotérica ou 2) livros "escondidos" por merecimento — não eram reconhecidos como canônicos pelos hebreus.

As obras apócrifas são a coleção de 14 (ou 15, dependendo da enumeração) livros compostos por autores judeus religiosos entre 200 a.C. e 100 d.C. Foram escritos originariamente em hebraico, grego e aramaico e preservados em grego, latim, etíope, copta, árabe, siríaco e armênio. Os apócrifos contêm seis gêneros literários diferentes: didático, religioso, histórico, profético (epistolar e apocalíptico) e literatura lendária (fig. B.5). Inicialmente, os apócrifos foram acrescentados um a um em edições mais recentes da *Septuaginta*. Essa tradução grega do AT hebraico foi concluída por volta

[5] V. Walter C. Kaiser, **Toward Rediscovering the Old Testament** (Grand Rapids: Zondervan, 1987), p. 38-9.

de 250 a.C., e sua necessidade se deveu ao impacto do helenismo sobre o judaísmo. Esses livros foram separados das Escrituras hebraicas e não foram considerados parte do AT pelos hebreus. Uma vez que os escribas judeus não fizeram anotações desse fato, surgiu certa confusão entre os cristãos de língua grega que adotaram a *Septuaginta* como versão bíblica. Isso ocorreu principalmente após o ano 100 d.C., pelo fato de cópias subsequentes da *Septuaginta* haverem sido preparadas por escribas cristãos.

Figura B.5 – Os livros apócrifos

Tipo de livro	*Revised Standard Version [Versão Padrão Revisada]*	*Versões católicas*
Didático	1. Sabedoria de Salomão (ca. 30 a.C.)	Livro de Sabedoria
	2. Eclesiástico (Siraque) (132 a.C.)	Eclesiástico
Religioso	3. Tobias (ca. 200 a.C.)	Tobias
Romance	4. Judite (ca. 150 a.C.)	Judite
Histórico	5. 1Esdras (ca. 150-100 a.C.)	3Esdras* ou 1Esdras ***
	6. 1Macabeus (ca. 110 a.C.)	1Macabeus
	7. 2Macabeus (ca. 110-70 a.C.)	2Macabeus
Profético	8. Baruque (ca. 150-50 a.C.)	Baruque caps. 1–5
	9. Carta de Jeremias (ca. 300-100 a.C.)	Baruque cap. 6
	10. 2 Esdras (ca. 100 d.C.)	4Esdras* ou 2Esdras***
Lendário	11. Acréscimos a Ester (140-130 a.C.)	Ester 10.4–16.24**
	12. Cântico de Azarias (séc. II ou I a.C.) (Cântico dos Três Jovens)	Daniel 3.24-90**
	13. Suzana (séc. II ou I a.C.)	Daniel 13**
	14. Bel e o Dragão (ca. 100 a.C.)	Daniel 14**
	15. Cântico de Manassés (séc. II ou I a.C.)	Oração de Manassés*

*Livros considerados não canônicos pelo concílio de Trento, 1546 d.C.

**Livros não incluídos no índice da versão Douay por estarem anexados a outros livros.

***Numeração dependente do título de Esdras e Neemias como 1 e 2Esdras ou Esdras e Neemias.

De David Ewert, **A General Introduction to the Bible**. Grand Rapids: Zondervan, 1990, p. 75.

Durante os primeiros séculos do cristianismo, surgiram opiniões contraditórias sobre a canonicidade dos livros apócrifos. Por exemplo, pais da Igreja gregos e latinos como Irineu, Tertuliano e Clemente de Alexandria citaram os apócrifos em suas obras como "Escritura", e o Sínodo de Hipona (393 d.C.) autorizou o uso dos apócrifos como canônicos. Todavia, outros como Eusébio e Atanásio extraíram os apócrifos do AT.

A questão dos apócrifos como parte do cânon do AT piorou com a publicação da *Vulgata* de Jerônimo (405 d.C.). Solicitada pelo papa Dâmaso, essa tradução latina do AT tinha o propósito de ser a edição "popular" da Bíblia para a Igreja Católica Romana. Jerônimo se opunha ao reconhecimento dos apócrifos e fez anotações cuidadosas na *Vulgata* nesse sentido. Entretanto, edições posteriores não mantiveram essas distinções claramente e, logo, a maioria dos leitores latinos não fazia distinção entre o AT e os apócrifos.

A Reforma retomou o debate sobre os apócrifos como parte do cânon. Ao traduzir o AT para suas respectivas línguas, os reformadores descobriram que a Bíblia hebraica não continha os apócrifos. Assim, na opinião deles, os "livros inferiores" foram excluídos do cânon ou anexados como uma coleção separada e inferior. A distinção entre cânon e livros apócrifos foi acentuada por Wycliffe na tradução inglesa de 1382. Os puritanos ficam com o crédito pela remoção completa dos apócrifos das páginas da Bíblia inglesa. A tradição de excluir os apócrifos ainda caracteriza a maioria das versões produzidas por protestantes.

A Igreja Católica Romana reagiu aos reformadores no Concílio de Trento (1545-1564). Ali os sacerdotes confirmaram a *Vulgata* como a Bíblia da igreja verdadeira e declararam os livros apócrifos como equivalentes ao material canônico (especialmente, Tobias, Siraque, Sabedoria, Judite, 1 e 2Macabeus, Baruque e os acréscimos a Ester e Daniel). Hoje essa coleção geralmente é chamada deuterocanônica e foi consolidada pelo Concílio Vaticano de 1870. A Igreja Católica Romana baseia parte de sua doutrina nos livros deuterocanônicos, incluindo os conceitos de purgatório, mérito de boas obras e a prática das orações pelos mortos (v. Tobias 12.9; 2Macabeus 12.43-45; 2Esdras 8.33; 13.46; Siraque 3.30).

A *Confissão de fé de Westminster*, de 1647, rejeitou a inspiração e autoridade dos apócrifos e se recusou a aceitar essa coleção como parte do cânon. As igrejas protestantes em geral adotam tal posição com relação aos apócrifos. Embora pouco apreciada ou reconhecida atualmente, a avaliação de Martinho Lutero sobre os apócrifos ainda tem seu mérito. Ele acreditava que os livros apócrifos não eram iguais às Sagradas Escrituras, mas constituíam uma leitura útil e valiosa para a edificação pessoal.

Figura B.6 – Coleção padrão dos livros pseudepigráficos*

Lendário	1. Livro dos Jubileus Apocalíptico
Apocalíptico	2. Carta de Aristeias Didático
Didático	3. Livro de Adão e Eva
Poético	4. Martírio de Isaías
Histórico	5. 1Enoque
	6. O Testamento dos Doze Patriarcas
	7. O Oráculo Sibilino
	8. A Ascensão de Moisés
	9. 2Enoque, ou os Livros dos Segredos de Enoque
	10. 2Baruque, ou Apocalipse Siríaco de Baruque**
	11. 3Baruque, ou Apocalipse Grego de Baruque
	12. 3Macabeus
	13. 4Macabeus
	14. Pirke Aboth
	15. A História de Ahiqar
	16. Salmos de Salomão
	17. Salmo 151
	18. Fragmento de Documento Zadoquita

*Desde a descoberta dos rolos do mar Morto, outros foram revelados.
**1Baruque está incluído nos apócrifos.

De David Ewert, **A General Introduction to the Bible**. Grand Rapids: Zondervan, 1990, p. 81.

LIVROS PSEUDEPIGRÁFICOS DO AT

O judaísmo intertestamentário produziu outro conjunto de literatura extracanônica, diferente dos apócrifos, conhecido por *livros pseudepigráficos* do AT (ou "livros escritos sob pseudônimo"). São 18 livros (fig. B.6), compostos por autores judeus religiosos entre 200 a.C. e 200 d.C.

Originariamente escritos em hebraico, aramaico e grego, foram preservados em grego, sírio, etíope, copta e armênio.[6]

Embora a coleção tenha ficado fora do cânon judeu e cristão, essas obras foram difundidas e muito lidas na igreja cristã primitiva. De fato, a epístola de Judas no NT (v. 14-15) cita *1Enoque* e faz alusão à *Assunção de Moisés* (v. 9).

Perguntas para estudo e debate

1. O que significa dizer que a Bíblia hebraica (ou o AT) é "inspirada" por Deus?
2. Como a comunidade religiosa hebraica reconheceu a inspiração divina dos livros do AT?
3. Comente a natureza e o propósito da crítica textual e suas implicações para a exposição bíblica.
4. Qual é o valor dos apócrifos e dos livros pseudepigráficos para o estudo do AT? Por que eles são tão desprezados pelos estudiosos e pregadores protestantes?
5. Qual é a base para considerar a Bíblia hebraica (ou AT) um cânon "fechado"?

Leituras complementares

BECKWITH, R. **The Old Testament Canon of the New Testament Church**. London: SPCK, 1985.

BROTZMAN, Ellis R. **Old Testament Textual Criticism**: A Practical Introduction. Grand Rapids: Baker, 1994.

BRUCE, F. F. **The Books and the Parchments**. 3. ed. Old Tappan, NJ: Revell, 1963.

[6] Um debate completo sobre a natureza e o significado dos livros pseudepigráficos está fora do alcance deste livro. V. tb. a excelente introdução de L. Rost a cada livro pseudepigráfico, **Judaism Outside the Hebrew Canon**, transl. D. E. Green (Nashville: Abingdon, 1976), p. 100-190. Traduções em inglês dos livros pseudepigráficos incluem: R. H. Charles, org. **The Apocrypha and Pseudepigrapha in English with Introductions and Critical Notes**. 2 vol. (Oxford: Clarendon, 1913); J. H. Charlesworth (org.), **The Old Testament Pseudepigrapha**, 2 vol. (Garden City, NY: Doubleday, 1983, 1985); e H. F. D. Sparks, **The Apocryphal Old Testament**. [Em português, as principais versões dos apócrifos e pseudepígrafos são: **Os apócrifos da Bíblia**, 4 vol. (São Paulo: Mercuryo) e **Apócrifos e pseudo-epígrafos da Bíblia** (São Paulo: Novo Século, 2004) N. R.].

Bruce, F. F. **History of the Bible in English**. 3. ed. Oxford: Oxford University Press, 1978.

Carson, Donald A. **The King James Version Debate**. Grand Rapids: Baker, 1979.

Comfort, Philip W. **The Complete Guide to Bible Version**. Wheaton, IL: Tyndale House, 1991.

Ewert, David A. **A General Introduction to the Bible**. Grand Rapids: Zondervan, 1990. Apresentação atualizada e agradável da introdução geral à Bíblia. Abrangente, sistemática, bem-ilustrada. Publicado, inicialmente, em 1983 com o título **From Ancient Tablets to Modern Translations**.

Fisher, M. C. The Canon of the Old Testament. **EBC**. Grand Rapids: Zondervan, 1979. v. 1, p. 385-94.

Geisler, Norman L. & Nix, W. E. **A General Introduction to the Bible**. Chicago: Moody Press, 1968. [Publicado em português com o título **Introdução bíblica**: como a Bíblia chegou até nós (São Paulo: Vida, 1997).]

Harris, R. Laird. **Inspiration and Canonicity of the Bible**. Grand Rapids: Zondervan, 1957.

Harrison, R. K. The Old Testament Text and Canon. *In*: **Introduction to the Old Testament**. Grand Rapids: Eerdmans, 1969. p. 260-88. Excelente introdução evangélica ao AT, mas desatualizada.

Klein, Ralph W. **Textual Criticism of the Old Testament**. Philadelphia: Fortress Press, 1974.

Kline, Meredith G. **The Structure of Biblical Authority**. Grand Rapids: Eerdmans, 1972. O cânon do AT caracterizado como "cânon de tratado" que se originou de paralelos do AT com formas de tratado ou pacto do Antigo Oriente Médio.

Lewis, J. P. **The English Bible**: From KJV to NIV. Grand Rapids: Baker, 1981.

Metzger, Bruce M. **An Introduction to the Apocrypha**. Oxford: Oxford University Press, 1957.

____ (org.). **The Oxford Annotated Apocrypha**. New York: Oxford University Press, 1977.

Sparks, H. F. D. (org.). **The Apocryphal Old Testament**. Oxford: Clarendon, 1984. Tradução inglesa dos livros pseudepigráficos do AT.

Vermes, Geza. **The Dead Sea Scrolls in English**. 4. ed. New York: Penguin Books, 1995. [Publicado em português com o título **Os manuscritos do mar Morto** (São Paulo: Mercuryo).]

Wegner, Paul D. **The Journey from Texts to Translations**. 2. ed. Grand Rapids: Baker, 2000. Manual especializado sobre as origens e o desenvolvimento da Bíblia.

Wurthwein, E. **The Text of the Old Testament**. Transl. E. F. Rhodes. Grand Rapids: Eerdmans, 1979. Obra muito útil sobre a composição e a transmissão dos principais manuscritos e versões do AT. [Tradução do original alemão.]

QUARTA PARTE
Os profetas

22

Introdução à literatura profética

O QUE É UM PROFETA?

Profeta é alguém que fala no lugar de outra pessoa. Na Bíblia, o profeta geralmente é o porta-voz de Deus, embora Êxodo 7.1 se refira a Arão como profeta de Moisés (v. Êxodo 4.16). Na política atual, esse conceito é bem representado pelo porta-voz do presidente. É ele quem transmite as opiniões, reações, intenções e as próprias palavras do presidente quando necessário. Quando o porta-voz fala à imprensa, sabe-se que ele não profere palavras próprias, mas expressa apenas o desejo do presidente. Outro exemplo é o embaixador, que transmite reações e opiniões oficiais de um governo para outros países. Da mesma forma, profetas são porta-vozes que propagam as opiniões, reações, intenções e palavras do próprio Deus. Em resumo, o "programa" divino é anunciado pelas palavras dos profetas.

No AT, eles recebem diversos títulos. O mais frequente é *naḇî'*, que, apesar de polêmico, parece indicar que o profeta era "o chamado". Outro título é "vidente", que se refere à tendência do profeta de receber visões reveladoras. É claro que eles nem sempre recebiam mensagens por meio de transes ou visões; este era apenas um dos modos. De forma geral, o texto bíblico não especifica como a mensagem era recebida.

O ministério dos profetas bíblicos tendia a aumentar em tempos de crise. Deus usou os profetas para orientar seu povo em tempos de crises religiosas — oficialização do culto a Baal na época de Elias —, crises políticas — ameaças assírias e babilônicas — ou crises de identidade — enfrentadas pela comunidade pós-exílica.

PROFECIA NO ANTIGO ORIENTE MÉDIO

Evidências da existência de uma instituição profética foram encontradas em todo o Antigo Oriente Médio. Entre as tabuinhas de Mári do século XVIII a.C., foram achados cerca de 50 textos nos quais funcionários locais escreveram ao rei (Zinri-Lim) para informá-lo de profecias pronunciadas nos distritos a seu respeito. Outro grupo de profecias veio do Império Neoassírio na época de Esar-Hadom e Assurbanipal.

Nessas profecias do Antigo Oriente Médio, o rei era o receptor, não o povo. As mensagens se relacionavam à atividade ritual, questões militares ou aos projetos de construção. Às vezes, as mensagens incentivavam o rei para atividades específicas (principalmente no caso dos exemplos neoassírios); outras vezes, podiam ser bem críticas. Os profetas do Antigo Oriente Médio recebiam mensagens mediante sonhos, visões ou transes, mas, às vezes, o modo de revelação não é mencionado. Diversas divindades foram representadas por esses profetas na literatura ainda existente.

Apesar de algumas semelhanças gerais, há diferenças nítidas entre as tradições proféticas de Israel e as do restante do Antigo Oriente Médio.

PROFECIA EM ISRAEL

Profecia pré-clássica

Podemos observar várias fases no desenvolvimento da instituição profética em Israel (fig. 22.1). No início da história israelita, os profetas frequentemente detinham as rédeas da liderança. Moisés é o melhor exemplo disso; ele era qualificado para liderar o povo em virtude do ofício profético. Mais tarde, Débora supriu a liderança profética durante o período dos juízes. Depois de Moisés, o melhor exemplo de profeta anterior à monarquia israelita é Samuel. O texto de 1Samuel 3 descreve o estabelecimento das credenciais proféticas de Samuel. Ele supriu a liderança essencial à importante transição para a monarquia.

A profecia pré-monárquica foi apenas um dos estágios da denominada profecia pré-clássica israelita. Quando Samuel ungiu Saul, o papel de profeta tornou-se de conselheiro (às vezes não oficial) do rei. Esse tipo de profecia assemelhava-se ao tipo predominante no Antigo Oriente Médio. Não existem livros que reúnam as profecias do período pré-clássico, mas oráculos dispersos surgem nos livros históricos. O serviço de Samuel para Saul é documentado no livro de 1Samuel, e a capacidade oficial de Natã, na administração de Davi, é evidente em 2Samuel. Embora não possamos considerar Elias um conselheiro empregado do rei Acabe, ele serviu de porta-voz do Senhor naquela época.

Como o público do profeta pré-clássico geralmente era o rei, as mensagens eram adaptadas às circunstâncias da corte. Por isso, as profecias consistiam, na maioria dos casos, em palavras de incentivo ou advertências ao rei.

Figura 22.1 – Função dos profetas

Período	*Função*	*Público*	*Mensagem*	*Exemplos*
Pré- -monárquico	Porta-voz/líder	Povo	Orientação nacional Manutenção da justiça Supervisão espiritual	Moisés, Débora *Transição:* Samuel
Pré-clássico Clássico	Porta-voz/ conselheiro	Rei e corte	Conselho militar Pronunciamento de repreensão ou bênção	Natã, Elias, Eliseu, Micaías
	Porta-voz/crítico socioespiritual	Povo	Repreensão ligada à condição da sociedade; resulta em advertência de cativeiro, destruição, exílio e promessa de futura restauração Convite à justiça e ao arrependimento	*Transição:* Norte – Jonas Sul – Isaías Profetas autores Melhor exemplo: Jeremias

Profecia clássica

A fase mais conhecida da profecia israelita é denominada profecia clássica. Os livros proféticos da Bíblia são todos coleções de oráculos dos profetas clássicos. A profecia clássica começou no século VIII, durante a liderança de Jeroboão II, no Reino do Norte, Israel. Amós e Oseias foram os primeiros exemplos no Norte, e Miqueias e Isaías foram os primeiros profetas clássicos conhecidos no Reino do Sul, Judá. Apesar de muitos profetas clássicos continuarem a se dirigir ao rei e lhe transmitirem mensagens específicas, a maioria dos oráculos era dirigida ao povo. Pelo fato de os profetas pré-clássicos anunciarem o "programa divino" para o rei, os profetas clássicos anunciavam as intenções de Deus.

Consequentemente, tornaram-se críticos socioespirituais, o que os profetas pré-clássicos jamais foram.

Enquanto os profetas pré-clássicos agiam de forma semelhante aos outros do Antigo Oriente Médio, não há nada semelhante aos profetas clássicos. A distinção ultrapassa a autoridade divina expressa na "fórmula introdutória do mensageiro" que iniciava os discursos proféticos — *i.e.*, a expressão "Assim diz o Senhor" e variações ("Senhor dos Exércitos").

A profecia clássica também se distinguia pelo conteúdo e pela abrangência da mensagem. Por exemplo, a mensagem encontrada no Antigo Oriente Médio geralmente se referia à realização de rituais prescritos. Em compensação, os profetas clássicos de Israel eram, muitas vezes, acusados de antirritualismo por causa da forte oposição ao conceito popular de apaziguar a ira de Deus com rituais. Também não havia nada no Antigo Oriente Médio semelhante às mensagens amplas de exílio e destruição que caracterizaram os profetas clássicos pré-exílicos.

Todas essas distinções podem ser resumidas do ponto de vista da aliança da profecia clássica. Como nenhum outro povo do Antigo Oriente Médio tinha algo parecido com o conceito da aliança — isto é, a escolha de um povo por Deus como meio de revelar e realizar seu plano na História —, a profecia israelita assumiu formas diferentes das outras.

Em sua amplitude, o aspecto escatológico da profecia clássica tornou-a singular no mundo antigo. Isso é esperado, pois somente o conceito israelita do Deus totalmente soberano permitia o desenvolvimento da escatologia. Esse termo deve ser entendido aqui como referência ao estágio final do plano de Deus na História. Se a profecia clássica se baseou no conceito de que Deus tinha um projeto de longo prazo para proclamar, não podemos encontrar nada semelhante no Antigo Oriente Médio porque nenhuma outra divindade possuía propósitos para executar na História. Por definição, não existia esperança escatológica nas culturas antigas. A possibilidade de um estágio final da História não foi considerada na teologia mesopotâmica.

Era exatamente esse o propósito da retórica profética de Isaías 41–48. Vejamos, por exemplo, o trecho de Isaías 46.9-11:[1]

---

[1] V. tb. Isaías 41.21-24; 43.10-13; 44.6-8; 45.20-21; 48.3-7.

Lembrem-se das coisas passadas, das coisas muito antigas!
Eu sou Deus, e não há nenhum outro;
Eu sou Deus, e não há nenhum como eu.
Desde o início, faço conhecido o fim,
desde tempos remotos, o que ainda virá.
Digo: Meu propósito permanecerá em pé,
e farei tudo o que me agrada.
Do oriente convoco uma ave de rapina;
de uma terra bem distante, um homem para cumprir o meu propósito.
O que eu disse, isso eu farei acontecer;
o que planejei, isso farei.

Essa teologia era a base da profecia clássica e, entre os povos do Antigo Oriente Médio, ocorria exclusivamente em Israel.

Literatura apocalíptica

Existem algumas variações de estilo na categoria de profecia clássica. A mais significativa é o subgênero da literatura apocalíptica, introduzida na época de Isaías (cap. 24–27) e destacada em Daniel e Zacarias.

É difícil definir a literatura apocalíptica, pois ela apresenta várias características da literatura profética. Há controvérsias quanto aos aspectos particulares, mas parece existir um consenso cada vez maior quando se fala em termos de uma série contínua profético-apocalíptica, na qual algumas obras tendem mais a um dos lados, compartilhando um conjunto geral de características.

Os elementos que colocariam uma divisão no lado apocalíptico da série contínua incluem simbolismo rico (muitas vezes mitológico), visões, conversas com seres espirituais e catástrofes cósmicas que geram o estabelecimento do Reino de Deus na Terra. Em geral, a literatura apocalíptica pode ser caracterizada pelo uso de meios diferentes para a transmissão da profecia divina.

O uso de símbolos na literatura apocalíptica causa confusão e incerteza nos intérpretes. Muitos livros oferecem revelações incríveis do significado simbólico desta ou daquela mensagem da literatura apocalíptica. No entanto, muita confusão é causada em virtude da abordagem equivocada sobre a *visão* do profeta como *mensagem* do profeta. A visão não era a mensagem, mas a ocasião para a mensagem. Em Zacarias 1, por exemplo, a visão é de cavalos entre murtas (v. 8-11). Seria um erro grave concluir que os israelitas que ouviam Zacarias deviam fixar os olhos nas murtas e esperar um grupo de cavaleiros. A mensagem não era que haveria cavalos entre as murtas, mas que o Senhor ainda se interessava por Jerusalém — como o texto deixa bem claro (v. 14-17).

Do mesmo modo, em Zacarias 5, a visão diz respeito ao transporte de uma mulher dentro de um cesto até a Babilônia. Novamente, isso era a visão, não a mensagem. A mensagem não é afirmada de forma tão explícita nesse texto como em Zacarias 1, mas o versículo seis oferece a informação necessária para deduzir que a mensagem dizia respeito à purificação da idolatria.

Entender a mensagem não requer a interpretação de todos os detalhes da visão, nem o entendimento da ordem cronológica dos acontecimentos. As características da visão são secundárias, elas não constituem a mensagem. Infelizmente, alguns intérpretes confiam demais na capacidade de discernir o significado dos símbolos da literatura profética e desperdiçam muito tempo imaginando e defendendo seu possível significado. Contudo, não se pode presumir que todos os objetos da visão tenham valor simbólico, e quando o significado do símbolo não é explicitado no texto, o intérprete deve ter cuidado na hora de decifrá-lo. É possível que o simbolismo seja usado para ocultar em vez de revelar.

Nos exemplos citados, as murtas e o cesto podem ter valor simbólico. Caso o possuam, o texto não o revelou, e qualquer especulação, por mais criteriosa, não teria a autoridade da palavra profética divina. O simbolismo não revelado não pode ser considerado parte da mensagem inspirada do profeta.

Em geral, o profeta recebe uma mensagem divina que deveria ser transmitida ao público.[2] Na profecia apocalíptica, o vidente recebia a visão do que aconteceria, e a mensagem se baseava na informação recebida mediante essa visão: ela não era a mensagem, mas a ocasião para a mensagem.

---

[2] Pronomes masculinos são usados neste capítulo, apesar de algumas mulheres terem sido profetisas em Israel. A ênfase deste debate é dada aos profetas escritores do cânon do AT.

A MENSAGEM DO PROFETA

Cada profeta acolhia uma mensagem de Deus, e seu dever era transmiti-la. Deve-se presumir que o profeta entendia a mensagem, isto é, ela possuía um significado relevante para ele e o público. Isso não impede que ela tenha um significado maior ou adicional no futuro no decorrer do seu cumprimento.

É importante distinguir a mensagem e o cumprimento da profecia (fig. 22.2). Ela é encontrada na proclamação da Palavra de Deus ao público (pelo menos a princípio). O cumprimento se dá no desenrolar da História. Cada profecia possuía uma mensagem logo que proclamada, independentemente do (garantido) cumprimento futuro. Muitas vezes, os livros proféticos são estudados apenas pela busca de cumprimentos em potencial, desprezando-se a mensagem inspirada das palavras de Deus. Isso é um erro grave.

Figura 22.2 – Interpretação da literatura profética

Mensagem		*Cumprimento*
Palavra de Deus com autoridade	➤	Desdobramento do plano de Deus
Entendida pelo profeta, relevante ao público contemporâneo	➤	Pode ser vago ou obscuro, ou tomar um rumo não esperado
Identificada com a intenção do autor como critério norteador	➤	Em geral identificado apenas com a visão retrospectiva do intérprete
Usa evidência objetiva	➤	Perspectiva subjetiva
Uma mensagem	➤	Possivelmente há vários cumprimentos
Não muda	➤	Pode mudar de direção
Alvo de intérpretes do Antigo Testamento	➤	Desenvolvido pelos autores do Novo Testamento

A mensagem dos profetas pode ser mais bem compreendida pela análise dos tipos de oráculos usados. Havia quatro tipos principais:

- Oráculos de acusação (descrição da ofensa);
- Oráculos de julgamento (futuro castigo pela ofensa);
- Oráculos de instrução (como os receptores deviam agir);

- Oráculos de consequências ou esperança (acontecimentos após o julgamento ou esperança de livramento e restauração).

Alguns desses podem ser subdivididos em tipos políticos, espirituais ou socioeconômicos. Cada profeta usava certos tipos de oráculos mais que outros, e eles são facilmente identificados (fig. 22.3).

Figura 22.3 – Categorias do oráculo profético

Categorias oraculares	*Descrição*	*Ênfase pré-exílica*	*Ênfase pós-exílica*
Acusação	Declaração da ofensa	Enfoca principalmente a idolatria, o ritualismo e a justiça social	Enfoca a falta de honra devida ao Senhor
Juízo	Castigo a ser executado	Principalmente político e projetado para o futuro próximo	Interpreta crises recentes e contemporâneas como castigo
Instrução	Resposta esperada	Raramente apresentada; geralmente retorna-se a Deus, abandonando a conduta pecaminosa	Apresentada com mais frequência; dirigida mais especificamente a situações particulares
Consequência	Afirmação de esperança ou livramento futuro	Anunciada e entendida como vindo após o período de intervenção de juízo	Anunciada e entendida como envolvendo um período prolongado Religiosas: agora; socioeconômica: potencial; política: eventual

A diversidade dos oráculos demonstra algumas diferenças básicas entre as mensagens dos profetas clássicos anteriores e posteriores ao exílio. As acusações encontradas nos profetas pré-exílicos destacam principalmente a idolatria, o ritualismo e a injustiça social (*e.g.*, Isaías 1.10-15; Jeremias 2.2–3.5; Miqueias 3.1-3 respectivamente). Já a acusação dos profetas pós-exílicos geralmente sinalizava a falha do povo em não dar a honra devida ao Senhor (*e.g.*, Zacarias 7.5-6; Malaquias 1.7-14).

O julgamento (que constituía cerca da metade dos oráculos) nos profetas pré-exílicos, em geral, era de natureza política, projetado para o futuro próximo. Os oráculos de juízo dos profetas pós-exílicos tendiam a ser interpretações de crises contemporâneas, e não projeções de juízo vindouro (*e.g.*, Ageu 1.6-11; Joel 1).

Eram poucas as ocorrências de oráculos de instrução entre os profetas, provavelmente porque a lei incluía toda a instrução necessária ao povo. Na profecia pré-exílica, o destaque da instrução estava no retorno ao Senhor por causa do abandono da má conduta (Jeremias 3.12,13; Amós 5.14-15; Miqueias 6.8). A profecia pós-exílica continha um pouco mais de instrução, muitas vezes dirigida a situações específicas (*e.g.*, Ageu 1.8; Malaquias 3.10).

Finalmente, os oráculos de consequência pré-exílicos ofereciam esperança, não de livramento para a geração do profeta, mas para uma geração futura de Israel. O livramento e a restauração geralmente eram projetados para depois do juízo (com algumas exceções — *e.g.*, Miqueias 5.5-6). À esperança oferecida pelos profetas pós-exílicos faltava o período definido de juízo, mas apresentava restauração gradual durante um longo período. A restauração religiosa está disponível imediatamente, com recuperação socioeconômica aos poucos e livramento político futuro (*e.g.*, Daniel 9).

Cada uma das mensagens tem relevância para o público do profeta e para nós, não tanto pela informação oferecida sobre o presente ou futuro, mas pela revelação a respeito de Deus. Deve-se lembrar que a profecia fazia parte da autorrevelação divina. Encontra-se na mensagem do profeta a proclamação do "programa" de Deus. Conhecemos Deus pelo que ele fez no passado (História) e pelos planos futuros (profecia). O fato de a História e a profecia fluírem juntas em um plano singular soberanamente projetado e executado deve produzir profundo temor no profeta.

PREVISÃO E CUMPRIMENTO

"Previsão" e "cumprimento" são os dois termos mais associados à literatura profética, mas ambos podem levar a uma interpretação equivocada da natureza da profecia.

Previsão

Se alguém previsse que a bolsa de valores despencaria e depois tomasse medidas para provocar isso, não seria exaltado pela capacidade de prever. O aspecto profético é reduzido pela ligação direta à causa.

Da mesma forma, o elemento de previsão na profecia bíblica geralmente difere da causa, para que não deixe de ser previsão. Nesse caso, é óbvio que "previsão" não seria a melhor palavra para descrever a profecia bíblica. Os próprios profetas não previam nada, apenas transmitiam a Palavra do Senhor. A profecia era a mensagem de Deus, não do profeta. Se a previsão for considerada prevenção da causa, Deus não pode prever, pois é ele a causa final de tudo. Então, deve-se reconhecer que a profecia está mais interessada na causa do que na previsão. É verdade que a profecia bíblica lidava com os acontecimentos antes de transcorrerem, mas o propósito era que Deus fosse reconhecido por ser o causador dos acontecimentos como parte de seu plano contínuo.

Em vez de considerar a profecia um tipo de previsão, julgamos mais útil considerá-la uma "ementa divina". A ementa de uma matéria não "prevê" o que acontecerá em cada aula do semestre, mas apresenta os planos e as intenções do instrutor para cada período. O significado do documento é que o instrutor está na posição de executá-lo. Do mesmo modo, quando um juiz sentencia um criminoso, ele não "prevê" o que acontecerá com a pessoa. Em vez disso, decreta o que deve ser feito e está na posição de executar a sentença.

Isso é semelhante ao relacionamento entre Deus e a literatura profética. Deus declarou suas intenções e decretou seus juízos. Embora futuros quando proferidos, podiam ser considerados previsão apenas em termos gerais. É desnecessário salientar que os profetas previam por serem meros porta-vozes do Senhor. Quando o assistente distribui a ementa do professor, ele não prevê o que o professor apresentará em cada aula. A ementa é do professor; o assistente é apenas a pessoa encarregada de entregá-la. O mesmo se aplica aos profetas.

Cumprimento

"Cumprimento" também pode ser um termo enganoso. Já comentamos que algumas pessoas tendem a desprezar a mensagem dos profetas na esperança, muitas vezes ilusória, de encontrar cumprimentos que inevitavelmente levem à especulação que se afasta cada vez mais do texto. Presume-se com frequência que os profetas imaginavam acontecimentos específicos, mas este não é necessariamente o caso. Não é essencial discernir a intenção do profeta em termos de cumprimento, contanto que a mensagem proposta seja compreendida. O profeta estava ciente da mensagem, porém não sabia necessariamente de que forma o cumprimento da profecia se daria. A mensagem era inspirada e meio de revelação divina. O cumprimento era quase circunstancial, embora sua ocorrência fosse sem dúvida importante.

Não se sabe ao certo se o intérprete é capaz de identificar o cumprimento da profecia com certeza. Existem várias passagens no AT que, se lidas no contexto da época, sugerem nitidamente que certos acontecimentos se dariam de determinada forma. Mas, com o decorrer da História, as "coisas" não se realizaram da forma esperada.

Por exemplo, se alguém da época de Isaías pudesse ler o texto hoje identificado por Isaías 11.16, teria imaginado que o versículo sugeriria claramente que os habitantes do Reino do Norte retornariam do exílio na Assíria em uma grande emigração comparável ao Êxodo. Mas isso não aconteceu. O fato de não ter acontecido não mancha a reputação de Deus, pois não se sabe como a palavra ainda poderia ser cumprida. De fato, isso sugere que a garantia do cumprimento nem sempre é alcançada. Consequentemente, não devemos nos preocupar em descobrir quando e como o cumprimento ocorrerá a ponto de negligenciarmos a mensagem.

O que é cumprimento? O termo grego traduzido como "cumprir" no NT é bem amplo. Quando os autores do NT falavam do cumprimento de algo do AT, certamente faziam correlação entre a passagem do AT e o que fora dito ou feito em sua época. Às vezes, a correlação é próxima e implica que o AT correspondia diretamente ao fato do NT (*e.g.*, Isaías 61.1 e Lucas 4.18-19; Zacarias 9.9; Mateus 21.5). Em outras ocasiões, a correlação é mais livre e sugere apenas uma vaga conexão (*e.g.*, Oseias 11.1; Mateus 2.15).

Para explicar a ampla variedade de possíveis conotações, o cumprimento deve ser considerado uma indicação de *correlação adequada* entre a palavra profética e o acontecimento com o qual se relaciona. Assim, quando um autor do NT sugere que determinado fato tenha "cumprido" uma passagem do AT, ele não sugere que o autor do AT se referia a esse fato, mas que se pode fazer uma correlação adequada entre o AT e o fato.

Os autores do AT queriam transmitir a mensagem. Suas obras demonstram pouco interesse em identificar seu cumprimento específico. Em contraste, os autores do NT falaram especificamente do cumprimento em vez de tentar revelar a mensagem do profeta do AT. Como os autores do AT e do NT se concentram em aspectos diferentes da declaração profética, não temos de tentar harmonizá-los.

Os autores do NT não usaram o AT por indução para provar que Jesus era o Messias. Eles já haviam aceitado o fato do seu messiado. Ao contrário, o AT foi usado por dedução para oferecer maiores evidências dessa convicção e apoiá-la. A prova indutiva estava nos milagres de Jesus e em suas palavras e ações.

Se os cumprimentos citados não representavam necessariamente as intenções dos autores do AT, como a doutrina da inspiração pode ser confirmada? A inspiração pode ser confirmada firmemente contanto que a perspectiva do AT sobre profecia seja compreendida. Esperava-se que a profecia, como Palavra de Deus, fosse adequada às diversas situações da História. Em outras palavras, só o tempo poderia revelar quão fiel uma afirmação profética poderia ser. Ela era obviamente adequada para o público contemporâneo, mas sabia-se que essa qualidade não se limitava à situação da época. A percepção futura influenciaria a identificação de outras aplicações. Nem o profeta nem o público esperavam poder antecipar a forma assumida pela aplicação futura. Esse discernimento só poderia ser obtido por meio de revelação.

Portanto, as diversas situações adequadas que surgiriam de uma afirmação profética não podiam ser consideradas parte da intenção do profeta — justamente por isso ele não teria reprovado seu uso de forma ampliada. Consequentemente, os profetas não teriam considerado um método falho as correlações aparentemente subjetivas dos autores do NT. Dotados de inspiração, eles fizeram correlações confiáveis e adequadas que os profetas não anteciparam, embora maiores revelações fossem esperadas.[3]

Conselhos para leitura de profecias

1. Considere a profecia um resumo explicativo da realização do plano de Deus, não mera previsão.
2. Faça distinção entre a mensagem da profecia e seu cumprimento.
3. O primeiro passo na interpretação de um oráculo é identificar sua categoria.
4. A visão não é a mensagem, mas seu veículo.
5. A mensagem do profeta não está oculta em símbolos não interpretados.

---

[3] Esta interpretação baseia-se em uma que usa o significado de nomes no AT. Para obter mais informações, v. John H. Walton, Isaiah 7.14: What's in a Name?, p. 298-303.

Perguntas para estudo e debate

1. De onde os falsos profetas e os profetas de outros deuses obtinham suas mensagens?
2. Quais são as evidências exclusivas do AT de que Deus possui um plano predeterminado para a História?
3. Para a escatologia, qual é a importância do princípio de que a visão não é a mensagem, mas a ocasião da mensagem?
4. Qual é a diferença entre "mensagem" e "cumprimento"? Quais são as implicações dessa distinção?
5. Até que ponto o profeta compreendia a mensagem? Ou, em alguma ocasião, o objeto da revelação da profecia não era o profeta e seu público? Nesse caso, por que a revelação era proferida?
6. Cite as implicações da afirmação: "A profecia está mais interessada na causa do que na previsão".
7. Os cumprimentos são inspirados? Explique.

Leituras complementares

BLENKINSOPP, Joseph. **A History of Prophecy in Israel**. Philadelphia: Westminster, 1983.

BRIGHT, John. **Covenant and Promise**. Philadelphia: Westminster, 1976.

BRUEGGEMAN, Walter. **The Prophetic Imagination**. Philadelphia: Fortress Press, 1978.

BULLOCK, C. Hassell. **An Introduction to the Old Testament Prophetic Books**. Chicago: Moody Press, 1986.

GREEN, Joel B. **How to Read Prophecy**. Downers Grove, IL: InterVarsity Press, 1984.

HESCHEL, Abraham J. **The Prophets**. New York: Harper & Row, 1962. Estudo clássico dos profetas hebreus por estudioso judeu renomado.

HOLLADAY, John. Assyrian Statecraft and the Prophets of Israel. **HTR** 63, 1970, p. 29-51. Boa apresentação das categorias da profecia israelita.

HUFFMON, Herbert B. Prophecy in the Ancient Near East. **IDB**. Nashville: Abingdon, 1976. Vol. suplementar, p. 697-700. Ensaio clássico sobre os contextos históricos da profecia israelita.

KOCH, Klaus. **The Prophets**. Philadelphia: Fortress Press, 1982. 2 vol. [Tradução da obra original em alemão.]

Lindblom, J. **Prophecy in Ancient Israel**. Philadelphia: Fortress Press, 1973. Estudo clássico da instituição profética.

Russell, D. S. **The Method and Message of Jewish Apocalyptic**. Philadelphia: Westminster, 1964.

Sandy, D. Brent. **Cracking Old Testament Codes**: A Guide to Interpreting the Literary Genres of the Old Testament. Nashville: Broadmand and Holman, 1995.

Smith, Gary V. Prophet. **ISBE**. Rev. ed. Grand Rapids: Eerdmans, 1986. v. 3, p. 986-1004. Introdução excelente à profecia em geral de ponto de vista conservador.

Walton, John H. **Ancient Israelite Literature in Its Cultural Context**. Grand Rapids: Zondervan, 1989.

____. Isaiah 7:14: What's in a Name? **JETS** 30, 1987, p. 289-306.

Ward, James M. **The Prophets**. Nashville: Abingdon, 1982.

Westermann, Claus. **Basic Forms of Prophetic Speech**. Transl. H. C. White. London: SCM Press, 1967. [Tradução da obra original em alemão.]

Wilson, Robert R. **Prophecy and Society in Ancient Israel**. Philadelphia: Fortress Press, 1980. Investigação dos aspectos sociológicos da profecia. [Publicado em português com o título **Profecia e sociedade no antigo Israel** (São Paulo: Paulus)].

Wood, Leon J. **The Prophets of Israel**. Grand Rapids: Baker, 1979. Ênfase na personalidade dos profetas.

23

Isaías

Conceitos básicos

- ✓ A fidedignidade do Senhor
- ✓ Soberania divina no castigo e livramento
- ✓ O Deus de Israel é inigualável

Esse livro é uma coleção de adágios proféticos e oráculos de Isaías, a voz profética predominante na turbulenta segunda metade do século VIII a.C. (ca. 740-700). Aqui se encontra parte da literatura hebraica por demais valiosa e conhecida por apresentação direta da fidedignidade e poder soberano do Deus de Israel.

COMPOSIÇÃO DO LIVRO

A unidade de Isaías é tema de grande controvérsia. Pelo fato de o profeta ter vivido no século VIII a.C., alguns estudiosos têm dificuldade em aceitar que ele tenha identificado Ciro, o persa, nominalmente (4.28; 45.1), pelo fato de Ciro ter entrado em cena apenas 200 anos mais tarde. Mesmo para os que estão dispostos a aceitar o fenômeno sobrenatural da previsão do futuro, isso, muitas vezes, parece improvável quando comparado a outros oráculos. O único outro exemplo no AT em que o nome da pessoa é dado antes de seu surgimento é a menção de Josias em 1Reis 13.2, e essa passagem é mais complicada pela probabilidade de ter sido escrita na época de Josias. Logo, tecnicamente, uma identificação profética desse tipo é única.

Mesmo por meio de uma leitura descontraída de Isaías, podemos detectar uma grande mudança no capítulo 40. O estilo se torna mais poético e teórico. O tom se torna conciliatório em vez de condenador. Os oráculos de acusação e juízo — que compunham a maior parte dos primeiros 39 capítulos — se tornam bem mais raros. A situação histórica parece ter mudado dramaticamente. O povo mencionado está no exílio, não na Judá do século VIII. À luz de tais observações, pode-se entender facilmente por que alguns eruditos não conseguem atribuir o livro inteiro a um único autor do século VIII.

É comum os estudiosos insistirem na existência de pelo menos dois autores diferentes do livro, separados por no mínimo 150 anos. Normalmente, fazem referência a um "deutero-Isaías" hipotético e, muitas vezes, a um "trito-Isaías" como autores não identificados dos capítulos 40–66 nos séculos VI e V a.C. Mais recentemente, a análise informatizada do estilo literário foi usada para comprovar a autoria múltipla.

No entanto, certos estudiosos creem que sua posição referente à autoridade bíblica exige que o livro seja considerado uma unidade. Em função disso, eles reagiram elaborando a defesa da unidade do livro e a refutação das objeções à sua unidade. Embora essa defesa dependa muito de passagens do NT que associam o profeta Isaías à segunda parte do livro (*e.g.*, Mateus 3.3; 12.17; Lucas 3.4; João 12.38-41; Atos 8.28; Romanos 10.16), provas do AT também são usadas.

O testemunho do livro em si certamente insiste na realidade da profecia sobrenatural voltada para o futuro. A justificação da soberania divina em Isaías 40–48 se baseia na capacidade do Senhor de prever o que fará e desafiar os ídolos a fazerem o mesmo. Portanto, o foco no futuro que permeia essa parte não pode ser facilmente neutralizado. A menção de Ciro se dá no ápice de uma composição poética muito bem estruturada (44.24-28) e não pode ser ingenuamente eliminada como se fosse supérflua. Além disso, a evidência de que o livro de Reis, concluído até a metade do exílio, usou o livro completo de Isaías como fonte favorece a data pré-exílica para a composição de toda a obra.[1]

Para quem não aceita as afirmações de Jesus como referências literárias, mas declarações de autoria, o NT reivindica que Isaías seja considerado o

---

[1] Para a comprovação disso, v. John H. Walton, New Observations on the Date of Isaiah, p. 129-32.

profeta anunciador desses oráculos para Israel, pois é, no mínimo, considerado sua fonte. Isso não implica que esse profeta os tenha registrado, mas indica que a composição representa fielmente o que ele declarou. Se 2Reis usou a obra de Isaías como fonte, o livro deve ter sido composto pouco depois da morte do profeta, ainda que não haja provas suficientes de que isso não pudesse ter ocorrido durante sua vida. Em termos gerais, não nos convencemos de que o livro de Isaías deva ser atribuído a vários autores.

CONTEXTO

O contexto de Isaías é a segunda metade do século VIII a.C. Deve-se lembrar que, nesse período, o Império Neoassírio assumia seu lugar de primeira potência mundial da História.

Dois acontecimentos importantes servem de foco para os capítulos 1–39:

1. A invasão a Israel pelo rei assírio Tiglate-Pileser III serve de pano de fundo para os capítulos 7–12. Essa foi a reação à ação militar de Damasco (capital de Arã) e do Reino do Norte, Israel, contra o Reino do Sul, Judá. O motivo da agressão (a guerra siro-efraimita, 735-732 a.C.) não é mencionado no texto. Contudo, é evidente que a ação foi considerada uma ameaça real contra a sobrevivência da monarquia davídica. A resposta de Acaz, rei de Judá, foi convocar a Assíria para manter a ordem na região, convite aceito com satisfação por Tiglate-Pileser. Consequentemente, Damasco foi conquistada, seu povo deportado e toda a terra de Arã incorporada ao Império Assírio (732 a.C.). Partes do Reino do Norte foram anexadas, e um novo rei foi colocado no trono. Vários anos depois, Israel rebelou-se novamente e foi totalmente assimilado pelo Império Assírio, com a destruição da capital Samaria em 721. Esse acontecimento, contudo, recebe pouca atenção no livro de Isaías.
2. A invasão de Judá pelo rei assírio Senaqueribe, em 701, resultou no envolvimento de Ezequias na coligação antiassíria. Isso causou a destruição de várias cidades fortificadas de Judá e, finalmente, o cerco de Jerusalém. Ao contrário do pai, Acaz, Ezequias confiou no socorro do Senhor, e o exército assírio foi destruído.

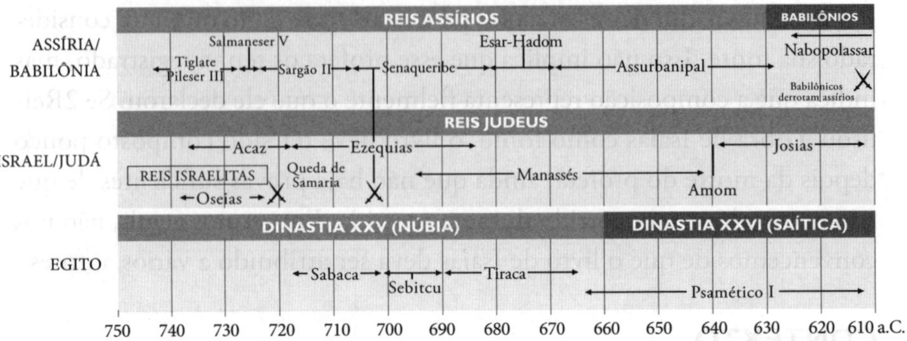

Era um tempo de medo e incerteza política. Os assírios aterrorizavam a população do Antigo Oriente Médio com um programa agressivo de dominação. O país podia optar por ser vassalo, pagando um tributo anual e fornecendo tropas auxiliares aos assírios. Mas o menor sinal de deslealdade resultava em reduções territoriais e maior controle assírio do governo — sem mencionar a cobrança de impostos mais pesados. Por trás de tudo isso, existia a ameaça de deportação, com a perda da independência política.

O programa de deportação foi criado para destruir o senso de nacionalismo ou identidade política. O objetivo era a assimilação dos povos estrangeiros em um grande império étnica e politicamente genérico. Todavia, para os israelitas, isso era uma questão teológica. Eles eram o povo escolhido e separado por Deus que vivia na terra prometida, terra que o próprio Deus lhes entregara. A política assíria era uma ameaça à distinção de Israel do ponto de vista da aliança.

ESBOÇO DE ISAÍAS

I. Introdução
   A. Prelúdio (1–5)
   B. Comissão (6)
II. Contexto assírio
   A. Oráculo do período da coligação siro-efraimita (7–12)
   B. Oráculos contra as nações (13–23)
   C. Conclusão apocalíptica aos oráculos contra as nações (24–27)
   D. Maldições do período do cerco de Jerusalém (28–33)

E. Conclusão apocalíptica das maldições (34 e 35)
F. Resolução da crise assíria (36 e 37)
G. Transição para a crise babilônica (38 e 39)

III. Oráculos futuros dirigidos aos exilados (40–55)

IV. Oráculos futuros dirigidos à situação pós-exílica (56–66)

PROPÓSITO E MENSAGEM

O material do livro de Isaías é organizado de forma que destaque a integridade de Javé, o Deus da aliança. Isso se vê nitidamente no contraste entre as ações dos reis Acaz e Ezequias. Acaz não confiou em Javé e pediu ajuda aos assírios durante a crise política que se apresentava (contrariando o conselho de Isaías). Isso deflagrou uma série de crises. Ezequias, apesar de, no princípio, ter contado com a ajuda egípcia, dependeu de Javé e foi livrado de forma poderosa. Desse modo, ele se tornou um grande exemplo de como Deus, na sua soberania, pode livrar seu povo. Essa foi uma lição importante para os israelitas exilados – eles foram encorajados a confiar no Senhor em momentos de grande dificuldade.

Ainda que alguns oráculos deem tal ênfase (*e.g.*, cap. 30 e 31), isso se torna mais claro na sua organização. O propósito do profeta era transmitir as palavras de Deus. Os oráculos da primeira parte de Isaías (1–39) são, na maioria, de acusação e juízo. Os capítulos 40–66 lidam mais com o perdão divino, livramento e a restauração a Israel.

ESTRUTURA E ORGANIZAÇÃO

Há muitas controvérsias relativas à natureza dos capítulos de 1 a 5, já que a comissão formal de Isaías é narrada no capítulo 6. Alguns alegam que o trecho de 1 a 5 contém oráculos anteriores à visão de Isaías no ano da morte de Uzias. Outros acreditam que os cinco capítulos servem de introdução ao livro pela seleção de oráculos de diversos períodos do ministério do profeta. Quer tenha sido compilado, quer seja antigo, esse material serve de introdução adequada ao livro e a seus temas. Muitos oráculos de acusação provêm dessa parte.

O capítulo 6 pode ser considerado a conclusão da introdução ao sugerir que o povo não daria atenção à mensagem de Isaías. Sua pregação desprezada serviria de confirmação da culpa de Israel estabelecida pelas acusações nos capítulos de 1 a 5 e resultaria na destruição final.

O objetivo dos capítulos de 7 a 12 é destacar a falta de confiança em Javé por parte de Acaz e os resultados desse ato. Na maioria, são oráculos de juízo intercalados com vislumbres da esperança futura. Seu propósito é demonstrar que, apesar de grave, a falha de Acaz não anularia a aliança. Deus ainda pretendia trazer o Reino prometido após o período de julgamento (*e.g.*, cap. 9 e 11).

Os oráculos contra as nações (13–23) situam-se aqui adequadamente como demonstração do controle soberano de Deus sobre todas as nações. O fato de Damasco e Israel fracassarem na tentativa de aniquilar a linhagem davídica e o fato de a Assíria invadir o oeste, com sucesso, não são acidentais nem isolados. Israel devia confiar em Javé, pois ele estava no comando de todos os acontecimentos, incluindo os políticos. Esses oráculos não foram proferidos a favor das nações às quais se referiam. Ao contrário, por meio deles, Israel percebeu o poder transcendente de Deus. Os capítulos de 24 a 27 concluem essa parte declarando, em geral, o livramento de Israel e a destruição de seus inimigos.

As maldições dos capítulos 28–33 mudam a perspectiva para o período de Ezequias nos últimos 15 anos antes do século VIII a.C. Jerusalém estava ameaçada (29), e Ezequias fazia alianças com o Egito (30 e 31). Esses oráculos estão repletos de acusações sobre a incapacidade da nação de confiar em Javé. O capítulo 33 aborda o livramento dos justos em Sião, ao passo que os capítulos 34 e 35 referem-se à ira e ao julgamento divinos que cairão sobre todos os seus inimigos.

O fim da crise assíria (36 e 37) chegou quando Ezequias clamou a Javé para destruir os exércitos de Senaqueribe. É interessante que o autor tenha usado o oficial assírio para resumir os pontos teológicos importantes. Em seu discurso aos enviados de Ezequias, Rabsaqué alude às reformas de Ezequias (que, segundo ele, enfureceram a Deus, embora o leitor saiba que agradaram ao Senhor) e, depois, lança o desafio de que nenhum outro deus fora capaz de resistir aos exércitos assírios. Isso aumentou a ironia da situação, pois o ato subsequente de livramento divino representa o testemunho do poder singular do Deus de Israel.

Os capítulos 38 e 39 servem de transição da crise assíria para a babilônica. A recuperação milagrosa de Ezequias da doença mortal foi resposta à sua oração e confirmou sua posição de um rei temente a Deus. Mas a notícia da recuperação motivou Merodaque-Baladã, rei da Babilônia, a enviar mensageiros a Ezequias para transmitir felicitações pessoais. Ezequias tomou a liberdade de lhes mostrar o tesouro real. Tudo isso serviu de pano de fundo para o oráculo de Isaías 39.6-7, indicação de que os babilônios levariam Judá ao exílio. Esse oráculo prepara o cenário para a grande mudança literária e temática que ocorre no capítulo 40.

A crise descrita nos capítulos 40–55 foi o exílio babilônico mencionado em 39.6-7. Se aceitarmos isso como uma profecia de Isaías, filho de Amoz, no século VIII, devemos entender que ele não profetizou sobre o exílio; em vez disso, supunha o exílio e dirigiu sua mensagem aos exilados. Isso devia fazer sentido para o público de Isaías no século VIII? Sim, por duas razões: 1) sua ênfase era estabelecer a confiança na soberania de Deus. O exílio não ocorreu pela incapacidade divina de livrar; quer Deus livrasse (como na destruição do exército de Senaqueribe), quer não (como na queda de Jerusalém), seu plano soberano estava sendo executado, e tudo estava sob seu controle; e 2) de acordo com o propósito da maioria dos oráculos de "consequência" (v. cap. anterior), o povo da época de Isaías precisava da garantia de que Deus não deixaria de cumprir suas promessas. Após o período de juízo, ele traria a restauração. A fé e a esperança davam sentido à ameaça de julgamento.

Os temas dos capítulos 40–55 incluem o futuro livramento dos exilados, a inutilidade dos ídolos, o julgamento vindouro das nações e o uso divino de um "Servo" como instrumento para executar seu plano. Tudo isso se dirigia à restauração política e espiritual de Israel. Em toda essa parte, o livro desafia os ídolos e deuses pagãos a revelar um plano para a História, mostrar como ele foi implementado no passado e como será executado no futuro. A extensão do plano de Javé desde o passado até o futuro é apresentada como prova *prima facie* de sua soberania e singularidade (41.21-29; 45.20-21; 46.7-11; 48.1-7).

Em conclusão, os capítulos 56–66 projetam-se além para se dirigirem aos que retornaram do exílio. Integridade, a futura glória de Israel e a vingança divina sobre os inimigos são temas comuns. Em tudo isso,

Javé apresentou a Israel seu "programa" para que o povo entendesse e declarasse sua santidade, soberania e fidelidade.

TEMAS PRINCIPAIS

Isaías estava entre os primeiros profetas clássicos do Reino do Sul, Judá. De certa forma, ele poderia ser considerado clássico e pré-clássico, pois serviu de conselheiro do rei como os profetas pré-clássicos. No entanto, boa parte de sua mensagem se comparava à dos profetas clássicos, incluindo a acusação do povo, a promessa de exílio e a destruição como castigos divinos a esperança do cumprimento futuro da aliança. As características e os temas que mais se destacam na profecia de Isaías são:

As nações em Isaías 13—23

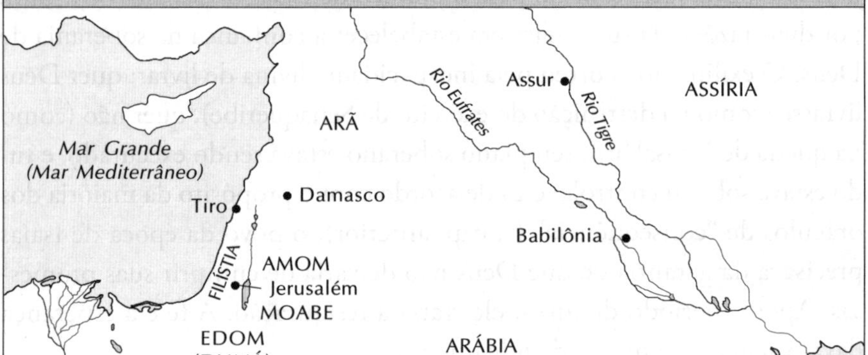

Nomes dos filhos como sinais

Os capítulos 7–9 apresentam quatro filhos cujos nomes revelavam um significado profético. Os próprios filhos de Isaías — Sear-Jasube ("um remanescente voltará", 7.3) e Maher-Shalal-Hash-Baz ("rapidamente até os despojos, agilmente até a pilhagem", 8.1-3) —, Emanuel ("Deus conosco", 7.14; 8.8,10) e o menino identificado em 9.6. Eles salientavam o "programa" divino a curto e longo prazo para Israel.

O Servo

Quatro seções do livro foram designadas "Cânticos do Servo", pois dizem respeito a um Servo que será instrumento de realização dos planos divinos para Israel. Estas passagens são 42.1-7; 49.1-9; 50.4-11; e 52.13–53.12; além disso, 61.1-3 mostra certa semelhança com os Cânticos do Servo, embora a designação "servo" não seja usada. Israel, às vezes, é chamado servo de Deus no livro (*e.g.*, 41.8; 44.1), e Ciro tem papel de destaque no programa divino de livramento; todavia, a descrição do Servo nos cânticos vai muito além do que poderia ser dito sobre qualquer um deles. A função descrita para o Servo é surpreendentemente paralela à função atribuída ao futuro rei ideal davídico em outros trechos da obra (v. cap. 11 e 55.3-5). O NT também confirma isso como a interpretação preferida e comum dessas passagens. Embora o Servo não seja chamado "Messias" pelo profeta, a função e as realizações associadas a ele levam muitos a tal conclusão.

O Santo de Israel

O título de Deus usado quase exclusivamente por Isaías no AT é "o Santo de Israel". Ele não só demonstra a ênfase de Isaías à santidade do Senhor, mas também reflete a preocupação do livro com a gravidade das ofensas de Israel contra Deus. A reconciliação é o objetivo final. O julgamento é usado para causar a reconciliação, e o Servo tem o papel principal em torná-la acessível ao povo. Contudo, no fim, Deus traz o povo de volta para si por amor a seu nome (43.22-28).

Redentor

Outra característica de Isaías é o fato de Javé ser o Redentor de Israel. Esse título para Javé só é usado quatro vezes em outros livros; todavia, ele é utilizado mais de dez vezes no livro de Isaías. Todas as referências encontram-se nos capítulos 40–66 (*i.e.*, 41.14; 43.14; 44.6,24; 47.4; 48.17; 49.7,26; 54.4,8; 59.20; 60.16; 63.16). O verbo é empregado outras nove vezes como uma ação realizada por Javé (semelhantemente todas em 40–66: 43.1; 44.22-23; 48.20; 51.10; 52.3,9; 62.12; 63.9). Novamente, o foco está na graça soberana de Deus.

Escatologia

A escatologia (estudo da parte final do programa de Deus) encontrada em Isaías é a escatologia do Reino. Com isso, queremos dizer que a ênfase está no reino futuro de Israel, retratado como o reino centrado em Jerusalém. Paz e prosperidade são abundantes, e todo o mundo irá a Jerusalém para se encher de espanto e ser instruído. A adoração adequada e a centralidade da Lei são características significativas do reino. Um descendente de Jessé se assentará no trono; esse aspecto do reino, todavia, não é um destaque em Isaías. A ênfase é dada ao fato de que Javé reinará (24.23; 33.22; 43.15; 44.6) e será o orgulho do remanescente de Judá e a glória de Jerusalém.

Perguntas para estudo e debate

1. Qual é a importância da unidade de Isaías como questão teológica atual?
2. Qual é a importância do fato de a atividade profética se tornar mais decisiva em tempos de crise?
3. De que maneira a teologia de Isaías se difere do restante do AT?
4. Qual é a diferença entre a ênfase escatológica do Reino em Isaías e as abordagens escatológicas atuais?

Leituras complementares

ALEXANDER, Joseph Addison. **The Prophecies of Isaiah**. Grand Rapids: Zondervan, 1953. Reimpressão de comentário lançado em meados do século XIX; obra clássica, mas um tanto desatualizada em questões históricas e linguísticas; não oferece análise dos últimos 100 anos de conhecimento.

HAYES, John & IRVINE, Stuart. **Isaiah**. Nashville: Abingdon, 1987. Uma das abordagens liberais mais recentes que defende a unidade dos capítulos 1–33 (após o qual alguns estudiosos dividem o livro, em vez de fazê-lo após o cap. 39) e sua composição no século VIII a.C.

HOLLADAY, William. **Isaiah**: Scroll of a Prophetic Heritage. New York: Pilgrim, 1988.

LINDSEY, F. Duane. **The Servant Songs**. Chicago: Moody Press, 1985. Análise completa do material sobre o Servo; de ponto de vista conservador.

MACRAE, Allan A. **The Gospel of Isaiah**. Chicago: Moody Press, 1977. Leitura conservadora dos capítulos 40–56.

MOTYER, Alec. **The Prophecy of Isaiah**. Downers Grove, IL: InterVarsity Press, 1993.

OSWALT, John. **Isaiah 1–39**. Grand Rapids: Eerdmans, 1986.

____. **Isaiah 40–66**. Grand Rapids: Eerdmans, 1997. O melhor comentário conservador.

WALTON, John H. Isaiah 7.14: What's in a Name? **JETS** 30, 1987, p. 289-306. Análise da interpretação de Isaías 7.14 e debate das questões hermenêuticas envolvidas.

____. New Observations on the Date of Isaiah. **JETS** 28, 1985, p. 129-32.

WEBB, Barry G. **The Message of Isaiah**. Downers Grove, IL: InterVarsity Press, 1996.

WILDBERGER, Hans. **Isaiah 1–12**. Minneapolis: Fortress Press, 1997. [Tradução da obra original em alemão.]

____. **Isaiah 13–27**. Minneapolis: Fortress Press, 1997. [Tradução da obra original em alemão.]

WOLF, Herbert M. **Interpreting Isaiah**. Grand Rapids: Zondervan, 1985. Obra conservadora com abordagem didática que apresenta resumo útil de Isaías.

. A Solution to the Immanuel Problem in Isaiah 7:14–8:22. **JBL** 91, 1972, p. 449-56. Defesa da identificação de Emanuel como Maher-Shalal-Hash-Baz, filho de Isaías.

YOUNG, E. J. **The Book of Isaiah**. Grand Rapids: Eerdmans, 1972. Obra conservadora clássica em 3 v.

24

Jeremias

Conceitos básicos

- ✓ A lei no coração
- ✓ Deus, o oleiro que destrói e edifica
- ✓ Deus traz um inimigo contra Israel

O livro de Jeremias ocupa mais espaço na Bíblia do que qualquer outra obra, e a estatura do profeta é comparável à de qualquer outro no AT. Ele foi enviado por Deus no momento mais sombrio de Israel e proclama a Palavra de Deus com muito sacrifício durante 40 anos. Mais que qualquer outra pessoa, ele oferece vislumbres de um profeta em conflito com o Deus a quem servia fielmente e com a mensagem que devia transmitir. Sua devoção e integridade resplandecem em meio à geração prestes a sentir o fogo ardente da ira de Deus. Jeremias era a última chance desse povo, e ele se sentia esmagado sob o peso de tal responsabilidade.

Por causa das grandes lutas pessoais de Jeremias, aprendemos mais sobre sua personalidade do que a de todos os outros profetas. Essa informação nos dá a impressão de o conhecermos pessoalmente.

COMPOSIÇÃO DO LIVRO

Jeremias é um dos poucos livros do AT que apresentam informações sobre sua composição. Em 605 a.C., depois de ele profetizar por mais de 20 anos, Deus lhe mandou registrar as profecias (36.1-3). Esse mensageiro do Senhor usou um escriba, Baruque, para escrever enquanto ditava (36.4). O rolo foi lido perante o rei, que o destruiu; outra cópia foi feita em seguida (36.32). O rolo produzido por Baruque era, provavelmente, bem semelhante ao que temos nos capítulos 1–25 de Jeremias, geralmente designado Livro 1. Essa parte refere-se a Jeremias na primeira pessoa. Duas outras coleções das palavras de Jeremias encontram-se no livro nos capítulos 30 e 31 (Livro 2) e 46–51 (Livro 3).

Dispersos entre eles estão seções biográficas (26–29, 32–45) que se referem a Jeremias na terceira pessoa e enfatizam o fim da sua carreira. Esses trechos normalmente são considerados acréscimos posteriores de Baruque às coleções de expressões de Jeremias. O fato de o capítulo 52 também ser um acréscimo posterior é indicado pelo texto, pois Jeremias 51.64 relata: "Aqui terminam as palavras de Jeremias".

CONTEXTO

O chamado de Jeremias ocorreu em um momento estratégico. Josias subira ao trono de Judá quando contava oito anos de idade, mas ao chegar aos 20 (628 a.C.), está escrito que ele começou a purificar Judá e Jerusalém do culto pagão (2Crônicas 34.3-7). O chamado ocorreu logo depois, em 627 a.C., que também foi o ano da morte do rei assírio Assurbanipal, o último grande líder do império. Isso resultou na criação de um Estado babilônico que ficara independente um ano depois, em 626. Esse Estado se tornaria o império que futuramente engoliria Judá e Jerusalém, como declarava a palavra do Senhor por meio de Jeremias. Como resultado, o momento do chamado de Jeremias foi de esperança, por causa da reforma espiritual em andamento e de perigo, pois um novo inimigo surgia no horizonte.

No fim, a esperança durou pouco, pois a reforma de Josias morreu com ele na batalha contra os egípcios na planície próxima a Megido. Durante os 25 anos restantes do Estado independente de Judá, os filhos de Josias presidiram apenas sobre o colapso do reino. Depois de os babilônios derrotarem os assírios, Judá ficou sob o controle firme do império oriental. Insatisfeito com a condição de vassalo, Judá envolveu-se várias vezes em conspirações destinadas a fracassar, levando, em 586 a.C., à destruição final de Jerusalém por Nabucodonosor, que deixou a cidade politicamente irrecuperável. Judá já provara ser espiritualmente irrecuperável. Durante todo esse período

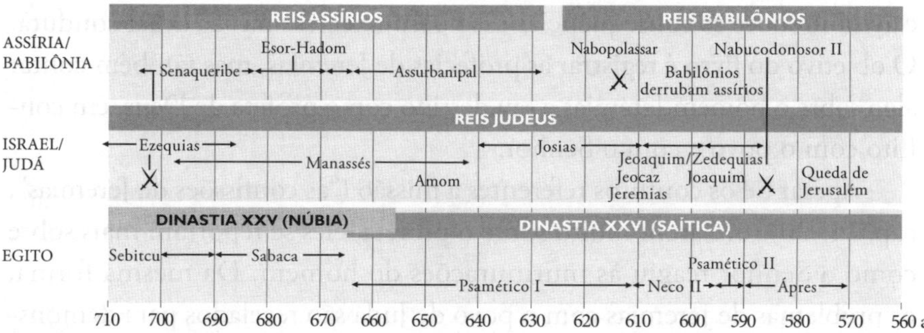

trágico, Jeremias continuou a proclamar a palavra do Senhor. (Mais detalhes sobre os conflitos militares e políticos são dados no cap. 26, "Ezequiel".)

Além da destruição da cidade e do templo, o Estado de Judá foi desestruturado com a deportação do povo. A primeira fase da deportação ocorreu em 597 a.C., quando Jeoaquim se rebelou. Seu filho, Joaquim, foi levado à Babilônia, como o profeta Ezequiel. Apesar das afirmações de alguns profetas judeus de que esse era o limite do castigo do Senhor e que, daí em diante, a situação melhoraria, Jeremias alegou que o pior ainda estava por vir. Infelizmente, isso se confirmou quando a rebelião de Zedequias, em 589, trouxe os babilônios de volta a Jerusalém com a intenção de destruí-la. Mesmo com o uso político da deportação para apagar identidades nacionais e étnicas, o Senhor planejou usá-la para conservar um remanescente para si.

ESBOÇO DE JEREMIAS

I. O chamado de Jeremias (1)
II. Livro 1: oráculos de Jeremias (2–25)
III. Interlúdio biográfico 1 (26–29)
IV. Livro 2: o livro de consolação (30 e 31)
V. Interlúdio biográfico 2 (32–45)
VI. Livro 3: oráculos contra as nações (46–51)
VII. Apêndice histórico: a queda de Jerusalém (52)

PROPÓSITO E MENSAGEM

O propósito de Jeremias como profeta era, sem dúvida, transmitir a mensagem do Senhor. Ao fazer isso, ele queria reconciliar o povo com Deus e avisá-lo sobre as consequências caso permanecesse na sua atual conduta. O objetivo do livro é registrar as profecias de Jeremias, mas também contar algo sobre o homem Jeremias e seu destino como profeta de Deus, em conflito com o povo e com o Senhor.

Apesar de os conflitos referentes à missão ("as confissões de Jeremias", cap. 11–20) revelarem muito sobre o profeta, eles se reportam mais sobre como o Senhor reagiu às murmurações do homem. Da mesma forma, os problemas de Jeremias com o povo de Judá são revelados para demonstrar a resposta de Judá e de seus reis à sua mensagem. A rejeição da palavra do Senhor e as ações contra Jeremias aumentaram a culpa do povo perante Deus.

A mensagem de Jeremias pode ser resumida de acordo com o conteúdo das quatro categorias de oráculos: acusação, julgamento, instrução e consequências. Os *oráculos de julgamento* encontram-se no Livro 1 e se concentram nos capítulos 5–9. A acusação mais importante é que o povo rejeitara o Senhor e adorara ídolos (v. 2.5–3.5). Isso era violação intencional da aliança. Também estão incluídos a obstinação, a injustiça (5.20-31) e o uso inadequado do templo e dos sacrifícios (7.8-31).

Os *oráculos de julgamento* são mais predominantes no livro do que qualquer outro tipo de oráculo. Eles se aplicam a toda a nação e, em geral, são de natureza política (*e.g.*, exílio, destruição, pilhagem). Há grande semelhança entre eles e as maldições descritas em Deuteronômio 28.15-68 por causa da desobediência à aliança (v. Jeremias 11.8).

Há menos de uma dezena de *oráculos de instrução* no livro. Essa falta quase total de instrução é comum, pois o povo pertencia à aliança e sabia o que Deus exigia dele. O convite, pois, era para retornar ao Senhor (3.12-13) e mudar de conduta (7.3-7). Jeremias também inclui instruções sobre a supremacia de Deus, comparando-o aos ídolos das nações (10.2-16), e ainda sobre o sábado (17.19-23).

Os *oráculos de consequência* encontram-se principalmente no Livro da Consolação e nas seções que o precedem e sucedem (29–33), com apenas seis outros exemplos (3.16-18; 16.14-15; 23.3-8; 24.5-7; 46.27-28; 50.4-5,20).O propósito desses oráculos é resumido em 29.11: "'Porque sou eu que conheço os planos que tenho para vocês', diz o Senhor, 'planos de fazê-los prosperar e não de lhes causar dano, planos de dar-lhes esperança e um futuro'". Sua mensagem é que o Senhor traria o povo de Israel de volta do exílio (29.10) e faria uma nova aliança com ele (31.31-34). A cidade seria reconstruída (30.18), o povo retornaria a Deus (29.12-14) e um rei justo, descendente de Davi, ascenderia ao trono (33.15-26).

O propósito e a mensagem do livro são resumidos em um versículo, por ocasião do chamado de Jeremias: "Veja! Eu hoje dou a você autoridade sobre nações e reinos, para arrancar, despedaçar, arruinar e destruir; para edificar e plantar" (1.10). Esses seis verbos se repetem em lugares importantes do livro à medida que Jeremias proclama a Palavra do Senhor (v. 18.7-10; 24.6; 31.28).

ESTRUTURA E ORGANIZAÇÃO

As características literárias de Jeremias tornam-se evidentes mesmo com a leitura superficial do livro. Há três categorias principais geralmente denominadas tipos A, B e C. O tipo A consiste em oráculos proféticos em forma de poesia. O tipo B compreende narrativas históricas sobre Jeremias. O tipo C é o discurso em prosa. Todos permeiam o livro, e sua identificação não propicia um sistema de organização.

Em diversos livros proféticos, é difícil identificar com precisão a ordem significativa de seu conteúdo, e Jeremias não é exceção. Muitos oráculos não são datados, mas os que são não comprovam que a ordem do material não é cronológica. Semelhantemente, todas as tentativas de encontrar a ordem tópica falharam. Isso torna a estruturação literária temática a abordagem mais provável, e é esse o rumo que os estudos mais recentes têm tomado.[1]

Os capítulos 1–20 consistem totalmente em material não datado. Após o chamado, descrito no capítulo 1, W. L. Holladay identificou o "ciclo da prostituição", que permeia os capítulos 2 e 3, e o "ciclo do inimigo" como base dos capítulos 4–6. No primeiro, a alegoria de uma meretriz é usada para enfatizar a infidelidade de Israel. No segundo, o julgamento é ameaçado pelo inimigo irresistível do norte. O outro componente principal desses primeiros capítulos é o famoso sermão do templo (7.1–8.3).

[1] V. esp. W. L. Holladay, **The Architecture of Jeremiah 1–20** (Cranbury, NJ: Associated University Press, 1976).

O ciclo do inimigo é resumido nos capítulos 8–10, fundamentados em temas que enfatizam a acusação e o julgamento próximo do povo de Judá.

Os capítulos 11–20 contêm as "confissões" de Jeremias e a maior parte das ações simbólicas realizadas por ele. Nas confissões, o profeta transmite lamentos e queixas ao Senhor sobre a tarefa que teve de realizar e sobre o tratamento do povo. São semelhantes aos salmos de lamentos quanto à súplica por justiça e vindicação e, às vezes, assemelham-se a blasfêmias (esp. 20.7; em menor escala, v. 12.1-2).

As confissões têm a função importante de revelar a compaixão, a justiça e a soberania de forma singular. As ações simbólicas dessa parte incluem enterrar um cinto de linho (13.1-11) e as atividades na casa do oleiro (18 e 19). Tais ações serviram de ocasião para oráculos de julgamento contra o povo. O Livro 1 termina com os capítulos 21–25, que contêm alguns materiais datados e, na maioria, referem-se à casa real e aos falsos profetas.

Nada precisa ser acrescentado ao que já foi dito sobre os dois interlúdios biográficos e os Livros 2 e 3.

TEMAS PRINCIPAIS

Política de Deus com as nações

No sermão de Jeremias na casa do oleiro, ele expõe a política do Senhor para lidar com as nações (18.7-11). Ela é vista na prática não só no livro de Jeremias, mas em todo o AT. Podemos ilustrá-la com uma balança para a nação, com pesos que representam boas obras de um lado e pesos que representam perversidades do outro. No lado perverso, também podemos imaginar um botão sob o prato. Quando a perversidade da nação era bem maior que a justiça, o pecado pressionava o botão, acionando um sinal de alerta que indicava a ordem de juízo divino. (Este conceito é um tema importante no livro de Habacuque e será comentado com mais detalhes no cap. 35.)

A operação dessa metáfora pode ser vista em Gênesis 15.16, quando Abraão descobre que vários séculos se passariam antes de ele receber a terra, pois "a maldade dos amorreus ainda não atingi[ra] a medida completa". Também é evidente nas promessas a Ezequias e Josias que o julgamento sobre a nação não aconteceria em sua época (2Reis 20.16-19; 22.20). É importante para Jeremias e Ezequiel, por contradizer a parábola corrente de que aquela geração sofria pelos pecados das gerações anteriores (Jeremias 31.29-30; Ezequiel 18).

A metáfora demonstra que somente as gerações que colocavam pesos no lado da perversidade podiam criar a ordem de juízo. Mesmo a interrupção mais superficial do pecado podia persuadir Deus a adiar seu julgamento, conforme atesta o exemplo de Nínive (Jonas 3 e 4), e Jeremias afirma isso explicitamente (18.7-11).

Em conclusão, deve-se observar que esse sistema se aplica a nações, não a indivíduos, portanto ele não deve ser confundido com a salvação por obras. A balança de obras jamais é usada para explicar o modo como Deus lida com indivíduos, e as diferenças devem ser bem observadas. As nações não são "salvas" do pecado e não existem para sempre. São tratadas apenas em termos físicos e temporais, e o sistema não pode ser igualado ao destino individual eterno. A graça existe no sistema comprovado pelo caráter longânimo de Deus, e ele continua a manifestar sua graça, pois não há nada nas Escrituras sugerindo uma mudança na política de lidar com as nações.

A nova aliança

A proclamação da nova aliança, em Jeremias 31, geralmente, é considerada a maior contribuição do profeta à teologia. Para entender sua importância, devemos examinar os termos da nova aliança e como ela se relaciona às outras.

No capítulo sobre Deuteronômio, percebemos o uso do formato de tratado na aliança. Esse formato incluía prefácio, prólogo histórico, estipulações, cláusula do documento, lista de testemunhas e lista de maldições e bênçãos. Quando o comparamos com a nova aliança em Jeremias, descobrimos que somente a cláusula do documento é discutida. Em vez de ser gravada em pedra, ela foi escrita no coração. Por isso, o povo não teria de aprender a Lei — ele a conheceria intrinsecamente. Deve-se notar que os termos da aliança não são explicados, mas apenas o lugar do registro do documento. Deduzimos assim que os termos desta aliança não eram diferentes da aliança em vigor, isto é, a aliança de Abraão estendida e complementada no Sinai e para Davi. Isso se confirma no contexto imediato, pois a Lei foi escrita no coração do povo (31.33) e no contexto próximo pela confirmação da promessa da terra (32.36-44) e da promessa de dinastia estabelecida por Davi (33.15-26).

Logo, o uso de "nova" aqui não deve ser considerado indício de uma aliança totalmente separada e distinta das anteriores, mas uma extensão delas com o acréscimo de novas características e dimensões. Essa nova configuração foi anunciada por Jeremias, mas só foi sancionada e colocada em prática quando o meio para cumpri-la estava à mão. Os capítulos de 8 a 10 de Hebreus mostram que Jesus Cristo torna essas condições atingíveis e que a habitação do Espírito Santo realmente realiza o propósito.

Falsos profetas

Um problema muito frustrante para Jeremias originou-se no fato de sua mensagem ser de destruição e tristeza e, além disso, existirem muitos outros profetas — que também alegavam ser porta-vozes de Javé — profetizando sobre livramento, paz e prosperidade (14.11-16; 23.9-40; 28.1-17). Por ser minoria, Jeremias foi acusado de ser falso profeta e, às vezes, parecia suspeitar de que a acusação era verdadeira (20.7-10). Ele argumentou que seria um ato de dolo da parte de Deus deixar a profecia falsa ser transmitida em seu nome e não castigar o mentiroso, pois o povo não possuía meios de determinar o verdadeiro porta-voz. Em resposta, o Senhor repreendeu Jeremias, chamando-o ao arrependimento e ao serviço fiel e prometendo segurança contra os inimigos (15.15-21).

Perguntas para estudo e debate

1. Como os acontecimentos políticos e históricos da época do chamado de Jeremias afetaram a reação do povo à sua mensagem?
2. O que Jeremias e seu público esperavam com relação à nova aliança?
3. Por que Deus permitiu que falsos profetas falassem em seu nome e enganassem o povo?

Leituras complementares

BRIGHT, John. **Jeremiah**. New York: Doubleday, 1965. Embora substituído por comentários maiores, ainda é uma introdução que merece ser lida; de ponto de vista moderado.

CARROLL, Robert. **Jeremiah**. Philadelphia: Westminster, 1986. Voltado principalmente para a reconstrução literária.

DUMBRELL, W. J. **Covenant and Creation**. Nashville: Thomas Nelson, 1984.

HARRISON, R. K. Jeremiah and Lamentations. **TOTC**. Downers Grove, IL: InterVarsity Press, 1973.

HOLLADAY, William. **Jeremiah**. Philadelphia: Fortress Press, 1986-89. 2 vol. Abordagem excelente de todos os aspectos do texto e interpretação do livro pelo maior estudioso de Jeremias desta geração. Altamente recomendado, embora muito técnico. Embora nada conservador, é mais moderado que muitos outros comentaristas.

HUEY, F. B. Jeremiah, Lamentations. **NAC** 16. Nashville: Broadman Press, 1993.

JANZEN, Gerald. **Studies in the Text of Jeremiah**. Cambridge: Harvard University Press, 1973.

KIDNER, Derek. **The Message of Jeremiah**. Downers Grove, IL: InterVarsity Press, 1987. [Publicado em português com o título **Jeremias**: introdução e comentário (São Paulo: Vida Nova).]

KING, Phillip J. **Jeremiah**: An Archaeological Companion. Louisville: Westminster/John Knox, 1993.

MCCOMISKEY, Thomas. **The Covenants of Promise**. Grand Rapids: Baker, 1985.

MCKANE, William. **A Critical and Exegetical Commentary on Jeremiah**. Edinburgh: T. & T. Clark, 1986. Voltado principalmente para questões de crítica e reconstrução textual e literária.

PERDUE, Leo & KOVACS, Brian. **A Prophet to the Nations**: Essays in Jeremiah Studies. Winona Lake, IN: Eisenbrauns, 1984. Coleção de muitos dos artigos clássicos sobre Jeremias.

RAITT, Thomas. **A Theology of Exile**: Judgment and Deliverance in Jeremiah and Ezekiel. Philadelphia: Fortress Press, 1977. Análise útil dos tipos de oráculos nestes livros proféticos.

THOMPSON, J. A. The Book of Jeremiah. **NICOT**. Grand Rapids: Eerdmans, 1980. O melhor comentário evangélico.

25

Lamentações

Conceitos básicos

✓ Deus castiga o pecado
✓ Deus ensina os fiéis por meio do sofrimento
✓ O julgamento divino é justo
✓ Deus é fiel e incute esperança nos justos

"Lamentações" obteve seu título da *Vulgata*. A posição do livro após Jeremias no cânon reflete a influência do AT grego, a *Septuaginta*, que no primeiro versículo atribui a poesia ao profeta Jeremias. O título hebraico, *'êkāh*, é derivado da primeira palavra dos capítulos 1, 2 e 4. A interjeição geralmente é traduzida por "como" e era usada com frequência no verso inicial dos cantos fúnebres israelitas. Por exemplo, no lamento de Davi pela morte de Jônatas, encontra-se: "Como caíram os guerreiros!" (2Samuel 1.19) e no cântico de zombaria contra o rei da Babilônia, "Como você caiu dos céus" (Isaías 14.12).

O livro de Lamentações está incluído na terceira divisão do cânon hebraico, "os Escritos". O livro é o terceiro dos cinco livros que compõem as *megilloth* ou "rolos das Festas" (*i.e.*, Cântico dos Cânticos, Rute, Lamentações, Eclesiastes e Ester), usados em determinadas festas judaicas. Lamentações deve ser lido anualmente no nono dia do mês de abe, dia de lamento pela destruição do templo em Jerusalém (pelos babilônios em 587 a.C. e pelos romanos em 70 d.C.).

O livro de Lamentações é completamente poético. Os cinco poemas equivalem aos cinco capítulos.

COMPOSIÇÃO DO LIVRO

A *Septuaginta* e a tradição judaica atribuem Lamentações ao profeta Jeremias. Essa associação provavelmente se baseou em uma má interpretação da afirmação de 2Crônicas 35.25: "Jeremias compôs um cântico de lamento em homenagem a Josias". Os argumentos a favor e contra a autoria de Jeremias chegam a um impasse. As evidências a favor do profeta, como as semelhanças de tom e vocabulário entre os livros de Jeremias e Lamentações, são combatidas por suas diferenças de estilo poético e perspectiva teológica. Parece melhor atribuir a composição a uma testemunha ocular anônima da queda de Jerusalém, já que o texto em si não menciona sua autoria.

Essa coleção de lamentos por Jerusalém provavelmente foi composta entre a queda da cidade, em 587/586 a.C., e a libertação do rei Joaquim da prisão na Babilônia (ca. 562 a.C. – v. 2Reis 25.27-30). O tom desesperador do pedido de renovação nacional, nos versos finais do último poema (5.19-22), indica o desconhecimento aparente do autor da libertação de Joaquim e de suas implicações para o cumprimento das profecias de Jeremias sobre a restauração de Israel (Jeremias 30–33).

CONTEXTO

O livro é uma resposta à destruição de Jerusalém e suas consequências pelos exércitos babilônicos do rei Nabucodonosor em 587 a.C. Os registros bíblicos da invasão de Judá e a queda de Jerusalém encontram-se em 2Reis 24 e 25 e 2Crônicas 36.

Os profetas advertiram Judá da catástrofe iminente durante dois séculos (v. 2Reis 21.12; 24.3). Infelizmente, a repetição da ameaça de juízo divino calejou os ouvidos do povo e criou uma barreira contra a ideia de arrependimento. Além disso, a demora da visitação de Javé gerou um falso senso de segurança na nação (*e.g.*, Jeremias 6.13-14; 7.1-4). O livro lamenta o dia, previsto pelos profetas, em que Javé se tornou "como um inimigo" que destruiu Israel "sem piedade" (Lamentações 2.2,5).

ESBOÇO DE LAMENTAÇÕES

I. Lamentação pela miséria e deserção de Jerusalém (1)
II. Lamentação pela cidade de Sião derrubada na ira de Javé (2)
III. Tristeza e esperança do poeta (3)
IV. O horror do cerco (4)
V. Recordação da desgraça de Sião; pedido de restauração (5)

PROPÓSITO E MENSAGEM

Ao contrário de 2Reis 24 e 25, que registram os fatos históricos da queda de Jerusalém, Lamentações apreende a emoção da mudança trágica na experiência de Israel com Javé. Os poemas preservam a reação dos hebreus ao inimaginável e inexpressível — a destruição total da Sião de Davi, a ruína do templo de Javé e o abandono divino dos "eleitos" de Deus. ("Sião" é a expressão favorita para Jerusalém em Salmos, Isaías e Lamentações. A origem do termo é indeterminada, mas a palavra hebraica *ṣîyôn* pode ser traduzida por "torre fortificada".) Embora a tragédia confirmasse a mensagem profética e vindicasse a interpretação profética do relacionamento entre estipulações e maldições com base na aliança, isso não servia de consolo para os sobreviventes abalados com o ataque babilônico.

Lamentações registra "o dia do Senhor" para Judá vindo com toda a fúria. A ameaça da maldição da aliança tornou-se uma realidade terrível e um pesadelo inesquecível. A admoestação de Moisés de que as violações da aliança colocavam em risco a presença de Israel na terra de Canaã provou ser mais que um discurso teológico vazio. Javé finalmente impusera o castigo pelas transgressões de Judá. O povo de Deus foi "vomitado" da terra da promessa divina (Levítico 18.24-30). O único consolo para a "filha de Sião" era saber que um dia as nações também beberiam do cálice da ira de Deus (Lamentações 4.21-22; v. 3.55-66).

Como cânticos fúnebres, os poemas de Lamentações foram criados para oferecer uma **catarse** ou purificação aos sobreviventes da calamidade de Judá. Essa expressão de tristeza e extravasamento das emoções jamais responderia por completo às perguntas "como" e "por que" do governo da soberania divina sobre a história humana. Mas isso permitiu que os hebreus sofredores lidassem sinceramente com sua tristeza e serviu para aliviar o trauma de serem abandonados por Javé.

O poeta revelou a alma à nação penitente, prostrada de vergonha, e reconheceu as muitas transgressões e a grande rebeldia (*e.g.*, 1.14,22). A purificação do pecado e da culpa permitiu que a "viúva" de Sião reconhecesse a justiça de Javé em seu juízo da infidelidade de Jerusalém à aliança (1.18). Somente essa resposta de confissão e arrependimento poderia dar sentido e substância às palavras de esperança futura do capítulo 3. A própria ira de Deus indicava seu amor, fundamentado na aliança, por Israel. O pai que ama deve castigar o filho desobediente. O chamado para esperar no Senhor e na sua misericórdia infalível imprimiu a esperança da futura restauração de Israel, pois a história da nação demonstrara que Javé não o rejeitará para sempre (3.21-29).

ESTRUTURA E ORGANIZAÇÃO

Lamentações, como já observamos, consiste em cinco poemas. Três deles são cânticos fúnebres que começam com a interjeição "como" (cap. 1, 2 e 4). Os dois outros poemas têm a forma de "lamentação", dos quais o capítulo 3 é uma lamentação individual, e o 5, coletiva. A "lamentação" difere do "lamento" em forma e conteúdo. A primeira é uma expressão de tristeza pela catástrofe irreversível, enquanto o segundo é apelo ao Deus misericordioso pela intervenção em circunstâncias desesperadoras.

Quatro dos cinco poemas são acrósticos alfabéticos, cada verso sucessivo apresenta uma das 22 letras do alfabeto hebraico. A estrutura do poema acróstico nos capítulos 1 a 4 pode ser esboçada conforme a figura 25.1.

O propósito dos acrósticos em Lamentações é triplo: 1) a forma acróstica tem valor mnemônico – o poeta preserva a memória da tragédia de Jerusalém por meio da recitação do alfabeto; 2) os poemas acrósticos transmitem a expressão total da lamentação pela ruína de Sião – catarse eficaz "de A a Z"; e 3) ao constringir a amplitude da expressão artística, o uso rígido da forma acróstica capacita o poeta a dedicar plena atenção ao tópico ou tema. O poema final não é acróstico, mas segue o padrão de 22 versos dos poemas 1, 2 e 4. O desvio da fórmula pode ter sido mera opção de estilo ou estratégia enfática do poeta.

Figura 25.1 – Estrutura acróstica de Lamentações

Poema 1 (22 versos de 3 linhas)	*Poema 2* (22 versos de 3 linhas)	*Poema 3* (66 versos de 3 linhas)	*Poema 4* (22 versos de 2 linhas)
a	a	a	a . . . . .
. . . . . .	. . . . . .	a	. . . . . .
. . . . . .	. . . . . .	a	b . . . . .
b	b	b	. . . . . .
. . . . . .	. . . . . .	b	c . . . . .
. . . . . .	. . . . . .	b	. . . . . .

O primeiro poema é um cântico fúnebre personificador da cidade de Jerusalém como uma mulher anteriormente orgulhosa e nobre que foi brutalmente estuprada e abandonada por amigos traiçoeiros. Essa imagem é intensificada pelo uso de palavras e expressões como "viúva", "princesa" (1.1) e "filha de Sião" (1.6). O poema enfatiza a ruína, a solidão e a sensação de abandono sentidas pelos sobreviventes da calamidade (v. 2,9,16-17).

O segundo poema descreve a veemência da ira de Javé contra Sião, e o quarto registra as terríveis consequências do julgamento divino. O único consolo da filha de Sião era saber que o castigo por seus pecados se cumprira (4.22). Alguns estudiosos sugerem que a inversão deliberada da décima sexta e da décima sétima letra do alfabeto nos capítulos 2 e 4 serve para enfatizar a vergonha de Judá perante as nações e os propósitos irreprimíveis de Deus na História, por ter sido o próprio Senhor que os dispersou.

O poema do capítulo 3 é o acróstico mais longo e desenvolvido do livro. Somente as estrofes de sete versos do salmo 119 o ultrapassam quanto à complexidade estrutural. Ele serve de centro literário e teológico da composição. A queixa do poeta contém seu sofrimento pessoal (e representa a nação, 3.1-20), a oração de consolo e esperança (3.21-29), a súplica por arrependimento e retorno a Javé (3.40-54) e o pedido de vingança e vindicação (3.55-66).

TEMAS PRINCIPAIS

Sofrimento humano

De certa forma, todo tipo de sofrimento humano é inevitável e inexplicável. É inevitável porque na queda da humanidade registrada em

Gênesis 3 todos rejeitaram a Deus e praticaram o mal (Salmos 14.1-4). Todos se desviaram de Deus e se tornaram corruptos. Então, Deus, na sua santidade e justiça, não deixará os culpados sem castigo, apesar da sua longanimidade (Naum 1.3). O sofrimento humano é inexplicável, pois os planos de Deus são insondáveis (Isaías 55.8-11). Na realidade, os caminhos de Deus não podem ser perscrutados (Jó 9.10). No entanto, o AT oferece tentativas de explicações para a questão do sofrimento humano, especialmente o dos inocentes.

R. B. Y. Scott sugere oito soluções para o problema do sofrimento humano, todas elas fundamentadas na análise da literatura de sabedoria do AT (fig. 25.2). Lamentações ilustra claramente o aspecto retributivo do sofrimento humano. Judá, como nação, reconheceu merecer o castigo infligido por Babilônia como instrumento de justiça de Javé (*e.g.*, 1.5,14,22; 4.13). Javé estava certo ao julgar a insubordinação dos que se rebelaram contra seus mandamentos — até mesmo seus eleitos (1.18).

Abandono divino

Em meio às consequências da destruição de Jerusalém, o poeta lamentou o fato de Javé ter rejeitado e abandonado Judá — rei, sacerdote e santuário (2.6-7). Este tema denominado abandono divino tem sido identificado na literatura mesopotâmica antiga desde os tempos sumérios. Nos textos mesopotâmicos, a divindade protetora deixa seu templo porque a cidade foi destruída ou por estar sob tal desgraça que a divindade é incapaz de alterar a situação.[1]

Em compensação, o abandono do templo e de Jerusalém por Javé (testemunhado e anunciado por Ezequiel) foi por causa da transgressão da aliança por Judá — não pela incapacidade de Javé. Deus decidiu remover sua glória do templo em Jerusalém por causa da idolatria e do pecado de Israel e Judá (Ezequiel 9.9). Ironicamente, o abandono divino pelos deuses na literatura mesopotâmica inspirava a confissão de pecado e súplica pelo retorno da divindade. Em Judá, a retirada da glória

[1] Sobre o tema de abandono divino, v. D. I. Block, The Gods of the Nations, **ETSMS** 2 (Jackson, MS: Evangelical Theological Society, 1988), p. 129-61.

Figura 25.2 – O problema do sofrimento humano

1. Retributivo – castigo justo pelo pecado (Jó 4.7,9; 8.20)
2. Disciplinador – aflição corretiva (Deuteronômio 8.3; Provérbios 3.11-12)
3. Probatório – teste divino do coração (Deuteronômio 8.2; Jó 1.6-12; 2.10)
4. Temporário ou aparente, se comparado à boa (ou má) sorte dos outros (Jó 5.18; 8.20-21; Salmos 73)
5. Inevitável, como resultado da queda (Jó 5.6-7; Salmos 14.1-4)
6. Necessariamente misterioso, pois o caráter e o plano de Deus são inescrutáveis (Jó 11.7; 42.3; Eclesiastes 3.11)
7. Fortuito e sem sentido moral, pois o tempo e o acaso afetam a todos (Jó 21.23,25-26; Eclesiastes 9.11-12)
8. Vicário – um sofre por outro ou por muitos (Deuteronômio 4.21; Salmos 106.23; Isaías 53.3,9,12).

de Javé do templo deveria ter induzido à oração e ao arrependimento. O efeito foi contrário — o povo provocou o Senhor ao usar sua ausência como desculpa para o pecado e a rebelião. Com isso em mente, no fim do cântico fúnebre, o poeta rogou que Javé olhasse para seu povo e retornasse a ele, habitando em seu meio e renovando-o com seu amor.

Perguntas para estudo e debate

1. De que maneira a forma poética de Lamentações (*i.e.*, os acrósticos) é importante para a mensagem da poesia?
2. Como o livro de Lamentações pode ser usado atualmente como recurso para tristeza e sofrimento coletivo ou individual?
3. Como Deus é descrito no livro de Lamentações?
4. O que o livro revela sobre as condições em Jerusalém durante o cerco dos babilônios?
5. Qual é a relação entre o sofrimento, como castigo do pecado em Lamentações, e as bênçãos e maldições da teologia da aliança revelada em Levítico 26 e Deuteronômio 28?

Leituras complementares

Ellison, H. L. Lamentations. **EBC**. Grand Rapids: Zondervan, 1986. v. 6, p. 695-753.

GORDIS, R. **The Song of Songs and Lamentations**. Rev. ed. New York: Ktav, 1947. Comentário judaico clássico, análise linguística criteriosa combinada à atenção detalhada com problemas interpretativos e teológicos.

GOTTWALD, N. K. Studies in the Book of Lamentations. **SBT**. London: SCM Press, 1954. v. 14. Discernimentos valiosos sobre as dimensões poéticas teológicas de Lamentações.

HARRISON, R. K. Jeremiah and Lamentations. **TOTC**. Downers Grove, IL: InterVarsity Press, 1973.

HEATER, H. Structure and Meaning in Lamentations. **BIBSAC** 149, 1992, p. 304-15.

HILLERS, D. R. Lamentations. **AB**. Garden City, NY: Doubleday, 1972. v. 7A. Introdução e comentário completos e provavelmente a melhor obra disponível no momento.

HUEY, F. B. Jeremiah and Lamentations. **NAC**. Nashville: Broadman & Holman, 1993. v. 16.

KAISER, W. C. **A Biblical Approach to Personal Suffering**. Chicago: Moody Press, 1982. Aplicação contemporânea de Lamentações ao sofrimento pessoal, mas sem distinções claras entre o sofrimento retribuidor em Israel pela desobediência à aliança e os tipos de sofrimento merecido e imerecido na vida do fiel.

NEUSNER, Jacob. **Israel after Calamity**: the Book of Lamentations. Valley Forge, PA: Trinity Press International, 1995. Inclui tradução em inglês de seleções do *Midrash Rabbah* sobre Lamentações.

PROVAN, Iain. Lamentations. **NCBC**. Grand Rapids: Eerdmans, 1991.

SCOTT, R. B. Y. **The Way of Wisdom**. New York: Macmillan, 1971. V. esp. 142-47 com relação ao problema do sofrimento humano.

26

Ezequiel

Conceitos básicos

- ✓ Soberania de Javé sobre Israel e as nações
- ✓ Exílio babilônico como castigo pela idolatria de Judá
- ✓ Relação dinâmica entre o indivíduo e o grupo
- ✓ Fidelidade de Javé às promessas da aliança
- ✓ Interação misteriosa entre responsabilidade individual e julgamento divino
- ✓ Restauração de um novo Israel sob liderança davídica

Ezequiel era sacerdote e filho de Buzi, da descendência de Zadoque (Ezequiel 1.3). Ele estava entre os dez mil hebreus levados ao cativeiro pelo rei Nabucodonosor da Babilônia em 597 a.C. (2Reis 24.10-17). Ezequiel e os escravos sobreviventes à dura viagem até a Mesopotâmia foram instalados perto do rio (ou canal) Quebar, na Babilônia. Ezequiel era casado (Ezequiel 24.15-16), mas pouco se sabe sobre sua vida antes do chamado para o ministério profético. Seu nome significa "Deus fortalece", o que lembra sua obra de consolo e incentivo entre os exilados.

O livro de Ezequiel faz parte da subdivisão chamada Profetas Maiores do cânon hebraico e se encontra logo após Isaías e Jeremias. A Bíblia em português adota a ordem da *Septuaginta* e coloca Ezequiel após Lamentações, que naquela época era atribuído ao profeta Jeremias. Apesar de a obra sempre ter feito parte do cânon hebraico, estudiosos judeus posteriores questionaram seu valor canônico pelas aparentes discrepâncias entre sua interpretação do ritual do templo e as prescrições da lei mosaica (*e.g.*, divergência no número e nos tipos de animais sacrificados na Festa da Lua Nova — v. Números 28.11 e Ezequiel 46.6). Os rabinos finalmente restringiram o uso público e particular de Ezequiel, comentando que a harmonização total dos desacordos deveria aguardar até "a vinda de Elias" (v. Malaquias 4.5).

COMPOSIÇÃO DO LIVRO

Poucos livros do AT resistiram à análise literária minuciosa da crítica bíblica tão bem quanto as profecias de Ezequiel. Ainda assim, muitos estudiosos atuais sugerem que o livro foi composto em quatro fases, mas que a astúcia dos escribas e editores torna praticamente impossível distinguir as diversas linhas literárias. Em primeiro lugar, segundo a teoria, as palavras originais do profeta foram transmitidas oralmente por discípulos ou escola profética. Em seguida, vieram a fase literária (*i.e.*, tradição oral passada para forma escrita) e a editorial (*i.e.*, ajuntamento e organização do material escrito). A adaptação final do texto ocorreu durante o período dos escribas, em que organizadores (anônimos) refinaram e embelezaram a história do ministério de Ezequiel. De acordo com essa hipótese, as fases oral e literária do livro deram-se antes do retorno do exílio.

No entanto, o estilo autobiográfico do livro sugere que o próprio Ezequiel tenha escrito as profecias. Pronomes pessoais e possessivos como "eu", "me" e "meu" permeiam todos os capítulos (v. os primeiros dez versículos do cap. 2). A uniformidade amplamente reconhecida de linguagem e estilo, bem como a coerência de tema e a mensagem, também apoiam a premissa de que Ezequiel narrou as próprias experiências como "sentinela para a nação de Israel" (3.16-19; 33.1-9).

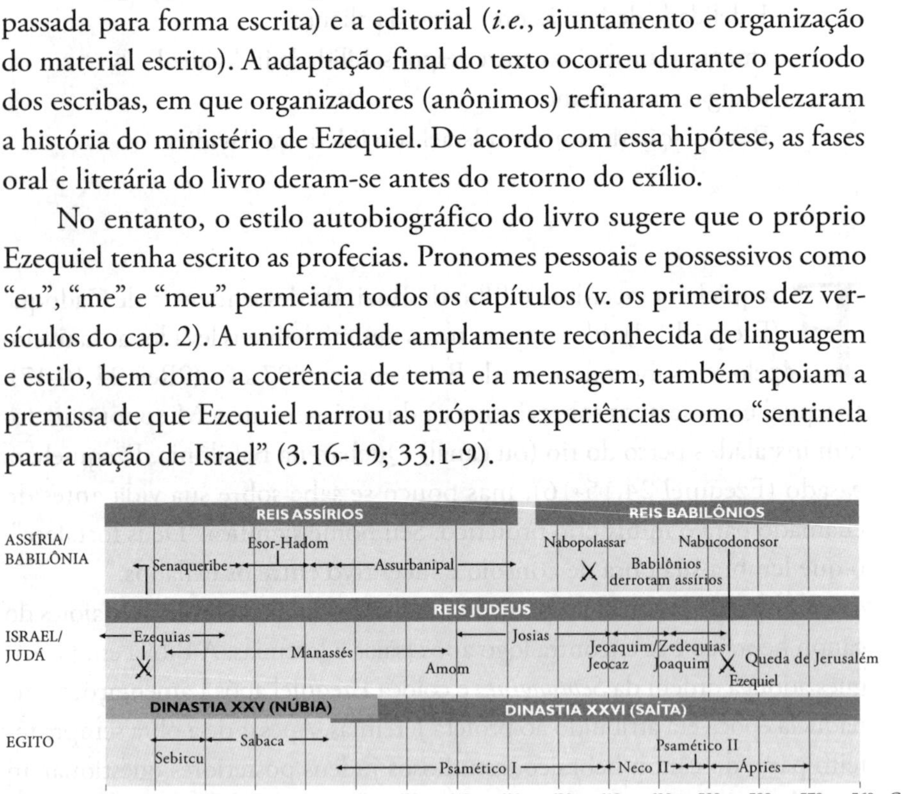

A tradição judaica mais recente atribui a compilação dos oráculos de Ezequiel aos homens da *Grande Sinagoga* (concílio de escribas e outros líderes hebreus, supostamente fundado após o exílio para reorganizar a vida e cultura religiosas). A ideia de que um discípulo do profeta ou até seu escriba particular tenha coletado, organizado e publicado a obra é compatível com a prática do AT. Sabe-se que uma "escola de profetas" foi estabelecida em Israel por Elias e Eliseu (v. 1Reis 2.3; 6.1-7).

A informação relativa a esses "filhos dos profetas" é escassa, mas eles eram servos sob a direção de Elias e Eliseu e, aparentemente, viviam, como aprendizes, em comunidade com o homem de Deus. Parte dos deveres realizados por eles devia ser a conservação e publicação das palavras e ações dos mentores. Jeremias teve um companheiro chamado Baruque, que lhe serviu de amanuense, ou escriba pessoal (v. Jeremias 36.4). Essa prática continuou no NT, pois Paulo e Pedro ditaram cartas a escribas pessoais (Romanos 16.22; 1Pedro 5.12). A data da composição do livro pode ser determinada em parte pelas evidências internas. Treze mensagens de Ezequiel são datadas precisamente a partir do dia, mês e ano do exílio do rei Joaquim à Babilônia. O primeiro pronunciamento de Ezequiel diz respeito ao seu chamado para ser profeta e é datado em 593 a.C. O último oráculo datado é a profecia sobre o Egito transmitida em 571 a.C. (29.17). Como Ezequiel não diz nada a respeito da libertação de Joaquim em 562 a.C., é provável que o registro de seu ministério profético tenha sido composto entre 571 e 562 a.C.

A origem ou localização do ministério de Ezequiel ainda é uma questão de debate acadêmico, devido em grande parte à precisão da visão do templo nos capítulos 8–11. Teorias elaboradas de residência múltipla foram criadas na tentativa de explicar a descrição do profeta dos acontecimentos em Jerusalém e seu cativeiro na Babilônia. Evidências internas apoiam a localização do ministério de Ezequiel na Babilônia. Sua mensagem ao povo de Judá, como nos oráculos contra as nações, deve ser considerada uma comunicação indireta. Semelhantemente, sua informação sobre as circunstâncias em Jerusalém era atribuída ao arrebatamento para o local: "O Espírito levantou-me entre a terra e o céu e, em visões de Deus, ele me levou a Jerusalém" (8.3).

CONTEXTO

O ministério de Ezequiel foi apenas resultado dos programas políticos e religiosos implementados anteriormente por Manassés, rei de Judá. Ele selou o destino da nação ao sancionar a adoração ao deus cananeu Baal como religião oficial (2Reis 21.1-9). O Reino do Sul entrara em uma "aliança de morte" irrevogável. Portanto, o desastre estava decretado para Jerusalém (2Reis 21.9-15; 24.3-4).

O reinado de Josias, neto de Manassés, marcou a "última tentativa de integridade" de Judá antes do julgamento divino na forma sequencial de invasões babilônicas. O redescobrimento do livro da Lei (provavelmente Deuteronômio) inspirou o reavivamento espiritual e a reforma religiosa em Judá (2Reis 22.3-13). Infelizmente, a reforma de Josias morreu com ele na batalha contra os egípcios e o faraó Neco na planície de Megido em 609 a.C. (2Reis 23.28-30; 2Crônicas 35.20-27). A série subsequente de "reis fantoches" desobedeceu às estipulações da aliança e não se arrependeu diante da repreensão profética – "até que [...] já não houve remédio" (2Crônicas 36.15-16). O faraó Neco empossou Jeoacaz e Eliaquim, ambos filhos de Josias, no trono como vassalos do Egito. Jeoacaz foi deposto três meses depois por insubordinação (2Reis 23.31-35), mas seu sucessor, Eliaquim (nome real: Jeoaquim), reinou por 11 anos em Jerusalém (2Reis 23.34–24.7). Segundo Jeremias, o mandato de Jeoaquim foi um "reinado corrupto" caracterizado por idolatria, injustiça social, roubo, assassinato, extorsão, adultério e rejeição da aliança do Senhor (Jeremias 22.1-17).

Judá continuou vassalo do Egito até a batalha de Carquemis em 605 a.C., quando Nabucodonosor e os neobabilônios afugentaram Neco e seu exército com os assírios (2Reis 24.7). Em seguida, Jeoaquim e Judá passaram a pagar tributo à Babilônia. Contudo, Jeoaquim tentou se rebelar e se livrar do jugo babilônico quando Nabucodonosor foi incapaz de subjugar Neco em um segundo embate em 601 a.C. A estratégia provou ser imprudente. Os babilônios voltaram a devastar Judá para punir a deslealdade do rei vassalo. Subsequentemente, Jeoaquim morreu durante o estágio final do cerco a Jerusalém (598-597 a.C.). Seu filho, Joaquim, reinou no lugar dele por apenas três meses antes de os babilônios destruírem e saquearem a cidade (2Reis 24.1-17).

O rei e a família real foram deportados para a Babilônia, com outros dez mil membros da elite (2Reis 24.12-14). Ezequiel estava entre eles, e a época do exílio de Joaquim tornou-se um marco a partir do qual o profeta datou a nomeação divina à profecia e muitas das mensagens aos cativos hebreus (Ezequiel 1.1-3; 8.1; *et al.*).

ESBOÇO DE EZEQUIEL

I. Profecias contra Jerusalém
  A. Visão e chamado de Ezequiel (1–3)
  B. Representações simbólicas e oráculos (4–7)
  C. Visão de Jerusalém (8–11)
  D. Representações simbólicas e oráculos (12–15)
  E. Alegoria (16)
  F. Parábola e provérbios (17 e 18)
  G. Lamento (19)
  H. O Israel rebelde (20–22)
  I. As duas irmãs adúlteras (23)
  J. A panela (24)

II. Profecias contra as nações
  A. Amom (25.1-7)
  B. Moabe (25.8-11)
  C. Edom (25.12-14)
  D. Filístia (25.15-17)
  E. Tiro e Sidom (26–28)
  F. Egito (29–32)

III. Profecias do Israel restaurado
  A. Representações simbólicas e oráculos (33–35)
  B. Novo coração, ossos secos e os dois pedaços de madeira (36 e 37)
  C. Gogue e Magogue (38 e 39)
  D. O novo templo (40–43)
  E. O príncipe, os levitas e os sacerdotes (44)
  F. O ritual do templo (45 e 46)
  G. Os limites do Israel restaurado (47)
  H. Divisão da terra (48)

PROPÓSITO E MENSAGEM

A mensagem profética e a estrutura literária de Ezequiel estão intimamente ligadas. A mensagem de três partes do livro é, na verdade, uma teodiceia (*i.e.*, defesa ou interpretação do julgamento de Deus a Judá e a destruição resultante), e ela corresponde às três dimensões ou fases do ministério de Ezequiel aos exilados. Os capítulos 1–24 antecedem a queda de Jerusalém e são dirigidos à casa rebelde de Judá. O propósito da comissão divina de Ezequiel como "sentinela" de Deus era advertir uma geração de israelitas obstinados do julgamento iminente (2.3-8), ressaltar a responsabilidade de cada geração pelo pecado (18.20) e convidar os que estivessem dispostos a atender ao conselho: "Arrependam-se e vivam" (18.21-23,32).

Após a destruição de Jerusalém em 587/586 a.C., Ezequiel voltou sua atenção às nações vizinhas de Israel que participaram do "dia da angústia

As nações de Ezequiel 25—32

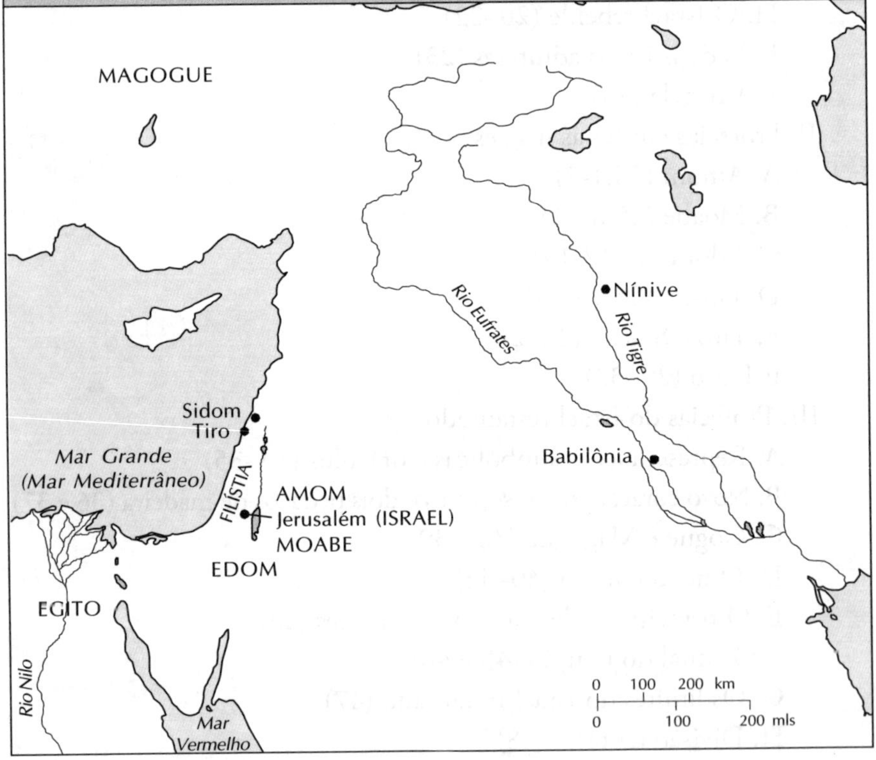

de Jacó" (cap. 25–32) e se alegraram com ele. A fim de, na sua arrogância, não contarem com a isenção do juízo divino, elas também foram advertidas de que Deus planejara visitá-las com ira e vingança por seus delitos (*e.g.*, 25.1-11). Nesta fase do ministério de Ezequiel, estava implícito o lembrete a Israel de que Javé realmente era justo em seu governo soberano das nações (v. 28.24-26).

Finalmente, nos capítulos 33–48, ele incute a esperança entre o remanescente cativo incentivando-o com a promessa de uma nova "aliança de paz" supervisionada pelo "pastor davídico" (34.20-31). Javé, o Deus de Abraão, fiel à aliança, restauraria a sorte de Israel e Judá unindo-os em uma única nação sob o rei messiânico – o príncipe davídico que reinaria para sempre. O Senhor purificaria seu povo, estabelecendo a fidelidade na terra, tornando a colocar o santuário em seu meio e abençoando Israel por meio do "servo Davi" (37.15-28).

ESTRUTURA E ORGANIZAÇÃO

Treze mensagens de Ezequiel começam com fórmula de data. A tabela na página 588 ilustra a ordem cronológica da profecia, com três exceções (29.1,17; 32.1). Elas são oráculos contra o Egito e foram colocadas com as outras profecias relativas ao Egito em vez de na sequência cronológica.

As revelações do profeta de Deus foram transmitidas oralmente aos hebreus e, ao que tudo indica, registradas em data posterior, conforme comprovam expressões como "diga-lhes" (14.4), "conte uma parábola" (17.2-3), "pregue" (20.46), "diga" (22.2-3), etc. A falta de ordem cronológica rígida da literatura pode ser evidência da compilação dos oráculos por Ezequiel, já que é provável que outro organizador teria se preocupado mais com a sequência exata do material datado.[1]

[1] O primeiro ano do cativeiro de Joaquim é datado de junho de 597 a.C. (2Reis 24.12). O segundo cerco de Jerusalém começou em dezembro/janeiro de 589/588 a.C. (2Reis 25.1) e a destruição da cidade ocorreu em setembro de 586 a.C. (2Reis 25.8). V. K. S. Freedy e D. B. Redford, The Dates of Ezekiel in Relation to Biblical, Babylonian and Egyptian Sources, **Journal of the American Oriental Society** 90, 3, 1970, p. 460-85.

Visão das rodas	1.1-3	junho 593 a.C.
Chamado para ser sentinela	3.16	junho 593
Visão do templo	8.1	agosto/setembro 592
Debate com líderes	20.1	agosto 591
Segundo cerco de Jerusalém	24.1	janeiro 588
Julgamento de Tiro	26.1	março/abril 587/586
Julgamento do Egito	29.1	janeiro 587
Julgamento do Egito	29.17	abril 571
Julgamento do Egito	30.20	abril 587
Julgamento do Egito	31.1	junho 587
Lamento pelo faraó	32.1	março 585
Lamento pelo Egito	32.17	abril 586
Queda de Jerusalém	33.21	dezembro/janeiro 586/585
Visão do novo templo	40.1	abril 573

Esse livro é uma das antologias mais ricas de formas literárias hebraicas no AT. Vários tipos de discursos proféticos e poéticos foram incorporados à mensagem do profeta, como se vê na figura 26.1.

Como drama, as palavras e ações de Ezequiel deram um "tratamento de choque" à nação calejada pelo pecado contra o Senhor. Sua linguagem arrojada (especialmente o símbolo da prostituição nos capítulos 16 e 23) foi criada para escandalizar e convencer um povo insensível à verdade por causa do adultério espiritual. Ao mesmo tempo, suas representações simbólicas serviram para enfatizar a urgência da hora, pois a ira de Javé estava prestes a ser derramada sobre Judá (*e.g.*, cap. 4 e 5; 12.1-7; 24.1-14; 37.15-23). Poucos deram ouvidos ao chamado divino. Na verdade, Ezequiel foi comparado a um "trovador" hábil tocando e cantando belas canções de amor para pessoas que apreciavam a música — mas se recusavam a dar atenção à advertência da mensagem (32.30-33).

Por fim, a estrutura geral dos oráculos de Ezequiel contribui para o propósito básico da mensagem do profeta — isto é, a soberania de Deus. Os oráculos contra Jerusalém (cap. 1–24) enfatizavam o ensinamento de Ezequiel a respeito da soberania de Javé sobre Israel, chamando atenção à maldição do juízo devido pela desobediência à aliança. Em seguida, a sabedoria foi estendida aos vizinhos de Israel nos oráculos contra as nações (cap. 25–32). Se Javé é soberano sobre as nações, quanto mais sobre seu povo eleito, Israel.

A parte final do livro promete a renovação da aliança e restauração da monarquia davídica em Israel (cap. 33–48). A visão do novo templo confirmou a soberania de Javé sobre Israel ao vindicar sua santidade por amor ao seu santo nome (36.22-32). A repetição da expressão "e vocês saberão que eu sou o Senhor" (cerca de 90 vezes no livro) é um lembrete pouco sutil da certeza do juízo e da eficácia do Soberano Javé em fazer o que disse (36.36).

TEMAS PRINCIPAIS

"Filho do homem"

O Senhor chamou Ezequiel pelo título "Filho do homem" cerca de noventa vezes no livro. Só há uma ocorrência da expressão em outro livro do AT (Daniel 8.17), empregada para enfatizar a humanidade do mensageiro comparada à origem e autoridade divina da mensagem. A expressão também revela a natureza simbólica da vida e do ministério de Ezequiel tanto para os hebreus exilados quanto para os que permaneceram em Jerusalém. Ezequiel fez papel de "tolo para Deus" pelo fato de sua vida ter sido ilustração viva da casa rebelde de Israel (*e.g.*, as representações simbólicas que previram o cerco babilônico, a pilhagem de Jerusalém e o exílio dos hebreus — cap. 4 e 5). Seu ministério ortodoxo e estilo de vida pouco convencional foram sancionados por Javé e capacitados pelo Espírito Santo como "antídoto" para o paciente em estágio final de uma "doença terminal". Posteriormente, tais condições garantiram que Israel soubesse da estada de um profeta de Deus entre eles (2.5; 33.33).

Visão das rodas

As visões arrebatadoras de Ezequiel foram essenciais para a mensagem geral do livro por dois motivos. Em primeiro lugar, elas reforçaram a veracidade do conhecimento do profeta sobre o papel divino na queda de Judá e destruição da cidade santa, Jerusalém. A ênfase escatológica predominante nas visões de Ezequiel mostrou aos exilados que as promessas de Javé ainda eram válidas — os ossos secos seriam vivificados e reunidos!

Em segundo lugar, e acima de tudo, as visões de Ezequiel foram meios não convencionais de transmitir o conhecimento de Deus aos exilados. Sua "visão das rodas" é especial por aparecer três vezes no texto, ao contrário do chamado de Ezequiel (cap. 1–3), do julgamento de Jerusalém (cap. 10) e da restauração de Israel (cap. 43–46).

Os detalhes dessa visão estranha e complexa, com suas criaturas bizarras e seus dispositivos fantásticos, desafiam qualquer explicação. Todavia, a intenção básica da visão é inconfundível. O Deus de Ezequiel e dos hebreus vive e reina nos céus, majestoso em sua "diversidade"

Figura 26.1 – Tipos de discurso na mensagem de Ezequiel

Oráculo de julgamento	Geralmente introduzido pela fórmula: "Estou contra você(s)"	21.1-5
Oráculo de consequência ou restauração	Inversão da fórmula de julgamento: "Eu sou por você(s)"	6.2-3; 20.46-47
Oráculo de acusação ("Ai de...")		13.3-7; 34.2-6
Oráculo de demonstração	Geralmente contém cláusulas: "Por causa... então"	13.8-9; 16.36-42
Oráculo de contestação	Em que provérbio popular é recitado e, em seguida, refutado pelo discurso profético (*e.g.*, o provérbio das "uvas verdes")	18.1-20; cf. 12.22-25
Lamento Sobre Tiro Sobre o faraó		26.15-18 32.1-16
Lamento	Introduzido por ordem de lamento	30.1-4; 32.17-21
Enigmas, parábolas, alegorias	*e.g.*, parábola da videira, alegorias da água e dos cedros, leão, panela, etc.	15 Cap. 17, 19, 23, 24, 27

transcendente. Ele exerce controle absoluto sobre toda a criação, mesmo os israelitas cativos na Babilônia. O próprio trono de Javé está sobre uma carruagem magnífica, possibilitando seu movimento e representando sua presença em qualquer direção. Além disso, seus olhos veem tudo e, por isso, ele certamente agirá a favor de seu povo — boas notícias para os exilados cerca de mil quilômetros distantes do templo de Javé em Jerusalém!

Responsabilidade individual

O discurso de Ezequiel sobre a responsabilidade individual no capítulo 18 refutou o provérbio das "uvas verdes", popular entre os israelitas como expressão fatalista da situação desesperadora em razão do julgamento iminente e do decreto da ira divina aparentemente injusto. O povo de Judá jogou a culpa pela situação terrível no comportamento pecaminoso das gerações anteriores. O povo da aliança rejeitou a ideia da responsabilidade de cada geração e negou a justiça de Deus com essa falsa interpretação do ensinamento de Moisés sobre o conceito de culpa hereditária (v. Êxodo 20.5; 34.7).

É verdade que os filhos podem ser castigados pelos pecados dos ancestrais até a terceira ou quarta geração. No entanto, esse ensinamento foi abusado em Judá pela aplicação errônea dos efeitos do pecado de uma geração sobre a seguinte, sobre famílias de ímpios ou de justos. Ezequiel tentou corrigir a má interpretação da personalidade coletiva na comunidade da aliança ao lembrar o povo de que cada geração (e pessoa) seria responsável pelo próprio pecado (v. Deuteronômio 24.16).

A ênfase de Ezequiel na doutrina do "individualismo" na fé do AT representou um rompimento com a filosofia da época. No entanto, isso não negou o fato da solidariedade entre os hebreus como povo de Deus (v. cap. 22) nem constituiu novidade no pensamento e na teologia dos hebreus (v. as experiências pessoais do rei Davi no salmo 51 ou Jeremias no cap. 20). Pelo contrário, Ezequiel tentou equilibrar o ensinamento da *Torá* pela integração dos princípios de responsabilidade coletiva e individual. Sobre isso, J. B. Taylor comenta habilmente: "Ezequiel tinha o talento de descrever a aplicação do princípio de responsabilidade individual diante do julgamento coletivo prestes a cair sobre Jerusalém. A destruição era iminente, mas [o povo] podia se arrepender e ser salvo. Ezequiel, o sentinela, também foi Ezequiel, o evangelista".[2]

Literatura apocalíptica do AT

O profeta também contribuiu para o desenvolvimento da literatura apocalíptica do AT. Seu ministério para Israel foi resposta à crise do exílio e marcou nova fase no movimento profético. Ao empregar visões e símbolos estranhos associados aos temas escatológicos de julgamento, intervenção divina na história humana e vitória final de Deus sobre os inimigos de Israel, ele antecipou futuras obras apocalípticas. Entre os aspectos apocalípticos da profecia estão as visões arrebatadoras de Ezequiel, incluindo viagens no Espírito (*e.g.*, 8.1-4; 40.1-4), visão (*e.g.*, 37.1-6), julgamento das nações (cap. 25–32) e repetição simbólica da história acompanhada de interpretação e previsão (*e.g.*, 17.3-24).[3]

Embora não apresente os mensageiros angelicais e a revelação divina de segredos celestiais característicos das seções apocalípticas de Daniel, o livro de Ezequiel serve de ponte literária entre o "pequeno apocalipse" pré-exílico de Isaías (cap. 24–27) e a obra protoapocalíptica de Daniel no exílio (v. o tópico "Composição do livro" no cap. 27).

Perguntas para estudo e debate

1. Cite as semelhanças e diferenças entre os ministérios de Jeremias e Ezequiel.
2. O título "Filho do homem" referente a Ezequiel tem algum significado teológico para os profetas do AT em geral ou para Jesus Cristo como o Profeta em particular? Explique.

---

[2] **Ezekiel**: An Introduction and Commentary, p. 46.

[3] Segundo J. Lindblom, o "êxtase" é a intensificação do processo de inspiração caracterizado pelo "estado anormal de consciência em que o profeta está tão absorto por determinada ideia ou emoção, ou grupos de ideias ou emoções, que o curso normal da vida física é interrompido em certo grau" (**Prophecy in Ancient Israel** [Philadelphia: Fortress Press, 1965], p. 4). Há vários níveis de êxtase religioso, incluindo-se a extinção da personalidade e perda da consciência (*e.g.*, rei Saul, 1Samuel 19.18-24), e o êxtase frenético e autoinduzido dos profetas de Baal (1Reis 18.20-29). A experiência arrebatadora de Ezequiel era mais normativa entre os profetas do AT, pois era induzido pelo Espírito, no qual o homem de Deus permanecia consciente e contemplativo, além de física e emocionalmente envolvido na visão (v. Daniel 8; Zacarias 3).

3. Fale sobre as representações simbólicas de Ezequiel e comente seu significado.
4. Qual era o propósito divino ao ordenar representações simbólicas de profetas como Ezequiel e Jeremias? "Fazer papel de bobo" para Deus realçava ou depreciava a mensagem divina?
5. O que o ensinamento sobre as "uvas verdes", no capítulo 18, representa para a ideia de solidariedade coletiva em Israel?
6. Identifique as alegorias usadas pelo profeta. Como elas contribuem para a mensagem e o propósito da profecia de Ezequiel?
7. O que o livro ensina sobre o ministério do Espírito na vida da comunidade israelita?
8. Como a visão do templo em 40–48 se relaciona à ideia do reino messiânico e da lei cerimonial do Pentateuco?

Leituras complementares

Alexander, R. H. Ezekiel. **EBC**. Grand Rapids: Zondervan, 1986. v. 6, p. 737- 996.

Allen, Leslie. Ezekiel 1–19. **WBC**. Dallas: Word, 1994. v. 28.

____. Ezekiel 20–48. **WBC**. Dallas: Word, 1990. v. 29.

Block, D. I. The Book of Ezekiel: Chapters 1–24. **NICOT**. Grand Rapids: Eerdmans, 1997.

____. The Book of Ezekiel: Chapters 25–48. **NICOT**. Grand Rapids: Eerdmans, 1997.

Brownlee, W. H. Ezekiel 1–19. **WBC**. Waco, TX: Word, 1986. v. 28.

Bullock, C. H. Ezekiel, Bridge between the Testaments. **JETS** 25, 1982, p. 23-31.

Carley, K. W. Book of The Prophet Ezekiel. **CBC**. New York: Cambridge University Press, 1974.

____. Ezekiel Among the Prophets. **SBT**. Naperville, IL: A. R. Allenson, 1975. v. 31.

Cooper, L. E. Ezekiel. **NAC**. Nashville: Broadman and Holman, 1994.

Davis, E. F. Swallowing the Scroll: Textuality and the Dynamics of Discourse. *In:* Ezekiel's Prophecy. **JSOTSS**. Sheffield, England: Almond Press, 1989. v. 78

Eichrodt, Walter. Ezekiel: A Commentary. **OTL**. Trad C. Quin. Philadelphia: Westminster, 1970. Comentário completo e bem-pesquisado. Forte influência da "história da tradição", resultando na tendência do autor de retificar o texto hebraico ou descartar seções do livro por considerá-las "expansões". Atenção especial dada a contextos históricos do Antigo Oriente Médio e à análise literária. [Tradução da obra original em alemão.]

Ellison, H. L. **Ezekiel**: The Man and His Message. London: Paternoster, 1956.

Greenberg, Moshe. Ezekiel 1–20. **AB**. New York: Doubleday, 1983. v. 22. Interpretação holística de Ezequiel com base na abordagem "estruturalista" da crítica literária.

____. Ezekiel 21–37. **AB**. New York: Doubleday, 1997. v. 22a.

Hals, R. M. Ezekiel. **FOTL**. Grand Rapids: Eerdmans, 1989. v. 78

Howie, C. G. Date and Composition of Ezekiel. **JBLMS** 4. Philadelphia: Society of Biblical Literature, 1950. Obra clássica sobre a unidade e integridade da profecia de Ezequiel.

Joyce, P. M. Divine Initiative and Human Response in Ezekiel. **JSOTSS** 51. Sheffield, England: Almond Press, 1989.

Levenson, J. D. Theology of the Program of Restoration of Ezekiel 40–48. **HSM**. Missoula, MO: Scholars Press, 1976.

Lindars, B. Ezekiel and Individual Responsability. **VT** 15, 1965, p. 452-67.

Newsome, J. D. **By the Waters of Babylon**: An Introduction to the History and Theology of the Exile. Atlanta: John Knox, 1979.

Raitt, T. M. **A Theology of Exile**: Judgment and Deliverance in Jeremiah and Ezekiel. Philadelphia: Fortress Press, 1974.

Taylor, J. B. Ezekiel: An Introduction and Commentary. **TOTC**. London: Lyndale, 1969. Leitura um tanto breve, mas legível de Ezequiel com base em pressuposições evangélicas, na tentativa de integrar Ezequiel teologicamente com o restante do AT; prioriza-se a aplicação atual da mensagem do profeta.

Vawter, G. A New Heart: A Commentary on the Book of Ezekiel. **ITC**. Grand Rapids: Eerdmans, 1991.

WEVERS, J. W. Ezekiel. **NCB**. London: T. Nelson, 1969. Seções introdutórias úteis, especialmente sobre as características literárias e a estrutura de Ezequiel.

ZIMMERLI, W. Ezekiel. **HER**. Transl. R. E. Clements. Philadelphia: Fortress Press, 1979. v. 1, 1983. v. 2. Comentário monumental, exaustivo e técnico. Bibliografias extensas. Somente para o pesquisador sério. [Tradução da obra original em alemão.]

27

Daniel

Conceitos básicos

✓ Levar vida de fé em um mundo cada vez mais hostil
✓ Soberania divina nos assuntos políticos internacionais
✓ Soberania de Deus em livrar e tornar prósperos os fiéis

Daniel é um dos livros mais conhecidos, porém mais complexos do AT. Contém a história de um jovem israelita tirado à força da terra natal para ser treinado no serviço diplomático na Babilônia. Ele ascendeu rapidamente, tornando-se um dos oficiais mais respeitados do governo. Sua reputação se manteve mesmo com o colapso do Império Babilônico; apesar da idade avançada, sua carreira chegou ao ápice ao ser nomeado um dos triúnviros subordinado apenas ao rei do Império Medo-Persa em expansão.

COMPOSIÇÃO DO LIVRO

Os acontecimentos do livro de Daniel situam-se no contexto do século VI a.C. No entanto, muitos estudiosos atuais atribuem a composição do livro a um autor do século segundo a.C., especificamente entre os anos 168 e 164. O motivo da escolha dessa data e sua precisão derivam-se do capítulo 11 desse livro. Ali Daniel fala acerca de vários reis cujos nomes não cita, mas os quais denomina "rei do norte" e "rei do sul". Entretanto, os detalhes apresentados nesse capítulo coincidem com a história do Oriente

Médio do período de Alexandre, o Grande, no século IV a.C. (cf. v. 3-4) ao período de Antíoco Epifânio, no século II a.C. (v. 21s).

Os estudiosos que apoiam a data do século II alegam que Daniel se encaixa na categoria de literatura apocalíptica, a qual consideram ter certas características em comum, das quais se destacam a **pseudonímia** (atribuição de obra literária a personagem conhecida do passado para lhe dar credibilidade) e o *vaticinium ex eventu* (latim, o registro de acontecimentos passados como se o autor vivesse antes deles). Essas características são observáveis em algumas obras acádicas que datam do século XII a.C. e são bem comuns na literatura apocalíptica judaica extrabíblica do século II a.C. ao século II d.C. Ao incluir Daniel nesse grupo, os estudiosos sugerem que o livro também seja pseudonímico (portanto não teria sido escrito por Daniel nem seria da época dele) e que contenha profecias pela perspectiva do *vaticinium ex eventu*. Como o livro reflete precisamente acontecimentos ocorridos no ano 168 a.C. (v. 31-39), acredita-se que foi escrito pouco depois dessa data. Ele não poderia ter sido escrito muito tempo depois, pois intérpretes dessa linha consideram os versículos 40 e seguintes uma previsão inexata de como Antíoco Epifânio morreria. Pelo fato de ele ter morrido em 164 a.C., a obra teria de ser escrita antes dessa época.

Outro aspecto que gera dúvidas quanto à historicidade do livro é a série de fatos extraordinários registrados na narrativa, como o livramento dos amigos de Daniel na fornalha (cap. 3), a escrita na parede no banquete de Belsazar (cap. 5) e Daniel na cova dos leões (cap. 6). Tal "sensacionalismo" era característico da literatura não canônica do período intertestamentário.

A objeção final está relacionada ao povo e às ocorrências no livro que ainda não foram confirmadas por fontes extrabíblicas. Dario, o Medo (cap. 6, 9, 11) ainda não foi identificado e se acredita que a loucura de sete anos de Nabucodonosor seria mais facilmente atribuída ao último rei neobabilônico, Nabonido.

Mesmo reconhecendo as semelhanças entre Daniel e algumas obras intertestamentárias, alguns estudiosos preferem não atribuir a Daniel as mesmas características. O livro é diferente em muitos aspectos dos denominados apocalipses acádicos e dos apocalipses judaicos posteriores. Embora não se possa negar que Daniel compartilhe certas características da literatura apocalíptica, não é fácil definir o estilo apocalíptico de forma clara

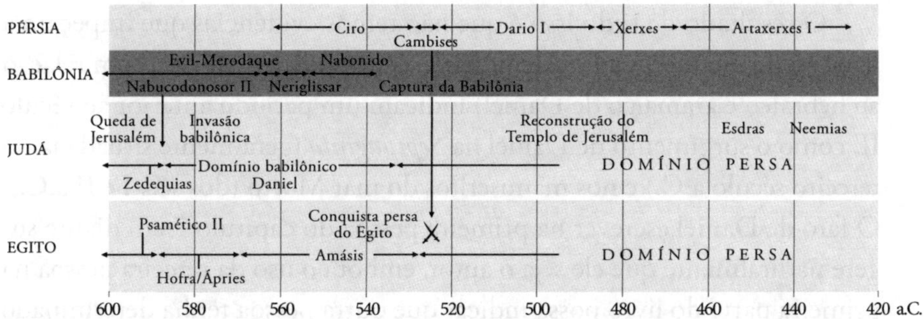

nem diferenciá-lo completamente da literatura profética. Cada vez mais os estudiosos preferem se referir a uma série contínua profético-apocalíptica para acomodar todas as variáveis da literatura (v. cap. 22).* Quanto mais próximo do lado apocalíptico da série contínua, mais o livro apresenta características como pseudonímia ou *vaticinium ex eventu*. Mas não se pode deduzir que os livros mais próximos do meio da série contínua, como Daniel, possuam necessariamente essas características.

Na realidade, o contexto necessário para Daniel ser considerado *vaticinium ex eventu* enfrenta sérios problemas. O espaço de quatro anos (168-164 a.C.) é curto demais para um livro daquela época ser escrito, copiado, distribuído, aceito e canonizado independentemente da suposta falha em suas previsões.[1] A esse respeito, parece que a rejeição pressuposicional do sobrenatural é responsável, em grande parte, pela rejeição de data do século VI para o livro.

A identidade de Dario, o Medo, ainda está em questão. Houve tentativas de identificá-lo com Gobrias, governador da Babilônia durante os primeiros anos de Ciro, o Grande, ou com o próprio Ciro. Ambas as teorias são especulativas e problemáticas. À medida que mais informações forem disponibilizadas, a identidade positiva poderá ser encontrada.

Finalmente, mesmo que o rei insano do capítulo 4 seja mais facilmente identificado com Nabonido, não é impossível encaixar sete anos de loucura no reinado de Nabucodonosor. Até o momento, não há atividade comprovada de Nabucodonosor entre 581 e 573 a.C., exceto o cerco prolongado de Tiro.

---

* O capítulo 22 introduz esse conceito de série contínua. [N. T.].

[1] Para o estudo desse argumento em detalhes, v. Gooding, D. W., The Literary Structure of the Book of Daniel and Its Implications, p. 73-4.

O resultado de tudo isso é que não temos evidências que impeçam a datação do século VI a.C. Além disso, as provas linguísticas (com relação ao hebraico e aramaico de Daniel) indicam um período anterior ao século II, como o surgimento de Daniel na *Septuaginta* (geralmente situada já no terceiro século a.C.) e nos manuscritos do mar Morto (dos séc. I e II a.C.). O fato de Daniel escrever na primeira pessoa do capítulo 7 em diante sugere naturalmente que ele seja o autor, embora o uso da terceira pessoa na primeira parte do livro possa indicar que outra pessoa tenha determinado a estrutura e organização do livro.

CONTEXTO

Em 626 a.C., Nabopolassar foi entronizado na Babilônia, quando os babilônios declararam independência do Império Assírio em declínio. Aliando-se aos medos no leste, começaram a testar a força dos assírios. Até 612, a capital Nínive caiu e, com o colapso do governo após a queda de Carquemis em 605, os assírios, outrora poderosos, permaneceram apenas na memória dos povos do Oriente Médio, que foram aterrorizados por eles durante quase 150 anos.

Com a morte de Nabopolassar, o trono foi ocupado por seu filho e general, Nabucodonosor, em 605. Na época, ele assumiu o controle de todos os territórios perdidos pela Assíria, incluindo Judá. Os filhos de Josias que ocupavam o trono se mostraram incapazes de aceitar o papel de vassalos, pois nas duas décadas seguintes se envolveram constantemente em conspirações contra os babilônios. Isso resultou em várias deportações e, por fim, na destruição de Jerusalém e do templo, em 586 a.C., pelos exércitos de Nabucodonosor. Durante todo esse tempo, Daniel servia na corte babilônica, pois se encontrava no primeiro grupo levado à Babilônia em 605.

O reinado longo e próspero de Nabucodonosor terminou em 562, e pouco depois os persas começaram a construir seu império sob a liderança de Ciro, o Grande. Nas duas décadas seguintes, os sucessores de Nabucodonosor foram tão incompetentes que, até 539, Ciro foi bem-vindo à capital como salvador em vez de conquistador.

Um ano após assumir o controle do Império Babilônico, Ciro instaurou sua política de governo benevolente ao permitir que muitos povos deportados retornassem e reconstruíssem suas casas e santuários

(v. Esdras 1.1- 4). O povo de Judá considerou esse fato o cumprimento das profecias e o restabelecimento da aliança, aguardando a formação de teocracia mundial com Jerusalém como capital.

ESBOÇO DE DANIEL

- I. Experiências de Daniel
  - A. Treinamento na Babilônia (1)
  - B. Duas imagens (2 e 3)
    - 1. Imagem do sonho de Nabucodonosor (2)
    - 2. Imagem de ouro de Nabucodonosor (3)
  - C. Dois reis disciplinados (4 e 5)
    - 1. Orgulho e castigo de Nabucodonosor (4)
    - 2. Presunção e castigo de Belsazar (5)
  - D. Decreto de Dario (6)
- II. Visões de Daniel
  - A. Duas visões de bestas-impérios (7 e 8)
    - 1. Quatro bestas (7)
    - 2. Bode e carneiro (8)
  - B. Explicação das duas profecias (9–12)
    - 1. Os 70 anos de Jeremias (9)
    - 2. Acontecimentos dos últimos tempos (10–12)[2]

PROPÓSITO E MENSAGEM

A soberania de Deus é o centro desse livro e pode ser vista em ação nos âmbitos espiritual e político. No relato dos acontecimentos da vida de Daniel e de seus amigos, a ênfase está na vida de fé em um mundo cada vez mais hostil. A soberania do Senhor é vista pela óptica da capacidade de fazer prosperar ou livrar os fiéis.

A soberania de Deus nas questões políticas é abordada nas visões do livro. O propósito era lidar com as expectativas das comunidades exílica e pós-exílica. Com base na leitura de profetas anteriores, o povo de Israel acreditava que o Reino de Deus seria estabelecido com o retorno após os

[2] Esboço adaptado de Gooding, Literary Structure of the Book of Daniel.

70 anos de exílio. As visões de Daniel diziam que ainda haveria quatro reinos antes da inauguração do Reino de Deus e, apesar de o retorno do exílio acontecer 70 anos após a profecia de Jeremias, isso não devia ser confundido com a restauração total. Em vez de 70 anos, o período necessário seria de 70 semanas de anos.

Enquanto isso, os israelitas deviam ser fiéis no mundo dos gentios sob circunstâncias cada vez mais árduas. Deviam depender da soberania divina para resistir geração após geração, crise após crise. Também deviam confiar no poder de Deus de controlar o fluxo de impérios mundiais em ascensão e declínio. O programa de Deus jamais é ameaçado; todavia, eles deviam estar preparados para uma resposta a longo prazo.

ESTRUTURA E ORGANIZAÇÃO

O livro pode ser divido em partes iguais entre os capítulos 6 e 7, como demonstramos no esboço, se o material for organizado em acontecimentos e visões. Nesse caso, cada parte segue a ordem cronológica, prosseguindo nos capítulos 1–6 do primeiro ano de Nabucodonosor (cap. 1) ao último dia de Belsazar (cap. 5) e continuando no reino de Dario (cap. 6). Nos capítulos 7–12, a narrativa começa no primeiro ano de Belsazar (cap. 7), chegando, finalmente, ao terceiro ano de Ciro (cap. 10).

Entretanto, ao considerarmos parte da estrutura paralela do livro, podemos identificar outra organização possível que situa a divisão principal entre os capítulos 5 e 6. Nesse esquema, os capítulos 1–5 indicam a deterioração gradual na atitude referente à religião judaica. Os destaques são a ordem de adorar a estátua (cap. 3) e a profanação dos utensílios sagrados do templo (cap. 5). Os capítulos 6–12 apresentam a perseguição crescente da adoração judaica. Daniel é lançado aos leões quando se recusa a alterar os hábitos de oração (cap. 6). Os reis pagãos tentam deter a adoração israelita e profanam o templo e o altar (cap. 8–12).

Além da progressão das atitudes hostis contra a religião israelita, há paralelos entre as seções. Os capítulos 1 e 6 descrevem Daniel recusando-se a conformar suas práticas às expectativas. Os capítulos 2 e 7 lidam com quatro impérios. Os capítulos 3 e 8 lidam com reis que se exaltam como Deus

Impérios Babilônico, Medo e Persa

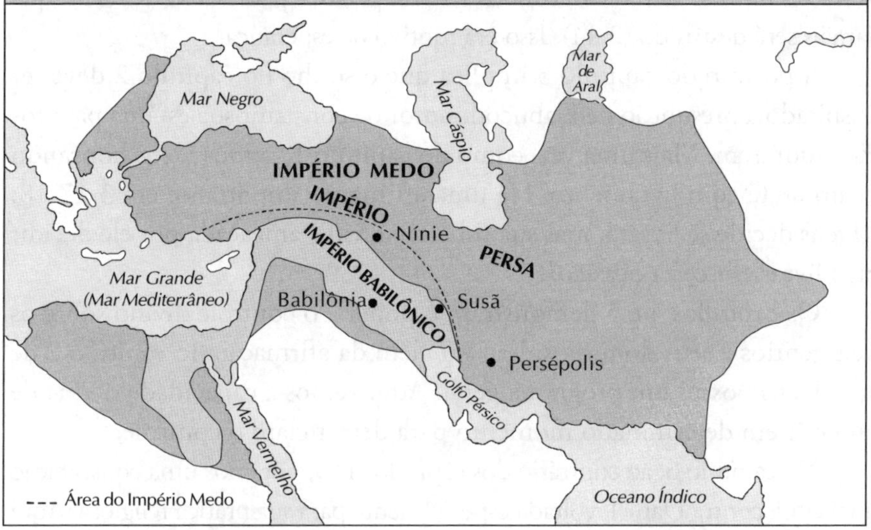

e interferem na adoração adequada. Os capítulos 4 e 9 têm um esquema de sete aspectos de julgamento (4.23,25; 9.24-25). Depois os capítulos 5 e 10–12 lidam com a aproximação do fim.[3]

As histórias da corte, dos capítulos 1–5, mostram que, durante o domínio inicial dos reinos gentios sobre Jerusalém, havia apenas pequenos indícios de hostilidade contra a religião judaica, e esses eram casos isolados referentes a indivíduos. Este pequeno começo já mostrava, em seu cerne, o orgulho dos reis. Isso se assemelha de forma sinistra ao relato da torre de Babel em Gênesis 11, no qual o orgulho influenciou os primeiros passos de padrão crescente de hostilidade contra Deus: "[...] e começaram a construir isso. Em breve nada poderá impedir o que planejam fazer" (v. 6).

O capítulo 1 apresenta Deus honrando o ato de fé de Daniel e seus amigos. No capítulo 2, a soberania divina é evidente na revelação do significado do sonho e, portanto, na salvação de vidas. Também fica claro o conteúdo do sonho — vemos uma sucessão de reinos que demonstraram aos israelitas que ainda não havia chegado a hora do domínio que esperavam. Certamente, isso teria sido uma mensagem desanimadora para os exilados. Contudo, o

[3] Mais detalhes dessa estrutura encontram-se em Literary Structure of the Book of Daniel.

significado principal é o fato de que no programa de Deus os impérios poderosos do mundo vêm e vão, e todos serão superados pelo Reino de Deus, que jamais será destruído (2.44). Isso era motivo de esperança.

A posição do capítulo 3 implica que o sonho do capítulo 2 deve ter inspirado a presunção de Nabucodonosor de construir sua estátua para todos adorarem. Mais uma vez, como no capítulo 1, vemos Deus honrando o ato de fé com livramento. Há uma afirmação importante em 3.17-18: "Deus decide se livrará, mas sua soberania não é ameaçada por ele decidir não livrar em certa ocasião".

Os capítulos 4 e 5 demonstram o poder e o controle divino sobre os reis gentios e seus domínios. Isso vai além da afirmação do capítulo 2 de que Deus possui um programa geral. Aqui vemos a capacidade divina de intervir em determinado momento para deixar claro o controle.

No capítulo 6, ao contrário dos capítulos 1–5, notamos uma conspiração maliciosa contra Daniel, voltada especialmente para sua prática religiosa. Aqui é o rei gentio quem afirma a soberania do Deus de Daniel (v. 16). A grande diferença do debate dos quatro reinos em Daniel 2 é que o capítulo 7 mostra claramente a perversidade, em especial do quarto reino, e a hostilidade contra os santos (v. 7,25). Contudo, mais uma vez a ênfase é dada ao fato de que após esses reinos pagãos, o Reino de Deus virá e durará para sempre (v. 16-18,27).

A perseguição planejada do capítulo 8 vai muito além do incidente isolado descrito no capítulo 6. O orgulho do rei e seu plano de perseguição fazem os babilônios parecerem inofensivos. O capítulo 9 diz respeito à maneira em que Israel e sua futura restauração estão relacionados à estrutura de quatro reinos. A informação é a de que a persistência de Israel na rebelião significava que a restauração total viria lentamente, mas isso não implicava nenhuma falta de controle por parte de Deus. Também demonstra que, ao contrário das expectativas dos que voltaram do exílio, a situação pioraria.

Finalmente, os capítulos 10–12 falam do futuro término do reino dos gentios. Todavia, implícito nisso estava a advertência de que poderia haver vários períodos da História semelhantes ao fim. Não era tarefa dos santos saber quando ele chegaria, mas perseverar até o fim, que certamente viria no tempo de Deus. A afirmação de Sadraque, Mesaque e Abede-Nego representa, de forma bem real, a mensagem central do livro, isto é, confiar na soberania divina é incentivo em meio à crise e à perseguição (3.16-18).

TEMAS PRINCIPAIS

O Reino de Deus

O fato de o Reino de Deus ser o auge do programa divino para Israel e o mundo é transmitido claramente no livro de Daniel. O conceito é introduzido no capítulo 2 como o Reino que jamais será destruído (2.44), embora, de certa forma, Deus já governe em um Reino eterno (v. 4.3,34-35). Em 7.9-14, há poucas informações adicionais, exceto a apresentação do indivíduo denominado "Filho do homem" ao qual o Reino de Deus foi dado. Do nosso ponto de vista, podemos certamente identificá-lo como Jesus, mesmo que isso não estivesse claro para os leitores antigos. No entanto, não há dúvida de que o "Filho do Homem" foi considerado uma figura messiânica e que esse título se tornou o mais aplicado a Jesus durante seu ministério terreno. Os capítulos 9 e 11 dizem respeito principalmente à época que precederá o estabelecimento do Reino de Deus, mas não há comentário sobre ele.

Em contrapartida, os reinos das nações são descritos como temporários e de domínio limitado. O Império Babilônico é o tema dos capítulos 4 e 5; o Medo-Persa e o Grego são comentados explicitamente no capítulo 8; e o Grego, em especial a Dinastia Selêucida é, sem dúvida, comentada no capítulo 11.

O esquema de quatro reinos apresentado nos capítulos 2 e 7 é tema comum da literatura desse período em diante. A identificação dos quatro reinos não é feita no livro, apesar de Nabucodonosor ser identificado com o primeiro reino (2.38) e deduzirmos que os outros dois reinos mencionados explicitamente em outras passagens — medo-persa e grego — sejam dois dos três restantes. Mas esse reconhecimento tem pouca importância. Os fatos pertinentes ao contexto do livro são 1) o contraste entre impérios humanos e o Reino de Deus, e 2) a iminência e eternidade deste Reino.

Orgulho e rebelião

Um tema bastante evidente é o orgulho dos reis que leva à queda final. A imagem de ouro de Nabucodonosor e o orgulho por seus feitos arquitetônicos na capital (cap. 3), o orgulho de Belsazar demonstrado na profanação dos utensílios do templo e sua repreensão por Daniel (5.18-23), mesmo a vulnerabilidade de Dario, o Medo, ao decreto sugerido pelos administradores — são todos exemplos específicos dessa característica. O orgulho também é visto nas ações da quarta besta do capítulo 7, no pequeno chifre do 8, no príncipe que viria no capítulo 9 e no reino do sul no 11.

O orgulho causou a queda dos reis, mas foi a rebelião de Israel contra Deus que causou seu julgamento. A confissão de Daniel a favor do povo reconheceu a transgressão da lei de Moisés e o desprezo pelas advertências dos profetas. Portanto, o orgulho e a presunção das nações equivaliam à rebelião e desobediência de Israel, trazendo a ira de Deus.

O livro de Daniel serviu para lembrar o povo de que suas angústias não terminariam quando voltasse do exílio. Apesar de o julgamento pelos pecados das gerações pré-exílicas ter sido completado, o povo de Israel ainda não atingira o nível espiritual que Deus exigia. Por isso, as expectativas ficariam de lado por um tempo e a angústia continuaria. Contudo, Deus lhe deu a esperança da ressurreição (12.2) e o incentivou a perseverar em meio a esse período importante de purificação (12.10-13).

Perguntas para estudo e debate

1. Compare a interpretação contextual da escatologia de Daniel com seu uso na escatologia atual.
2. O Reino de Deus, em Daniel, é apresentado como espiritual, político ou de ambas as formas? Que evidência do livro pode ser aplicada à pergunta?
3. Comente o conceito e a amplitude da soberania de Deus revelados pelos profetas maiores (Isaías, Jeremias, Ezequiel e Daniel), citando ênfases específicas apoiadas nesses livros.

Leituras complementares

Archer, Gleason L. The Aramaic of the Genesis Apocryphon Compared with the Aramaic of Daniel. In: **New Perspectives on the Old Testament**. J. Barton Payne (org.), Waco, TX: Word, 1970, p. 160-69.

_____. Daniel. **EBC**. Grand Rapids: Zondervan, 1985. v. 7. Conservador e tradicional.

Baldwin, Joyce G. Daniel. **TOTC**. Downers Grove, IL: InterVarsity Press, 1978. Embora um tanto breve, abordagem conservadora bem pesquisada e atual do livro. [Publicado em português com o título **Daniel**: introdução e comentário (São Paulo: Vida Nova).]

Collins, John J. **Daniel**. Minneapolis: Fortress Press, 1993.

Goldingay, John. Daniel. **WBC**. Waco, TX: Word, 1989. v. 30. Provavelmente, a abordagem mais completa e atualizada, mas não conservadora.

Gooding, D. W. The Literary Structure of the Book of Daniel and Its Implications. *TB* 32, 1981, p. 43-79.

Hartmann, Louis & Dilella, Alexander. **The Book of Daniel**. New York: Doubleday Anchor, 1978.

Longman, Tremper. Daniel. **NIVAC**. Grand Rapids: Zondervan, 1999.

Mccomiskey, Thomas. The Seventy Weeks of Daniel Against the Background of Ancient Near Eastern Literature. **Westminster Theological Journal** 47, 1985, p. 18-45.

Montgomery, J. A. **The Book of Daniel**. Edinburgh: T & T Clark, 1927. Um dos clássicos, bem completo, mas já bastante desatualizado.

Waltke, Bruce. The Date of the Book of Daniel. **BIBSAC** 133, 1976, p. 319-29.

Walton, John. Daniel's Four Kingdoms. **JETS** 29, 1986, p. 25-36.

____. The Decree of Darius the Mede in Daniel 6. **JETS** 31, 1988, p. 279-86.

Wiseman, Donald J. **Notes on Some Problems in the Book of Daniel**. London: Tyndale, 1965. Tratamento excelente de algumas das questões mais complexas do livro de ponto de vista informativo e evangélico.

Wood, Leon J. **A Commentary on Daniel**. Grand Rapids: Zondervan, 1973. Evangélico e dispensacionalista.

Yamauchi, Edwin. The Greek Words in Daniel in the Light of Greek Influence in the Near East. In: **New Perspectives on the Old Testament**. J. Barton Payne (org.), Waco, TX: Word, 1970, p. 170-200.

____. Hermeneutical Issues in the Book of Daniel. **JETS** 23, 1980, p. 13-21.

Young, Edward J. **The Prophecy of Daniel**. Grand Rapids: Eerdmans, 1949.

28

Oseias

Conceitos básicos

✓ O amor imutável de Javé por Israel

✓ O julgamento justo de Javé

✓ O zelo de Javé por sua aliança

✓ A cura e restauração do remanescente por Javé

Oseias, o profeta, era filho de Beeri e habitante de Israel durante a "era de ouro" do reinado de Jeroboão II. O nome "Oseias" era comum nos tempos do AT e significa "ajuda" ou "livramento" (*e.g.*, "Josué" em Números 13.16; Deuteronômio 32.44). O nome é derivado da palavra hebraica que significa "salvação". "Jesus" ou "Yeshua" é uma forma desse nome (v. Mateus 1.21). Oseias foi profeta em Israel durante o século VIII a.C. e, com a possível exceção de Jonas, foi o único profeta escritor do Reino do Norte.

Deus mandou Oseias se casar com uma prostituta chamada Gômer, filha de Diblaim. Oseias foi pai de três filhos da infidelidade de Gômer — Jezreel, Lo-Ruama e Lo-Ami. As circunstâncias do casamento de Oseias são essenciais para seu ministério profético, já que o comportamento de Gômer simbolizava o adultério espiritual de Israel e a quebra da aliança com Javé. O livro de Oseias é o primeiro da coleção de obras proféticas mais curtas denominada "Os Doze" na Bíblia hebraica (embora Amós anteceda Oseias). Atualmente, os 12 livros são chamados Profetas Menores. Esses livros estão em ordem quase cronológica, dos quais Oseias, Amós, Jonas e Miqueias situam-se no começo do Período Neoassírio (meados e fim do séc. VIII a.C.). Naum, Habacuque, Sofonias e Obadias são datados do período neobabilônico (fim do séc. VII a.C.). O restante — Joel, Ageu, Zacarias e Malaquias — são considerados profetas do Período Persa (ca. 500 a.C.).

COMPOSIÇÃO DO LIVRO

O cabeçalho ou versículo introdutório do livro atribui a obra a Oseias, filho de Beeri. Em geral, acredita-se que Oseias transmitiu as profecias, embora alguns estudiosos questionem a autenticidade dos dois tipos de textos no livro: as referências sobre "Judá" (1.1,7; 2.2; 4.15; 5.5,10,12-14; 6.4,11; 8.14; 10.11; 11.12; 12.2) e as passagens acerca da "salvação" (11.8-12; 14.2-9).

As referências de Judá são consideradas "intrusas" na mensagem de Oseias, pois ele era um profeta no Reino do Norte, Israel. No entanto, outros profetas pré-exílicos como Amós e Isaías também mencionam Israel e Judá (*e.g.*, Amós 2.4-8; Isaías 5.7; 48.1). A eliminação dos versículos de Judá prejudica a compreensão das passagens no contexto mais amplo. Também danifica o paralelismo da parelha poética de Judá/Efraim ou Israel. Além disso, a maioria das citações descreve Judá de forma desfavorável e não condiz com a ideia de que esses versículos sejam acréscimos posteriores de um organizador "pró-Judá", cujo propósito incluía enaltecer a posição de Judá em relação a Israel. As passagens de "salvação" em Oseias foram consideradas ilegítimas por alguns estudiosos por serem diferentes da mensagem de tristeza e destruição do profeta. No entanto, o contraste entre o tom geral do livro e os oráculos de salvação foi exagerado. Em particular, o tema da salvação é apresentado nos três primeiros capítulos da profecia

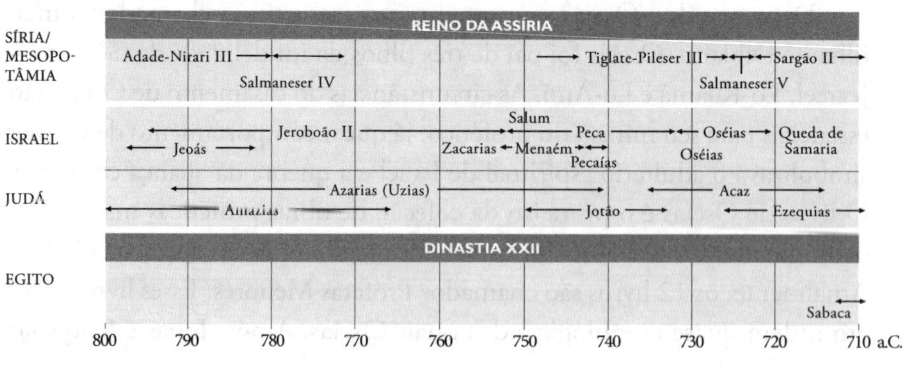

(1.10-11; 2.14-23; 3.5). Em geral, a promessa de livramento dos justos entre o povo de Javé era sempre o elemento fundamental da mensagem profética (*e.g.*, Isaías 10.20-27; Amós 9.11-15; Miqueias 4.1-7).

A prostituição de Israel e a quebra da aliança "conjugal" com Javé, aliadas à ameaça da ofensiva assíria, levaram Oseias a profetizar. Ele deve ter começado seu ministério pouco depois da morte do rei Jeroboão II (ca. 753 a.C.). Sua missão ao Reino do Norte, provavelmente, terminou quando Salmaneser V da Assíria invadiu Israel, saqueou Samaria e deportou mais de 27 mil israelitas para a Mesopotâmia (ca. 722 a.C.; registrado em 2Reis 17.1-34). É provável que a mensagem de Oseias foi escrita entre a data em que o rei Menaém pagou tributo a Tiglate-Pileser III da Assíria (ca. 739 a.C.; sugerido em 5.13; 8.9; 12.1) e a queda de Samaria em 722 a.C. (já que Oseias não menciona esse acontecimento). Se Oseias está fazendo alusão ao conflito siro-efraimita de 735-734 a.C. (5.8–6.6?), isso pode ajudar a especificar a data de composição do livro.

CONTEXTO

O reinado de Jeroboão II é considerado, muitas vezes, a era de ouro do Reino do Norte. A base para o renascimento político e econômico da nação foi lançada pelo pai de Jeroboão, Jeoás. Antes, ele havia liderado três campanhas militares bem-sucedidas contra os sírios ou arameus (2Reis 13.25), libertando Israel da vergonha e opressão do domínio estrangeiro.

Jeroboão II deu continuidade à política paterna de expansão militar, quase restabelecendo os limites territoriais de Israel no sentido leste e norte da era de Davi e Salomão (2Reis 14.25,28). A perícia militar e a estabilidade econômica produzidas sob a liderança capaz de Jeroboão deram origem à classe de comerciantes ricos em Israel. A riqueza da monarquia de Jeroboão era demonstrada pelo esplendor arquitetônico, luxo e fartura agrícola.

No entanto, Javé avaliou a era de ouro de Jeroboão por outro critério. Alguns anos antes, Deus havia comissionado Amós para profetizar em Israel (ca. 760-750 a.C.). Esse contemporâneo mais velho de Oseias advertiu a nação "cosmopolita", amaldiçoando as políticas violentas, opressivas, injustas e egoístas do regime de Jeroboão (v. Amós 2.6-16). A advertência de Amós passou despercebida, e ele foi expulso do país e ordenado a nunca mais profetizar em Betel (Amós 7.10-17).

Em tempo oportuno, Javé preparou uma ação judicial — para usar uma metáfora legal adequada — contra Israel. Oseias apresentou a acusação divina e pronunciou a certeza do veredicto de Deus (4.1-6). Egoísmo, orgulho e ganância, gerados comumente pela riqueza e prosperidade, corromperam o povo de Israel (9.9). Seguiram-se, logo, a decadência social e moral (4.2,18; 6.8-9; 7.1).

Constatações ainda mais fortes encontravam-se na apostasia religiosa de Israel. Abandonando o Senhor Deus que a livrara do Egito, a nação perseguiu o "vento oriental" (metáfora para sua política externa vazia) e mentiras múltiplas (12.1) ao buscar os baalins, a idolatria e a grande "impiedade" (10.15; v. 4.17; 7.16; 10.15; 11.2; 13.1-2).

O declínio rápido do Reino do Norte após a morte de Jeroboão II comprovou que as palavras de Oseias eram mais que meras ameaças. Uma série de assassinatos seguida por usurpação militar do trono arruinou rapidamente a estabilidade política interna. Durante os últimos 30 anos de autonomia israelita, quatro dos seis reis que ocuparam o trono foram assassinados. O último rei israelita, Oseias, foi deportado para a Assíria (2Reis 17.6). Como Oseias previra, os reis de Samaria pereceram como um "graveto nas águas" (10.7).

A pressão externa sobre o Reino do Norte exercida por assírios, egípcios e Judá tornou a diplomacia de Israel insensata e desesperada (7.11). Uma sequência suicida de erros políticos foi fatal para Israel:

1. A decisão de Menaém de tornar Israel um Estado vassalo da Assíria ao pagar tributo a Tiglate-Pileser, impedindo assim a invasão iminente (ca. 740 a.C.; v. 2Reis 15.19).
2. A invasão subsequente de Peca a Judá como castigo pela rejeição da aliança com a coligação siro-israelita contra a Assíria (ca. 735 a.C.; v. 2Reis 16.5-9). Acaz, de Judá, recorreu a Tiglate-Pileser (por meio de tributo excessivo), tornando Judá um Estado vassalo da Assíria. A campanha assíria contra a coligação, denominada guerra siro-efraimita, esmagou a oposição (2Reis 15.29; 16.9). Os assírios usurparam todo o território israelita na Galileia e, na Transjordânia, saquearam várias cidades e deportaram grande parte da população para a Mesopotâmia.
3. A tentativa fracassada do rei Oseias de se aliar ao Egito contra os assírios selou o destino da nação. Por sonegar o imposto devido ao senhor assírio, o rei foi diretamente responsável pela destruição de Israel. A reação

brutal da Assíria à deslealdade do vassalo pôs fim à história política de Israel. Samaria foi pilhada, milhares de israelitas foram deportados para áreas do norte da Mesopotâmia, e Israel foi dividido em províncias assírias (ca. 724-722 a.C.; v. 2Reis 17.1-6).

ESBOÇO DE OSEIAS

I. Cabeçalho 1.1
II. Casamento de Oseias com a prostituta Gômer
  A. Filhos da prostituição (1.2–2.1)
  B. Infidelidade de Gômer (2.2–23)
  C. Fidelidade de Oseias (3.1-5)
III. Mensagem de Oseias a Israel
  A. Ignorância e infidelidade de Israel (4.1–6.3)
  B. Julgamento de Israel (6.4–10.15)
  C. Fidelidade de Javé e amor a Israel (11–14)

PROPÓSITO E MENSAGEM

O relacionamento de Oseias com sua esposa adúltera, Gômer, representava a ligação de Javé com o Israel desleal (1.2). A dramatização intensa do amor rejeitado e do amor restaurado no seu casamento tornou-se a base da pregação ao povo adúltero (4.15). A exortação do profeta a Israel de andar nos "caminhos do Senhor" (14.9) estava arraigada na emoção da própria experiência dolorosa.

O passado de Israel é destacado nas profecias de Oseias a Efraim (outro nome de Israel). O relato do amor de Javé pelos patriarcas (12.2-6) e pela jovem nação de Israel no êxodo, que se fundamentava na aliança (11.1-4; 12.9; 13.4), serviu de forte recordação da constância de Deus. Essa demonstração de amor imutável por Israel durante a história da nação garantiu que Deus cumpriria sua promessa de restauração.

Misericórdia e juízo também são temas importantes da mensagem de Oseias. Ele foi o profeta da "esperança futura" (2.14-23) e da "destruição imediata" (5.8-9), em razão da sua interpretação das bênçãos e maldições da aliança descritas na Torá (v. Levítico 26.1-39). Oseias se firmou com orgulho na tradição dos profetas de Deus (6.5; 9.7-8; 12.10-13) e foi ousado ao repreender a liderança política e religiosa de Israel (5.1; 6.9; 13.10). Contudo, ele se identificou facilmente com o Deus Javé, cujo coração estava "enternecido" enquanto lutava com o dilema de castigar a criança que tanto amava (11.8).

Oseias tem a reputação de "profeta do leito de morte de Israel", pois foi o último dos profetas escritores a se referir ao Reino do Norte antes do massacre assírio. Foi dele a tarefa de despedaçar e matar Israel com palavras de juízo (6.5) e chamar um povo desviado de volta ao conhecimento de Deus (2.5-8; 4.1,6; 5.4; 6.3,6) por meio do arrependimento e da renovação da aliança (6.1; 14.1). No fim, a experiência pessoal de Oseias com a adúltera Gômer provavelmente tenha sido a mensagem mais intensa que o profeta poderia transmitir sobre o desejo e a capacidade de Javé de curar e amar sinceramente o Israel adúltero (14.4).

ESTRUTURA E ORGANIZAÇÃO

A narrativa do relacionamento conjugal de Oseias com a prostituta Gômer nos capítulos 1–3 contêm biografia e autobiografia. Esses capítulos servem de prefácio às profecias dos capítulos 4–14. A história do casamento é disposta no padrão literário conhecido tecnicamente por **palístrofe**. Essa estrutura de quiasmo equilibra assuntos teológicos importantes voltados a um ensinamento ou ideia fundamental. A falta de conhecimento de Deus por parte de Israel é a "junta" dessa construção literária (fig. 28.1).

As profecias dos capítulos 4–14 constituem a extensão da biografia do casamento de Oseias, no sentido de que sua união com a prostituta infiel, Gômer, espelhava o relacionamento de aliança de Javé com o Israel desleal. Essa parte de Oseias foi considerada a mais "poética" de todas as escrituras proféticas. O estilo literário é uma mistura de prosa e poesia chamada "prosa oracular", característica dos profetas hebreus.[1]

O esboço de quatro pontos, característico dos profetas escritores pré-exílicos , contém os oráculos e fornece a estrutura básica da mensagem do livro:

1. Acusação, incluindo denúncias específicas de violação à aliança (*e.g.*, 4.1-11)

[1] Para comentários sobre "prosa oracular" nos profetas hebreus, v. ANDERSEN, F. I.; FREEDMAN, DAVID N., **Hosea**, p. 57-66.

Figura 28.1 – Palístrofe de Oseias

A Casamento de Oseias (1.2-9)

B Renovação da aliança (1.10–2.1)

C Juízo de Javé sobre Israel (2.2-4)

D Falta de conhecimento de Deus em Israel (2.5-8)

C' Juízo de Javé sobre Israel (2.9-13)

B' Renovação da aliança (2.14-23)

A' Oseias e Gômer reunidos (3.1-5)

Observação: cf. Bullock, C. Hassell, **An Introduction to the Old Testament Prophetic Books**. Chicago: Moody Press, 1986. Para exemplos de *palístrofes* mais complexas, v. G. J. Wenham, The Coherence of the Flood Narrative, **VT** 28, 1977, p. 336-48.

2. Julgamento, incluindo destruição e exílio (5.1-8,14)
3. Instrução, incluindo convite ao arrependimento (6.1-3)
4. Consequências, incluindo a promessa de restauração dos justos (14.1-8)

A linguagem do texto de Oseias origina-se do tema da violação à aliança refletido na "ação judicial" de Javé contra Israel. A terminologia legal é abundante nas profecias, à medida que Javé apresenta sua causa contra a nação: por exemplo, "acusação" (4.1), "contenda" (4.4, ARA), "culpada" e "juro" (4.15), "sentença" (5.1), "testifica" (5.5), "traíram" (5.7; *et al.*). Outros aspectos literários peculiares do livro incluem o uso de "Israel" e "Efraim" como parelha poética sinônima ou par de palavras referente ao Reino do Norte (*e.g.*, 4.16-17; 5.3) e o conhecimento do profeta do vocabulário relativo à "aliança"; por exemplo, "voltemos" (6.1), "conheçamos" (6.3), "redimi-los" (7.13), "quebraram", "aliança" e "Lei" (8.1), "amei" (11.1) e "acusação" (12.2).

TEMAS PRINCIPAIS

Casamento de Oseias

O casamento de Oseias com a prostituta Gômer por ordem de Deus inspirou diversas interpretações entre os estudiosos. As várias teorias relativas ao casamento do profeta podem ser resumidas da seguinte forma:

1. *Casamento simbólico.* Essa abordagem analisa o casamento hipoteticamente como alegoria ou visão profética, não como acontecimento na história hebraica.

2. *Casamento verdadeiro: narrativa sequencial.* Essa interpretação afirma a historicidade do casamento de Oseias e Gômer e considera os capítulos 1 e 3 fatos separados da vida do profeta. Existem teorias alternativas sobre a virtude de Gômer no momento da união. Três opiniões distintas surgiram do debate. Alguns argumentam que Gômer não era casta, mas uma prostituta, quando Oseias se casou com ela. Outros, considerando essa ordem de Deus a Oseias eticamente impossível (dada a alta posição do pecado sexual na hierarquia ocidental de tabus), alegam que Gômer era casta na ocasião do casamento e só depois se tornou infiel a Oseias e prostituta. Ainda outros concluíram que Gômer era "adúltera" no sentido espiritual, pois adorava deuses pagãos.

3. *Casamento verdadeiro: narrativa paralela.* Essa interpretação um tanto forçada da experiência de Oseias afirma a historicidade do casamento do profeta, mas considera os capítulos 1 e 3 registros paralelos do mesmo fato ou duas versões do mesmo fato escritas em momentos diferentes da carreira do profeta.

4. *Dois casamentos verdadeiros.* Segundo essa teoria, o capítulo 1 descreve o primeiro casamento de Oseias com Gômer ainda virgem, e o capítulo 3 narra o segundo casamento com prostituta de identidade desconhecida.

A melhor opção interpretativa na nossa opinião ainda é a teoria que defende o casamento verdadeiro de Oseias com a prostituta chamada Gômer (os capítulos 1 e 3 referem-se a fatos diferentes da vida do profeta). Além de não ser casta, ela foi promíscua depois de casada. Posteriormente, Oseias teve de comprá-la no mercado de escravos, redimindo-a da vida de prostituição e dívida e restaurando-a como esposa após um período de quarentena. Embora nenhuma das teorias esteja livre de problemas, esta é a leitura mais natural do registro do casamento de Oseias apresentado nos capítulos 1 e 3. Acima de tudo, ela oferece a analogia mais completa da história da peregrinação espiritual de Israel com seu Deus da aliança, Javé (v. esp. Ezequiel 16 e 23).

Apesar de os sacerdotes hebreus serem proibidos por lei de se casar com prostitutas (Levítico 21.7,14), essa proibição não se aplicava aos profetas

Figura 28.2 – Panteão cananeu

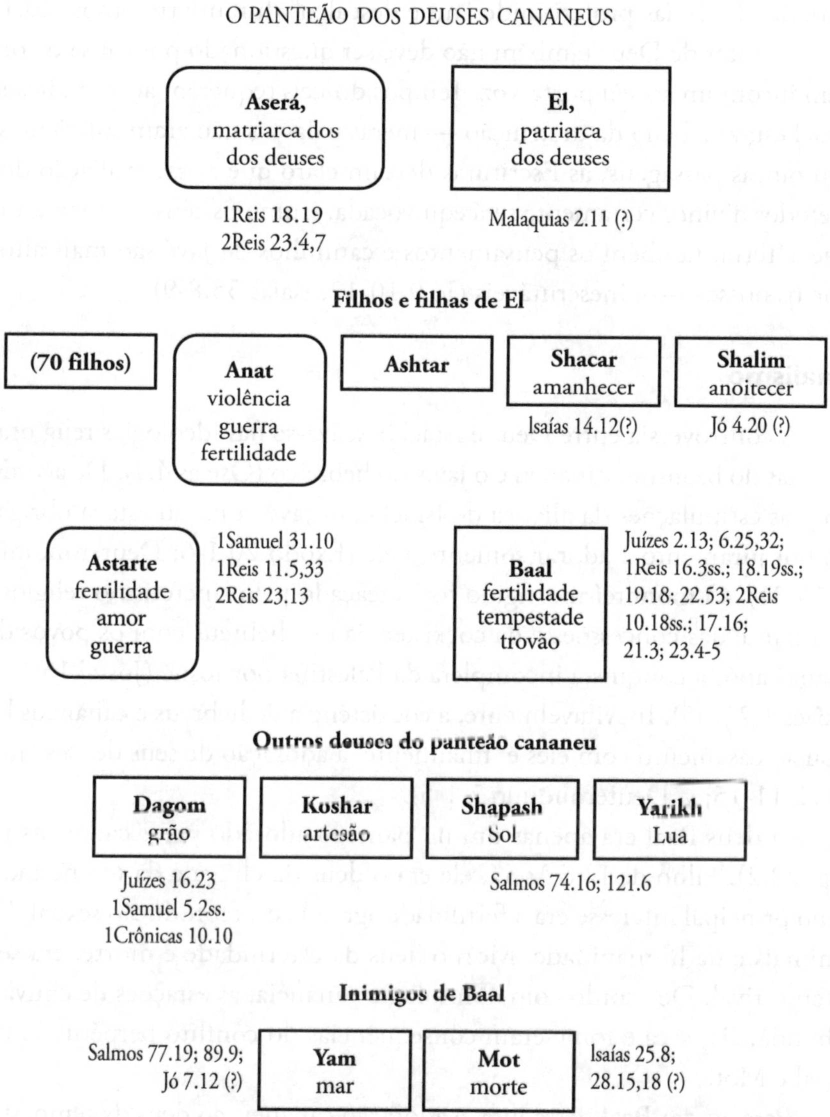

Observação: Para ver uma lista mais detalhada dos deuses e a relação entre eles, v. SMITH, MARK, **The Early History of God**: Yahweh and the Other Deities in Ancient Israel. San Francisco: HarperCollins, 1990; e dois ensaios em **Religions of Antiquity**, SELTZER, R. M. (org.), New York: Macmillan, 1989; por COOPER, ALAN M. Canaanite Religion, e por STONE, MERLIN, Goddess Worship in the Ancient Near East. (Diagrama de Diane Carol Wakabayashi.)

de Deus. Na verdade, Oseias nem é designado "profeta" no cabeçalho do livro. Seu casamento com a mulher adúltera era incomum, mas não era antiético (v. Isaías profetizando "nu e descalço" durante três anos, 20.1-6). O caráter de Deus também não deve ser questionado por causa da ordem incomum ao seu porta-voz. Tempos difíceis requerem ações radicais! Israel estava à beira da destruição — meras palavras não eram suficientes. Em outras passagens, as Escrituras deixam claro que nossa avaliação dos métodos divinos certamente será equivocada. Como os céus são mais altos que a Terra, também os pensamentos e caminhos de Javé são mais altos que os nossos — e inescrutáveis (Jó 9.10-12; Isaías 55.8-9).

Baalismo

A controvérsia entre Deus e Israel baseava-se nas ideologias religiosas opostas do baalismo cananeu e o javismo hebraico (Oseias 4.4). De acordo com as estipulações da aliança de Israel com Javé, a nação estava obrigada por juramento a adorar somente a ele (Êxodo 20.1-6; Deuteronômio 4.15-31). O monoteísmo rígido foi ameaçado pelo sincretismo religioso resultante das concessões e da coexistência dos hebreus com os povos de Canaã após a conquista incompleta da Palestina por Josué (Josué 13.1-7; Juízes 1.22-35). Inevitavelmente, a coexistência de hebreus e cananeus levou ao casamento com eles e, finalmente, à adoração de seus deuses (Juízes 2.11-15; v. Deuteronômio 7.1-5).

O deus Baal era apenas um no panteão adorado pelos cananeus (v. fig. 28.2). Filho de El e Aserá, ele era o deus da chuva e da tempestade, cujo principal interesse era a fertilidade agrícola e a reprodução sexual dos animais e da humanidade. Mot, o deus da esterilidade e morte, era seu eterno rival. De acordo com a mitologia cananeia, as estações de chuva e abundância, seca e fome eram consequências do conflito perpétuo entre Baal e Mot.

Para ajudar Baal nessa luta, a adoração cananeia ao deus da tempestade incluía sacrifícios humanos e a prostituição ritual (v. Salmos 106.34-41; Deuteronômio 23.17). Os prostitutos e as prostitutas eram empregados pelos templos locais e considerados "sacerdotes" e "sacerdotisas" dos deuses. Os cananeus tinham relações sexuais sagradas com as prostitutas como parte da adoração a Baal para assegurar a fertilidade mediante a representação sacramental do casamento do deus com a terra como Baal (ou "senhor, marido") do território.

A experiência de Oseias com a adúltera Gômer representava diretamente o relacionamento de Javé com um povo que deixou seu Deus para se prostituir com Baal (4.10,12,15,17; 5.3,4; *et al.*). O uso figurado do termo *prostituição* com referência à apostasia religiosa é comum no Pentateuco e nos Profetas (*e.g.*, Êxodo 34.14-16; Números 25.1; Jeremias 3.2; Ezequiel 16). A descrição do baalismo feita por Oseias corresponde à de outras fontes antigas. Embriaguez (4.11,18), prostituição ritual (4.13b-14), falsa profecia, sacrifício pagão (4.12; 8.11-13), idolatria (4.17–11.2) e altares (10.8) também são condenados.[2]

Para Oseias, a prostituição de Israel tinha duplo sentido. Além de estar cometendo adultério espiritual contra Javé ao buscar Baal (7.16), o povo também se prostituía nos atos sexuais associados aos ritos dos cultos de fertilidade cananeus (4.13-15). Sem saber se podia confiar em Javé para obter a chuva necessária para a vida na Palestina, Israel decidiu misturar javismo e baalismo em uma religião sincretista. Isso fracassou. Ironicamente, a sentença divina sobre a nação infiel atingiu o que era mais sagrado para o culto a Baal: fartura agrícola (8.7-10), prosperidade material (9.1-4), vitalidade sexual e fertilidade (9.10-17), templos, altares e ídolos (10.1-6) e poder militar (10.9-15).

Perguntas para estudo e debate

1. Explique como as diversas interpretações do casamento de Oseias com Gômer ilustram ou não o relacionamento de Israel com Javé.
2. Comente as implicações éticas da ordem divina dada a Oseias de se casar com uma prostituta — especificamente, a integridade do profeta e o risco de má interpretação e rejeição da mensagem divina.
3. O que Oseias quer dizer com o "conhecimento de Deus" (*e.g.*, 4.1; 6.3)?

---

[2] *E.g.*, Ringgren, H., **Religions of the Ancient Near East**, transl. Sturgy, J. (Philadelphia: Westminster, 1973), p. 124-76; e Finegan, J., **Myth and Mystery**: An Introduction to the Pagan Religions of the Biblical World (Grand Rapids: Baker, 1989), p. 119-54.

4. Qual era a semelhança entre as condições religiosas, políticas e sociais de Israel enfrentadas por Amós e Oseias? Quais eram as diferenças?
5. O que Oseias tem a dizer a respeito do "sincretismo religioso"? Como podemos evitar a mistura de tradições religiosas pagãs e ortodoxas atualmente?
6. Comente as atitudes de Oseias relativas às instituições religiosas, rituais e litúrgicas. Ele pode ser denominado "iconoclasta"?

Leituras complementares

ALBRIGHT, William F. **Yahweh and the Gods of Canaan**. Reimp. Winona Lake, IN: Eisenbrauns, 1978. Obra típica sobre religião cananeia e seu impacto sobre a religião israelita.

ANDERSEN, F. I. & FREEDMAN, David N. Hosea. **AB**. Garden City, NY: Doubleday, 1980. v. 24. Introdução e comentário completos e técnicos. A tradução recente combina apreciação pela natureza poética e estudo linguístico cuidadoso do texto hebraico. O melhor livro em inglês sobre o assunto.

BEEBY, H. D. Grace abounding: A Commentary on Hosea. **ITC**. Grand Rapids: Eerdmans, 1989.

BRUEGGEMANN, Walter. **Tradition for Crisis**: A Study of Hosea. Atlanta: John Knox, 1969. Análise penetrante da "história da tradição" de Oseias como interpretação da lei mosaica, com sugestões construtivas para o ministério profético atual.

BULLOCK, C. Hassell. **An Introduction to the Old Testament Prophetic Books**. Chicago: Moody Press, 1986.

EMMERSON, G. I. Hosea: An Israelite Prophet in Judean Perspective. **JSOTSS**. Sheffield, England: JSOT Press, 1984. v. 28

HUBBARD, D. A. Hosea: An Introduction and Commentary. **TOTC**. Downers Grove, IL: InterVarsity Press, 1989. [Publicado em português com o título **Oseias**: introdução e comentário (São Paulo: Vida Nova, 1993).]

KIDNER, Derek. **Love to the Loveless**: The Message of Hosea. Downers Grove, IL: InterVarsity Press, 1981. Exposição agradável e sólida da mensagem de Oseias com aplicação atual criteriosa.

LANDY, F. **Hosea**. Sheffield, England: Sheffield Academic Press, 1995.

MAYS, J. L. Hosea. **OTL**. Philadelphia: Westminster, 1969. Abordagem teológica rica da mensagem do livro.

MCCOMISKEY, T. E. **Hosea**. Grand Rapids: Baker, 1992.

OSTBORN, G. **Yahweh and Baal**: Studies in the Book of Hosea and Related Documents. Lund, Sweden: Gleerup, 1956.

STUART, D. Hosea-Jonah. **WBC**. Waco, TX: Word, 1987. v. 31. Seções introdutórias sucintas sobre contexto histórico, mensagem, estrutura literária e temas do livro de Oseias.

WOLFF, Hans Walter. A Commentary on the Book of The Prophet Hosea. **HER**. Transl. G. Stansell. Philadelphia: Fortress Press, 1974. [Tradução da obra original em alemão.]

29

Joel

Conceitos básicos

✓ Analogia da praga de gafanhotos para descrever o futuro dia do Senhor
✓ O derramamento do Espírito sobre todo o povo como prelúdio do julgamento

A visão de Joel da praga de gafanhotos é uma das imagens proféticas mais conhecidas sobre invasão e devastação iminente. Como o profeta não é mencionado em outras passagens do AT, pouco se sabe sobre ele, apesar de seu livro apresentá-lo como pregador poderoso e eficaz. Em certos momentos, ele foi incluído entre os "profetas" oficiais do templo que, na época de Jeremias, por exemplo, nem sempre eram porta-vozes precisos do Senhor (*e.g.*, Jeremias 28). Mas a mensagem de Joel soa verdadeira e possui o significado adicional de servir de catapulta para a igreja cristã quando Pedro o usa como centro da sua mensagem no dia de Pentecostes.

COMPOSIÇÃO DO LIVRO

Uma questão difícil relacionada ao livro é sua data. Teorias o situaram nos séculos IX ao II a.C. Apesar de a mensagem geral do livro não ser prejudicada pelo desconhecimento da data, o contexto histórico muitas vezes esclarece alguns detalhes da mensagem. Portanto, o intérprete precisa identificar a data da forma mais precisa possível, conforme as comprovações.

Como o cabeçalho (1.1) não contém dados cronológicos, deve-se chegar a uma conclusão com base nas evidências internas oferecidas pelo livro.

A evidência mais notável é o endereçamento do livro aos "anciãos", e não ao rei. Ainda que alguns estudiosos não deem importância a esse fato,[1] muitos outros concluíram que Joel deve ter profetizado na época em que não havia rei em Israel. A opção mais óbvia é o período após a queda de Jerusalém; outra possibilidade que tem longa tradição de apoio é a era (835-830 a.C.) da menoridade de Joás, que subiu ao trono aos sete anos (2Reis 11). O período exílico é eliminado, pois o sistema sacrificial estava em operação quando Joel testemunhou (1.9), o que torna o século IX e o período pós-exílico os dois candidatos principais.

Os proponentes da data pré-exílica sugerem como evidência a inclusão de Joel no segundo lugar da ordem canônica dos Doze, entre os livros antigos de Oseias e Amós. Além disso, a ênfase ao "dia do Senhor" é mais característica da profecia pré-exílica; já no tempo de Amós este era um conceito teológico bem conhecido (Amós 5.18). O fato de nem a Assíria nem a Babilônia estarem entre os inimigos de Israel é usado para sugerir que Joel anteceda a era imperial.

Entre as evidências a favor do período pós-exílico estão, principalmente, a referência a Joel 3.1-2, em que a dispersão dos israelitas é tratada como acontecimento passado. Isso não pode ser exemplo do "perfeito profético" (uso do passado para transmitir acontecimentos futuros que certamente acontecerão), pois ele ocorre em meio a uma sequência no futuro. Além do mais, a idolatria e a adoração a Baal, temas comuns dos profetas pré-exílicos (e defeito da rainha Atalia), nem sequer são mencionadas. O fato de a Assíria e a Babilônia não serem mencionadas pode ser facilmente explicado no período pós-exílico, quando ambos os impérios já estavam fora do cenário global, e a menção aos gregos (3.6) é considerada muito mais lógica no pós-exílio do que no século IX, quando haveria pouco conhecimento dos gregos no Oriente Médio.

A evidência mais forte da data pós-exílica é que Joel é claramente um exemplo de profecia clássica, iniciada apenas no século VIII a.C. Isso

---

1 V. o caso plausível formulado por Richard Patterson para data da primeira metade do século VIII em seu comentário sobre Joel, p. 231-33.

favoreceria a data posterior a Amós. Se Joel é mais recente que Amós, outras constatações citadas fazem do pós-exílio o contexto mais lógico do livro e o que será usado nesta obra. A referência à futura destruição de Edom (3.19) e a descrição geral do sacerdócio favoreceria a data do início do período pós-exílico, talvez fim do século VI ou início do V.

CONTEXTO

O contexto literário do livro de Joel pode ser visto na literatura profética de Israel. Joel era um aluno versado da profecia pré-exílica, demonstrado pelo uso abundante de palavras, frases e temas dessas obras. Seu uso mais evidente é de Amós, Isaías e Ezequiel.

Uso de outros profetas por Joel

1.15	Isaías 13.6
2.3	Isaías 51.3; Ezequiel 36.35
2.10	Isaías 13.10
3.10	Isaías 2.4; Miqueias 4.3
2.16	Amós 1.2; Isaías 13.13
2.17	Ezequiel 36.11; Isaías 52.1
2.18	Amós 9.13

É mais difícil falar do contexto histórico por causa das incertezas quanto à data do livro. Se a datação pós-exílica for aceita, o contexto é, sem dúvida, o Período Persa. Mas ainda não se sabe se o livro deve ser relacionado a Ageu e Zacarias durante o governo de Zorobabel ou a Malaquias e o período de Esdras e Neemias. É melhor escolher a época entre

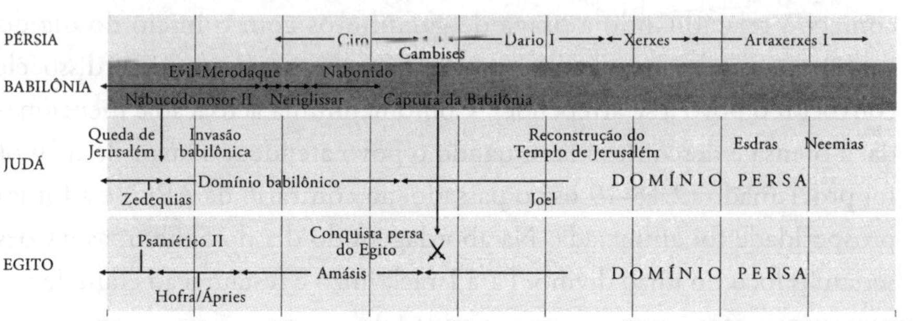

estes dois períodos na qual o templo construído por Zorobabel estava em operação, havia uma ou duas gerações, e Edom ainda não fora destruído. Isso estaria mais próximo da época de Ester, durante o reinado de Xerxes, ou talvez um pouco antes nos últimos dias de Dario, o Grande. No entanto, não sabemos quase nada sobre o que acontecia em Israel nesse período, embora as atividades persas, principalmente seus primeiros conflitos com os gregos, são documentadas nas histórias de Heródoto.

ESBOÇO DE JOEL

I. A crise atual
   A. Descrição da atual praga de gafanhotos (1.1-12)
   B. "O dia do Senhor" está próximo: praga como julgamento (1.15-20)
II. A escalada
   A. Descrição da escalada da praga de gafanhotos (2.1-11)
   B. Chamado ao arrependimento para prevenir a escalada (2.12-17)
   C. O dia do Senhor é adiado: prosperidade renovada (2.18-27)
III. O futuro dia do Senhor
   A. Descrição do dia do Senhor (2.28-32)
   B. Julgamento das nações (3.1-17)
   C. Prosperidade de Israel (3.18-20)

PROPÓSITO E MENSAGEM

O interesse de Joel em todo o livro foi falar do "dia do Senhor". Ele começou relacionando a praga de gafanhotos com o início do dia do Senhor, prevendo que o julgamento se agravaria. Em decorrência disso, ele convocou o povo a se arrepender. Como nenhuma acusação é mencionada, a ofensa é desconhecida. Quando o povo atendeu, o favor do Senhor foi proclamado (2.18-19 usa o passado, ao contrário da ARC) e a futura prosperidade foi anunciada. Na abordagem do dia do Senhor, as nações seriam o foco do juízo divino. Para Israel, juízo e restauração eram de natureza socioeconômica (*i.e.*, prosperidade).

ESTRUTURA E ORGANIZAÇÃO

Como Ageu, o primeiro oráculo de Joel foi inspirado pela crise identificada profeticamente como juízo divino contra a comunidade. Logo, ele interpretou a situação atual como julgamento, em vez de projetar situação futura de castigo, como os profetas pré-exílicos faziam. Ele estimulou o povo a agir, sugerindo que a situação pioraria. Depois, essa projeção do agravamento do juízo foi usada como base de instrução ao povo. É notável que essa instrução tenha sido de natureza espiritual e tenha incluído o ritual adequado. Isso é bem diferente dos profetas pré-exílicos, que sempre pediam conduta justa em vez da abordagem ritual que tendiam a abusar.

A resposta favorável do Senhor é o ponto culminante desse trecho no contexto de Joel. Como apresentamos no esboço, a parte contemporânea teve dois ciclos de descrição de juízo, instrução e identificação do papel do Senhor. O contraste é que no primeiro ciclo o Senhor julgava Israel, enquanto no segundo o fez prosperar.

O denominador comum entre o oráculo contemporâneo (1.2–2.27) e o oráculo escatológico (2.28–3.20) é o dia do Senhor. Após a descrição do dia do Senhor como tempo de livramento e doação do Espírito, Joel retomou os temas do juízo e da prosperidade. Aqui, porém, as nações eram o objeto do julgamento divino, não Israel.

TEMAS PRINCIPAIS

A praga de gafanhotos

Em todo o período do AT, Israel era economicamente uma nação agrícola. Qualquer desastre natural que destruísse a colheita era devastador para o povo em quase todos os níveis da sociedade. A capacidade da praga de gafanhotos de devorar toda a safra de uma área de dezenas de quilômetros quadrados é bem documentada, não só no Antigo Oriente Médio, mas na atualidade ao redor do mundo. A economia seria arruinada por, no mínimo, dois anos, o que resultaria em toda espécie de dificuldade. Portanto, não constitui um mistério o fato de essas pragas serem popularmente consideradas como juízo divino.

Embora fosse comum no Antigo Oriente Médio acreditar que os deuses demonstrassem sua ira causando desastres naturais, sempre havia a necessidade de determinar quem os causara, o motivo de sua ira e como apaziguá-lo. Para Israel, responder a primeira pergunta era fácil, mas as outras duas certamente não. No livro de Joel, em vez de associar o julgamento à ofensa coletiva específica, o profeta classificou o juízo como prenúncio do dia do Senhor, quando, em geral, o justo será absolvido, e o ímpio, punido. Logo, cabia aos israelitas depender da misericórdia do Senhor para não instigar essa ação divina.

Excurso: Joel e Pentecostes

A profecia de Joel teve impacto muito além do público ao qual se dirigiu pessoalmente, pois intérpretes posteriores a aplicaram a outras gerações. Isso fica bem evidente no momento em que o apóstolo Pedro cita a profecia de Joel durante o Pentecostes, que marca o início da Igreja.

Quando o Espírito Santo encheu os que estavam no cenáculo, a mudança ocorrida neles causou grande comoção entre os numerosos visitantes, em Jerusalém, por ocasião da festa de Pentecostes. Pedro ergueu a voz e explicou rapidamente que o fenômeno cumpria a profecia de Joel encontrada em 2.28-32. Ele começou um sermão que explicava quem Jesus era e convidava o povo ao arrependimento e batismo (Atos 2.1-41).

Essa citação, às vezes, deixa os estudiosos perplexos, pois é difícil ver como a concessão do Espírito Santo em Pentecostes está relacionada ao "dia do Senhor" descrito em Joel. Porém, o uso dessa passagem por Pedro não precisa indicar sua crença na chegada do dia do Senhor. A situação dos apóstolos apresentava duas semelhanças importantes à profecia de Joel — a concessão do Espírito e a necessidade do momento de clamar a Deus e ser salvo. Tais condições seriam suficientes para Pedro fazer a ligação. Conforme comentamos na introdução à literatura profética, Pedro tinha liberdade para identificar os eventos do Pentecostes como cumprimento de Joel no sentido de que havia certas maneiras em que aqueles acontecimentos esclareciam o que Joel tinha a dizer e vice-versa.

Perguntas para estudo e debate

1. De que modo o Pentecostes se assemelhou ao dia do Senhor apresentado no livro de Joel?
2. Qual seria o significado do dia do Senhor para as pessoas da época do Império Persa?

Leituras complementares

ALLEN, Leslie. The Books of Joel, Obadiah, Jonah and Micah. **NICOT**. Grand Rapids: Eerdmans, 1976. Análise boa e profunda.

CRAIGIE, Peter C. Twelve Prophets. **DSB-OT**. Philadelphia: Westminster, 1984. v. 1

CRENSHAW, James. **Joel**. Garden City, NY: Doubleday Anchor, 1995.

DILLARD, Raymond. Joel. In **The Minor Prophets**. Thomas E. McComiskey (org.), Grand Rapids: Baker, 1992. v. 1, p. 239-313.

HUBBARD, David A. Joel and Amos. **TOTC**. Downers Grove, IL: InterVarsity Press, 1989. v. 22b. [Publicado em português com o título **Joel e Amós**: introdução e comentário (São Paulo: Vida Nova, 1996).]

PATTERSON, Richard. Joel. **EBC**. Grand Rapids: Zondervan, 1985. v. 7.

STUART, Douglas. Hosea-Jonah. **WBC**. Waco, TX: Word, 1987. v. 31. O melhor comentário sobre Joel. Perspectiva evangélica.

THOMPSON, J. A. The Date of Joel. In: **A Light Unto My Path**. Howard Bream, Ralph Heim e Carey Moore (orgs.), Philadelphia: Temple University Press, 1974. p. 453-64.

____. Joel's Locusts in the Light of Near Eastern Parallels. **Journal of Near Eastern Studies** 14, 1955, p. 52-55.

WOLFF, Hans Walter. **Joel and Amos**. Philadelphia: Fortress Press, 1977. Abordagem mais completa do livro de ponto de vista liberal. [Tradução da obra original em alemão.]

30

Amós

Conceitos básicos

- ✓ Deus responsabiliza as nações por sua política social
- ✓ A verdadeira adoração gera justiça social
- ✓ Israel não escapará do julgamento do dia do Senhor
- ✓ Deus restaurará um remanescente de Israel

Amós é o terceiro livro dos "Doze" ou Profetas Menores. Cronologicamente, Amós é o primeiro dos profetas escritores, contemporâneo mais velho de Oseias e Miqueias. Seu nome significa "carregador de fardos".

Amós era um pastor e produtor de figos de Tecoa, vila a cerca de 16 km ao sul de Jerusalém. Sua negação de ser parte de "grupo de profetas" enfatizou a distância das instituições formais como a corte real e o templo (7.14-15). Por causa de sua posição de "leigo independente" e "operário", ele podia proclamar a mensagem de Deus livre de interesses ou da opinião pública. A disposição divina de usar pessoas sem treinamento acadêmico e religioso formal destaca o fato de que ele não é parcial — lembrete adequado em uma era de profissionalismo como a nossa.

COMPOSIÇÃO DO LIVRO

Os detalhes de como as profecias de Amós declaradas a Israel em Betel vieram a ser registradas ainda são desconhecidos. É impossível determinar

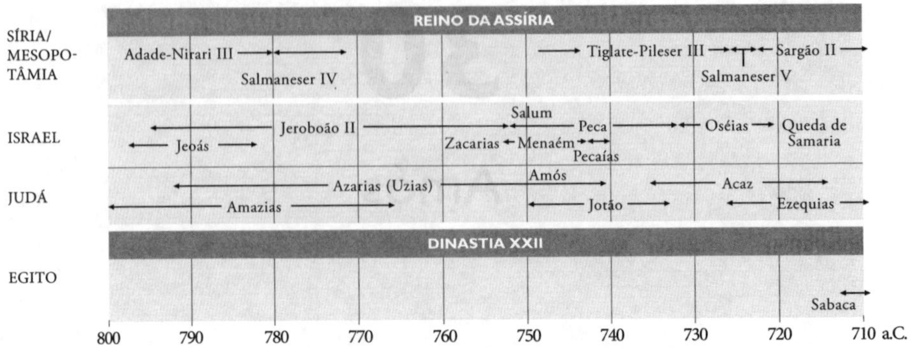

se ele ditou suas revelações a um escriba ou se ele mesmo as escreveu. Parece mais simples supor que Amós tenha escrito as profecias após retornar a Tecoa da "viagem de pregação" de um dia em Israel. Os relatos na primeira pessoa de suas mensagens e visões apoiam essa suposição (*e.g.*, 5.1; 7.1-9; 8.1; 9.1).

A referência ao terremoto, no cabeçalho do livro, pode ser interpretada como "*durante* os dois anos antes do terremoto" (nota da *New Revised Standard Version*, grifo dos autores). Se isso estiver correto, Amós escreveu as mensagens, provavelmente, durante os dois anos após o curto ministério profético em Betel.

O terremoto pode ter sido o acontecimento que inspirou Amós a publicar sua experiência, já que a citação no primeiro versículo do livro indica que o profeta considerou o desastre um cumprimento parcial da profecia a Israel e confirmação da sua comissão divina (9.1).

Tradicionalmente, Amós tem sido atribuído a meados ou ao fim do reinado de Jeroboão II (ca. 760 a.C.). Pesquisas históricas e cálculos cronológicos mais recentes passaram a data da composição das profecias para 750-748 a.C., pouco antes da morte de Jeroboão. Essa conclusão se baseia em indicações de que os fatos históricos mencionados no livro refletem o período em que o Israel pró-assírio estava sob ataque de coligação antiassíria centrada na região siro-palestina.

CONTEXTO

Amós situou de forma ambígua as palavras que "recebeu em visões" nos reinados de Uzias, de Judá, e Jeroboão II, de Israel. Os reinados de ambos se estenderam por um período superior a quatro décadas. As datas de Uzias e Jeroboão II variam de dois a sete anos de acordo com a fonte usada.[1] Os esquemas de datação alternativos para os reinados dos dois monarcas são comparados na figura 30.1.

A referência ao "terremoto" no cabeçalho é de pouca ajuda na determinação da data precisa da profecia de Amós. Descobertas arqueológicas em locais como Samaria e Hazor comprovam a destruição por um terremoto, e a menção de Zacarias do desastre natural indica que o tremor foi lembrado em Israel por muito tempo (14.5). No entanto, as tentativas de identificar com precisão o ano em que o terremoto ocorreu são altamente especulativas. Consequentemente, a atividade profética de Amós deve ser atribuída ao período geral que varia de 760 a 750 a.C.

Os registros bíblicos dos reinados de Uzias (ou Azarias) e Jeroboão II encontram-se em 2Reis 14.17–15.7 e 2Crônicas 26. Política e economicamente, ambos os reis trouxeram estabilidade e riqueza às respectivas nações. As fronteiras foram expandidas por meio de conquistas militares sobre os inimigos, Israel e Judá conseguiram conviver em paz, e os empreendimentos e a agricultura prosperaram.

No entanto, os profetas de Deus viram além das aparências da denominada "era de ouro" e enxergaram a podridão da decadência social e moral em Israel e Judá. Amós e Isaías descrevem imagens semelhantes da "realidade" no reino dividido. Ao contrário das aparências externas, esses videntes alegaram que as nações hebraicas estavam "carregadas de iniquidade" (Isaías 1.4) e "maduras" para o juízo divino (Amós 8.1-2; v. 3.9-15; Isaías 3.13-15; 5.8-30).

ESBOÇO DE AMÓS

I. Introdução (1.1-2)
II. Oráculos contra as nações
   A. Damasco (1.3-5)
   B. Gaza (1.6-8)

[1] A cronologia mais antiga baseia-se em Thiele, Edwim R., **The Mysterious Numbers of the Hebrew Kings**, rev. ed. (Grand Rapids: Zondervan, 1983); já a mais recente em Bright, John, **A History of Israel**, 3. ed. (Philadelphia: Westminster, 1981).

Figura 30.1 – Uzias e Jeroboão II

Alta cronologia do AT		Baixa cronologia do AT
791-740 a.C	Uzias (ou Azarias)	783-742 a.C.
793-753 a.C.	Jeroboão II	786-746 a.C.

C. Tiro (1.9-10)
D. Edom (1.11-12)
E. Amom (1.13-15)
F. Moabe (2.1-3)
G. Judá (2.4-5)
H. Israel (2.6-16)

III. Outros oráculos contra Israel
A. Ouçam esta palavra, ó israelitas (3.1-15)
B. Ouçam esta palavra, vacas de Basã (4.1-13)
C. Ouça esta palavra, ó nação de Israel (5.1-17)
D. Ai de vocês que anseiam pelo dia do Senhor (5.18-27)
E. Ai de vocês que vivem tranquilos em Sião (6)

IV. Visões de julgamento
A. Visão 1: A praga de gafanhotos (7.1-3)
B. Visão 2: O fogo devorador (7.4-6)
C. Visão 3: O prumo do Senhor (7.7-9)
D. Interlúdio histórico: Amazias desafia Amós (7.10-17)
E. Visão 4: Cesto de frutas maduras (8.1-3)
F. Interjeição profética: Oráculos de julgamento (8.4-14)
G. Visão 5: O Senhor junto ao altar (9.1-4)
H. Exposição teológica: Sobre a soberania de Deus e a restauração de Israel (9.5-15)

PROPÓSITO E MENSAGEM

A apostasia religiosa, a decadência moral e social e a corrupção política do Reino do Norte levaram o Senhor a enviar Amós, de Judá, ao outro lado da fronteira para profetizar em Betel de Israel. A mensagem básica do pregador-pastor a Jeroboão II e Israel era: “chegou o fim de Israel, o meu povo” (8.2).

O pronunciamento de Amós contra o falso sacerdote Amazias representou uma versão condensada do julgamento do profeta a toda a nação (v. 7.10-17):

> Mas o SENHOR lhe diz:
> "Sua mulher se tornará uma prostituta na cidade,
> e os seus filhos e as suas filhas morrerão à espada.
> Suas terras serão loteadas,
> E você mesmo morrerá numa terra pagã". (v. 17)

Mensagem e propósito fluem logicamente do esboço do livro e estão intimamente ligados à previsão de juízo e exílio para Israel:

Primeira mensagem (2.6-16): Amós denuncia o pecado de Israel e prevê um desastre nacional com o propósito de lembrar o povo das consequências da desobediência à aliança.

Segunda mensagem (3.1–6.14): Amós condena atos específicos de injustiça social e hipocrisia religiosa. Os diversos propósitos desta mensagem incluem o chamado ao arrependimento, incentivo a que se retorne aos padrões de conduta em harmonia com as estipulações referentes à aliança de Javé e o repúdio do conceito popular de que o "dia do Senhor" era apenas um dia de bênção nacional.

Terceira mensagem (7.1–9.4): Amós descreve cinco visões, todas relacionadas à ira de Deus e ao juízo sobre Israel. As visões serviram para reforçar os oráculos do profeta contra a nação, destacar a certeza da destruição e do exílio israelita e apresentar o tema do remanescente.

Quarta mensagem (9.5-15): O profeta conclui seu ministério em Israel com a promessa da restauração messiânica e bênção. Aqui seu propósito é encorajar e imprimir esperança no remanescente justo entre o povo, assegurando-o de que o julgamento divino não é definitivo — ele se lembrará da aliança com Israel e renovará seu amor imutável.

ESTRUTURA E ORGANIZAÇÃO

Poucos estudiosos questionam a unidade das profecias de Amós. Há uma apreciação crescente por sua habilidade literária. Seu estilo audacioso e cativante indica um homem íntegro e convicto. Os elementos visionários do livro ajudam a explicar a linguagem vívida empregada, pois o profeta realmente viu as palavras que lhe foram reveladas. O simbolismo pastoral das ilustrações, metáforas e perguntas de retórica revelam as origens rurais do profeta (*e.g.*, 3.3-8,12; 6.11-14). Finalmente, os trechos líricos do livro (*e.g.* 5.1-2), como as três doxologias (4.13; 5.8-9; 9.5-6), indicam certa capacidade poética e musical de Amós ou que ele tenha citado canções conhecidas na época.

A estrutura mais ampla do livro inclui quatro seções básicas:

1. Oito oráculos contra as nações (1.3–2.16)
2. Cinco profecias (3–6)
3. Contrapeso de cinco visões proféticas (7.1–9.10)
4. Epílogo prometendo bênção e renovação a Israel (9.11-15)

Os oráculos contra as nações dão o tom do livro, pois enfatizam a destruição e o exílio. A série de profecias e visões apontou Israel especificamente como alvo da ira divina, elevou o tema "juízo" de ameaça para realidade e reforçou a certeza da destruição iminente e fatal da nação. A autenticidade do oráculo final da restauração para Israel foi seriamente contestada por estudiosos modernos, alegando que o interesse em Edom (9.12) era pós-exílico e que o oráculo de salvação não condiz com os oráculos mais antigos de destruição. No entanto, a palavra de esperança e bênção foi antecipada pelo chamado ao arrependimento de Amós (5.8.14-15). Para o remanescente israelita fiel, o oráculo representava o complemento lógico da mensagem de exílio e destruição. Deus impediria a destruição total de Israel e reconstruiria o que destruiu (v. 7.1-6; 9.11-15).

A estrutura singular do livro inclui o uso amplo de diversas formas de discurso profético, palavras e expressões recorrentes e construções literárias padronizadas. Por exemplo, o livro contém proclamação ("Ouçam", 4.1), revelação ("o Senhor, o Soberano, me mostrou", 7.1) e fórmulas de juramento ("O Senhor, o Soberano, jurou", 4.2).

Vários tipos de oráculos proféticos podem ser encontrados no texto, incluindo julgamento (2.6-8), instrução ou admoestação ("busquem" ou "não busquem", 5.4-5) e maldição ou acusação (5.18). Além disso, perguntas de retórica permeiam todas as profecias (*e.g.*, 3.3-8; 6.11-14).

O profeta usou a repetição para enfatizar aspectos de sua mensagem — por exemplo: "Busquem-me e terão vida" (5.4,6,14); "e mesmo assim vocês não se voltaram para mim" (4.6,8-11). Ele demarcou subseções dentro de unidades literárias — por exemplo, "O SENHOR ruge de Sião/o leão rugiu" (1.2; 3.8); "Betel e Gilgal" (4.4; 5.5); "as mansões/despedaçará a casa grande/fará em pedacinhos" (3.15; 6.11); e "transformando o direito em amargura/veneno" (5.7; 6.12).

Os oito oráculos contra as nações (1.3–2.16) dão o tom do livro — isto é, juízo divino e exílio (v. fig. 30.3). As mensagens habilmente organizadas abrangem as nações vizinhas do Reino do Norte e chegam ao ápice com o "público-alvo" do profeta, Israel. Os oráculos compartilham a mesma forma (v. fig. 30.2).[2]

O restante do livro segue o padrão típico dos profetas pré-exílicos: outros oráculos de acusação, ensino ou advertência, o chamado ao arrependimento e a promessa da restauração futura para o remanescente fiel. No caso de Amós, as cinco visões de juízo simplesmente reforçam a acusação divina contra Israel.

TEMA PRINCIPAL

Justiça social

Amós condenou Israel pela incapacidade de "agir com retidão" (3.10). O profeta afirmou os aspectos "internos" da aliança com Javé, incluindo amar a Deus de todo o coração e obedecer aos mandamentos. Ele também entendia de forma clara as implicações éticas do relacionamento de aliança com Javé para a conduta individual e coletiva. As súplicas comovidas a favor dos desamparados (*i.e.*, pobres, necessitados e aflitos; v. 2.6-7; 4.1; 5.11-12; 8.4,6) e a denúncia dos opressores ricos (*i.e.*, mulheres ricas, comerciantes desonestos, líderes corruptos, advogados e juízes oportunistas e falsos sacerdotes; v. 4.1; 6.1,4; 7.8-9) lhe renderam a reputação de porta-voz divino da justiça social (v. 5.7,15,24; 6.12).

---

[2] Shalom P. Paul observou que esses oráculos estão ligados pelo recurso literário chamado concatenação ou encadeamento de uma série de itens (neste caso, oráculos) pela repetição de palavras ou expressões partilhadas apenas por essas unidades literárias em sequência (Amos 1:3–2:3: A Concatenous Literary Pattern, **JBL** 90, 1971, p. 397-403).

Figura 30.2 – Os oráculos de Amós contra as nações

1. A fórmula introdutória: "Assim diz o Senhor"
2. Expressão numérica, "Por três transgressões [...] e ainda mais por quatro", certificando que o julgamento de Javé era absolutamente irrevogável. A fórmula *x: x + 1* é um tipo de paralelismo sinonímico emprestado da poesia hebraica (*e.g.*, Provérbios 30.15,18,21,29) e denota pecado "repetido" ou "contínuo"
3. A acusação de pecados específicos cometidos por nações inteiras
4. Anúncio de juízo introduzido pela fórmula: "porei fogo" (exceto Amom e Israel)
5. Fórmula final "diz o Senhor" (exceto Tiro, Edom, Gaza e Israel)

A carta de Tiago, no NT, reflete a importância da "fé em ação" em Cristo Jesus (2.1). O livro descreve a "religião pura" como disciplina no falar, ajudar órfãos e viúvas necessitados e afastar-se da "corrupção" do mundo (1.26-27). A verdadeira fé bíblica manifesta-se na fala edificante, na compaixão social e na sã doutrina, indicadores do procedimento santo. Tudo isso impede que o cristão seja corrompido pelo mundo.

O ensinamento de Amós oferece uma ilustração útil do AT que envolve os conceitos de serviço e ação social, componentes essenciais do interesse social cristão genuíno.

Segundo John Stott, o segredo do desenvolvimento adequado da ação social cristã é a sã doutrina bíblica. Ele identifica cinco áreas específicas do ensinamento cristão que promovem o envolvimento significativo na sociedade. Mais uma vez, Amós apresenta uma demonstração do AT dessa associação importante entre a doutrina bíblica e o interesse social. A seguir temos um modelo:[3]

1. A doutrina de Deus como autor e sustentador da criação, salvador de seu povo, o Deus misericordioso para com todas as nações, o Deus que odeia o mal e ama a justiça porque se preocupa com toda a humanidade (2.10; 4.13; 5.8,15; 9.7).

---

[3] Sobre o livro de Amós como paradigma do interesse social no AT, v. Thorogood, B., **A Guide to the Book of Amos**. V. esp. p. 47-54.

Figura 30.3 – Interesse social no ensinamento de Amós	
Serviço social	*Ação social*
Alívio da necessidade humana (5.12)	Remoção das causas da necessidade humana (8.4-6)
Atividade filantrópica (4.5; 6.4-7)	Atividade política e econômica (5.10-11,15)
Ajuda individual/familiar (4.1; 5.6-7)	Transformação das estruturas da sociedade (4.4-5; 7.7-9)
Obras de misericórdia (4.1; 6.4-7)	Busca pela justiça (2.6-8; 5.7,24; 6.12)

Adaptado de John R. W. Stott, **Involvement**: Being a Responsible Christian in a Non-Christian Society, Old Tappan, NJ: Revell, 1984, v. 1, p. 19-51.

2. A doutrina do homem que reconhece todas as pessoas como criaturas de Deus e a realidade da causa e efeito na experiência social humana em razão do pecado, pois quando todos os seres humanos são valorizados como seres criados à imagem de Deus, o desejo de servi-los aumenta (1.9; 2.1; 9.7).

3. A doutrina de Jesus Cristo como Messias reconhece a renovação e a restauração associadas à verdadeira redenção, pois o Cristo histórico e bíblico realmente era o "Filho do Homem" (9.13-15).

4. A doutrina da salvação admite o pecado humano, busca em Deus soluções para os problemas do pecado e do mal no mundo e realmente "obedece", porque a salvação divina é para a pessoa toda, não apenas para a "alma" (2.4; 3.2; 5.4-6,14-15).

5. A doutrina da Igreja como comunidade da aliança percebe sua responsabilidade de ser agente de reconciliação e restauração no mundo caído, pois a Igreja é diferente do mundo por ser "sal e luz", mas é chamada a estar no mundo para Cristo (3.1; 9.11-15).

Perguntas para estudo e debate

1. Que condições sociais e religiosas em Israel inspiraram Amós?
2. Por que Deus levou um profeta de Judá para profetizar contra o Reino do Norte?

3. O que os oráculos de Amós contra as nações revelam sobre o conhecimento de Deus pelo profeta?
4. À luz de Amós 3.7-8, como o profeta percebe a natureza do ministério profético?
5. O que Amós queria dizer com "o dia do Senhor"? Compare isso com o ensinamento de Joel.
6. Em que aspectos a mensagem de Amós é relevante para a Igreja hoje? E para a denominada sociedade secular?

Leituras complementares

ANDERSEN, F. I. & FREEDMAN, David N. Amos. **AB**. Garden City, NY: Doubleday, 1989. v. 24A. Introdução e comentário abrangente e técnico. Tradução recente que combina a apreciação da natureza poética da profecia e o estudo linguístico cuidadoso do texto hebraico. O melhor livro em inglês sobre o assunto.

BARTON, J. **Amos's Oracles Against The Nations**. Cambridge: Cambridge University Press, 1980.

CLEMENTS, R. **When God's Patience Runs Out**: The Truth of Amos for Today. Downers Grove, IL: InterVarsity Press, 1988.

COOTE, R. **Amos Among the Prophets**: Composition and Theology. Philadelphia: Fortress Press, 1981.

HARPER, W. R. A Critical and Exegetical Study on Amos and Hosea. **ICC**. Edinburgh: T. & T. Clark, 1955.

HAYES, J. H. **Amos**: His Times and His Preaching. Nashville: Abingdon, 1988. Desafia outras suposições histórico-críticas sobre Amós como literatura. Análise histórica criteriosa da época de Amós. Bibliografias extensas.

HOWIE, C. G. Expressly for Our Times: The Theology of Amos. **Interpretation** 13, 1959, p. 273-85.

HUBBARD, D. A. Joel and Amos. **TOTC**. Downers Grove, IL: InterVarsity Press, 1989. [Publicado em português com o título **Joel e Amós**: introdução e comentário (São Paulo: Vida Nova, 1996).]

MAYS, J. L. Amos: A Commentary. **OTL**. Philadelphia: Westminster, 1969. Exposição amplamente pesquisada, nem sempre fundamentada em pressuposições evangélicas.

McComiskey, T. E. Amos. **EBC**. Grand Rapids: Zondervan, 1985. v. 7, p. 269-331.

Motyer, J. A. **The Day of the Lion**: The Message of Amos. Downers Grove, IL: InterVarsity Press, 1974. Abordagem de fácil leitura que aprecia Amós como literatura, com aplicação prática e atual.

Niehaus, J. Amos. **The Minor Prophets: An Exegetical and Expository Commentary**. T. E. McComiskey (org.), Grand Rapids: Baker, 1992. v. 1, p. 315-494.

Paul, S. M. Amos: A Commentary. **HER**. Minneapolis: Fortress Press, 1991.

Smith, B. K. Amos, Obadiah, Jonah. **NAC**. Nashville: Broadman and Holman, 1995. v. 19B.

Smith, Gary V. **Amos**: A Commentary. Grand Rapids: Zondervan, 1988.

Smith, George Adam. The Book of the Twelve Prophets. **Expositor's Bible**. Rev. ed. Grand Rapids: Eerdmans, 1956. v. 4, p. 456-549. Comentário clássico do AT, com exposição de Oseias e Amós e bibliografia extensa.

Thorogood, B. **A Guide to the Book of Amos**. London: Theological Education Fund, 1971. Ênfase especial na interpretação e aplicação da mensagem de Amós em contexto não ocidental. Inclui debate sobre julgamento, justiça social, sacerdotes e profetas.

Vawter, Bruce. **Amos, Hosea, Micah**: With an Introduction to Classical Prophecy. Wilmington, DE: Michael Glazier, 1981.

Ward, J. M. **Amos and Isaiah**: Prophets of the Word of God. Nashville: Abingdon, 1969.

Wolff, Hans Walter. **Amos The Prophet**: The Man and His Background. Transl.

F. McCurley. Philadelphia: Fortress Press, 1973. [Tradução da obra original em alemão.]

____. A Commentary on the Books of the Prophets Joel and Amos. **HER**. Transl. W. Janzen, S. D. McBride & C. A. Muenchow. Philadelphia: Fortress Press, 1977. [Tradução da obra original em alemão.]

31

Obadias

Conceitos básicos

- ✓ A soberania de Deus
- ✓ A restauração de Israel
- ✓ O princípio da retribuição

O livro mais curto do AT — um capítulo composto por 21 versículos — é atribuído ao profeta Obadias. Seu nome significa "servo (ou adorador) de Javé" e é um nome bíblico comum, atribuído a mais de uma dezena de personagens do AT. A identificação de Obadias em ser temente a Deus e mordomo do rei Acabe, segundo a tradição judaica posterior, ainda não foi confirmada (Talmude babilônico: *Sanhedrin* 39b; v. 1Reis 18.3-16).

COMPOSIÇÃO DO LIVRO

Ao contrário de outros livros proféticos, o título do oráculo de Obadias não apresenta informações sobre a época ou o lugar de sua origem, nem inclui qualquer dado autobiográfico sobre o profeta e o autor. Obadias provavelmente era de Judá. Sua profecia foi uma reação ao papel de Edom na queda de Jerusalém, nas mãos dos exércitos babilônicos do rei Nabucodonosor (2Reis 24 e 25). O termo traduzido por "visão" (v. 1), ao descrever a profecia de Obadias, é um termo técnico relacionado ao recebimento de uma palavra de revelação divina. Mais que mero discernimento humano, esta experiência visionária é o resultado da inspiração divina e implica que o profeta realmente viu e ouviu uma comunicação de Deus. Isso lhe deu a percepção necessária para entender a revelação do futuro. A mesma expressão aparece em Isaías 1.1 e Naum 1.1.

O oráculo de Obadias foi datado de diversos períodos que variam entre 850 e 400 a.C. A data só pode ser determinada pela suposição de que os versículos 11-14 referem-se a um episódio específico na história da interação israelita com a nação de Edom. Os dois acontecimentos mais prováveis são 1) o ataque a Jerusalém pelos filisteus e árabes, por volta de 844 a.C., durante o reinado de Jorão (v. 2Crônicas 21.16-17; 2Reis 8.16-20); ou 2) a destruição de Jerusalém pelos babilônios em 587 a.C. (2Reis 25.1-12; v. Salmos 137.7-9; Ezequiel 25.1-3,12-14). Situar Obadias após a queda de Jerusalém parece ser a opção mais favorável, já que a conquista total da cidade descrita no versículo 11 é mais bem explicada pela invasão de Nabucodonosor com o cerco e a pilhagem da capital de Judá.

CONTEXTO

Edom — também chamado "Hor" (Naum 20.23), "Seir" (Gênesis 36.8-9) e "Esaú" (Deuteronômio 2.4-5) — e Israel eram aparentados segundo as tradições ancestrais registradas em Gênesis (25.23-26). Os patriarcas de Edom e Israel eram Esaú e Jacó respectivamente, ambos filhos de Isaque.

A nação de Edom situava-se nos planaltos e desfiladeiros de arenito na extremidade sudeste do mar Morto, desde o riacho de Zerede até o norte do golfo de Ácaba ao sul. Havia forte organização tribal em Edom desde os tempos dos patriarcas (Gênesis 36.1-30). Os edomitas passaram para a forma de governo monárquica antes do êxodo do Egito, quando negaram aos israelitas passagem para o leste e os ameaçaram com uma demonstração de força (Números 20.14-21; 21.4).

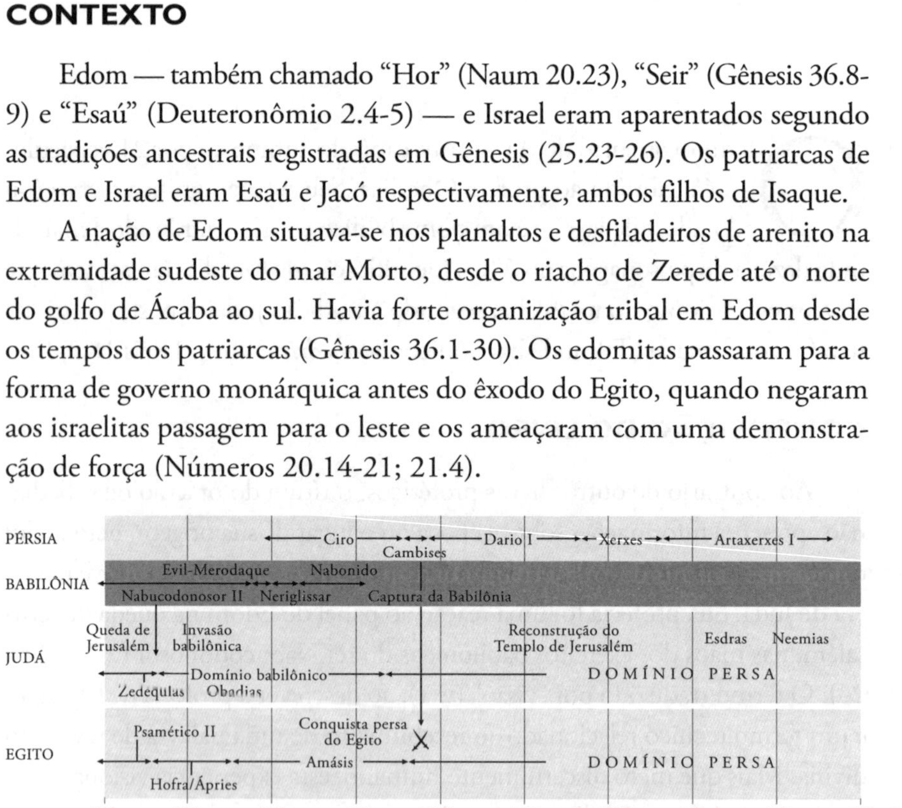

Edom e Israel coexistiram pacificamente até o reinado de Saul e Davi (1Samuel 14.47; 2Samuel 8.13-14). Judá controlou Edom como Estado satélite durante o reinado de Jorão (ca. 853-841 a.C.), quando os edomitas se rebelaram e obtiveram sua independência (2Reis 8.20-22; v. 1Reis 11.14-25; 22.47). Invasões posteriores a Edom pelos reis judeus Amazias (2Reis 17.7) e Uzias (2Reis 14.22) foram, evidentemente, limitadas e resultaram apenas no controle temporário de partes do território edomita.

Já em 597 a.C., o controle do Neguebe foi tirado de Judá pelos babilônios (v. 2Reis 24.8-17), e os edomitas se mudaram para a região para preencher o vácuo. Edom não só auxiliou a Babilônia na pilhagem de Jerusalém em 587, mas também ocupou algumas vilas de Judá até o Período Persa (v. 1Esdras 4.50).

A data precisa do colapso de Edom ainda é desconhecida, e as circunstâncias específicas que causaram sua destruição são incertas. Na época da profecia de Malaquias (ca. 500-450 a.C.), o reino edomita já estava em ruínas (Malaquias 1.2-4). Ao que tudo indica, Edom permaneceu, em grande parte, independente da influência babilônica até cerca de 550 a.C. (v. Jeremias 40.11). Segundo o consenso de estudiosos, uma coligação de tribos árabes gradualmente se infiltrou, sobrepujou e expulsou os edomitas no século V a.C. Até 312 a.C., inscrições revelam que os árabes nabateus haviam devastado a região de Edom, tornando Petra sua capital. Os edomitas sobreviventes mudaram-se para a Idumeia ou foram absorvidos pelos nabateus.

ESBOÇO DE OBADIAS

I. Cabeçalho (1a)
II. Mensagem de Javé contra Edom
    A. Julgamento pronunciado e reafirmado (1b-9)
    B. Acusações (10-14)
III. O dia do Senhor
    A. Julgamento universal (15 e 16)
    B. Livramento de Sião (17 e 18)
    C. Reino de Javé estabelecido (19-21)

PROPÓSITO E MENSAGEM

Obadias, como enviado de Javé, proclamou uma mensagem de três partes às nações (v. 1). Em primeiro lugar, ele condenou o orgulho e a crueldade dos edomitas no maltrato de Judá como aliados da Babilônia durante a pilhagem de Jerusalém. Essa conduta terrível não ficaria sem castigo, e a destruição futura, mas certa, de Edom foi prevista (v. 2-9).

Em segundo lugar, o profeta se dirigiu ao remanescente fiel de Israel e assegurou o triunfo final de Javé e a justiça sobre a perversidade de todas as nações no dia do Senhor (v. 15-16). Aquele dia guardava promessas de livramento e restauração para o povo de Deus e a cidade de Jerusalém, tema comum para os Doze Profetas (v. 17-21; v. Joel 3.4-8,17-21; Sofonias 3.9-20).

Finalmente, implícito nesta breve profecia e praticamente em toda a literatura profética do AT está o domínio universal de Javé sobre as nações. Ele é o Soberano, o Senhor (v. 1, NVI), que registra as iniquidades dos povos (v. 10-14), aplica sua justiça à criação (v. 4,8,15; v. Salmos 40.7; 69.27-28; Amós 1.3,5,9; *et al.*) e controla os destinos dos governos humanos (Isaías 14.24- 28; Daniel 2.19-24).

A profecia de Obadias a respeito da retribuição divina contra Edom por auxiliar e se vangloriar no dia da desgraça de Judá serve de advertência a todas as nações, já que elas também correm o risco de receberem a retribuição por suas ações à medida que o dia da ira do Senhor se aproxima (Obadias 15-16). Mais importante para Israel, essa afirmação profética da atividade divina na História foi criada para relembrar seu amor pelo povo fundamentado na aliança e, assim, pretendia oferecer uma palavra de incentivo no presente e uma promessa de esperança futura ao remanescente de Jacó diante do desastre recente (v. Salmos 111.2-9; Lamentações 3.21-28).

ESTRUTURA E ORGANIZAÇÃO

Obadias é um dos diversos oráculos contra Edom no AT (Isaías 21.11-12; 34.5-17; Jeremias 49.7-22; Ezequiel 25.12-14; 35.1-15; Amós 1.11,12). A estrutura literária do livro geralmente é interpretada como oráculo nacional, como a profecia de Naum contra a Assíria (v. os oráculos nacionais em Isaías 13–23; Jeremias 46–51; Ezequiel 25–32; Amós 1.3–2.16; Sofonias 2.4-15). Esse tema antiedomita pode ser traçado no

AT desde a bênção mista dada a Esaú por Isaque (Gênesis 27.39- 40) até a afirmação da destruição de Edom por Malaquias (1.2-4).

O oráculo de Obadias — como as profecias de Isaías (1.1), Daniel (8.1) e Naum (1.1) — é uma "visão" ou revelação. No sentido mais amplo, a palavra *visão* significa uma comunicação divina com o profeta ou porta-voz divino e denota a autoridade e autenticidade da mensagem profética. Mais especificamente, a palavra é um termo técnico que descreve o método de revelação divina. Seu uso se limita em grande parte aos profetas pré-exílicos e geralmente se encontra no contexto de juízo iminente. O fato de a mensagem de Obadias ser uma "visão" pode explicar a linguagem sucinta do livro, seu simbolismo e a realização definitiva do fato visto com antecedência.

Obadias 1b-4, 5 e 6 são quase idênticos a Jeremias 49.14-16 e 49.9-10. Naturalmente, isso suscitou a questão de qual texto veio primeiro, e três teorias surgiram: 1) a prioridade de Obadias, 2) Jeremias como fonte original, com Obadias baseando-se nela e 3) uma fonte, agora perdida, comum a ambos os profetas. Essa fonte antiedomita comum é a explicação mais provável para as semelhanças entre as duas profecias, da qual Jeremias faz citações com mais liberdade, e Obadias aderiu à tradição recebida com mais rigidez.

Embora a unidade literária de Obadias tenha sido desafiada por alguns estudiosos, há divisões ou estrofes distintas na profecia — o que representa um plano abrangente. A repetição de "Javé", no início e no fim dos versículos 1-4 e 15-21, demarcam unidades literárias claras. Embora menos notáveis, os versículos 8-10 e 11-14 repetem a expressão "naquele/no dia", com o refrão "dia da sua aflição" nos versículos 12 e 14. Finalmente, a(s) fórmula(s) "declara o Senhor" (v. 4,8,18) também indica(m) estrutura deliberada.

A estrutura teológica e o desenvolvimento temático evidentes em Obadias apoiam a premissa de unidade literária. O esboço clássico de quatro pontos na literatura profética hebraica aparece nesta obra curta. As acusações feitas contra pecados específicos, o pronunciamento de juízo divino e a promessa de restauração (consequência) são facilmente identificados (v. fig. 22.3). O chamado ao arrependimento é omitido, mas é característica de todas as profecias antiedomitas. Outra questão surpreendente é a inversão final dos papéis das nações. Judá sofreu desgraça nas mãos de Edom, mas no dia do Senhor a casa de Jacó será restaurada, e o monte de Esaú será destruído.

A lista de atos criminosos cometidos pelos edomitas contra os hebreus (v. 10-14) lembra o oráculo "processual" ou discurso judicial (*e.g.*, Oseias 4.1- 3; Miqueias 6.1-2). Geralmente, essa forma de discurso profético possuía três partes: a convocação, o julgamento (com discursos de acusação e defesa) e a sentença.[1] Nesse caso, a deslealdade da conduta implacável de Edom foi tão terrível que a sentença (humilhação e desintegração de Edom, v. 2- 9,10,15) vieram logo após a convocação (v. 1b). O julgamento contém apenas o discurso de acusação, e isso apenas destaca a culpa de Edom e a justiça do veredicto — pena de morte para Edom.

TEMAS PRINCIPAIS

Orgulho

Obadias censurou a confiança de Edom em seus sábios pela incapacidade de detectar a conspiração de falsos amigos para sobrepujar e furtar a nação (v. 7-8). O orgulho distorce a realidade e impede o povo de enxergar a verdade. O orgulho de Edom (v. 3) continha as sementes de sua destruição, pois Deus pretendia humilhar todos os presunçosos e insolentes (Provérbios 11.2; 16.16-18; Isaías 16.6; 25.11). A reputação de Edom como mina de sabedoria no mundo antigo era ampla (v. Jeremias 49.7). Babilônia também se vangloriava de sua sabedoria; entretanto, esta provou ser inútil diante do juízo divino (Isaías 47.8-15). O mesmo aconteceu com Edom e acontecerá com todos os que se opõem a Deus com a força da sabedoria humana (v. 1Coríntios 1.18-31).

Lei de talião

O conceito de que o crime não compensa — "A maldade que você praticou recairá sobre você" (v. 15) — é bem fundado no ensinamento bíblico. (V. comentários sobre o princípio da retribuição na Terceira Parte,

---

1 V. Westermann, Claus, **Basic Forms of Prophetic Speech**, transl. H. C. White (Philadelphia, Westminster, 1967), p. 127.

"Os Livros Poéticos".) A legislação da Torá se baseia no conceito da lei de talião, ou "olho por olho" (Êxodo 21.23; Levítico 24.19; Deuteronômio 19.21); a saber, o castigo por atos criminosos será realizado proporcionalmente ao delito. A tradição da sabedoria israelita refletia esta crença (Provérbios 26.27; v. Salmos 7.15-16), e o apóstolo Paulo também reconheceu que o homem ceifa o que semeia (Gálatas 6.7-10). Judá ficou bem ciente desse preceito anteriormente quando o Soberano Senhor levou Samaria para a Assíria (2Reis 17.21-23), esmagou o Império Assírio pela mão de Nabucodonosor (Isaías 14.24-27) e, com a mesma mão, fez de Judá uma desolação por causa do pecado (Jeremias 25.8-14).

Julgamento universal

O início da parte do segundo princípio da profecia (v.15-16) indica a mudança da acusação específica de Edom para afirmação mais geral de julgamento universal que caracteriza o dia do Senhor. Essa atenção aos temas mais amplos do juízo das nações e da restauração de Israel tem dois propósitos. Em primeiro lugar, era uma reação ao interesse imediato por justiça divina à luz da aliança de Edom com Babilônia na destruição de Jerusalém. Em segundo, Obadias usou esse ensinamento para dar esperança ao remanescente de Jacó por meio da afirmação do triunfo final de Javé na ordem mundial (*e.g.*, Isaías 24–27,32; Jeremias 29–33; Ezequiel 33–35; Oseias 13–14; Amós 9).

Restauração

Como outras obras proféticas, o oráculo de Obadias termina com a promessa de restauração para o remanescente de Israel (*e.g.*, Joel 3.17–21; Amós 9.11-15; Miqueias 7.8-20). Sem dúvida, o profeta pretendia trazer à memória promessas antigas feitas aos patriarcas com relação a Canaã como herança e posse eterna. O motivo pelo qual Obadias recorreu à história era imprimir esperança nos exilados (e nos que ficaram em Jerusalém como vassalos de Nabucodonosor) reforçando sua fé em Javé como Deus fiel à aliança (Salmos 115.5-8; Miqueias 7.20).

A restauração final de Israel, como a conclusão da história humana, se cumprirá com o reino ou domínio soberano do Senhor na ordem criada

(v. 21). Este tema do domínio final de Javé sobre o mundo por meio de Israel como **sinete** ocorre frequentemente no AT como parte das expectativas messiânicas do dia do Senhor (*e.g.*, Ezequiel 37.24-28; Daniel 2.44-45; Zacarias 12.3–13.6).

Perguntas para estudo e debate

1. De que maneira a profecia de Obadias, embora dirigida a uma nação, diz respeito a indivíduos?
2. Como Obadias vê o papel de Deus na história humana? O que o profeta apresenta por objetivo da história humana?
3. Comente o princípio da lei de talião e sua atual importância.

Leituras complementares

ALEXANDER, D., BAKER, D. W. & WALTKE, Bruce. Obadiah, Jonah, Micah. **TOTC**. Downers Grove, IL: InterVarsity Press, 1988. [Publicado em português com o título **Obadias, Jonas, Miqueias, Naum, Habacuque e Sofonias***:* introdução e comentário (São Paulo: Vida Nova, 2001).]

ALLEN, L. C. The Books of Joel, Obadiah, Jonah and Micah. **NICOT**. Grand Rapids: Eerdmans, 1976.

BULLOCK, C. Hassell. **An Introduction to the Old Testament Prophetic Books**. Chicago: Moody Press, 1986.

CRAIGIE, Peter C. Twelve Prophets. **DSB-OT**. Philadelphia: Westminster, 1984. V. 1. Debate penetrante da justiça divina e do pecado humano, com aplicação criteriosa da mensagem de Obadias aos dias de hoje.

MCCOMISKEY, T. E. **The Minor Prophets**: Obadiah-Habakkuk. Grand Rapids: Baker, 1993. v. 2.

RAABE, P. Obadiah. **AB**. New York: Doubleday, 1996. v. 24d.

STUART, Douglas. Hosea-Jonah. **WBC**. Waco, TX: Word, 1987. v. 31.

WALTON, John H & BREYER, Bryan E. Obadiah, Jonah. **Bible Study Commentary Series**. Grand Rapids: Zondervan, 1988.

WATTS, J. D. W. The Books of Joel, Obadiah, Jonah, Nahum, Habakkuk, and Zephaniah. **CBC**. London: Cambridge University Press, 1975.

____. **Obadiah**: a Critical and Exegetical Commentary. Grand Rapids: Eerdmans, 1969. Análise completa, erudita e agradável da época e da mensagem de Obadias; comentário padrão do livro.
Wolff, Hans Walter. **Obadiah and Jonah**: A Commentary. Minneapolis: Augsburg, 1986. [Tradução da obra original em alemão.]

32

Jonas

Conceitos básicos

✓ O direito de Deus de realizar atos de compaixão
✓ A tendência divina de oferecer outra oportunidade
✓ O prazer de Deus em pequenos avanços na direção certa

O livro de Jonas é singular entre os livros proféticos do AT. Em vez de ser uma coleção de oráculos do profeta, ele narra um episódio de sua vida. No AT, o profeta Jonas só é mencionado fora deste livro em 2Reis 14.25, em referência ao reinado de Jeroboão II no Reino do Norte na primeira metade do século VIII a.C.

COMPOSIÇÃO DO LIVRO

Embora Jonas tenha vivido no século VIII a.C., há controvérsias quanto à datação do livro, pois não existe uma confirmação do autor. Ele foi escrito na terceira pessoa, e o autor não é identificado na Bíblia. No entanto, se o livro baseia-se em fatos verídicos, deve-se esperar que Jonas ou alguém que obteve informação a seu respeito seja o autor — *e.g.*, algum dos "filhos dos profetas" (v. 2Reis 2.3).

Há muitos debates sobre a natureza do livro. A incredibilidade de alguns dos fatos descritos (*e.g.*, a sobrevivência de Jonas no interior do peixe, o crescimento acelerado da planta) levou muitos estudiosos a considerar o livro uma alegoria (em que as personagens e os acontecimentos são simbólicos), uma parábola (história com moral no fim) ou um *midrash* (história que transmite verdade religiosa pela elaboração e pelo embelezamento do fato no contexto histórico).

Assim, alega-se que os fatos não aconteceram, mas que a história foi inventada para apresentar uma moral. Às vezes, a relutância em aceitar a possibilidade de ocorrências milagrosas está por trás do problema, enquanto para outros é apenas uma questão de gênero literário.

Outros intérpretes tendem a afirmar a natureza histórica, mas sensacional, do livro. Objeções levantadas contra a interpretação histórica, como o tamanho incrível de Nínive (3.3) e a referência ao "rei de Nínive" (3.6), em vez de ao rei da Assíria, foram devidamente explicadas.[1] Também se argumenta que a referência de Jesus aos fatos do livro em Mateus 12.40-41 sugere crença na sua historicidade. Além disso, embora o rei assírio não seja identificado pelo nome, o registro não foi identificado de forma convincente por outros gêneros não históricos.[2] Portanto, à luz dessas informações, preferimos aceitar a autenticidade da narrativa, embora outras posições quanto ao gênero do livro sejam defensáveis.

Afirmar a natureza factual do livro não exige a tentativa de identificar a espécie de peixe envolvido (não necessariamente uma baleia) com base no tamanho do esôfago e tendo o Mediterrâneo como hábitat, etc., como muitos intérpretes conservadores se sentem obrigados a fazer. A ação do peixe foi ordenada por Deus, e se a possibilidade do milagre é aceita filosoficamente, mais detalhes são irrelevantes e de comprovação bastante complexa.

CONTEXTO

Situados na primeira metade do século VIII a.C., os fatos desse livro ocorreram em um período de grande otimismo no Reino do Norte. O Império Assírio, que demonstrara sua força no século IX, entrou em declínio,

[1] V. Wiseman, Donald J., **Jonah's Nineveh**, p. 29-51. P. ex., o título "rei" podia ser usado para um governador, ou este poderia ser o rei da Assíria. O uso de "rei" com o nome de uma cidade não é impossível (v. "rei de Samaria" em 1Reis 21.1). Quanto ao tamanho de Nínive, é mais provável que Jonas 3.3 se refira ao tamanho da tarefa ou ao tempo de estada em vez da verdadeira circunferência ou do diâmetro da cidade (v. a mesma terminologia em Neemias 2.6).

[2] Uma excelente apresentação das questões referentes à natureza sensacional do livro, seu gênero e historicidade podem ser encontrados no comentário de Douglas Stuart, **Hosea-Jonah**, p. 435-42.

deixando Jeroboão II livre para reconquistar boa parte do território pertencente a Israel na época de Davi e Salomão. A expansão territorial trouxe mais prosperidade que em qualquer outra época anterior na história de Israel. Embora não esquecidos, os assírios não eram uma ameaça para Israel nesse período. Mal imaginavam os israelitas que até o fim do século o Império Assírio seria a maior força política que o mundo já conhecera, e o Reino do Norte seria tomado, e o povo, deportado.

Os estudiosos ainda não determinaram quem era o rei da Assíria quando os fatos do livro sucederam. Alguns procuraram evidências de conversão em massa ao judaísmo, ou pelo menos monoteísmo, nos registros dos assírios, mas não encontraram; contudo, o mérito dessa linha de pesquisa é questionável. Outros sugeriram que a mensagem de Jonas fosse correlacionada a grandes desastres como terremotos ou eclipses para explicar a ampla reação dos assírios. Na verdade, essa correlação não é necessária, pois ocorrências bem menos significativas também poderiam prever a destruição catastrófica dos assírios (*e.g.*, algo simples como uma raposa na praça da cidade era considerado sinal da queda iminente da cidade). Como resultado, a determinação cronológica exata dos fatos é impossível.

ESBOÇO DE JONAS

I. Primeiro chamado e a tentativa de fuga de Jonas (1.1-16)
II. Resgate divino de Jonas e sua demonstração de gratidão (1.17–2.10)
III. Segundo chamado e a resposta de Nínive à pregação de Jonas (3.1-9)
IV. Resgate divino de Nínive e demonstração de ira de Jonas (3.10–4.5)
V. A ilustração e o direito divino de compaixão (4.6-11)

PROPÓSITO E MENSAGEM

O propósito do livro de Jonas, geralmente, é mal compreendido. Os intérpretes tendem a buscar nele uma mensagem para Israel. Ao fazer isso, parece natural concluir que Jonas representa Israel. Depois, quando ele é comparado a Nínive, uma lição para Israel pode ser derivada da lição que Jonas aprende.

Consequentemente, alguns acreditam que Jonas é um livro missionário. Por meio dele vemos Deus incentivando Israel a ir além da exclusividade teológica e evangelizar outras nações. Outros sugeriram que o livro ensina Israel que Deus tem compaixão dos pagãos, e eles também devem amar e perdoar os piores inimigos.

Embora todas estas sejam ideias nobres — e teologicamente boas — o livro aponta para outra direção. A equação que nos oferece não é Jonas = Israel, mas sim Jonas = Nínive. Duas observações principais ditam essa equação. A primeira é o uso do nome divino composto, "Senhor Deus" (*Yahweh Elohim*) em 4.6. Até esse ponto da narrativa, "o Senhor" (Javé) era o nome usado por Jonas, enquanto "Deus" (*Elohim*) era usado quando os ninivitas estavam envolvidos. Isso é normal, já que "Javé"" era o nome pessoal do Deus de Israel e "Elohim" era um termo mais genérico referente à divindade. O fato de o nome composto ocorrer apenas uma vez no livro indica uma mudança importante, porque depois dele, a ilustração usa de forma coerente o nome "Elohim" mesmo quando Jonas está envolvido.

A segunda observação diz respeito à terminologia hebraica na profecia. A palavra traduzida por "destruiu" na NVI, em 3.10, é a mesma palavra traduzida por "calor" em 4.6. Tanto Nínive quanto Jonas tinham uma "calamidade" que exigia alívio. Tais observações sugerem que Jonas, na ilustração de 4.6-8, estava sendo tratado como Nínive.

Uma vez aceita essa equação, a correlação adquire forma, e a mensagem torna-se clara. Jonas e Nínive enfrentaram uma calamidade iminente: Jonas, o clima; Nínive, a destruição. Ambos tentaram evitá-la tomando as medidas possíveis — Jonas fez seu abrigo, Nínive se arrependeu. Nenhuma delas era suficiente para trazer alívio, mas cada uma foi auxiliada por ato divino de graça — o envio da planta para Jonas e a compaixão para Nínive. Então Jonas ficou em situação paralela à de Nínive.

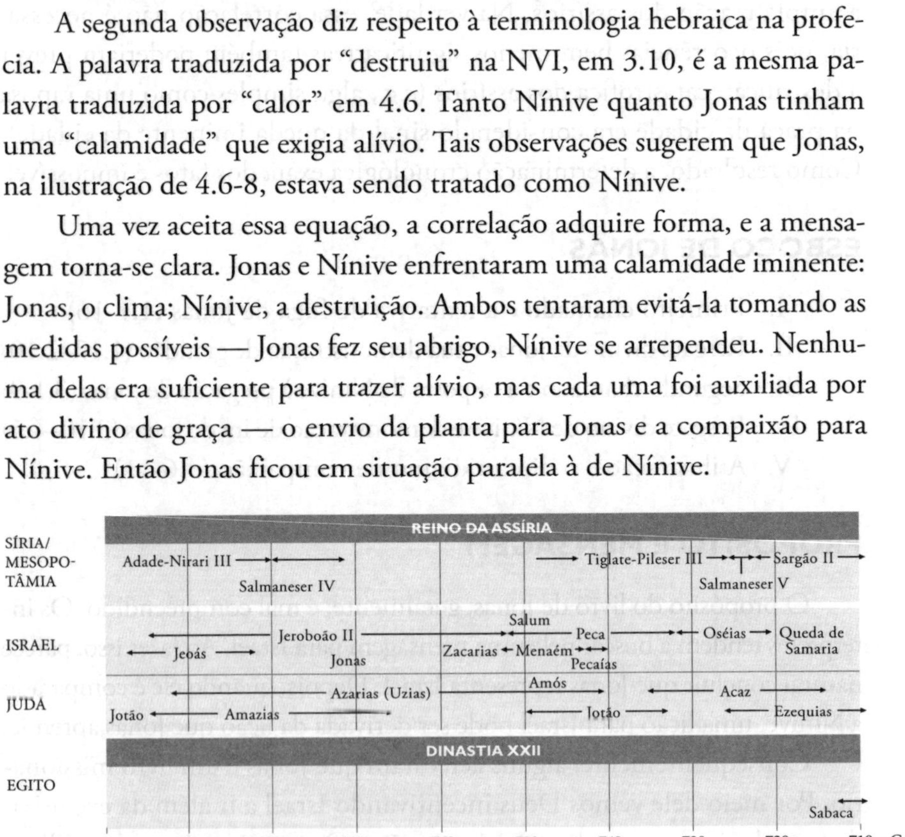

Nesse momento, porém, houve mudança. Não há paralelo na experiência de Nínive com o parasita que destruiu a planta que protegia Jonas. Descobrimos que, no fim, ele não foi poupado da calamidade, pois Deus removeu soberanamente seu instrumento de graça — então o parasita devorou a planta. Em seguida, Jonas recebeu o tratamento que desejava da parte de Deus para Nínive. Jonas queria negar o ato de compaixão da graça de Deus por Nínive, e ele foi tratado da mesma forma por Deus.

A lição é exposta nos dois debates relativos à ira de Jonas (4.3,4,8-9). Em ambos os casos, sua ira se voltou ao mecanismo da graça divina. Em 4.3-4, Jonas estava irado porque a graça de Deus foi aplicada, pois, segundo ele, Nínive não merecia outras oportunidades. Em 4.8-9, Jonas estava irado por ter perdido o benefício da proteção divina, embora Deus tenha demonstrado que Jonas nada fizera para merecê-la.

Fica claro que a mensagem do livro está relacionada ao direito divino soberano de ter compaixão de quem ele desejar. Apesar de a tentativa de autopreservação de Nínive ser insuficiente pelos padrões de Deus para garantir o livramento, o Senhor honrou o pequeno avanço na direção certa com o adiamento do juízo anunciado. Os ninivitas ainda estavam sob a ameaça de destruição, mas ela deixou de ser iminente, graças apenas à misericórdia divina.

Essa equação não só nos ajuda a entender a importância da ilustração e a perceber a mensagem do livro com clareza como também indica a natureza do arrependimento dos ninivitas: provavelmente tenha sido bem superficial. Isso está sugerido, a princípio, pelo paralelo na ilustração. O abrigo de Jonas era, sem dúvida, incapaz de cumprir sua função; foi a planta que deu sombra. Quando ela se foi, o abrigo não pôde proteger Jonas do clima. O arrependimento de Nínive poderia ser descrito em termos semelhantes.

Em segundo lugar, em seu zelo de promover a evangelização, os intérpretes às vezes consideram a reação dos ninivitas uma conversão gloriosa à fé no único Deus verdadeiro. Nós nos alegraríamos com essa reação entusiástica por parte dos assírios, mas a análise cuidadosa do texto não apoia essa teoria. Nada no texto sugere que eles foram apresentados a Javé ou convencidos a adotar a fé monoteísta. A mensagem do profeta foi um simples oráculo de juízo. Embora seja possível que o oráculo tenha sido resumido no texto, não há motivo para supor que qualquer tipo de instrução ou exortação estivesse incluída nele. (Compare o livro de Naum, um oráculo ampliado contra os ninivitas de geração posterior). Jonas 3.5 afirma que eles "creram em Deus" (NVI), mas isso não implica nada além de crer que a ameaça de Jonas (*i.e.*, Deus) realmente se realizaria. Além disso, 3.10 deixa claro que Javé se compadeceu por causa das suas ações, não com base na sua fé. Mesmo o fato de os ninivitas estarem presentes no juízo (Mateus 12.41) indica sua suposta conversão, pois a rainha de Sabá é mencionada com eles (12.42).

A importância de tudo isso é nos ajudar a perceber que a reação dos ninivitas não é, de forma alguma, a chave para entender a mensagem ou o propósito do livro. Seu arrependimento era duvidoso na opinião de Jonas, e ele era cético quanto à sua validade. Era uma reação típica dos assírios depender dos rituais para apaziguar divindades iradas.

O livro não usa Jonas para representar Israel e, assim, estimular ação (*e.g.*, evangelizar, perdoar, ser compassivo, etc.). Pelo contrário, identifica os três (Jonas, Nínive e Israel) como objetos da atividade divina. Deus reserva a si o direito soberano de ser misericordioso e se alegra com atos de compaixão – mesmo quando os atos são contrários às advertências proféticas já declaradas.

Não é coincidência que esse fato tenha ocorrido no início do século VIII, pouco antes do despertar do período clássico da profecia. Os profetas clássicos possuíam uma nova mensagem, que começaram a declarar aos israelitas: o Senhor está irado com a desobediência e rebelião de Israel e vai castigá-lo com destruição e exílio. É evidente que, na mensagem dos profetas clássicos, Israel foi tratado da mesma forma que Nínive no livro de Jonas. O castigo divino era iminente, e os israelitas não tinham esperança de se protegerem da calamidade futura. O que Deus esperava deles? Esta é a mensagem do livro de Jonas. Deus se agrada em reagir a pequenos avanços na direção certa com atos de compaixão. O adiamento resultante do castigo é evidente em narrativas como 2Reis 22, quando o retorno de Josias ao Senhor foi ocasião da graça divina. Certamente, se Deus agiu assim com Nínive, o maior exemplo da perversidade pagã, ele teria compaixão do seu povo escolhido, Israel.

Portanto, é a ilustração de Jonas 4 que transmite o propósito do livro. Sem ela, a equação seria irreconhecível. Alguns intérpretes temem que a narrativa está incompleta, porque o leitor não descobre qual foi a reação de Jonas nem se o arrependimento ninivita teve efeitos a longo prazo. Mas agora podemos ver que Jonas e os ninivitas são personagens secundárias.

Estamos aprendendo sobre Deus. A narrativa, portanto, termina no ponto certo — ao falar de sua compaixão.

ORGANIZAÇÃO E ESTRUTURA

Jonas é uma composição bem-estruturada. Está organizada em duas metades paralelas: os capítulos 1 e 2 são aproximadamente paralelos aos capítulos 3 e 4. Cada parte começa com o chamado de Deus e a resposta de Jonas (1.1-3/3.1-3). Depois Jonas se depara com pagãos forçados a considerar a influência do seu Deus (1.4-11/3.4-10). Em ambas as situações, Jonas é forçado a enfrentar Deus por causa de suas atitudes (1.12-17/4.1- 9). O livramento compassivo de Deus destaca o fim de cada divisão (2.1-9/4.10-12).

Na primeira parte do livro (cap. 1 e 2), Deus demonstra compaixão pelos marinheiros e por Jonas ao poupar suas vidas. A oração do profeta no capítulo 2 é essencial ao livro porque prepara o terreno para o debate sobre a graça de Deus. O salmo é um hino de ação de graças, não o lamento que alguns esperam. Jonas não reclamava da situação no ventre do peixe; ao contrário, agradeceu a Deus por livrá-lo da morte. O salmo usa uma linguagem genérica que poderia ser aplicada a diversas situações. Devia ser um hino comum ou uma composição de versos de vários hinos.[3] A oração tem a função importante de demonstrar ao leitor que Jonas se considerava plenamente um receptor indigno da graça divina. Isso, porém, nos deixa menos pacientes com Jonas no capítulo 4 e nos prepara para perceber a verdade no ensinamento do livro.

O capítulo 3 descreve o acontecimento principal da obra, e o capítulo 4 coloca a lição do livro em foco.

TEMAS PRINCIPAIS

Compaixão

Já mencionamos que a compaixão de Deus e o seu direito soberano de realizar atos compassivos é o foco principal do livro. Até a apresentação de Jonas no livro de Reis é uma preparação adequada para o debate

[3] Salmos como 18, 31 e 69 demonstram paralelos interessantes.

sobre a compaixão divina, pois ali Deus demonstrou misericórdia imerecida para com o Reino do Norte ao fazer um rei perverso (Jeroboão II) prosperar. Como Jonas 1 e 2 são exemplos de que Jonas, como indivíduo, estava preparado para entender e aceitar o direito divino de agir com graça, 2Reis 14.25-27 apresenta o contexto nacional pelo qual Israel poderia entender a compaixão soberana de Deus.

Ira

A ira divina supostamente deu início aos acontecimentos do livro de Jonas. A iniquidade de Nínive levou a ira de Deus a agir. E isso não obstante Jonas afirmar que Deus era muito paciente (4.2), embora ele mesmo não fosse. A ira do profeta parecia repreender Deus, que, na sua opinião, não estava irado o suficiente com quem merecia. A ira justa é equilibrada pela compaixão, e Deus tem o direito de exercer ambas. Assim, sua soberania deve ser analisada em relação à sua compaixão.

Teodiceia

Justificar os caminhos de Deus (teodiceia) é um tema comum no AT, mas raramente pressupõe a forma que vemos no livro de Jonas. Em geral, o israelita preocupado com a teodiceia fazia a pergunta de Deus a Jonas: "Você tem alguma razão para essa fúria?" (4.4,9), pois os israelitas ficavam intrigados com o sofrimento do justo. Mas, na história de Jonas, a questão se inverteu, pois diz respeito à indulgência divina pelo ímpio – acusação igualmente séria.[4] O livro responde a questão declarando o direito de Deus de não se irar, ou melhor, de ser "tardio em irar-se" (ARA). Sua justiça não é negada pela oferta de prorrogações pela graça. Essa foi a mesma resposta dada em Habacuque e se reflete na teologia do NT e em passagens como Romanos 3.25 e Mateus 20.15. No entanto, Deus não é obrigado a conceder prorrogações eternamente. No fim, seu castigo justo será executado (v. Jeremias 13.14; Ezequiel 7.1-9). Deus deve ter a liberdade de agir como deseja.

---

[4] V. Fretheim, T., Jonah and Theodicy, p. 227. Este artigo está repleto de boas observações, muitas das quais influenciaram este capítulo.

Perguntas para estudo e debate

1. Que aspectos do livro de Jonas fazem dele padrão para missões? Que aspectos não o fazem?
2. Cite algumas implicações e aplicações desta teologia da "segunda oportunidade" para Israel e para nós.
3. Que constatação do livro sugere que o arrependimento de Nínive foi superficial? Quais são as implicações dessa conclusão?
4. Há diferença entre expressar gratidão e pedir perdão? Qual foi a intenção de Jonas no capítulo 2?
5. Jonas tinha o direito de se irar com a graça de Deus demonstrada para com um povo ímpio e ignorante? Que aspectos da reação de Jonas apresentam uma "boa" teologia?

Leituras complementares

Alexander, Desmond. Jonah. In: Obadiah, Jonah, Micah. **TOTC**. Downers Grove, IL: InterVarsity Press, 1988. Abordagem evangélica menos técnica que muitas outras. [Publicado em português com o título **Obadias, Jonas, Miqueias, Naum, Habacuque e Sofonias**: introdução e comentário (São Paulo: Vida Nova, 2001).]

Allen, Leslie. The Books of Joel, Obadiah, Jonah and Micah. **NICOT**. Grand Rapids, Eerdmans, 1976. Amplamente evangélico, embora não considere o livro registro de fatos verídicos.

Burrows, Millar. The Literary Category of the Book of Jonah. In: **Translating and Understanding the Old Testament**. Harry Frank e William Reed (orgs.), Nashville: Abingdon, 1970, p. 80-107.

Clements, Ronald E. The Purpose of the Book of Jonah. **VT Supplement** 28, 1974, p. 16-28.

Fretheim, T. Jonah and Theodicy. **Zeitschrift für die alttestamentliche Wissenschaft** 90, 1978, p. 227-37.

Landes, George M. The Kerygma of the Book of Jonah. **Interpretation** 21, 1967, p. 3-31.

Sasson, Jack. Jonah. **AB**. Garden City, NY: Doubleday, 1990. v. 24b. Leitura mais abrangente de ponto de vista crítico.

STUART, Douglas. Hosea-Jonah. **WBC**. Waco, TX: Word, 1987. v. 31, p. 424-510. Comentário excelente, evangélico e completo no tratamento do texto.

WALTON, John H. The Object Lesson of Jonah 4:5-7 and the Purpose of the Book of Jonah. **Bulletin for Biblical Research** 2, 1992, p. 47-57.

______ & BREYER, Bryan E. Obadiah, Jonah. **Bible Study Commentary Series**. Grand Rapids: Zondervan, 1988.

WISEMAN, Donald J. Jonah's Nineveh. **TB** 30, 1979, p. 29-51.

WOLFF, Hans Walter. **Obadiah and Jonah**. Minneapolis: Augsburg, 1986. [Tradução da obra original em alemão.]

33

Miqueias

Conceitos básicos

- ✓ Acusação de injustiça
- ✓ A boa conduta, não rituais manipuladores, como resposta adequada à ira de Deus
- ✓ O trono de Davi a ser ocupado pelo salvador nascido em Belém
- ✓ O livramento futuro da ameaça assíria

Contemporâneo de Isaías, Miqueias era um profeta da pequena cidade de Moresete, localizada nas colinas de Judá, entre Jerusalém e o mar Mediterrâneo. Um dos poucos profetas mencionados especificamente em outro livro profético. Quando Jeremias foi ameaçado de morte por suas profecias a respeito da destruição de Jerusalém, ele foi livrado pelos anciãos, que lembraram o povo de que Miqueias profetizara o mesmo havia mais de 100 anos (Jeremias 26.18-19). Isso indica a preeminência de Miqueias como porta-voz do Senhor.

COMPOSIÇÃO DO LIVRO

O cabeçalho do livro informa claramente o período de atividade profética de Miqueias. Ele profetizou nos dias dos reis Jotão, Acaz e Ezequias. Esses três monarcas reinaram durante a segunda metade do século VIII a.C., e pode-se supor que as profecias tenham sido registradas nessa época. O fato de as profecias serem lembradas mais de um século depois também sugere sua preservação.

As únicas seções do livro de Miqueias que alguns estudiosos consideram acréscimos posteriores são os oráculos de esperança (2.12-13; 4.1–5.9; 7.8-20), o que é condizente com a crença de que estes não foram anunciados por profetas pré-exílicos, pois teria enfraquecido o poder dos oráculos de juízo. Entretanto, essa suposição é infundada, pois os oráculos de esperança representam uma resposta teológica significativa a respeito da fidelidade do Senhor em reação às suas promessas. Afirmações proféticas sobre a restauração futura geralmente não ofereciam esperança à geração que as ouvia. Ao contrário, elas confirmavam que os juízos divinos sobre aquela geração não implicavam o fim da aliança. Portanto, não há motivo para eliminar os oráculos de esperança das coleções de oráculos pré-exílicos.

CONTEXTO

Miqueias ministrou durante a grande crise assíria. Ele testemunhou os acontecimentos resultantes na destruição e deportação do Reino do Norte. (A ascensão assíria ao poder é descrita no cap. 3). Era um período de medo e ansiedade entre as pequenas nações do leste.

Os oráculos de Miqueias não são datados; logo, é difícil atribuí-los a um incidente específico. Houve diversas invasões em Judá pelos assírios no tempo de Miqueias, e muitas delas podem ter servido de pano de fundo para algumas profecias. A mais ameaçadora, geralmente considerada contexto de muitas profecias de Miqueias, foi a campanha de Senaqueribe que culminou no cerco de Jerusalém em 701 a.C. Nessa campanha, muitas cidades de

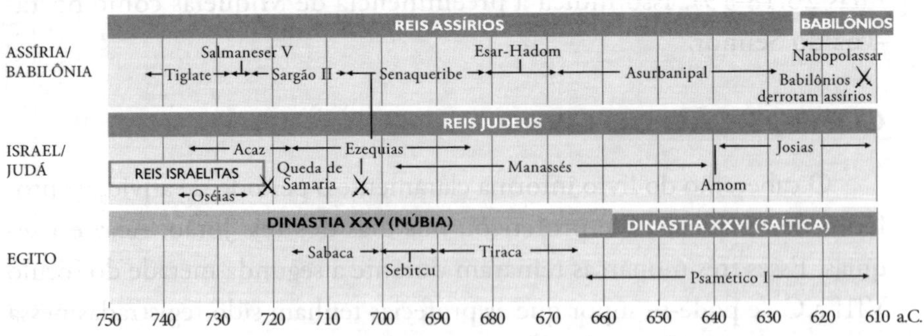

Judá foram sitiadas e destruídas — particularmente Laquis (v. 1.13). O fato não só cumpriu alguns oráculos d e juízo de Miqueiasmas também se revelou como uma oportunidade para o livramento do Senhor. Apesar de os exércitos de Senaquerібe terem cercado Jerusalém e estarem preparados para destruí-la, os registros assírios não descrevem a conclusão da campanha. É compreensível, pois 2Reis 19.35 registra que o exército assírio, com 185 mil soldados, foi destruído durante a noite pelo "Anjo do Senhor".

Neste momento crítico, o Senhor enviou Miqueias com uma mensagem para o povo. Era um período de instabilidade política e social. O grande sucesso militar do rei Uzias (ou Azarias) na primeira metade do século VIII resultou em um período de prosperidade econômica — para alguns. Com o crescimento econômico, surgiu uma classe de negociantes em Israel e novas divisões sociais. Agora o segmento agrário da sociedade se encontrava à mercê de comerciantes que desfrutavam de apoio real. A igualdade no mercado logo se tornou exceção em vez de regra. Foi nesse contexto que Miqueias denunciou injustiça e falsa religiosidade.

ESBOÇO DE MIQUEIAS

I. Prólogo (1.1)
II. O povo (1.2–2.13)
  A. Acusação e julgamento contra o povo (1.2–2.11)
  B. Esperança para o povo (2.12-13)
III. Os líderes (3.1–5.15)
  A. Acusação e julgamento contra os líderes (3)
  B. Esperança da liderança e restauração do Senhor (4.1–8)
  C. Crise atual e livramento (4.9–5.9)
  D. Purificação futura (5.10-15)
V. A nação (6.1–7.20)
  A. Acusação e julgamento contra a nação (6.1–7.7)
  B. Esperança para a nação (7.8-20)

PROPÓSITO E MENSAGEM

Miqueias é um dos poucos profetas que declararam seu propósito explicitamente: "Mas, quanto a mim, graças ao poder do Espírito do Senhor, estou cheio de força e de justiça, para declarar a Jacó a sua transgressão, e a Israel o seu pecado" (3.8). Esse objetivo é refletido na grande proporção de oráculos de acusação e juízo no livro.

Sua mensagem era que o povo, em especial a classe alta, era culpado de injustiça (2.1-2; 3.1-3,9-11; 6.10-11). O resultado era sofrerem destruição e exílio. Os cinco oráculos de julgamento tomam direções diferentes:

1. Destruição dos lugares e objetos de culto, usando termos cósmicos (1.3-7; 3.12)
2. Devastação política, incluindo subversão de cidades e envio dos habitantes ao exílio (1.10-16)
3. Julgamento pessoal contra ofensores específicos (2.3-5)
4. Julgamento espiritual, privando os profetas de revelação (3.6-7)
5. Julgamento socioeconômico, afetando a fertilidade da terra (6.13-16)

Também há várias seções que oferecem esperança e livramento, pelo menos ao remanescente do povo. Elas parecem projetar livramento a curto prazo dos assírios (2.12-13; 5.2-9) e restauração para a nação no futuro indefinido (4.1-5; 7.8-20), embora designações de tempo, como sempre, não sejam claras.

ESTRUTURA E ORGANIZAÇÃO

As três divisões começam pelo chamado para ouvir a Palavra do Senhor. Como demonstramos no esboço, cada divisão também contém uma estrutura inicial que enfatiza o pecado do povo e suas consequências, depois passa para um tom de esperança. Na primeira e na última divisão, é usada uma linguagem judicial que descreve Deus como testemunha (1.2) e depois indica que ele tem acusação contra Israel (6.1-2). A divisão do meio difere das outras por não usar terminologia legal e por incluir algumas seções adicionais. Após os oráculos que delimitam a estrutura de esperança, iniciada pela frase "naquele dia" (v. 4.1,6), a divisão do meio continua com três seções que começam com "agora" (4.9,11; 5.1, ARA), abordando a crise atual. O livramento da crise é profetizado (5.2-9), resultando na estrutura final que menciona a futura purificação de Israel de todos os elementos que o desviaram do Senhor (5.10-15).

TEMAS PRINCIPAIS

O salvador

Duas passagens do livro falam de salvadores reais que serviriam de instrumentos do Senhor para salvar Israel dos inimigos. Em 2.13, o rei é descrito liderando o povo que sai de recinto cercado. O fato de o rei ser comparado ao Senhor levou alguns intérpretes a insistir que o rei descrito aqui é o Senhor (v. 4.7), enquanto outros alegam que o paralelo apenas mostra que o rei agia no poder do Senhor. Como 2.12 fala de um remanescente reunido no aprisco, e o capítulo 1 se refere à destruição de cidades em Judá, é provável que seja uma referência aos refugiados de todas as cidades de Judá que buscaram segurança em Jerusalém em decorrência do massacre assírio de 701 a.C. Se este for o incidente mencionado, foi o Senhor quem trouxe livramento em resposta ao pedido do rei Ezequias.

Em 5.2-9, o salvador não é denominado "rei", mas "governante". O termo *Messias* não foi usado pelos profetas pré-exílicos como referência ao rei davídico ideal do futuro. Assim, tal pessoa deve ser considerada pela função, e não pelo título. Seu surgimento em Belém significa que ele seria o novo Davi e indica certa descontinuidade do governo no poder, cujos herdeiros teriam nascido em Jerusalém. Ele é descrito como alguém que traria livramento ao remanescente. Não há dúvida de que Miqueias falava do rei davídico ideal, ao qual temos o costume de chamar Messias. Todavia, há poucas evidências de que Miqueias tenha recebido qualquer revelação quanto à hora em que essa pessoa surgiria ou como realizaria sua função. Mais uma vez, devemos enfatizar que a tarefa principal do intérprete é entender a mensagem do profeta. Identificar quando ou como o cumprimento se deu não é insignificante, apenas secundário.

A mensagem de Miqueias sobre o salvador foi clara. O Senhor pretendia enviar alguém após o fim do julgamento necessário (5.3). No entanto, sua identidade e a hora de seu surgimento permanecem obscuros no texto. Com o passar do tempo, os autores do NT trouxeram novo discernimento sobre a significado da profecia de Miqueias. Eles não hesitam em considerar Jesus, nascido em Belém, o "novo Davi" previsto por Miqueias e outros profetas. Esse discernimento deixa claro que o Senhor é o Deus da salvação.

O que o Senhor exige?

O versículo mais conhecido do livro deve ser Miqueias 6.8:

> Ele mostrou a você, ó homem, o que é bom e o
> que o SENHOR exige:
> pratique a justiça, ame a fidelidade
> e ande humildemente com o seu Deus.

Com frequência, esse versículo é considerado uma afirmação abrangente das exigências de Deus à humanidade, mas tal interpretação desconsidera a afirmação em seu contexto. O versículo 8 deve ser lido como contraste aos versículos 6 e 7. Neles os israelitas se perguntam como a ira do Senhor, despertada por suas ofensas, pode ser aplacada. Ao considerar a resposta, ficaram inclinados a tentar apaziguar o Senhor por meio de rituais. De novo, os israelitas demonstraram o quanto foram influenciados pelas crenças religiosas dos vizinhos. Miqueias precisou explicar que os rituais, por si só, nada aplacam. A questão não era evitar a ira. A conduta adequada daria fim à ira de Deus. Eles agiam injustamente, violavam os acordos com Deus e com os outros e eram um povo orgulhoso. Esse tipo de comportamento deveria cessar.

Miqueias 6.8, portanto, não é uma afirmação abrangente da responsabilidade humana perante Deus, mas uma indicação do que o público de Miqueias precisava fazer para renovar o relacionamento com o Senhor. A mensagem é que a obediência é mais importante do que o sacrifício (v. 1Samuel 15.22). Uma afirmação abrangente mais adequada encontra-se em Deuteronômio 10.12-13: "E agora, ó Israel, que é que o SENHOR, o seu Deus, lhe pede, senão que tema o SENHOR, o seu Deus, que ande em todos os seus caminhos, que o ame e que sirva ao SENHOR, o seu Deus, de todo o seu coração e de toda a sua alma, e que obedeça aos mandamentos e aos decretos do SENHOR, que hoje lhe dou para o seu próprio bem?".

Perguntas para estudo e debate

1. Como o público de Miqueias, provavelmente, interpretou o anúncio de um futuro rei no contexto histórico da opressão assíria?
2. De que forma a constante tensão nos profetas entre responder a Deus com conduta justa e com ritual deve ser compreendida em relação à necessidade de responder com fé?

Leituras complementares

ALLEN, Leslie. The Books of Joel, Obadiah, Jonah and Micah. **NICOT**. Grand Rapids: Eerdmans, 1976. Análise completa do texto.

HILLERS, Delbert R. **Micah**. Philadelphia: Fortress Press, 1984. Bom estudo crítico.

MAYS, James L. **Micah**. Philadelphia: Westminster, 1976. Uma das melhores interpretações por um crítico.

MCCOMISKEY, Thomas E. Micah. **EBC**. Grand Rapids: Zondervan, 1985. v. 7. Análise evangélica útil.

PRIOR, David. **The Message of Joel, Micah and Habakkuk**. Downers Grove, IL: InterVarsity Press, 1998.

SMITH, Ralph L. Micah-Malachi. **WBC**. Waco, TX: Word, 1984. v. 32.

WALTKE, Bruce. Micah. In: Obadiah, Jonah, Micah. **TOTC**. Downers Grove, IL: InterVarsity Press, 1988. Análise breve, mas bem-feita. [Publicado em português com o título **Obadias, Jonas, Miqueias, Naum, Habacuque e Sofonias**: introdução e comentário (São Paulo: Vida Nova, 2001).]

WOLFF, Hans Walter. **Micah The Prophet**. Philadelphia: Fortress Press, 1981. Leitura homilética e expositiva rara para um crítico. [Tradução da obra original em alemão.]

34

Naum

Conceitos básicos

✓ Julgamento iminente de Nínive
✓ Futura libertação de Judá do poder do Império Assírio

No século VIII a.C., o profeta Jonas foi à cidade de Nínive para proclamar um oráculo de julgamento contra ela. Os ninivitas se arrependeram, e Deus os poupou. Mais de um século depois, Naum também declarou o julgamento de Deus sobre a cidade perversa de Nínive. Desta vez não houve jejum e pano de saco, e Nínive não foi poupada.

COMPOSIÇÃO DO LIVRO

A parte mais controvertida do livro de Naum é o salmo encontrado em 1.2-8. Não é comum o material profético apresentar um salmo introdutório, por isso questiona-se sua inclusão no original. A teoria de que ele foi acrescentado posteriormente foi adotada por quem considera o salmo um fragmento de acróstico do alfabeto (composição em que cada letra do alfabeto aparece no início de versos sucessivos). No entanto, não há prova alguma que impeça Naum de iniciar o oráculo com esse salmo, e, em geral, a unidade do livro tem sido aceita.

Sugeriu-se que o livro de Naum tenha uma grande dívida literária para com Isaías e, na verdade, muitos paralelos podem ser identificados nos campos de vocabulário, construção e tema. Nota-se, em especial, a expressão encontrada apenas nesses dois livros: "Vejam sobre os montes os pés do que anuncia boas notícias e proclama a paz!" (Naum 1.15; v. Isaías 52.7).[1] Isso demonstra que Naum seguia a tradição dos grandes profetas clássicos precedentes.

O livro não contém informação cronológica no cabeçalho, portanto deve ser datado com base nas evidências internas. Como o oráculo prevê a queda de Nínive, é lógico situá-lo antes de 612 a.C., quando a cidade caiu. É claro que alguns estudiosos que não levam em conta a possibilidade de profetizar sobre algo antes que aconteça contentam-se em considerar o livro pós-exílico, mas isso, geralmente, é reflexo de pressuposições antissobrenaturais.

Outra informação é obtida de 3.8. Ali fica claro que a cidade de Tebas (heb. *No Amon*; "Nô-Amom", ARA) já caíra. Isso ocorreu em 663 a.C., quando o rei assírio Assurbanipal alcançou a maior quantidade de território egípcio. Entretanto, é significativo que, até 650 a.C., os assírios foram expulsos novamente do Egito e, certamente até a época de Jeremias, Tebas fora reconstruída (Jeremias 46.25). Embora a questão da analogia provavelmente sejam as fortificações de Tebas e Nínive, a profecia perderia sua força se Tebas tivesse sido reconstruída e voltado a progredir.

Durante a maior parte do período em questão, os reis de Judá foram Manassés (695-642 a.C.) e Josias (640-609 a.C.). Como o oráculo contra Nínive era favorável a Judá, que sofrera o jugo dos assírios por tanto tempo, alguns intérpretes tendem a associar Naum à época de Josias. Manassés fora o pior apóstata dos reis de Judá (2Reis 21.1-18) e, por isso, candidato pouco provável a receber um oráculo favorável. No entanto, Manassés se arrependeu da perversidade no fim do reinado (2Crônicas 33.12-16). Isso ocorreu após o exílio na Assíria, resultado da participação na trama contra Assurbanipal. A ocasião mais provável para a insubordinação de Manassés teria sido durante a revolta babilônica de 652 a.C. Pode-se até imaginar que uma profecia como a de Naum tenha constituído uma crítica da submissão de Manassés à Assíria, que o inspirou a romper ligações. Essa cronologia também se encaixa melhor com os dados sobre Tebas. Em decorrência disso, o livro de Naum pode ser datado de 655-650 a.C.

---

[1] Para ter acesso a uma abordagem completa dos paralelos, v. Armeding, Carl E., Nahum, p. 453-56.

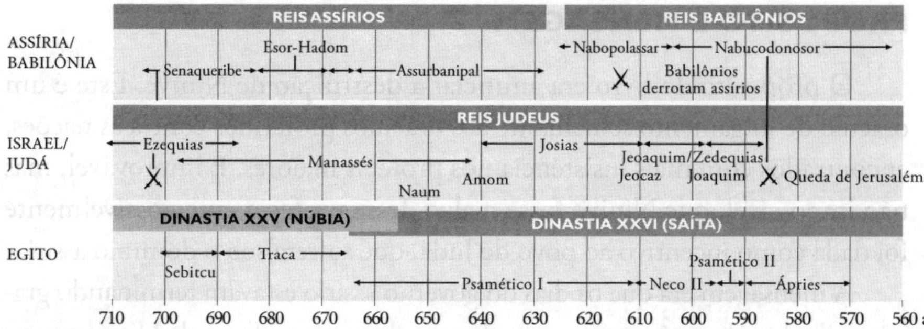

CONTEXTO

Embora o Império Assírio só tenha expirado na última década do século VII, seu ponto de ruptura se deu em meados desse século. Na época, as rebeliões no império começaram a cobrar seu preço e, até 640 e 630, o controle assírio começou a entrar em descompasso, ruindo depois com a desintegração do império. Poucos anos após a morte de Assurbanipal (627), os babilônios haviam conquistado a independência; nas duas décadas seguintes, junto com os medos, destruíram o poderoso Estado assírio. O centro do colapso assírio foi a queda de Nínive em 612, tal como profetizado por Naum.

Nínive fora transformada em joia do Império Assírio por Senaquerribe (704-681 a.C.). Ele quase triplicou o tamanho da cidade e a tornou sua capital, construindo um palácio magnífico e embelezando a cidade com parques, um jardim botânico e um zoológico. Seu esplendor provavelmente só foi ultrapassado no mundo antigo pela Babilônia de Nabucodonosor. Contudo, apesar do esplendor, Nínive representava a perversidade brutal dos assírios, a quem o Senhor estava decidido a castigar — conforme as profecias, por exemplo, em Isaías 14.24-25 e Sofonias 2.13-15.

ESBOÇO DE NAUM

I. Salmo introdutório (1.1-8)
II. Destruição de Nínive e livramento de Judá (1.9–2.2)
III. Cerco a Nínive (2.3–3.19)

PROPÓSITO E MENSAGEM

O propósito do livro era anunciar a destruição de Nínive. Este é um oráculo de julgamento semelhante aos oráculos proferidos contra as nações, encontrados com mais insistência nos profetas maiores. É improvável, mas não impossível, que Nínive fosse o alvo dessa profecia, que possivelmente foi dada como incentivo ao povo de Judá, que sofrera sob o domínio assírio.

A mensagem era que os dias do governo assírio estavam terminando graças ao Senhor. Isso não era apenas um caso de fluxo e refluxo da História, mas a ação do juízo divino contra Nínive. A soberania de Javé era o ingrediente essencial da mensagem. Ele anunciou a destruição de Nínive e a realizaria.

ESTRUTURA E ORGANIZAÇÃO

O livro começa com um salmo descritivo, que pretende colocar a visão na perspectiva adequada. Alguns pesquisadores concluíram que ele era um acróstico parcialmente perdido na transmissão ou adaptado por Naum. A ideia de que Naum teria adaptado um salmo bem conhecido pela introdução não é problemática e pode até ser considerada provável. Se era um acróstico é questão especulativa e não contribui para a interpretação. A ênfase nos atributos de Deus e sua autoridade sobre o cosmo afirma sua propensão e capacidade de julgar Nínive.

A segunda parte do livro compreende discursos alternados sobre Nínive e Judá. Isso deixa claro que, embora a mensagem parecesse ser dirigida a Nínive, ela era, na verdade, dirigida a Judá. As promessas anunciadas a Judá eram que ela não estaria mais sob o jugo da Assíria (1.12-13) e que teria paz e liberdade para celebrar suas festas (1.15). Esta última se cumpriu quando o rei Josias restituiu a celebração da Páscoa, em 622 a.C., em associação com sua reforma (2Crônicas 35). A parte final descreve o cerco e a pilhagem de Nínive; o trecho de 2.3-12 é uma narrativa na terceira pessoa e o de 2.13–3.19 está na segunda pessoa. A canção fúnebre de 3.1 sugere os motivos pelas ações de Deus contra eles, embora não haja acusação formal, o que não era necessário, pois todo o público saberia que Nínive estava sendo tratada da mesma forma como havia tratado outros. Se houvesse dúvida, seria por que o Senhor esperara tanto tempo para dizer: “Eu estou contra você” (3.5).

TEMA PRINCIPAL

Assíria e o Antigo Testamento

A Assíria tem lugar de honra (acima dos filisteus) como maior vilã do AT. Mesmo que os babilônios tenham sido os responsáveis pela destruição de Jerusalém e do templo, eles não se comparam aos assírios em termos de brutalidade. A política militar e as práticas desumanas dos assírios provocaram terror no Antigo Oriente Médio por mais de dois séculos. Os assírios usaram uma propaganda bem-desenvolvida para convencer as nações à sua volta de sua invencibilidade. O medo que geravam é atestado em todo o Oriente Médio e auxiliou sua expansão. A insubmissão tinha consequências, e eles apreciavam fazer dos rebeldes exemplos públicos.

Toda essa guerra psicológica teve o efeito desejado de reduzir a necessidade de combate real. A rendição desprezível era mais fácil. Inimigos e prisioneiros eram sujeitos à tortura em público, que incluía ser esfolado, queimado vivo, amputado — incluindo a face — e várias outras atrocidades. Ainda que, provavelmente, tenham limitado esse tratamento a medidas punitivas para os piores criminosos, pode-se ter certeza de que a extensão da destruição profetizada para Nínive causou pouca religiosidade entre suas vítimas.[2]

Naum foi o porta-voz da intenção divina de responsabilizar a Assíria por sua brutalidade desenfreada. Assim, ele vindicou a justiça de Deus e proclamou sua soberania. Impérios surgem e desaparecem ao seu simples comando, e, por meio das orquestrações da História, cada nação recebe o que merece. Este é um exemplo clássico da teologia histórica de Israel. A proclamação precedia o acontecimento para que ninguém confundisse a intervenção soberana com o fluxo e refluxo "natural" da História. Na teologia israelita, este último não existia.

Perguntas para estudo e debate

1. Qual é a relevância atual da mensagem de Naum?
2. Compare os livros de Jonas e Naum com relação aos juízos pronunciados contra Nínive.

---

[2] Para obter uma descrição do exército assírio, v. Saggs, H. W. F., **The Might that Was Assyria** (London: Sidgwick and Jackson, 1984), p. 243-68.

Leituras complementares

ARMERDING, Carl E. Nahum. **EBC**. Grand Rapids: Zondervan, 1985. v. 7.

BAKER, David W. Nahum, Habakkuk, Zephaniah. **TOTC**. Downers Grove, IL: InterVarsity Press, 1988. [Publicado em português com o título **Obadias, Miqueias, Jonas, Naum, Habacuque e Sofonias**: introdução e comentário (São Paulo: Vida Nova, 2001).]

LONGMAN, Tremper. **Nahum**: The Minor Prophets. Thomas E. McComiskey (org.), Grand Rapids: Baker, 1993. v. 2, p. 765-829.

MAIER, Walter. **The Book of Nahum**. Grand Rapids: Baker, 1959. O mais completo tratamento evangélico.

ROBERTSON, O. Palmer. The Books of Nahum, Habakkuk, and Zephaniah. **NICOT**. Grand Rapids: Eerdmans, 1990.

SMITH, Ralph L. Micah-Malachi. **WBC**. Waco, TX: Word, 1984. v. 32.

35

Habacuque

Conceitos básicos

- ✓ Deus é justo ao lidar com as nações
- ✓ Embora os acontecimentos históricos sejam confusos, devemos confiar em Deus e agir com integridade
- ✓ Judá receberia castigo dos babilônios, os quais também seriam castigados por Deus

Pouco se sabe sobre o profeta Habacuque, pois não há dados genealógicos ou históricos no livro. Ao contrário dos outros livros proféticos, este dá prioridade à abordagem do tema específico em vez de simplesmente servir de veículo literário para preservar os oráculos do profeta (v. cap. 22, esp. p. 451-4). Nesse caso, por exemplo, é mais parecido com Jonas do que com Jeremias. Além disso, o tom de "sabedoria" da profecia e sua organização em torno de indagações do profeta distinguem-no do restante da literatura profética (v. cap. 16, esp. p. 334-5). Esse tom de sabedoria é evidente na ênfase à justiça divina.

COMPOSIÇÃO DO LIVRO

Há pouca dúvida com relação à unidade ou integridade do livro. No entanto, há mais espaço para debate sobre sua datação. Alguns parâmetros podem ser estabelecidos com base nas informações do livro. Em 1.5-6, o levante dos caldeus (ARA; "babilônios", NVI) é apresentado como algo surpreendente e inesperado. Eles assumiram o controle do trono babilônico, declarando independência da Assíria em 626 a.C. Até 612, Nínive, capital assíria, havia caído, mas já em 614 a aliança entre medos e babilônios lançou a base do futuro êxito contra a Assíria. As afirmações de 1.5-6 seriam compreensíveis se feitas antes de 626. Embora pudesse vir até 615, qualquer período após este banalizaria a afirmação desses versículos.

Deve-se observar que esse julgamento sobre Judá nas mãos dos caldeus viria "nos dias de vocês" (1.5). O julgamento mencionado não podia ser aplicado a nada antes de 597 a.C., quando Judá teve seu primeiro grande confronto com a Babilônia. O cálculo de uma geração anterior a esta sugere 640 a.C. como a possível data mais antiga para a profecia.

Josias subiu ao trono de Judá em 640 a.C., e alguns intérpretes acreditam que as condições negativas em Judá descritas em Habacuque 1.2-4 seriam pouco prováveis durante o reinado de alguém tão bom quanto ele. Mas seria um exagero estender a profecia até o reinado do avô perverso de Josias, Manassés. Também se deve lembrar que Josias era menino quando subiu ao trono e só começou suas reformas após 12 anos no poder. Mesmo assim, a reforma se concentrou mais em questões de prática de culto do que em programas sociais. Como resultado, as queixas de injustiça por parte de Habacuque não eram necessariamente contraditórias à natureza dos primeiros anos do reinado de Josias. A injustiça patrocinada pelo reinado de 50 anos de Manassés não teria se dissipado rapidamente.

Assim, os limites estabelecidos para as profecias de Habacuque sugerem sua datação entre 640 e 626 a.C., aproximadamente; 630 é tida como a melhor estimativa, o que tornaria Habacuque contemporâneo de Jeremias.

CONTEXTO

Assurbanipal subiu ao trono assírio em 668 a.C. e herdou o império no auge da glória. Todavia, no fim do seu reinado, a deterioração era evidente e a grande queda aconteceria em menos de 20 anos. Os problemas começaram a surgir por volta de 650 a.C., quando Psamético I, o faraó egípcio, iniciou a expulsão dos assírios do Egito. Assurbanipal foi incapaz de impedir isso, pois estava preocupado com a guerra civil a sudeste do império. Ali, seu irmão Samassumuquim, apoiado pelos elamitas e caldeus,

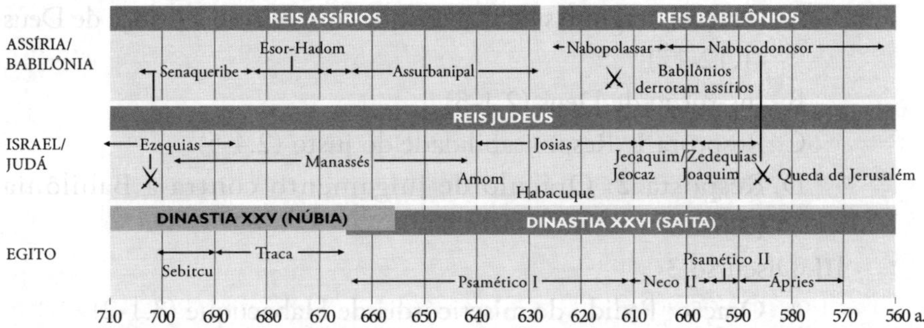

tentava livrar a Babilônia do domínio de Assurbanipal e estabelecê-la como reino independente. Embora essa tentativa tenha fracassado, a esperança de independência não morreu com Samassumuquim; essa região permaneceu instável até o colapso da Assíria. A inquietação persistiu por todo o império durante o reinado de Assurbanipal, embora a Assíria continuasse a suprimir desafios realizados contra seu poder.

Por volta de 630 a.C., o rei já entregara as rédeas do império decadente ao filho Assuretililani — mas não se sabe se fez isso voluntariamente. Após a morte de Assurbanipal em 627 a.C., a cidade da Babilônia foi tomada pelo irmão de Assuretililani, Sinsuriscum. Um ano depois, os caldeus o expulsaram e estabeleceram um Estado babilônico independente sob o governo de Nabopolassar. No futuro, ele colocaria o Oriente Médio sob controle babilônico e entregaria o novo império a seu filho, Nabucodonosor. O período do poder decadente da Assíria forma o pano de fundo da profecia de Habacuque.

À medida que o poderio assírio se desintegrava, as reformas do jovem rei Josias começavam a tomar conta de Judá. Sem a ameaça de castigo ou da interferência assíria, Josias lançou o fundamento visionário para o retorno do povo aos ideais da aliança.

ESBOÇO DE HABACUQUE

I. Discurso 1
   A. Oração: Queixa de Habacuque com relação a Judá (1.1-4)
   B. Resposta: Oráculo de julgamento — Babilônia invadirá Judá (1.5-11)

II. Discurso 2

A. Oração: Perguntas de Habacuque com relação à justiça de Deus (1.12-17)
B. Instrução de Deus (2.1-3)
C. Resposta 1: Responsabilidade do justo (2.4-5)
D. Resposta 2: Oráculo de julgamento contra a Babilônia (2.6-20)

III. Discurso 3
A. Oração: Pedido de misericórdia de Habacuque (3.1-2)
B. Reflexão: O poder soberano de Deus para livrar (3.3-15)
C. Aceitação: confiança de Habacuque na soberania de Deus (3.16-19)

PROPÓSITO E MENSAGEM

O Império Assírio estava no domínio havia mais de um século, mas, até 630 a.C., parecia claro que o declínio era irreversível e que acabaria em grande reorganização do poder político mundial. Um dos desafios dos profetas era conciliar o fato de a Assíria, a vara de Deus, estar saindo de cena e Judá permanecer sem castigo pelas terríveis ofensas contra Deus e a aliança. A queixa de Habacuque sobre aquela situação sombria trouxe a resposta divina de que os babilônios seriam o canal do castigo de Judá. Essa revelação apresenta o principal tópico de debate no livro.

O propósito do livro é analisar a questão da justiça divina na esfera nacional. A questão da teodiceia (justificação dos procedimentos de Deus com a humanidade) era: como pode o Deus justo usar uma nação perversa como a Babilônia como instrumento de castigo? Habacuque não sugeriu que o povo de Judá não merecia punição. No entanto, se Deus desse vitória aos babilônios sobre Judá, isso não indicaria sua aprovação ao procedimento deles? De várias formas, o livro lida com a mesma questão de Jó. Este se preocupa com a justiça de Deus quando o indivíduo sofre; Habacuque questiona a justiça de Deus quando uma nação perversa prospera.

Como em Jó, a mensagem da obra se encontra na resposta divina. Deus responde a Jó confrontando-o com sua grandiosidade. A teofania (aparição de Deus) teve o propósito de, por um lado, inspirar confiança na sabedoria de Deus e, por outro, demonstrar que a mortalidade restringe a capacidade humana de encontrar respostas a certas questões da vida. Em Habacuque, a teofania do capítulo 3 realiza o mesmo. A demonstração da presença divina deve ser suficiente para promover confiança mesmo quando as respostas não estão disponíveis.

No entanto, ao contrário de Jó, Deus também revelou a Habacuque algumas respostas. Na verdade, elas servem como centro da mensagem do livro. A resposta dupla à pergunta de Habacuque sobre o uso dos babilônios ajuda a dar a perspectiva adequada da situação. A primeira parte da resposta é mostrada em 2.4-5, abordando-se a questão da responsabilidade individual. Mesmo quando o mundo está confuso e os propósitos e planos de Deus são obscuros, o justo tem a responsabilidade de agir com integridade. Em tais situações, a fidelidade a Deus e a confiança nele são mais difíceis; por isso, mais significativas. Na escuridão das circunstâncias penosas, a integridade e a fé do justo brilham como um farol.

A segunda parte da resposta oferece algumas promessas com relação à justiça divina. A mensagem de 2.6-20 era que Deus castigaria os babilônios por sua perversidade, mas este momento ainda não havia chegado. O uso dos babilônios como instrumento para punir Judá não implicava aprovação. Até a hora do seu castigo, Deus podia usá-los como quisesse.

ESTRUTURA E ORGANIZAÇÃO

O livro de Habacuque está organizado em torno das orações do profeta e das respostas de Deus. O diálogo começa com uma queixa ao Senhor por causa da injustiça que o profeta via à sua volta. Isso serve de introdução à pergunta principal do livro: por que os ímpios não são castigados? A resposta de Deus em 1.5-11 afirma que essa situação não duraria muito, pois a geração envolvida cairia sob julgamento divino pelas mãos dos babilônios. Isso prepara o terreno para a mensagem do livro: o ímpio será castigado.

A segunda oração de Habacuque leva o debate à próxima questão lógica. Aqui surge o argumento de que o envolvimento babilônico, longe de solucionar o dilema sobre a justiça divina, levantou mais dúvidas sérias. Agora um povo mais perverso do que os israelitas não só ficaria sem castigo, mas também obteria vitória.

Habacuque não fez essa declaração de forma impetuosa ou presunçosa. Sua atitude parece de dúvida sincera em vez de desafio orgulhoso. No entanto, Deus afirmou que sua promessa se cumpriria (2.2-3) e, depois, dirigiu-se a Habacuque com relação às indagações apresentadas. Deve-se observar que Deus não defendeu a própria justiça. Em vez de apresentar uma razão, ele primeiro sugeriu que a responsabilidade humana não era obter todas as respostas, mas sim obedecer-lhe.

A chave disso encontra-se em 2.4b: "o justo viverá pela sua fidelidade". Embora, mais tarde, o apóstolo Paulo tenha citado esse versículo no contexto da ênfase à fé (Romanos 1.17; Gálatas 3.11), aqui ele serve para sugerir que o justo manterá o estilo de vida íntegro e fiel mesmo quando não entender os caminhos de Deus. Isso oferece uma reafirmação simples do princípio descrito no oráculo de julgamento contra Judá (1.5-11). Tal oráculo, por sua vez, leva à parte seguinte, na qual a declaração de julgamento contra a Babilônia (2.6-20) confirma a justiça de Deus: o ímpio será castigado.

Reconhecendo a obrigação de viver um relacionamento correto com Deus e confiar que ele, em sua justiça, castigará o ímpio, a terceira oração de Habacuque (3.1-2) pediu que Deus tivesse misericórdia no exercício da sua ira. Isso resultou no hino de 3.3-15, que descreve a aparição de Deus não somente para julgar, mas também para livrar (v. 13), refletindo assim as duas respostas dadas anteriormente. O resultado (3.16-19) foi a aceitação da justiça divina, não porque uma explicação completa foi oferecida, mas porque Deus é Deus e o povo é mero pó. A aceitação não era um ato de niilismo filosófico (afirmar ser nada), mas simplesmente um ato de confiança.

TEMA PRINCIPAL

A política de Deus ao lidar com as nações

A teologia do livro diz respeito à política divina referente às nações. Com base em Hebreus e outros livros do AT, podemos chegar à conclusão (apresentada no estudo de Jeremias) de que o procedimento divino com as nações pode ser compreendido por meio da analogia de uma balança que pesa ações boas e más. Cada geração sucessiva do reino pode ser descrita por colocar pesos no prato do lado bom ou do ruim. Sob o ruim, podemos imaginar um botão que aciona o alarme. Quando este lado pesa mais que o bom, o prato pressiona o botão, sinalizando que o juízo passa a ser necessário. Essa analogia pode explicar as várias afirmações do AT que indicam determinada cidade ou povo terem sido ímpios o suficiente a ponto de exigir o julgamento de Deus (*e.g.*, Gênesis 18.20-21; 15.16; v. Levítico 18.25; Jonas 1.2).

Às vezes, o julgamento necessário pode ser adiado mediante o arrependimento súbito, que, na verdade, começa a colocar pesos no lado bom e tira o prato de cima do botão (Jonas 3.10; 2Reis 22.19-20). A nação se arrisca apenas quando o comportamento perverso recomeça. Este é o sentido de passagens como Jeremias 18.7-10, em que vemos gerações sucessivas tratadas conforme suas obras.

Além desse esquema básico, alguns princípios adicionais também podem ser deduzidos de passagens bíblicas. O primeiro é que a boa conduta aparentemente pesa mais que a má. Deuteronômio 5.9-10 afirma que os efeitos de uma geração perversa são evidentes até a terceira ou quarta geração, ao passo que o impacto da geração justa influencia milhares de gerações.

O segundo princípio é que a balança só é esvaziada quando Deus julga a iniquidade acumulada. Em Êxodo 32.34, Moisés suplicara com fervor pela misericórdia de Deus com os israelitas após a adoração do bezerro de ouro. Deus concordou em poupá-los do julgamento naquelas ocasiões, mas insistiu que quando chegasse a hora do castigo (novamente), eles seriam castigados também por aquele pecado. Para completar a analogia, a misericórdia de Deus é como um dedo que faz peso no lado bom da balança para impedir o disparo do alarme; no entanto, o "peso" do pecado não é retirado do prato — eles ainda serão castigados por aquele pecado no futuro quando Deus remover seu dedo e o castigo voltar a ser exigido.

O último princípio pode ser facilmente deduzido com base no AT, mas é afirmado explicitamente no Novo: a quem muito foi dado, muito será exigido (v. Lucas 12.48). Usando a analogia da balança, isso significa que a revelação tem o efeito de deixar o botão mais próximo do prato. Como consequência, as pessoas que, como os israelitas, têm o benefício da revelação da lei do Senhor serão julgadas por Deus por ofensas menores que os que não tiveram tal benefício. Deus tolera muito mais de pagãos que do seu povo escolhido antes de sancionar o julgamento.

Esse princípio final oferece outra explicação ao dilema enfrentado por Habacuque. Embora os babilônios fossem mais perversos do que os israelitas, Israel devia ser mais sensato. Ele não só possuía a Lei, mas também as advertências divinamente enviadas por meio dos profetas. Portanto, o tempo do julgamento já chegara, enquanto o castigo dos babilônios ainda não fora ordenado.

Deve-se lembrar que esse esquema só é aplicável a nações. Assim, não é preciso ter medo de uma doutrina de salvação pelas obras. Além disso, não há motivo para pensar que o procedimento de Deus com as nações mudou desde os tempos do AT. O livro de Habacuque nos dá confiança na soberania e no controle justo de Deus em um mundo que, muitas vezes, parece estar à beira da autodestruição. Não podemos esperar reconhecer todo o andamento das operações diárias de Deus, mas podemos ter certeza de que seus propósitos estão se cumprindo.

Perguntas para estudo e debate

1. Qual é a importância do capítulo 3 para a mensagem e o propósito do livro de Habacuque?
2. Como a teologia das nações apresentada aqui afeta nossa compreensão dos acontecimentos atuais?

Leituras complementares

Armerding, Carl E. Habakkuk. **EBC**. Grand Rapids: Zondervan, 1985. v. 7, p. 493-534.

Baker, David W. Nahum, Habakkuk, Zephaniah. **TOTC**. Downers Grove, IL: InterVarsity Press, 1988. [Publicado em português com o título **Obadias, Jonas, Miqueias, Naum, Habacuque e Sofonias**: introdução e comentário (São Paulo: Vida Nova, 2001).]

Gowan, Donald E. **The Triumph of Faith in Habakkuk**. Atlanta: John Knox, 1974.

Robertson, O. Palmer. The Books of Nahum, Habakkuk, and Zephaniah. **NICOT**. Grand Rapids: Eerdmans, 1990.

Smith, Ralph L. Micah-Malachi. **WBC**. Waco, TX: Word, 1984. v. 32.
Todos esses comentários são amplamente evangélicos e oferecem interpretação útil do texto.

36

Sofonias

Conceitos básicos

✓ O dia vindouro do Senhor
✓ O impacto universal do juízo vindouro
✓ O chamado aos humildes para buscar o Senhor

Sofonias, possivelmente membro da corte (se a pessoa mencionada em 1.1 for o rei Ezequias), foi contemporâneo de Jeremias. Esses dois profetas indicaram o início do testemunho de Deus a Judá durante o turbulento período babilônico que resultaria na destruição de Jerusalém e do templo. Seus ministérios foram análogos aos de Miqueias e Isaías um século antes. Neste ínterim, os únicos profetas com obras preservadas foram Habacuque e Naum, e seus oráculos foram proferidos principalmente contra nações estrangeiras. Talvez tenham existido profetas que pronunciaram o juízo antes do século VII, mas as condições religiosas no regime de Manassés geraram dissensão e crítica, prejudicando a atividade profética. Com Sofonias, então, houve o renascimento do testemunho profético, anunciando o julgamento vindouro sobre Judá.

COMPOSIÇÃO DO LIVRO

No cabeçalho do livro (1.1), as profecias de Sofonias datam do reinado de Josias (640-609 a.C.). Contudo, o mais interessante é se as profecias foram proclamadas antes ou depois das reformas de Josias (628 e 622 a.C.;

v. 2Crônicas 34.3,8). Em Sofonias 1.4-6, as pessoas a serem eliminadas são muito semelhantes às que foram alvo da reforma de Josias (2Reis 23.4-7). A não ser que Sofonias estivesse sugerindo que as reformas de Josias não realizaram na prática o que pretendiam na teoria, essa semelhança apoiaria a data anterior à reforma de 622 a.C. É possível que, como 1.4 se refere ao remanescente de Baal, a profecia seja mais bem situada entre as duas reformas e pretenda incentivar Josias a concluir a boa obra iniciada.

A data em torno de 627 ou 626 a.C. também corresponderia aos acontecimentos na esfera política. Assurbanipal, o último dos grandes reis assírios, morreu em 627, e os babilônios declararam a independência da Assíria no ano seguinte. Isso seria um ótimo contexto para a proclamação da ruína de Nínive em 2.13-15. Segue-se que a data aparentemente mais adequada para a profecia de Sofonias é 627/626 a.C., época do início do ministério de Jeremias.

CONTEXTO

As cinco décadas de apostasia de Manassés (697-642 a.C.) custaram muito caro para Judá espiritualmente, e os israelitas jamais se recuperaram delas totalmente. Uma geração inteira só conheceu um rei, Manassés. O patrocínio oficial do sincretismo religioso reinstituiu o baalismo e outras práticas cananeias que sempre estiveram, pelo menos, à margem da religião israelita desde o êxodo do Egito mil anos antes.

As medidas da reforma de Josias foram as mais austeras até então. Elas conseguiram mudar as práticas religiosas israelitas e livrar sua forma de adoração de elementos estrangeiros, mas aparentemente fracassaram em mudar o coração do povo. Como resultado, a liberdade do cativeiro assírio não resultou no rei davídico ideal que restauraria os limites de Israel e a preeminência de Jerusalém. Pelo contrário, apenas marcou a transição do controle assírio para o controle babilônico sobre Israel.

ESBOÇO DE SOFONIAS

I. Julgamento
   A. Advertência de julgamento universal (1.1-3)
   B. Julgamento contra Judá e Jerusalém (1.4-13)

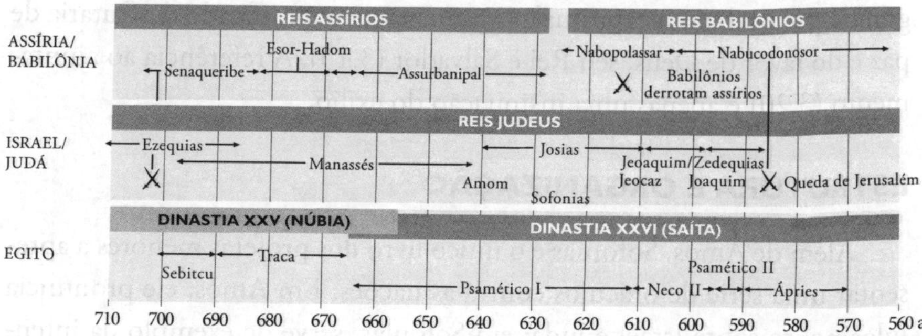

C. O dia do Senhor (1.14–2.3)
   1. Julgamento contra a Filístia (2.4-7)
   2. Julgamento contra Moabe e Amom (2.8-11)
   3. Julgamento contra Cuxe (2.12)
   4. Julgamento contra a Assíria (2.13-15)

D. Acusação contra Judá e Jerusalém (3.1-7)

E. Advertência de julgamento universal (3.8)

II. Restauração (3.9-20)

PROPÓSITO E MENSAGEM

O propósito da profecia de Sofonias era provocar uma mudança em Judá ao anunciar o juízo divino sobre a iniquidade. Aliado à intenção divina de castigar veio o anúncio de sua intenção de restaurar Judá. A mensagem de Sofonias concentrava-se no dia do Senhor, que, segundo ele, se aproximava rapidamente. Sua acusação a Judá incluía a denúncia dos oficiais corruptos e a rebelião contínua contra Deus. (Isso corresponde à categoria religiosa- espiritual do oráculo; v. cap. 22, esp. p. 451-4.)

O julgamento contra Judá foi claramente indicado. Sofonias foi vago quanto à forma que ele teria. Não há menção de cerco, exílio nem ameaça babilônica. A natureza universal do julgamento é parte importante da perspectiva do livro e sugere ao público que a instabilidade política daquele momento teria efeitos de longo alcance. A instrução (2.1-3) foi dirigida aos humildes da terra, incentivando-os a buscar o Senhor para que, na misericórdia divina, fossem poupados do juízo vindouro sobre o restante do povo. A restauração prevista em 3.9-20, assim como a acusação, foi em grande parte religiosa-espiritual. O remanescente purificado desfrutaria de paz e do favor de Deus, seu Rei e Salvador (3.15). A referência ao ajuntamento (3.20) é apenas uma insinuação do exílio.

ESTRUTURA E ORGANIZAÇÃO

Além de Amós, Sofonias é o único livro dos profetas menores a apresentar uma série de oráculos contra as nações. Em Amós, ele pronuncia julgamento sobre Israel e Judá; em Sofonias, serve de exemplo da intenção do Senhor de julgar todas as nações. Portanto, o julgamento declarado contra Judá não era visto de forma isolada, mas como parte do programa geral de Javé articulado no conceito do dia do Senhor.

TEMA PRINCIPAL

O dia do Senhor

A expressão "o dia do Senhor" foi usada pelos profetas para indicar o tempo em que a situação atual será substituída pela ordem determinada por Deus. A maioria dos oráculos da literatura profética representa um movimento em direção a essa condição ideal. À medida que a profecia é revelada, torna-se evidente que o novo estado se realizará não só por meio da intervenção divina (que deverá surgir no fim), mas também por meio de um processo de lidar com as iniquidades que ameaçam o fim desejado.

O resultado disso é que pode haver diversos "dias do Senhor" antes do *grande* dia do Senhor que inaugurará a nova ordem que jamais será ameaçada ou desestabilizada. Dessa forma, a destruição do Império Assírio e a queda de Babilônia podem ser consideradas dias do Senhor. A destruição de Jerusalém e do templo é, sem dúvida, considerada como dia do Senhor, assim como a campanha de Josias para reformar o sacerdócio.

No dia do Senhor, a justiça é feita. É um momento positivo para as ítimas, mas de acerto de contas para os opressores. Possui ramificações líticas, sociais, espirituais e cósmicas e pode incluir reversão ou restrutu- de diversas condições. Por exemplo, os senhores servirão aos antigos ; os pobres serão exaltados acima dos ricos que os exploraram; o rá a buscar o Senhor; e haverá trevas ao meio-dia. Essa inversão é um tema comum na literatura profética que trata do dia do Senhor, e se chama "mundo de cabeça para baixo".[1]

Os povos de Judá e Israel sempre imaginaram que o dia do Senhor seria um tempo de alegria. Esperavam que os inimigos fossem destruídos e sua nação fosse exaltada sobre as demais, com o rei davídico reinando sobre um vasto império. Desde o início, profetas como Amós extinguiram esse otimismo, insistindo que os israelitas estariam entre os inimigos de Deus maduros para o juízo (Amós 5.18-20). Somente após o castigo e a purificação, os benefícios tão esperados aconteceriam. Portanto, o dia do Senhor foi amplamente proclamado pelos profetas no sentido do juízo divino vindouro sobre Israel e Judá, embora os respectivos oráculos de consequência da nova ordem no futuro apresentassem um povo politicamente restaurado e teologicamente purificado.

Perguntas para estudo e debate

1. Compare os profetas contemporâneos Sofonias e Jeremias.
2. Qual é a importância do conceito do "mundo de cabeça para baixo" para entender a literatura profética? Em que outras partes da Bíblia esse conceito pode ser identificado?
3. A futura ordem mundial divina é descrita no AT como parte da estrutura histórica ou como condição após o fim da História? Explique.
4. Em sua opinião, quais os aspectos espirituais e políticos dessa ordem final?

Leituras complementares

Baker, David W. Nahum, Habakkuk, Zephaniah. **TOTC**. Downers Grove, IL: InterVarsity Press, 1988. [Publicado em português com o título **Obadias, Jonas, Miqueias, Naum, Habacuque e Sofonias**: introdução e comentário (São Paulo: Vida Nova, 2001).]

Berlin, Adele. **Zephaniah**. Garden City, NY: Doubleday/Anchor, 1994.

Craigie, Peter C. Twelve Prophets. **DSB-OT**. Philadelphia: Westminster, 1985. v. 2.

[1] V. Van Leeuwen, R., Proverbs 30:21-23 and the Biblical World Upside Down, **JBL** 105 (1986), p. 599-610.

MCCOMISKEY, Thomas E. **The Minor Prophets**: An Exegetical and Expository Commentary. Grand Rapids: Baker, 1998. v. 3: Zephaniah, Haggai, Zechariah, and Malachi.

ROBERTSON, O. Palmer. The Books of Nahum, Habakkuk, and Zephaniah. **NICOT**. Grand Rapids: Eerdmans, 1990.

SMITH, Ralph L. Micah-Malachi. **WBC**. Waco, TX: Word, 1984. v. 32.

WALKER, Larry. Zephaniah. **EBC**. Grand Rapids: Zondervan, 1985. v. 7. Todos esses comentários apresentam uma análise evangélica bastante útil a respeito do livro.

37

Ageu

Conceitos básicos

✓ A importância de definir prioridades adequadas
✓ A fidelidade de Deus na renovação da aliança com os descendentes de Davi
✓ O valor do templo como símbolo da aliança para Israel

Ageu e Zacarias são profetas complementares do período pós-exílico. Junto com Daniel, Joel e Malaquias, formam o *corpus* de literatura profética do AT que remonta ao Período Persa da história hebraica (ca. 550-330 a.C.). Ageu exortou a comunidade da restauração em Jerusalém a reconstruir o templo de Deus e restituir o calendário litúrgico, incluindo-se os sacrifícios, a adoração e as festas levíticas. O profeta Zacarias complementou o apelo de Ageu de erigir o templo na convocação para a renovação espiritual entre o povo de Deus.

COMPOSIÇÃO DO LIVRO

Duas expressões identificam Ageu como "porta-voz" de Deus. Ele é chamado "profeta" (1.1; 2.1,10; Esdras 6.14) e "mensageiro do Senhor" (1.13). Ambos os títulos confirmam a comissão divina para ser profeta. Ageu foi contemporâneo de Zacarias e, por meio dos seus ministérios, o templo do Senhor foi reconstruído em Jerusalém. As informações biográficas são escassas. Segundo a tradição preservada por Epifânio (monge e bispo asceta de Salamina, ca. 315-403 d.C.), Ageu estava entre os que voltaram da Babilônia para Jerusalém sob a liderança de Sesbazar. No entanto, ele não está na lista dos que regressaram, registrada em Esdras 1 e 2. Tentativas de identificar Ageu como sacerdote, com base no seu ensinamento sobre pureza ritual em 2.11-14, ainda não são convincentes.

As quatro mensagens de Ageu foram transmitidas à comunidade da restauração em Jerusalém durante um período de quatro meses e datadas precisamente do segundo ano do rei persa, Dario. As datas específicas dos pronunciamentos podem ser convertidas conforme a figura 37.1.

Acredita-se que Ageu tenha escrito sua profecia, apesar de oráculos individuais serem meros resumos na terceira pessoa e o livro em si não mencionar a questão de autoria. Ainda que a data de 520 a.C. para a atividade profética de Ageu seja universalmente reconhecida, o intervalo entre o discurso público e a compilação escrita é questionável. É provável que o livro tenha sido concluído entre o desafio de Ageu para reconstruir o templo em 520 a.C. e o fim da reconstrução em 516/515 a.C.

CONTEXTO

O pano de fundo da profecia de Ageu foi o reinado de Dario I, rei da Pérsia (521-486 a.C.). Ciro consolidara seu poder com a derrota dos medos em 549 a.C. e foi recebido na Babilônia como rei da Pérsia em 539 a.C. Segundo o cilindro de Ciro, um decreto publicado em 538 a.C. permitiu que povos conquistados e deportados pelos babilônios retornassem à terra natal. Isso naturalmente incluía os judeus, embora não sejam mencionados no cilindro.

A primeira leva de imigrantes a Jerusalém contava com mais de 42.360 (mais 7.337 servos; v. Esdras 2.64-65) e foi liderada por Sesbazar

Figura 37.1 – Datação dos oráculos de Ageu

	520 a.C.
1.1 Ano 2, mês 6, dia 1.º	= 29 de agosto
2.1 Ano 2, mês 7, dia 21	= 17 de outubro
2.10 Ano 2, mês 9, dia 24	= 18 de dezembro
2.20 Ano 2, mês 9, dia 24	= 18 de dezembro

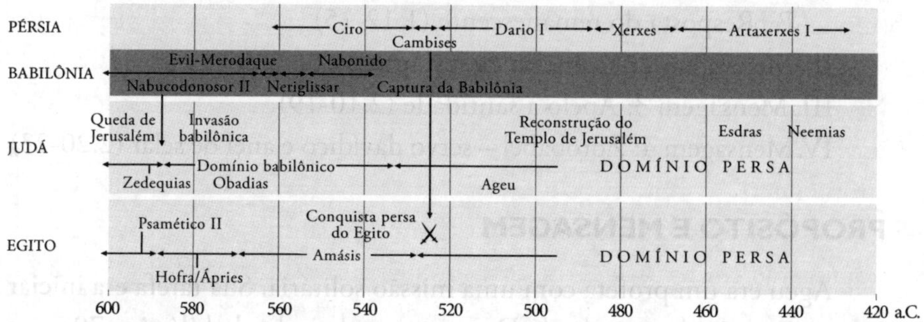

(Esdras 1.5-11), príncipe de Judá e primeiro governador da comunidade da restauração. A fundação do novo templo foi lançada durante os estágios iniciais de sua administração (Esdras 5.16). No entanto, o projeto foi logo abandonado quando a visão do templo-estado descrita por Ezequiel se dissipou em meio à dura realidade do domínio persa e dos problemas de sobrevivência em uma cidade cercada por estrangeiros hostis e castigada pela seca e péssima colheita.

Outro grupo de imigrantes sob a liderança de Zorobabel e Jesua chegou a Jerusalém por volta de 522 a.C. Zorobabel, o novo governador, e Jesua, o sacerdote, foram inspirados pelos profetas Ageu e Zacarias a mobilizar a comunidade para um segundo projeto de reconstrução em 520 a.C. (Esdras 5.11-12). A reconstrução do templo foi concluída em 515 a.C. (Esdras 6.15; v. 3.8-13), cerca de 17 anos após a tentativa inicial sob a liderança de Sesbazar.

A história de Ageu e Zorobabel termina abruptamente, e apenas este volta a ser mencionado no AT (no livro de Zacarias). Pode-se entender o silêncio de Ageu, já que cumprira sua comissão divina como profeta. Quanto a Zorobabel, é provável (ainda que pouco documentado) que tenha sido executado ou deposto por ordem do rei Dario, que tentava controlar a desordem social do império recém-conquistado pela repressão de qualquer pessoa na Pérsia ou nas províncias remotas.

ESBOÇO DE AGEU

I. Mensagem 1: Desafio de Ageu para renovar a aliança
  A. Chamado para reconstruir o templo (1.1-11)

B. Resposta do remanescente (1.12-15)

II. Mensagem 2: Promessa de restauração (2.1-9)

III. Mensagem 3: Apelo à santidade (2.10-19)

IV. Mensagem 4: Zorobabel – servo davídico e anel de selar (2.20-23)

PROPÓSITO E MENSAGEM

Ageu era um profeta com uma missão solitária. Sua tarefa era iniciar a reconstrução do templo de Deus, saqueado pelos babilônios 70 anos antes. Suas quatro mensagens inter-relacionadas tinham como objetivo o cumprimento de sua comissão pelo despertar do povo de Jerusalém para as responsabilidades, obrigações, vantagens e promessas da herança fundamentada na aliança.

No primeiro discurso, Ageu repreende a comunidade de antigos exilados pela preocupação com "confortos" pessoais (*e.g.*, "moram em casas de fino acabamento", 1.3) enquanto o templo continuava em ruínas. (A fundação do segundo templo fora lançada sob a direção de Sesbazar em 538 a.C., mas a obra foi logo abandonada.) O zelo e a determinação incansável de Ageu serviram para realçar a complacência e o egoísmo do povo.

Na segunda ocasião, o homem de Deus chamou o povo ao arrependimento e o desafiou a honrar o Senhor com a reconstrução do templo. A expressão repetida — "vejam aonde os seus caminhos os levaram" (1.5,7) — na verdade denota a mudança ou o estabelecimento de uma nova relação (Gênesis 21.18; Êxodo 14.21; Deuteronômio 32.45; Isaías 41.15). Em essência, Ageu chamou os hebreus a renovar a aliança com Javé, conforme o juramento divino de afirmação em 1.13 indica (v. Jeremias 30.11; Ezequiel 36.24-28; 37.24-28). O povo respondeu de imediato; suas ações foram registradas sucintamente em 1.12,14: eles "obedeceram", "teme[ram] o Senhor" e "começaram a trabalhar".

A terceira declaração de Ageu revelou a intenção divina de subverter as nações e restaurar a sorte de Israel. Ela serviu para incentivar e unificar a comunidade em sua iniciativa. A recordação de que a justiça divina ainda estava em vigor na história humana reanimou o espírito do povo e despertou a fé adormecida. A esperança esquecida da vergonha de Sião convertida em louvor finalmente se tornava realidade (v. Sofonias 3.14-20, esp. v. 19).

No quarto discurso, as promessas do estabelecimento de Zorobabel como "anel de selar" em Sião reacendeu a expectativa messiânica entre os israelitas. Os termos "meu servo" e "escolhido" (2.23) têm associação direta ao conceito do Messias apresentado em outras partes do AT (*e.g.*, Isaías 41.8; 42.1; 50.10; 52.13; 53.11). O mais importante é que, como o cetro ou a coroa, o anel de selar simbolizava a autoridade real. A designação de Zorobabel como "anel de selar do Senhor" indicava que Deus cancelara a maldição pronunciada por Jeremias sobre o rei Joaquim e seus descendentes (v. Jeremias 22.24-30). A restauração da autoridade real à família davídica, atribuída a Zorobabel por Ageu, representava a retomada da linhagem messiânica de Judá (v. Mateus 1.11-12). Assim, a profecia de Ageu constituiu um compromisso divino indicando Israel como eleito de Deus e garantindo o cumprimento de todas as promessas da aliança.

ESTRUTURA E ORGANIZAÇÃO

As quatro mensagens de Ageu são datadas exatamente com base no dia e mês do segundo ano do reinado de Dario sobre a Pérsia. Essa prática possui precedentes nas profecias de Jeremias e Ezequiel (v. Jeremias 1.2-3; Ezequiel 1.1). Ao contrário dos antecessores pré-exílicos, os profetas do exílio como Jeremias e Ezequiel não podiam datar suas revelações com base nos reis de Judá ou Israel. Então, associavam as palavras recebidas de Deus ao ano do exílio babilônico, que servia como "cronômetro da aliança", marcando o tempo da maldição do cativeiro e a contagem regressiva na esperança da bênção de livramento e renovação (v. Jeremias 52.31; Ezequiel 20.1).

Os profetas pós-exílicos, Ageu e Zacarias, dataram suas profecias com bastante precisão nos dias do reinado persa porque Isaías previu a importância de Ciro e dos persas para a sorte dos eleitos de Israel (Isaías 45.1-13). É bem provável que Ageu e Zacarias — à luz da visão do templo por Ezequiel (caps. 40–48) — considerassem a reconstrução do templo a fundação da era messiânica tão esperada. Dessa forma, a precisão cronológica associada a seus oráculos devia servir de lembrete das intenções de Javé de restaurar a monarquia unificada sob o reinado do herdeiro de Davi (v. Ezequiel 37.15-28). A repetição da fórmula do mensageiro ("assim diz o Senhor" e suas variações) cerca de 29 vezes nesses dois pequenos capítulos, ressaltava a gravidade da mensagem e a urgência da hora para o povo de Deus.

Uma análise mais aprofundada da linguagem e dos temas em Ageu revela padrões quiasmáticos ou a inversão proposital da ordem de palavras e ideias. A primeira e a terceira mensagem começam pela fórmula "Assim diz o Senhor dos Exércitos" (1.2; 2.11), tratam dos problemas na agricultura e concluem com um tom de maldição ou advertência. A segunda e a quarta mensagem se encerram com a expressão "declara o Senhor dos Exércitos" (2.9,23), prometem o tremor da criação e preveem bênção e restauração para Israel. A alternância quiasmática, ou padrão de espelho, é organizado desta forma: A/ B/ A'/ B'.

Ageu também demonstra sua habilidade literária considerável de várias formas:

- O uso de estilo variado (*e.g.*, nove construções diferentes da fórmula do mensageiro);
- O uso de quiasmo para ênfase (*e.g.*, 1.4,9-10; 2.23);
- O jogo de palavras com "ruína" (*ḥāreḇ*, 1.4) e "seca" (*ḥōreḇ*, 1.11);
- A repetição do imperativo (*e.g.*, "Vejam", em 1.5,7; 2.15,18);
- A utilização de perguntas retóricas em três das quatro mensagens (*e.g.*, "Acaso é tempo de vocês morarem em casas de fino acabamento, enquanto a minha casa continua destruída?", 1.4; 2.3,19).

TEMA PRINCIPAL

O templo

Moisés declarara que um dia o Senhor Deus estabeleceria um local para honrar seu nome (Deuteronômio 14.23-25; 16.2,11). Siló foi local provisório do nome de Javé, pois o tabernáculo permaneceu ali durante a era de confederação tribal (Josué 18.1). Finalmente, Davi obteve o local permanente para o nome de Javé ao adquirir a eira de Araúna, perto de Jerusalém, com a intenção de construir um templo para Deus (2Samuel 24.18-25; 1Crônicas 21.18-30).

Embora o privilégio de construir o templo tenha sido negado ao rei Davi por decreto do profeta Natã (2Samuel 7.1-17), ele reuniu os materiais necessários para a construção e fez grandes preparativos para assegurar o sucesso do projeto (1Crônicas 22.1-16). Seu filho, Salomão, confirmou a planta do templo e organizou o trabalho de construção (1Reis 5 e 6).

Foram necessários sete anos para concluir a obra (1Reis 6.37-38). A glória de Javé, em forma de nuvem, entrou no santuário com a oração de dedicação do rei (ca. 953 a.C.; 1Reis 8). O templo simbolizava a presença de Deus entre o povo e servia de recordação concreta de sua aliança com Israel. A existência física no meio da comunidade tinha o objetivo de estimular a obediência aos mandamentos e inspirar a verdadeira adoração ao Senhor.

Na época de Jeremias (ca. 627-582 a.C.), o templo se tornara um "amuleto da sorte". O povo de Judá presumia que a mera associação do templo de Javé com Jerusalém e o povo de Deus garantia proteção e segurança. Indignado, Jeremias condenou essa confiança inadequada na estrutura física e previu sua futura destruição (Jeremias 7–10; esp. 7.1-11). Mais tarde, Ezequiel viu a nuvem da glória deixar o templo, representando a insatisfação de Deus com os judeus por causa da idolatria e das grandes abominações cometidas na área do templo (ca. 591 a.C.; v. Ezequiel 8,10). O pronunciamento de destruição de Jeremias se cumpriu em 587 a.C. quando o rei Nabucodonosor e os babilônios saquearam o templo e Jerusalém (2Reis 25.8-17).

A mensagem de Ageu para reconstruir o templo, reavivando, dessa forma, o fluxo de bênçãos da aliança de Deus com Israel, não deve ser considerada uma contradição das palavras de Jeremias. Ageu convidou o povo à adoração adequada a Javé em vez da fé cega em um edifício. Ele também concluiu que a atitude correta de reverência, humildade e sinceridade, demonstrando obediência à lei de Deus, acompanharia naturalmente a iniciativa de reconstruir o templo. Assim, o segundo templo também simbolizaria a presença de Javé entre o povo, selando-o como raça eleita de Deus entre as nações.

Perguntas para estudo e debate

1. Em que sentido Ageu e Zacarias são profetas "complementares"?
2. De que forma Ageu contribui para nossa compreensão do templo de Deus no AT?
3. Qual é a importância da quarta mensagem de Ageu para a dinastia davídica e a expectativa messiânica do período pós-exílico?
4. De que maneira a tarefa da Igreja hoje é semelhante à situação enfrentada por Ageu?

Leituras complementares

ACHTEMEIER, E. **Nahum–Malachi**: Interpretation. Atlanta: John Knox, 1986. BALDWIN, Joyce G. Haggai, Zechariah, Malachi. **TOTC**. London: Tyndale, 1972.

[Publicado em português com o título **Ageu, Zacarias e Malaquias**: introdução e comentário (São Paulo: Vida Nova, 1982).]

CHRISTENSEN, D. L. Impulse and Design in the Book of Haggai. **JETS** 35, 1992, p. 445-56.

CRAIGIE, Peter C. The Twelve Prophets. **DSB-OT**. v. 2. Philadelphia: Westminster, 1984. Aplicação interessante e refletida da mensagem de Ageu à igreja cristã, especialmente nas áreas de teoria *versus* prática e "voluntarismo".

MEYERS, Carol & Meyers, Eric. Haggai and Zechariah 1–8. **AB**. New York: Doubleday, 1987. v. 25b.

MERRILL, E. H. **An Exegetical Commentary**: Haggai, Zechariah, Malachi. Chicago: Moody Press, 1994.

PETERSEN, D. L. Haggai and Zechariah 1-8. **OTL**. Philadelphia: Westminster, 1984.

REDDITT, P. L. Haggai, Zechariah, and Malachi. **NCBC**. London: Marshall Pickering, 1995.

SMITH, Ralph L. Micah–Malachi. **WBC**. Waco, TX: Word, 1984. v. 32. VERHEOF, P. A. The Books of Haggai and Malachi. **NICOT**. Grand Rapids:

Eerdmans, 1987. Pesquisa completa, exegese cuidadosa, exposição reverente e aplicação prática caracterizam a obra. O comentário evangélico mais detalhado de Ageu.

WOLF, Herbert M. **Haggai and Malachi**. Chicago: Moody, 1976. Posição teológica solidamente evangélica, curto e fácil de ler, porém cobertura completa e bem-pesquisada do livro de Ageu.

WOLFF, Hans Walter. **Haggai** – A Commentary. Transl. M. Kohl. Minneapolis: Augsburg, 1988. [Tradução da obra original em alemão.]

38

Zacarias

Conceitos básicos

- ✓ Arrependimento e renovação da aliança
- ✓ Justiça social
- ✓ Esperança na soberania de Deus
- ✓ Messias

Ageu e Zacarias foram profetas pós-exílicos complementares. Zacarias era o mais novo e começou a profetizar cerca de dois meses depois do breve ministério de Ageu. Enquanto este chamou o povo para erigir o templo de Deus, Zacarias convocou a comunidade ao arrependimento e à renovação espiritual. Sua tarefa era preparar o povo para a adoração e o serviço adequados no templo já que a obra estava concluída.

Zacarias significa "Ja(vé) se lembrou" — a essência de sua mensagem a Jerusalém após o exílio. O cabeçalho do livro o identifica como filho de Berequias e neto de Ido (1.1). Esdras registra Zacarias como filho de Ido (5.1; 6.14). Neste caso, a palavra "filho" foi usada para designar "descendente". A frequência com que o nome "Zacarias" aparece no AT — 32 indivíduos possuem esse nome — acentua a confusão. Por exemplo, Zacarias, filho de Berequias, não deve ser confundido com Zacarias, filho de Jeberequias (Isaías 8.2). Segundo Neemias, o avô de Zacarias, Ido, retornou do cativeiro babilônico a Jerusalém com Zorobabel e Jesua (12.4). Em outra passagem, Neemias coloca Zacarias no topo da família sacerdotal de Ido (12.16). Isso significa que Zacarias era membro da tribo de Levi e ministrou em Jerusalém como sacerdote e profeta.

COMPOSIÇÃO DO LIVRO

A data e história do livro de Zacarias estão diretamente associadas à posição concernente à unidade literária da composição. Os estudiosos conservadores tradicionalmente defendem a integridade literária de Zacarias, ao passo que os estudiosos mais críticos dividem o livro em dois ou três segmentos literários distintos. Os defensores do segundo ou até do terceiro Zacarias procedem dessa forma com base nas aparentes diferenças de estilo, vocabulário, tema e gênero (*i.e.*, apocalíptico) entre as seções.

Os dois grupos atribuem o material dos capítulos 1–8 a Zacarias, o profeta de 520-518 a.C. A cronologia do ministério de Zacarias se alicerça no reinado do rei persa Dario (ca. 521-486 a.C.). Com base nas três fórmulas de data no livro, as datas específicas dos pronunciamentos de Zacarias podem ser convertidas para:

1.1-6	Ano 2, mês 8	= outubro/novembro de 520 a.C.
1.7–6.8	Ano 2, mês 11, dia 24	= 15 de fevereiro de 519 a.C.
7.1–8.23	Ano 4, mês 9, dia 4	= 7 de dezembro de 518 a.C.

É difícil determinar o espaço de tempo entre esses discursos do profeta e a composição em si. Como os capítulos 1–8 não mencionam um templo reconstruído em Jerusalém, é provável que essa parte do livro tenha sido compilada antes da reconstrução e dedicação do templo (ca. 520-515 a.C.; v. Esdras 6.13-22).

A opinião dos estudiosos está dividida com relação aos capítulos restantes de Zacarias. Os conservadores os atribuem a Zacarias, filho de Berequias, e geralmente sugerem que ele tenha escrito esses oráculos no fim da vida. Citam com frequência a incapacidade da expedição persa no reinado de Xerxes contra a Grécia como motivo por trás das profecias dos capítulos 9–14. Também enfatizam as semelhanças de estilo, temas, vocabulário e teologia das duas partes do livro, atribuindo, ao mesmo tempo, as diferenças à idade de Zacarias, à natureza peculiar da literatura apocalíptica e às circunstâncias históricas e políticas instáveis do fim do Império Persa. A versão definitiva do livro provavelmente foi concluída entre 500 e 470 a.C.[1]

---

1 A recente análise linguística e gramatical computadorizada de Zacarias confirma a data do início do século V a.C. para Zacarias 9–14 e indica que a quebra literária entre os caps 1–8 e 9–14 não é tão

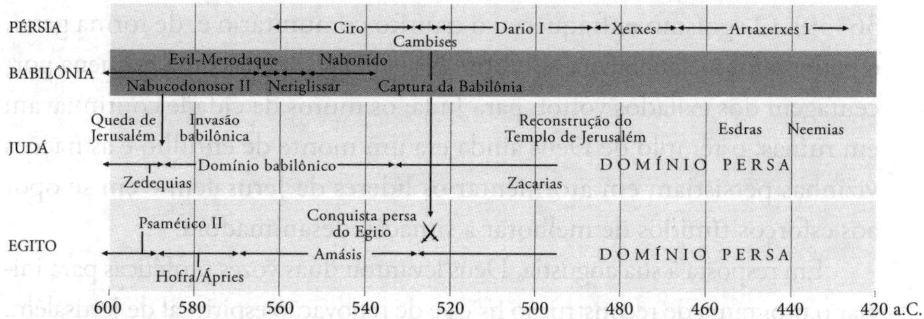

Outros estudiosos atribuem os capítulos 9–11 ao "segundo" Zacarias e os capítulos 12–14 ao "terceiro". Esses supostos autores desconhecidos viveram em Jerusalém entre os séculos IV e II a.C. Alega-se que esses oráculos anônimos, com Malaquias, foram anexados a Zacarias 1–8 para completar o número sagrado dos Doze Profetas. Segundo essa teoria, Zacarias deve ter chegado à forma escrita final somente no período dos macabeus (ca. 160 a.C.). Constatações apresentadas a favor da hipótese de vários autores incluem as diferenças de estilo, tom, teologia e situação histórica entre as duas partes do livro — em especial a referência à Grécia em 9.13 (considerada alusão ao período helenista) — e o caráter nitidamente apocalíptico dos capítulos 12–14.

Como a profecia de Ageu, as mensagens de Zacarias se originaram em Jerusalém e foram dirigidas ao povo da Jerusalém pós-exílica e região. A apatia espiritual e o desespero que permearam o período pós-exílico foram a motivação por trás das exortações e previsões do profeta.

CONTEXTO

O contexto da profecia de Zacarias, como a de Ageu, foi o rei Dario I, da Pérsia (521-486 a.C.). Apesar do retorno dos judeus do cativeiro babilônico, havia poucas constatações do programa de restauração da aliança que Javé prometera a Jerusalém (*e.g.*, Jeremias 30–33 e Ezequiel

acentuada quanto alguns estudiosos alegam. V. Hill, Andrew E., Dating 'Second Zechariah': A Linguistic Reexamination, **Hebrew Annual Review** 6, 1982, p. 105-34; e Y. T. Radday & D. Wickmann, The Unity of Zechariah Examined in the Light of Statistical Linguistics, **Zeitschrift für die alttestamentliche Wissenschaft** 87, 1975, p. 30-55.

36–39). O egoísmo enfraqueceu o espírito comunitário e, de forma geral, o período foi melancólico e sombrio. Na verdade, apenas uma pequena porcentagem dos exilados voltou para Judá; os muros da cidade continuavam em ruínas, o templo de Deus ainda era um monte de entulho e as nações vizinhas persistiam em atormentar os líderes de Jerusalém e em se opor aos esforços tímidos de melhorar a situação desanimadora.

Em resposta à sua angústia, Deus levantou duas vozes proféticas para iniciar o programa de reconstrução física e de renovação espiritual de Jerusalém. Ageu foi chamado para exortar e desafiar a comunidade a reconstruir o templo. Profetizou por apenas quatro meses no ano de 520 a.C. No entanto, o povo de Deus atendeu à sua mensagem e deu início à obra (v. Ageu 2.12-15).

Zacarias complementou a mensagem de Ageu no intuito de convocar o povo para o reavivamento espiritual (1.3-6; 7.8-14). Seu ministério começou apenas dois meses após o de Ageu, e sua última mensagem datada foi pronunciada em 518 a.C. Portanto, o ministério de Zacarias em Jerusalém durou provavelmente mais de dois anos. A referência a Ageu e Zacarias, em Esdras 5.2, sugere seu apoio e incentivo contínuos até o templo estar completo e rededicado à adoração de Javé com a celebração da Páscoa em 515 a.C. (Esdras 6.13-22; v. tb. cap. 37).

ESBOÇO DE ZACARIAS

I. Prelúdio: Chamado ao arrependimento nacional (1.1-6)
II. Visões de Zacarias (1.7–6.15)
  A. Visão 1: Relatório de paz no mundo pelas patrulhas (1.7-17)
  B. Visão 2: Chifres e artesãos (1.18-21)
  C. Visão 3: Medição de Jerusalém (2.1-5)
  D. Primeiro pós-escrito: Vestes de Josué (2.6–3.10)
  E. Visão 4: Candelabro e oliveiras (4.1-14)
  F. Visão 5: Rolo que voava (5.1-4)
  G. Visão 6: Mulher dentro do cesto (5.5-11)
  H. Visão 7: Quatro carruagens de julgamento (6.1-8)
III. Segundo pós-escrito: coroação de Josué (6.9-15)
IV. Mensagens de Zacarias (7.1–8.23)
  A. Justiça e misericórdia *versus* jejum (7.1-14)

B. Restauração de Jerusalém (8.1-23)

V. Os oráculos (9–14)

A. Oráculo 1 (9–11)

1. Rei-Messias e seu reinado (9)
2. Redenção de Israel (10)
3. Rei-Messias rejeitado (11)

B. Oráculo 2 (12–14)

1. Destruição dos inimigos de Israel (12.1-9)
2. Purificação de Israel (12.10–13.6)
3. O pastor e as ovelhas (13.7-9)
4. O dia do Senhor

PROPÓSITO E MENSAGEM

A mensagem de Zacarias foi de repreensão, exortação e incentivo — um tratado para tempos difíceis. Em primeiro lugar, o profeta censurou a comunidade pós-exílica por ter perpetuado os maus caminhos e atos de seus ancestrais (1.3-5). O povo era culpado das mesmas violações da aliança que enviaram a geração anterior ao exílio (7.8-14).

A solução oferecida por Zacarias para o pecado e rebelião entre o povo incluía o arrependimento genuíno e o retorno a Deus (1.3-5). Somente a renovação espiritual promoveria a adoração verdadeira e o culto significativo no templo que, no momento, estava em construção por causa do estímulo do profeta Ageu. Somente a obediência à voz do Senhor traria as tão esperadas bênção, prosperidade e justiça da era messiânica (6.9-15; 8.13).

A intenção de Javé de "fazer o bem" a Jerusalém dependia da obediência coletiva às estipulações do código da aliança, especialmente às relacionadas aos padrões de conduta (7.8-12; 8.14-17). Ao contrário da literatura apocalíptica posterior, com sua forte ênfase nos aspectos futuros da restauração de Israel no dia do Senhor, a mensagem de Zacarias era repleta de preocupação com a justiça social no presente. Antes de as nações do mundo virem buscar o Senhor em Jerusalém, Israel devia buscar o favor de Javé, administrar a justiça e demonstrar bondade e misericórdia para viúvas e órfãos hebreus e ainda para estrangeiros (7.9-10; v. 14.16-21).

Zacarias afirmou explicitamente que parte da sua tarefa como porta-voz divino era "confortar" e "fortalecer" o povo de Judá e Jerusalém (1.13; 8.9). Sua palavra de incentivo adquiriu várias formas. Por exemplo, a série de visões de Zacarias (1.7–6.8) lembrou Israel de que Deus ainda se importava com seu povo e continuava a guiar o destino das nações para benefício final de sua eleita, Sião (v. esp. 2.6-13). A ordenação de Josué como sacerdote e de Zorobabel como governador marcou a retomada da liderança divinamente comissionada em Israel. Isso, por sua vez, reacendeu as esperanças messiânicas e confirmou a bênção divina para os esforços de reconstruir o templo e restaurar a adoração adequada a Deus (v. 4.6).

Em conclusão, a referência repetida por Zacarias às palavras dos "antigos profetas" autenticou seu ministério e assegurou aos israelitas que não haviam interpretado mal as revelações anteriores de Javé (1.4; 7.7,12). Apesar da angústia atual, o povo não devia se desesperar. A mensagem de Zacarias confirmou a intenção divina de continuar seu programa de aliança com Israel. Sua esperança não era em vão!

ESTRUTURA E ORGANIZAÇÃO

O livro divide-se, convenientemente, em duas partes principais. A primeira inclui o versículo introdutório (ou cabeçalho) e o chamado ao arrependimento (1.1-6), as sete visões noturnas (1.7–6.15) e os dois oráculos relativos ao jejum (7 e 8). A segunda parte consiste em oráculos escatológicos, subdivididos em duas seções: a palavra do Senhor a respeito de Hadraque (9–11) e de Israel (12–14).

Com base na análise literária de Paul Lamarche, Joyce G. Baldwin identificou uma estrutura quiasmática por trás de ambas as partes da profecia de Zacarias. Esse padrão de inversão indica uma estruturação temática e defende a unidade da obra. Também apoia a teoria de que Zacarias não só compôs, mas também organizou as visões e profecias.[2]

A organização quiasmática da primeira e da segunda parte é ilustrada na figura 38.1.

[2] Haggai, Zechariah, Malachi, p. 75-81, 85-86. V. Lamarche, P., **Zacharie I-XIV**: Structure litteraire et messianisme (Paris: Gabalda, 1961).

Figura 30.1 – Uzias e Jeroboão II

Parte 1:

I. Prelúdio: Chamado ao arrependimento nacional		1.1-6
II. Visões e pós-escritos		
a	Visão 1: Relato das patrulhas sobre o mundo em paz	1.7-17
b	Visão 2: Chifres e artesãos (retribuição às nações)	1.18-21
b^1	Visão 3: Medição de Jerusalém (a cidade protegida por Deus)	2.1-5
c	Pós-escrito 1: Investidura de Josué	2.6–3.10
d	Visão 4: Candelabro e oliveiras	4
b^2	Visão 5: Rolo voador (retribuição pelo mal)	5.1-4
b^3	Visão 6: Mulher dentro do cesto (Jerusalém purificada por Deus)	5.5-11
a	Visão 7: Carruagens divinas patrulham a terra	6.1-8
c^1	Pós-escrito: Coroação de Josué	6.9-15
III. Mensagens sobre jejum		
a	A pergunta	7.1-3
b	Primeiro sermão	7.4-14
c	Dizeres da aliança	8.1-8
b^1	Segundo sermão	8.9-17
a^1	A resposta	8.18,19
IV. Poslúdio: Implorar e buscar ao Senhor		

Parte 2:

I. Intervenção triunfante do Senhor: Seu pastor rejeitado		
a	O Senhor triunfa a partir do norte	9.1-8
b	Vinda do rei	9.9,10
c	Júbilo e prosperidade	9.11—10.1
d	Repreensão dos falsos líderes	10.2,3
c^1	Júbilo e restauração	10.4—11.3
b^1	O destino do bom pastor	11.4-17
II. Intervenção final do Senhor: O sofrimento envolvido		
c^2	Júbilo em Jerusalém	12.1-9
b^2	Luto pelo traspassado	12.10—13.1
d^1	Rejeição dos falsos líderes	13.2-6
b^3	O pastor é morto, o povo é disperso	13.7-9
c^3	Cataclisma em Jerusalém	14.1-15
a^1	O Senhor é adorado como Rei sobre todos	14.16-21

O prelúdio de Zacarias convoca a nação ao arrependimento e, dessa forma, complementa a exortação de Ageu de reedificar o templo (1.1-6). A reconstrução física de Jerusalém e do templo devia ser acompanhada da respectiva renovação espiritual. As visões noturnas do profeta comprovaram a alegação de que o Senhor está "voltando para Jerusalém" (v. 1.3,16; 2.10). As visões descrevem em detalhes o plano divino de trazer paz a Israel, retribuição às nações que dispersaram Israel, restauração a Jerusalém, liderança divinamente nomeada, purificação do mal entre o povo e estabelecimento de justiça em Sião.

Os dois sermões relacionados ao jejum associaram a busca contemporânea por justiça social à futura inversão da sorte de Judá entre as nações no futuro (*e.g.*, 8.9-13). Quando Judá buscasse o favor do Senhor, as nações também o buscariam em Jerusalém (v. 7.2; 8.22).

Finalmente, os dois oráculos escatológicos reafirmaram a esperança e motivaram a comunidade ao descrever o Reino vindouro, prometido de Deus. O livro é "prosa oracular" ou a combinação de prosa e poesia, típica da literatura profética (com exceção do material poético nos capítulos 9 e 10). A composição contém uma variedade de formas literárias, entre as quais:

- Exortação com oráculo de arrependimento (1.1-6)
- Narrativa na forma de visão (1.7–6.8)
- Previsão com fórmulas de revelação e interpretação (*e.g.*, 5.1-4)
- Inquérito com resposta instrutiva (*e.g.*, 6.1-8)
- Atos simbólicos (6.9-15)
- Admoestação com fórmulas de mensageiro e data (7.1-7)
- Oráculos divinos de julgamento e salvação (*e.g.*, cap. 10)

Zacarias é geralmente classificado como um livro protoapocalíptico, comparável à literatura apocalíptica que surge em obras judaicas no período intertestamentário (*e.g.*, 1Esdras e 1Enoque). De fato, o livro apresenta traços da literatura apocalíptica: revelação em forma de visões (v. fig. 38.2), a presença de um mensageiro divino que também interpreta as visões, o uso de simbolismo, os temas de julgamento das nações e o triunfo final na História. Muitas outras características, todavia, estão ausentes, como o determinismo rígido e o pessimismo penetrante, a recomposição da história anterior e a pseudonímia.

Figura 38.2 – Entendendo a literatura visionária

- Prepare-se para a inversão da realidade.
- Esteja pronto para imaginar um mundo que transcende a realidade terrena.
- Pelo fato de a literatura visionária ser uma forma de literatura fantasiosa, é preciso imaginar cenas e agentes estranhos.
- Em vez de procurar a sequência lógica de narrativa, prepare-se para uma série desarticulada de unidades variadas e independentes.
- Procure identificar o fato histórico ou a realidade teológica na história da salvação representados pelo simbolismo da passagem.
- Leia muita literatura visionária (tanto literatura visionária bíblica quanto literatura de fantasia extrabíblica).

De Ryken, L., **How to Read the Bible as Literature**. Grand Rapids: Zondervan, 1984, p. 165-75.

TEMAS PRINCIPAIS

Messias

Afora Isaías, Zacarias tem mais a dizer sobre o rei-pastor messiânico do que qualquer outro livro do AT. Esta previsão do Filho do Homem como o Messias é explicada aos discípulos pelo próprio Jesus como método de interpretação do AT (v. Lucas 24.44). Nossa abordagem (v. fig. 38.3) considera "messiânicas" apenas as passagens do AT que os autores do Novo citaram explicitamente com relação ou aplicação à vida e ao ministério de Jesus de Nazaré como o Cristo (reconhecemos, ao mesmo tempo, que algumas delas são, na melhor das hipóteses, implicitamente messiânicas no contexto de Zacarias).

Escatologia do Antigo Testamento

Escatologia é a doutrina dos acontecimentos do fim dos tempos ou o estudo dos últimos acontecimentos. Embora Zacarias não use as expressões "o dia do Senhor" e "o Reino de Deus", o livro contribui bastante para nosso conhecimento sobre a interpretação hebraica desses conceitos escatológicos.

A salvação de Israel é essencial para o ensinamento escatológico do AT, pois "naquele dia o Senhor, o seu Deus, os salvará" (9.16). Zacarias previu que esse livramento seria realizado por um rei-pastor rejeitado e ferido (11.4- 17). Seu ministério, porém, será de paz, reconciliação e purificação pelo Espírito Santo (9.9-10).

Outro conceito associado ao dia do Senhor em Zacarias é a reunião e restauração de Israel (10.9-12). Por meio de seu Messias servo, Deus unificará Judá e Israel e restaurará a sorte dos eleitos. Tudo isso acontecerá depois de as nações guerrearem contra Jerusalém e serem derrotadas pelo Senhor (12.1-9; 14.1-5). Depois Israel lamentará "aquele a quem traspassaram" e seu arrependimento resultará em purificação e renovação da aliança com Javé (12.10–13.9).

A restauração de Israel por Javé culminará no estabelecimento de uma nova ordem criada; o próprio Senhor reinará sobre toda a Terra. Haverá uma nova Jerusalém, e a riqueza das nações fluirá para Sião (14.6-15). O destaque da cidade restaurada de Davi é o templo de Javé — o mesmo que Ageu e Zacarias incentivaram a comunidade pós-exílica a construir. O templo representará paz, justiça e santidade — características do Reino de Deus (14.16-21). Até os povos das nações farão peregrinações regulares para adorar o Deus de Israel ali (14.16).

Essa sequência de acontecimentos que compõem o dia do Senhor era tão comprimida e condensada, historicamente falando, que as distinções feitas por intérpretes posteriores entre a primeira e a segunda vinda

Figura 38.3 – Previsões de Zacarias sobre o Messias

Virá em uma posição social baixa e humilde	9.9; 13.7 (v. Mateus 21.5; 26.31,56)
Restaurará Israel pelo sangue da sua aliança	9.11 (v. Marcos 14.24)
Servirá como pastor a um povo disperso e vagando como ovelhas	10.2 (v. Mateus 9.36; 26.15; 27.9-10)
Será traspassado e ferido	12.10; 13.7 (v. Mateus 24.30; 26.31,56; Jo 19.37)
Retornará em glória e livrará Israel dos inimigos	14.1-6 (v. Mateus25.31)
Reinará com paz e justiça em Jerusalém	9.9-10; 14.9,16 (v. Apocalipse 11.15; 19.6)
Estabelecerá a nova ordem mundial	14.6-19 (v. Apocalipse 21.25; 22.1,5)

do Messias se fundiram na mente dos profetas em uma só vinda. Na verdade, sistemas interpretativos e teológicos inteiros foram construídos na tentativa de entender as profecias do AT (*i.e.*, o **dispensacionalismo** e a teologia da aliança).

Contudo, as perspectivas de Zacarias sobre "aquele dia" correspondem ao restante do ensinamento do AT, pois seguem o padrão geral. *Grosso modo*, isso resulta na apostasia em Israel seguida de opressão e dispersão como julgamento pelo pecado. Depois, o arrependimento subsequente de Israel levará Deus a reunir os eleitos, restaurar as bênçãos da aliança e julgar o pecado das nações opressoras, para que Israel possa desfrutar da presença de Deus na experiência do Reino (*e.g.*, Ezequiel 36–39; v. Mateus 24).

Perguntas para estudo e debate

1. Comente como as passagens messiânicas de Zacarias ilustram a relação entre as escrituras do Antigo e Novo Testamento.
2. O que Zacarias ensina sobre o relacionamento de Deus com a história humana em termos de Israel e das nações?
3. Explique o conceito de Zacarias do "dia escatológico". Como o livro amplia nossa compreensão da escatologia apresentada no NT?
4. Cite as semelhanças entre as condições mundiais do Império Persa e o cenário político internacional atual que tornam a literatura apocalíptica útil para nós.
5. O que Zacarias revela sobre o judaísmo pós-exílico, em particular seus costumes, cultura e problemas?
6. Como o profeta reconcilia suas ideias sobre o dia da destruição, o remanescente hebreu e a nova ordem mundial liderada pelo Messias?

Leituras complementares

BALDWIN, Joyce G. Haggai, Zechariah, Malachi. **TOTC**. Downers Grove, IL: InterVarsity Press, 1972. Exegese completa de ponto de vista evangélico, com seções introdutórias úteis sobre autoria e caráter literário de Zacarias. [Publicado em português com o título **Ageu, Zacarias e Malaquias**: introdução e comentário (São Paulo: Vida Nova, 1982).]

BARKER, Kenneth L. Zechariah. **EBC**. Grand Rapids: Zondervan, 1985. v. 7, p. 595-697. Análise e debate útil da linguagem dos oráculos de Zacarias, com ênfase no valor teológico do livro.

BUTTERWORTH, M. Structure and the Book of Zechariah. **JSOTSS** 130. Sheffield, England: JSOT Press, 1992.

CRAIGIE, Peter C. The Twelve Prophets. **DSB-OT**. Philadelphia: Westminster, 1985. v. 2. Análise teológica criteriosa e aplicação atual da mensagem de Zacarias.

GOWAN, D. E. **Eschathology in the Old Testament**. Philadelphia: Fortress Press, 1986.

HANSON, P. D. **Old Testament Apocalyptic**. Nashville: Abingdon, 1987.

MASON, R. The Books of Haggai, Zechariah, and Malachi. **CBC**. Cambridge: Cambridge University Press, 1973.

MEYERS, Carol & MEYERS, Eric. Haggai and Zechariah 1–8. **AB**. Garden City, NY: Doubleday, 1987. v. 25b. Comentário superior, mas técnico. Bibliografias extensas e análise histórica e linguística excelente da época da mensagem de Zacarias.

____. Zechariah 9–14. **AB**. Garden City, NY: Doubleday, 1993. v. 25c. Veja Meyers & Meyers acima.

MERRILL, E. H. **Haggai, Zechariah, Malachi**: An Exegetical Commentary. Chicago: Moody Press, 1994.

PIERCE, R. Literary Connectors and a Haggai/Zechariah/Malachi Corpus. **JETS** 27, 1984, p. 277-89.

____. A Thematic Development of the Haggai/Zechariah/Malachi Corpus. **JETS** 27, 1984, p. 401-12.

PETERSEN, D. L. Haggai and Zechariah 1–8. **OTL**. Philadelphia: Westminster, 1984.

____. Zechariah 9–14 and Malachi. **OTL**. Louisville: Westminster/John Knox, 1995.

REDDITT, P. L. Haggai, Zechariah and Malachi. **NCBC**. Grand Rapids: Eerdmans,1995.

SMITH, R. L. Micah-Malachi. **WBC**. Waco, TX: Word, 1984. v. 32. TOLLINGTON, J. E. Tradition and Innovation in Haggai and Zechariah 1–8. **JSOTSS** 150. Sheffield, England: JSOT Press, 1993.

39

Malaquias

Conceitos básicos

✓ Deus deseja adoração sincera
✓ O dia do Senhor afeta justos e ímpios
✓ Deus espera fidelidade no casamento
✓ Alguém igual a Elias anunciaria o dia do Senhor
✓ Deus odeia o divórcio

O nome Malaquias aparece no AT apenas no cabeçalho do livro (1.1). Como nome próprio, Malaquias pode ser traduzido como "meu mensageiro" ou "meu anjo" (v. Zacarias 1.9,11). Alguns estudiosos alegam que o nome é apenas o título editorial do livro emprestado da fraseologia de 3.1 ("Vejam, eu enviarei o meu mensageiro...") e presumem que a obra seja uma profecia anônima. Apesar da ocorrência solitária, Malaquias* assemelha-se a outros nomes do AT terminados em *i*, como Beeri (Gênesis 26.34) e Zicri (1Crônicas 8.19). Além disso, Jonas e Habacuque são nomes diferentes entre os profetas. Portanto, a ocorrência do nome Malaquias não deve ser considerada uma constatação contrária a seu uso como nome próprio (v. a seguir).

Pouco se sabe sobre o profeta Malaquias. Como no caso de Obadias, o primeiro versículo da profecia não apresenta sua genealogia. A tradição judaica considera Malaquias membro da Grande Sinagoga, como Ageu e

* *Mal'āḵî*, em hebraico. [N. T.]

Zacarias. Essa sinagoga era o concílio de escribas e outros líderes que ajudaram a reorganizar a vida e cultura religiosa após o exílio babilônico. Tais homens desempenharam um papel importante na coleção e organização dos livros dos Doze Profetas do cânon.

As convicções firmes do profeta contra a idolatria (2.10-12), o divórcio fácil (2.13-16) e a injustiça social (3.5) indicam seu compromisso e sua integridade — a volta aos dias dos profetas pré-exílicos. Ele também era homem corajoso, dada a censura ousada à classe sacerdotal influente e à elite social (v. 1.1-14; 2.1-4; 3.2-4).

COMPOSIÇÃO DO LIVRO

A obscuridade do cabeçalho de Malaquias surgiu da variedade de opiniões sobre o autor do livro e sua data de composição. Além disso, a semelhança das fórmulas introdutórias de Zacarias 9.1 e 12.1 e Malaquias 1.1 induziu muitos estudiosos modernos a concluir que Zacarias 9–11 e 12–14 e Malaquias 1–4 eram originariamente uma série de oráculos proféticos anônimos anexados a Zacarias 1–8. Mais tarde, os dois documentos mais longos se fundiram com Zacarias 1–8 formando os capítulos 9–14. Finalmente, a introdução da expressão "meu mensageiro" (Malaquias 3.1) como título do livro permitiu sua separação de Zacarias e completou o número sagrado de Doze Profetas.

Em contrapartida, estudiosos mais conservadores consideram o título "Malaquias" um nome próprio que identifica a personagem profética radicada na história pós-exílica. Em vez de considerar o livro uma ramificação conveniente de Zacarias, eles reconhecem a integridade e o caráter independente da obra. Como muitos outros livros proféticos do AT, não se sabe se Malaquias escreveu sua mensagem ou se as profecias foram compiladas e organizadas por um discípulo ou outra pessoa. As orações sucintas e o estilo direto do livro sugerem que as profecias foram, a princípio, transmitidas oralmente e que houve um pequeno intervalo entre o pronunciamento e o registro dos oráculos.

É importante reconhecer que a posição de Malaquias no fim do AT não está relacionada à ordem cronológica do livro na história hebraica. Malaquias é anterior a outros livros do AT, como Ester, Esdras–Neemias e Crônicas, com a data de composição geralmente atribuída ao período contemporâneo da atividade de Esdras e Neemias em Jerusalém (ca. 450-400 a.C.). Essa teoria se baseia, em grande parte, nas descrições paralelas da decadência religiosa e social da comunidade pós-exílica registradas em Malaquias e nos livros de Esdras e Neemias. Por exemplo, os três abordam problemas de casamento com estrangeiros, divórcio, abusos associados ao sacerdócio, aos serviços do templo, ao dízimo, sábado e à opressão dos pobres (1.6-13; 2.1-16; 3.5-10; v. Esdras 9–10; Neemias 5.1-5; 10.32-39; 31.1-30).

No entanto, o estudo cuidadoso do hebraico de Malaquias revela que o livro possui semelhanças linguísticas consideráveis com obras do AT datadas do século VI, e não do V a.C. Com base nas informações detalhadas coletadas desse tipo de análise técnica dos profetas pós-exílicos, concluímos que Malaquias provavelmente tenha sido composto em Jerusalém no início do declínio religioso e social antes da época de Esdras, o escriba (aproximadamente, entre 500 e 475 a.C.).[4]

A influência persa sobre o pensamento e a linguagem de Malaquias pode ser percebida nas referências do profeta a "um livro como memorial" (3.16; v. Ester 6.1; Daniel 7.10; 12.1) e "sol da justiça" (4.2). O livro memorial, em que são registrados os nomes dos justos, indica o desenvolvimento teológico contínuo da crença na vida após a morte no AT. A expressão singular "sol da justiça" lembra o disco solar alado que representa o deus sol na **iconografia** mesopotâmica e egípcia. O disco solar geralmente estava associado ao rei e simbolizava a proteção e assegurava a vitória na batalha. O simbolismo sugere que, da mesma forma, Javé concederia proteção e restauração a quem temesse seu nome quando visse o fogo consumidor no dia do Senhor.

CONTEXTO

A mensagem de Malaquias refletia condições associadas ao período da decadência anterior a Esdras (ca. 515-458 a.C., ou a partir da conclusão do segundo templo até o ministério de Esdras em Jerusalém, levando em conta a data tradicional da viagem de Esdras para a cidade). O segundo templo fora concluído com incentivo de Ageu e Zacarias (Ageu 1.1-6;

[4] V. HILL, Andrew E., Dating the Book of Malachi: a Linguistic Reexamination, p. 84-6.

Esdras 3.10-13; 5.1-2; 6.13-15), mas a obra não trouxera a tão esperada era messiânica (Malaquias 3.6-12; v. Zacarias 8.9-23). Ao contrário, a apatia e desilusão que atrasaram a reconstrução do templo por quase 20 anos persistiu na comunidade da restauração. As expectativas de um Estado davídico renovado sob a liderança de Zorobabel não se cumpriram (v. Ageu 2.20-23). A prosperidade material prevista por Ageu se cumpriu parcialmente (2.6-9) e as grandes migrações de antigos exilados previstas por Zacarias (8.1-8), na realidade, foram pequenas. O chamado de Zacarias para uma vida espiritual mais profunda foi ignorado e até ridicularizado devido à aparente omissão de Deus na restauração das bênçãos da aliança para Jerusalém (8.4-13; v. 10.1-2; Malaquias 3.13-15). Com base nos registros de Esdras e Neemias, os oráculos messiânicos de Zacarias e Malaquias aparentemente tiveram pouco impacto na moral pós-exílica (v. Esdras 9.1-4; Neemias 5.1-8; 11.1-3). Dado o testemunho de documentos escassos comprovando o contrário, até a voz profética logo deixou de influenciar a comunidade da restauração (Malaquias 4.5; v. 1Macabeus 4.46; 9.27; 14.41). Jerusalém, que provavelmente era uma **satrapia** (província) sob o comando de um governador persa, continuou pequena, pobre e insignificante no vasto Império Persa, além de social e politicamente estagnada. As contínuas hostilidades com os samaritanos e o fardo da vassalagem contribuíram para o ceticismo e a dúvida que caracterizavam a reação popular a Javé como Deus (Malaquias 1.2). Os próprios persas estavam envolvidos em um confronto de titãs pelo controle do leste contra os gregos. Foi nesse contexto sombrio que Malaquias profetizou em Jerusalém como "mensageiro divino".

ESBOÇO DE MALAQUIAS

I. Cabeçalho (1.1)
II. Primeiro oráculo: amor de Deus por Israel fundamentado na aliança (1.2-5)
    A. Primeira pergunta: "De que maneira nos amaste?" (1.2)
III. Segundo oráculo: repreensão aos sacerdotes infiéis (1.6–2.9)
    A. Segunda pergunta: "De que maneira temos desprezado o teu nome?" (1.6)
    B. Terceira pergunta: "De que maneira te desonramos?" (1.7)

IV. Terceiro oráculo: repreensão ao povo infiel (2.10-16)
  A. Quarta pergunta: "Por quê?" (2.14)
V. Quarto oráculo: futuro dia de julgamento e purificação (2.17–3.5)
  A. Quinta pergunta: "Como o temos cansado?" (2.17)
  B. Sexta pergunta: "Onde está o Deus da justiça?" (2.17)
VI. Quinto oráculo: chamado ao arrependimento (3.6-12)
  A. Sétima pergunta: "Como voltaremos?" (3.7)
  B. Oitava pergunta: "Como é que te roubamos?" (3.8)
VII. Sexto oráculo: Israel restaurado como posse especial de Deus (3.13– 4.3)
  A. Nona pergunta: "O que temos falado contra ti?" (3.13)
  B. Décima pergunta: "O que ganhamos quando obedecemos aos seus preceitos?" (3.14)
VIII. Exortações finais: Lembrem-se da lei de Moisés e de Elias (4.4-6)

PROPÓSITO E MENSAGEM

O tema predominante da profecia de Malaquias é o relacionamento de aliança com Javé e suas ramificações. O profeta citou especificamente a aliança de Levi (1.6–2.9), a aliança dos pais, o pacto matrimonial (2.10-16) e o mensageiro da aliança (3.1).

O ensinamento dos seis debates em Malaquias pode ser resumido desta forma:

1. Javé ama Jacó (1.2-5).
2. Ele é pai de Israel e deseja sua adoração sincera (1.6-9).
3. Ele é pai de todos os israelitas e exige fidelidade (2.10-16).
4. Deus quer sinceridade, não palavras, pois é justo (2.17–3.5).
5. Deus é fiel à sua palavra e deseja adoração genuína (3.6-12).
6. Novamente, Deus deseja sinceridade (3.13–4.3).[1]

No primeiro debate, Malaquias teve de lembrar o povo da posição soberana de Javé como pai, suserano (senhor) e autor da aliança

[1] Fischer, J. A., Notes on the Literary Form and Message of Malachi, p. 317.

(v. Deuteronômio 32.6-12). Como tal, ele merecia a conduta condizente com a aliança (Êxodo 20.12; Deuteronômio 31.1-10). Por ser o autor da aliança, Javé também a cumpria (Êxodo 34.6-7; Salmos 111.9) e era constante e fiel à sua palavra (Malaquias 3.6; Deuteronômio 7.6-11). Os cinco debates restantes do profeta comparam a infidelidade de Israel à fidelidade de Javé recitando violações específicas das estipulações da aliança.

As respostas desejadas ao chamado de Malaquias em prol do arrependimento e da renovação da aliança para Israel eram práticas e claras:

- Purificação do sacerdócio corrupto e complacente
- Transformação da adoração falsa e monótona em sacrifício alegre de louvor do qual Deus se agrada
- Correção dos abusos associados aos dízimos e sacrifícios do templo
- Restauração de elos familiares rompidos
- Inauguração de um programa de justiça social com base na ética da aliança

ESTRUTURA E ORGANIZAÇÃO

O gênero literário de Malaquias ainda é assunto de debate. Estudiosos alemães, tanto do presente quanto do passado,consideram a profecia poética, presumindo uma tradição poética oral por trás dos oráculos escritos de Malaquias (motivo das diversas alterações do texto hebraico sugeridas pelos proponentes desta posição). A maioria dos estudiosos que falam inglês considera Malaquias uma composição em prosa. Estudos recentes de análise do hebraico dos profetas pós-exílicos apoiou a segunda teoria. Essa linguagem pode ser designada "prosa profética" ou "prosa oracular" para distingui-la, como gênero literário, da prosa narrativa.[2]

A profecia de Malaquias é simples, direta e expressiva. Dos 55 versículos do livro, 47 são dirigidos a Israel na primeira pessoa, apresentando o confronto vívido entre Deus e o povo. Ao contrário do padrão da fórmula de mensageiro (*e.g.*, "assim diz o Senhor") seguida pelo oráculo,

[2] Sobre a questão de prosa e poesia, v. Verhoef, P. A., The Books of Haggai and Malachi, p.166-7.

predominante nos profetas anteriores, Malaquias entremeia a mensagem de seis oráculos com uma série de dez perguntas de retórica e suas respostas.

O formato de debate pode ser caracterizado pelo seguinte esboço de quatro pontos:

1. Declaração de uma verdade
2. Réplica do público imaginário na forma de pergunta
3. Tréplica do profeta reafirmando a premissa inicial
4. Apresentação de constatações adicionais

Esse padrão de debate não é exclusivo de Malaquias (v. Isaías 40.27,28; Jeremias 2.23-25,29-32; 29.24-32; Ezequiel 12.21-28; Miqueias 2.6-11), mas é uma característica da estrutura literária do livro. O efeito desejado do discurso de debate "é deixar o oponente destituído de argumentação e conformado com a decisão divina".[3]

A forma e a disposição dos oráculos de Malaquias também contribuem para o desenvolvimento da mensagem sobre o tema da aliança. Os cinco debates finais reforçam o ensinamento sobre o amor de Deus por Israel com base na aliança oferecido no primeiro debate. No segundo, Malaquias acusou o sacerdócio de omissão como guardião desse tipo de relacionamento, mas no debate seguinte ele repreendeu o povo por violar a aliança, para que os sacerdotes não fossem bodes expiatórios. À medida que estes transgrediram a aliança de Levi, o povo violou a aliança dos pais. O quarto debate lembrou Israel da realidade do julgamento divino por causa da violação da aliança. O quinto convocou Israel ao arrependimento e à renovação da aliança. O último debate advertiu Israel do dia do Senhor, o que comprovaria o amor divino por essa nação e vindicaria sua justiça no procedimento com os ímpios.

Esse formato de perguntas retóricas e debates deu origem ao método de exposição dialogal, característico das escolas rabínicas posteriores (v. o método de ensino de Jesus em Mateus 5.21,27: "Vocês ouviram o que foi dito [...] Mas eu lhes digo...").

---

3 Patterson, R., Old Testament Prophecy, in **A complete Literary Guide to the Bible**, Leland Ryken & Tremper Longman III (orgs.), Grand Rapids: Zondervan, 1993, p. 303.

TEMAS PRINCIPAIS

Casamento e divórcio

O ensinamento elevado do profeta sobre casamento como companheirismo para com a mulher da mocidade (2.14) e a responsabilidade compartilhada na criação dos filhos (2.15) lembra a literatura de sabedoria do AT (*e.g.*, Provérbios 5.18; 10.1; 15.20; 31.26). O casamento é uma aliança sagrada abençoada por Deus e uma união honrada entre um homem e uma mulher com o propósito de comunhão e formação de vida familiar (Gênesis 2.24; Ezequiel 16.8; Oseias 2.19). Para Malaquias, as ligações entre fidelidade à aliança com Javé e fidelidade ao cônjuge são claras e baseiam-se na natureza familiar dos relacionamentos de aliança em outras passagens do AT (*e.g.*, o simbolismo de marido e mulher usado para descrever Deus e Israel em Jeremias 2.1-3; 31.32; Ezequiel 16.6-34; Oseias 2.1-19).

As prescrições do divórcio na lei mosaica foram instituídas por causa do pecado da humanidade em geral (Gênesis 3.1-19) e de Israel em particular (Mateus 19.8). Deus odeia o divórcio porque a infidelidade destrói os elos da aliança entre os cônjuges. O vocabulário usado pelo profeta ilustra essa verdade, pois ele utiliza a palavra exclusiva do AT para "companheira" em 2.14. O termo está relacionado à raiz hebraica que significa "estar unido", como dois pedaços de madeira unidos com pregos em uma construção (Êxodo 26.6).

Malaquias também condenou aqueles entre o povo de Deus que, depois de divorciados, se casaram com mulheres estrangeiras (aparentemente por interesse financeiro, v. 2.16), contaminando assim a religião hebraica

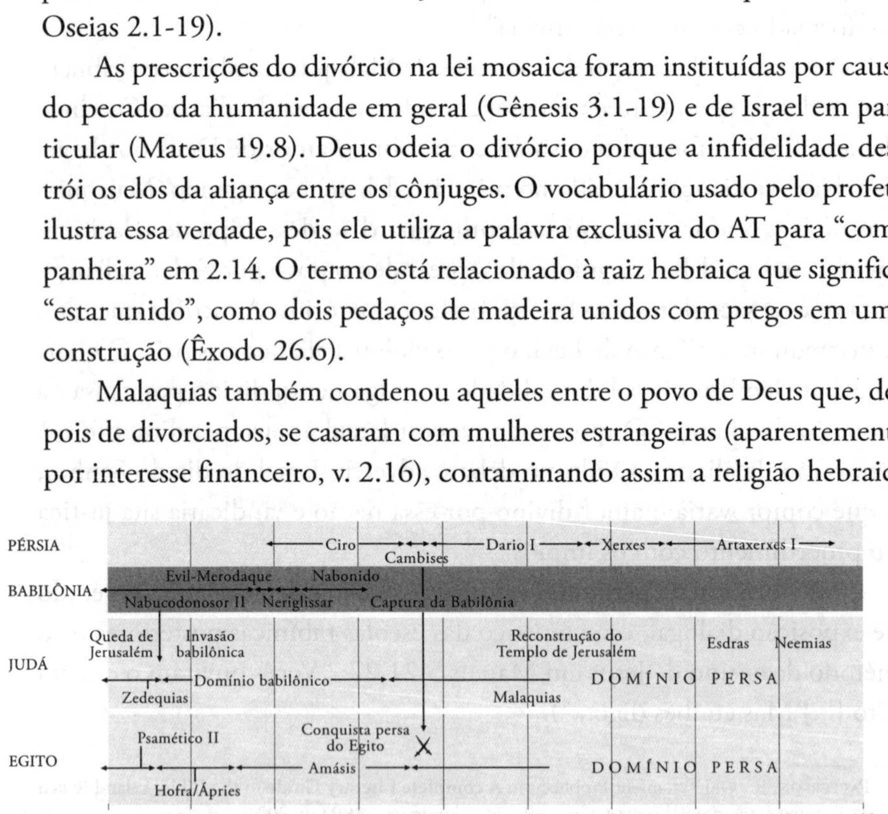

(v. Números 25.1-9; 1Reis 11.1-4). A censura de Malaquias ao divórcio fácil antecipou a instrução mais rígida de Jesus e Paulo no NT (Mateus 5.31-32; 19.1-10; Marcos 10.1-10; Romanos 7.1-3; 1Coríntios 7.10-16,39).

Elias, o profeta

O segundo apêndice (4.5-6) associa o mensageiro da aliança (3.1) a alguém semelhante a Elias. O profeta Elias era considerado um modelo para o ministério profético ligado ao "precursor" por várias razões. Em primeiro lugar, ele confrontou líderes religiosos e políticos sobre questões de ortodoxia teológica, pureza moral e justiça social. Em segundo lugar, ele pregou uma mensagem de arrependimento do pecado diante do juízo divino iminente. Em terceiro lugar, sua comissão e mensagem divinas foram autenticadas por milagres. Por fim, ele foi realmente "a voz do que clama no deserto", pois seu ministério estava fora das estruturas reconhecidas e das instituições tradicionais da sociedade hebraica.

O papel de Elias como mensageiro de proclamar o tempo da ira de Javé e a inauguração da era messiânica foi parte importante da tradição judaica posterior referente ao profeta (*e.g.*, Siraque 48.10-11; v. Mateus 17.3,10; 27.47,49; João 1.21). Sua aparição no monte da Transfiguração com Moisés e Jesus apoia esta dimensão escatológica do ministério profético. Jesus de Nazaré obviamente considerava a profecia de Malaquias uma previsão do ministério de João Batista (Mateus 11.7-15). O registro do NT também comprova o ministério e a vida não convencionais de João, semelhantes aos de Elias (*e.g.*, Mateus 3.1-12, Lucas 1.14-17). A Igreja Primitiva também acreditava que a previsão de Malaquias sobre o "precursor" se cumpriu plenamente na proclamação de João sobre o início do Reino messiânico dos céus com a vinda de Jesus Cristo (Marcos 1.2-8; Lucas 1.16,17; v. Mateus 1.1-6).

Perguntas para estudo e debate

1. Comente o significado da afirmação "rejeitei a Esaú" (Ml 1.3) e o que ela revela sobre Deus. Inclua, no comentário, outras referências bíblicas ao que Deus rejeita ou odeia.

2. Como Malaquias descreve as práticas religiosas dos hebreus de sua época? O que aprendemos com o livro sobre a adoração individual e coletiva?
3. Qual é a característica exclusiva da forma literária de Malaquias?
4. Por que Deus odeia o divórcio (2.14-16)? Como devemos nos apropriar desse ensinamento na atualidade?
5. Comente a passagem de Malaquias sobre dízimos, ofertas (3.8-12) e suas implicações relativas à prosperidade material.
6. Como devemos interpretar a profecia de Malaquias sobre "Elias" (4.5-6)?

Leituras complementares

ACKROYD, P. R. Exile and Restoration. **OTL**. Philadelphia: Westminster, 1968.

BERQUIST, J. L. **Judaism in Persia's Shadow**: a social and Historical Approach. Minneapolis: Fortress Press, 1995. Útil pelas contribuições aos contextos culturais e políticos do início do Período Persa que influenciaram o judaísmo pós-exílico.

FISCHER, J. A. Notes on the Literary Form and Message of Malachi. **CBQ** 34, 1972, p. 315-20.

GLAZIER-MCDONALD, B. Malachi: The Divine Messenger. **SBLDS**. Atlanta: Scholars Press, 1987. v. 98.

HILL, Andrew E. Malachi. **AB**. New York: Doubleday, 1998. v. 25d.

____. Dating the Book of Malachi: A Linguistic Reexamination. In: **The Word of the Lord Shall Go Forth**: Essays in Honor of D. N. Freedman. C. Meyers & M. O'Connor (orgs.), Winona Lake, IN: Eisenbrauns, 1983, p. 77-89.

KAISER, W. C. **Malachi**: God's Unchanging Love. Grand Rapids: Baker, 1984. Estudo detalhado, mas agradável, da mensagem de Malaquias e sua aplicação atual. Comentário modelo com base na metodologia de "teologia exegética" do autor.

MALLONE, G. **Furnace of Renewal**. Downers Grove, IL: InterVarsity Press, 1981. Aplicação contemporânea criteriosa e penetrante da mensagem de Malaquias à vida da Igreja, incluindo dízimo e oração, ação social e evangelização, adoração, liderança e sacramento.

MCKENZIE, S. L. & WALLACE, H. W. Covenant Themes in Malachi. **CBQ** 45, 1983, p. 549-63.

OGDEN, G. S. & DEUTSCH, R. R. Joel and Malachi: A Promise of Hope – A Call to Obedience. **ITC**. Grand Rapids: Eerdmans, 1987.

PETERSEN, D. L. Late Israelite Prophecy: Studies in Deutero-Prophetic Literature and in Chronicles. **SBLMS**. Missoula, MO: Scholars Press, 1977. v. 23.

____. Zechariah 9-14 and Malachi. **OTL**. Louisville: Westminster/John Knox, 1995.

REDDITT, P. L. Haggai, Zechariah, Malachi. **NCBC**. London: Marshall Pickering, 1995.

SMITH, R. L. Micah–Malachi. **WBC**. Waco, TX: Word,1984. v. 32.

VERHOEF, P. A. The Books of Haggai and Malachi. **NICOT**. Grand Rapids: Eerdmans, 1987. Comentários introdutórios muito bons sobre autor, data, contexto histórico, estilo e texto.

WOLF, H. **Haggai and Malachi**. Chicago: Moody Press, 1976. Breve, agradável e, ao mesmo tempo, bem pesquisado. Acessível e útil, especialmente para o leigo.

QUINTA PARTE
Epílogo

40

Rumo ao Novo Testamento

O ANTIGO TESTAMENTO NO NOVO

As Escrituras Sagradas da igreja cristã contêm dois Testamentos, mas eles formam uma única Bíblia. O AT, ou Antiga Aliança, é parte essencial da Bíblia cristã, pois as duas alianças formam o registro da revelação divina progressiva da redenção à humanidade. A promessa da "antiga" aliança se cumpre no que o autor de Hebreus chamou de aliança "superior" (Hebreus 8.6). O estudo de qualquer das alianças isoladamente não só resulta em uma imagem desequilibrada e inadequada da autorrevelação divina e de seus propósitos para a criação, mas também reduz a força da Palavra de Deus como verdade divinamente inspirada e distorce sua mensagem singular e unificada sobre a "história da salvação".

O apóstolo Paulo disse que Cristo nasceu no momento adequado da história humana (Gálatas 4.4). Deus, o autor da História, preparou o ambiente histórico, cultural, político e teológico perfeito para o nascimento de Jesus Cristo e de sua Igreja (v. Isaías 14.24-27; Daniel 2.20-23). Isso fez do AT parte da "história de preparação" de Deus para o futuro Messias.

Os autores do NT entendiam claramente a importância dessa continuidade entre as alianças, pois o AT hebraico era a Bíblia da igreja primitiva. O AT servia de fonte para a pregação (v. Atos 2.14-36 e 3.12-26) e para a leitura pública nos dias dos apóstolos (v. 1Timóteo 4.13). A apologética da igreja primitiva era essencialmente a defesa de Jesus como o Cristo com base no cumprimento das profecias do AT (*e.g.*, Atos 4.5-12; 7.2-53; v. Mateus 11.2-6, método usado pelo próprio Jesus).

Finalmente, o NT fez uso amplo do AT na forma de citação direta ou alusão indireta. Na verdade, segundo cálculos cuidadosos, cerca de 32% — quase um terço — do NT é composto de citações do AT e alusões a ele.[1] Sua análise rende vários grandes temas ou ênfases e nos mostra como os discípulos de Cristo entendiam bem a afirmação sobre sua "presença" na Lei, nos Profetas e nos Salmos (v. Lucas 24.44).[2]

A figura 40.1 oferece a amostragem dos versículos do AT mais citados no NT.

Os temas e as ênfases dessas referências ao AT podem ser divididos em três principais categorias: as relacionadas ao Deus todo-poderoso, a Jesus como o Cristo e à humanidade.

1. Os autores do NT destacaram vários aspectos importantes da natureza e do caráter de Deus descritos no AT, incluindo o Soberano entronizado da criação e das nações (*e.g.*, Apocalipse 4.2s), o Deus de grandes feitos e poder (*e.g.*, Atos 26.8) e o Deus generoso em conceder seu amor imutável e imparcial (*e.g.*, Atos 10.34). Esses temas, sem dúvida, eram muito importantes para a igreja cristã, dado o domínio cruel dos romanos no vasto império.

2. Jesus Cristo foi prenunciado no AT e reconhecido no NT como Senhor e Rei (Colossenses 1.15-20), filho de Davi (*e.g.*, Mateus 9.27), Filho de Deus (*e.g.*, Mateus 3.17), Servo Sofredor e Salvador (*e.g.*, Mateus 16.21) anunciado pelo mensageiro de Deus (*e.g.*, Lucas 3.1-17), cordeiro de Deus cujo sangue da aliança obteve redenção para a humanidade (*e.g.*, Mateus 26.28) e Profeta superior a Moisés e Sacerdote eterno superior a Melquisedeque (*e.g.*, Hebreus 3.1-6; 7.15-28). Esses temas cristológicos constituíam a mensagem básica da salvação em Cristo Jesus como o Filho de Deus pregada aos gentios e constituía a apologética da Igreja Primitiva, que apresenta Jesus de Nazaré como o Messias aos judeus.

3. O NT identifica várias áreas de continuidade com o AT relativas à necessidade e ao destino da humanidade, incluindo o dia iminente de angústia como o julgamento pelo pecado (*e.g.*, Mateus 24.15-28),

---

[1] Para os detalhes sobre essa estatística surpreendente, v. Hill, Andrew E., **Baker's Handbook of Bible Lists** (Grand Rapids: Baker, 1981), p. 102-4.

[2] Baseado no índice de citações em **The Greek New Testament**, K. Aland *et al* (orgs.), 2. ed. (New York: United Bible Societies, 1969), p. 897-920.

Figura 40.1 – O uso do Antigo Testamento no Novo

Versículos do Antigo Testamento		*Número de ocorrências no Novo Testamento*
Salmos 110.1	O SENHOR disse ao meu Senhor: "Senta-te à minha direita até que eu faça dos teus inimigos um estrado para os teus pés".	18
Daniel 12.1	Naquela ocasião Miguel, o grande príncipe que protege o seu povo, se levantará. Haverá um tempo de angústia como nunca houve desde o início das nações até então. Mas naquela ocasião o seu povo, todo aquele cujo nome está escrito no livro, será liberto.	13
Isaías 6.1	No ano em que o rei Uzias morreu, eu vi o Senhor assentado num trono alto e exaltado, e a aba de sua veste enchia o templo. (v. 2Crônicas 18.18; Salmos 47.8; Ezequiel 1.26-28)	12
Salmos 2.7	Proclamarei o decreto do SENHOR: Ele me disse: "Tu és meu filho; eu hoje te gerei".	10
Isaías 53.7	Ele foi oprimido e afligido; e, contudo, não abriu a sua boca; como um cordeiro foi levado para o matadouro, e como uma ovelha que diante de seus tosquiadores fica calada, ele não abriu a sua boca. (v. Salmos 44.22)	10*
Levítico 19.18	"Não procurem vingança, nem guardem rancor contra alguém do seu povo, mas ame cada um o seu próximo como a si mesmo. Eu sou o SENHOR."	10
Deuteronômio 10.17	Pois o SENHOR, o seu Deus, é o Deus dos deuses e o Soberano dos soberanos, o grande Deus, poderoso e temível, que não age com parcialidade nem aceita su- borno.	8
Malaquias 3.1	"Vejam, eu enviarei o meu mensageiro, que preparará o caminho diante de mim. E então, de repente, o Senhor que vocês buscam virá para o seu templo,, o mensageiro da aliança, aquele que vocês desejam, virá", diz o SENHOR dos Exércitos.	8
Êxodo 24.8	Depois Moisés aspergiu o sangue sobre o povo, dizendo: "Este é o sangue da aliança que o SENHOR fez com vocês de acordo com todas essas palavras".	7
Salmos 62.12	Contigo também, Senhor, está a fidelidade. É certo que retribuirás a cada um conforme o seu procedimento.	7
Salmos 110.4	O SENHOR jurou e não se arrependerá: "Tu és sacerdote para sempre, segundo a ordem de Melquisedeque".	7
Deuteronômio 18.15	O SENHOR, o seu Deus, levantará do meio de seus próprios irmãos um profeta como eu; ouçam-no.	6
Gênesis 15.6	Abrão creu no SENHOR, e isso lhe foi creditado como justiça.	5
Êxodo 19.6	"Vocês serão para mim um reino de sacerdotes e uma nação santa. Essas são as palavras que você dirá aos israelitas."	5
Levítico 18.5	Obedeçam aos meus decretos e ordenanças, pois o homem que os praticar viverá por eles. Eu sou o SENHOR.	5

*O NT contém 38 referências a Isaías 53 e 24 referências ao salmo 22.

a necessidade de livramento e redenção por aliança do sangue melhor que de touros e bodes (*e.g.*, Hebreus 9.23–10.18), a prioridade da fé para o relacionamento com Deus (Hebreus 11.6), a exigência da santidade (*e.g.*, 1Pedro 1.16) e a necessidade de obediência aos decretos divinos, que resulta em "vida" para o cristão (*e.g.*, Hebreus 5.9). Essas ênfases são fundamentais para aspectos básicos da teologia do NT, como escatologia (doutrina dos últimos tempos), soteriologia (doutrina da salvação) e santificação (busca da santidade por parte do cristão).

PONTE ENTRE AS DUAS ALIANÇAS

Outro modelo para fazer a ponte entre o AT e o NT é o tema da aliança, a concepção da fé no AT. Elmer A. Martens identifica quatro propósitos básicos de Javé para Israel, incluindo a salvação ou o livramento, a comunidade da aliança, o conhecimento do Senhor e a terra prometida.[3] Esses propósitos não só compreendem a mensagem central da revelação do AT como também antecipam a pessoa e obra do Messias no NT. Portanto, servem de matriz pela qual os temas teológicos básicos do AT podem ser transportados e desenvolvidos na nova aliança.

1. O propósito divino para a salvação no AT exigia compromisso de fé com o Deus todo-poderoso mediante atos de obediência à sua palavra (*e.g.*, a viagem de Abraão a Canaã e sua oferta de Isaque, v. Hebreus 11.8-22). O livramento foi realizado pelas obras poderosas de Javé a favor de seu povo, Israel (*e.g.*, o êxodo do Egito, Êxodo 12 e 13), enquanto a adoração a Javé estabeleceu o princípio do sacrifício expiatório pelo pecado (v. Levítico 1–7). Da mesma forma, Jesus exigiu compromisso de fé demonstrado em atos de obediência (*e.g.*, o chamado radical ao discipulado em Lucas 14.25-33) e, por meio do seu sacrifício expiatório, derrotou o inimigo final — a própria morte (v. 1Coríntios 15.20-28,51-58).

2. O propósito divino do novo relacionamento com a humanidade foi representado na fórmula de tratado (*e.g.*, Êxodo 20–24), enfatizando a santidade segundo a Lei (*e.g.*, Êxodo 20.20) e era condicionado pela

[3] **God's Design**: A Focus on Old Testament Theology, p. 25-36.

promessa de bênção e a ameaça de maldição (*e.g.*, Levítico 26). Semelhantemente, o NT constituiu um novo relacionamento de aliança com Deus (*i.e.*, "amigos" de Deus, João 15.14-15, e "herdeiros" com Cristo, Efésios 3.6) e gerou uma nova comunidade na qual "os que criam mantinham-se unidos e tinham tudo em comum" (Atos 2.44; cf. v. 44-47). Essa nova aliança também foi legitimada pela fórmula de tratado (v. Lucas 22.7-30) e condicionada pela promessa de bênção e ameaça de maldição (v. 1Pedro 2.4-10). Mas essa nova aliança implementou a santidade prática por meio do poder do Espírito Santo (v. Romanos 7.7–8.17).

3. O propósito divino para o novo relacionamento com a humanidade se baseava no conhecimento de Deus (Oseias 6.3). Para os hebreus, esse conhecimento foi revelado por meio da palavra transmitida pelos servos de Javé (*e.g.*, Isaías 6.8-13), dos atos divinos da "história da salvação" (*e.g.*, Êxodo 14.30-31), dos ofícios divinamente designados de profetas, sacerdotes, reis, juízes e sábios (v. Jeremias 18.18) e do sistema sacrificial da religião hebraica (v. Levítico 1–7).

Esse conhecimento de Deus também é um assunto importante do NT (v. João 17.3; Filipenses 3.10). Jesus Cristo veio revelar o Pai (João 1.18) e comissionou a Igreja a transmitir a Palavra de Deus a todo o mundo (não apenas aos hebreus, Colossenses 1.25). Em outra passagem, Paulo descreveu Jesus Cristo como sabedoria, justiça, santificação e redenção do cristão (1Coríntios 1.30) e afirmou os dons de apóstolo, profeta, evangelista e pastor-mestre, para que todos obtenham a unidade de fé e o conhecimento do Filho de Deus (Efésios 4.11-13).

4. O propósito de Deus para Israel incluía a terra prometida para os hebreus (Gênesis 12.1-3). A "terra da aliança" era um presente do Deus amoroso e gracioso e a recompensa pela obediência às estipulações da aliança de Javé (Deuteronômio 30.11–31.8). A presença dos hebreus na terra de Canaã serviu de recordação da fidelidade de Deus às promessas dadas aos patriarcas (v. Salmos 106.45-46; 111.4-6).

Acima de tudo, a terra simbolizava o estilo de vida que incluía a habitação de Deus no meio do povo e a restauração da ordem e do equilíbrio relativos à natureza, aos relacionamentos (na comunidade de Israel e, por extensão, ao "estrangeiro" e ao necessitado), trabalho e adoração, tempo, espaço e bens materiais (v. Êxodo 25.8; Levítico 18–26).

A nova aliança também se concentra na habitação de Deus entre o povo, inicialmente, pela habitação do Espírito Santo (v. 1Coríntios 3.16-17; 6.19-20) e, depois, pelo próprio trono de Deus ser estabelecido entre a humanidade (Apocalipse 21.1-4). Da mesma forma, o ministério de redenção de Jesus Cristo deu início à nova ordem de justiça no mundo (v. Mateus 5–7) resultando na criação completa e perfeita dos céus e da Terra nos quais "a antiga ordem já passou". Deus está "fazendo novas todas as coisas" (Apocalipse 21.4-5).

O NT começa pela reação alegre ao cumprimento das grandes expectativas proféticas. O Messias de Deus e a salvação de Israel chegaram na pessoa de Jesus, filho de Maria (Lucas 2). A tabela cronológica da nova aliança do Senhor com Israel, prevista por Jeremias, finalmente concretizou-se (v. Jeremias 31.30-33). Sim, a "promessa" da antiga aliança deu lugar ao "cumprimento" da nova aliança, introduzida por Cristo Jesus, mas, como Israel, a igreja de Cristo recebeu ordem de esperar — mesmo que por muito tempo — por seu retorno triunfante (v. 1Tessalonicenses 1.9,10; Tito 2.11-14; Apocalipse 22.20).

Nesse ínterim de tensão entre "o já e o ainda não", a igreja de Jesus Cristo aguarda ansiosamente o ponto culminante de sua salvação (v. Mateus 24.13; 1Tessalonicenses 3.12-13; 5.23), o relacionamento completamente restaurado e perfeito com Deus por meio de Cristo (v. Filipenses 3.17-21; Apocalipse 19.1-10; 21.1-8), cheio do conhecimento de Deus em Cristo (v. 1Coríntios 13.8-13) e a bênção e o descanso da nova criação e da cidade celestial (v. Apocalipse 21.9–22.5).

Perguntas para estudo e debate

1. Por que a ocupação romana da Palestina, no primeiro século d.C., de acordo com historiadores, cooperou para a chegada da "plenitude dos tempos"?
2. Qual é a relação de Israel no AT com a igreja cristã no NT?
3. Segundo William Dyrness, o AT muitas vezes é útil em situações evangelísticas por haver uma ponte natural entre ele e o povo comum, em especial nas culturas não ocidentais. Comente esse conceito.

(DYRNESS, V. William. **Themes in Old Testament Theology**. Downers Grove, IL: InterVarsity Press, 1979, p. 15-19.)

4. Como o AT e o NT são "contínuos" e "descontínuos"?
5. Os dois testamentos correspondem um ao outro "tipologicamente". O que é tipologia? Quais os benefícios e as desvantagens do uso da tipologia para unificar o AT e o NT? (V. KAISER, C. Walter, **The Uses of the Old Testament in the New**. Chicago: Moody Press, 1985, p. 103-44.)
6. Como se explicam as ocasiões em que os autores do NT tomam a liberdade de citar o texto do AT? O que isso significa para a doutrina bíblica da inspiração das Escrituras?

Leituras complementares

BAKER, D. L. **Two Testaments**: One Bible. Downers Grove, IL: InterVarsity Press, 1977. Obra modelo sobre o problema teológico da relação entre o AT e o NT.

BAYLIS, A. H. **On the Way to Jesus**. Portland, OR: Multnomah, 1986. Panorama recente, pessoal e prático do AT, com grande apreciação pelo conceito de duas alianças e uma só Bíblia.

BRUCE, F. F. **New Testament Development of Old Testament Themes**. Grand Rapids: Eerdmans, 1968.

BRUEGGEMANN, Walter. **Living Toward a Vision**: Biblical Reflections on Shalom. Reimp. New York: United Church Press, 1982. Análise sintética do vocábulo *shalom* no AT e suas implicações para a Igreja à luz do ensinamento do NT.

DYRNESS, William. **Themes in Old Testament Theology**. Downers Grove, IL: InterVarsity Press, 1979.

FRANCE, R. T. **Jesus and the Old Testament**. Reimp. Grand Rapids: Baker, 1982. Exame detalhado do uso do AT por Jesus, com ênfase na maneira em que sua interpretação moldava o entendimento do seu papel central na história da salvação.

FULLER, D. P. **Gospel and Law**: Contrast or Continuum? Grand Rapids: Eerdmans, 1980.

____. **The Unity of the Bible**. Grand Rapids: Zondervan, 1992.

KAISER, Walter C. **The Uses of the Old Testament in the New**. Chicago: Moody Press, 1985. Debate dos usos hermenêuticos do AT no NT.

____. **The Messiah in the Old Testament**. Grand Rapids: Zondervan, 1995.

KUSKE, M. **The Old Testament as the Book of Christ**. Transl. S. T. Kimbrough. Philadelphia: Westminster, 1976. [Tradução da obra original em alemão.]

LONGENECKER, Richard N. **Biblical Exegesis in the Apostolic Period**. Grand Rapids: Eerdmans, 1975.

MARTENS, E. A. **God's Design**: A Focus on Old Testament Theology. Grand Rapids: Baker, 1981. Descrição lúdica, abrangente e agradável da fé do AT e suas implicações para a fé do NT.

SCOTT, J. B. **God's Plan Unfolded**. Rev. Wheaton, IL: Tyndale House, 1978.

SHIRES, H. **Finding the Old Testament in the New**. Philadelphia: Westminster, 1974.

WALTON, John H. **Covenant**: God's Purpose, God's Plan. Grand Rapids: Zondervan, 1994.

____. Isaiah – What's in a Name? **JETS** 30, 1987, p. 289-306.

WRIGHT, Christopher J. H. **Knowing Jesus Through the Old Testament**. Downers Grove, IL: InterVarsity Press, 1992.

YOUNGBLOOD, Ronald. **The Heart of the Old Testament**. Grand Rapids: Baker, 1971.

41

O que aprendemos

PRINCIPAIS ENSINAMENTOS SOBRE DEUS

Os esboços são esquecidos e os nomes dos reis ficam relegados ao mais profundo recôndito da memória, mas mesmo não assimilando mais nada, a pessoa que estuda o AT deve reter uma ampla compreensão de Deus. Em Êxodo 3.14, quando Deus fala a Moisés no meio da sarça ardente, ele apresenta seu nome "EU SOU", do qual é derivado o nome "Javé". A forma verbal enfatiza a natureza de Javé como "o que dá existência". Embora isso tenha implicações para a criação e soberania, pode-se aplicar também à eleição de Israel e à natureza do Deus que estabeleceu a aliança. Seu nome é a apresentação de seus atributos. Os principais atributos de Deus enfatizados no AT são resumidos aqui em algumas passagens que os apresentam com mais clareza. Estas estão entre as maiores afirmações teológicas do AT.

Criador

Entre os versículos hínicos de Amós, está uma das muitas caracterizações de Javé como Criador todo-poderoso:

> Aquele que forma os montes, cria o vento,
> e revela os seus pensamentos ao homem,
> aquele que transforma a alvorada em trevas,
> e pisa as montanhas da terra;
> SENHOR, Deus dos Exércitos, é o seu nome.
>
> (4.13)

Deus criou todas as coisas. Como discutimos no capítulo sobre Gênesis, o objetivo é apresentar Deus como Criador para estabelecer sua soberania. Há uma linha de raciocínio que parte da criação para a aliança, a História e a escatologia.

Pelo fato de Deus ter criado tudo, ele é soberano absoluto. Nada está além do seu poder ou conhecimento; ele não presta contas nem se subordina a ninguém; não compartilha sua posição com nenhum outro ser. Isso é afirmado pelo testemunho de Jó: "Sei que podes fazer todas as coisas; nenhum dos teus planos pode ser frustrado" (Jó 42.2). Isso também é essencial na apresentação das credenciais divinas pelo próprio Deus.

> Lembrem-se das coisas passadas, das coisas muito antigas!
> Eu sou Deus, e não há nenhum outro;
> eu sou Deus, e não há nenhum como eu.
> Desde o início faço conhecido o fim,
> desde tempos remotos, o que ainda virá.
> Digo: Meu propósito permanecerá em pé,
> e farei tudo o que me agrada [...]
> O que eu disse, isso eu farei acontecer;
> o que planejei, isso farei.
>
> (Isaías 46.9-11)

Sábio

A Criação não foi realizada de modo casual ou arbitrário. O AT afirma, em várias ocasiões, que a sabedoria divina torna-se manifesta pela criação. A sabedoria personificada diz em Provérbios:

> O Senhor me criou como o princípio de seu caminho,
> antes das suas obras mais antigas;
> fui formada desde a eternidade,
> desde o princípio, antes de existir a terra.
> Nasci quando ainda não havia abismos,
> quando não existiam fontes de águas;
> antes de serem estabelecidos os montes
> e de existirem colinas eu nasci.
> Ele ainda não havia feito a terra, nem os campos,
> nem o pó com o qual formou o mundo.

Quando ele estabeleceu os céus, lá estava eu,
quando traçou o horizonte sobre a superfície do abismo,
quando colocou as nuvens em cima
e estabeleceu as fontes do abismo,
quando determinou as fronteiras do mar
para que as águas não violassem a sua ordem,
quando marcou os limites dos alicerces da terra,
eu estava ao seu lado, e era o seu arquiteto;
dia a dia eu era o seu prazer
e me alegrava continuamente com a sua presença.
Eu me alegrava com o mundo que ele criou,
e a humanidade me dava alegria.
(Provérbios 8.22-31)

Outra expressão semelhante é encontrada no grande hino à sabedoria em Jó:

De onde vem, então, a sabedoria? [...]
Deus conhece o caminho;
só ele sabe onde ela habita,
pois ele enxerga os confins da terra
e vê tudo o que há debaixo dos céus.
Quando ele determinou a força do vento
e estabeleceu a medida exata para as águas,
quando fez um decreto para a chuva e o caminho
para a tempestade trovejante,
ele olhou para a sabedoria e a avaliou;
confirmou-a e a pôs à prova.
(28.20,23-27)

Único

O fato de somente Javé ter criado e ser soberano nos leva à conclusão de que não há Deus além dele. Isaías 41–48 contêm as afirmações mais eloquentes sobre esse fato, um breve resumo direto:

Eu sou o SENHOR; este é o meu nome!
Não darei a outro a minha glória
nem a imagens o meu louvor.

Vejam! As profecias antigas aconteceram,
e novas eu anuncio; antes de surgirem,
eu as declaro a vocês.
(42.8-9)

Santo

Como Deus único, Javé é distinto e separado de todos os outros seres. Ele é o Criador, não uma criatura. Esta separação é expressa no atributo de santidade. Ela é muito enfatizada no Pentateuco, pois as leis descrevem o modo para se aproximar de Deus. Sua santidade é a norma da conduta humana: "Sejam santos porque eu, o SENHOR, o Deus de vocês, sou santo" (Levítico 19.2). Sua santidade é evidente nas situações em que é violada (Levítico 10.1-2; 1Samuel 6.19; 2Samuel 6.6-10), além de ser proclamada continuamente pelo serafim na visão de Isaías (6.3).

Transcendente

Atributo semelhante à santidade de Deus é sua transcendência. Ela enfatiza não tanto sua distinção, mas especialmente o fato de ele estar acima de nós. Pode-se dizer que a transcendência define a direção da sua santidade. Isso significa que não podemos esperar que sempre entenderemos seus propósitos:

"Pois os meus pensamentos não são os pensamentos de vocês,
nem os seus caminhos são os meus caminhos",
declara o SENHOR.
"Como os céus são mais altos do que a terra,
também os meus caminhos são mais altos do que os seus caminhos,
e os meus pensamentos, mais altos do que os seus pensamentos."
(Isaías 55.8-9)

Deus adverte contra subestimá-lo:

"Sou eu apenas um Deus de perto",
pergunta o SENHOR,
"e não também um Deus de longe?
Poderá alguém esconder-se
sem que eu o veja?"
pergunta o SENHOR.

"Não sou eu aquele que enche os céus e a terra?",
perguntа o SENHOR.
(Jeremias 23.23-24)

Justo

O fato de Deus ser santo e transcendente não significa que seja irresponsável. Faz parte de sua natureza ser justo, por isso ele reflete esse atributo de maneira coerente. Às vezes, quando parece que ele não está sendo justo, não podemos supor que defina esses termos de acordo com seus caprichos. Pelo contrário, tais instâncias refletem nossa incapacidade de enxergar todo o plano. A justiça só pode ser absoluta se acompanhada de soberania. A única coisa de que podemos nos gloriar é a experiência em primeira mão com este Deus:

"Não se glorie o sábio em sua sabedoria
nem o forte em sua força
nem o rico em sua riqueza,
mas quem se gloriar, glorie-se nisto:
em compreender-me e conhecer-me,
pois eu sou o SENHOR e ajo com lealdade,
com justiça e com retidão sobre a terra,
pois é dessas coisas que me agrado",
declara o SENHOR.
(Jeremias 9.23-24)

Compassivo

A justiça de Deus, às vezes, é considerada um atributo negativo por resultar no juízo dos ímpios. Como ninguém, além de Deus, pode alegar justiça absoluta, toda a humanidade está em perigo. Portanto, é essencial equilibrar a justiça divina com seu atributo de compaixão ou graça. Este é o atributo que o leva a agir a favor da humanidade pelo perdão e concessão de outra oportunidade, em vez de impor o castigo imediato. Ele se torna evidente na oração de confissão de Neemias a favor dos ancestrais:

Mas foram desobedientes e se rebelaram contra ti; deram as costas para a tua Lei. Mataram os teus profetas, que os tinham advertido que se voltassem para ti; e te fizeram ofensas detestáveis. Por isso tu os entregaste nas mãos de seus inimigos, que os oprimiram. Mas, quando foram oprimidos, clamaram a ti. Dos céus tu os ouviste, e na tua grande compaixão deste-lhes libertadores, que os livraram das mãos de seus inimigos.

Mas tão logo voltavam a ter paz, de novo faziam o que tu reprovas. Então os abandonavas às mãos de seus inimigos, para que dominassem sobre eles. E, quando novamente clamavam a ti, dos céus tu os ouvias e na tua compaixão os livravas vez após vez.

Tu os advertiste que voltassem à tua Lei, mas eles se tornaram arrogantes e desobedeceram aos teus mandamentos. Pecaram contra as tuas ordenanças, pelas quais o homem vive se lhes obedece. Com teimosia te deram as costas, tornaram-se obstinados e recusaram ouvir-te. E durante muitos anos foste paciente com eles. Por teu Espírito, por meio dos profetas, os advertiste. Contudo, não te deram atenção, de modo que os entregaste nas mãos dos povos vizinhos. Graças, porém, à tua grande misericórdia, não os destruíste nem os abandonaste, pois és Deus bondoso e misericordioso. (9.26-31)

Deus da aliança

A eleição de Israel como povo de Deus foi um ato de graça, não de justiça. Deus não tinha obrigação de escolher ninguém, e Abraão e Israel não fizeram nada para merecer tal escolha. Entretanto, quando aceitaram a posição de eleitos (simbolizada pela circuncisão), também aceitaram as exigências divinas:

> E agora, ó Israel, que é que o Senhor, o seu Deus, lhe pede, senão que tema o Senhor, o seu Deus, que ande em todos os seus caminhos, que o ame e que sirva ao Senhor, o seu Deus, de todo o seu coração e de toda a sua alma, e que obedeça aos mandamentos e aos decretos do Senhor, que hoje lhe dou para o seu próprio bem?
>
> Ao Senhor, o seu Deus, pertencem os céus e até os mais altos céus, a terra e tudo o que nela existe. No entanto, o Senhor se afeiçoou aos seus antepassados e os amou, e a vocês, descendentes deles, escolheu entre todas as nações, como hoje se vê. (Deuteronômio 10.12-15)

Leal

Quando Javé fez aliança com Israel, ele foi caracterizado pela lealdade a essa aliança. Sua lealdade à ordem criada e à aliança com Israel é louvada no salmo 136. O termo foi traduzido por "misericórdia" na versão *Almeida Revista e Atualizada* e por "benignidade" na versão *Almeida Revista e Corrigida*. A *Nova Versão Internacional* traduz a palavra por "amor". Embora seja verdadeiro que amor, benignidade e misericórdia resultem da aliança de Javé com Israel (entre outras coisas; v. Deuteronômio 7), deve-se reconhecer que a força motriz por trás de todas essas qualidades era sua lealdade ao povo eleito e ao acordo feito com ele.

Redentor

Finalmente, um dos atributos mais importantes a resultar da eleição de Israel por Deus é o livramento da nação. Como povo da revelação, os israelitas testemunharam sua salvação:

"Vocês são minhas testemunhas", declara o SENHOR,
"e meu servo, a quem escolhi,
para que vocês saibam e creiam em mim
e entendam que eu sou Deus.
Antes de mim nenhum deus se formou,
nem haverá algum depois de mim.
Eu, eu mesmo, sou o SENHOR,
e além de mim não há salvador algum.
Eu revelei, salvei e anunciei;
eu, e não um deus estrangeiro entre vocês.
Vocês são testemunhas de que eu sou Deus",
declara o SENHOR.

(Isaías 43.10-12)

Um dos melhores resumos do AT serve de conclusão adequada: "Pois o SENHOR, o seu Deus, é o Deus dos deuses, e o Soberano dos soberanos, o grande Deus, poderoso e temível [...]. Temam o SENHOR, o seu Deus, e sirvam-no. Apeguem-se a ele e façam os seus juramentos somente em nome dele. Seja ele o motivo do seu louvor, pois ele é o seu Deus" (Deuteronômio 10.17,20-21).

FALSAS DICOTOMIAS

Uma vez em foco a imagem de Deus no AT, é possível concluir que as diferenças entre a natureza de Deus no AT e no NT têm sido simplistas ou superficiais.

Juiz *versus* Salvador

É comum ouvir que no AT o Senhor pode ser considerado um Deus de juízo e castigo, ao passo que no NT ele é representado como o Deus de amor e salvação. Isso é uma dicotomia inadequada. Quando consideramos o período histórico descrito no AT e testemunhamos a paciência de Deus com Israel durante períodos de até séculos apesar da violação profunda e clara dos termos mais básicos da aliança, seria uma "petição de princípio"* se queixar do juízo divino. Sua graça é evidente em atos de revelação, eleição, livramento e restauração, que enchem as páginas do AT. Somente uma leitura mais superficial e míope das Escrituras poderia obscurecer esses grandes aspectos da teologia do AT à sombra dos poucos atos extraordinários de julgamento divino, como as dez pragas ou a destruição dos cananeus.

Lei *versus* graça

Outro contraste muito mencionado entre os dois Testamentos é que o Antigo é época da lei e o Novo, da graça. É comum ouvir pregadores se referirem à "era da lei" ou à "era da graça". Aqui também há controvérsias. Lei e graça não são dois extremos de um espectro. A Lei foi oferecida por Deus para ajudar os israelitas a entender que a natureza divina deveria afetar a forma como agiam. Lei é graça no sentido de que a sua outorga foi um ato da graça; contudo, é diferente da graça que oferece salvação individual nas Escrituras do NT.

"Lei" é um termo aplicável à revelação e chegou por meio do povo "revelador" de Deus. A "graça" aplicada à salvação individual é outorgada

* "Segundo Aristóteles (384 a.C.-322 a.C.), falha lógica que consiste em considerar, involuntária ou artificiosamente, como o ponto de partida de uma demonstração, o mesmo argumento que será provado, de forma pretensamente dedutiva, no final deste processo argumentativo." *Dicionário eletrônico Houaiss da língua portuguesa*, 1a versão, Objetiva, 2001. [N. R.]

ao povo "soteriológico" de Deus (isto é, os salvos pela fé em Cristo). Portanto, comparar Lei e graça cria uma falsa dicotomia. A Lei mostra a Israel como Deus deseja que eles vivam como povo da aliança — povo revelador de Deus. Embora pertinente à sociedade israelita em particular, ela não é secundária para o povo soteriológico de nenhum período ou lugar, pois a santidade de Deus ainda deve ser o padrão pelo qual nossa conduta é avaliada. Deuteronômio mostra que mesmo os israelitas entendiam que a lei era um instrumento divino para revelar seu caráter e sua natureza como base para a conduta. A moralidade se baseia em Deus e não muda, embora culturas diferentes possam representar a moralidade por diversas abordagens da estruturação legal da sociedade.

Da mesma forma, a graça relativa à salvação individual oferecida ao povo de Deus no NT não é totalmente nova no período apostólico. A relação da fé individual com Deus é importante em todo o AT. Mas como o foco do AT está no povo revelador, há pouca informação sobre fé ou salvação pessoal. A verdadeira dicotomia não é Lei *versus* graça, mas povo revelador de Deus *versus* povo soteriológico de Deus.

TEMA CENTRAL

Uma questão premente da teologia do AT sempre foi a existência de um tema central que una os livros do AT. A exploração ultrapassa a busca de temas principais e chega à questão: haveria um plano literário com o qual cada autor contribuiu propositadamente? A incapacidade de encontrar este centro não implica a falta de coerência ou unidade, mas se esse centro existe, certamente seria útil estabelecer a Bíblia como obra completa, não como coleção de livros. Entretanto, é essencial que o tema seja encontrado pelo exame do próprio texto, e não por uma imposição a ele.

Apesar de muitos teólogos da atualidade afirmarem não haver um centro perceptível, outros defendem temas como "aliança", "plano" ou "promessa" como possíveis opções. Embora todos devam ser considerados temas centrais, ainda é difícil provar que qualquer um tenha sido abordado conscientemente por todos os autores do AT. Livros como Ester, Jó, Eclesiastes, Cântico dos Cânticos, Naum e Obadias apresentam desafios enormes a quem procura defender um tema central. Até que mais desafios sejam transpostos na descoberta de centro derivado por indução do estudo cuidadoso do texto, é preferível contentar-se com a integração coerente encontrada pela identificação dos principais temas recorrentes, mesmo que alguns livros não se refiram a eles.

Com isso em mente, consideramos adequado discutir a questão do Cristo, ou Messias, como centro do AT. Não se pode ignorar a opinião do próprio Jesus; muitos autores do AT falaram dele (Lucas 24.27,44; João 5.39,46; 12.41). No entanto, deve-se entender o que Jesus queria dizer com esse tipo de afirmação. Certamente ele não estava afirmando que todas as frases se referiam a ele. Mas, nas colocações feitas nesses contextos, ele parecia ter em mente mais que as profecias messiânicas óbvias. A sugestão mais plausível é que Cristo falava da maneira que seu ministério — e especialmente sua morte expiatória — teve papel central no plano de Deus (Mateus 5.17; Marcos 10.45); e isso havendo iniciado na criação e vislumbrado por todo o AT.

Essa ideia é apoiada em geral pelo ensinamento de Cristo sobre o Reino, mas é mais evidente em versículos como Lucas 19.10. O fato de a obra de Cristo ser essencial para o plano de Deus e de esse plano ser o tema mais preeminente no AT justifica a terminologia ampla usada por Jesus quanto ao seu relacionamento com o AT (que fala dele em vários níveis).

O ANTIGO TESTAMENTO COMO BASE PARA AÇÃO SOCIAL

O AT promove uma visão de mundo em que a moralidade desempenha o papel principal. A santidade de Deus deve ser o modelo de nossa conduta. A justiça dele deve refletir-se na sociedade. Os profetas não raro insistiam no retorno a Deus, a começar pela conformação da conduta aos padrões éticos divinos (Amós 5.14; Isaías 58.6s; Miqueias 6.8; Malaquias 3.7). A abordagem de Deuteronômio sugere que metade dos Dez Mandamentos se refere à preservação da dignidade, dos direitos e privilégios de outros e da honra aos compromissos.

Portanto, deve-se dizer que no AT a fé é muito mais que mero ritual, e seus efeitos na vida pessoal não podem se limitar à sombra do templo. Quem crê deve exercitar e promover a justiça em todas as áreas da vida e da sociedade. O AT descreve Javé como o provedor dos necessitados, o defensor dos vulneráveis e o protetor dos oprimidos. Como seu povo, não podemos fazer menos que isso.

No entanto, também se deve admitir que o AT nem sempre oferece detalhes sobre um programa social "bíblico". Muitos fiéis sinceros têm opiniões diferentes relativas à assistência social, aos sem-teto, às leis de imigração, aborto, ecologia e defesa nacional. Tais questões têm muitas facetas, e sua complexidade, muitas vezes, impede a formação de uma posição "bíblica". Contudo, o AT não pretende responder a todas as nossas perguntas e dar conselhos sobre tudo o que nos intriga. Ao apresentar uma forma de conhecer a Deus, ele só pede que apliquemos esse conhecimento para sermos o seu povo no mundo caído. Isso não é desculpa para ser inativo nas áreas que a Bíblia deixa obscuras, mas é uma convocação para a devoção ativa em um mundo de grandes necessidades.

ESPERANÇA ESCATOLÓGICA

O AT nos dá esperança. Deus ainda não terminou. Tudo está sob seu controle soberano. Seu plano ainda não foi e jamais será frustrado. Nossa fé é fé do AT: Deus cumprirá suas promessas por mais desanimadoras que sejam as circunstâncias. A contribuição do NT para a fé é que Jesus Cristo tornou esta esperança concreta e revelou por meio de seu ministério, morte e ressurreição um novo componente dessa esperança. Esperamos seu retorno e a realização do plano de Deus à medida que a História se aproxima do grande final.

Perguntas para estudo e debate

1. Há maneiras em que o retrato de Deus no AT é diferente do NT? O NT dá maior ênfase a certos atributos do que o AT? Quais e por quê?
2. Que constatações deveriam ser apresentadas para provar a existência de um "centro" da teologia do AT?
3. Cite as implicações da dicotomia entre os termos "povo revelador de Deus" e "povo soteriológico de Deus" para nossa compreensão do papel contínuo de Israel no plano divino.

Leituras complementares

HASEL, Gerhard. **Old Testament Theology**: Basic Issues in the Current Debate. Grand Rapids: Eerdmans, 1972. [Publicado em português com o título **Teologia do Antigo Testamento**: questões fundamentais do debate atual (JUERP).]

PACKER, J. I. **Knowing God**. Downers Grove, IL: InterVarsity Press, 1973. [Publicado em português com o título **O conhecimento de Deus**. São Paulo: Mundo Cristão, 2005. 2. ed.]

SCHMIDT, Werner H. **The Faith of the Old Testament**. Philadelphia: Westminster, 1983. [Tradução da obra original em alemão.]

SNAITH, Norman H. **The Distinctive Ideas of the Old Testament**. New York: Schoken, 1964.

VANGEMEREN, Willem. **The Progress of Redemption**. Grand Rapids: Zondervan, 1988.

Apêndice A

Metodologias críticas

A maior parte das metodologias críticas foi desenvolvida com o intuito de discutir a pergunta: como devemos abordar os diversos gêneros literários encontrados na Bíblia? Cada livro foi escrito de uma só vez ou houve um processo mais longo de composição? Teriam existido edições anteriores de alguns livros que sofreram alterações antes de chegar à forma atual? Alguns livros incorporam textos de um determinado gênero ao contexto de outro? Todas essas perguntas fazem parte da tentativa de compreender ao máximo os mecanismos literários para que a interpretação possa prosseguir.

Durante boa parte do século XX, a erudição bíblica esteve dividida em campos denominados "liberal" e "conservador". Embora esses termos façam uma ampla distinção entre os que reconhecem menos autoridade na Bíblia (liberais) e os que defendem a posição mais tradicional quanto à autoridade bíblica (conservadores), a falta de referências amplamente reconhecidas resultou no uso do adjetivo "liberal" para designar qualquer indivíduo mais tolerante que o usuário do rótulo, ao passo que o termo "conservador" poderia ser aplicado a todos os fanáticos anti-intelectuais. Por isso, tais rótulos têm sido usados com frequência no sentido pejorativo para ridicularizar, caricaturar ou até depreciar a perspectiva da outra pessoa. Recentemente, temos testemunhado uma redução das tensões e uma certa fecundidade recíproca de ideias e métodos sem reduzir o abismo ideológico que separa os campos.

Neste livro, foram feitas referências ocasionais à "erudição crítica". Esse não é um termo depreciativo nem aplica juízo de valor. É uma classificação descritiva geralmente exibida com orgulho por quem a recebe. "Crítica" aqui se refere ao exercício de perícia com relação ao texto e não deve ser confundido com "crítica" no sentido de fazer afirmações negativas. A respeito da terminologia antiga, deve-se destacar que "conservadores" e "liberais" usam metodologias críticas. No entanto, suas pressuposições em relação ao texto ditam até que ponto e de que maneira as diversas metodologias críticas podem ser usadas. Os estudiosos evangélicos atuais fazem uso amplo de metodologias críticas, mas esse uso pode ser restringido pelas pressuposições a respeito da natureza e autoridade das Escrituras.[1] As pressuposições dos estudiosos não evangélicos os deixam livres de tais preocupações e geralmente promovem, quando não exigem, a eliminação de alegações sobrenaturalistas e a reconstrução da história bíblica e do texto do AT. Logo, quando comparamos a "erudição crítica" com a "evangélica", a intenção não é sugerir que a evangélica não seja crítica ou "pré-crítica" na abordagem do AT. Ao contrário, é o reconhecimento de que alguns estudiosos usam metodologias críticas mais que outros, dependendo da natureza de suas pressuposições.

Algumas metodologias críticas tentam reconstruir a forma pela qual o texto adquiriu a forma atual. Elas são chamadas "diacrônicas", pois exploram a história do texto e buscam significado em formas anteriores e contextos de partes do texto. Outras metodologias reconhecem a possível existência de uma história do texto, mas procuram sentido em sua forma atual. Essas abordagens o consideram autossuficiente, independente de informação externa para ser interpretado e são denominadas "sincrônicas". Outra terminologia designa as abordagens diacrônicas "histórico-críticas" e as abordagens sincrônicas "literárias".

CRÍTICA TEXTUAL

O objetivo da crítica textual é identificar possíveis erros durante o processo de cópia e recópia manual do texto ao longo dos séculos. De certa forma, a crítica textual é necessária quando determinado manuscrito apresenta uma leitura e outro é um pouco diferente. Mas muitas vezes, no estudo do AT, possíveis erros de transmissão (cópia) são identificados e correções sugeridas mesmo quando nenhum dos manuscritos contém variantes. Isso pode ser justificável se o texto não fizer sentido como está e

[1] *Evangélico* é o termo em voga para descrever indivíduos que reconhecem a autoridade da Bíblia. Embora um pouco mais preciso que *conservador*, ele pode representar grande gama de opiniões.

existe uma alternativa sustentável. A escassez de manuscritos do AT torna essa situação muito mais comum do que na crítica textual do NT.

Outra característica que aumenta a complexidade é que, no AT, a crítica textual geralmente ocorre com base nas leituras da *Septuaginta*. Pelo fato de ser a tradução grega do AT originada após o século III a.C., muitas vezes, é difícil julgar se suas variantes representam uma verdadeira alternativa ao texto hebraico ou apenas um erro por parte dos tradutores ou copistas gregos. A meta do crítico textual é restaurar o texto à forma canônica original.

CRÍTICA DAS FONTES

Ninguém duvida do uso de fontes na compilação de alguns livros do AT. Crônicas e Reis mencionam as fontes disponíveis aos autores das quais obtiveram informações (*e.g.*, os registros históricos de Salomão, 1Reis 11.41; os registros históricos do vidente Gade, 1Crônicas 29.29). Duzentos anos atrás, o consenso cada vez maior entre os estudiosos era de que muitos outros livros do AT haviam sido compilados de fontes escritas ou, em alguns casos, orais.

A crítica das fontes procura identificar quais seções de determinado livro pertencem às fontes hipotéticas; depois as analisa uma a uma. Geralmente, as seções são atribuídas a fontes diversas com base nas supostas diferenças de estilo entre as partes do livro. Às vezes, outro critério usado é a teoria do desenvolvimento teológico. Por exemplo, muitos críticos redacionais supõem que o conceito do lugar centralizado de adoração tenha sido um desenvolvimento recente (talvez da época de Josias). Outros desenvolvimentos "recentes" incluem várias festas, o sacerdócio de Arão, o monoteísmo e a restauração futura de Israel.

Consequentemente, qualquer passagem de um livro mais antigo que apresente interesse ou discernimento sobre essas questões seria atribuída a uma fonte mais recente que pode ter feito acréscimos à obra antiga. Em seguida, as fontes hipotéticas são analisadas quanto ao estilo, interesses e parâmetros teológicos. Essa abordagem tende a fragmentar o texto e foi criticada por ser excessivamente vulnerável ao raciocínio circular. A natureza especulativa de seus resultados reduziu sua aceitação; entretanto, muitas pessoas persistem em acreditar que a maioria dos livros do AT tenha resultado da reunião de diversas fontes, ou, pelo menos, apresenta constatações de acréscimos efetuados por fontes diferentes das do autor.

CRÍTICA DA FORMA

A crítica da forma está menos preocupada em trabalhar com as possíveis fontes literárias por trás de determinado livro e mais com a identificação da história oral das diversas partes do texto. A suposição é que grandes trechos de qualquer livro possuíam funções na sociedade na forma oral, diferentes da forma usada no contexto atual. Por exemplo, acredita-se que vários salmos eram usados para a "festa anual de entronização" em Israel. Ao classificar as narrativas dos patriarcas como "sagas" ou as narrativas de Josué como "etiologias", os críticos da forma têm grande influência sobre a interpretação, pois essas classificações implicam que as narrativas tenham menor valor histórico. Como no caso da crítica das fontes, a dificuldade está na natureza especulativa dos resultados e do menosprezo à forma final do texto.

CRÍTICA REDACIONAL

A abordagem redacional tenta identificar a lógica e as motivações do autor ou, na maioria dos casos, do organizador para reunir as fontes e produzir a forma final do texto. Geralmente, o crítico redacional trabalha com as fontes identificadas pelo crítico das fontes; portanto, esta é uma abordagem diacrônica, embora possa ser considerada um elo entre a abordagem diacrônica e a sincrônica. Em outras palavras, a crítica redacional analisa a forma final do texto, mas o faz pela avaliação da maneira em que o organizador reelaborou, reinterpretou ou modificou as fontes para atingir seus objetivos.

O sucesso do método depende da integridade do trabalho com as fontes e a força da prova com relação ao papel e propósito do organizador.

CRÍTICA HISTÓRICA

O objetivo da crítica histórica é reconstruir os acontecimentos subjacentes às narrativas históricas. Como as narrativas geralmente são produzidas por motivações ou programas teológicos, podem não apresentar de forma clara ou minuciosa todos os detalhes do fato concreto. Em outros casos, os estudiosos suspeitam que a narrativa distorça o material e oferecem então reconstruções mais verossímeis. Assim, os críticos históricos oferecem reconstruções do que "realmente" aconteceu nas pragas do Egito ou na travessia do mar dos Juncos. Qualquer narrativa da intervenção sobrenatural divina pode estar sujeita à tentativa de uma explicação natural. Da mesma forma, há seções da literatura histórica que alguns consideram propagandistas ou lendárias (*e.g.*, a vitória de Davi sobre Golias, as proezas de Sansão). O crítico da história tenta identificar o "cerne histórico" no relato que pode reconstruir o "verdadeiro" fato.

Há poucas objeções ao uso da crítica histórica para preencher as lacunas do que a Bíblia não revela sobre certos acontecimentos. Há muito mais ceticismo com relação ao uso da crítica histórica para descartar alguns detalhes oferecidos no texto a favor das reconstruções do crítico.

CRÍTICA RETÓRICA

Na tentativa de ser mais holística em sua abordagem, a crítica retórica supõe a unidade da forma e do conteúdo. Seu interesse é descobrir como a forma da literatura auxilia o conteúdo na comunicação da mensagem. Estruturas literárias como quiasmo (padrão paralelo de palavras, linhas, ideias, parágrafos ou rima) e *inclusio* (começar e terminar uma seção com versos semelhantes ou idênticos) são identificadas, e até distinções básicas entre poesia e prosa se tornam significativas. Qualquer característica que contribua para a arte literária do autor é identificada e analisada. Então, a *inclusio* de Eclesiastes (1.2; 12.8), por exemplo, pode ser usada para identificar a premissa principal do autor e concluir que 12.9-14 não pertencem à parte principal do livro.

ANÁLISE ESTRUTURAL

Do ponto de vista técnico, a análise estrutural deve ser definida no tocante a uma filosofia da linguística que se tenha difundido no campo da interpretação literária. Contudo, nos estudos do AT, ela assumiu um sentido mais amplo e passou a referir-se a quase todo o método sincrônico.

Esse tipo de análise concentra-se apenas nas características literárias do texto para obter seu significado. Dessa forma, enredo, desenvolvimento de personagens, uso de temas, vocabulário, sintaxe e outros elementos literários são explorados em profundidade, excluindo o contexto histórico ou arqueológico e a história da literatura.

A ABORDAGEM CANÔNICA

No método canônico, a pré-história (fontes, tradições, formas anteriores, redações, etc.) do texto é ignorada a favor da compreensão do significado da sua forma final (canônica) para a comunidade da fé sob cuja égide foi formada. Ela é uma espécie de abordagem diacrônica que toma o desenvolvimento da forma canônica final como ponto de partida para a análise. Seu interesse é a história do texto como unidade, uma parte das Escrituras. Além disso, o cânon todo pode ser considerado o contexto em vez de partes de livros ou mesmo dos próprios livros.

Apêndice B

A composição do Pentateuco

Tanto o AT quanto o NT fazem referência à atividade literária de Moisés ligada ao Pentateuco (Êxodo 24.4; João 5.46-47), e ambas as alianças declaram que ele foi o principal autor humano do Pentateuco (Deuteronômio 31.9; Marcos 12.19). Até a era do Iluminismo, a grande maioria de judeus e cristãos aceitava a origem divina e a autoria mosaica do Pentateuco. Embora alguns judeus e cristãos dissidentes desafiassem a antiguidade e integridade do Pentateuco mosaico, a erudição do período dos pais da Igreja até a Reforma protestante era essencialmente "pré-crítica" com relação às questões de autoria e data da obra.

Entretanto, a interpretação tradicional do AT (e do NT, nesse caso) foi questionada e desacreditada na Era da Razão. Esse período "iluminado" da civilização ocidental gerou uma era de estudos críticos da Bíblia que se fundamentavam na cosmovisão humanista e científica que continua a moldar o cenário dos estudos bíblicos. Concluiu-se que os seres humanos possuíam a capacidade natural e racional de compreender a si mesmos, o mundo físico, a lei, a religião e a filosofia. Da mesma forma, autoridades externas e avaliações não racionais da natureza, história, experiência religiosa e ciência foram rejeitadas. A ascensão simultânea do método científico (*i.e.*, empirismo e positivismo científico), do deísmo e da teoria da evolução respeitante às origens influenciou completamente as opiniões tradicionais sobre a autoria do Pentateuco. Como resultado, surgiram várias hipóteses ou abordagens literárias sobre sua composição nos últimos 300 anos de debates.

A hipótese de um autor

As tradições hebraica, samaritana e cristã primitiva consideravam Moisés o autor ou compilador do Pentateuco. A hipótese de um autor reconhece que Moisés escreveu todo o Pentateuco, com exceção do relato de sua morte em Deuteronômio 34. Alguns proponentes dessa teoria dão espaço para o uso (por Moisés) de fontes escritas preexistentes, fazendo dele o compilador de partes do Pentateuco.

Constatações apresentadas a favor dessa posição incluem o testemunho do Pentateuco (*e.g.*, Números 33.2); o testemunho do restante do AT e do NT quanto à "Lei de Moisés" (*e.g.*, Juízes 3.4; João 10.5); o peso da tradição hebraica, samaritana e cristã primitiva; o peso da evidência material conforme os detalhes da testemunha ocular e do conhecimento da língua e cultura egípcias demonstrados pelo autor.

Essa abordagem pressupõe a inspiração divina e a origem sobrenatural dos documentos (originais) por meio de Moisés. Também afirma a precisão e confiabilidade da história descrita literalmente nos cinco livros do Pentateuco. Todos os números são considerados corretos (mais de dois milhões de hebreus deixaram o Egito no êxodo) e os milagres aconteceram conforme as narrativas, quer Deus tenha usado meios naturais, quer tenha anulado a lei natural pela intervenção direta no tempo e no espaço para benefício de seu povo, Israel (*e.g.*, acredita-se que o caminho milagroso pelo mar dos Juncos, ou Yam Sûf, tivesse quase 2 km de largura para que os milhões de hebreus passassem pelas águas).[1]

Hipótese de um autor e organizador(es) posterior(es)

A ascensão da crítica racionalista no período do Iluminismo apresentou desafios sérios contra a visão tradicional da autoria mosaica do Pentateuco. O denominado repúdio liberal sobre a autoria mosaica se baseava em fenômenos localizados na própria literatura do Pentateuco. Essa perspectiva constitui uma alternativa conservadora viável às teorias de autoria múltipla características da maior parte da erudição crítica atual sem rejeitar a inspiração divina das Escrituras do AT.[2]

---

[1] Essa abordagem é representada por estudiosos como Unger, Merrill F., **Introductory Guide to the Old Testament** (Grand Rapids: Zondervan, 1951); Geisler, Norman L.**A Popular Survey of the Old Testament** (Grand Rapids: Baker, 1978); e Jensen, I. L. **Jensen's Survey of the Old Testament** (Chicago: Moody Press, 1978).

[2] Entre os representantes da perspectiva evangélica da hipótese de um autor e organizador(es) posterior(es) estão Wenham, John W."Moses and the Pentateuch", in **The New Bible Commentary:**

A hipótese de um autor e organizador(es) posterior(es) tenta abordar sinceramente as objeções à autoria mosaica apresentadas pela hipótese de múltiplos autores. Estas questões são basicamente de natureza literária, como a variação de estilo e vocabulário das narrativas do Pentateuco, as denominadas parelhas literárias (*i.e.*, dois relatos sobre o mesmo acontecimento, como nas versões da criação de Gênesis 1.1–2.4a e 2.4b-25); os anacronismos históricos (*i.e.*, referências a pessoas e lugares no Pentateuco de períodos posteriores, como a menção dos reis israelitas em Gênesis 36.31 ou dos filisteus em Gênesis 21.34), inserções com o objetivo claro de esclarecer o público posterior (*e.g.*, a referência ao Egito como "região de Ramessés", Gênesis 47.11) e até divergências entre as narrativas (como o número e os tipos de animais na arca de Noé, Gênesis 6.19-20; 7.2; 8 e 9).

Os proponentes dessa abordagem reagem às dificuldades literárias de várias maneiras. Eles afirmam que Moisés usou diversas fontes literárias (*e.g.*, *Livro das guerras do Senhor*, Números 21.14) e recorreu às convenções literárias do Antigo Oriente Médio de repetição e duplicação. Citam o uso de nomes múltiplos de divindades (*e.g.*, a literatura cananeia de Ras Shamra ou Ugarite) ou reconhecem os paralelos extrabíblicos na literatura do Antigo Oriente Médio que esclarecem textos bíblicos (*e.g.*, as histórias egípcia e mesopotâmica da criação e do dilúvio). É comum constatações arqueológicas serem citadas para apoiar a confiabilidade da narrativa do Pentateuco (*e.g.*, os paralelos das tabuinhas de Nuzi aos costumes patriarcais descritos em Gênesis). Em geral, discrepâncias aparentes são harmonizadas (*e.g.*, interpretar Parã, em Números 13.3, como referência geográfica geral e Cades-Barneia, em Números 20.1, como equivalente específico). Finalmente, enfatizam o papel importante de escribas posteriores na atualização do registro antigo, complementando narrativas bíblicas com base em relatos paralelos e corrigindo e esclarecendo dados confusos (*e.g.*, o esclarecimento da medida hebraica de capacidade para secos em Êxodo 16.36).

---

revised, Guthrie, D. *et al* (orgs.) (Grand Rapids: Eerdmans, 1970), p. 41-43; e Lasor, William Sanford; Hubbard, David A.; Bush, Frederich W., **Old Testament Survey** (Grand Rapids: Eerdmans, 1982), p. 54-67. [Publicado em português com o título **Introdução ao Antigo Testamento**, São Paulo: Vida Nova, 1999.]

Em geral, essa visão reconhece Moisés como 1) compilador de fontes escritas antigas formando o livro de Gênesis atual e 2) autor da maior parte dos outros quatro livros do Pentateuco. Na verdade, embora Moisés não tenha escrito todo o Pentateuco, estes trechos da obra são direta ou indiretamente atribuídos à atividade literária de Moisés: Êxodo 12, 20–24, 25– 32, 34; Levítico 1–7, 8, 13, 16, 17–26, 27; Números 1, 2, 4, 6, 8, 15, 19, 27–30, 33, 35; e Deuteronômio 1–33. Ainda que as inserções feitas por organizadores sejam óbvias, as maiores questões envolvem a extensão dessa atividade e o período de sua conclusão. Segundo essa hipótese, a quantidade de material redatorial é mínima e o Pentateuco deve ter atingido a forma atual na época dos anciãos de Josué (Josué 24.26,31) ou até a era de Samuel, o juiz (v. 1Samuel 3.20-21).

Hipótese de autores múltiplos e organizador(es) posterior(es)

A abordagem de autores múltiplos para a composição do Pentateuco foi uma reação dos estudiosos racionalistas do Iluminismo às dificuldades observadas na literatura do Pentateuco. Por exemplo, por que há duas versões da história da criação (Gênesis 1.1–2.4a e 2.4b-25) ou dois relatos da nomeação de Berseba (Gênesis 21.31; 26.33), ou por que há divergência aparente quanto ao início da adoração de Javé (v. Gênesis 4.26; Êxodo 6.2-3)? Ou como lidar com referências aos reis israelitas (36.31) e aos filisteus em Gênesis (21.34)? E o que significam frases como "até o dia de hoje" (Gênesis 32.32) e "naquela época os cananeus habitavam essa terra" (Gênesis 12.6)?

Esses tipos de perguntas e as diferenças óbvias de estilo literário e vocabulário geraram a "análise das fontes" do Pentateuco. Embora estudiosos já tivessem levantado dúvidas quanto à sua autoria, foi o físico francês Jean Astruc quem começou a análise literária moderna das fontes do AT. Seu comentário sobre Gênesis, publicado em 1753, afirmou com base no uso dos nomes divinos que Moisés usou duas fontes paralelas ao compilar Gênesis. Uma fonte identificava Deus como Elohim (E), e a outra se referia a ele como Javé (J). Mais tarde, duas outras fontes foram detectadas no Pentateuco: D (ou fonte deuteronomista, em grande parte o livro de Deuteronômio) e P (a fonte sacerdotal, do alemão *Priester* [sacerdote]), em grande parte textos legais e cerimoniais de Êxodo, Levítico e Números. Hoje, a crítica das fontes do Pentateuco é geralmente associada à teoria ou hipótese documentária. Ela pressupõe um Pentateuco oriundo de quatro fontes reunidas no período pós-exílico, talvez por Esdras, o escriba.

A formulação clássica da hipótese documentária ou de autoria múltipla foi feita pelo estudioso alemão Julius Wellhausen em 1876-1877. Com base na obra de estudiosos anteriores como K. H. Graf, Abraham Kuenen e Hermann Hupfeld, Wellhausen postulou a teoria de que o Pentateuco é a compilação de pelo menos quatro grandes documentos literários e que o processo de composição levou cerca de 400 anos. A hipótese documentária Graf-Wellhausen pode ser resumida da seguinte forma:

1. O documento J, ou javista, escrito por um autor de Judá no século IX a.C. O nome Javé predomina nessa fonte, caracterizada pelo "estilo épico e pelo folclore vívido", destacando-se a fé patriarcal e a propensão ao antropomorfismo (*i.e.*, representar Javé em termos humanos).
2. O documento E, ou eloísta, escrito por um israelita do Reino do Norte no século VIII a.C. O nome divino Elohim predomina nesse segundo documento, que tende a ser moralista e profético. Essa fonte louva Jacó e José e enfatiza as tribos do norte como Efraim, Manassés e Rúben e os santuários de Betel e Siquém.
3. A combinação de J e E. A união habilidosa das duas fontes primárias em um só documento ocorreu pouco depois da derrota de Samaria para os assírios em 722 a.C. e foi feita por organizador(es) de Judá.
4. A fonte D, ou deuteronomista, é atribuída à "Escola" que produziu o livro de Deuteronômio e a edição final dos Profetas Posteriores durante o reinado de Josias (ca. 630-600 a.C.). Essa fonte é geralmente identificada com o livro de Deuteronômio e é considerada correspondente à descoberta do "livro da Lei" que inspirou a reforma da adoração no templo por Josias (622 a.C.; v. 2Reis 22 e 23). A fonte D caracteriza-se pelo estilo do sermão (ou *exortativo*) e pelo vocabulário legal de aliança. Teologicamente, a fonte D restringe a adoração de Javé ao santuário central (o templo em

Jerusalém) e é marcada pela adesão rígida à interpretação de "bênção e maldição" da história israelita (*i.e.*, "obediência a Deus traz recompensa, ao passo que desobediência traz juízo").

5. A fonte P, ou sacerdotal, diferenciada pelo estilo uniforme, pela organização dos materiais e pela repetição de frases estereotipadas (*e.g.*, "este é o registro da descendência"). Esse quarto grande documento contém textos litúrgicos e ritualistas, listas e estatísticas genealógicas, leis e prescrições — todos interesses inconfundíveis do sacerdócio israelita. Acredita-se que a fonte P seja obra dos sacerdotes pós-exílicos entre 500 e 450 a.C.
6. Essas quatro fontes literárias foram compiladas na forma de cinco volumes por um organizador ou vários organizadores-sacerdotes por volta de 450 a.C., talvez por Esdras, o escriba (v. Neemias 8.1-12).

Embora a hipótese de Graf-Wellhausen tenha sido refinada desde sua introdução (incluindo a "atomização" do Pentateuco em fontes como J1 e J2, E1 e E2, P1 e P2, K, L, N e S), a teoria das quatro fontes permaneceu na forma básica (fig. A, B, C).

Como produto da erudição iluminista, a hipótese documentária ou teoria das fontes da autoria do Pentateuco foi (e permanece) alicerçada no racionalismo e ceticismo da era. O deísmo dominava a teologia. Deus não era considerado livre para intervir na criação. Portanto, os milagres, as profecias e até a inspiração divina seriam impossíveis no universo, apesar de criado por ele, fechado para sua participação providencial na história humana. A teoria da evolução foi aplicada ao desenvolvimento da história e religião de Israel de forma que os hebreus estavam sempre passando do "primitivo para o complexo" (ou do politeísmo ao monoteísmo). O positivismo científico e o método empírico também foram defendidos pelos estudiosos da Bíblia do período e aplicados ao estudo das Escrituras.

No fim, o AT (e a Bíblia inteira) foi reduzido a mero produto literário humano, um tipo de "antologia religiosa" hebraica. A razão foi elevada acima das Escrituras como autoridade final.[3]

[3] V. tb. Garrett, Duane, **Rethinking Genesis** (Grand Rapids: Baker, 1991), esp. p. 13-87 sobre The Documentary Hypothesis e Mosaic Authorship.

Hipótese de tradição oral, autores múltiplos e organizador(es) posterior(es)

A quarta hipótese supõe que a transmissão oral das tradições históricas e do folclore dos israelitas tenha sido fundamental para a composição do Pentateuco. Por analogia com outras culturas antigas e algumas sociedades atuais, os defensores dessa linha presumem que as tradições orais foram escritas ou "cristalizadas" na forma de documento. Em seguida, as pequenas unidades literárias foram reunidas e, finalmente, compiladas nos cinco livros do Pentateuco. Muitos autores e organizadores se envolveram na formação do conteúdo da literatura na transição de tradição oral para texto. Embora os adeptos dessa posição admitam a antiguidade de muitas tradições do AT, a forma escrita do Pentateuco geralmente é atribuída ao período pós-exílico.

Figura A – A estrutura do Pentateuco segundo a análise das fontes

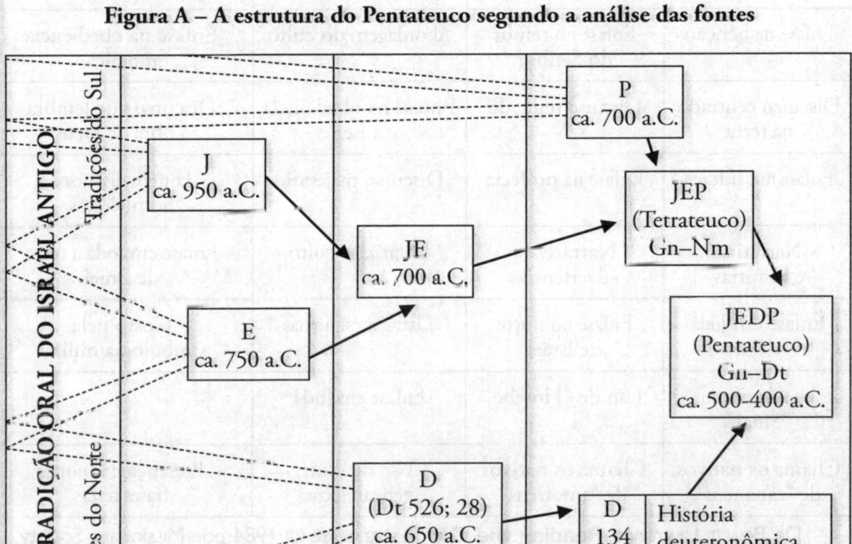

Figura B – Locais amplos das fontes JEDP no Pentateuco

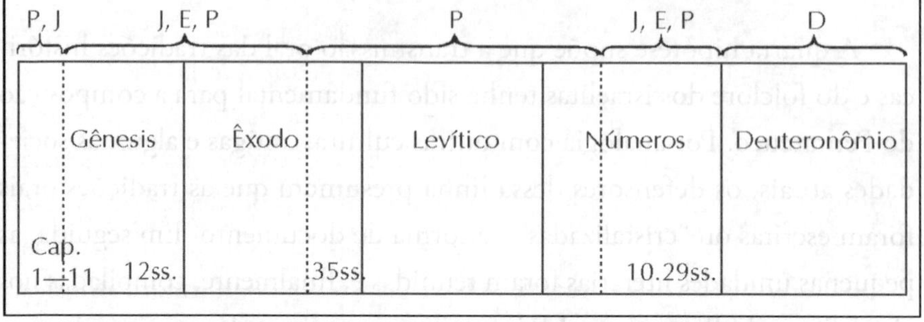

Diagramas adaptados de West, James King., **Introduction to the Old Testament**, 2. ed. New York: Macmillan, 1980, p. 65, 67. Usados com permissão.

Figura C – Características de uso nas fontes JEDP

Javista (J)	Eloísta (E)	Sacerdotal (P)	Deuteronomista (D)
Deus é Javé, anda e fala conosco	Deus é Elohim, fala em sonhos, etc.	Deus é Elohim	Deus é Javé Abordagem moralista
Ênfase na bênção	Ênfase no temor do Senhor	Abordagem do culto	Ênfase na obediência mosaica
Discurso centrado na terra	Discurso refinado	Ênfase na obediência à Lei	Discurso que lembra a obra de Deus
Ênfase nos líderes	Ênfase na profecia	Discurso majestoso	Longos discursos homiléticos
Narrativa e histórias	Narrativa e advertências	Enfatiza o culto	Ênfase em toda a terra de Israel
Ênfase em Judá	Ênfase no norte de Israel	Listas e esquemas	Gosto pela simbologia militar
Uso do termo "Sinai"	Uso de "Horebe"	Ênfase em Judá	
Chama os nativos de "cananeus"	Chama os nativos de "amorreus"	Uso de listas genealógicas	Presença de muitas frases feitas

De Boadt, Lawrence, **Reading the Old Testament**, © 1984 por Missionary Society of St. Paul the Apostle in the State of New York. Usado com permissão de Paulist Press.

Essa hipótese de autoria é frequentemente associada à metodologia da alta crítica chamada **crítica da forma**. Ela tenta identificar as unidades literárias menores do Pentateuco, explicar sua origem e seu contexto (*Sitz* *im Leben*) e delinear as tradições orais subjacentes a ela. Para essa abordagem, é importante determinar estrutura, gênero, contexto e intenção de cada uma das pequenas unidades literárias identificadas. As classificações de gênero de narrativa do AT incluem mito e folclore, lenda e novela, saga e história. Os esforços para identificar os diversos tipos e formas literários das narrativas do Pentateuco revelaram-se benéficos para a compreensão da obra como composição literária. No entanto, a abordagem arruinou a noção de historicidade do AT, em geral, e do Pentateuco, em particular. O crítico da forma declara que o AT não contém "nenhuma composição histórica" no sentido atual do termo. A história bíblica geralmente é classificada como "história popular", pois se acredita que os autores antigos se basearam indiscriminadamente em documentos históricos confiáveis e em lendas, folclore e saga. O ponto de vista da crítica da forma com relação à historicidade do Pentateuco é, na melhor das hipóteses, cético.[4]

Hipótese de organizadores posteriores das tradições hebraicas

Ainda outra teoria argumenta que um grupo de organizadores reuniu e ordenou histórias, contos e outras obras e tradições (orais e escritas) hebraicas nos cinco livros do Pentateuco durante o exílio babilônico e o período pós-exílico. As tradições reunidas são consideradas, em grande parte, não históricas e moldadas por organizadores posteriores com propósitos religiosos e nacionalistas específicos. Por isso, o estudante da Bíblia deve abordar o Pentateuco com "certo ceticismo", já que nem as fontes nem as motivações dos organizadores são dignas de confiança.

Em decorrência disso, todo o Pentateuco é uma produção recente relativa à época da composição e dessas tradições preservadas. A história antiga dos hebreus deve ser reconstruída com base nas constatações extrabíblicas, pois as tradições do Pentateuco foram "remodeladas" por organizadores de acordo com os propósitos da geração posterior perseguida (*i.e.*, a do exílio babilônio). De grande importância para este tipo de análise é a natureza da comunidade ou do grupo que configurou as tradições, o local

4 Sobre a crítica da forma, v. tb. Tucker, G. M., **Form Criticism and the Old Testament** (Philadelphia: Fortress Press, 1971).

dessa comunidade, a dinâmica social, política e religiosa que afetava as tradições bem como os principais temas das tradições.[5]

Erudição atual do Pentateuco

A natureza extremamente hipotética e subjetiva da análise das fontes do AT (*e.g.*, o uso de nomes divinos como critério para divisão de fonte e diferenças de "estilo"), a natureza falha de muitas de suas pressuposições (*e.g.*, os relatos paralelos indicam fontes literárias diferentes) e a incapacidade dos críticos redacionais de atingir consenso quanto aos problemas de autoria geraram diversas abordagens explicativas da composição do Pentateuco (*e.g.*, a grande divergência entre os subdivisores do texto quanto ao conteúdo de diversas fontes). A crítica da forma e a história da tradição, a abordagem histórico-arqueológica, a abordagem das ciências sociais, a abordagem canônica e a nova crítica literária (*e.g.*, a crítica narrativa e a retórica) surgiram como teorias alternativas concorrentes à análise tradicional das fontes para o pesquisador bíblico de hoje.[6]

Na verdade, alguns estudiosos observaram que a análise tradicional das fontes é um exercício de "redução ao absurdo" e comentaram que as abordagens múltiplas das complexidades da autoria do Pentateuco acabaram cancelando umas às outras. Um comentarista chegou a dizer que o caos na presente erudição liberal colocou os estudos do Pentateuco em uma posição muito desfavorável.[7]

Como resultado, há um distanciamento crescente da análise "microscópica" da crítica das fontes e uma aproximação da análise "telescópica", característica da análise literária. Essa abordagem se concentra em todo o Pentateuco como composição literária, e não nas peças individuais do quebra-cabeça. Há uma apreciação crescente pela estruturação deliberada das narrativas do Pentateuco em uma composição unificada. Isso se deve,

[5] Essa hipótese geralmente é considerada parte da abordagem da "história da tradição" da literatura do AT. V. tb. Rast, W. E., **Tradition History and the Old Testament** (Philadelphia: Fortress Press, 1972); e Brueggemann, Walter; Wolff, H. W., **The Vitality of Old Testament Traditions**, 2. ed. (Atlanta: John Knox, 1982).

[6] Hayes, John; Miller, J. M., **Israelite and Judean History** (Philadelphia: Westminster, 1977),

[7] V. Blair, E. P., **The Illustrated Bible Handbook**, rev. ed. (Nashville: Abingdon, 1987), p. 101.

em grande parte, à aplicação das técnicas de crítica literária, especialmente da análise estrutural, aos cinco livros do Pentateuco.

Por exemplo, vários livros e artigos defendem a integridade do Pentateuco como obra unificada e atribuem, sem exceção, a data pré-exílica à obra na forma atual. O denominador comum da análise literária que caracteriza cada apresentação enfatiza palavras, frases e temas repetidos nas narrativas, o *quiasmo* engenhoso, a estrutura narrativa paralela, a coerência temática entre as unidades literárias maiores e as seções menores da narrativa e a organização teológica deliberada das unidades literárias com objetivos didáticos e mnemônicos na compreensão do Pentateuco como unidade literária.[8]

Talvez as reações atuais a essa nova crítica literária e a percepção do Pentateuco como composição unificada indiquem tendências futuras no seu estudo. Por um lado, os resultados da análise literária podem ser apresentados como alternativa viável tão respeitada quanto a análise das fontes. Por outro lado, ela pode ser rejeitada (ou mais provavelmente desconsiderada) por estudiosos que continuarão a buscar formas criativas de escorar a teoria nas ruínas da análise das fontes.[9] Além das considerações literárias do Pentateuco, permanece a questão da confiabilidade histórica.

---

[8] V. Alter, Robert, **The Art of Biblical Narrative** (New York: Basic Books, 1981); Ikikawada, I. M.; Quinn, A., **Before Abraham Was** (Nashville: Abingdon, 1985); Polzin, Robert, The Typology of Biblical Hebrew Prose, **HSM** 12 (Missoula, MO: Scholars Press, 1976); Rendsburg, G. A., **The Redaction of Genesis** (Winona Lake, IN: Eisenbrauns, 1986); Wenham, G. J., The Coherence of the Flood Narrative, **VT** 28, 1977, p. 36-348; The Date of Deuteronomy: Linch-pin of Old Testament Criticism, **Themelios** 10, 3, 1985, p. 15-20; e 11, 1, 1986, p. 15-8; Whybray, R. N., The Making of the Pentateuch: A Methodological Study, **JSOT**, Sheffield, England: JSOT Press, 1987.

[9] Como exemplo da primeira, v. Crenshaw, J. L., **Story and Faith** (New York: Macmillan, 1986), p. 60-2; para a última, v. Tigay, J. H., org. **Empirical Models for Biblical Criticism** (Philadelphia: University of Pennsylvania, 1987). Uma grande crítica da análise das fontes tem sido sua aplicação exclusiva à Bíblia. Atualmente, a metodologia da teoria das fontes é aplicada a outros documentos do Antigo Oriente Médio.

CRONOLOGIA DA HISTÓRIA BÍBLICA

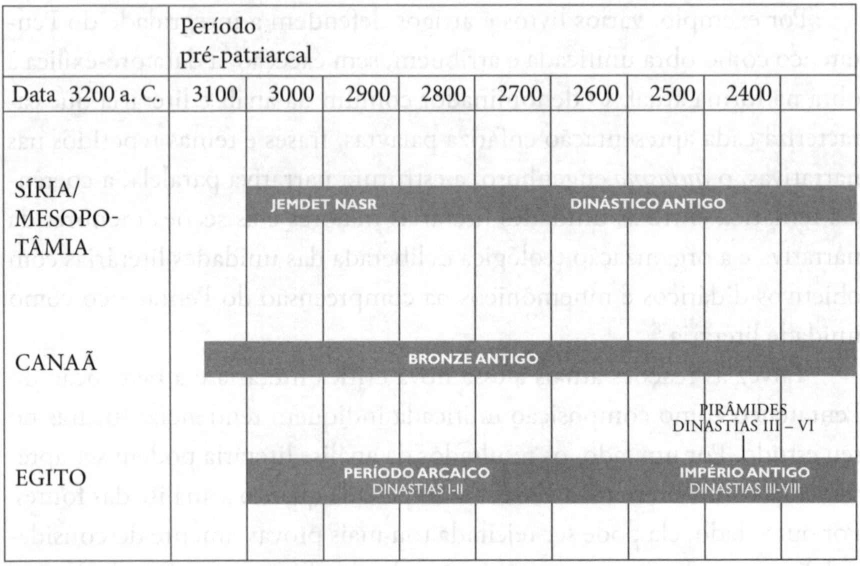

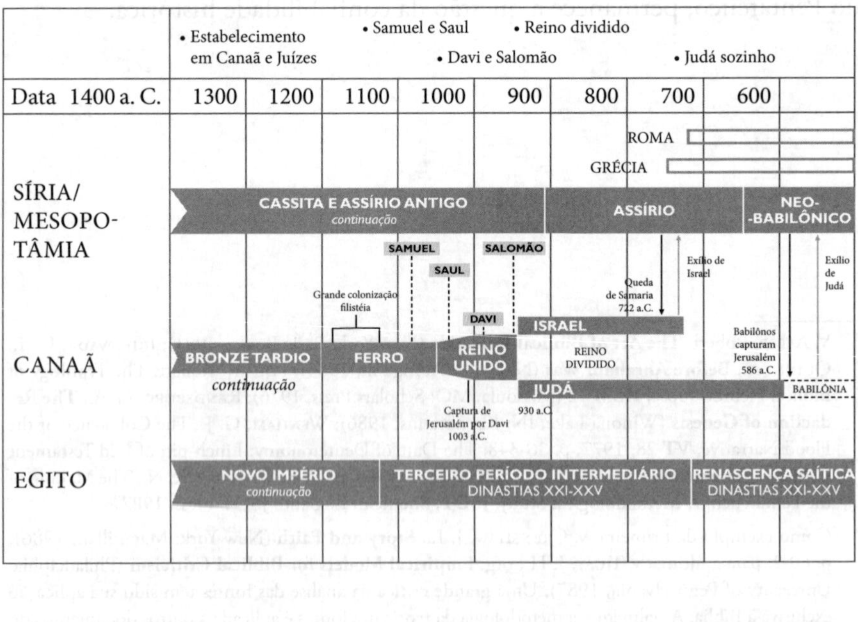

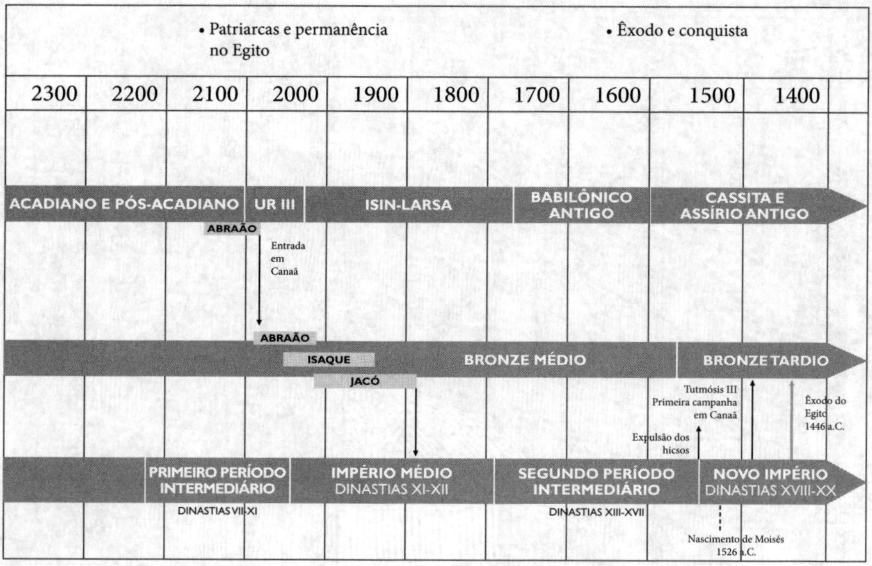

• Patriarcas e permanência no Egito
• Êxodo e conquista
2300
2200
2100
2000
1900
1800
1700
1600
1500
1400
ACADIANO E PÓS-ACADIANO
UR III
ISIN-LARSA
BABILÔNICO ANTIGO
CASSITA E ASSÍRIO ANTIGO
ABRAÃO
Entrada em Canaã
ABRAÃO
ISAQUE
JACÓ
BRONZE MÉDIO
BRONZE TARDIO
Tutmósis III Primeira campanha em Canaã
Êxodo do Egito 1446 a.C.
Expulsão dos hicsos
PRIMEIRO PERÍODO INTERMEDIÁRIO
IMPÉRIO MÉDIO DINASTIAS XI-XII
SEGUNDO PERÍODO INTERMEDIÁRIO
NOVO IMPÉRIO DINASTIAS XVIII-XX
DINASTIAS VII-XI
DINASTIAS XIII-XVII
Nascimento de Moisés 1526 a.C.

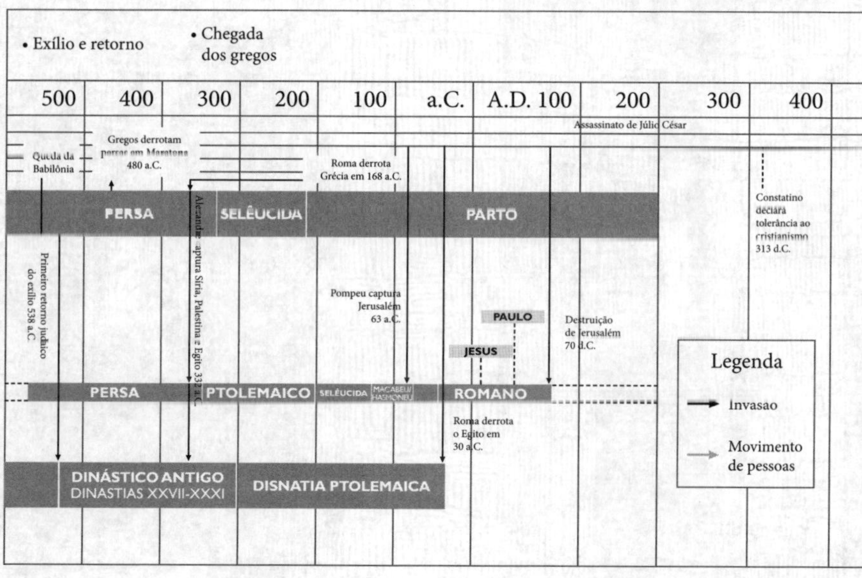

• Exílio e retorno
• Chegada dos gregos
500
400
300
200
100
a.C.
A.D. 100
200
300
400
Assassinato de Júlio César
Gregos derrotam persas em Maratona 480 a.C.
Queda da Babilônia
Roma derrota Grécia em 168 a.C.
Constatino declara tolerância ao cristianismo 313 d.C.
PERSA
SELÊUCIDA
PARTO
Primeiro retorno judaico do exílio 538 a.C.
Alexandre captura Síria, Palestina e Egito 332 a.C.
Pompeu captura Jerusalém 63 a.C.
PAULO
Destruição de Jerusalém 70 d.C.
JESUS
PERSA
PTOLEMAICO
SELÊUCIDA
MACABEU/HASMONEU
ROMANO
Legenda
Invasão
Movimento de pessoas
Roma derrota o Egito em 30 a.C.
DINÁSTICO ANTIGO DINASTIAS XXVII-XXXI
DISNATIA PTOLEMAICA

Glossário

acróstico. Composição poética em que conjuntos de letras sequenciais (*e.g.*, letras iniciais ou finais dos versos) formam palavras, frase ou o alfabeto.

Ahura Mazda. Ser supremo do zoroastrismo persa representado como divindade da bondade e da luz, e cujo símbolo era o fogo.

aluvial. Argila, areia, solo depositados por água corrente.

antítese. Na literatura, o que realça (geralmente contraste entre temas, personagens, símbolos, etc.).

Ápis. Deus-bezerro do Egito, deus da fertilidade agrícola e reprodutiva.

apócrifos. Coleção de literatura judaica intertestamentária, considerada deuterocanônica pela Igreja Católica Romana.

Baal. Divindade cananeia da tempestade, deus da fertilidade agrícola e reprodutiva.

cabeçalho. Afirmação de classificação e/ou identificação no início de uma obra literária.

cânon. Quando aplicado à Bíblia, coleção de livros religiosos avaliada conforme o padrão de inspiração divina.

carismática, liderança. Autoridade real capacitada, aleatória e espontaneamente, por Deus e estabelecida com base nas características físicas e espirituais inerentes.

catarse. Purificação, especialmente das emoções, que traz libertação da ansiedade e da culpa e gera renovação espiritual.

colofão. Adendo ou pós-escrito de livro, que pode conter fatos relacionados à sua composição.

concatenação. Recurso literário no qual vários itens são ligados formando cadeia pela repetição de palavra ou frase compartilhada apenas por estas unidades literárias em sequência.

consorte. Parceiro ou sócio, muitas vezes usado com relação ao "cônjuge" da divindade no contexto religioso do Antigo Oriente Médio.

corpus. Coleção de obras relacionadas.

crítica da forma. Método interpretativo que trata especialmente da análise de gênero e estrutura dos textos bíblicos e os impulsos históricos que causam a passagem da tradição oral para a escrita.

crítica literária. Método de interpretação que enfatiza estilo do autor, características literárias, temas e estruturas como segredos para a compreensão do texto bíblico.

crítica redacional. Forma de crítica literária voltada para os documentos usados pelos autores bíblicos na composição de narrativas extensas.

crítica textual. Ciência da comparação de leituras variantes de manuscritos bíblicos com o objetivo de estabelecer o conteúdo do texto original.

cronista. Designação dada geralmente ao autor dos livros de Esdras–Neemias e Crônicas, considerado Esdras, o escriba.

decálogo. Os Dez Mandamentos.

dispensacionalismo. Sistema teológico que considera a revelação divina e o programa de redenção uma série de estágios distintos de desenvolvimento.

Doze Profetas. Nome hebraico dos 12 livros dos profetas menores no AT.

eleição. Teologicamente, a predisposição divina resultante na seleção arbitrária ou a escolha do povo de Israel (por meio de Abraão) para ser seu povo da aliança.

escatologia. Ramo da teologia que trata dos acontecimentos do fim dos tempos (*i.e.*, doutrina dos últimos dias).

Escola Deuteronomista. Associação (hipotética) de escribas hebreus do século VII a.C. responsável pela formação da literatura histórica do AT (Deuteronômio–Reis).

estepe. Região plana e sem árvores, geralmente árida.

exortatório. Forma de discurso religioso que exorta e adverte.

expiação. "Pagamento" pelo pecado mediante sacrifício ou oferta, como símbolo de arrependimento e confissão perante Deus (v. Salmos 51.16-17).

fórmula de data. Expressão estilizada que registra informações cronológicas com o objetivo de atribuir uma obra literária a determinado período histórico (geralmente associada aos anos de reinado de um monarca [*e.g.*, Ageu 1.1, "segundo ano do reinado de Dario"] ou até a desastres naturais [*e.g.*, Amós 1.2, "dois anos antes do terremoto"]).

fórmula de oráculo divino. Afirmação introdutória que indica o discurso divino direto ao agente humano (*e.g.*, "disse o SENHOR a Moisés", Levítico 1.1; 4.1; 6.1 *et al.*).

fórmula do mensageiro. A expressão "*kōh ʾāmar YHWH...*" ("assim disse Javé"), introduz o discurso (ou profecia) do mensageiro e representa a transmissão oral de uma mensagem por meio de terceiros.

Grande Sinagoga. Concílio de escribas e outros líderes hebreus supostamente fundada após o exílio babilônico para reorganizar a vida e a cultura religiosa judaica.

helenismo. Influência do pensamento, da linguagem e cultura dos gregos difundidos por todo o Oriente Médio após as conquistas de Alexandre, o Grande.

hipótese documentária. Abordagem da autoria do Pentateuco associada à crítica das fontes que considera os cinco livros a miscelânea de quatro (ou mais) documentos literários.

história da tradição. (ou crítica da tradição). Abordagem interpretativa que se concentra na história da transmissão das tradições bíblicas pelo estudo das tradições orais durante o período de transmissão e pela reconstituição do desenvolvimento dos documentos bíblicos escritos, dando atenção especial às ênfases teológicas da comunidade organizadora desses materiais.

historiografia. Composição da História ou produto de composição histórica; coleção de literatura histórica.

iconografia. Material pictórico (especialmente imagens e símbolos convencionais) associado a determinado assunto (em geral, a soberania e religião no Antigo Oriente Médio).

idílio. Obra descritiva simples (em prosa ou poesia) que idealiza ou romantiza cenários pastoris e/ou a vida rústica.

iluminação. Testemunho interno do Espírito Santo que confirma a qualidade da inspiração divina dos livros das Escrituras durante o processo de canonização.

Iluminismo. Movimento filosófico do século XVIII marcado pela rejeição dos conceitos sociais, religiosos e políticos tradicionais e pela ênfase no racionalismo e método científico (correspondente ao modernismo).

imanência. Presença ativa e envolvimento providencial divino na criação (Isaías 57.15).

intracultural. Revelação divina que adapta ou afirma as normas culturais do mundo do AT.

lamentação. Expressão de tristeza por catástrofe irreversível.

lamento. Apelo ao Deus misericordioso por intervenção em uma situação desesperadora.

lei de talião. A lei do castigo idêntico à ofensa.

levirato. Literalmente, casamento com o "cunhado". Segundo a lei de Moisés, o irmão tinha a permissão de se casar com a cunhada viúva para lhe dar herdeiro e perpetuar o nome do falecido (Deuteronômio 25.5-10).

levítico. Pertencente aos levitas, à tribo dos sacerdotes.

libação. Ato de derramar líquido como sacrifício à divindade (*e.g.*, sobre uma pedra, Gênesis 35.14).

massoretas. Estudiosos e escribas judeus que conservaram a Bíblia hebraica, aperfeiçoaram divisões de palavras e acrescentaram vogais, sinais de pontuação e divisões de versículos (entre 500 e 900 d.C. aproximadamente).

megilloth. A palavra hebraica para "rolos". O termo é usado para descrever os cinco livros da Bíblia hebraica lidos em público nas festas anuais do calendário religioso judaico (Cântico dos Cânticos — Páscoa; Rute — Pentecostes; Lamentações — Jejum de "av", que lembra a destruição do templo; Eclesiastes — Cabanas; Ester — Purim).

messias (heb. "ungido"). Em geral, indivíduo separado para um ofício designado por Deus, tal como sacerdote ou rei. Em particular, o título identifica a personagem preeminente nas obras proféticas do AT que serve de rei-salvador de Israel (Jesus de Nazaré, segundo os autores do NT).

milagre. Intervenção divina nos assuntos humanos pela anulação das leis naturais ou pela intensificação e aceleração de acontecimentos naturais.
nênia. Poema ou cântico fúnebre; canção ou hino lento e triste de luto.
oráculo. Discurso profético de autoridade.
Osíris. Deus egípcio do mundo subterrâneo.
palístrofe. Recurso literário quiasmático que inverte ou equilibra os principais temas em torno de um ensinamento ou ideia central.
panteão. Assembleia de deuses e deusas formalmente reconhecida por uma sociedade como participantes das experiências da vida comunitária.
prenúncio. Recurso literário de prognosticar ou indicar pessoas ou acontecimentos importantes com antecedência (v. tb. *tipologia*).
prosa oracular. Forma literária híbrida, característica dos livros proféticos do AT que combina elementos de prosa e poesia.
protoapocalíptico. Protótipo do AT de literatura apocalíptica que contém certos elementos e características da literatura apocalíptica intertestamentária.
proveniência. Fonte, contexto ou local original da obra literária.
pseudepígrafo. Denominação das obras literárias judaicas extracanônicas do período intertestamentário.
pseudonímia. Recurso literário de escrever com um nome falso, geralmente considerado característica da literatura apocalíptica.
quiasmo. Recurso literário em que palavras ou frases se repetem em ordem inversa (A-B-C-C-B-A).
resgatador. Segundo a lei mosaica, a terra vendida pela pessoa podia ser comprada de volta por parente um próximo para permanecer na família (Levítico 25.25-31).
satrapia. Grande distrito ou território administrativo do Império Persa liderado por governador chamado "sátrapa".
sincretismo. Combinação de diferentes formas de crença e prática religiosa.
sinete. Selo ou símbolo de autoridade impresso com o uso de carimbo (como um anel).
sucessão dinástica. Autoridade real legitimada pela hereditariedade; reis da mesma linhagem.
supracultural. Revelação divina que proíbe ou anula normas culturais do mundo do AT.
suserano. Senhor feudal; chefe.
teocracia. Estado ou nação governada diretamente por Deus.
teodiceia. Defesa filosófica e/ou teológica da bondade e onipotência de Deus à luz da existência do mal.
teologia da aliança. Sistema teológico que considera o relacionamento de Deus com a humanidade uma aliança (ou pacto) divinamente estabelecida, fundamentada na analogia da relação das três pessoas da Trindade.

tipologia. Aspecto da interpretação bíblica que estabelece correspondência entre fatos, pessoas, objetos e/ou conceitos ("tipo") e seus semelhantes do Novo Testamento ("antítipo") por meio de prenúncio ou protótipo.

topografia. Características naturais ou físicas de região ou território.

transcendência. Teologicamente, o conceito de "diversidade" de Deus, sua distinção da ordem criada, sua natureza misteriosa e incompreensível (v. Isaías 57.15a).

uádi. Leito de rio ou vale seco exceto durante a estação das chuvas.

variante. Leituras alternativas de palavras ou frases na Bíblia existentes em tradições manuscritas decorrentes de erros (e/ou alterações) associadas ao processo de cópia (e/ou tradução).

vassalo. Nação ou povo subordinado (geralmente em decorrência de tratado após conquista).

vidente. Termo técnico aplicado a certos profetas do AT, indicando em especial a revelação divina recebida na forma de sonho ou visão.

Índice

Os códigos usados com alguns números de página indicam o seguinte:
f figuras
m mapas

C

D

E

H

I

J

O

T

U

V

Esta obra foi composta em *Adobe Garamond Pro*
e impressa por Gráfica Expressão e Arte sobre
papel *Offset* 63 g/m² para Editora vida.